Martin Kriele

Einführung in die Staatslehre

Martin Kriele

Einführung in die Staatslehre

Die geschichtlichen Legitimitätsgrundlagen des demokratischen Verfassungsstaates

5., überarbeitete Auflage

Westdeutscher Verlag

Die Deutsche Bibliothek – CIP-Einheitsaufnahme

Kriele, Martin:
Einführung in die Staatslehre: die geschichtlichen Legitimitätsgrundlagen des demokratischen Verfassungsstaates / Martin Kriele. – 5., überarb. Aufl. – Opladen: Westdt. Verl., 1994
ISBN 3-531-12564-8

1.–10. Tausend März 1975
2. Auflage 1981 (wv studium, Bd. 35)
3., um ein Nachwort erweiterte Auflage 1988 (wv studium, Bd. 35)
4. Auflage 1990 (wv studium, Bd. 35)
5., überarbeitete Auflage 1994

Der Westdeutsche Verlag ist ein Unternehmen der Verlagsgruppe Bertelsmann International.

Umschlaggestaltung: Horst Dieter Bürkle, Darmstadt
Satz: ITS Text und Satz GmbH, Herford
Druck und buchbinderische Verarbeitung: Lengericher Handelsdruckerei, Lengerich
Gedruckt auf säurefreiem Papier
Printed in Germany

ISBN 3-531-12564-8

Inhaltsverzeichnis

Vorwort zur 5. Auflage

Der Zusammenbruch des Kommunismus in Osteuropa, die deutsche Vereinigung, neue Schritte auf dem Wege zur Europäischen Union und andere Veränderungen der Weltlage haben eine Überarbeitung des Buches unabweisbar gemacht. Dies gab zugleich Gelegenheit, einige wesentliche Gesichtspunkte neu aufzunehmen. Überholtes wurde dafür gestrichen. Ferner wurde der Text durch Umstellungen und sprachliche Klärungen verbessert. Gestrichen oder wesentlich gekürzt wurden aus den bisherigen Auflagen die §§ 17, 20, 25, 77 - 79 und 83, die an Aktualität und Relevanz verloren haben. Neu hinzugekommen sind die jetzigen §§ 52 - 57, 84 - 86 sowie eine Reihe kleinerer Abschnitte. Doch sowohl das Gerüst des Ganzen als auch die meisten Kapitel konnten erhalten bleiben.

Der Leser wird in dem Buch die Spuren der Dramatik und Leidenschaft seiner Entstehungsgeschichte finden. Den Hintergrund bildete die Auseinandersetzung mit jener ideal-marxistisch orientierten Studentengeneration der Jahre nach 1968, die aus dem Nationalsozialismus den Schluß zog: da sich politisch rechte Positionen mit so überwältigender Evidenz als verheerend erwiesen haben, seien «also» linke - zumindest im Prinzip - ohne weiteres gut. Demgegenüber galt es, die Institutionen des demokratischen Verfassungsstaates einleuchtend zu machen. Das konnte nur durch Vergegenwärtigung ihrer historischen Gründe und Entstehungsbedingungen geschehen.

Zum Werden dieses Buches haben unzählige Seminardiskussionen mit den damals sehr belesenen und intelligent argumentierenden Studenten beigetragen. Diesen möchte ich an dieser Stelle noch einmal Dank sagen. Viele von ihnen haben inzwischen verantwortliche Stellen in unserem Staat oder in den demokratischen Parteien inne. Viele hielten den persönlichen Kontakt zu mir aufrecht und haben mir versichert: die Argumente, denen sie damals so beharrlich widersprachen, hätten sie langfristig doch überzeugt und mit dem Staat des Grundgesetzes versöhnt. Mag auch die damalige Infragestellung der Demokratie in ihrer Wucht gebrochen sein: sie warf die Fragen nach Ursprüngen und Gründen des demokratischen Verfassungsstaats auf, und diese Fragen behalten ihre Bedeutung über den Anlaß der konkreten Herausforderung hinaus.

Dieses Buch hat seine Freunde nicht nur im deutschsprachigen Raum gewonnen, sondern auch in einer Reihe von jungen Demokratien Südeuropas, Lateinamerikas und Ostasiens, und hat zur Legitimität und Stabilität des demokratischen Verfassungsstaats beigetragen. Viele Leser in Deutschland und von fernher haben mir Fragen gestellt oder Anregungen gegeben, die der Neuauflage zugute gekommen sind. Ihnen allen sage ich an dieser Stelle nochmals Dank.

Die rechts- und staatsphilosophischen Erwägungen, die in dieser Staatslehre anklingen, werden in einer Einführung in die Rechtsphilosophie ausgeführt, die unter dem Titel «Recht und praktische Vernunft» in der «Kleinen Vandenhoeck-Reihe» (Nr. 1453) erschien. Eine kritische Auseinandersetzung mit Alternativkonzeptionen zum demokratischen Verfassungsstaat («Befreiung» statt Freiheit) erschien unter dem Titel «Befreiung und politische Aufklärung – Plädoyer für die Würde des Menschen» (1980, 2. Aufl. 1986) – ein Buch, das wegen der Bedeutung seines Themas für Lateinamerika vor allem in seinen spanischen und portugiesischen Ausgaben Beachtung gefunden hat. Die Ausbreitung des demokratischen Verfassungsstaates über die Welt wird in den größeren geschichtlichen Zusammenhang der Rechtsidee von Freiheit und Gleichheit eingeordnet in «Die demokratische Weltrevolution. Warum sich die Freiheit durchsetzen wird» (1987, 2. Aufl. 1988, Serie Piper, Nr. 486). Eine Auswahl ergänzender Aufsätze liegt vor unter dem Titel: Recht, Vernunft, Wirklichkeit 1990; einiges davon wurde in dieses Buch eingearbeitet.

Meinem Wissenschaftlichen Assistenten Dr. Burkhardt Ziemske danke ich für die Überarbeitung der Literaturhinweise, meiner Sekretärin Frau Renate Müller für Geduld und Sorgfalt.

Herbst 1993 *Martin Kriele*

§ 1. Einleitung

1

Die im Grundgesetz verfaßte Staatsordnung der Bundesrepublik ist eine Variante des Staatstypus «demokratischer Verfassungsstaat», der sich im Laufe der Neuzeit, von England, Amerika und der Französischen Revolution ausgehend, über die westliche Welt verbreitet hat. Ein vertieftes Verständnis unseres öffentlichen Rechts setzt eine gewisse Vertrautheit mit diesem Staatstypus, seinen Grundgedanken, seinen Problemen und seiner Geschichte, voraus. Erst aus dieser Vertrautheit gewinnen der Jurist und der an Staat, Politik und öffentlichem Recht Interessierte den Einblick in die Gründe und Zwecke der staatsrechtlichen Institutionen und damit die Fähigkeit zu ihrer wissenschaftlichen Interpretation, Fortbildung und Ergänzung und zur Teilnahme an der Diskussion um die Verfassungsreform. Staatslehre wird deshalb in den juristischen Fakultäten entweder als Einführung in das öffentliche Recht oder als Vertiefung des öffentlichen Rechts gelehrt - je nachdem, ob man es vorzieht, vom Allgemeinen zum Besonderen fortzuschreiten oder induktiv vom Besonderen auf das Allgemeine zurückzugehen.

Der Staat ist ein in seiner Komplexität unerschöpfliches Thema. Er gibt Anlaß zu politischen, ideologischen, anthropologischen, ökonomischen, historischen, ideengeschichtlichen, ethischen, phänomenologischen und anderen Fragen. Die Staatslehre ist deshalb eine Wissenschaft, in der heute, im Zeitalter der Spezialisierung, viele Disziplinen zusammenwirken, insbesondere Politologie, Volkswirtschaftslehre, Geschichte und Philosophie in ihren verschiedenen Ausfächerungen. Die im Bereich der Rechtswissenschaft angesiedelte Staatslehre (oder «Allgemeine» Staatslehre) hat eine doppelte Funktion: Sie ist - als Wissenschaft - der Beitrag, den der Jurist aus seiner Vertrautheit im Umgang mit den Normen und Institutionen des Rechts zu den interdisziplinären Staatswissenschaften zu leisten vermag. Sie ist andererseits - als Lehrfach - die Heraussortierung und Vermittlung der Erkenntnisse der interdisziplinären Staatswissenschaften, die den Juristen besonders angehen.

Ihn geht besonders an, was dem vertieften Verständnis der staatsrechtlichen Institutionen dient. Diesem Zweck dient es in erster Linie, wie schon Savigny gelehrt hat, die Institutionen bis zu ihrer geschichtlichen Wurzel zurückzuverfolgen. Das gilt für die Institutionen des öffentlichen Rechts noch mehr als für die des Zivilrechts. Man versteht sie am besten aus den historischen Situationen, in denen sie sich durchgesetzt und bewährt haben. Welche Zwekke, Interessen und Mächte standen dahinter? Welchen Übeln oder Gefahren sollten sie abhelfen? Welche Mächte und Interessen stellten sich ihnen entgegen? Gelten die Rechtfertigungsgründe, die sie damals trugen, auch noch unter den heutigen veränderten Umständen? Was wären die Realalternativen? Was lehrt die geschichtliche Erfahrung über Sinn, Bewährung, Stabilität oder

Gefährdung dieser Institutionen? Was ergibt sich daraus für ihre Interpretation und eventuell für ihre Reformbedürftigkeit?

Solche und ähnliche Fragen lassen sich nur beantworten, wenn man die einzelnen staatsrechtlichen Institutionen nicht isoliert, sondern als Ausfächerungen des Typus «demokratischer Verfassungsstaat» versteht. So haben z.B. Grundrechte, Parteien oder Wahlen in einem demokratischen Verfassungsstaat mit Gewaltenteilung und richterlicher Unabhängigkeit eine gänzlich andere Bedeutung als etwa in Systemen des sog. «demokratischen Zentralismus». Es kommt darauf an, den demokratischen Verfassungsstaat aus seinen Grundgedanken heraus zu verstehen; dann ergeben sich daraus von selbst Gesichtspunkte für die Interpretation seiner einzelnen Institutionen.

Einer «Einführung» in die Staatslehre ist es angemessen, vor allem die Grundgedanken des demokratischen Verfassungsstaates aufzusuchen und die Grundlinien ihrer Entwicklung zu verfolgen. Die Erinnerung an die Grundgedanken wachzuhalten ist um so dringender, als die gegenwärtig sich entwickelnde Krise der Weltwirtschaft, die Reduzierung des Lebensstandards, die Verschärfung der Verteilungskämpfe, die neuentwickelten Erpressungsmethoden, die Polarisierung und Reideologisierung sehr bald zu Legitimitätserschütterungen des demokratischen Verfassungsstaates führen können. Es wird dann darauf ankommen, sich bewußt zu sein, daß und warum der demokratische Verfassungsstaat trotz seiner Schwächen die wesentlichen Probleme langfristig besser lösen kann als jeder andere Staatstypus: weil er nämlich die verhältnismäßig günstigsten Realbedingungen für inneren Frieden, Freiheit und Gerechtigkeit schafft.

Zu sagen: *Friede, Freiheit* und *Gerechtigkeit* seien die Legitimitätsgrundlagen des demokratischen Verfassungsstaates, mag auf den ersten Blick abstrakt erscheinen. In der Tat bezeichnen diese Begriffe nur schlagwortartig sehr komplexe Sachverhalte. Sie gewinnen aber Inhalt und Leben aus den konkreten geschichtlichen Situationen des Bürgerkrieges, des Terrors und der Ungerechtigkeiten, die eine Herausforderung an die menschliche Vernunft bedeutet haben und auf die die Entwicklung des demokratischen Verfassungsstaates die Antwort gewesen ist. Der konfessionelle Bürgerkrieg des 16. Jahrhunderts erweckte die Sehnsucht nach innerem *Frieden*. Nur der auf dem Prinzip der Souveränität beruhende moderne *Staat* konnte den Bürgerkrieg beenden. Er brachte aber in seiner absolutistischen Variante zugleich die Gefahr des konfessionellen und geistigen Terrors mit sich und weckte die Sehnsucht nach *Freiheit*, die nur die Bändigung des Staates im *Verfassungsstaat* stillen konnte. Der Verfassungsstaat aber erwies sich in seiner ursprünglichen Gestalt als vereinbar mit Sklaverei, Klassenspaltung und sozialem Elend. Die Sehnsucht nach mehr *Gerechtigkeit* konnte und kann nur durch eine Fortentwicklung zum *demokratischen und sozialen Verfassungsstaat* gestillt werden.

Zur Staatslehre gehören geschichtliche Darlegungen. Aber die Staatslehre ist nicht Verfassungsgeschichte. Sie erörtert ihre Probleme systematisch und blendet historische Rückblicke nur ein. Vor allem aber beschränkt sie sich nicht wie die Verfassungsgeschichte auf den deutschen Raum. Daß die geschichtlichen Rückblicke mehr noch auf die angelsächsische als auf die französische Geschichte eingehen, beruht nicht einfach nur auf einer persönlichen Vorliebe des Verfassers. Der Grund dafür ist vor allem, daß die rechtliche Bedingtheit der Staatsmacht, die «rule of law», die wir der angelsächsischen Tradition verdanken, die letztlich entscheidende Grundlage für Freiheit und Demokratie ist. Der französischen Tradition verdanken wir in erster Linie die Ideen der Souveränität und der Gleichheit, die in Verbindung mit der «rule of law» den demokratischen Verfassungsstaat ausmachen, ohne diesen Zusammenhang jedoch Freiheit und Demokratie nicht gewährleisten können. Da die geschichtliche Verbundenheit Deutschlands mit Frankreich stets enger war als mit England und Amerika, sind die angelsächsischen Wurzeln des demokratischen Verfassungsstaates, die eineinhalb Jahrhunderte älter sind als die Französische Revolution, in Deutschland weniger bewußt und bedürfen deshalb etwas eingehenderer Darstellung.

2

Der Fortschritt ist nicht abgeschlossen, sondern bedarf der Institutionalisierung eines Systems globaler Kooperation, das die äußere Souveränität der Staaten beschränkt. Nur auf diese Weise können die Herausforderungen unserer Zeit bewältigt werden: die Sicherung des Weltfriedens, die Ernährung der Menschheit, die Rettung von Luft und Wasser, eine langfristige Vorratswirtschaft der Ressourcen, die Lösung des Energieproblems, die Infrastrukturprobleme, der Ausgleich der Weltregionen, die allgemeine Teilhabe an Bildung und Kultur, die notwendige Umgewöhnung auf einen wesentlich bescheideneren und nicht mehr wachsenden Lebensstandard.

Die Parole der Französischen Revolution, «Freiheit, Gleichheit, Brüderlichkeit», hat den inneren Frieden schon vorausgesetzt. Die Idee des Fortschritts ist insgesamt vierstufig: Friede, Freiheit, Gleichheit, Brüderlichkeit. Die Entwicklung seit der Französischen Revolution hat sich auf Freiheit und Gleichheit beschränkt. Das Element der «Brüderlichkeit» (heute sagen wir weniger pathetisch: der Solidarität und Kooperation) wurde lediglich ansatzweise mit der innerstaatlichen Sozialstaatlichkeit in Angriff genommen, aber keineswegs konsequent und global zum Problem gemacht. Nunmehr kann die globale Kooperation und Solidarität schlechterdings zur Überlebensfrage der Menschheit werden.[1] Die Voraussetzung dafür ist, daß das schon Erreichte an Friede, Freiheit und Gerechtigkeit zunächst einmal festgehalten wird.

Aber die Gefahr ist groß, daß wir, anstatt auf dieser Grundlage die ungeheuren Probleme, die auf uns zukommen, anzupacken, die Grundlagen selbst in Frage stellen, und zwar als erstes den inneren Frieden: durch Anheizen der Rechts-Links-Polarisierung, durch rücksichtslose Verteilungskämpfe auf Kosten der Gesamtheit und der nicht organisierbaren Gruppen, durch ideo-

---

1 Vgl. Mesarović/Pestel, Menschheit am Wendepunkt, 2. Ber. des Club of Rome. 1974.

logisch simplifizierende Feindbilder («das Kapital», «die Linken» usw.) und durch die Vorstellung, der Sieg über den «Feind» sei die Voraussetzung zur Lösung der komplexen Weltprobleme. Kommt jedoch zu all den drängenden Problemen eine bürgerkriegsähnliche innere Spannung hinzu, so beginnen wir wieder da, wo wir im 16. Jahrhundert begonnen haben: Als erstes wird der innere Friede erzwungen und mit dem Verlust von Freiheit und Gerechtigkeit bezahlt werden. Welche Seite immer siegt, sie kann sich nur behaupten, wenn sie den Bürgerkrieg mit Polizeimitteln weiterführt, also Terror übt. Damit können vielleicht einige Probleme kurzfristig gelöst werden, die Lösung der Gesamtprobleme aber wird erheblich erschwert. Diese Erschwerung hat zwei Gründe. Einmal: In einem Klima von Furcht und Anpassung werden Vernunft und Kreativität erstickt. Zum anderen: Die Probleme sind so komplex, daß Lösungen nur im offenen Prozeß freier Diskussion und Kooperation gefunden werden können. Deshalb erweisen sich alle Diktatoren ohne Ausnahme nach kurzer Zeit als borniert und rückständig. Freiheit bietet zwar auch keine Gewähr dafür, daß sich die Vernunft durchsetzt, aber sie ist die erste und unerläßliche Voraussetzung dafür. Nur durch ein Optimum an Freiheit und Vernunft kann es zu der globalen Kooperation kommen, die für das Überleben der Menschheit unerläßlich ist.

Ein Grundproblem, das es gegenwärtig zu lösen gilt, ist, Institutionen zu schaffen, die einerseits mächtig genug sind, die Gemeinschaftsinteressen gegenüber den mächtigen gesellschaftlichen Verbänden, z.B. gegenüber multinationalen Konzernen und Gewerkschaften, durchzusetzen, und die andererseits die Verfassungsinstitutionen, die die Freiheit und Demokratie gewährleisten, unangetastet lassen. Alle Diktaturen bewerkstelligen das Gegenteil: Sie zerstören die Freiheit der Schwachen, bleiben aber abhängig von großen partikularen Mächten wie Wirtschaft, Militär, Geheimdiensten oder Partei. Die Staatslehre würde erst abgerundet durch die Erörterung der aktuellen politischen Frage: Was tun, um den Vorrang der Gemeininteressen vor Partikularinteressen bei Aufrechterhaltung von Freiheit und Menschenwürde zu gewährleisten? Inwiefern sind unsere nationalen und internationalen Institutionen reformbedürftig? Diese Fragen sind jedoch nicht mehr Gegenstand dieses Buches, das sich vielmehr darauf beschränkt, die geschichtlichen Legitimationsgrundlagen des demokratischen Verfassungsstaates in Umrissen darzulegen. Es versteht Staatslehre als Versuch der Aufklärung über die Realbedingungen von Frieden, Freiheit und Gerechtigkeit unter Auswertung der Geschichte des demokratischen Verfassungsstaates.

3

Eine Staatslehre, die versucht, zu den politischen Gründen und Hintergründen des demokratischen Verfassungsstaates durchzudringen, ist weder empirisch-beschreibend noch normativ-postulierend, d.h. sie antwortet weder bloß auf die Frage: «Wie *ist* der Staat tatsächlich beschaffen?» (soziologische Frage nach der Staatswirklichkeit), noch bloß auf die Frage: «Wie *sollte* der Staat beschaffen sein?» (ethische oder normative Frage nach dem Staatsideal). Vielmehr wird die empirische Frage zwar gestellt, aber jeweils ergänzt erstens um die Frage nach den Gründen: *Warum* ist der Staat so und nicht anders beschaffen, wie ist es dazu gekommen, welche Kräfte und Überlegungen haben es bewirkt? Zweitens wird diese Frage ergänzt um die kritische *Prüfung dieser Gründe:* Sind sie einleuchtend? Sind sie wenigstens für die Zeit ihrer Entstehung überzeugend gewesen? Haben sie angesichts der veränderten Umstände ihre Überzeugungskraft verloren? Welche übersehenen oder ausgelassenen Gesichtspunkte sind ihnen gegenüber geltend zu machen?

Eine solche Fragestellung führt in eine kritische Staatslehre, aber sie vermeidet das Auseinanderreißen von Sein und Sollen. Dadurch wird der konkret-geschichtliche und politische Aspekt gewonnen. Zwar müssen Sein und Sollen logisch unterschieden werden. Auf diese methodische Unterscheidung legte die sogenannte «positivistische» Schule der Allgemeinen Staatslehre seit der zweiten Hälfte des 19. Jahrhunderts und besonders seit Georg Jellinek großen Wert. Es kann nämlich logisch keinen Schluß vom Sein auf ein Sollen geben: daraus, daß etwas ist, folgt nicht unmittelbar, daß etwas sein soll. Diese logische Elementareinsicht glauben die Positivisten nach allen Seiten hin verteidigen zu müssen. Sie soll hier nicht in Frage gestellt werden. Worauf es ankommt, ist, daß sie die *Vermittlung von Sein und Sollen* nicht ausschließen darf. Diese Vermittlung erfolgt durch die *Warum-Frage*: Warum wurde diese und jene Institution geschaffen? Diese Frage richtet sich weder allein auf die empirisch beschreibbaren Ursachen noch auf die damals vorgebrachten Begründungen, sondern auf die wirklichen *Gründe,* die aus dem geschichtlichen Zusammenhang begriffenen Motive. Diese Warum-Frage ist zwar zunächst eine empirische; man antwortet auf sie mit einem historischen Bericht. Bezieht sich der Bericht auf die Entstehungsgeschichte einer Institution, die uns heute noch angeht, brauchen wir uns aber mit dem Bericht nicht zufriedenzugeben, sondern können zu einer kritischen Prüfung und Diskussion der geschichtlich wirksam gewesenen Gründe übergehen.

Der geschichtliche Bericht gibt der Warum-Frage das Realitätsfundament und macht die Kritik wirklichkeitsbezogen. Trennt man hingegen die soziologisch-empirische und die ethisch-normative Frage, so gerät man bei beiden Fragestellungen in Schwierigkeiten: Bei der soziologisch-empirischen Fragestellung ist entscheidend, was man aus der Fülle der Wirklichkeit bemerkt und als *relevant* hervorhebt; das hängt nicht von empirischen, sondern von normativen Gesichtspunkten ab, von den «erkenntnisleitenden Interessen» (Habermas[2]). Bleibt man konsequent beim empirisch beschreibenden Stil, so legt man sich und dem Leser keine Rechenschaft darüber ab. Beschränkt man sich andererseits auf die ethisch-normative oder postulierende Frage nach dem idealen Staat oder nach der Vollendung der Demokratie usw., so verliert man sich im «abstrakten Sollen» (Hegel), im Himmel der Utopien. Die Folge

2 Erkenntnis und Interesse, 1973.

ist dann, daß man das in der Verfassungsgeschichte schon Erreichte als selbstverständlich voraussetzt oder es kaum noch wahrnimmt. Dadurch aber gefährdet man das schon Erreichte; es entsteht der «Verleugnungszwang und Regressionseffekt des Sollensdenkens» (Odo Marquard[3]).

Jede Generation entwickelt ihre eigene Staatslehre. Die Themen und die vorherrschenden Gesichtspunkte ändern sich sowohl mit den jeweiligen politischen Herausforderungen als auch mit dem Stand der erkenntnistheoretischen Methodenlehre und der wissenschaftlichen Arbeitsteilung zwischen den einschlägigen Disziplinen. Die «Staatslehre» ist aus der Lehre von der Politik in ihren beiden Hauptströmungen, dem vor allem auf Aristoteles zurückgehenden Naturrecht und der vor allem auf Machiavelli zurückgehenden empirischen Staatsklugheitslehre, hervorgegangen. Beide Strömungen waren im deutschen rationalen Naturrecht des 17. und 18. Jahrhunderts (Pufendorf, Thomasius, Christian Wolff) in ihren Fragestellungen noch verschränkt und wurden um die juristische Fragestellung der Staatsrechtslehre ergänzt. Kants grundsätzliche Kritik an dieser Einheit hat zunächst nur zu größerer methodischer Bewußtheit und Unterscheidung, nicht aber zur Trennung in *juristische, empirische* und *philosophische* Disziplinen geführt. Hegel und seine Schüler bis hin vor allem zu Lorenz v. Stein haben den Staat als eine unter verschiedenen Aspekten zu betrachtende Einheit angesehen. Für die politisch engagierten Juristen des Vormärz wie Albrecht, Rotteck, Welcker, Dahlmann, v. Mohl gehörten politisch-moralische Erörterungen ebenso wie juristische und empirische zur Staatslehre.

In der zweiten Hälfte des 19. Jahrhunderts ging jedoch die Tendenz von der methodisch bewußten Unterscheidung über die Gliederung der Staatslehre in getrennte juristische, empirische und politische Abschnitte[4] zur Trennung in verschiedene Disziplinen. Schließlich wurden Politik und Ethik als «unwissenschaftlich» und «bloß praxisbezogen» aus der wissenschaftlichen Staatslehre verbannt. Die empirischen Fragestellungen wurden in zahlreichen selbständigen wirtschafts- und finanzwissenschaftlichen, soziologischen, geschichtlichen und anderen Disziplinen behandelt. Auch die Philosophiegeschichte wurde insofern empirisch, als sie die Probleme nicht mehr philosophisch erörterte, sondern nur noch distanziert referierte, was über den Staat und seine Zwecke und Funktionen zu verschiedenen Seiten gelehrt worden ist. Für die rechtswissenschaftliche Staatslehre blieb nicht viel mehr übrig als ein Allgemeiner Teil der Staatsrechtslehre, der Verfassungsgeschichte und Verfassungsvergleichung oder gar, wie bei Kelsen, nur mehr eine wissenschaftliche Methodenlehre, deren wesentlicher Inhalt die angebliche Notwendigkeit der Trennung normativer und empirischer Betrachtungsweise war.

3 Schwierigkeiten mit der Geschichtsphilosophie, 1973, S. 37, 47.

4 Bluntschli gliederte seine «Lehre vom modernen Staat» (1875) in drei Bände: I. Allgemeine Staatslehre, II. Allgemeines Staatsrecht, III. Politik. G. Jellinek gliederte seine «Allgemeine Staatslehre» (1900) in drei Bücher: I. Einleitende Untersuchungen, II. Allgemeine Soziallehre des Staates, III. Allgemeine Staatsrechtslehre.

Die rechtswissenschaftliche Staatslehre nannte sich «*Allgemeine Staatslehre*», weil sie glaubte, politische Fragen und deshalb auch die politischen Legitimitätsprobleme, insbesondere die Probleme des demokratischen Verfassungsstaates vermeiden zu sollen. Sie suchte das «allgemeine» Wesen des Staates oder zumindest des europäischen neuzeitlichen Staates darzustellen.

Zwar hat eine Gegenbewegung alsbald eingesetzt und in Hermann Hellers «Staatslehre» (Leiden 1934) einen Höhepunkt erreicht. Aber inzwischen hat die Schrumpfung des Themen- und Problemkatalogs der rechtswissenschaftlichen «Allgemeinen Staatslehre» eine Tradition der Selbstbescheidenheit geschaffen, die zur Folge hatte, daß das Fach «*Politische Wissenschaft*» in die Lücke stieß und die unerledigte Aufgabe übernahm, die verschiedenen Disziplinen der Staatswissenschaft zu integrieren. Die Politische Wissenschaft vermittelt heute die Tradition sowohl der naturrechtlichen als auch der empirischen Staatswissenschaften und stellt den aktuellen Anschluß an die angelsächsische «political science» und die französische «science politique» her, in denen diese Traditionen stets fortgelebt haben. Sie lehrt Politische Theorie, arbeitet aber auch mit empirisch-soziologischen Methoden und umfaßt zudem Fächer, die früher ihren Ort in der rechtswissenschaftlichen Staatslehre hatten wie (vergleichende) Verfassungslehre, Regierungslehre (government) und Verwaltungslehre (public administration) sowie internationale Beziehungen.

Angesichts der Stoffülle, der vielgestaltigen inneren Spezialisierung und des z.T. hohen Standards der heutigen Politischen Wissenschaft erweist sich die Verselbständigung der Politischen Wissenschaft als Gewinn. Wollte die rechtswissenschaftliche Staatslehre versuchen, anstatt sich von der Politischen Wissenschaft bereichern und befruchten zu lassen, verlorenes Terrain zurückzugewinnen oder mit der Politischen Wissenschaft zu konkurrieren, so würde sie sich zum Dilettantismus verurteilen. Indessen ist der ihr verbliebene Beitrag zu den Staatswissenschaften wichtig genug und vermag Gesichtspunkte beizusteuern, die ohne sie zu kurz kämen: nämlich das vertiefte Verständnis der staatsrechtlichen Institutionen und ihrer Legitimitätsgrundlagen.

4

Zu den üblichen Standardthemen der rechtswissenschaftlichen Staatslehre gehören einige, die in dieser Einführung nicht angesprochen werden, z.B. die Probleme der Bürokratie, der Kirchen, der Staatenverbindungen, des Bundesstaates, sowie Überblicke über Staats- und Regierungsformen. Eine Einführung soll weder die vorhandenen Lehrbücher noch die Vorlesungen ersetzen, die den gesamten Stoff gleichgewichtig zu verteilen haben und das Verweilen bei den Grundproblemen nicht erlauben. Die Erfahrung zeigt jedoch, daß der Stoff für die Studenten erst lebendig, fesselnd und gegenwartsbezogen wird, wenn das Problembewußtsein gerade in den Grundfragen geweckt, die Reflexion angeregt und der unentbehrliche geschichtliche Wissensstoff in Erinnerung gerufen worden ist.

Diesem Zweck kann diese Einführung auch dann dienen, wenn ihre Thesen im einzelnen nicht Zustimmung, sondern Widerspruch finden oder wenn man zu der Meinung kommen sollte, daß andere Fragen und Themen als die hier erörterten vordringlicher wären. Der Antwort auf die Frage, was das jeweils Wichtigste ist, haftet unvermeidlicherweise immer etwas Subjektives an, weil sie von der jeweiligen politischen Gesamtkonstellation, ihren Herausforderungen und Gefahren abhängt – und also auch davon, wie man diese Situation und ihre Chancen und Risiken einschätzt. Entscheidend ist, daß diese Einschätzung so realistisch wie möglich ist. Nachträglich stellt sich immer heraus, welche Betrachtungsweise realistisch war. Aber man muß es möglichst vorher wissen. Dazu kann es zumindest hilfreich sein, sich die hier in den Vordergrund gerückten geschichtlichen Erfahrungen und Grundgedanken zu vergegenwärtigen, die für die Entwicklung des demokratischen Verfassungsstaates Weichen gestellt haben.

I. Teil
Friede: Der Staat

1. Kapitel: Legitimität

§ 2. Souveränität und Legitimität

Zwei Begriffe bilden den Schlüssel zum Verständnis fast aller Probleme der Staatslehre, die sich auf den neuzeitlichen Staat beziehen: Souveränität und Legitimität. In einer ersten und vorläufigen Kennzeichnung richtet sich die Frage nach der Souveränität auf die Durchsetzungsmacht der Staatsgewalt, die Frage nach der Legitimität auf ihre Rechtfertigung. Beide Fragen hängen auf das engste zusammen, ja bilden gewissermaßen die Außen- und Innenseite desselben Problems. Denn die Durchsetzungsmacht der Staatsgewalt besteht nur so lange, als sie im großen und ganzen als gerechtfertigt gilt, mindestens bei den Trägern des Staatsapparates. Ist die Legitimitätsgrundlage der Staatsgewalt erschüttert, so kommt es zu passivem und aktivem Widerstand, zu Rechtsverweigerung, zu Sabotage, schließlich zur Totalpolarisierung und zum Bürgerkrieg, der in die Unterwerfung der einen Partei durch die andere und also in den Terror, in den Bürgerkrieg mit Polizeimitteln, mündet. Die Souveränität des Staates hängt von seiner Legitimität ab, und die Legitimität begründet seine Souveränität. Insofern ist die *Legitimitätsfrage die Innenseite der Souveränitätsfrage.* Was sich von außen als einfache Machtfrage darstellt, ist von innen gesehen ein Komplex von moralischen, psychologischen, anthropologischen, ökonomischen, geschichtlichen Fragen.

Je tiefer man in das Legitimitätsproblem eindringt, desto tiefer versteht man, was den Staat «im Innersten zusammenhält», was ihn und seine Verfassungsgeschichte bewegt, wie Macht und Recht sich wechselseitig bedingen, desto zuverlässiger kann man aber auch voraussehen, wovon Stabilität oder Labilität des Staates abhängen, wo die aktuellen Zukunftschancen und Gefährdungen des demokratischen Verfassungsstaates liegen, welche dialektischen Bewegungsgesetze und Automatismen in ihm wirken und welche politischen Bedingungen welche politischen Folgen erwarten lassen. Kurz, mit der Legitimitätsfrage ist die Frage nach den *Souveränitätsbedingungen* aufgeworfen. Um diesen Zusammenhang anschaulich zu machen, ist es unvermeidlich, das staatsphilosophische Legitimitätsproblem wenigstens zu skizzieren.

Die Funktionsbedingung eines Staates ist die Verbindlichkeit seiner Entscheidungen. Worauf beruht sie? Von welchen Voraussetzungen und Bedingungen hängt sie ab? Wie kommt es, daß wir Gesetzen, Richtersprüchen, Verwaltungsakten usw. Folge leisten?

Wenn ein Hoheitsakt unseren subjektiven Wünschen und Interessen entgegenkommt, ergibt sich kein Problem. Auch dann, wenn er ihnen widerstreitet, wenn wir z.B. einen Prozeß verloren haben, ist es gleichwohl möglich, daß wir die die Entscheidung tragende Norm grundsätzlich anerkennen, dann nämlich, wenn wir einsehen, daß die Norm im Allgemeininteresse liegt oder auf einer gerechten Abwägung von Interessen beruht und daß wir ihr, wenn wir als Gesetzgeber über sie zu entscheiden hätten, zustimmen würden. Es gibt also Anerkennung einer Entscheidung aus subjektivem Interesse und aus objektiver Einsicht.

Wie aber, wenn wir ein Gesetz für politisch falsch, für unzweckmäßig, überholt usw. halten? Es gibt drei Möglichkeiten: 1. Kampf gegen die Verfassung, gegen das «System», das solche Ungerechtigkeiten zulasse; 2. Nichtbeachtung nur dieses einen Gesetzes bei Verfassungstreue im übrigen; und 3. Beachtung des Gesetzes, verbunden eventuell mit dem rechtspolitischen Kampf für seine Änderung, gemäß der für das angelsächsische Rechtsbewußtsein prägenden Parole: «*to obey punctually, to censure freely*» – pünktlich gehorchen, frei kritisieren.

Die dritte Möglichkeit ist die normale, die übliche, die uns zuerst beschäftigen soll. Warum befolgen wir «normalerweise» Gesetze, die wir politisch mißbilligen? Eine naheliegende Antwort lautet: weil wir dazu gezwungen werden könnten, letztlich mittels *physischer Gewalt,* nämlich mittels Polizei, gerichtlicher Zwangsvollstreckung oder Strafen. Staatstheoretisch gesprochen, weil der Staat souverän genug ist, sich durchzusetzen. Ist also die Situation prinzipiell vergleichbar der Zwangssituation, in die uns ein Räuber mit der Alternative «Geld oder Leben» stellt und in der wir ihm daraufhin das Portemonnaie aushändigen? Beruht, m.a.W., die Geltung des Gesetzes auf dem Kalkül, daß man das geringere Übel wählt, wenn man der Sanktion aus dem Wege geht? Gegen diese Annahme spricht einiges:

Wenn die Geltung des Gesetzes nur auf der Furcht vor der zu erwartenden Sanktion beruhte, so würde in Situationen, die die Gefahr der Sanktion ausschließen, das mißliebige Gesetz niemals beachtet werden, und dies mit gutem Gewissen. Die Ausnutzung der Chance, daß eine Gesetzesverletzung unentdeckt bleibt, kommt gewiß häufig vor, aber es gibt auch andere Möglichkeiten. Man kann sich in solchen Situationen sagen: «Dies ist nun einmal Gesetz». Oder man mißachtet zwar das Gesetz, aber doch mit dem Bewußtsein, etwas Unrichtiges zu tun, das man eigentlich nicht tun sollte. Ein solches Bewußtsein hätte niemand, der sich den Forderungen eines Räubers zu entziehen vermag. Warum dann bei der Verletzung eines mißbilligten Gesetzes?

Man kann diese Frage noch schärfer stellen, wenn man nicht von der Gesetzesbefolgung durch den *Bürger,* sondern durch den *Beamten und Richter* spricht. Warum vollstreckt der Polizeibeamte einen Verwaltungsakt, den er inhaltlich für falsch hält? Weil das von der zuständigen Stelle angeordnet worden ist und weil es seines Amtes ist, den Anordnungen der zuständigen Stelle Folge zu leisten. Warum aber folgt er den Anordnungen der zuständigen Stelle? Nach der Räubertheorie müßte man ihm das Kalkül unterstellen, daß er seine Stellung gefährden könnte, wenn er solchen Anordnungen nicht Folge leistete. Motiviert ihn wirklich nur dies und nichts sonst? Angenommen, der Beamte, der den vollstreckten Verwaltungsakt erlassen hat, hält ihn inhaltlich ebenfalls für unrichtig. Er hat ihn aber dennoch erlassen, weil das dem Gesetz entspricht. Warum tut er das? Nur, weil er verwaltungsgerichtlicher Kontrolle unterworfen ist? Gesetzt, die Verwaltungsrichter halten das Gesetz ebenfalls für inhaltlich unrichtig, wenden es aber trotzdem an. Warum? Nur weil ihre Entscheidung sonst von einer höheren Instanz aufgehoben würde? Richter sind im Verfassungsstaat unabhängig, das wäre also für sie nicht schlimm. Immerhin, sie könnten ihre Aufstiegschancen beeinträchtigen. Gesetzt, auch die Richter letzter Instanz halten das Gesetz inhaltlich für unrichtig. Sie wenden es trotzdem korrekt an. Warum? Sie sind sachlich und persönlich unabhängig, sie sind am Ziel ihrer Karriere, was motiviert sie? Von der Räubertheorie her ist diese Frage kaum zu beantworten. Man müßte schon zu etwas hilflosen Konstruktionen greifen, die aber doch gerade nur das Ungenügende der Räubertheorie sichtbar machen würden. Was sie motiviert, ist die *Geltung des Gesetzes*.

Diese Überlegung will deutlich machen: Die Befolgung und Anwendung des Gesetzes läßt sich aus einer Summe von ichbezogenen Zweckkalkülen nicht hinreichend erklären. Es muß hinzukommen die Vorstellung von der Verpflichtungskraft, der Geltung, der Verbindlichkeit des Rechts. *«Verpflichten» bedeutet etwas anderes als «nötigen»*. Die Aufforderung des Räubers: «Geld oder Leben» verpflichtet nicht, sie nötigt nur. Gewiß, der Staat nötigt auch, er zwingt seine Bürger zur Einhaltung der Verpflichtungen, nämlich mittels Zwangsvollstreckung oder Strafen und deren Androhung. Aber Verpflichtung geht nicht in der Nötigung auf; die Nötigung tritt zur Verpflichtung hinzu. Die Verpflichtung, die Rechtsgeltung, ist das Primäre. Der nötigende Beamte selbst (oder der den Nötigenden letzten Endes Nötigende) muß schließlich von der *Verpflichtung* überzeugt sein. Denke man sich die Überzeugung von der Verpflichtungskraft weg, so bliebe ein System der Nötigungen übrig, das keinen Tag überdauern könnte. «Der Gewalt weichen ist ein Akt der Notwendigkeit, nicht des Willens, höchstens ein Akt der Klugheit. Inwiefern sollte daraus eine Pflicht werden?» (Rousseau[1]).

Man pflegt zwischen *Geltung* und *Wirksamkeit* des Rechts zu unterscheiden: Recht «gilt» kraft seiner Verbindlichkeit, seiner innerlich akzeptierten Verpflichtungskraft; es ist wirksam, soweit es, empirisch feststellbar, befolgt oder durchgesetzt wird. Wer gegen ein Gesetz verstößt, bezweifelt deswegen nicht ohne weiteres seine Geltung; nur ist das Gelten in diesem Fall nicht wirksam geworden. Der Satz: «Die Souveränität beruht auf Legitimität» läßt sich in einem ersten Schritt durch den Satz verdeutlichen: «Die Wirksamkeit des Rechts beruht auf seiner Geltung.»

---

1 Le Contrat Social, I 3.

Beruht aber nicht auch, anders herum, die Geltung des Rechts auf seiner Wirksamkeit? Kann Recht als verpflichtend anerkannt werden, wenn nicht eine Zwangsgewalt dahintersteht, die es durchsetzt, nachdem es vom Inhaber der gesetzgebenden Gewalt als verpflichtend angeordnet oder anerkannt worden ist? Anders gewendet: Souveränität beruht auf Rechtsgeltung. Beruht aber nicht auch die Rechtsgeltung auf Souveränität?

Man kann sich die Zusammenhänge am besten am Begriff der *Autorität* anschaulich machen, der gewissermaßen den Schnittpunkt der Begriffe Souveränität und Rechtsgeltung bildet. Der Legitimität der Staatsordnung im ganzen entspricht die Autorität der jeweiligen Inhaber der Staatsgewalt. Autorität hat, m.a.W., der Amtsinhaber in einer legitimen Ordnung. In diesem Sinne sprechen wir von *Amtsautorität* und unterscheiden sie von *persönlicher Autorität*. Persönliche Autorität beruht auf eindrucksvollen Eigenschaften einer Person: Auf ihrem Wissen, ihrer Erfahrung, ihrem Charakter, einer ihrer Willenskraft entspringenden Strahlkraft oder dergleichen. Daß jemand ein Amt innehat, kann seiner persönlichen Autorität zugute kommen, wenn man nämlich vermuten kann, daß er das Amt seiner Leistung und seinen Qualitäten verdankt. Die Amtsautorität ist von der persönlichen Autorität aber grundsätzlich unterschieden. Sie haftet am Amt, nicht an der Person, die das Amt verwaltet. Man braucht einen Richter persönlich in keiner Hinsicht eindrucksvoll finden; seine Entscheidung ist ein Richterspruch, nach ihm verfahren die betroffenen Bürger und Behörden. Wenn sich die Teilnehmer einer Gerichtsverhandlung erheben, während er den Gerichtssaal betritt, so gilt die Ehrerbietung dem Amt, nicht der Person. Persönliche Autorität wird häufig hinzukommen, und man wird für repräsentative Ämter Persönlichkeiten auswählen, die persönliche Autorität genießen. Daß aber trotzdem Amtsautorität und persönliche Autorität strikt unterschieden werden müssen, zeigt sich dort, wo der Amtsinhaber persönliche Autorität nicht genießt: Auch dort bleibt immer noch seine Amtsautorität übrig, die bewirkt, daß die Geste der Ehrerbietung ihm gegenüber erfolgt und daß seine Anordnungen befolgt werden.

Die Unterscheidung zwischen persönlicher Autorität und Amtsautorität ist in der Allgemeinen Staatslehre häufig nicht gemacht worden. Die Unterscheidung ist aber wichtig, weil uns der Begriff der Amtsautorität etwas Wesentliches für das Verständnis der Legitimität des Verfassungsstaates lehren kann. Amtsautorität vermittelt nämlich Macht und Recht. Amtsautorität hat, wer ein Amt hat, und das entscheidet sich nach den Organisations- und Kompetenznormen des Staates, also nach dem Recht. Die *Autorität folgt also aus* dem Recht. Die treffendste Definition der Amtsautorität finden wir bei *Mac Iver;* dort heißt es:

»Unter Autorität verstehen wir das – in welcher Gesellschaftsordnung auch immer – zugestandene Recht, das Handeln anderer zu bestimmen, bei gewissen Problemen zu entscheiden und Auseinandersetzungen beizulegen oder, allgemeiner, anderen Führer und Lenker zu sein ... Die Betonung liegt in erster Linie auf ‹Recht›, nicht auf ‹Macht›.»[2]

Wer Amtsautorität besitzt, kann Staatsgewalt ausüben: seine amtlichen Entscheidungen werden von Polizei und Gerichtsvollzieher, wenn nötig, vollstreckt.

So ergibt sich für uns also folgende Kette: *Die Staatsgewalt folgt aus der Amtsautorität, die Autorität folgt aus dem Recht, mittelbar also folgt die Gewalt aus dem Recht.*

Diese Einsicht, so evident sie ist, überrascht dennoch; denn nach den traditionellen Vorstellungen kontinentaleuropäischer Staatslehre verhält es sich umgekehrt: Recht kann nur entstehen und durchgesetzt werden, wenn man Autorität und Staatsgewalt voraussetzt. Man hat darüber gestritten, ob Gewalt oder Autorität das Primäre ist; das Verhältnis von *potestas* und *auctoritas* und der Primat von beiden beherrschte die Diskussion und beherrscht sie zum Teil noch heute.[3] Soviel aber schien doch sicher, daß der Gewalt oder Autorität – welcher von beiden immer – im modernen Staat der Primat vor dem Recht zukommen müsse. Denn besteht das Recht weder als altüberlieferte noch als göttliche oder natürliche Ordnung, sondern als positive, gesetzte Ordnung, kann die Staatsgewalt also über das Recht verfügen, so ist der Staat die Quelle des Rechts und nicht das Recht die Quelle des Staates. Auch dies ist evident und unbestreitbar.

Wir haben es also mit einer typisch dialektischen Gegenüberstellung zu tun: *Die Macht folgt aus dem Recht*, und: *Das Recht folgt aus der Macht.* Beide Sätze, die sich auszuschließen scheinen, sind dennoch beide richtig. Staatliche Organe entscheiden darüber, was Recht ist, aber sie entscheiden darüber kraft rechtlicher Kompetenzzuweisung. Auch die Organisationsnormen, die über die Kompetenzzuweisung entscheiden, können geändert werden, aber auch nur von den dafür zuständigen Organen und in dem dafür vorgesehenen Verfahren.

Beide Sätze werden bestritten. Der Satz: «Das Recht folgt aus der Macht» wird von «anarchistischen» Theoretikern bestritten, die das Ideal der Herrschaftsfreiheit nicht nur tendenziell anstreben, sondern die postulieren, nur die Vernunft schaffe Recht, und die ein autonomes Widerstandsrecht gegen jede Art von Staatsgewalt für sich in Anspruch nehmen. Sie sind freilich seltene Ausnahmen, und es handelt sich im allgemeinen auch nur um theoretische Erwägungen ohne praktisch-politische Bedeutung.

Der andere Satz: «Die Macht folgt aus dem Recht» wurde freilich häufiger bestritten; nämlich überall da, wo sich die Machthaber von den Kompetenznormen der Verfassung unabhängig machten und die Verfassung entweder durchbrachen oder suspendierten. Der klassische Beispielfall dafür ist Karl I.

---

2 Mac Iver, Regierung im Kräftefeld der Gesellschaft, S. 76.

3 Vgl. z.B. das Kapitel von Herbert Krüger über Autorität: Allgemeine Staatslehre, S. 840 ff.

Stuart, der aus theoretischem Doktrinarismus, seinem Vater, Jakob I., folgend, die zu seiner Zeit modische *absolutistische Souveränitätsdoktrin* in die Tat umsetzen wollte. In dem im England seiner Zeit herrschenden Verfassungsrecht sah er lediglich hemmende Schranken seiner Macht. Er verkannte, daß das Verfassungsrecht seine Macht nicht nur beschränkte, sondern auch begründete: Es wies dem König sehr weitgehende Kompetenzen und Prärogativen zu. Indem Karl I. das Recht für unmaßgeblich erklärte und es durch die Souveränitätsdoktrin ersetzen wollte, zerstörte er das Fundament seiner Macht. Er hatte den Theoretikern geglaubt, die ihn gelehrt hatten, der Satz: «Lex facit Regem» sei falsch oder überholt, richtig müsse er heißen: «Rex facit legem». Er ließ sich durch die Tatsache bestimmen, daß dieser letztere Satz seine Berechtigung hatte. Sein Denken war zu starr und undialektisch, als daß er hätte einsehen können, daß trotzdem der gegenteilige Satz: «Lex facit Regem» ebenfalls wahr sein könnte. So schuf er eine Konfrontation, die in den Bürgerkrieg und schließlich in seine Verurteilung und Hinrichtung mündete. Kurzum, er verkannte erstens, daß seine königliche Autorität Amtsautorität war, und zweitens, daß die Amtsautorität im Recht wurzelt.

Der Begriff der Amtsautorität vermittelt uns zugleich einen Einblick in den Unterschied von Verfassungsstaat und Diktatur. Dieser Unterschied besteht nämlich keineswegs etwa darin, daß die Autorität des Diktators nicht auf dem Recht beruhte. Vielmehr ist auch die Autorität des Diktators Amtsautorität. Denn auch die Diktatur ist auf einen Rest von Legitimität wenigstens innerhalb des Staatsapparates, der die übrigen Bürger zum Gehorsam nötigt, angewiesen. Die Diktatur muß wenigstens bei Polizei und Militär als gerechtfertigt gelten, andernfalls kann sie nicht funktionieren. (Deshalb hatte Hitler großen Wert darauf gelegt, auf legale Weise an die Macht zu kommen. Deshalb auch versuchen sowohl faschistische wie kommunistische Revolutionäre nach ihrer Machtergreifung, ihre Herrschaft so schnell wie möglich durch ein ihren Machtbedürfnissen angepaßtes Staatsrecht zu legitimieren.) Denn niemand kann eine Diktatur auf die Gewalt seiner eigenen Fäuste gründen. Mögen 98 Prozent der Bevölkerung dem Diktator mit Haß und Mißtrauen gegenüberstehen: Es kommt für ihn darauf an, daß die zwei Prozent, die die Staatsämter innehaben und über das Monopol des legalen Waffengebrauchs verfügen, ihn als ihren kompetenten Herrscher ansehen. Er ist angewiesen auf Beamte, Militär, Polizei, Geheimpolizei usw. In den Augen dieser zwei Prozent aber muß er «auctoritas» besitzen, das heißt, in ihren Augen muß er die *Kompetenz* haben, verbindlich zu entscheiden. Wenn auch sie an sein Herrschaftsrecht nicht mehr glauben, wenn schließlich selbst seine eigenen Leibwächter sein Herrschaftsrecht anzweifeln, dann ist es um seine Macht geschehen.

Was die Diktatur vom Verfassungsstaat unterscheidet, ist vielmehr die Schrumpfung der «auctoritas» auf die Träger des Zwangsapparates und einen beschränkten Kreis von Bürgern. Den übrigen Bürgern tritt der Machtapparat weitgehend nur als «potestas», als Nötigungsinstrument, gegenüber: Das vom Diktator neugeschaffene Recht hat, jedenfalls soweit es von der im Volk lebendigen Sittlichkeit abweicht, für sie Wirksamkeit ohne Geltung. Seine

Wirksamkeit beruht nur auf Furcht vor der Zwangsgewalt, nicht auf innerer Anerkennung seiner Verbindlichkeit.

Deshalb kann es in Diktaturen unmöglich geistige Freiheit geben. Selbst wenn die Diktatoren eine Zeitlang Kritik dulden, handelt es sich immer nur um eine Toleranz, die jederzeit rücknehmbar ist und zurückgenommen wird, sobald die öffentliche Diskussion die Legitimitätsgrundlagen des Herrschaftsanspruchs in Frage zu stellen beginnt. Urteilsfähigkeit ist geeignet, Zweifel am Herrschaftsrecht des Diktators auch innerhalb des Zwangsapparats zu wecken. Deshalb müssen die Träger des Apparats gegen Gedanken abgeschirmt bleiben, die solche Zweifel auslösen könnten. Eine gewisse intellektuelle und moralische Borniertheit bei allen Amtsinhabern ist Bedingung für das Funktionieren der diktatorischen Herrschaft. Deshalb kann ein diktatorischer Staat seine Grenzen auch nicht dem freizügigen Fluß von Meinungen und Informationen öffnen: Der Informationsfluß wird von den Herrschenden nicht nur aus Beschränktheit als bedrohlich empfunden; er ist für sie objektiv bedrohlich, sobald er dazu führen kann, daß ihr Recht zu herrschen, und also ihre Autorität, in Frage gestellt wird.

Diktaturen und Verfassungsstaat unterscheiden sich also nicht in der Frage, ob die Autorität auf rechtlicher Kompetenz beruht. Das ist bei beiden Typen das gleiche. Sie unterscheidet sich darin, ob nur die Träger des *Staatsapparats* oder auch die dem Staatsapparat unterworfenen *Bürger* die Legitimität der Kompetenz anerkennen. In der idealtypischen Diktatur gibt es Autorität im Extremfall nur bei denen, die die Anordnungen gegenüber den Gewaltunterworfenen letztlich zu vollziehen haben, die sie mit körperlicher Gewalt in die Gefängnisse, Lager und Irrenanstalten schleppen und dort beaufsichtigen. Im Verfassungsstaat hingegen genießen nicht nur die oberen Organe des Staates bei den unteren Autorität, sondern alle Organe genießen bei den gewaltunterworfenen Bürgern Autorität. Der demokratische Verfassungsstaat verfolgt die Tendenz, den Kreis derer, die die Legitimität der Staatsgewalt anerkennen, soweit wie möglich auszudehnen, nicht durch geistige Manipulationen und Umerziehung, sondern durch die materiale Rationalität, die aus sich heraus überzeugend wirkt und deshalb zur allgemeinen Anerkennung der rechtlichen Kompetenzen führt.

§ 4. Rechtspositivismus und Legitimität

Die Diktatur ist ein Grenzfall. Wo es Freiheit gibt, ist das Recht wirksam, weil es als geltend anerkannt ist. Man befolgt auch ein inhaltlich für unrichtig gehaltenes Gesetz, und zwar einfach deshalb, weil es geltendes Recht ist. Diese Antwort ist freilich auch nur vorläufig und in mancher Hinsicht unbefriedigend. Zunächst: Es sind Situationen denkbar, in denen man sich zum *Widerstand* entschließt, sei es zum Widerstand gegen einzelne Gesetze und Anordnungen, sei es zur Revolution gegen die Ordnung im ganzen. Auch in solchen Situationen weiß man, daß man sich gegen das geltende Recht auflehnt, daß man positive Rechtspflichten außer acht läßt. Man handelt dann bewußt im Hinblick auf *übergeordnete Gründe*. Die positive Rechtspflicht kann für sich allein unser Handeln nicht bestimmen, wenn wir der Meinung sind, daß eine höherrangige moralische Pflicht der Befolgung der Rechtspflicht entgegensteht. Wir befolgen eine Rechtspflicht so lange, als wir nicht einen überwiegenden moralischen Grund zur Gehorsamsverweigerung haben. Daraus folgt umgekehrt: Die *Befolgung der Rechtspflicht hat einen moralischen Grund*. Worin besteht dieser Grund? Wir fühlen uns ja, wie gesagt, durch ein Gesetz normalerweise auch dann verpflichtet, wenn wir es ausdrücklich mißbilligen.

Die Lösung dieses Dilemmas setzt voraus, daß wir unterscheiden zwischen der moralischen Billigung einzelner Gesetze und der *moralischen Billigung der Rechtsordnung im großen und ganzen*. Wenn wir die Rechtsordnung im großen und ganzen moralisch billigen, so können wir einzelne Ungerechtigkeiten in Kauf nehmen und müssen das sogar tun. Erst wenn diese Ungerechtigkeiten überhandnehmen und so unerträglich werden, daß die offene Auflehnung und damit das Risiko von Bürgerkrieg und Terror als ein Übel erscheinen, das kleiner ist als das Übel des weiteren Ertragens der «Ordnung», erst dann also, wenn wir die Rechtsordnung auch im großen und ganzen nicht mehr billigen können, verlieren ihre Vorschriften für uns ihre Verbindlichkeit.

Das Recht verpflichtet also nicht aus sich selbst heraus. Verbindlichkeit ist immer moralische Verbindlichkeit. Es gibt aber, so paradox das klingt, moralische Gründe dafür, ein Gesetz zu befolgen, das wir aus moralischen Gründen mißbilligen. Die Frage nach der Legitimität ist also die Frage nach den moralischen Gründen, auf denen die Rechtspflicht ruht.

Der These, daß die Verpflichtungskraft des Rechts letztlich moralische Gründe hat und durch diese relativiert wird, widersprechen die *«Rechtspositivisten»*. Ihr Grundgedanke ist, daß das «positive Recht» aus sich selbst heraus verpflichtet, daß man Rechtspflicht und moralische Pflicht strikt trennen müsse, daß sich im Extremfall die Rechtspflicht zum Gehorsam und moralische Pflicht zum Widerstand unvermittelt gegenüberstünden.[4] Indes wird hier der Begriff der Pflicht sinnentleert und tautologisch. Er besagt dann nichts weiter als «rechtliche Anordnung» oder «gesetzlich normierte Verhaltensweise». Wenn man das Wort «Rechtspflicht» in diesem Sinne braucht, dann stellt sich die Frage so: Ist die Rechtspflicht verpflichtend? Das ist ein etwas sonderbarer Sprachgebrauch, der anzeigt, daß sich der Rechtspositivismus von dem Sachproblem der Legitimität selbst abgeschnitten hat. Das Sachproblem selbst läßt sich hingegen nicht aus der Welt schaffen, es ist unentrinnbar. Die Frage, ob das Recht verpflichtet, ist also letztlich immer eine moralische Frage. Das ergibt sich auch gerade daraus, daß sich nach der positivistischen Definition Rechtspflicht und Moralpflicht widersprechen können. Bei einem solchen Widerspruch muß man darüber entscheiden, ob man der Rechtspflicht oder

4 So z.B. Herbert Hart, Positivism and the Separation of Law and Morals, 1971 Harvard Law Review, 593, 670 (1958); vgl. auch The Concept of Law, S. 203 ff. Ebenso Kelsen, Reine Rechtslehre, S. 123.

der Moralpflicht den Vorzug gibt, und das ist keine rechtliche, sondern eine moralische Frage.

Hans Welzel hat die These vertreten, es gebe «Rechtspflichten nur als sittliche Pflichten».[5] Hans Kelsen, der konsequenteste Verfechter des Rechtspositivismus, wehrt sich dagegen mit dem Argument, dann könne «jedes rechtsunterworfene Subjekt die Geltung des Rechts für sich mit der Begründung aufheben, daß die ihm vom Recht auferlegte Pflicht nicht sittlich sei».[6] Das, meint Kelsen, sei die «Aufhebung des Rechtspositivismus». Er scheint nicht bemerkt zu haben, daß er mit diesem Argument moralisch argumentiert und damit die angegriffene These in Wirklichkeit bestätigt. Kelsen scheint es offensichtlich für bedenklich und gefährlich zu halten, wenn jedes rechtsunterworfene Subjekt die Geltung des Rechts für sich aufheben könnte. Das hätte in der Tat weitreichende Konsequenzen und könnte schließlich zu Anarchie, Bürgerkrieg und Terror führen. Deshalb ist es sicherlich besser, wenn man im allgemeinen die Geltung des Rechts respektiert. Dies aber ist eine moralische Begründung für die Verpflichtungskraft der Rechtspflicht. Nicht anders ist die These gemeint, daß die Verbindlichkeit des Rechts eine moralische Frage ist.

Deutlicher noch wird das in jenen Grenzsituationen, in denen man Widerstand und Bürgerkrieg vorzieht, in denen man sich durch das Recht also nicht mehr verpflichtet fühlt. Gewiß, vom Standpunkt des Rechtspositivismus aus gesehen begründet das positive Recht auch dann noch «Rechtspflichten». Aber vom Standpunkt der Revolutionäre aus stellt es sich dann nur noch als reiner Nötigungsversuch dar. Wer sich an Widerstand und Revolution nicht beteiligt, wer die bestehende Rechtsordnung nach wie vor akzeptiert, der betrachtet sie als verbindlich und vollzieht möglicherweise die rechtlichen Sanktionen. Aber was bedeutet die Behauptung einer Verbindlichkeit gegenüber jemand, der diese Verbindlichkeit nicht anerkennt? Für ihn handelt es sich nicht mehr um Pflichtenkollision, sondern um eine Machtfrage: Es geht darum, ob der Widerstand sich tatsächlich zu behaupten und durchzusetzen vermag. Kann er das nicht, so werden die staatlichen Sanktionen als unverschuldete Leiden ertragen, kann er es, so wird die terroristische «Ordnung» beseitigt, ohne daß der Revolutionär die Pflichtwidrigkeit seines Tuns anerkennen würde.

Diese Überlegung darf nicht zu dem Schluß verleiten, daß es Pflichten nur als *autonome,* nicht als von außen auferlegte Pflichten geben könne. Das wäre eine extreme Konsequenz nach der anderen Seite hin. Dem steht zweierlei entgegen: einmal die Tatsache, daß alle Rechtspflichten von außen auferlegt sind, letztlich auch in der Demokratie, zum anderen die Tatsache, daß sie auch als von außen auferlegte im Zweifel als verbindlich anerkannt werden. Das heißt, es bedarf im allgemeinen nicht einer besonderen moralischen Überlegung und Entscheidung *für* die Anerkennung der Verbindlichkeit des Rechts,

5 Naturrecht und Rechtspositivismus, Festschrift für Hans Niedermeyer, S. 293.
6 Was ist juristischer Positivismus? Juristenzeitung 1965, S. 466, 468, Note 22 a.

sondern nur allenfalls einer moralischen Überlegung und Entscheidung *gegen* die Verbindlichkeit. Wenn nicht ganz besondere Gegengründe vorliegen, wird die heteronome Rechtsordnung als rechtsverbindlich anerkannt. Wenn aber solche Gegengründe vorliegen, entscheidet das autonome Gewissen über die Verbindlichkeit. Zugespitzt kann man sagen: *Auch über die Verpflichtungskraft heteronomer Normen wird in letzter Instanz autonom entschieden*. Diese moralische Autonomie ist unentrinnbar; die Versuche positivistischer Rechtstheoretiker, ihr zu entrinnen, sind logisch unmöglich und führen sich selbst ad absurdum. Und diese Unentrinnbarkeit wird schließlich durch die Geschichte bestätigt, die ja immer wieder die vulkanischen Ausbrüche von Staatsstreich und Revolution, von Widerstand und Bürgerkrieg gekannt hat.

Man muß also zwar unterscheiden zwischen *Recht und Moral*, zwischen dem Recht, das ist, und dem Recht, das sein sollte, zwischen Recht und gerechtem Recht, zwischen Rechtspflicht und Moralpflicht, zwischen positivem Recht und Naturrecht, zwischen geltendem Recht und wünschenswertem Recht usw. Man muß unterscheiden, aber man darf nicht trennen. Wenn wir ein Gesetz, das wir für ungerecht halten, dennoch als verbindlich anerkennen, so hat auch diese Anerkennung moralische Gründe. Wenn z.B. ein katholischer Richter Ehescheidung grundsätzlich für unmoralisch hält, dennoch aber die bestehenden Ehegesetze als Richter anwendet, weil er sie rechtlich für verbindlich hält, so handelt er aus moralischen Gründen: Er erkennt z.B. an, daß er in einer konfessionell und weltanschaulich pluralistischen Gesellschaft seine religiöse Überzeugung, obwohl er tief von ihr durchdrungen ist, als Jurist zurückstellen muß, weil er nur so dazu beitragen kann, daß die verschiedenen Konfessionen und Moralen in einem friedlichen und geordneten Gemeinwesen zusammen leben können. Das ist weder zynisch noch Verleugnung der moralischen Überzeugung, sondern die Relativierung dieser moralischen Überzeugung durch andere moralische Überlegungen.

Daß das Legitimitätsproblem ein moralisches Problem ist, bestätigt der Rechtspositivismus mittelbar dadurch, daß er das Legitimitätsproblem aus der Rechtstheorie verweist und es nur noch als moralisches Problem gelten lassen will. Hans Kelsen leitet die Rechtspflicht aus dem hierarchischen *Stufenbau* des Rechts ab.[7] Zum Beispiel: Warum verpflichtet ein Verwaltungsakt? Weil er aufgrund einer Rechtsverordnung erlassen worden ist. Warum verpflichtet die Rechtsverordnung? Weil sie in verfassungsmäßiger Weise aufgrund eines Gesetzes erlassen worden ist. Warum verpflichtet dieses Gesetz? Weil es in verfassungsmäßiger Weise zustande gekommen ist. Warum verpflichtet die Verfassung? Weil man eine hypothetische *Grundnorm* voraussetzen muß, die lautet: Der Verfassung ist zu gehorchen. Warum verpflichtet diese Grundnorm? Diese Frage weist Kelsen ab; sie sei keine rechtstheoretische Frage mehr. Die Grundnorm sei eine hypothetische Voraussetzung der Rechtsordnung, das juristische Denken lasse sich immer nur bis auf diese Grundnorm zurückführen. Mit dieser Antwort kann man einverstanden sein. Das bedeutet

7 Reine Rechtslehre, S. 196 ff.

dann aber nur das Zugeständnis, daß die Frage: «Warum verpflichtet die Grundnorm?» keine Rechtsfrage ist. Es bedeutet aber nicht, daß man die Frage fallenlassen könnte: sie bleibt bestehen, und wenn sie keine Rechtsfrage ist, dann ist sie eben eine moralische Frage. Quod erat demonstrandum.

§ 5. Der utilitaristische Individualismus

Legitimität, Geltung einer Ordnung, bedeutet also die innere Anerkennung dieser Ordnung. Läßt sich die Anerkennung der Berechtigung auf der Grundlage des utilitaristischen Individualismus herstellen? Diese Frage enthält das für die Zukunft jedes Staates heute entscheidende ethische Fundamentalproblem.

Unter utilitaristischem Individualismus verstehen wir sowohl eine individuelle Haltung als auch eine Tradition der politischen Doktrin. Die individuelle Haltung ist geprägt vom individuellen Eigennutz, insbesondere vom Interesse an materiellem Gewinn, an Bewahrung und Vermehrung des Eigentums. Das Eigeninteresse erscheint wichtiger als die Interessen anderer und der Gemeinschaft. Der utilitaristische Individualist unterwirft sich den Gesetzen des Staates und den Konventionalregeln der Gesellschaft, weil und soweit das *für ihn nützlicher* ist als die Auflehnung; er zahlt Steuern, soweit es ihm nicht gelingt, sich seinen Steuerpflichten zu entziehen, er beteiligt sich am politischen Leben, um den Kräften zum Sieg zu verhelfen, die seinen individuellen Interessen am förderlichsten sind, und er wählt ohne Rücksicht auf politische Gesamtzusammenhänge die Partei, von der er sich die besten Chancen für sein Einkommen verspricht. Er mag politische Meinungen haben, aber sie stimmen wie durch eine wunderliche Fügung im außen- und innenpolitischen, sozialpolitischen, kulturpolitischen, finanzpolitischen Bereich usw. mit der Ansicht der Partei oder Organisation überein, bei der er sein individuelles Interesse am besten aufgehoben weiß. Der utilitaristische Individualist ist ein Typus, den es zu beschreiben, nicht moralisch zu beurteilen gilt. Er mag im familiären, kirchlichen, sozialen Bereich und sogar in politischen Teilbereichen ein ethisches Engagement und auch sonst achtenswerte Züge haben. Was hier interessiert, ist lediglich das Defizit an staatsbürgerlicher Identifikation.

Die politische Doktrin des utilitaristischen Individualismus ist geprägt von dem Versuch, die staatsbürgerliche Identifikation auf der Grundlage der individualistischen Haltung herzustellen, und zwar durch die Vergegenwärtigung der *wohlkalkulierten Eigeninteressen*. Es bedürfe, so sagt diese Doktrin, keines anderen Ethos und keiner anderen Legitimations- und Verpflichtungskraft des Staates und seines Rechts, als nur des genügend langfristigen und fehlerfreien Kalküls des individuellen Interesses. Diese Doktrin ist ein Thema mit Variationen: Es gibt sie, von Vorläufern unter den griechischen Sophisten über Hobbes, Locke, die Utilitaristen bis hin zu den syndikalistischen Konflikttheoretikern, die den Staatsbürger dazu erziehen wollen, seine Gruppeninteressen zu erkennen und auf Kosten anderer durchzusetzen.

Der utilitaristische Individualismus ist in der *Marktwirtschaft* nicht nur anerkannt, sondern er ist geradezu ihr Motor: Wer wirtschaftet, soll sich vom Profitinteresse leiten lassen, weil er sich eben dadurch den Marktgesetzen einfügt und so mittelbar am besten zur wirtschaftlichen Wohlfahrt beiträgt. Das wirtschaftliche Leben ist deshalb von einem geistig-ethischen Klima geprägt, das die Tendenz in sich trägt, sich auf andere Lebensbereiche, insbesondere auf das politische Leben auszudehnen. Diese Tendenz wird dann übermächtig, wenn man die Grundlage aller Freiheit in der Wirtschaftsfreiheit und nicht in den rechtlichen Institutionen des Verfassungsstaates erblickt.

Als politische Haltung und politische Doktrin kann jedoch der utilitaristische Individualismus den Verfassungsstaat nicht legitimieren. Denn die Legitimität des neuzeitlichen Staates beruht auf einer materialen Rationalität, die im Zweckkalkül nicht aufgeht. Man kann sich auf einfache Weise klarmachen, warum der utilitaristische Individualismus diese Legitimität nicht ersetzen, sondern nur zersetzen kann.

Die Berücksichtigung fremder Interessen und die Anerkennung von Normen, die einem Lasten zugunsten fremder Interessen auferlegen, ist zwar auch auf der Basis des utilitaristischen Individualismus nicht ausgeschlossen. Diese Anerkennung setzt jedoch voraus, daß sie sich bei langfristiger wohlberechneter Kalkulation der Eigeninteressen als nützlich erweist. Sie ist dann nützlich, wenn mit der Möglichkeit gerechnet werden muß, daß *sich die Interessenlage umkehrt.* Das ist dann der Fall, wenn Situationen denkbar sind, in denen man sich selbst in der Rolle findet, in der jetzt der andere ist. Zum Beispiel: Die zivilrechtlichen Regeln des Kauf- oder Mietrechts werden vom Verkäufer oder Vermieter deshalb anerkannt, weil er selbst in die Lage eines Mieters oder Käufers kommen kann und weil die Bedingungen, die für ihn jetzt günstig sind, dann ungünstig sein würden und umgekehrt. Oder: Die staatsrechtlichen Regeln über die Rechte der Opposition oder der Minderheit werden von der Mehrheit deshalb anerkannt, weil sie selbst in die Rolle der Opposition oder der Minderheit geraten kann. Oder: Die strafprozessualen Grundregeln werden auch von demjenigen anerkannt, der noch nie in ein Strafverfahren verwickelt war und der den Angeklagten alles Üble wünscht, denn er kann wie jedermann in die Rolle eines unschuldig Verdächtigen geraten und hat deshalb ein Eigeninteresse an der generellen Geltung eines rechtlich geregelten Prozeßverfahrens. Solche und ähnliche Überlegungen können in der Tat viele Regeln des Staates und auch des Verfassungsstaates legitimieren. In der Rechtsphilosophie pflegt man davon zu sprechen, daß die mögliche «Reziprozität» (Gegenseitigkeit) das Recht legitimiere. Aber es fragt sich, ob das richtig ist; denn dieses *Kalkül aus dem langfristigen Eigeninteresse ist nur für einen Teil des geltenden Rechts schlüssig.*

Es gibt viele Rechtsregeln, die einem Rücksicht auf Menschen in Rollen und Situationen zumuten, in die man selbst nicht geraten kann oder mit denen man jedenfalls verständigerweise nicht zu rechnen braucht: Man wird nicht zum Schwarzen, zum Juden, zum Zigeuner, zum Buddhisten, zum Homosexuellen, zum Künstler, zum Intellektuellen usw., wenn man es nicht ist. Regeln des *Minderheitenschutzes* können durch die mögliche Reziprozität nur legitimiert werden, wenn man damit rechnen muß, daß die Minderheiten zur Macht gelangen könnten. Von einem gewissen Grad der zahlenmäßigen Schwäche der Minderheiten an braucht man diese Möglichkeit nicht einzukalkulieren. Und selbst wenn diese Gefahr ausnahmsweise doch bestehen sollte, so führt auch das nicht notwendigerweise zur Anerkennung der Regeln des Minderheitenschutzes, sondern kann im Gegenteil in die Versuchung führen, die Minderheit durch Rechtlosstellung oder Vernichtung ungefährlich zu machen. Die Regeln des Minderheitenschutzes müssen also eine andere Legitimitätsgrundlage haben, die der utilitaristische Individualist allerdings nicht nachzuvollziehen imstande ist.

Was diese Regeln legitimiert, ist die Meinung über das, was recht und unrecht ist. Die Überzeugung, daß es z.B. unrecht ist, Juden zu verfolgen, ist unabhängig von dem langfristigen Kalkül des Eigeninteresses und beruht nicht etwa auf einer gegenseitigen Absprache des Inhalts: wir verfolgen keine Juden, dafür verfolgen diese uns auch nicht. Sie beruht vielmehr auf der Anerkennung der Menschenwürde des Juden als Menschen und seiner prinzipiellen Gleichberechtigung. Ebensowenig beruht das Eintreten für das Lebensrecht der Kinder vor und nach der Geburt auf einem Kalkül der Gegenseitigkeit: denn die Getöteten würden niemals Gelegenheit haben, uns Gleiches mit Gleichem heimzuzahlen. Konsequente Verfechter der Rechtsbegründung durch gegenseitig kalkuliertes Eigeninteresse stehen deshalb dem prinzipiellen Lebensrecht verständnislos gegenüber. So meint z.B. P. Singer, «daß sich die Gründe gegen das Töten von Personen nicht auf neugeborene Säuglinge anwenden lassen ..., weil niemand ... sich von einer Politik bedroht fühlen könnte, die Neugeborenen weniger Schutz gewährt als Erwachsenen. In dieser Hinsicht hatte Bentham recht, der den Kindermord als etwas beschrieb, was seiner Natur nach selbst der ängstlichsten Phantasie nicht die geringste Beunruhigung verschaffen kann.»[8]

Es wird an späterer Stelle am Beispiel *Bodins* näher auf den *Unterschied zwischen politischer Ethik und Individualethik* einzugehen sein. Die politische Ethik ist an einer *Interessenordnung «von unten nach oben»* orientiert: zuerst die Fundamente, die Voraussetzungen, unter denen es «höhere» Interessenentfaltung und -befriedigung überhaupt erst geben kann. Aufgabe der Politik ist es nicht, die «höheren Werte» vorzuziehen, also z.B. im konfessionellen Bürgerkrieg der katholischen Sache zum Sieg zu verhelfen, sondern die Fundamente, Frieden und Toleranz, zu sichern. Dieser politischen Ethik korrespondierte, wenn auch nicht theoretisch ausgeführt, so doch häufig praktisch gelebt, eine gewissermaßen *umgekehrte Individualethik,* die zum Verzicht, zur Askese oder auch zum Opfer des eigenen Lebens, also des fundamentalsten Eigeninteresses, im Dienste anderer bereit machte. Diese Ethik besteht im

8 Peter Singer, Praktische Ethik 1984, S. 170.

Eintreten für das Recht des Menschen, und zwar gerade auch des Schwächeren, ja des Schwächsten, dessen Gegenleistung nicht zu erwarten und von dem nichts zu befürchten ist (vgl. auch u. §§ 10, 53, 65).

Der utilitaristische Individualismus hat für diese Unterscheidung zwischen politischer und individueller Ethik keinen Sinn, er hebt sie auf. Er geht vom Individualinteresse aus, dessen Rationalität in der Berechnung der realen Befriedigungsbedingungen «von unten nach oben» steht, und mündet in eine politische Ethik, die durch die langfristigen Realbedingungen der individuellen Interessenbefriedigung begründet wird. Man meint: nichts könne mich verpflichten, was meinem individuellen Interesse, jedenfalls meinem wohlberechneten und langfristigen Interesse nicht entspreche oder ihm gar zuwiderlaufe. Warum läßt sich der Verfassungsstaat, lassen sich Grundrechte und Gewaltenteilung aus einem solchen Kalkül nicht hinreichend begründen?[9]

Vergegenwärtigen wir uns zunächst, was die Klassiker des utilitaristischen Individualismus zu diesem Thema zu sagen hatten.

Der bedeutendste unter ihnen, gewissermaßen der geistige Vater des neuzeitlichen Individualismus, *Thomas Hobbes,* hat ein ganzes System des Naturrechts auf eine Theorie der bürgerlichen Gesellschaft gegründet, in der jedes Mitglied seine wohlverstandenen Eigeninteressen langfristig und realistisch kalkuliert. Hobbes war dem Problem des Verfassungsstaates, der grundrechtlichen Verbürgung persönlicher Freiheit und der Gewaltenteilung gegenüber keineswegs neutral. Er war vielmehr, worauf zurückzukommen sein wird, der konsequenteste Verfechter des Absolutismus (vgl. u. § 31). Eine radikalere Negation sowohl der gewaltenteilenden Verfassung als auch der rechtlich geschützten Freiheit als die seine ist nicht denkbar. Und doch erscheint seine Theorie aus der Perspektive des utilitaristischen Individualisten als «liberal»: denn nach Hobbes wird der Souverän aus Klugheit, nämlich um seine eigene Legitimitätsgrundlage nicht zu erschüttern, diejenige Toleranz und Rechtssi-

---

9 Der Ansatz von Görg Haverkate, die «Verfassung als Gegenseitigkeitsordnung» begreiflich zu machen (Verfassungslehre, München 1992), sucht die Legitimität des Rechts in seiner Begründung durch Gegenseitigkeit. Die Verfassunggebung sei inhaltlich dem Abschluß eines synallagmatischen Vertrages vergleichbar: Leistung um der Gegenleistung willen, also Anerkennung der Rechte anderer, damit sie uns gleiche Rechte zugestehen. Die Verfassung sei zwar formell eine einseitig gesetzte Norm, materiell jedoch «das gegenseitige Versprechen der Bürger, sich als Rechtssubjekte zu achten und sich gegenseitig Raum zu geben für die gleiche Entfaltung eines jeden» (S. 153). Das ist insofern richtig, als das Vertragsverständnis der Verfassung die Akzeptanz der durch sie begründeten Rechte und Pflichten sehr weitgehend zu erklären vermag. Um sie aber erschöpfend zu erklären, bedarf es des Rückgriffs auf die ihnen zugrundeliegenden objektiv-naturrechtlichen Prinzipien. Denn die Rechte und Pflichten der Verfassung bestehen auch für den, der das Verfassungsversprechen nicht geben wollte (z.B. wegen abweichender politischer Anschauung) oder konnte (z.B. als Minderjähriger, Geisteskranker, zur Zeit der Verfassungsentstehung noch nicht Geborener). Die Pflicht, jeden anderen als Rechtssubjekt zu achten, wird durch diesen «Verfassungsvertrag» nicht begründet, sondern vorausgesetzt und besteht unabhängig von der Zustimmung zu ihm.

cherheit gewähren, deren der bürgerliche Marktverkehr bedarf. Das entspricht tatsächlich weitgehend der Entwicklung der wirtschaftsbürgerlichen Freiheit unter dem Absolutismus, wie sie unter anderem Max Weber[10] und Norbert Elias[11] beschrieben haben. Damit hat Hobbes eine wichtige Erkenntnis vorweggenommen, nämlich: *«Rule of law», Gewaltenteilung und Grundrechtsschutz sind für die bürgerliche Marktgesellschaft zumindest nicht essentiell.*

Die Legitimationsgrundlage des Verfassungsstaates liegt erstens in der Menschenwürde, die die Freiheit voraussetzt, aufrecht und furchtlos dem Staat gegenübertreten zu können, und zweitens in der Zubilligung dieser Menschenwürde auch dem anderen gegenüber. Das politische Engagement für Friede, Menschenwürde, «rule of law» hat sich bei vielen mit der Bereitschaft zum persönlichen Opfer verbunden, vom Ertragen von Verständnislosigkeit und Diffamierung bis hin zum Ertragen von willkürlicher Verhaftung, Folter und Mord.

Das wohlkalkulierte Eigeninteresse führt hingegen in Überlegungen der folgenden Art: Wenn ich z.B. nach den Umständen die Gewähr haben kann, daß sich eine blutige Glaubensverfolgung nicht gegen meine eigene Konfession richtet, sondern gegen eine andere Konfession - warum soll ich mich gegen sie wenden? Die unausgesprochene, aber notwendige Voraussetzung der Hobbesschen Souveränitätstheorie war sein vorangegangener konfessioneller Übertritt vom Puritanismus zur Hochkirche. Diesem Erzvater der individualistischen Rationalität graute zwar vor dem Bürgerkrieg, der ihn selbst gefährdete, aber er war unfähig, sich in die konkrete Situation eines mit Polizeimitteln geführten Bürgerkrieges von oben hineinzuversetzen, geschweige denn an solcher Vorstellung zu leiden. Er vermochte aus seinen Prämissen auch theoretisch nicht den Respekt für die freie Religionsausübung zu begründen. Er empfahl vielmehr im Zeitalter blutiger Glaubensverfolgungen die Herstellung der konfessionellen Konformität. Die Legitimierung konfessioneller Toleranz durch die mögliche Reziprozität versagte bei ihm; denn angesichts der militärischen Stärkeverhältnisse der Konfessionen im England seiner Zeit konnte er sich darauf verlassen, daß die Andersgläubigen niemals ihrerseits zum konfessionellen Terror würden übergehen können.

Dieses von Hobbes vorgedachte Kalkül des Eigeninteresses ist von anderen in anderen Situationen entsprechend variiert worden. Was hat z.B. ein Besitzender gegen den Ausschluß der Habenichtse vom Wahlrecht einzuwenden? Warum sollte sich ein Freier für die Sklavenbefreiung, warum ein Weißer für die Gleichstellung der Farbigen einsetzen? Warum sollte man für das Recht von Indianern, Zigeunern, Sektierern, Geisteskranken usw. eintreten, wenn man nicht zu ihnen gehört? Warum sollte ein deutscher Reichstagsabgeordneter im Jahre 1933 gegen das Ermächtigungsgesetz stimmen, wenn die Überprüfung seiner Ahnen seine arische Abstammung erwiesen hatte? Warum sollte ein Konservativer den griechischen Militärputsch vom April 1967 nicht

10 Wirtschaft und Gesellschaft, Neuaufl. 1964.

11 N. Elias, Über den Prozeß der Zivilisation. 2. Aufl. 1969.

billigen, wenn er doch den möglichen Wahlsieg der sozialdemokratischen griechischen Zentrums-Union im Mai 1967 abgewendet hat? Warum soll man die Abschaffung von Verfassung und Menschenrechten in Chile nicht billigen, wenn sich Mord, Folter, KZ und Geheimpolizei nicht gegen das Besitzbürgertum, sondern nur gegen «die Linken» richten? Gibt es auf diese Fragen eine Antwort?

Am 18. Januar 1933, kurz vor Hitlers Machtübernahme, widmete Rudolf Smend eine Universitätsrede zum Reichsgründungstag dem Thema: Bürger und Bourgeois im deutschen Rechtsstaat.[12] Das Thema bleibt aktuell. Die Unterscheidung zwischen Bürger im Sinne von Staatsbürger, *Citoyen,* und *Bourgeois* im Sinne des dem Staat nicht verpflichteten, sondern nur individualistisch und utilitaristisch kalkulierenden Wirtschaftsbürgers läßt sich nur aufrechterhalten, wenn man auf diese Fragen eine Antwort hat. Für den Bourgeois sind alle diese Fragen rein rhetorisch – was geht ihn das an? Für den Bürger sind es ernste Fragen, und er antwortet: Weil jedes Mitglied der Gemeinschaft gleiches Recht auf Freiheit und Menschenwürde hat, und überdies, weil nur die Anerkennung dieses Rechts die Chance zur Vernunft, Wahrheit und Gerechtigkeit eröffnet und den Staat auf eine breite Legitimationsgrundlage stellt.

Die Stabilitätsbedingung des demokratischen Verfassungsstaates ist, daß er eine genügend breite Schicht von Bürgern hat, die in diesem Sinne nicht Bourgeois, sondern Citoyens sind. Hat er sie nicht, so geht er unter, wie die Weimarer Republik.

§ 6. «Materiale Rationalität» als Legitimitätsgrundlage

Max Weber definierte die Geltung einer Ordnung als «die Chance, daß das Handeln an der Vorstellung vom Bestehen einer legitimen Ordnung orientiert wird».[13] Besser wäre es, zu sagen: Eine Ordnung gilt, wenn bei *Nichtbeachtung* ihrer Anordnungen die Vorstellung von der Verbindlichkeit ihrer Anordnungen erwacht. Denn es ist nicht ganz richtig, daß das Handeln an der Vorstellung vom Bestehen einer legitimen Ordnung «orientiert» wird. Rechtmäßiges Handeln ist, wie vor allem Eugen Ehrlich gezeigt hat, oft nicht am Recht orientiert und wird nicht durch das Recht motiviert.[14] Die Motive rechtmäßigen Handelns sind oft anderer Art. Man handelt z.B. rechtmäßig nicht, weil man rechtliche, sondern weil man gesellschaftliche Sanktionen befürchtet, etwa weil man sonst mit seinen Angehörigen zerfallen würde, weil man seinen Posten verlieren könnte, weil man seine Kundschaft einbüßen könnte, weil man sonst seiner Bank nicht mehr kreditfähig erschiene, weil man sonst in einen schlechten Ruf als unehrlich geraten könnte usw. Oder man erfüllt

12 Staatsrechtl. Abhandlungen, 1955, S. 119 ff.

13 Max Weber, Wirtschaft und Gesellschaft, S. 22.

14 Eugen Ehrlich, Grundlegung der Soziologie des Rechts. 3. Aufl. 1967.

Rechtspflichten freiwillig und ohne Zwang, nicht weil man sonst gesellschaftliche Sanktionen zu erwarten hätte, sondern aus innerem Antrieb. Man erfüllt z.B. die Pflichten seinen Eltern oder seinen Kindern gegenüber freiwillig, man erfüllt die sog. «ehelichen Pflichten» des Bürgerlichen Gesetzbuches, ohne daß dieses dabei motivierend mitwirkt. Man unterläßt Ruhestörungen nicht, weil das Recht sie verbietet, sondern weil man seinen Nachbarn gegenüber rücksichtsvoll ist, man erfüllt seine Schulden oder Arbeitsverpflichtungen einfach deshalb, weil man ein soziales Wesen ist.

Max Weber trägt dem teilweise Rechnung, indem er sagt: «Ein Rechtssatz gilt empirisch, weil die Geltung als Sitte eingelebt ist und die Konvention Abweichung mißbilligt.»[15] Und er schränkt den Geltungsbegriff ein, indem er sagt, ein Rechtssatz gelte, wenn die tatsächliche Verhaltensweise «mindestens *auch* (also in einem praktisch ins Gewicht fallenden Maße)» an der Ordnung motiviert sei. Aber auch diese Einschränkung ist noch nicht genügend. Nicht bei jedem rechtmäßigen Verhalten spielt das Recht «auch» eine Rolle, es kann vielmehr, wie z.B. bei der Erfüllung familiärer oder ehelicher Pflichten, gänzlich irrelevant sein, ohne daß deshalb seine Geltung als Recht in Frage steht. Die Geltung des Rechts zeigt sich oft erst bei einer *Nichtbefolgung* des Rechts. Erst dann wird die Geltung bewußt, d.h. die Vorstellung von der Verbindlichkeit erwacht. Worauf beruht diese Vorstellung von der Verbindlichkeit, worauf beruht die Legitimität?

In seiner berühmt gewordenen Typologie unterscheidet Max Weber drei Arten von Legitimität, nämlich charismatische, traditionale und rationale. Die *charismatische* Legitimität beruht auf der Heiligkeit, Heldenhaftigkeit oder Vorbildlichkeit einer Person. Sie begründete nach Max Weber die Autorität der Priesterkönige, der Propheten, der ägyptischen Könige «göttlicher Abstammung», und wir können hinzufügen, sie spielte auch in der nationalsozialistischen Ideologie vom «Genie des Führers» eine Rolle. *Traditionale* Legitimität beruht auf der Heiligkeit des von den Vätern Überlieferten, auf der Gewohnheit, der alten Ordnung. Etwas gilt, weil es von alters her gilt, und bedarf darüber hinaus keiner Rechtfertigung. So beruhte z.B. die dynastische Legitimität der Thronfolgeordnung auf einer nicht weiter in Frage gestellten Überlieferung. *Rationale* Legitimität findet Max Weber schließlich in der Legalität gesatzter Ordnungen und im Anweisungsrecht der durch sie zur Herrschaft Berufenen. Rationalität des Rechts bedeutet bei Max Weber dreierlei: Generalisierung der Rechtssätze, juristische Konstruktion von Rechtsverhältnissen und Rechtsinstitutionen und Systematisierung der Rechtssätze. Diese drei Typen der Legitimität gehören nach Max Weber im wesentlichen zu drei Stufen der geschichtlichen Entwicklung. Er meint, wir befänden uns im Zeitalter rationaler Legitimität. Er befürchtet – darin gipfelt seine Rechtssoziologie –, daß diese Rationalität durch Fall-Jurisprudenz gefährdet werden könnte.

Grundsätzlich ist die These richtig, daß der moderne Staat eine rationale Legitimitätsgrundlage hat. Die neuzeitlichen absolutistischen Monarchien ha-

---

15 Max Weber, a.a.O., S. 250.

ben die Elemente traditionaler Legitimität mehr und mehr durch Elemente rationaler Legitimität ersetzt und ersetzen müssen. Der Satz: «Der neuzeitliche Staat beruht auf einer rationalen Legitimität» ist allerdings nur richtig, wenn man den Rationalitätsbegriff Max Webers ersetzt durch einen Begriff der Rationalität, der besagt: *Ein Handeln ist rational, wenn es durch diskutable Gründe gerechtfertigt werden kann.* Der im Vergleich dazu sehr enge Rationalitätsbegriff Webers erklärt sich vielleicht aus der Prägung seines Denkens durch seine frühe Phase, in der er Römisch-Rechtler gewesen ist und eine starke Affinität zur systematischen Begriffsjurisprudenz besessen hat. Nicht *Legalität, sondern Begründbarkeit, Rechtfertigungsfähigkeit* ist das Wesentliche der rationalen Legitimität.

Im Zusammenhang mit seiner Lehre von den Typen der Rechtsschöpfung und Rechtsfindung verwandte Max Weber selbst einen weiteren Rationalitätsbegriff: Er unterschied formelle und materiale Rationalität. Formelle Rationalität ist nach ihm gekennzeichnet durch eindeutige generelle Tatbestandsmerkmale, die sich entweder in einer sinnlich anschaulichen Handlung (Unterschrift, Handschlag) oder in abstrakten Regelungen (Gesetzen) niederschlagen. Materiale Rationalität findet er in *ethischen Imperativen, utilitarischen Regeln, politischen Maximen,* die den Formalismus durchbrechen. Er plädiert für einen formell-rationalen Typus der Rechtsschöpfung und Rechtsfindung, nämlich für abstrakte Regelungen (Gesetze) und strikte Rechtsanwendung durch Subsumtion, und er plädiert gleichzeitig *gegen* einen Einschlag materialer Rationalität in das positive Recht. Indes sind die material-rationalen, also die auf einer begründbaren Moral beruhenden Elemente überall die letztlich ausschlaggebenden. Auch die formelle Legalität bedarf solcher material-rationaler Begründung und wird durch material-rationale Erwägungen eingeschränkt und relativiert. Daß das Recht in Gesetzen und Kodifikationen zusammengefaßt wird und aus abstrakt-generellen, subsumtionsfähigen Sätzen besteht, hat vernünftige Gründe: Rechtssicherheit, Verläßlichkeit, Voraussehbarkeit, Berechenbarkeit. Die formale Rationalität ist also kein Selbstzweck, sondern *dient* material-rationalen Gründen. Diese haben immer das letzte Wort.

Das gleiche gilt für die Einschränkungen der Formalität. So wurden z.B. Rechtfertigungs- und Entschuldigungsgründe ins Strafgesetzbuch hineininterpretiert, die im Text nicht zu finden waren, wie mutmaßliche Einwilligung, übergesetzlicher Notstand usw. Oder das bürgerliche Recht wurde um Prinzipien und Institutionen bereichert, die im Gesetz nicht enthalten waren (z.B. positive Forderungsverletzung, Treuhand, Betriebsrisiko usw.) oder die dem Wortlaut der Kodifikation sogar widersprechen (z.B. Sicherungsübereignung, faktischer Vertrag). Selbst also unter der Voraussetzung einer Rechtsideologie formaler Rationalität setzen sich material-rationale Erwägungen gegen das Gesetz durch.[16] Das beruht auf der Tatsache, daß Formalität nicht Selbstzweck

16 Vgl. hierzu Wieacker, Das Sozialmodell der klassischen Privatrechtsgesetzbücher und die Entwicklung der modernen Gesellschaft. 1953.

ist, sondern Gründen dient und deshalb jeweils soweit trägt, wie die Gründe tragen. Vor stärkeren Gegengründen weicht sie zurück. Deshalb ist es auch nicht richtig, wenn man *Rechtssicherheit und Gerechtigkeit* oder wenn man den *formalen und den materialen Rechtsstaat* antithetisch gegenüberstellt. Die Rechtssicherheit ist ein notwendiges Element der Gerechtigkeit. Sie ist um der Gerechtigkeit willen zu berücksichtigen, und es kann keinen materialen Rechtsstaat geben, der nicht die Bedingungen der formalen Rechtsstaatlichkeit in sich enthielte. Die Formalität setzt sich aber nicht unter allen Umständen durch. Sie beruht auf material-rationalen Gründen, die für den Regelfall gelten, aber in Ausnahmefällen vor überwiegenden anderen material-rationalen Gründen zurückweichen.

In einem Klima der Rechtfertigung aber kann sich die traditionale Legitimität gegenüber der vordrängenden material-rationalen Legitimität nicht behaupten. Sie könnte sich nur behaupten, wenn sie sich mit Gründen verteidigen ließe. Aber der Augenblick, in dem der Traditionalist dies versucht, bedeutet seine Kapitulation vor der Herausforderung der Rationalität. Deshalb meinte Heinrich Heine: Der Absolutismus «darf sich nicht justifizieren. Prometheus wird an den Felsen gefesselt von der schweigenden Gewalt. Ja, Äschylus läßt die personifizierte Gewalt kein einziges Wort reden. Sie muß stumm sein. Sobald die Religion einen räsonnierenden Katechismus drucken läßt, sobald der politische Absolutismus eine offizielle Staatszeitung herausgibt, haben beide ein Ende.»[17]

Wir können also *zusammenfassen:* Eine Staatsgewalt ist *legitim,* wenn sie in den Augen der ihr Unterworfenen *im großen und ganzen als gerechtfertigt* gilt. In der Gegenwart gilt eine Staatsgewalt nur dann als gerechtfertigt, wenn sie durch material-rationale Erwägungen begründet werden kann. Die materiale Rationalität ist der Motor, der seit Beginn der Neuzeit die Weltgeschichte treibt, sie ist das schlagende Herz des modernen Staates. Das gilt im Kleinen wie im Großen. Nur aus dem *Verständnis der Gründe,* die für ein Gesetz sprechen, kann man das Gesetz interpretieren, kann man es fortbilden, Lücken füllen, neue Gesetzesvorschläge vorbringen usw. Aber auch den Staat im ganzen und die ihn tragenden Verfassungsinstitutionen kann man nur verstehen, wenn man die Gründe kennt, die für sie sprechen. Man kann sie auch nur wirksam kritisieren und reformieren, wenn man diese Gründe kennt.

Das Problem der Legitimität ist also heute das Problem der (material-)rationalen Rechtfertigung von Staatsgewalt. Es ist von Wichtigkeit, die beiden Schlüsselbegriffe «Staatsgewalt» und «Rechtfertigung» im Auge zu behalten. Legitimität bedeutet nicht Auflösung der Staatsgewalt in einem System allgemeiner Zustimmung. Das liefe praktisch auf *Herrschaftsfreiheit* hinaus, also auf die Verneinung der Staatsgewalt. Das Vorhandensein einer Staatsgewalt mit ihrem Zwangsapparat, mit Polizei, Gerichtsvollzieher, Gefängnissen usw. ist keineswegs ein Beweis dafür, daß die Herrschaft nicht vollständig als legitim gilt. Denn selbst einmal gesetzt den idealen Grenzfall, jeder Bürger

17 Zur Geschichte der Religion und Philosophie in Deutschland, 2. Buch.

eines Staates ohne Ausnahme würde alle Anordnungen des Staates als gerechtfertigt anerkennen: Auch dann wäre noch Auflehnung möglich, die mit Zwangsgewalt gebrochen werden müßte, weil die Einsicht des Menschen in Vernunft und Moral eines Gesetzes infolge der menschlichen Schwäche mit Verletzung eben dieses Gesetzes einhergehen kann. Aber selbst gesetzt den noch idealeren Grenzfall, daß ein jeder alle Anordnungen des Staates nicht nur billigt, sondern auch befolgt: Selbst dann könnte niemand gewiß sein, daß alle anderen, ihm ja unbekannten Menschen tatsächlich die Anordnungen befolgen werden. Seine Billigung und seine Befolgung haben aber doch zur Voraussetzung, daß die Freiheitsbeschränkungen, denen er sich im Interesse der anderen unterwirft, auch von den anderen in seinem Interesse hingenommen werden. Diese Gewißheit kann er nur haben, wenn sichergestellt ist, daß die Anordnungen nötigenfalls mit Gewalt durchgesetzt werden. Deshalb bleibt die Idee, daß die Vervollständigung der Legitimität der Staatsgewalt diese Staatsgewalt selbst zum Verschwinden bringen könnte, eine grundsätzlich unerfüllbare Utopie.

§ 7. Auflösung der Normativität in Faktizität

Ebensowenig wie die legitimierende Rationalität in der «Formalität gesatzter Ordnungen» aufgeht, läßt sie sich in Empirie, in Beschreibung von Fakten auflösen, wie man dies öfter angenommen hat. Man kann zwar die Tatsache konstatieren, daß eine Staatsgewalt als legitim gilt. Man kann auch einen Rechtfertigungsvorgang beschreiben und die rechtfertigenden Argumente in indirekter Rede wiedergeben. Aber für denjenigen, der rechtfertigt, und denjenigen, der sich von der Rechtfertigung überzeugen läßt, ist das normative Element essentiell. Er ist zwar Objekt der Beschreibung, aber Subjekt der Rechtfertigung (vgl. Einleitung S. 15 f.).

Ein jüngeres Beispiel für den Versuch, die materiale Rationalität hinwegzuinterpretieren und in Empirie aufzulösen, bietet die soziologische Legitimationstheorie *Niklas Luhmanns*. In seinem Buch «Legitimation durch Verfahren» zeigt er überzeugend und schlüssig, daß und wie das Gerichtsverfahren, das Gesetzgebungsverfahren und das Wahlverfahren zur Legitimität der Staatsgewalt wesentlich beitragen. Er zeigt aber nicht, was er darüber hinaus zu zeigen beansprucht, nämlich *warum* die Verfahren legitimieren, und zwar aus sich heraus, ohne materiale Rechtfertigung. Luhmann macht zwar sichtbar, wie sich Protesthaltungen, querulatorische Kampfansagen, politische Fanatismen, aufgestauter Zorn, die in die Rebellion führen könnten, in den Verfahren auflösen oder wenigstens mäßigen können und wie die komplexen Kontroversen auf die für die Letztentscheidung relevanten Gesichtspunkte reduziert werden.

Aber den entscheidenden Grund für die legitimierende Funktion der Verfahren scheint Luhmann zu verkennen. Verfahren legitimieren nämlich aus folgendem Grund: Sie erhöhen die Chance, daß alle relevanten Gesichtspunkte zur Geltung kommen und daß die zeitliche und sachliche Prioritätenordnung so gut es geht ausdiskutiert werden, und sie erhöhen deshalb die Chance, daß die Entscheidung rational gerechtfertigt ist. Die dauerhafte Institutionalisierung von Verfahren erhöht die Chance, daß die Entscheidungen der Staatsgewalt auch in der Vergangenheit gerechtfertigt waren und in der Zukunft gerechtfertigt sein werden, und diese Chance begründet das Vertrauen in die Vernünftigkeit und Gerechtigkeit der getroffenen und noch zu treffenden Entscheidungen.

Für einen soziologischen Betrachter wie Luhmann löst sich hingegen alles rechtfertigende Denken in das Beschreiben von «Komplexität und Reduktion» auf. «Das Faktische umfaßt das Normative», meint Luhmann[18] und erklärt so alle ethische Philosophie von Aristoteles über Kant bis in die Gegenwart beiläufig für überholt. Sein Anspruch an dieser Stelle ist nicht nur, rechtfertigendes Denken empirisch zu beschreiben, sondern es tatsächlich im Faktischen aufgehen zu lassen. Zu diesem Zweck bedient er sich des Begriffs der «normativen Erwartungen»: das sind Erwartungen des Verhaltens anderer Menschen, die auch dann als Erwartungen festgehalten werden, wenn der andere sie enttäuscht, also «enttäuschungsfeste Erwartungen». Das Verbot des Mordes reduziert sich also auf die Erwartung, daß niemand morden werde, verbunden mit der Entschlossenheit, dies auch dann weiter zu erwarten, wenn doch gemordet wird.

Der Begriff der «enttäuschungsfreien Erwartungen» ist, schlicht gesagt, absurd. Wer an einer Norm festhält, erwartet keineswegs, daß sie unter allen Umständen befolgt werden wird, und wer sich auch durch ständige Enttäuschungen seiner Erwartung von dieser nicht abbringen läßt, denkt töricht, aber nicht normativ. Wer sich aber durch Enttäuschungen davon abbringen läßt, hat nach Luhmann nur «kognitive Erwartungen» gehabt, im Gegensatz zu «normativen Erwartungen»: Er lernt dazu und gibt die Norm auf. Kurzum, die empiristische Umdeutung von Normen in Erwartungen reduziert Normen auf eine Lernverweigerung. Diese sonderbare Zumutung an unseren Verstand soll das rechtfertigende Denken als ein Mißverständnis entlarven, es auf diese Weise eliminieren und die Dominanz der systemtheoretisch-soziologischen Betrachtungsweise begründen. Sie zeigt in Wirklichkeit aber gerade die Unentbehrlichkeit des normativen Rechtfertigens, die in der politisch-sozialen Wirklichkeit allein die Legitimität der Staatsgewalt begründen kann.

Mit alldem ist nicht gesagt, daß Max Webers und Niklas Luhmanns Legitimitätstheorien, wenn man von ihren philosophischen Schwächen einmal absieht, nicht doch wichtige Einsichten vermitteln. Die neuzeitliche gesellschaftliche Entwicklung ist von zwei Faktoren geprägt: ständig zunehmender *Komplexität* und gesellschaftlicher Differenzierung einerseits und zunehmender *moralischer Autonomie* andererseits. Unter diesen beiden Voraussetzungen sind sowohl die *Legalität gesatzter Ordnungen* als auch die geregelten *Verfahren* ein unentbehrliches Fundament des Zusammenlebens in einer staatlichen

18 Rechtssoziologie, 1972, Bd. 1, S. 43.

Gemeinschaft. Warum das so ist, das erst ist die eigentliche Frage nach der Legitimität. Diese Voraussetzungen haben die Ablösung der traditionalen Legitimität durch die (material-)rationale erzwungen. Denn die moralische Autonomie und die zunehmende Komplexität drängen gemeinsam zur Auflösung von ständischen und religiösen Abhängigkeiten, zur Individualisierung und Differenzierung und zur Neuorganisation in arbeitsteiligen gesellschaftlichen Zusammenhängen, die immer mehr auf bewußte rationale Kontrolle angewiesen sind. In dieser Welt zunehmender Komplexität können Sittlichkeit und Moralität weder einfach Fragen der Gewohnheit noch der religiösen Offenbarung oder Setzung sein, sondern sie müssen mehr und mehr Fragen der Begründung und Rechtfertigung werden.

§ 8. Praktische Vernunft

Auch wenn wir also den Satz: «Das Faktische umfaßt das Normative» nicht anerkennen können, so bedeutet das andererseits nicht, daß wir das Faktische und das Normative einander beziehungslos gegenüberstellen könnten. Vielmehr müssen wir das Faktische und das Normative unterscheiden, ohne es zu trennen. Die Unterscheidung hat zwei Aspekte: Einmal ist es eine faktische Frage, was in einem Staat normativ gilt. Zum anderen orientiert sich die materiale Rationalität, wo sie normativ gilt, zunächst einmal an den voraussichtlichen faktischen *Konsequenzen* der jeweils zu beurteilenden Entscheidung. Dies ist zwar nicht der allein ausschlaggebende, aber doch ein wesentlicher Gesichtspunkt.

Denn unterschiedliche Meinungen resultieren zu einem sehr großen Teil aus unterschiedlichen *Prognosen über die voraussichtlichen Entscheidungskonsequenzen,* nicht aus unterschiedlichen Wertungen. Man muß die Sache nur komplex genug betrachten: Häufig scheint es so, daß politische Meinungsunterschiede nur auf unterschiedlichen Wertungen beruhen, daß beide Seiten in der Prognose der voraussichtlichen Konsequenzen durchaus übereinstimmen. Aber auch die Wertungen beider Seiten beruhen auf politischen Grundsätzen, in denen sich wiederum Komplexe von faktischen Erfahrungen, Erwartungen, Hoffnungen und Befürchtungen niedergeschlagen haben, die sich zu Ideologien und Traditionen verdichteten. Wertungen lassen sich zwar nicht restlos in dieser Weise in faktische Annahmen auflösen, aber doch in einem erstaunlich viel größeren Maße, als man zunächst, vor einer Analyse, mutmaßt. Hierauf ist in späterem Zusammenhang zurückzukommen.

Hier geht es vorläufig nur darum, die materiale Rationalität als die treibende Kraft des Fortschritts in der Geschichte des demokratischen Verfassungsstaates aufzusuchen. Es geht darum, die Gründe, die die Entstehung und Entwicklung des modernen Staates und seiner Institutionen bestimmt haben, zu ermitteln und auf die ihnen zugrundeliegenden Prinzipien zu untersuchen. Den normativen Gehalt der als legitim geltenden Institutionen kann man am besten aus ihrer *Geschichte* ermitteln, genaugenommen aus der Geschichte des geistigen Kampfes, der um ihre Begründung und Durchsetzung geführt worden ist.

Gegen diesen methodischen Ansatz läßt sich freilich einwenden, daß sich in der Geschichte keineswegs immer die besseren Gründe durchgesetzt haben müßten. Denkbarerweise, so kann man einwenden, hätten sich überhaupt nicht Gründe, sondern Interessen macht- und wirtschaftspolitischer Art durchgesetzt (dazu unten § 43). Die Antwort darauf ist: Gewiß, das mag sein. Aber um das zu erkennen, muß man zunächst die Gründe kennen und erwägen, die für die jeweiligen Verfassungsinstitutionen im Kampf um sie tatsächlich geltend gemacht worden sind. Erst wenn man sie kennt und versteht, kann man überzeugend demonstrieren, daß ihnen die Plausibilität mangelt und daß es sich offensichtlich nur um ideologische Scheingründe oder unbewußte Vorwände gehandelt habe. Nur auf diese Weise wird die Kritik an den Verfassungsinstitutionen konkret und politisch und gewinnt die Chance, Wirksamkeit und Überzeugungskraft zu entfalten.

Der Jurist lernt, daß die höchstrichterliche Rechtsprechung für ihn als Richter nicht verbindlich ist, daß er von ihr abweichen kann, aber nur, wenn er sich *mit ihren Gründen auseinandersetzt.* Erst wenn er die Gründe, die für sie sprechen, verstanden hat, kann er geltend machen, daß und warum diese Gründe nicht überzeugend sind, z.B. daß sie neuen Erkenntnissen, einer gewandelten Sittlichkeit oder einer neuen Situation nicht entsprechen oder daß sie gewichtige Gesichtspunkte übergangen haben und dergleichen. Der Jurist geht aus von einer *Vermutung zugunsten der höchstrichterlichen Rechtsprechung,* allerdings von einer widerleglichen Vermutung. Demjenigen, der korrigieren und weiterführen will, obliegen die *Begründungspflicht und die Argumentationslast.*[19] Dieser methodische Ansatz gewährleistet, daß sich das Abweichen von der höchstrichterlichen Rechtsprechung auf der Höhe des Problembewußtseins bewegt, und das erst eröffnet die Chance, daß das Abweichen einen rechtlichen Fortschritt und nicht einen Rückschritt mit sich bringt.

Gleiches gilt für die politische Kritik an den Verfassungsinstitutionen. Hat der Kritiker die *Gründe für diese Institutionen* nicht verstanden, so besteht die Gefahr, daß er eine Institution zerstört, für die gute Gründe sprechen, und daß er auf diese Weise nicht Fortschritt, sondern Rückschritt bewirkt. Das ist das fatale Schicksal der Bewegungen, die mit großer Überzeugung, aber geringem Wissen an die Änderung oder Auflösung von Verfassungsinstitutionen herangehen, die in Jahrhunderten erstritten worden sind und für die Gründe sprechen, die die Kritiker übersehen. Solche *scheinprogressive* Kritik, die sich nicht auf der Höhe des Problems befindet, verbleibt meistens im Bereich einzelgängerischer oder sektiererischer Besserwisserei. Sie kann freilich auch politisch wirksam werden, wenn es ihr gelingt, eine Massenbewegung auszulösen. Dafür gibt es in der Geschichte des 20. Jahrhunderts Beispiele. Sie belehren uns allesamt darüber, daß eine Kritik an Verfassungsin-

---

19 Im einzelnen: Kriele, Theorie der Rechtsgewinnung, 2. Aufl. 1976, 3. Teil.

stitutionen, die die Gründe für sie nicht verstand, in der Bilanz immer regressiv, nicht progressiv wirkt: Sie führt zu einem Verlust an materialer Rationalität und dient neuen Machteliten lediglich als Herrschaftsideologie. Wenn man sich deshalb bemüht, den demokratischen Verfassungsstaat zunächst einmal in der seiner Legitimität zugrundeliegenden materialen Rationalität zu verstehen, so bedeutet das nicht eine «konservative» oder «affirmative» Fortschrittsverweigerung, sondern im Gegenteil Fortschrittsbewahrung und darüber hinaus die Voraussetzung dafür, daß Veränderungen fortschrittlich sein können.

Politische Vernunft sucht unter den jeweils gegebenen Umständen die jeweils optimalen Bedingungen für Befriedigung und für die Verwirklichung von Freiheit und Gerechtigkeit herauszufinden oder herbeizuführen. Sie erstrebt Freiheit und Gerechtigkeit um ihrer selbst willen, aber auch, um Zustände abzuwenden, in denen Bürgerkrieg oder Terror als das kleinere Übel erscheinen.

Politische Vernunft hat also – hält man sich an den üblichen Sprachgebrauch – eine moralische und eine intellektuelle Komponente: Sie ist realistisches Erkennen politischer Möglichkeiten im Dienst der Humanität. Politische Vernunft ist die Einheit von Humanität und Realismus, die Vermittlung der Prinzipien mit ihrer konkreten Anwendung. Man kann sie gewissermaßen von rechts und von links verfehlen: Zynismus und die Beliebigkeit subjektiver Zwecke sind von ihr so weit entfernt wie die Unfähigkeit, politische Realitäten mit machiavellistischer Nüchternheit zu durchschauen.

Gute politische Theorie ist Aufklärung über die jeweiligen *Realbedingun*gen der politischen Humanität. Gegenüber dem Zynismus ist sie ohnmächtig; denn dem Mangel an politischer Moral vermag sie allenfalls dort entgegenzuwirken, wo die Leidenschaft der Kampfsituation, wo Geltungs- oder Vergeltungswille oder andere Befangenheiten uns die humane Solidarität als die wahren Ziele unseres Wollens momentan verdunkeln. Ansonsten hilft gegenüber dem Böswilligen nichts als die bloße politische Strategie, die ihn möglichst zu isolieren und ohnmächtig zu halten sucht. Ihre eigentliche Chance aber hat die politische Aufklärung gegenüber denjenigen, die sich zwar dem Frieden, der Freiheit und der Gerechtigkeit verpflichtet haben, die aber *zu wenig wissen*, um zu ihrer Verwirklichung *wirklich* beitragen zu können. Hier hat sie nicht nur eine Chance, sondern auch eine dringliche Aufgabe, zumal im heutigen Deutschland, wo die Theorien die Erfahrung vielfach nicht lenken und ergänzen, sondern ersetzen, und wo diese Theorien oft selbst zu wenig durch praktische politische Erfahrung gereift sind. Viel nobles Engagement und idealistischer Wille werden fruchtlos vertan und haben oft sogar zur Folge, daß das Vernünftige, das sonst möglich gewesen wäre, unerreichbar gemacht wird.

Anders gesagt, die politische Vernunft in Deutschland leidet mehr als unter dem Zynismus unter *Mangel an Realismus*. Die Erkenntnis realer politischer Zusammenhänge wird als «konservativ», «machiavellistisch» oder «gesinnungslos» verdächtigt. Psychologische Mechanismen bequemer Erkenntnisabwehr und auch rüder Aggression ziehen dann eine ebenso aggressive Reaktion auf sich, die wiederum in der Überzeugung bestärkt, in einer vernunftlosen Gesellschaft zu leben, die nur die Hoffnung auf sozialistische oder konservative Revolution übrig läßt. Wer sich in eine theoretische Scheinwelt eingesponnen hat, braucht und kann sich die Frage nicht stellen, ob er in der wirklichen Welt die Gefahr des Teufelskreises von Terror und Bürgerkrieg heraufbeschwört: Über seine Scheinwelt kann man frei disponieren; man entscheidet sich dafür, Mord, Folter und KZ nicht zu *beabsichtigen.*

An dieser Stelle beginnen intellektuelle und moralische Mängel zusammenzuwirken und sich wechselseitig zu steigern. Denn zwischen Intention und reiner Unschuld gibt es eine Reihe von Zwischenstufen, z.B. die Bereitschaft, das Übel in Kauf zu nehmen (im Strafrecht spricht man von «dolus eventualis»), das leichtfertige Vertrauen darauf, es werde schon so schlimm nicht kommen («luxuria»), fahrlässiges Nichtbedenken relevanter Gesichtspunkte («negligentia»). Demgegenüber bedeutet politische Vernunft als erstes Offenheit für alle relevanten Gesichtspunkte, Bereitschaft, immer *das jeweils Ausgelassene* auch mit zur Geltung zu bringen. Der erste Schritt zur Überwindung zugleich des moralischen und des intellektuellen Widerstands gegen die politische Vernunft besteht in der Anerkennung des obersten Grundsatzes nicht nur des juristischen, sondern auch des politischen Ethos, des Grundsatzes «audiatur et altera pars». *Offenheit für das Argument* ist der Anfang der politischen Vernunft.

Demgegenüber führt Verschlossenheit gegenüber dem Argument zur Gefährdung der *Realbedingungen,* mit denen man allein die erstrebten Ziele erreichen kann. Man baut sein Haus auf Sand statt auf festen Grund, man sägt an dem Ast, auf dem man sitzt, man schlachtet die Kuh, von deren Milch man sich ernährt. So können z.B. Gewerkschaften im Kampf um höhere Löhne ihre Mitglieder arm und arbeitslos machen, Liberale im Kampf um die Rettung der Freiheit die Freiheit abschaffen, Konservative im Kampf um die Bewahrung der Tradition revolutionäre Zerstörung entfesseln, Progressive im Kampf um Reformen die Wähler abschrecken und so auch das Erreichbare unerreichbar machen usw. – Auch wenn in diesem Sinn «Vernunft» vorläufig nur formal und nicht inhaltlich definiert wird, ist doch jedenfalls *Unvernunft* u.a. durch mangelnde Einsicht in Realbedingungen und Realvoraussetzungen gekennzeichnet.

Es gibt in der Philosophie freilich auch Verteidiger der Unvernunft. Man kann wie Kallikles theoretisch dafür plädieren, daß sich immer der physisch oder der wirtschaftlich Stärkere durchsetzen solle oder daß überhaupt alles erlaubt sein könne, schließlich auch dafür, daß gegen atomare, bakteriologische oder chemische Menschheitskatastrophen und gegen den allgemeinen Weltuntergang nichts einzuwenden sei. Derartige Theorien gibt es auf jeder Stufe des intellektuellen Niveaus: vom Jugendlichen, der sich gegen die bürgerliche Berufstätigkeit seines Vaters auflehnt, im Vertrauen darauf, daß dieser sich davon nicht beeindrucken lasse, sondern trotzdem für die wirtschaftlichen Existenzgrundlagen seiner Kinder sorgen werde, bis hinauf zu Nietzsche, den seine körperlichen Gebrechen schon mit 30 Jahren zum Beamtenpensionär werden ließen und der im Vertrauen auf die zuverlässigen Zahlungen der eidgenössischen Pensionskasse den Vitalismus des Übermenschen pries und die bürgerlichen Tugenden der Schweizer verhöhnte. Die realen Grundlagen der eigenen Existenz werden *stillschweigend vorausgesetzt*, aber in der Theorie verleugnet: Das ist ein Kennzeichen politischer Unvernunft und unausgereifter Theorie.

Man muß unterscheiden zwischen der experimentierenden, ganz im Bereich des Akademischen bleibenden Reflexion und der praktischen Vernunft dessen, der *Verantwortung* für eine Familie, eine Gemeinde, einen Staat trägt und der mit seinen Aussagen beim Wort genommen wird. Alle Vernunft, alle materiale Rationalität im Bereich des Politischen fängt damit an, daß man unterscheiden lernt zwischen dem, was man «intellektuell» meint, und dem, was man *im Grunde wirklich meint.* Was man im Grunde wirklich meint, zeigt sich nicht daran, daß man es systematisch entwickeln und vehement verteidigen kann, sondern daran, daß man es *im Ernst* realisiert und dem praktischen, verantwortlichen *Handeln* zugrunde legt. An diesem Kriterium gemessen, brechen die sophistischen Theorien des Relativismus in sich zusammen: Sie gehören nicht in die Welt der Praxis, sondern der Diskussionen, der Bücher, der Seminare und der philosophischen Kongresse.

Vernunft unterscheidet sich von theoretischer Intelligenz. Verführerische Rhetorik kann sehr intelligent sein. Es gab Nazis von brillanter, bestechender Intelligenz und vernünftige Leute, die sich theoretisch nicht zu artikulieren vermochten, die aber durchschauten, worauf deren Rhetorik in der Praxis hinauslaufen würde. Zur Vernunft gehört die Fähigkeit zur Verantwortung, die Fähigkeit, ein Amt zu bekleiden. Zur *Verantwortungsfähigkeit* aber gehört *erstens* die Fähigkeit zu planender Voraussicht, zum Abschätzen der realen Konsequenzen, *zweitens* aber, da mit einem Amt die Wahrnehmung der Interessen anderer Menschen verbunden ist, die Fähigkeit, sich die Interessen der einem anvertrauten Menschen zu eigen zu machen, sie so zu berücksichtigen, als wenn es die eigenen wären. Zur Fähigkeit der Verantwortung gehört *drittens* der Ernst der Situation, der aus der Notwendigkeit, zu handeln und zu entscheiden, entspringt und der für spielerische Spekulationen keinen Raum läßt. Das bedeutet nicht, daß vernünftig nur sein kann, wer ein Amt hat, und daß nicht auch unabhängige Intellektuelle vernünftig denken könnten. Es bedeutet aber, daß nur der vernünftig denkt, der so denkt, daß er seine Gedanken, wenn er Amtsträger wäre, in einer ernsten Entscheidungssituation aufrechterhalten und in die Tat umsetzen könnte.

Die Einsicht in die materiale Rationalität, die die Legitimität des modernen Staates bestimmt, wird aber nicht nur durch den sophistischen Relativismus erschwert. Ein weiteres Hindernis ist die Tatsache, daß die materiale Rationalität sehr oft nicht rein und unmittelbar auftritt, sondern getrübt und verzerrt durch Eigen- oder Gruppeninteressen, durch emotional verankerte, nur individual- oder gruppenpsychologisch zu erklärende affektive Einstellungen, durch Doktrinen, durch Kurzsichtigkeit, durch Eifer und Fanatismen, durch Problemblindheit aller Art.[20] Erst wenn man die Entstehungsgeschichte verfassungsrechtlicher Institutionen *in größeren Zeiträumen* überblickt, läßt sich eine Entwicklungstendenz in Richtung auf materiale Rationalität erkennen. Die Geschichtsmächtigkeit der materialen Rationalität beruht darauf, daß in den dialektischen Ideen- und Interessenkämpfen die Wahrheit eine etwas bessere Chance auf Durchsetzung hat.

Der Satz: «*Die Wahrheit wird sich durchsetzen*» ist nicht ohne weiteres überzeugend, weil es allzu viele Beispiele dafür gibt, daß die Wahrheit im konkreten politischen Prozeß verliert. Aber sie hat eine langfristige moralische Tiefenwirkung. Die Fehlentscheidung läßt nicht ruhen. Das Aussprechen der Wahrheit kann eine – oft verspätete – Evidenz auslösen. Diese bessere Chance ist so klein, daß sich die Wahrheit sehr oft nicht unmittelbar behauptet, aber sie ist groß genug, um in längeren geschichtlichen Zeiträumen, mitunter auf blutigen Umwegen, zu einer in den Institutionen sich ansammelnden materialen Rationalität führen zu können. Sind die Grundlagen des Verfassungsstaates erst einmal gelegt und ist damit die Freiheit der geistigen Auseinandersetzung gesichert, so wachsen die Chancen des institutionellen Fortschritts, weil die *Chance der Wahrheit* mit dem Maße der geistigen Freiheit zunimmt.

Und noch ein dritter Gesichtspunkt macht die Einsicht in die geschichtliche Wirksamkeit der materialen Rationalität so schwierig: Die *Komplexität* der zu berücksichtigenden Zusammenhänge. Wer rational entscheiden will, muß die Konsequenzen der Entscheidung überdenken. Bei grundlegenden Entscheidungen können die geistigen, politischen, psychologischen, wirtschaftlichen, sozialen Verhältnisse betroffen sein. Diese stehen in so vielen weiteren Zusammenhängen und sind von so vielen unvorhergesehenen Faktoren beeinflußt, daß die Konsequenzen einer Entscheidung oft nur grob geschätzt, selten nur mit einer gewissen Wahrscheinlichkeit vorausgesagt werden können. Fast immer sind irgendwelche Gesichtspunkte übersehen, die nachträglich korrigierend zur Geltung gebracht werden müssen. Fast immer erscheinen die Entscheidungen infolgedessen fehlerhaft, lückenhaft, kurz, in ihrer Rationalität nicht voll überzeugend. Selbst also, wenn die Rationalität nicht ohnehin durch Interessen und Affektivitäten verzerrt wäre, wenn die Absichten aller an den Entscheidungen Beteiligten immer rein von Nebenmotiven wären, so würde die Tatsache der Komplexität der zur Entscheidung anstehenden Fragen doch stets die Entscheidungen kontrovers erscheinen lassen, und selbst die nichtkontroversen Entscheidungen würden sich nachträglich oft als fehlerhaft erweisen. Auch dann also könnte sich die materiale Rationalität nur in einem längeren geschichtlichen Prozeß von *Dezision und Diskussion*, die zu immer erneuerten, korrigierten und verfeinerten Dezisionen und neuen Diskussionen führen würden, zur Geltung bringen.

Aus allen diesen Gründen läßt sich die Struktur der materialen Rationalität nur schwer in abstrakte Formeln fassen und am besten nur anhand von konkreten verfassungsgeschichtlichen Institutionen aufweisen: an den Men-

20 Vgl. Kriele, Theorie der Rechtsgewinnung, § 50.

schenrechten, der Gewaltenteilung, dem Prinzip Öffentlichkeit, dem Rechtsstaat, dem demokratischen Prinzip usw. Erst wenn wir einen Zeitraum von einigen hundert Jahren der Geschichte des modernen Staates überblicken, erkennen wir den Zuwachs an Frieden, Freiheit und Gerechtigkeit.

Suchen wir das allgemeine Prinzip, das der materialen Rationalität zugrunde liegt, vorläufig in eine Formel zu fassen, so wird diese notwendigerweise abstrakt und inhaltsleer. Nur so viel läßt sich einstweilen sagen, daß die Bevorzugung der jeweils fundamentaleren Interessen das Prinzip ist, das die Diskussion von Entscheidungskonsequenzen steuert und begrenzt. Man kann es auch das Prinzip des politischen Realismus nennen: *Das fundamentalere Interesse geht vor,* d.h. das Interesse, dessen Befriedigung Voraussetzung dafür ist, daß die weiteren, höheren Interessen befriedigt werden können. Was immer man für Ziele anstrebt, ihre Erreichung hängt von realen Voraussetzungen ab, die zuerst gesichert sein müssen. Wer ein Haus baut, muß zuerst darauf bedacht sein, daß die Fundamente stabil sind. Wer Entscheidungen setzt, wer Normen schafft, muß darauf bedacht sein, daß die Konsequenzen der Entscheidungen, der Normen nicht die *Realbedingungen* beeinträchtigen, unter denen er frei entscheiden kann. Die Frage, ob das der Fall ist, führt zwar in unübersehbare und nicht endgültig erschöpfbare Problemzusammenhänge. Trotzdem führt diese Diskussion nicht ins Uferlose. Die Gefahren und Risiken sind unter dem Gesichtspunkt des fundamentaleren Interesses vergleichbar. Das Ausfindigmachen der fundamentaleren Interessen ist das Grundprinzip der materialen Rationalität, das die Geschichte des demokratischen Verfassungsstaates bestimmt, wie sich im einzelnen zeigen wird.

2. Kapitel: Innere Souveränität und Absolutismus

§ 9. Innerer Friede

Wer einen Bürgerkrieg weder erlebt noch sich durch historische Berichte anschaulich gemacht hat, bedarf der Anstrengung der Phantasie, um sich zu vergegenwärtigen, was er bedeutet: Bedrohung der fundamentalsten Interessen wie Leben, Freiheit, Sicherheit und in der weiteren Folge Verrohung der Sittlichkeit durch Angst, Haß, Verrat, Mißtrauen, Rachsucht, Sadismus. Hinzu kommen die unvermeidliche Verdrängung von Vernunft, Einsicht, gerechter und differenzierter Betrachtungsweise durch Freund-Feind-Schemata und Fanatismus. Das Schlimmste sind die Aussichtslosigkeit und die wohlbegründete Angst vor dem Ende des Bürgerkrieges. Denn wenn die eine Seite über die andere siegt, hat das Elend keineswegs ein Ende, sondern setzt sich im Terror fort. Der Sieger muß den besiegten Feind ohnmächtig halten und bedarf dazu der politischen Polizei, der Folter, der Hinrichtungen, der Konzentrationslager, des Spitzelsystems. Der Bürgerkrieg wird einseitig mit Polizeimitteln weitergeführt, und das Klima von Angst, Lüge und Gewalt bleibt oft generationenlang bestehen. Der Terror kann noch schrecklicher sein, als es der Bürgerkrieg gewesen ist. Denn zu allem anderen kommt noch die Entwürdigung hinzu. Während im Bürgerkrieg noch Feind gegen Feind stand, steht im anschließenden Terror Folterknecht gegen Folteropfer. Während es im Bürgerkrieg noch Kampfkameradschaft gab, verdammt der Terror zum Schweigen und löst die Gemeinschaften in Mißtrauen vor Denunziationen auf. Während man im Bürgerkrieg ehrenvolle Niederlagen als Opfer verstehen konnte, erleidet man das Vernichtetwerden im Terrorsystem als sinnlos und demütigend.

Die Erwartung dieser Aussichten fanatisiert den Bürgerkrieg noch mehr, als es der Streitgegenstand ohnehin tut: Es geht nicht nur um den Sieg der Sache, sondern auch darum, zum Schluß den Terror, wenn er schon unvermeidlich ist, lieber zu üben als zu leiden. Einem erheblichen Risiko entgehen freilich auch die Sieger nicht: Auch in ihrem Lager folgen auf den Sieg die Machtkämpfe und sogenannten «Reinigungen», ebenfalls mit den Mitteln des Terrors.

Man muß sich all dies vergegenwärtigen, um die volle Bedeutung des inneren Friedens zu ermessen. Wer auf Totalpolarisierung und Bürgerkrieg hinarbeitet, kann das nur verantworten, wenn die Zustände so schlimm sind, daß sie die Herbeiführung all dessen rechtfertigen. Der innere Friede ist zwar keine hinreichende Bedingung für ein Leben in Menschenwürde; dazu gehört mehr. Aber er ist eine notwendige Bedingung dafür. *Der innere Friede ist die fundamentale Voraussetzung* für die Entwicklung und Durchsetzbarkeit eines Rechts, das die Freiheit schützt und Gerechtigkeit schafft, er ist Voraussetzung für ein planvolles Wirtschaften, für Zusammenarbeit und Vertrauen in den zwischenmenschlichen Beziehungen, und er ist fundamentale Voraussetzung dafür, daß nicht alle geistigen Kräfte des Menschen aufs Überleben und Durchkommen konzentriert sind, sondern daß sich Sittlichkeit, Kultur, Kunst, Wissenschaft und Wohlstand entfalten können.

Die Idee der inneren Souveränität des Staates ist aus der Erfahrung des Bürgerkrieges zu verstehen: Die Souveränität ist die Bedingung des inneren Friedens.

Alle Friedenskonzeptionen lassen sich auf einige wenige Grundmodelle zurückführen. Wenn A und B miteinander in Konflikt liegen, so gibt es folgende Weisen, zum Frieden zu kommen:

1. A unterwirft B. A braucht nicht mehr Krieg zu führen, B kann nicht mehr Krieg führen. A hält B mit Polizeimitteln ohnmächtig: *Friede durch Terror.*

2. A und B kommen zu der Einsicht, daß *es besser* ist, die eigenen Ziele zurückzustecken und Frieden zu halten: *Friede durch Kompromiß.*

3. A und B unterwerfen sich aus Einsicht freiwillig der Entscheidung eines Dritten: *Friede durch Schiedsspruch.*

Voraussetzung für Kompromiß und Schiedsspruch ist ein gewisser schon vorhandener Friedensrahmen, der den Konflikt so weit begrenzt, daß sich Vernunft und Mäßigung gegen den Fanatismus der Totalpolarisierung noch zu behaupten vermögen.

4. Ein Dritter, C, unterwirft sowohl A und B und zwingt beide mit überle-

gener Macht zum Verzicht auf den Sieg und zur Toleranz gegenüber dem anderen: *Friede durch Souveränität.* Voraussetzung ist die Gewährleistung, daß C seine Macht weder in den Dienst der partikularen Ziele von A noch von B nehmen läßt. Denn identifiziert sich C mit A oder B, so fällt man auf Modell 1 - Friede durch Terror - zurück.

Modell 4 - Friede durch Souveränität - ist das Modell jeder öffentlichen Ordnung, auch das des demokratischen Verfassungsstaates. Es ist das Kennzeichen jeder öffentlichen Ordnung, daß sie Konflikte zwischen einzelnen oder zwischen Gruppen an ihrem gewaltsamen Austrag hindert, weil sie die *Gewalt bei sich monopolisiert* und Verfahren zur Konfliktvermeidung, Konfliktregelung oder Konfliktentscheidung vorsieht. Insofern ist die Souveränität des Staates die Bedingung des inneren Friedens. Seine Ausgestaltung als demokratischer Verfassungsstaat ist dann Bedingung dafür, daß das Modell 4 nicht durch Modell 1, den Terror, abgelöst wird.

§ 10. Die «dritte Partei» im konfessionellen Bürgerkrieg

Am Anfang stand der Bürgerkrieg. Die Idee der Souveränität, wie sie für den neuzeitlichen Staat prägend wurde, wurde programmatisch formuliert in einer Zeit, in der die Reformation Städte und Stände in großer Zahl erobert hatte - in so großer Zahl, daß die Unterwerfung der «Ketzer» nicht mehr gelang. Bei mittelalterlichen Reformationsbewegungen, die begrenzter geblieben waren, war die Unterwerfung der Ketzer und die Wiederherstellung der konfessionellen Konformität üblich gewesen. Die Protestanten des 16. Jahrhunderts aber waren zahlreich und mächtig genug, um sich erfolgreich verteidigen und behaupten zu können. In dieser Situation gab es zwei denkbare Lösungen: Entweder man hielt an dem Prinzip der *konfessionellen Konformität* innerhalb eines Territoriums fest. Dies führte dann zur Zersplitterung in eine große Zahl von katholischen und protestantischen Territorien nach dem Prinzip «cuius regio - eius religio» - die Lösung in Deutschland nach dem Schmalkaldischen und endgültig nach dem Dreißigjährigen Krieg. Oder man gab das Prinzip der konfessionellen Konformität innerhalb eines Territoriums auf und ersetzte es durch das Prinzip der *konfessionellen Toleranz.* Dann bestand die Chance der Erhaltung der Einheit eines größeren Königreichs - die Lösung in Frankreich nach dem Edikt von Nantes.

Rückblickend scheint das eine einfache Alternative zu sein. Für die Denkweise des 16. Jahrhunderts war sie das keineswegs. Anerkennung der Ketzer erschien als Beleidigung Gottes und als Duldung eines diabolischen Ansteckungsherdes, bei der nichts Geringeres als das Seelenheil der Verführten auf dem Spiele stand. Diese Vorstellung führte zu der Schlußfolgerung, daß die Unterwerfung der Protestanten mit allen Mitteln betrieben werden mußte, und auf seiten der Protestanten zu der Notwendigkeit, die vom Gewissen gebotene Wahrung der evangelischen Freiheit des Glaubens unter allen Umständen zu verteidigen.

In Frankreich wurde der 36 Jahre währende Hugenottenkrieg (1562 - 1598) zwischen den katholischen Guisen einerseits und den hugenottischen Ständen und Städten andererseits mit unerbittlicher Grausamkeit geführt, mit Überfällen, Mord, Brandstiftung, Plünderung, Roheiten aller Art. Die französischen Könige schwankten zwischen Toleranz und Beteiligung am konfessionellen Terror. Einerseits versuchten sie Einheit und Frieden des Königreichs durch *Toleranzedikte* zu wahren: mit den Edikten von Antoine 1563, St. Germain 1570, Beaulieu 1576 und Poitiers 1577. Aber es gelang ihnen nicht, dem blutigen Treiben ein Ende zu setzen: weder ihre Autorität noch die darauf basierende militärische Macht reichten hin, um die Beachtung dieser Edikte durchzusetzen. Sie waren eben noch nicht «souverän», sondern der auf eigenen Rechten beruhenden Macht der Städte und Stände ausgeliefert oder jedenfalls zu schwach, um sich gegen sie durchsetzen zu können.

Andererseits beteiligten sie sich am Gemetzel, nicht nur aus konfessionellem Fanatismus, sondern auch, um den Frieden durch Ausrottung der protestantischen Partei herbeizuführen, insbesondere in der *Bartholomäusnacht* von 1572: Königin Katharina lud unter Vorspiegelung toleranter Gesinnung die Führer der Hugenotten zur Hochzeitsfeier ihrer Tochter Margarethe mit dem protestantischen König Heinrich von Navarra nach Paris ein und ließ sie bei der Hochzeitstafel überfallen und niedermetzeln. Gleichzeitig ließ sie in ganz Frankreich viele Tausende von Hugenotten, die im Vertrauen auf ihre Toleranzzusicherung unvorbereitet waren, ermorden. Die Hugenotten waren zwar geschwächt, aber immer noch stark genug, um ihre Verteidigung fortzusetzen, und sie sahen sich nun, da sich erwiesen hatte, daß sie auf königliche Toleranzversprechen nicht vertrauen konnten, erst recht gezwungen, ihre militärische Verteidigung selbst in die Hand zu nehmen.

Unentschlossenheit, lähmende Resignation und ein unentwegter Fortgang des blutigen Gemetzels konfessioneller Fanatiker ohne Aussicht auf ein Ende kennzeichneten die Situation. Die einzigen Möglichkeiten, zum Frieden zu kommen, schienen zu sein, entweder daß die Katholiken die Protestanten endgültig vernichteten oder daß Frankreich ebenso wie Deutschland in eine Vielzahl von teils katholischen, teils protestantischen Territorien zerfiel. Da die zweite Möglichkeit in Frankreich niemand ernstlich in Betracht zog, ging der Krieg weiter: für die Katholiken, die in der Überzahl waren, als ein Vernichtungskampf gegen die Hugenotten, für diese als ein Kampf ums Überleben.

Lediglich eine kleine Gruppe von Juristen und Intellektuellen war nicht bereit, in dieser verzweifelten Situation zu resignieren. Sie suchten nach einem dritten Weg, einem Ausweg, der den Frieden versprach. Sie nannten sich «Politiques»: Sie suchten einen *politischen* Ausweg, das heißt, sie wollten nicht die katholische oder die protestantische Sache zum Siege führen, sondern die Sache des politischen Gemeinwesens, und dessen Sache hieß in erster Linie Frieden. Die Beendigung der Gewalttätigkeiten war schließlich die Voraussetzung für die Erreichung aller anderen Lebensziele einschließlich dessen, in Ruhe seine Konfession auszuüben.

Ihr Ziel war es, die königliche Autorität so zu stärken, daß sie in der Lage war, *Toleranzedikte effektiv* zu machen. Praktisch ging es darum, daß die königliche Armee stark genug wurde, sich gegenüber beiden kriegführenden Parteien mit dem Ziel der Friedenserzwingung durchzusetzen. Zu diesem Zweck mußte eine hinreichend starke Loyalitätsgrundlage geschaffen werden, die stärker war als alle feudalständischen und söldnerischen Bindungen. Diesem Zweck diente die Formulierung der Souveränitätsdoktrin.

Das Ziel der «Politiques» war rational: Es ging nicht darum, die «höchsten Werte» oder den «wahren Glauben» zum Siege zu führen, sondern ganz im Gegenteil die Grundlagen, die Fundamente, zu sichern. Es gibt zwei Grundtypen der Ethik. Die eine sagt: *Der höhere Wert* geht dem niederen Wert vor. Dies ist die Individualethik der Selbsterziehung, des Verzichts, der Askese. Die andere Ethik sagt: *Das fundamentalere Interesse* muß zuerst befriedigt werden, mit anderen Worten, erst sind die tatsächlichen Voraussetzungen dafür zu schaffen, daß die höheren Werte verwirklicht werden können. Das ist die Ethik des Politischen, d.h. der Verantwortung für das Ganze. Es ist von großer Wichtigkeit, im Auge zu behalten, daß die Ethik des höheren Wertes die Ethik *individueller* Selbsterziehung, die Ethik des fundamentaleren Interesses hingegen die Ethik verantwortlichen *politischen* Handelns ist und sein muß. Wird beides miteinander vermischt, kommt es zu Fanatismus, Mord und Krieg.

Denn *die individuelle Ethik des «höheren Wertes»* führt im Extremfall zum Märtyrertum: Zur Bereitschaft, selbst das fundamentalste Interesse, das Leben selbst, zu opfern, um den höheren Werten zu dienen. *In den politischen Bereich übertragen* würde sie aber dazu führen, daß man das fundamentale Interesse *anderer* Menschen im Dienste der höheren Werte opfert; das heißt, daß man sie zu vernichten bereit ist. Von der Inquisition über die konfessionellen und anderen ideologischen Kriege bis hin zu der möglicherweise auf uns zukommenden atomaren, bakteriologischen oder chemischen Ausrottung der Menschheit haben wir es mit der Übertragung asketischer Wertethik in den Bereich des Politischen zu tun. Martyriumsbereitschaft verwandelt sich in Tötungsbereitschaft.

Umgekehrt führt eine *Übertragung der politischen Ethik des fundamentaleren Interesses in den individuellen Bereich* zum Typus des hedonistisch kalkulierenden Bourgeois, der über das Fundamentelegen – Geldverdienen, Hausbauen, Steuersparen usw. – kaum hinauskommt und der zu keinem Opfer fähig ist. Er verharrt im utilitaristischen Individualismus, der politische Verantwortung nicht begründen kann.

Die Theorie der *Souveränität* war in ihren Anfängen eine Erinnerung daran, daß die *politische* Ethik die *Fundamente* zuerst im Auge haben muß. So meinte Michel de l'Hôpital, der Kanzler des Königs von Frankreich 1562, nicht darauf komme es an, welches die wahre Religion sei, sondern wie man beisammenleben könne.[1]

Eben dies war auch der Grundgedanke von *Jean Bodin* (1530 – 1596), dem

1 Roman Schnur, die französischen Juristen im konfessionellen Bürgerkrieg, 1962, S. 19.

bedeutendsten Theoretiker unter den «Politiques». Sein Hauptwerk, «De la Republique» (1577), unter dem Eindruck der Schrecken des konfessionellen Bürgerkrieges im allgemeinen und der Bartholomäusnacht im besonderen geschrieben, entwickelte in der Idee der «Souveraineté» die klassische philosophische Grundlegung des neuzeitlichen Staates und der politischen Vernunft. Er legte dar, daß die natürliche Vernunft darin bestehe, den *Stufenbau der Interessen von unten nach oben* zu erkennen: Am Anfang stehe die Notwendigkeit der Lebenserhaltung, d.h. des Friedens und der Sicherstellung der Ernährung der Bürger; wenn dieses gewährleistet sei, würden die Lebensannehmlichkeiten relevant, also die Verfügung über Werkzeuge, Medikamente usw.; erst wenn diese Interessen befriedigt seien, wende sich das Interesse der Historie und den anderen humanistischen Wissenschaften zu; über diese Wissenschaften erhöben sich Astronomie und Astrologie, und schließlich gehe es um die Verehrung der göttlichen Herrlichkeit, um die geistige Schau als «summum bonum», um die «sapienta», welche «prudentia», «scientia» und «religio» in sich vereinige. Bodin war katholisch, tief religiös und weit davon entfernt, im konfessionellen Konflikt gleichgültig zu sein. Seine Einsicht bestand aber darin, daß es nicht Aufgabe des Politischen ist, die *höheren* Werte zu verwirklichen, praktisch gesprochen: der katholischen Sache zum Sieg zu verhelfen, sondern *Fundamente* zu sichern, auf denen sich ein verinnerlichtes und vertieftes geistliches Leben in Ruhe entfalten kann.

Die Position der «Politiques» wurde damals häufig als zynisch und areligiös mißverstanden. Die «Politiques» waren Zielscheibe vielfältiger Verleumdungen und nahmen schwere persönliche Nachteile für sich selbst in Kauf: Ihre individuellen Interessen hätten sie vielfach leichter befriedigen können, wenn sie sich nicht zum Vorkämpfer des Friedens gemacht hätten. In der Hierarchie persönlicher Werte war der Einsatz für den Frieden der höhere Wert, dem sie fundamentalere Interessen opferten: *Ihre individuelle Ethik war also die der Werthierarchie, ihre politische Ethik die der fundamentaleren Interessen.* Wenngleich man also politische Vernunft in die Formel bringen kann: Das fundamentale Interesse zuerst, so gibt es doch Märtyrer der politischen Vernunft, d.h. solche, die persönliche Opfer bringen, um der Sache der politischen Vernunft zum Siege zu verhelfen.

Die politische Schlußfolgerung dieser Vernunftphilosophie der «Politiques» war, daß der König nur dann Toleranz durchsetzen konnte, wenn er mächtig genug war, sich gegenüber der Eigen*macht* der Guisen durchsetzen zu können. Das konnte er nur, wenn er ihre Eigen*rechte,* Krieg zu führen, beseitigen konnte, Eigenrechte, die in traditionalen, in «guten, alten» Feudalrechten wurzelten. Die Theorie der Souveränität machte diese Rechte verfügbar und sprach dem König das Verfügungsrecht zu. Der König sollte «legibus absolutus», von den (überlieferten) Rechten unabhängig, gedacht werden: Er sei «absoluter Monarch». Diese Idee erschütterte die Loyalitätsbindung der Söldner an die bürgerkriegführenden Stände und schuf die Legitimitätsgrundlage für ein überlegenes königliches Heer, das den König in die Lage versetzte, Toleranz nicht nur zu proklamieren, sondern auch durchzusetzen.

Die Sache der «Politiques» triumphierte mit der Thronbesteigung Heinrichs IV., der von der Notwendigkeit der Friedenssicherung als Fundament aller weiteren politischen Gestaltung selbst tief überzeugt war. Heinrich IV. erließ bald nach seiner Thronbesteigung das *Edikt von Nantes* (1598), das die konfessionelle Toleranz gewährleistete und das er, indem er sich auf die Souveränitätsdoktrin stützte, wenigstens im großen und ganzen zunächst durchzusetzen verstand. Die Souveränität begründete am Ende des 16. Jahrhunderts den konfessionellen Frieden in Frankreich.

§ 11. Risiko: Bürgerkrieg mit Polizeimitteln

Die friedenstiftende Wirkung der Souveränitätsidee war freilich an besondere Bedingungen geknüpft, die in Frankreich im 16. Jahrhundert bestanden. Die Folgerung: «Souveränität wirkt friedenstiftend» wäre in dieser Allgemeinheit jedoch abstrakt und falsch. Die Frage ist immer: wann, wo und unter welchen Bedingungen? In ihren Anfängen war die Idee der Souveränität identisch mit Absolutismus. In dieser Gestalt war aber die Theorie der Souveränität nicht ohne Risiko.

Was gewährleistet, daß der König sich wirklich als friedensichernde Instanz betrachtet? Wie, wenn er sich mit seiner ganzen Macht auf die Seite einer der bürgerkriegführenden Parteien schlägt, wenn er *sich selbst als Bürgerkriegspartei* betrachtet, wenn er den Bürgerkrieg schließlich mit Polizeimitteln fortsetzt? Dies war ein sehr konkretes Problem, dessen praktische Bedeutung den «Politiques» vor Augen stand, zumal nach der Bartholomäusnacht. Die «Politiques» waren sich des unheimlichen Risikos, das sie eingingen, wohl bewußt. Die Theorie der Souveränität bedeutete für sie deshalb keineswegs eine Sicherung gegen den konfessionellen Bürgerkrieg, sondern lediglich eine *Chance*, zum konfessionellen Frieden zu kommen, und zwar nach der Lage der Dinge die einzige Chance.

Es handelte sich um ein Kalkül von Chance und Risiko: Man ging bewußt das *Risiko der Tyrannei* ein, um die *Chance des Friedens* zu gewinnen. So formulierte François le Jay: «Es ist besser, hundert Jahre Tyrannei zu erdulden, als einen Tag lang das Leiden des Bürgerkriegs erleben zu müssen»[2], und Étienne Pasquier erklärte, er wähle von zwei Übeln das kleinere, nämlich lieber Tyrannei als Bürgerkrieg. «Ich wünsche einen guten Frieden, wenn man ihn erlangen kann. Und wenn man es nicht kann, finde ich, daß die schrecklichste Gewaltherrschaft, die man sich vorstellen kann, für den König tunlicher ist als ein Bürgerkrieg.»[3]

Es ist aus der Situation heraus verständlich, daß der Bürgerkrieg, den man gerade erlebte, als das schrecklichere Übel erschien als eine Tyrannei, die man

2 De la dignité des rois et princes souveraines, Tours 1589, zitiert bei Roman Schnur, a.a.O., S. 21.

3 Roman Schnur, a.a.O., S. 21.

sich mehr oder weniger abstrakt vorstellen mußte. Wer wirklich unter einer Tyrannei zu leiden hat, dem verschieben sich die Perspektiven: Er wird schließlich lieber einen Bürgerkrieg wollen als eine weitere Fortsetzung der Gewaltherrschaft. Jedenfalls aber handelt es sich bei der Theorie der Souveränität nicht um eine zynische Theorie der Gewalt und der Macht, sondern um ein vernünftiges Kalkül der Chance der Friedenssicherung.

Das Risiko, das man eingegangen war, wurde freilich im Laufe des 17. Jahrhunderts zur Realität. Nach dem Frieden von Alais war die Gewährung der Toleranz zunächst nur noch gewährte Gnade aus der religiösen Einsicht, daß die wahre Religion nur denjenigen zum Heil führt, der sie in Freiheit und nicht unter Gewaltdrohung angenommen hat. Später, unter Mazarin, wurde die Toleranz nur noch aus außenpolitischer Rücksicht auf die protestantischen Staaten gewährt, mit denen sich Frankreich während des Dreissigjährigen Krieges gegen den Kaiser verbündete. In dem Maße, in dem solche Rücksichten an Dringlichkeit verloren, erschien die Gewährung der Toleranz als überflüssige Torheit und schließlich als Beleidigung Gottes. Am Ende des Jahrhunderts wurde der französische Staat tatsächlich Instrument der katholischen Bürgerkriegspartei. Das Edikt von Nantes wurde im Revokationsedikt von Fontainebleau (1685) aufgehoben. Die evangelische Konfession wurde kriminalisiert. Evangelische Kirchen wurden zerstört, häusliche Gottesdienste bestraft, die Geistlichen wurden des Landes verwiesen und Emigration verboten. Die Hugenotten, die Frankreich verlassen haben, haben dies in heimlichen Nachtwanderungen gegen das Emigrationsverbot getan. Emigranten, die ertappt wurden, wurden zu Galeerenstrafe verurteilt, und zwar fast immer auf Lebenszeit. Erschöpfte und Arbeitsunfähige blieben auf den Schiffen und wurden in ein Loch gesperrt, durch das der Unrat der Mannschaft floß.

Eine rohe und wütende Soldateska vollstreckte den einseitigen Bürgerkrieg mit Brandstiftung, Plünderung, Mord und Marter. Die Dragonaden gipfelten in den sogenannten «veilles forcées», einem bereits hochentwickelten Folter- und Brain-wash-System. Die Menschen wurden unter gleichzeitigem Hunger und Durst so lange am Schlafen gehindert, bis sie endlich in einem Zustand der Unzurechnungsfähigkeit den konfessionellen Übertritt erklärten. Der zeitgenössische Historiker Saint-Simon zog Bilanz:

«Die Ächtungen, die ihr (der Aufhebung des Edikts von Nantes) folgten, waren die Früchte dieses schauerlichen Komplottes, das ein Viertel des Königreiches entvölkerte, seinen Handel ruinierte, es allenthalben schwächte, es so für eine lange Zeit den öffentlichen und unbestrittenen Plünderungen der Dragoner aussetzte – dieses Komplott, das all den Folterungen und Qualen eine rechtliche Grundlage gab, durch die man so viele Unschuldige beider Geschlechter zu Tausenden dem Tode überlieferte – das eine so volkreiche Nation ruinierte, das unzählige Familien zerriß, Verwandten gegen Verwandte Waffen gab, um ihre Habe an sich zu reißen und sie unterdessen Hungers sterben zu lassen – dieses Komplott, das unsere Industrien ins Ausland abwandern ließ und die Blüte und den Überfluß anderer Staaten auf Kosten des unseren verursachte, so daß dort ganz neue Städte entstanden; welches den anderen Völkern das Schauspiel bot eines so herrlichen Menschenmaterials, das verbannt, nackt, flüchtig, schuldlos umherirrend, ferne vom eigenen Vaterland eine Zuflucht suchte – dieses Komplott, welches Edelleute, begüterte Greise, Leute, die in vielen Fällen wegen ihrer Frömmigkeit, ihres Wissens, ihrer Tugend hoch geachtet waren, welches wohlsituierte Leute, Schwache, Anfällige an die Galeeren schmieden ließ, und solches unter dem unablässigen Druck des (Exekutiv-)Komitees, einzig und allein um der Religion halber – endlich das Komplott, das, um die Greuel voll zu machen, alle Provinzen des Reiches mit Meineiden und Heiligtumsentweihungen erfüllte, so daß die Luft von dem Schmerzgebrüll der unglücklichen Opfer des Irrtums erfüllt war, während andere ihr Gewissen zugunsten ihres Besitzes oder ihrer Ruhe darangaben und sich beides durch geheuchelte Abschwörungen erkauften und in endlosem Zuge sich in die Kirchen schleppen ließen, um anzubeten, woran sie nicht glaubten, um den göttlichen Leib des Heiligen der Heiligen zu empfangen, während sie doch überzeugt waren, nur Brot zu essen, Brot, das ihnen auch noch widerlich sein mußte, alles das war in einem Wort (als Folge der Aufhebung des Edikts von Nantes) die allgemeine Greuelhaftigkeit, die erzeugt war durch höfische Schmeichelei und durch Grausamkeit.»[4]

Vor dem Hintergrund dieser Ereignisse wird begreiflich, daß für die folgenden 100 Jahre Gewaltenteilung und Menschenrechte zum zentralen Thema der Aufklärung und der politischen Auseinandersetzung wurden. Der Absolutismus hatte mit letzter Konsequenz geoffenbart, welche Möglichkeiten in ihm liegen. Es kam also darauf an, daß die Staatsgewalt nicht vom Recht unabhängig – legibus absolutus –, sondern an Recht gebunden ist: nur dann kann sie auch an Menschenrechte gebunden sein. Das setzt als erstes voraus, daß Legislative und Exekutive bei verschiedenen Organen liegen.

Bei denen, die diesen Grundgedanken der politischen Aufklärung nicht verstehen, ist es zur Tradition geworden, die grauenvolle Wirklichkeit, in die der Absolutismus geführt hat, in den Geschichtsbüchern herunterzuspielen oder ganz zu verschweigen. In der französischen Tradition gelten Ludwig XIV. als der «Sonnenkönig» und seine Regierungszeit als Blütezeit der französischen Kultur – was für das literarische und sonstige künstlerische Leben zutrifft, aber doch eine sehr enge Perspektive des Begriffs «Kultur» offenbart. Geistiger Terror im Innern, verbunden mit Emigrationsverbot: das ist Barbarei. Es ist Ausdruck absoluter Verachtung des Menschen, seiner geistigen Freiheit und der Bedingungen sowohl wahren geistlichen Lebens als auch humaner Kommunikation. In der vom Souveränitätsdenken geprägten «konservativen» Denktradition handelt es sich um eine «Panne», ebenso wie später die Kommunisten den Stalinismus als «Panne» behandeln, wie die Parteien und Politiker, die dem Ermächtigungsgesetz vom 20. März 1933 zugestimmt oder faschistische Putsche begrüßt haben, die vorhersehbaren Folgen als angeblich nicht vorhersehbar gewesene «Pannen» betrachten. Es soll sich um Mißgriffe handeln, die dem System der Souveränität eigentlich nicht gemäß seien. In Wirklichkeit handelt es sich um das unvermeidbare Risiko, das mit konzentrierter und unkontrollierter Macht verbunden ist.

Das Problem liegt in der Ambivalenz des Friedensmodells, das der Theorie der Souveränität zugrunde liegt: Der Theorie zufolge soll der Souverän als

4 Cour de Louis XVI., Kap. 47, Übersetzung von Joseph Chambon, Der französische Protestantismus, Sein Weg bis zur Französischen Revolution, 1939, S. 149 f.

Dritter überparteilich sein und die streitenden Gruppen zum Frieden zwingen. Da er aber mit einer rechtlich nicht gebundenen Macht ausgestattet ist, da er «legibus absolutus» ist, kann er ebensogut auch Partei ergreifen und den *Bürgerkrieg mit Polizeimitteln* führen. Dagegen gibt es im Absolutismus keinerlei Sicherung.

Ein Teil der Theoretiker der Souveränität, unter ihnen Hobbes, sind denn auch konsequent und verlangen vom Souverän gar nicht Überparteilichkeit in den konfessionellen Auseinandersetzungen. Hobbes z.B. empfahl dem König, *die Konformität des Bekenntnisses zu erzwingen*. Dabei trieben ihn nicht konfessionelle Gesichtspunkte, sondern vermeintlich rational-politische: Es kam ihm nicht darauf an, ob das Land katholisch oder evangelisch würde, sondern nur darauf, daß es eine einheitliche Konfession haben sollte. Politische und nicht religiöse Vorstellungen bestimmten auch in Frankreich die Aufhebung der Toleranz und die Verfolgung der Protestanten. Der Papst verurteilte diese Handlungsweise: «Christus hat sich solcher Methoden nicht bedient». Wenn man bedenkt, mit welcher Tiefe und welchem Ernst die konfessionellen Überzeugungen die Menschen in jenem Jahrhundert bereit machten, für ihren Glauben lieber zu emigrieren oder lieber jede Drangsal, jedes Martyrium zu ertragen, dann wird klar, daß Mord und Grausamkeit nicht eine «Panne», sondern eine im System des Absolutismus selbst liegende Konsequenz waren und sind.

Die Theorie des Absolutismus, die zwar unter bestimmten Bedingungen friedenstiftend wirken konnte, kann also ebensogut dazu führen, daß der Souverän den Bürgerkrieg mit Polizeimitteln fortsetzt. Letztlich entschied sein *Belieben*. Die Dekrete der französischen absolutistischen Könige - und so auch das Revokationsedikt von Fontainebleau, das das Toleranzedikt von Nantes aufhob - pflegten mit der Formel zu schließen: «Car tel est notre plaisir» - denn so ist unser Belieben.

§ 12. Souveränität des Staates oder eines Souveräns?

Wie kann man die Chance, die die Souveränität eröffnet - den inneren Frieden - gewinnen, ohne das Risiko - den Bürgerkrieg mit Polizeimitteln - einzugehen? Das ist das staatstheoretische Grundproblem des Verfassungsstaates. Der Ansatz zu seiner Lösung ist die Unterscheidung der Souveränitätsbegriffe.

1. Souveränität *des Verfassungsstaates*. Der Staat als das *Gesamt der Staatsorgane und des Staatsrechts* ist gegenüber der Gesellschaft souverän.

2. Souveränität *eines Souveräns:* Ein charismatisch oder traditional legitimierter Fürst oder Führer oder Diktator oder auch ein Herrschaftskollektiv (das Parlament, die Junta, das Zentralkomitee der Herrschaftspartei) ist gegenüber allen Staatsorganen (und damit zugleich auch gegenüber der Gesellschaft) souverän: die Souveränität des Absolutismus, der Diktatur, des «demokratischen Zentralismus».

(3. Beide Begriffe sind selbstverständlich zu unterscheiden von der äußeren

Souveränität, von der in späterem Zusammenhang die Rede sein muß: Der Staat ist im Verhältnis zu allen anderen Staaten unabhängig und gleichberechtigt.)

Für die frühen Theoretiker der Souveränität, die «Politiques», fielen staatsrechtliche Souveränität und Souveränität eines Souveräns ununterscheidbar in eins. Zu ihrer Zeit, in ihrer Situation war Souveränität nach Lage der Dinge nur vorstellbar als monarchischer Absolutismus. Für einen gewaltenteilenden parlamentarischen Verfassungsstaat fehlte es in Frankreich, anders als in England, an allen Voraussetzungen; den Unterschied zwischen staatsrechtlicher Souveränität und Souveränität eines Souveräns brauchten und konnten die «Politiques» deshalb nicht machen. Das galt im Laufe des 17. und 18. Jahrhunderts - den Jahrhunderten des Absolutismus - für fast den ganzen europäischen Kontinent. Hingegen war man sich in England und in den amerikanischen Kolonien dieses Unterschiedes schon im 17. Jahrhundert bewußt - nicht dem Begriff, aber der Sache nach - und schuf oder bewahrte durch die Zurückweisung des Absolutismus die politische Voraussetzung für die Entstehung des demokratischen Verfassungsstaates, die dann im 19. und 20. Jahrhundert auch Kontinentaleuropa eroberte. Doch wirkt in Kontinentaleuropa die Tradition der Ineinssetzung von staatsrechtlicher Souveränität und Absolutismus in einem Staatsverständnis nach, das ein genuines Verständnis des demokratischen Verfassungsstaates erschwert und eine gewisse Labilität seiner Legitimitätsgrundlage verursacht hat. Die Nichtunterscheidung der Souveränitätsbegriffe erwies sich also als außerordentlich folgenschwer und kann auch heute noch die Herbeiführung eines Bürgerkrieges mit Polizeimitteln nach dem Modell von 1685 begünstigen.

Es ist deshalb von Bedeutung, sich die Elemente eines konsequent zu Ende gedachten *Absolutismus* - des Gegenbildes zum Verfassungsstaat - vor Augen zu führen. Denn seine extremste Ausprägung fand die Idee eines Souveräns in der *Theorie* der absolutistischen Monarchie (nicht in der historischen Wirklichkeit des Absolutismus: dort gab es stets Einschränkungen und Vorbehalte; schon diese Tatsache läßt darauf schließen, daß der Theorie etwas Wirklichkeitsfremdes anhaftet). Auch die Theorie des Absolutismus war nicht von vornherein radikal. Um deutlich zu machen, was Souveränität ist und nicht ist, erscheint es jedoch zweckmäßig, sich zunächst die radikale Variante des Absolutismusbegriffs vor Augen zu führen, wie sie vor allem bei Thomas Hobbes und in der Hobbes-Nachfolge mit letzter Konsequenz zu Ende gedacht worden ist. Der Begriff «Absolutismus» ist aus dem Gedanken entwickelt worden, der souveräne Monarch sei «legibus absolutus», d.h. durch Recht und Gesetz nicht gebunden. Das bedeutet im einzelnen:

1. Der Souverän kann unbeschränkt *über das Recht verfügen*. Er kann neues Recht schaffen, er kann altes abschaffen, und zwar unbeschränkt durch irgendwelches Verfassungsrecht. Er kann zwar Verfassungsrecht «gewähren», er kann es aber auch wieder zurücknehmen. Ihn selbst bindet es nicht. Seine Souveränität kann folglich auch nicht durch Verfassungsrecht verliehen sein. Vielmehr ist der Souverän selbst die Quelle allen Rechts, auch des Verfas-

sungsrechts. «Gutes altes Recht», Überlieferung, mittelalterliche Ordovorstellungen, «ius divinum» und «ius naturale», überlegene kaiserliche Vollmacht und päpstliche Legitimierungsansprüche, feudale Herrschaft und Regalien – alles schmilzt davon vor der Autorität des Souveräns, «auctoritas, non veritas facit legem» (Hobbes).

2. Der Souverän kann *das Recht durchbrechen.* Das heißt, er braucht das Recht nicht selbst zu beachten, weder das von ihm selbst gesetzte noch das überkommene Recht, das er weiter gelten läßt. Er braucht es also, wenn er sich nicht daran halten will, nicht abzuändern, er kann es vielmehr bestehen lassen und sich dennoch darüber hinwegsetzen. Alle anderen sind an das vom Souverän *gesetzte* Recht gebunden, er selbst bildet die Ausnahme. Er kann aber auch den rechtsanwendenden Organen Weisungen erteilen und sie dazu bestimmen, eine vom Recht abweichende Entscheidung zu treffen.

3. Der Souverän kann jede Kompetenz jederzeit an sich ziehen. Er hält damit *die Gewalt ungeteilt* in seiner Hand. Alle Staatsgewalt, die sich in anderen Händen befindet, ist von ihm delegierte Staatsgewalt. Es gibt keine Gewaltenteilung. Zwar kann es unterhalb des Souveräns Organe und Kompetenzen geben. Der Souverän selbst befindet sich aber oberhalb der Ebene aller gegliederten Gewalt. Eine auf verschiedene Organe aufgeteilte Souveränität wäre ein Widerspruch in sich; denn dann hätten die im Rang gleichgestellten obersten Organe bloß rechtlich umschriebene Kompetenzen. Den Organen übergeordnet wären dann erstens die kompetenzverteilende Verfassungsordnung, zweitens das Organ, das gegebenenfalls einen Kompetenzkonflikt zu entscheiden hätte, und drittens auch noch das Organ, das die Kompetenz zur Änderung der Verfassung besäße. Der Souverän besitzt auch nicht etwa die Kompetenzkompetenz, d.h. die Kompetenz, Kompetenzen von anderen Organen auf sich zu übertragen. Denn auch die Kompetenzkompetenz ist eine Kompetenz, also durch eine vorgegebene und übergeordnete Rechtsordnung verliehen. Der Souverän aber steht oberhalb aller Rechtsordnung und folglich oberhalb aller Kompetenzen: er ist vielmehr die Quelle aller Kompetenzen.

4. Die Souveränität des Souveräns gilt *unbedingt, unwiderruflich und zeitlich unbeschränkt.* Jeder ihr Unterworfene muß deshalb vorbehaltlos vor ihr resignieren. Jede Erwartung oder Hoffnung auf ein Ende ist illusorisch. Bedingungen oder Widerrufsgründe können nicht in Betracht kommen, weil ihr Vorliegen im Einzelfall zweifelhaft und strittig sein könnte. Wer sollte dann über ihr Vorliegen entscheiden? «Quis iudicabit?» lehrte Hobbes zu fragen. Es müßte ja eine andere Instanz sein als der Souverän selbst – dann aber wäre die letzte und höchste Instanz der Inhaber dieser Entscheidungsgewalt nicht nur der Souverän; mit anderen Worten, der Souverän wäre nicht mehr Souverän.

5. Die Souveränität des Souveräns gilt *inhaltlich unbeschränkt.* Deshalb kann es gegen den Souverän *kein Widerstandsrecht* geben, weder ein Widerstandsrecht des Volkes noch ein Widerstandsrecht der Stände. Infolgedessen kann es auch kein irgendwie verbindliches Naturrecht geben – sei dieses nun biblisch, ontologisch, vernunftrechtlich oder wie sonst begründet. Denn sonst

könnte mit Hilfe der Behauptung, der Souverän habe das Naturrecht verletzt, das Widerstandsrecht doch begründet werden. Die einzige Ausnahme, d.h. die einzig zulässige verbindliche Naturrechtslehre ist die Theorie der absoluten Souveränität selbst. Im übrigen können Billigkeit und «ius naturale» der Beachtung durch den Herrscher empfohlen werden. Sie haben dann ihren Ort nicht in den Institutionen des Rechts oder der anerkannten Sittlichkeit, sondern in der Moral. Sie sind dann, in Hegelscher Sprache ausgedrückt, abstraktes Sollen, sie haben keine Wirklichkeit.

Ebensowenig wie Naturrecht kann es das Konzept des *Gesellschaftsvertrages* als eines Vertrages zwischen Volk und Herrscher geben. Denn wenn man davon ausgeht, daß dem Herrscher die Gewalt vom Volk übertragen worden ist, so kann das Volk den Vertrag auch wieder kündigen oder Vertragsverletzungen durch den Herrscher behaupten, um damit Widerstand zu rechtfertigen. Hobbes konstruierte den Gesellschaftsvertrag deshalb als einen Vertrag zugunsten eines Dritten: Die Bürger verpflichten sich untereinander, auf ihre Rechte bedingungslos zu verzichten und diese auf den Souverän zu übertragen. Der Souverän ist also zwar der durch den Vertrag Begünstigte, er ist aber selbst nicht Vertragspartner und kann folglich den Vertrag nicht verletzen.

Ebensowenig wie es verfassungsrechtliche Kompetenzbeschränkungen geben kann, können dem Souverän gegenüber Grund- und Menschenrechte geltend gemacht werden. Folglich kann es auch den Begriff des «Tyrannen» nicht geben, weil er geeignet ist, ein Widerstandsrecht zu begründen. Hobbes polemisiert heftig gegen Aristoteles und die ihm folgende Tradition, die zwischen Monarchie und ihrer Entartungserscheinung, der Tyrannei, unterschied. Ob man einen Herrscher als «Tyrannen» bezeichnet, hänge davon ab, ob man ihn zufällig möge oder nicht.

Souveränität eines Souveräns in ihrer radikalsten Ausprägung besagt also, zusammengefaßt: Der Souverän besitzt die *ungeteilte, unbedingte, unbeschränkte Macht, Recht zu schaffen, zu ändern und zu durchbrechen.* Dieses Konzept ist in allem das Gegenteil des Verfassungsstaates der Neuzeit. Gerade darum ist er geeignet, gewissermaßen als Gegenmodell zum vertieften Verständnis des Verfassungsstaates zu verhelfen.

§ 13. Die Legitimitätsbedingungen der Souveränität

Es ist auffallend, daß sich der Grundgedanke der Erhebung des Souveräns über das Recht nicht konsequent durchführen läßt. Er scheitert an den Legitimitätsproblemen. In letzter Konsequenz führt sich die Theorie des Absolutismus selbst ad absurdum. Es ist unmöglich, «legibus absolutus» zu regieren.

Bei den französischen «Politiques» war von vornherein gar nicht der Versuch gemacht worden, die Theorie der Souveränität zu ihrer letzten Konsequenz zu treiben. Bodin z.B. hat zwar den Begriff der «summa potestas» geprägt. Er definierte: «Majestas est summa in cives ac subditos legibusque soluta potestas»: Souveränität ist die höchste, rechtlich unbeschränkte Gewalt über die Bürger und die Untergebenen. Aber die «summa potestas», die er in den vorangehenden Definitionen des Staates vermißte, faßte er doch nicht als *General- und Blankovollmacht* auf, sondern als ein *Bündel* von im einzelnen spezifizierten Rechten wie: Alleiniges Recht der Gesetzgebung, Entscheidung über Krieg und Frieden, Beamtenernennung, oberste richterliche Gewalt, Begnadigungsrecht, Recht auf Treue und Gehorsam, Entscheidung über Münzen und Maße. Zwar handelte es sich dabei nicht um erschöpfende, sondern um beispielhafte Aufzählung, aber es ist doch charakteristisch, daß Bodin von der Vorstellung eines wenn auch ergänzbaren Bündels von Einzelrechten, nicht von einer unspezifizierten Generalvollmacht ausging. Außerdem verstand er die Souveränität als begrenzt, und zwar auf viererlei Weise.

Erstens durch *Staatszweck und Naturrecht* (Dekalog, Naturgesetze und «lex omnium gentium communis»). Eine Verletzung des Naturrechts mache den Souverän zum *Tyrannen*. Gegen den Tyrannen soll es allerdings kein Widerstandsrecht geben, weil es streitig sein könne, ob Tyrannei vorliege und weil der aus der Ausübung des Widerstandsrechts erwachsene Bürgerkrieg ein schlimmeres Übel sei als Tyrannei. Das Naturrecht schrumpfte somit auf die Funktion eines moralischen Postulats an den Souverän; es enthielt keine Rechtsgebote, insofern auf seiner Verletzung keine Sanktionen lagen. Trotzdem war mit der Anerkennung des Naturrechts die Konzeption der Souveränität wesentlich unterminiert: Ihre politische Wirksamkeit hing davon ab, ob jedermann anerkannte, was der Erfahrung Bodins entsprach, nämlich, daß Bürgerkrieg schlimmer sei als Tyrannei. Wie, wenn die Tyrannei einen Grad von Unerträglichkeit erreichte, daß die Menschen lieber Bürgerkrieg, Martyrium und Tod auf sich nehmen? Bodin hat das Legitimitätsproblem des Souveräns also zwar gesehen, aber nicht zu Ende gedacht, sondern mit der Annahme verdrängt, daß die Tyrannei so schlimm nicht werden würde.

Die zweite Schranke der Souveränität bei Bodin betraf die *Erbfolgegesetze*. Diese sind durch den Souverän nicht abänderbar. Diese These war rational begründet: Abänderung der Erbfolgegesetze kann zu blutigen Konflikten führen. Damit war anerkannt, daß der Monarch einer Legitimitätsgrundlage bedürfte, die wenigstens in einer Hinsicht auf einer seiner Verfügungsgewalt entzogenen Rechtsordnung beruhte. Auch für die Zukunft hat der Souverän die Erbfolgegesetze nach Bodin streng zu beachten. Ein Machthaber, der seine Macht ihrer Verletzung verdankt, ist ein *Usurpator*. Während Bodin ein Widerstandsrecht gegen den Tyrannen nicht anerkennen will, anerkennt er doch ein Widerstandsrecht gegen den Usurpator. Seine Überlegung dabei war, daß Usurpation nur vermieden werden kann, wenn der Usurpator weiß, daß er nicht sicher wird regieren können. Es ist also eine Abschreckungstheorie, die mit einem erheblichen Risiko belastet ist: Wenn sich der Usurpator nicht abschrecken läßt, dann kommt es zum Bürgerkrieg, den zu vermeiden doch Bodins oberstes Ziel war. Konsequent wäre es gewesen, ganz auf die Effektivität der Machtausübung abzustellen: Hat der Usurpator gesiegt, so ist er anzuerkennen. Daß Bodin diese Konsequenz nicht zog, zeigt, daß sich auch ihm das Legitimitätsproblem als ein verteidigungswürdiges Problem darstellte. Schon dies spricht dafür, daß das Legitimitätsproblem unentrinnbar ist und die Theorie der Souveränität relativiert.

Drittens hielt Bodin den Souverän für gebunden an *Verträge*. Ein Souverän, der «legibus absolutus» ist, müßte aber konsequenterweise auch den Rechtssatz «pacta sunt servanda» durchbrechen oder außer Kraft setzen können. Damit freilich wäre er nicht mehr vertragsfähig. Hält man ihn aber für gebunden an Verträge, so führt Vertragsbruch zu einem Konflikt, in dem die Gewaltanwendung legitim ist. Auch hier zeigt sich die Unentrinnbarkeit des Legitimitätsproblems.

Viertens schließlich hat Bodin das Steuerbewilligungsrecht den Ständen vorbehalten und im Falle willkürlicher, d.h. nicht von den Ständen bewilligter Steuererhebung den Ständen ein Widerstandsrecht zugestanden. Hier ist Bodin vollends inkonsequent; denn mit dem Steuerbewilligungsrecht haben die Stände die Macht, den Souverän weitgehend zu kontrollieren und in seiner Macht zu beschränken. Ein Souverän ohne Steuergewalt ist eigentlich kein Souverän. Der Bodinsche Souverän ist also nicht voll souverän, der Bodinsche Staat ist letztlich gewaltenteilend. In diesem Punkt aber war Bodin unerbittlich: Es handelte sich für ihn nicht nur um eine notwendige Konzession an die Stände, sondern um die Überzeugung, daß das *Eigentum* das Fundament all dessen sei, was für Bodin das Leben lebenswert machte. Es ging ihm letztlich um Sicherung des friedlichen religiösen und wissenschaftlichen Lebens auf dem eigenen Besitztum im Kreise der Familie. Das ist schon aus seiner Definition des Staates ersichtlich: «Res publica est familiarum rerumque inter ipsas communium summa potesta ac ratione moderata multitudo» (der Staat ist eine Vielzahl von Familien und den ihnen gemeinsamen Sachen, die mit höchster Gewalt und mit Vernunft geleitet wird). Die fundamentale Bedeutung der Familie und der ihr gemeinsamen Sachen erklärt die Unantastbarkeit des Eigentums. Darüber läßt Bodin nicht mit sich reden. Wird es verletzt, ja wird auch nur das Steuerbewilligungsrecht eingeschränkt, so erscheint ihm Bürgerkrieg in allen seinen Konsequenzen als das kleinere Übel und deshalb legitim.

Die Inkonsequenz der Bodinschen Souveränitätslehre ist späteren Theoretikern nicht entgangen; sie haben versucht, die Souveränitätstheorie von allen Inkonsequenzen zu reinigen. Dabei zeigte sich, daß das nicht restlos möglich ist.

1. kommt man ohne irgendwelche Regeln über die Installierung des Souveräns nicht aus. Entweder gelten Thronfolgegesetze oder ein bestimmter Wahlmodus. Infolgedessen gibt es auch immer den Unterschied zwischen legitimem Souverän und Usurpator.

2. Wenn der einmal installierte Souverän keine andere Legitimitätsgrundlage besitzt als die Theorie der Souveränität, dann ist die Legitimitätsgrundlage also die Sicherung des Lebens vor Gewalttätigkeit. Dann aber kann das Leben des einzelnen nicht legitimerweise aufs Spiel gesetzt werden. Das Lebensrisiko, das mit dem Kriegsdienst verbunden ist, und die Todesstrafe können zwar gesetzlich etabliert werden, aber der gesetzgebenden Gewalt

des Souveräns fehlt dann insofern die Legitimitätsgrundlage: Von der Theorie der Souveränität her läßt sich ein solches Gesetz nicht rechtfertigen und läßt sich der Gehorsam gegenüber einem solchen Gesetz nicht begründen.

So ist es zu erklären, daß Hobbes, der die Theorie der Souveränität ganz besonders konsequent zu Ende denken wollte, in der Geschichte der politischen Theorien zu den Theoretikern des Widerstandsrechts gerechnet wird – eine an sich absurde Situation, die daraus zu erklären ist, daß die Theorie der Souveränität in sich absurde Elemente enthält. Theoretisch schloß nämlich Hobbes Machtmißbrauch und Grausamkeit des Souveräns, die das Leben der Untertanen gefährden, nicht aus. Aber sie führten dann in Aufruhr und gefährdeten seine Macht und seien deshalb nicht nur unmoralisch, sondern auch unvernünftig. Aus dieser These haben Hobbes-Interpreten herausgelesen, daß auch Hobbes ein «Widerstandsrecht» anerkenne. Aber es handelt sich nicht um die Anerkennung eines Rechts, sondern um die Vorhersage einer tatsächlichen Entwicklung. Der Souverän soll nicht Rechte respektieren, sondern sich klug verhalten.

An dieser Stelle berührt die Theorie der Souveränität wiederum das Legitimitätsproblem. Auch der absolute Souverän kommt nicht ohne Anerkennung durch seine Untertanen aus: Er muß ihnen, um über sie herrschen zu können, Sicherheit und Frieden gewährleisten. Die altfeudale Beziehung von «Schutz und Gehorsam» wurde von Hobbes zur alleinigen Legitimitätsgrundlage des souveränen Herrschers erhoben.

Wie wenig dieser Legitimitätsvorbehalt für die Beschränkung der Souveränität bedeutete, zeigte sich bei der Behandlung der Freiheit zur Konfessionsausübung. Sie bildete in den Jahrhunderten nach der Reformation das politische Grundproblem: Die Auseinandersetzungen wurden in erster Linie um die von Hobbes befürwortete Erzwingung der konfessionellen Konformität geführt. Ein wenig schreckte Hobbes vor den Konsequenzen seiner Theorie auch zurück: er empfahl, wenigstens die *«Freiheit des Gewissens»* zu respektieren. In den Augen eines der konsequentesten Hobbes-Schüler, Carl Schmitt, trug er mit diesem «unausrottbaren individualistischen Vorbehalt», wie Schmitt tadelnd meinte, Mitschuld an der Zerstörung des souveränen Staates.[5] Aber Hobbes meinte damit nur, daß sich die erzwungene Konversion auf die äußere Konfessionsausübung beschränken müsse. Was die Menschen innerlich in ihrem Gewissen dächten, darauf habe die Staatsgewalt ohnehin keinen Einfluß. Auch Gewissensfreiheit sei kein Recht, sondern eine Tatsache. Vor ihr müsse die Souveränität resignieren, meinte er, da er sich die auch damals schon bekannten inquisitorischen und totalitären Methoden des Gewissensterrors niemals vergegenwärtigte. Das Revokationsedikt von Fontainebleau, das später (1685) das Edikt von Nantes aufhob und die evangelische Religion kriminalisierte, verbürgte in Artikel XI ausdrücklich die Gewissensfreiheit, eine Verbürgung, die für die Praxis nicht mehr bedeutete als – nichts.

3. Der folgenschwerste Irrtum dieser Souveränitätslehre ist der, daß die

5 C. Schmitt, Der Leviathan in der Staatslehre des Thomas Hobbes, 1938.

Menschen auf Rechtssicherheit, Freiheit und politische Mitbestimmung zu verzichten bereit seien. Es ist keine Übertreibung, wenn man sagt, der Theorie der Souveränität, insbesondere in der Hobbesschen Ausprägung, lag ein naives, in der Studierstube erdachtes Menschenbild zugrunde. Um so mehr gilt dies heute: Ein einmal erreichtes Niveau des Rechts- und Freiheitsbewußtseins läßt sich nicht ohne weiteres wieder beseitigen. Der Verfassungsstaat der Neuzeit mit seinen wesentlichen Institutionen wie Geltung des Gesetzes, Verfassungsbindung der Staatsgewalt, Menschenrechte, Gewaltenteilung, demokratische Wahlen usw. sind so sehr Ausdruck der Grundbedürfnisse zumindest des zu geistiger Kultur erwachten Menschen, daß sich der demokratische Verfassungsstaat nicht nur geschichtlich mehr und mehr durchgesetzt und in der Welt verbreitet hat, sondern sich schließlich auch dort zu behaupten vermochte, wo zunächst der Versuch, die Souveränität zu installieren, Erfolg hatte. Der demokratische Verfassungsstaat kann nur dort verhindert werden, wo ein einmal installierter souveräner Staat sich mit den Mitteln des Terrors behauptet. Es gibt heute keine Staatsgewalt in der Welt, die zugleich diktatorisch ist und die menschliche Freiheit toleriert. Denn unter einer solchen Staatsgewalt würden die Menschen von ihrer Freiheit in der Weise Gebrauch machen, daß sie einen demokratischen Verfassungsstaat etablieren würden. Wer die Souveränität eines Souveräns will, dem bleibt keine andere Wahl, als diese Ansätze mit den Mitteln des Terrors zu unterdrücken.

§ 14. Der Absolutismus vor der Französischen Revolution

Die Theorie der Souveränität war, wie vor allem *H. Quaritsch*[6] hervorgehoben hat, keineswegs nur eine Zusammenfassung der Herrschaftsansprüche, die das Königtum ohnehin erhoben und behauptet hatte. Sie hatte keine juristische, sondern eine politisch-programmatische Funktion. Die Könige hatten z.T. sehr weitreichende Kompetenzen, aber diese Kompetenzen waren in der mittelalterlichen Vorstellungswelt durch das Recht legitimiert: durch kaiserliche Verleihung, durch Tradition, durch gebündelte Zusammenfassung einzelner Herrschaftsrechte und Regalien in der Person des einen Herrschers. Gerade diese Legitimitätsgrundlage sollte aber zerstört und durch die Theorie der Souveränität ersetzt werden. Denn solange der König nur die ihm durch das Recht zugewiesenen Rechte hatte, hatten auch alle anderen Feudalherren die ihnen jeweils durch das Recht zugewiesenen Rechte; es gab also einen ganzen Kosmos von Herrschaftsansprüchen und Kompetenzen, die miteinander rivalisierten. Die zentrale Planung und Gesetzgebung ließ sich nur durchführen, wenn der König über alle diese Rechte verfügen konnte. Das setzte voraus, daß er über dem Recht stand und *seine Macht folglich nicht diesem Recht verdanken durfte.*

Historisch gesehen verdankte der König seine herausgehobene Position

6 H. Quaritsch, Staat und Souveränität, Bd. 1, Die Grundlagen.

allerdings dem Recht und seiner allgemeinen Anerkennung. Die Theoretiker des Absolutismus waren deshalb in einer Zwickmühle:

Einerseits ließ sich die Theorie der Souveränität nur dann in die Praxis umsetzen, wenn sie an eine tatsächlich vorhandene Macht anknüpfte, und zwar an die, die sich als die vergleichsweise stärkste erwiesen hatte. Diese aber war nach Lage der Dinge zunächst die des Königs, obwohl dieser in der Adelspyramide nicht die Spitzenstellung besaß, die dem Kaiser zukam. Die tatsächliche Macht des Kaisers war gering, seine Anerkennung in Frankreich überhaupt zweifelhaft, die tatsächliche Macht der Könige war vergleichsweise stark und stärker als die der Herzöge, Grafen usw. Andererseits beruhte die tatsächliche Machtstellung des Königs auf der Tatsache, daß ihm überlegene Rechte zustanden und *daß diese Rechte anerkannt wurden*. Wenn man nun die Geltung dieses Rechts in Frage stellte, so erschütterte man damit die eigentliche *Machtgrundlage des Königs*. Es kam also für die Theoretiker der Souveränität darauf an, die alte Machtgrundlage des Königs durch eine neue zu ersetzen: die Ableitung der Herrschaftsgrundlage des Königs aus dem guten alten Recht zu ersetzen durch ihre Ableitung aus der Theorie der Souveränität.

Eine Theorie kann aber nur dann zur Legitimitätsgrundlage werden, wenn sie genauso *allgemein anerkannt* ist, wie es vordem die Geltung des alten Rechts war. Eine solche Anerkennung konnte man aber gerade vom Adel nicht erwarten. Denn dieser verdankte seine eigene Machtposition dem Recht. Hätte er sich darauf eingelassen, das Recht zugunsten der Souveränität des Königs in Frage zu stellen, hätte er seine eigene Machtgrundlage in Frage gestellt. Soweit er dazu nicht bereit war, gab es für ihn keinen Grund, eine überlegene Rechtsposition des Königs anzuerkennen, die eine überlegene Machtposition des Königs legitimieren könnte.

Wenn aber das Recht die Macht nicht legitimiert, kann nur die Macht sich selber legitimieren: Es kam also dann darauf an zu testen, ob der König tatsächlich über die stärkeren Bataillone verfügte. Dieser Machtkampf lag in der Logik der Dinge und wurde in der *Fronde* in Frankreich auf blutige Weise ausgekämpft. In Frankreich erwies sich tatsächlich der König als der Stärkere. Das lag allerdings wesentlich daran, daß er seine Macht nicht nur auf die neue Souveränitätsdoktrin fundierte, sondern gleichzeitig auch noch seine auf den alten Rechten beruhende Legitimität ins Feld führte. Er wurde also von seinen Getreuen als König anerkannt, nicht weil er der Souverän im Sinne der Souveränitätstheorie war, sondern weil er im Sinne des überlieferten Rechts der König war. Auf diese Weise konnte er die Machtstellung, die er dem Recht verdankte, dazu benutzen, seine Macht so weit auszubauen, daß er schließlich diese Rechtsgrundlagen ignorieren konnte. Das war nur mittels eines vorsichtigen diplomatischen Taktierens möglich. Die Souveränitätsdoktrin behauptete sich nicht durch sich selbst, sondern durch Benutzung der Legitimitätsgrundlagen, die sie gerade abzubauen trachtete.

Genaugenommen handelte es sich also nicht darum, in einem einmaligen Akt die Legitimitätsgrundlage des Rechts durch die Legitimitätsgrundlage der Souveränitätsdoktrin zu ersetzen. Vielmehr ging es darum, der königlichen Macht die Souveränitätsdoktrin als neue Legitimitätsgrundlage in einem Jahrhunderte währenden Prozeß allmählich zu unterschieben. Auf das alte Recht berief man sich, sofern man es brauchte, man ignorierte es unter Berufung auf die Souveränitätsdoktrin, wenn man es sich leisten konnte. Die beiden Legitimitätsgrundlagen standen nebeneinander, obwohl sie sich wechselseitig absolut ausschlossen. Dieser Mangel an innerer Folgerichtigkeit und Logik trug zwar einerseits zur Stärkung der königlichen Autorität bei, zog diese andererseits aber zugleich ins Zwielicht. Dieses Zwielicht ist eine der Ursachen für den Verfall des Ansehens des Königtums und für seine Ersetzung durch republikanische Verfassungsformen. Der Absolutismus wäre nur zu retten gewesen, wenn sich die Theorie der Souveränität überall und vollständig durchgesetzt und die alten Legitimitätsgrundlagen radikal ersetzt hätte. Gerade dies aber gelang nicht und konnte nicht gelingen. «Gehört es doch zum Wesen des Absolutismus, daß er ... sich fast nirgendwo durchgesetzt hat.»[7] Da er sich auch in Frankreich nicht restlos durchgesetzt hatte, konnte der französische König im Jahre 1788 - erstmals seit 1614 - wieder die Generalstände einberufen. Damit schuf er den Rahmen, innerhalb dessen die französische Revolution ausbrach (vgl. u. § 37).

Eine Theorie, die für ihre Bewährung in der politischen Praxis darauf angewiesen ist, daß sie sich gänzlich und radikal durchsetzt, die sich aber nicht durchsetzen kann - was ist von einer solchen Theorie zu halten? Es ist eine der wesentlichen Fragen, warum sie sich nicht durchsetzen konnte. Konsequente Anhänger der Hobbesschen Staatstheorie haben dafür einfache Erklärungen: Die Privilegierten hätten um ihre Privilegien gekämpft, die Christen, die die Freiheit ihrer jeweiligen Konfession durch ihren jeweiligen Souverän bedroht sahen, hätten ein «religiös-fanatisiertes Bewußtsein» gehabt, die Menschen seien allgemein töricht und unaufgeklärt, radikale Wahrheiten seien unbeliebt usw.[8] Der entscheidende Grund gegen die Souveränität: die Notwendigkeit institutioneller Sicherung der Freiheit und Menschenwürde, ist dabei übersehen oder in seiner Bedeutung verkannt.

Aber einmal angenommen, damit wären wirklich die wesentlichen Ursachen dafür benannt, die dazu geführt haben, daß die Souveränitätsdoktrin immer Konfliktmotiv gewesen ist. Selbst in dem Fall könnte man die politische Theorie der Souveränität nicht von einer gewissen Kurzsichtigkeit freisprechen. Denn dann sind die Privilegieninteressen, das religiös-fanatisierte Bewußtsein und die Torheit der Leute eben Faktoren, die im politischen Kalkül berücksichtigt werden müssen. Sie lassen sich nicht hinwegentrüsten. Wenn die Theoretiker der Souveränität darauf bestehen, daß ihre Theorie in sich schlüssig sei, so ist zu antworten, daß sie, selbst wenn sie das ist, gleichwohl politisch ungenügend sein kann. Logische Folgerichtigkeit ist mit politischer Vernünftigkeit nicht identisch. Die politische Vernunft ist dialektisch, d.h.

7 Von Raumer, Historische Zeitschrift, Bd. 183, S. 70.

8 So z.B. das Hobbes-Buch von Klaus Michael Kodalle, Thomas Hobbes - Logik der Herrschaft und Vernunft des Friedens, 1972, in seinem bilanzziehenden Schlußkapitel.

praktisch: Eine Idee, mag sie noch so folgerichtig durchgeführt sein, wird in der Wirklichkeit relativiert durch abweichende oder sogar entgegengesetzte Ideen, die, seien sie nun ebenso oder weniger logisch und folgerichtig, jedenfalls auch politisch relevante Faktoren sind.

Kennzeichen dafür, ob eine politische Theorie gute oder schlechte Theorie ist, ist weder die gute oder schlechte Absicht noch die innere Folgerichtigkeit, sondern die Frage, wie sie sich in der politischen Wirklichkeit auswirkt: Fördert sie Frieden, Freiheit und Gerechtigkeit oder nicht? Die Frage ist nicht: Würde sie dem Frieden, der Freiheit und der Gerechtigkeit dienen, wenn bestimmte Bedingungen erfüllt wären, z.B. wenn alle Menschen diese Theorie annähmen? Die Frage ist auch nicht, ob die Nichtannahme der Theorie durch die Menschen Anlaß zu moralischer Entrüstung bieten kann. Alle politischen Theorien wären gute Theorien, wenn die Menschen oder die Dinge anders wären.

Es ist eine der Grundeinsichten der politischen Vernunft im allgemeinen und der Staatslehre im besonderen, daß Fehler meistens nicht daraus entstehen, daß etwas Falsches gesagt, sondern daraus, daß etwas Wesentliches ausgelassen wird. Etwas Falsches läßt sich verhältnismäßig leicht widerlegen und hat im allgemeinen nicht lange Bestand. Die politischen Kontroversen sind so schwierig, weil die Menschen einen richtigen Gesichtspunkt haben, der Evidenz besitzt und den sie deshalb mit Überzeugung und Energie vertreten. Aber die Welt des Politischen ist komplex, und es kommt darauf an, zu sehen, was «auch noch» wahr und richtig ist.

Die Einsicht in die Mängel der absolutistischen Theorie führt zum Verständnis des Verfassungsstaates der Neuzeit. Dieser Weg zur Erklärung des Verfassungsstaates bedeutet zugleich eine Nachzeichnung der in der Geschichte der Neuzeit tatsächlich gewonnenen und in politischen Theorien artikulierten Erfahrungen. Doch müssen wir uns, ehe wir den Verfassungsstaat betrachten, zunächst noch dem Verhältnis des Staates zu anderen Staaten und dem allgemeinen Staatsbegriff zuwenden.

3. Kapitel: Äußere Souveränität und der völkerrechtliche Staatsbegriff

§ 15. Souveränität und Geltung des Völkerrechts

Man unterscheidet innere (oder staatsrechtliche) und äußere (oder völkerrechtliche) Souveränität (vgl. oben § 12). Ebenso wie alle Probleme der inneren Souveränität um ein Zentralproblem kreisen, nämlich: Bürgerkrieg oder innerer Friede, so alle Probleme der äußeren Souveränität um das Zentralproblem: Krieg oder äußerer Friede. Den inneren Frieden erwartet man von der Zentralisierung und Monopolisierung der Gewalt in der Hand des Staates, den äußeren Frieden von der wechselseitigen Respektierung aller Staaten untereinander als prinzipiell *gleich und unabhängig*. Freilich ist die Lösung des Friedensproblems hier wie dort komplexer, als es die klassische Souveränitätslehre erwartet oder erhofft hatte. So wie die innere Souveränität den inneren Frieden nicht sicher gewährleisten kann, so auch die äußere Souveränität nicht den äußeren Frieden, und zwar aus ähnlichen Gründen. Im Inneren hängt der Friede davon ab, daß den Legitimitätsbedingungen Rechnung getragen wird, insbesondere dem öffentlichen Bewußtseinsniveau der Freiheits- und Gerechtigkeitsmöglichkeiten. Im Äußeren hängt der Friede davon ab, daß die Staaten die *Regeln des Völkerrechts als legitim* respektieren. Das aber hängt seinerseits davon ab, daß das Völkerrecht die innerstaatlichen Legitimitätsbedingungen gerade außer sich läßt.

Der Begriff der äußeren Souveränität ist also nicht weniger paradox als der der inneren Souveränität, wenn Souveränität bedeutet, Quelle des Rechts und deshalb keinem Recht unterworfen – «legibus absolutus» – zu sein. Denn entweder ist der Staat dem Völkerrecht unterworfen; dann ist er insofern nicht «legibus absolutus», sondern in seiner Souveränität beschränkt. Oder aber man versteht den Staat konsequent als souverän, d.h. als auch dem Völkerrecht nicht unterworfen. Dann hat das Völkerrecht für ihn nur insoweit Geltung, als er es kraft seiner souveränen und widerruflichen Entscheidung als für sich bindend anerkennt. Dann aber kann das Völkerrecht seine friedensichernde Funktion nicht erfüllen: die Theorie der Souveränität, die eine Theorie des inneren Friedens sein sollte, führt so leicht in äußeren Krieg. Der Friede beruht dann allenfalls auf der Balance der Machtverhältnisse. Wie Kelsen richtig bemerkt, «spielt der Primat des staatlichen Rechts, die Souveränität des Staates eine entscheidende Rolle in der imperialistischen Ideologie».[1]

Die Souveränität nach außen, die *völkerrechtliche Souveränität,* definiert man als Unabhängigkeit und Gleichheit der Staaten. Ein Staat ist *unabhängig,* d.h. er ist weder Protektorat noch Kolonie, noch Mandat, noch Mitglied eines Bundesstaates. Die Staaten sind *gleich,* insofern sie sich als rechtlich gleichberechtigt anerkennen, unabhängig von ihrer faktischen wirtschaftlichen, militärischen usw. Ungleichheit. Die USA und Dänemark verkehren auf gleichem Fuß miteinander. Die wechselseitige Anerkennung der Souveränität von zwei Staaten bedeutet dann zweierlei: den Verzicht jedes Staates darauf, die Unabhängigkeit des anderen Staates zu beseitigen, und die Fiktion rechtlicher Gleichheit trotz faktischer Ungleichheit. Das aber bedeutet nichts anderes als *Respektierung des Völkerrechts.*

«Völkerrechtliche Souveränität» bedeutet also letztlich den Verzicht auf die Anmaßung der Souveränität. Wenn wir die «äußere Souveränität» definieren als die Unabhängigkeit und Gleichheit der Staaten, so hat sich der Begriff sowohl von seiner historischen Wurzel als auch von seinem eigentlichen Inhalt gelöst und selbständig gemacht. Mehr noch, er hat in gewisser Weise vor seiner eigenen Unmöglichkeit resigniert, hat sein begriffliches Gegenteil in sich aufgenommen. Denn Unabhängigkeit und Gleichheit der Staaten be-

---

1 Strupp/Schlochauer, Wörterbuch des Völkerrechts, Stichwort Souveränität, S. 283.

deutet nichts anderes als Anerkennung der Verbindlichkeit von Grundnormen des Völkerrechts. Völkerrechtliche Souveränität ist also ein Widerspruch in sich, sie bedeutet soviel wie Nichtsouveränität.

Was die Einsicht in diesen Umstand erschwert, ist die Tatsache, daß das Völkerrecht nicht von einer überlegenen Weltpolizei zwangsweise durchgesetzt werden kann. Dadurch entsteht der Eindruck, Völkerrecht sei eigentlich gar kein Recht, sondern eine Moral, die ebenso wie andere Moralnormen vom Souverän beachtet oder mißachtet werden könne. Zum Wesen des Rechts gehöre die zwangsweise Durchsetzbarkeit. Da der Staat also zur Beachtung des Völkerrechts nicht gezwungen werden könne, sei er souverän. Dem liegt indessen ein Trugschluß zugrunde. Es ist in der Tat richtig, daß sich die mächtigeren Staaten, zumal die Weltmächte, Mißachtungen des Völkerrechts leisten können. Im Extremfall können sie die Respektierung des Völkerrechts überhaupt verwerfen. Dann freilich isolieren sie sich, sind nicht mehr vertragsfähig, werden als friedensbedrohend angesehen und sind dies auch tatsächlich und bringen ihre Umwelt dazu, je nach Situation und Machtlage zumindest defensive Militärallianzen gegen sie zu bilden oder sie kriegerisch niederzuwerfen. Infolgedessen ist es eine Frage staatspolitischer Klugheit, die Geltung des Völkerrechts zumindest grundsätzlich anzuerkennen (was Völkerrechtsbrüche im einzelnen nicht ausschließt).

Anerkennung des Völkerrechts aber bedeutet: seine Regeln auch dann zu respektieren, wenn diese Respektierung im Einzelfall nicht zum Vorteil, sondern zum Nachteil gereicht. Jede Völkerrechtsverletzung erschüttert das Vertrauen darin, daß das Völkerrecht grundsätzlich anerkannt wird. Völkerrechtsverletzungen können deshalb auch vom Standpunkt der Staatsräson aus nur in besonderen Ausnahmefällen in Frage kommen, nämlich nur dann, wenn die *erheblichen Nachteile*, die mit diesem Kreditverlust verbunden sind, immer noch geringer erscheinen als die Nachteile, die durch den Verzicht auf die Völkerrechtsverletzung in Kauf genommen werden müßten. Deshalb ist es also richtig, wenn man sagt, die Anerkennung des Völkerrechts sei ein Erfordernis staatspolitischer Klugheit. Das aber gilt nicht nur für die Anerkennung des Völkerrechts, sondern auch für die Anerkennung des Verfassungsrechts und aller sonstigen Rechtsnormen. Auch der Kaufmann, der das Zivil- und Handelsrecht respektiert, tut dies im allgemeinen und in erster Linie nicht wegen der im Hintergrund drohenden gerichtlichen Durchsetzbarkeit des Rechts, sondern schon wegen seiner Kreditwürdigkeit im allgemeinen Geschäftsverkehr. Ob der Zwang, der von einer Rechtsordnung ausgeht, in Vollstreckungshandlungen liegt oder ob er durch eine Kette von Umständen vermittelt wird, ist eine für die Verbindlichkeit des Rechts zweitrangige Frage. Ist das Recht aber, aus welchen Gründen auch immer, für den souveränen Staat verbindlich, so ist dies das Gegenteil der Souveränität in der ursprünglichen Bedeutung des Begriffs.

§ 16. Die Friedensfunktion des Staatsbegriffs

So wie der innere Friede labil ist und in Bürgerkrieg und Terror umschlagen kann, wenn die Legitimitätsbedingungen der Staatsmacht nicht respektiert werden, so bleibt der äußere Friede labil, solange die Legitimitätsbedingungen des Völkerrechts nicht respektiert werden. Zu diesen Legitimitätsbedingungen gehört in erster Linie die Reziprozität (Gegenseitigkeit): Ein Staat, der vom Völkerrecht nicht anerkannt oder der vom Völkerrecht diskriminiert wird, erkennt seinerseits das Völkerrecht nicht als legitim an. Der Grundsatz der Gleichheit aller Staaten trägt dem Rechnung: Indem er jeden Staat anerkennt und keinen diskriminiert, erfüllt er eine notwendige (wenn auch nicht immer hinreichende) Bedingung dafür, daß die Staaten ihrerseits das Völkerrecht respektieren. Obwohl die Gleichheit der Staaten auf den ersten Blick ein anarchisches Prinzip zu sein scheint, ist dieses Prinzip doch die Geltungsbedingung des Völkerrechts.

Wieweit dieses Prinzip jedoch seine Friedensfunktion erfüllen kann, hängt vom Staatsbegriff ab. In diesem Prinzip ist der Staatsbegriff eine Variable, deren Abwandlungen über die Reichweite der Geltung des Völkerrechts entscheidet. Die Staatslehre, die den Staatsbegriff definiert, muß dem Rechnung tragen: Es gibt keine absolute, aus irgendwelchen Prämissen ableitbare Definition des Staates. Wie bei den meisten grundlegenden Rechtsbegriffen, kann man auch die Geschichte des Staatsbegriffs nur im Zusammenhang mit der *politischen Funktion des Begriffs* verstehen. Und zwar entwickelt sich der Staatsbegriff zusammen mit dem Völkerrecht. In dem Maß, in dem das Völkerrecht seinen Geltungsbereich ausdehnt, die nichtchristlichen und nichtweißen Völker einbezieht und innerhalb Europas Monarchien und Republiken umfaßt, in dem Maße wird *der Staatsbegriff auf seine formalen Elemente reduziert.* In einem *universalen Völkerrecht* muß der Staatsbegriff ganz abstrakt sein.

Ob ein politisches Gebilde ein Staat im Sinne des Völkerrechts ist oder nicht, hat unmittelbar *juristische und politische Folgen.* Ist es ein Staat, so kann dieser von der Staatengemeinschaft als solcher völkerrechtlich anerkannt werden. Der Staat wird damit in die Staatengemeinschaft aufgenommen, wird als gleichberechtigt mit anderen Staaten angesehen, genießt den Schutz des völkerrechtlichen Interventions- und Gewaltverbots, auch z.B. gegenüber dem Mutterland, von dem er sich abgespalten haben mag, kann in die Vereinten Nationen aufgenommen werden (Art. 4 I der Charta der Vereinten Nationen), kann die ihm unterworfenen Bürger als Staatsangehörige in Anspruch nehmen und sie im Ausland konsularisch schützen usw. Das Völkerrecht hat seinen Staatsbegriff unter dem Gesichtspunkt entwickelt und abgewandelt: *Welche Gründe sprechen unter welchen Voraussetzungen dafür, diese Rechtsfolgen eintreten zu lassen oder nicht eintreten zu lassen?* Unter diesem Gesichtspunkt wird im folgenden der Staatsbegriff – an Beispielen – zu diskutieren sein. Alle gegenwärtigen Versuche, den Staatsbegriff zu bestimmen, müssen folgenden politischen Hintergrund im Auge behalten:

Nur Staaten sind fähig, Mitglied der *Vereinten Nationen* zu sein. «Ursprüngliche Mitglieder» sind die Staaten, die zu den Gründern der Vereinten Nationen gehören (Art. 3 Charta der Vereinten Nationen). Zusätzlich können Mitglieder «alle sonstigen friedliebenden Staaten werden, welche die Verpflichtungen aus dieser Charta übernehmen und nach dem Urteil dieser Organisation fähig und willens sind, diese Verpflichtungen zu erfüllen» (Art. 4).

Es gibt also zwar Staaten, die nicht Mitglied sind oder werden können – Staaten, die nicht als «friedliebend» gelten oder die die Verpflichtungen der Charta nicht übernehmen. Auch kann ein Mitgliedsstaat, der die Grundsätze der Charta beharrlich verletzt, auf Empfehlung des Sicherheitsrats durch die Generalversammlung aus der Organisation ausgeschlossen werden (Art. 6). Ferner gibt es Staaten, die noch nicht Mitglied sind. Ferner sind auch Bundesstaaten ohne völkerrechtliche Souveränität in der Regel nicht Mitglied. Jedenfalls aber kann kein politisches Gebilde Mitglied sein, wenn es nicht ein «Staat» ist.

Es spricht deshalb viel dafür, den Begriff des Staates nicht inhaltlich aufzufüllen, sondern ihn auf einer Abstraktionsebene zu halten, die erlaubt, erstens alle Mitglieder der Vereinten Nationen als Staaten zu bezeichnen und zweitens das *Universalitätsprinzip* der Vereinten Nationen möglichst vollständig zu verwirklichen. Überblickt man einmal die Liste der Mitglieder der Vereinten Nationen,[2] so fallen sehr unterschiedliche Gebilde darunter: große und kleine, solche, deren Staatsgewalt demokratisch legitimiert ist, Diktaturen, deren Staatsgewalt aus Revolution oder Staatsstreich hervorgegangen ist, aber auch Altmonarchien, zu Selbständigkeit erstarkte ehemalige Kolonien, machtpolitisch Unabhängige und Abhängige, solche, in denen ein sprachlich, kulturell, historisch zusammengehöriges Volk seine politische Einheit findet, aber auch solche, die mehrere Völker zusammenfassen, und solche, die nur den Teil eines Volkes politisch organisieren.

Ein abstrakter Staatsbegriff ist verhältnismäßig nichtssagend. Über Qualität, Ursprung, Legitimitätsgrundlage, Vernünftigkeit der Verfassung usw. ist mit der Kennzeichnung eines politischen Gebildes als «Staat» nichts ausgesagt. Das schadet aber nicht, da man, wenn man dies zum Ausdruck bringen will, die Staaten näher charakterisieren kann: Man kann z.B. von demokratischen Verfassungsstaaten, von unabhängigen Staaten, von Nationalstaaten usw. sprechen.

Andererseits aber gibt es für den abstrakten Staatsbegriff praktische Gründe: zunächst die Übereinstimmung mit dem international üblichen Sprachgebrauch; sie wäre an sich schon ein hinreichender Grund. Gewichtiger aber noch ist der politische Gesichtspunkt.

Die Entleerung des Staatsbegriffs von Inhalten, die sich auf die Legitimität, die machtpolitische Unabhängigkeit und die Nation beziehen, ist eine Voraussetzung für die Sicherung des Weltfriedens. Denn der Weltfriede hängt wesentlich ab von der *universalen Geltung des Völkerrechts*, vor allem von der

---

2 Abgedruckt in Sartorius II Nr. 40 (Anhang zur Charta der Vereinten Nationen).

Anerkennung der Prinzipien der *Gleichheit* aller Staaten und der *Nichteinmischung* in die inneren Angelegenheiten. Diese Prinzipien gelten für die anerkannten Staaten. Solange man ein politisches Gebilde nicht als Staat anerkennt, wird die Geltung dieser Prinzipien grundsätzlich in Frage gestellt.

Zwar hat man in der Praxis und Lehre des Völkerrechts auch *De-facto-Regimen*, also nicht als Staat anerkannten Regimen, den Schutz des Völkerrechts, insbesondere des Gewaltverbots zugebilligt. Der Grund dafür ist eben der: Gewährleistung des Weltfriedens.[3] Die Geltung der völkerrechtlichen Prinzipien für anerkannte Staaten ist jedoch allgemein anerkannt, für De-facto-Regime hingegen umstritten. Gerade die Tendenz, ihre Geltung auf De-facto-Regime auszudehnen, zeigt, daß von ihrer Nichtanerkennung als Staat eine Gefährdung des Weltfriedens ausgehen kann und daß man sie eben, um dieser Gefahr zu begegnen, so behandelt «wie Staaten». Wenn der Völkerrechtssatz, daß auch De-facto-Regime den Schutz des Gewaltverbots genießen, mit der Begründung gestützt wird, daß andernfalls der Weltfriede gefährdet sei, so fragt sich: Wie, wenn eine weltpolitische Situation eintreten sollte, in der man damit rechnen kann, daß der Weltfriede durch Gewalt gegenüber dem De-facto-Regime *nicht* gefährdet wird? Ist der Gewaltverzicht nicht mit einem unausgesprochenen Vorbehalt für diese Eventualität verknüpft? Diese Frage gewinnt um so mehr Relevanz, als die völkerrechtliche Stellung des De-facto-Regimes, wie gesagt, nicht eindeutig und unumstritten ist. Zumindest ist die Folge der Verweigerung einer Anerkennung als Staat, daß sich das De-facto-Regime weniger sicher fühlt und deshalb auf seine Sicherheit bedacht sein muß. Solche Ungewißheiten führen zu Angst und Aggressivität. Sie motivieren zu Aufrüstung, bedingungsloser Einbindung in Militärblöcke, Mißtrauen gegenüber Entspannungs- oder gar Abrüstungsangeboten, im äußersten Fall zu Präventivmaßnahmen - kurz, zu einer Labilität des Friedens. Die Anerkennung eines Staates garantiert ihm zwar nicht den Frieden, wohl aber, daß eine ihm gegenüber begangene *Friedensstörung* unzweifelhaft als *Völkerrechtverletzung* betrachtet wird - und das erhöht immerhin die Hemmungsschwelle, die vor der Gewaltanwendung liegt, und erhöht somit die Friedenschancen.

Die Prinzipien des bedingungslosen *Gewaltverzichts* und der *Nichteinmischung* in die inneren Angelegenheiten eines Staates sind nicht unproblematisch. Wenn z.B. die Machthaber den ihnen unterworfenen Menschen die politischen Mitwirkungsrechte verweigern, wenn sie sie um Rechtssicherheit und elementare Bedingungen der Freiheit bringen, sollen die Nachbarn tatenlos zusehen? Ist nicht Nothilfe (für einen anderen) ebenso gerechtfertigt wie Notwehr (für sich selbst)? Wer Zeuge einer Vergewaltigung wird und helfen könnte, aber nicht hilft, verletzt nicht nur elementare Gebote der Humanität, sondern in manchen Ländern auch das Gesetz und kann wegen unterlassener Hilfeleistung bestraft werden (vgl. z.B. § 330c StGB). Ist es vertretbar, dieses Humanitätsgebot im zwischenstaatlichen Bereich außer

3 J.H. Frowein, Das De-facto-Regime im Völkerrecht.

Kraft zu setzen? Bedeutet das nicht die *Kapitulation der mitmenschlichen Solidarität*, der Brüderlichkeit, des Mitleids vor der Gleichgültigkeit? Selbst wenn rationale Gründe dafür sprechen – bedeutet das nicht die Kapitulation der Menschlichkeit vor der kalten Rationalität? Muß man sich die Nothilfe nicht wenigstens für den Fall vorbehalten, daß die Unterdrückten der eigenen Nation oder der gleichen Konfession angehören?

Das Prinzip der *Nichteinmischung* in die inneren Angelegenheiten hat sich erst im Laufe des 19. Jahrhunderts durchgesetzt. Als sich nach der Französischen Revolution und der Gründung der Vereinigten Staaten von Amerika das republikanische Prinzip zu verbreiten begann, standen sich Monarchien und Republiken gegenüber. Die Monarchien bestritten den Republiken die Legitimität, denn von den Republiken ging eine Bedrohung der monarchischen Legitimität aus. Einmischung in die inneren Angelegenheiten bedeutete eine ständige latente Kriegsgefahr, zumindest eine Bedrohung der internationalen Zusammenarbeit. Das Prinzip der Nichteinmischung wurde zur Bedingung des Friedens und damit zur Grundlage eines sowohl von den Monarchien als auch von den Republiken anerkannten Völkerrechts.

Das Problem stellte sich mit größerer Schärfe im 20. Jahrhundert infolge des Aufkommens des kommunistischen und faschistischen Totalitarismus. Denn jetzt war der entscheidende politische Gegensatz nicht mehr nur der: republikanische oder monarchische Legitimität, auch nicht etwa nur der: parlamentarische Demokratie oder Einparteiendiktatur, sondern darüber hinaus der: institutionelle Sicherung der *Menschenrechte* oder Instrumentalisierung des Menschen durch den Staat? Unter diesen Umständen erschien der Frieden zwar immer noch wichtig, aber es tauchte doch die Frage auf, ob es nicht Bedingungen gebe, die den *Krieg als das kleinere Übel* erscheinen ließen. Erst seit dem Ende des Zweiten Weltkrieges erhielt das Problem der Universalität des Völkerrechts eine Schärfe und Bedeutung durch die Rivalität zweier weltmissionarischer Prinzipien: hier Freiheit und Demokratie, dort Weltkommunismus. Daraus erwuchs eine unmittelbar wechselseitige Bedrohung, die das Risiko eines Weltkriegs einschloß: Hier «roll back» (Zurückwerfung der Sowjetunion aus Osteuropa, des Kommunismus aus China und anderen asiatischen Ländern), dort Ausbreitung des Kommunismus. Eine solche Konfrontation führte zu einer Bedrohung des Weltfriedens. So entstand die Frage: Wie läßt sie sich überwinden?

Bei Konflikten innerhalb von Staaten kann die Staatsgewalt eine überlegene Macht darstellen, die bereit und in der Lage ist, unparteilich zu entscheiden, sich gegenüber beiden Parteien durchzusetzen. Aber *in der Staatenwelt herrscht Anarchie*: die Geltung des Völkerrechts ist auf freiwillige Anerkennung angewiesen. Beide Parteien können sich zwar dem Schiedsspruch eines Dritten unterwerfen – dazu ist Voraussetzung die Bereitschaft zu dem Risiko, zu verlieren und sich dennoch zu fügen. In Konflikten zwischen östlichen und westlichen Staaten, in denen die ideologischen Grundfragen relevant geworden sind, ist das bisher noch nicht vorgekommen. So spitzt sich alles auf folgende Alternative zu:

Entweder siegt die eine Seite über die andere. Dazu sind Voraussetzungen die machtpolitische Überlegenheit der einen über die andere Seite und die Bereitschaft, auf alle erforderlichen Risiken einzugehen.

Oder aber man einigt sich auf «friedliche Koexistenz», d.h. auf wechselseitige Anerkennung des territorialen Status quo und damit auf Nichteinmischung und Gewaltverzicht.

Tertium non datur. Man hat allerdings geglaubt, einen dritten Weg im sogenannten *«kalten Krieg»* hart am Abgrund des Krieges («brinkmanship») gehen zu können. In seiner extremsten Ausprägung war die eine Seite bereit, die andere Seite ultimativ zum Rückzug aufzufordern, und erklärte, gegebenenfalls gehe man die Risiken des Krieges ein – in der Hoffnung und Erwartung, die andere Seite werde im Interesse der Kriegsvermeidung zurückweichen. Das war riskant; denn wenn die andere Seite nicht zurückweicht, so hat man seine Glaubwürdigkeit aufs Spiel gesetzt. Man droht klugerweise niemals mit einer Maßnahme, die man nicht ernstlich anzuwenden bereit ist. Da jede Seite kalkulieren kann, ob die andere vernünftigerweise zum Kriegsrisiko bereit sein kann, muß man mit der Zurückweisung des Ultimatums rechnen. In einem solchen Spiel verstricken also beide Seiten ihr *Prestige*. Es gibt aber kaum etwas Gefährlicheres, als sich in die Alternative «Krieg oder Prestigeverlust» zu verwickeln. Rational ist es zwar, in einer solchen Situation den Prestigeverlust vorzuziehen. Steht aber Prestige auf dem Spiel, so reagieren die Menschen häufig nicht mehr rational und berechenbar. Auch die Weltpolitik wird von Menschen gemacht, und auf die Kühle und Rationalität der Abwägung kann man sich deshalb nicht immer verlassen. Aus dieser Einsicht heraus haben es die beiden Weltmächte USA und Sowjetunion vorgezogen, den «kalten Krieg» durch «Entspannung» abzubauen, und das läuft eben hinaus auf Nichteinmischung und Gewaltverzicht.

Diese Grundsätze, die sich die Weltmächte zu eigen gemacht haben, gelten auch für die mittleren und kleineren Staaten, weil sie entweder durch Bündnisse den Weltmächten verbunden sind oder aber weil ein Angriff auf sie mindestens deren Interessensphären berührt. Jeder Krieg kann sich zum Weltkrieg entwickeln. (Der Korea-Krieg hat die USA unmittelbar mit China konfrontiert, der Vietnam-Krieg barg ständig das gleiche Risiko, und auch im israelisch-arabischen Konflikt waren die Weltmächte auf entgegengesetzten Seiten engagiert.) Kurz, die Respektierung der rechtlichen Unabhängigkeit und Gleichheit aller Staaten gehört zu den Bedingungen der Sicherheit des Weltfriedens.

Die Vermeidung eines Weltkriegs aber ist im Zeitalter der atomaren, bakteriologischen und chemischen Massenvernichtungsmittel das wichtigste politische Grundproblem überhaupt. Daraus folgt, daß das den Frieden sichernde *Völkerrecht universal* gelten muß.[4] Daraus wiederum folgt, daß es von

---

4 Heinhard Steiger, Zur Begründung der Universalität des Völkerrechts, in: Der Staat, Bd. 5 (1966), S. 423 ff.; Günter Czerwinski, Das Universalitätsprinzip und die Mitgliedschaft in internationalen universalen Verträgen und Organisationen, 1974.

ideologischen Inhalten so weit entleert bleiben muß, daß es von den Staaten mit verschiedenen ideologischen Prägungen gleichermaßen akzeptiert werden kann, ja daß sogar das ernsteste Problem der Staatsverfassungen überhaupt – die Respektierung der Menschenrechte – die universale Geltung des Friedengebots nicht gefährden darf. Lediglich bei besonders schweren Menschenrechtsverletzungen – «grave violations» – erlaubt das Völkerrecht eine Einmischung der internationalen Staatengemeinschaft. Dazu zählt die UNO bislang nur Völkermord, Sklaverei und Apartheid, obwohl es andere Menschenrechtsverletzungen von vergleichbarer Schwere gibt. Die Ausnahmen ändern nichts an dem Prinzip, daß der Staatsbegriff von allen Inhalten so weit entleert bleiben muß, wie nötig ist, um die Universalität des Völkerrechts zu gewährleisten. Deshalb definierte die Regierungserklärung des Bundeskanzlers vom Oktober 1969 die Bundesrepublik und die DDR als «zwei Staaten in Deutschland»: Der seitdem offiziell herrschende Sprachgebrauch des Begriffs «Staat» schloß also die DDR ein und stellte folglich weder auf demokratische Wahlen noch auf machtpolitische Unabhängigkeit, noch auf Wille und Bewußtsein der Volkseinheit ab. Es handelte sich um eine provisorische Koexistenzregelung. Sie stellte weder das Wiedervereinigungsgebot des Grundgesetzes in Frage, noch verschloß sie den Beitritt der DDR zum Geltungsbereich des Grundgesetzes, der 1990 vollzogen wurde.

§ 17. Typen von Staatsbegriffen

Dieses Beispiel zeigt, wie sehr sich *die juristische und die phänomenologische Frage* nach dem Staat unterscheiden. Den Juristen interessiert der Begriff des Staates, sofern politische oder juristische *Entscheidungen davon abhängen*. Es geht ihm um *Abgrenzungen* und Alternativen, nicht um erschöpfende Beschreibung, um Wesensbestimmung oder um Definitionen. Die Frage ist für ihn nicht: Was ist der Staat?, sondern: Welche Elemente des Staatsbegriffs entscheiden – völkerrechtlich – über den Unterschied z.B. von Staat und De-facto-Regime, von Staaten mit (äußerer) Souveränität und abhängigen Staaten, oder – staatsrechtlich – welche Elemente entscheiden über den Unterschied von Bundesstaat und Gliedstaat, von Staaten mit oder ohne (innere) Souveränität usw.? Das Interesse an solchen Fragen ist unmittelbar einsichtig: von ihrer Beantwortung hängen praktische Folgen ab. Die juristische Diskussion des Staatsbegriffs bedeutet, die Folgen so vollständig und weitblickend, wie das mit unserer begrenzten Erkenntnis möglich ist, zu überschauen und rational abzuwägen. Eine solche Abwägung schließt ein ethisches Element ein; zumindest muß man über die Prioritäten, die die Abwägung bestimmen, Rechenschaft ablegen. Der juristische Staatsbegriff ist pragmatisch ausgrenzend. Der *phänomenologische* Staatsbegriff hingegen versucht, das Wesen des Staates erschöpfend zu beschreiben.

Eine ganz andere Fragestellung ist die *verfassungspolitische,* d.h. die nach einem unmittelbar ethisch postulierenden Staatsbegriff. Zum Beispiel definiert

Ermacora: Der Staat ist «jene vom Menschen durch Rechtsnorm zu einer effektiven regionalen Ordnung gefaßte Materie, die jedermann diskriminationslos ein menschenwürdiges Dasein gewährleisten und, in Koexistenz wie Koordination mit anderen, zur Gestaltung einer universalen Friedensordnung fähig sein und beitragen soll».[5] Eine solche Begriffsbestimmung faßt ethische Ansprüche, die wir an den Staat stellen, zusammen. Genügt ein Staat diesen Ansprüchen nicht, so sprechen wir ihm den Staatscharakter ab: Das ergibt sich als Konsequenz aus dem verfassungspolitischen, postulatorischen Staatsbegriff.

Die juristische Staatsbegriffsbestimmung verzichtet demgegenüber auf ethisch-normative Gesichtspunkte. Diese Gesichtspunkte bleiben nicht außer Betracht, sie werden nur aus der Staatsdefinition verwiesen. Einen Staat, der den normativen Ansprüchen nicht genügt, lassen wir dennoch als «Staat» gelten – als einen zu tadelnden oder zu verbessernden Staat zwar, aber immerhin als Staat. Warum tun wir das? Wir tun es wegen der *politischen Folgen,* die es hätte, wenn wir den schlechten Staat nicht als Staat gelten lassen würden. Die Folge wäre, wie gesagt, daß wir die universale Geltung des Völkerrechts in Frage stellen und dadurch den Frieden gefährden würden. Wenn das Völkerrecht zu dem Ergebnis kommt, daß auch ein politisches Gebilde, das unseren ethischen Ansprüchen nicht genügt, als Staat gilt, so ist das also nicht eine Außerachtlassung des ethischen Aspekts. Die *ethisch-politischen Ansprüche an den Staat* – Menschenwürde im Innern, Kooperationsbereitschaft nach außen – werden nicht in Frage gestellt, sondern mit den Erfordernissen der Friedenssicherung abgewogen und, wichtig wie sie sind, angesichts der Gefährdung des Weltfriedens dennoch in den zweiten Rang verwiesen. Sie werden in den weiteren Horizont des auch noch zu bedenkenden ethischen Gesichtspunkts der Friedenssicherung gestellt und dadurch relativiert.

Die völkerrechtliche Betrachtungsweise ist also nicht zynisch, sondern insofern dialektisch, als sie fundamentalen sittlichen Forderungen andere ebenfalls fundamentale sittliche Forderungen gegenüberstellt. Die Abwägung ist eine Frage der Prioritäten, also eine *moralisch-politische* Frage. Wenn das Völkerrecht der universalen Friedensordnung Vorrang gibt und deshalb moralisch-politische Postulate aus dem Staatsbegriff verweist, so liegt auch dem eine moralisch-politische Erwägung zugrunde.

Der völkerrechtliche («wertfreie») Staatsbegriff und der postulatorische («wertbestimmte») Staatsbegriff können nebeneinanderstehen. Man muß sich dann nur immer über den Diskussionszusammenhang im klaren sein, in dem der eine oder andere Staatsbegriff verwandt wird. Ermacora will ja seine postulatorische Begriffsbestimmung nicht ins Völkerrecht einführen und den Staaten, die den normativen Ansprüchen nicht genügen, den Staatscharakter *im völkerrechtlichen Sinne* nicht absprechen.

Der postulatorische Charakter eines Staatsbegriffs wird nicht immer so

---

5 Allgemeine Staatslehre, Bd. 1, S. 276.

offen – durch das «Soll» – zum Ausdruck gebracht wie bei Ermacora. Meistens wird er in eine *Wesensaussage* versteckt. So heißt es z.B. bei Günter und Erich Küchenhoff in Anlehnung an G. Jellinek: «Der Staat ist die bisher höchst organisierte Ordnungseinheit menschlichen Zusammenwirkens. Sie ist als Organisation einer genossenschaftlichen Gemeinschaft, nicht als obrigkeitlicher Machtapparat aufzufassen.»[6] Erläuternd dazu heißt es: «Nur die genossenschaftliche Staatsauffassung entspricht menschlicher Würde.»[7] Es ist offensichtlich, daß dieser Staatsbegriff ebenso wie der Ermacoras einen Anspruch an den Staat zum Ausdruck bringt, nicht aber darüber entscheiden soll, was völkerrechtlich als Staat und was nicht als Staat zu gelten hat. Auch der nichtgenossenschaftliche, obrigkeitliche Machtapparat kann Staat sein, und das wollen G. und E. Küchenhoff sicherlich nicht bestreiten. Es handelt sich um eine Ausdrucksweise, die auf die philosophische Annahme zurückgeht, daß das Wesen einer Sache in ihrer guten und vollkommenen Form sichtbar wird. Wenn man z.B. den Menschen als «homo sapiens» oder als «animal sociale» kennzeichnet, so ist damit weder in Frage gestellt, daß auch unweise und unsoziale Menschen «Menschen» sind, noch daß weise und unweise, soziale und unsoziale Menschen vor dem Gesetz als gleich gelten und die Menschenrechte genießen. Es soll also der Küchenhoffschen Ausdrucksweise hier keineswegs die grundsätzliche Berechtigung bestritten, sondern nur darauf aufmerksam gemacht werden, daß sich phänomenologische Wesensbestimmungen solcher Art nicht ohne weiteres zu juristischen Anknüpfungen eignen.

Von solchen postulatorischen Begriffsbestimmungen des Staates zu unterscheiden sind die Versuche, einen «konkret-allgemeinen» Staatsbegriff (Hegel) zu bestimmen. Solche Staatsbegriffe können zwar auch nicht konsequent und universal durchgehalten werden, sie können aber dennoch geeignet zu juristischen Anknüpfungen sein. Wie das zu verstehen ist, läßt sich am Beispiel des Problems der Souveränität des Staates erläutern. Die Souveränität des Staates gehört, so sagen einige Autoren, zum Wesen des Staates. An diese Aussage knüpfen sich praktische juristische Folgerungen, z.B. im Staatskirchenrecht oder im Notstandsfall. Mit dieser Aussage wird aber gleichwohl nicht bestritten, daß es auch Staaten ohne innere Souveränität geben kann, z.B. die Gliedstaaten von Bundesstaaten oder Staaten, die unter Besatzungsrecht stehen. Solche Aussagen veranschaulichen einen Typus von Staaten.

Bildet man den Staatsbegriff *abstrakt-allgemein*, so bedeutet das: Man faßt alle bestehenden, bestanden habenden und in Zukunft möglichen Staaten ins Auge und sucht herauszufinden, was ihnen allen gemeinsam ist. Was dabei herauskommt, ist verhältnismäßig leer, auf grobe Strukturen beschränkt. Denn es gibt sehr verschiedene Staaten: Bundesstaaten (die Bundesrepublik) und Bundesländer (Hamburg), Nationalstaaten (die Niederlande) und Mehrvölkerstaaten (Belgien), Weltmächte (die USA) und kleine (Luxemburg) usw. Ein

---

6 Allgemeine Staatslehre, 6. Aufl., S. 23 ff.
7 A.a.O., S. 22.

abstrakt-allgemeiner Staatsbegriff muß auf alle Staaten passen, d.h. er muß von Elementen absehen, die die einzelnen Staaten von anderen wesentlich unterscheiden. Das gilt für den Staatsbegriff des Völkerrechts, der möglichst universal sein muß.

Oder aber man bildet den Staatsbegriff *konkret-speziell:* Dann kann man inhaltlich viel und Wesentliches von einem Staat aussagen, sein ganzes Staats- und Verfassungsrecht beschreiben. Aber dabei gewinnt man nicht das Allgemeine, d.h. das, was der Staat an typischen Institutionen mit anderen Staaten (wenn auch nicht mit allen) gemeinsam hat und dessen Vernunftgründe man nur erfassen kann, wenn man die Institution in ihrer Verbreitung und ihrer Geschichte erfaßt.

Deshalb legt unsere Betrachtung im wesentlichen einen *konkret-allgemeinen* Staatsbegriff zugrunde, indem sie den *Typus* des demokratischen Verfassungsstaates zu beschreiben versucht. Diese Typenbeschreibung ist insofern konkret und nicht abstrakt, als sie die Staaten, die nicht zu diesem Typus gehören, außer Betracht läßt. Sie ist aber insofern allgemein und nicht speziell, als sie das vielen Staaten Gemeinsame berücksichtigt. Das Allgemeine festzuhalten, kann wichtig sein, weil es aus gemeinsamen geschichtlichen Wurzeln stammen kann oder weil hier und dort gleiche Gründe bestimmend sein können. Gerade das Wichtigste über einen Staat kann man oft nur dann finden, wenn man das aus geschichtlicher und vergleichender Betrachtung gewonnene Gemeinsame ins Auge faßt.[8]

Einen Staatsbegriff als «konkret-allgemeinen Begriff» kennzeichnen bedeutet also zugestehen, daß er nicht alle Staaten trifft. Manche Verwirrung ist entstanden, wenn man die verschiedenen Typen von Staatsbegriffen – juristische, ethisch-postulierende, metaphysische, abstrakt-allgemeine, dann konkret-spezielle, konkret-allgemeine – nicht auseinandergehalten hat oder wenn man nicht Rechenschaft darüber abgelegt hat, was für eine Art von Staatsbegriff in welchem Zusammenhang am Platze ist und warum.

§ 18. Staatsgewalt und unterstaatliche Gewalt

Der verhältnismäßig allgemeinste Staatsbegriff ist der des Völkerrechts. Da das Völkerrecht von dem Grundsatz der rechtlichen Unabhängigkeit und Gleichheit der Staaten ausgeht, muß es also von wesentlichen Unterschieden – Größe, machtpolitischer Unabhängigkeit, Art der Verfassung, demokratischer Legitimität, nationaler Einheit – absehen: Diese und ähnliche Elemente gehen also in den Staatsbegriff des Völkerrechts nicht ein. Dieser Staatsbegriff ist also ein abstrakt-allgemeiner: Er abstrahiert von den Besonderheiten der verschiedenen Staaten und zeigt das ihnen Gemeinsame. An ihm läßt sich also gewissermaßen die Struktur, das Skelett, des Staates erkennen.

8 Die vierte, logisch denkbare Möglichkeit «abstrakt-speziell» ist keine praktische Alternative: wenn man das Allgemeine nicht sucht, hat auch das Abstrahieren keinen Sinn.

Eine Einschränkung ist allerdings von vornherein zu machen: Die Gliedstaaten von *Bundesstaaten* sind entweder gar nicht oder nur sehr beschränkt völkerrechtsfähig. Der Bundesstaat ist die Crux aller Versuche, den Staatsbegriff zu bestimmen - ein Problem für sich. Insofern der Staatsbegriff des Völkerrechts den Bundesstaat außer acht läßt, ist er also nicht ein gänzlich abstrakt-allgemeiner Staatsbegriff, er kommt lediglich nahe an einen abstrakt-allgemeinen heran.

Dem Staatsbegriff des Völkerrechts liegt deshalb die sogenannte *Drei-Elementen-Lehre* zugrunde, die den Begriff des Staates auf seine allgemeinsten Elemente reduziert. Nach dieser Lehre kennzeichnen drei Elemente den Staatsbegriff: 1. Staatsgewalt, 2. Staatsgebiet, 3. Staatsvolk. Diese Drei-Elementen-Lehre ist vor allem unter dem Gesichtspunkt kritisiert worden, daß sie zuwenig sage, daß sie z.B. die Abhängigkeit der Staatsgewalt von den Bürgern und andere Legitimitätsprobleme nicht zum Ausdruck bringe. Für den Staatsbegriff des Völkerrechts aber muß sie unverändert die Grundlage sein. Die drei Elemente bestimmen also den herrschenden Staatsbegriff des Völkerrechts, wenn sie auch bei ihrer genaueren Kennzeichnung zum Teil abweichend von dem Klassiker der neueren deutschen Staatslehre, Georg Jellinek[9], der sie ausgearbeitet hat, definiert werden. Es handelt sich um eine juristische Begriffsbestimmung, das heißt, es kommt für sie nicht darauf an, im philosophischen, soziologischen, ethischen Sinne usw. erschöpfend zu sein. Unter dem juristischen Gesichtspunkt des Staatsbegriffs des Völkerrechts interessieren nicht alle Fragen im Zusammenhang mit den Eigenschaften der Staatsgewalt, also nicht z.B. die Fragen der Legitimität, der verfassungsmäßigen Gliederung, der geschichtlichen Entstehungsbedingungen, der soziologischen Voraussetzungen usw. Für den völkerrechtlichen Staatsbegriff kommt es vielmehr nur auf Abgrenzungsfragen an.

Es versteht sich von selbst, daß die drei Elemente nicht ohne *Beziehung aufeinander* betrachtet werden können, ohne daß das Wesentliche verlorenginge. Es geht z.B. nicht darum, das Staatsgebiet nur unter geographischem Aspekt oder das Staatsvolk nur unter dem Gesichtspunkt nationaler Zusammengehörigkeit oder die Staatsgewalt nur auf das Funktionieren der Machtmechanismen hin zu betrachten. Vielmehr ist unter dem Stichwort «Staatsgebiet» die territoriale Reichweite der Staatsgewalt (die «Gebietshoheit») zu erörtern, eine Frage, die eigentlich nur einen Aspekt der Staatsgewalt betrifft. Entsprechendes gilt für das Element des «Staatsvolkes». In einer ersten, allerdings vorläufigen Zusammenfassung läßt sich der Staatsbegriff des Völkerrechts kennzeichnen durch *«Hoheitsgewalt über ein besiedeltes Gebiet»*. Die Hoheitsgewalt ist das wesentliche Element des Staatsbegriffs, von dem auszugehen ist.

Wie unterscheidet sich die Staatsgewalt von der Gewalt der dem Staat eingegliederten Verbände und anderer Gewalthaber, z.B. der Gemeinden, der

9 Allgemeine Staatslehre, 3. Aufl., S. 394 ff.

Vereine, der Kirche, der Lehrer und Lehrherren, der Vormünder und Erziehungsberechtigten usw.?

Für Georg Jellinek war der entscheidende Gesichtspunkt die Frage, ob die Gewalt ursprünglich oder *abgeleitet* ist.[10] Die eingegliederten Verbände, sagte er, verdanken ihre Gewalt einer Delegation des Staates: der Staat gewähre ihnen die Kompetenz zu herrschen. Der Staat habe an sich das Monopol, sowohl Recht zu setzen und Verpflichtungen zu schaffen als auch solche Verpflichtungen gewaltsam durchzusetzen. Er habe auch die Möglichkeit, die Bedingungen der Zwangsanwendung auf andere zu übertragen, doch könne er diese Übertragung auch zurücknehmen. Alle Gewalt, die nicht Staatsgewalt ist, sei von der Staatsgewalt abgeleitet. Das Kennzeichen der Staatsgewalt sei also «nichtabgeleitete Gewalt» – Jellinek nannte sie im Unterschied zur abgeleiteten Gewalt «Herrschergewalt».

Diese Konzeption ist mit dem Argument in Frage gestellt worden, daß der Staat auch ursprüngliche, nichtabgeleitete Gewalt von unter ihm stehenden Verbänden gelten lassen könnte. So sei z.B. das Selbstverwaltungsrecht der Gemeinden ein autonomes, vom Staat lediglich bestätigtes und anerkanntes Recht. In einigen Ländern gibt oder gab es auch nichtstaatliche, gemeindliche Polizei oder sog. Ordnungsbehörden. Ebenso wird geltend gemacht, daß die elterliche Gewalt und das Selbsthilfe- und Notwehrrecht nicht aufgrund staatlicher Delegation bestünden, vielmehr handle es sich um «die Anerkennung einer unabhängig vom Staat bestehenden autochthonen Gewalt»[11]. Zumindest, heißt es, ließen sich für beide Konstruktionen – Delegation oder Anerkennung – gleich gute Argumente finden, deshalb sei «das Problem objektiv unlösbar geworden»[12] und zur Bestimmung des Staatsbegriffs untauglich.

Das Problem wird aber lösbar, wenn man *Monopol* und *Prärogative* von Rechtsetzung und -durchsetzung in folgendem Sinne unterscheidet: Wenn der Staat das Rechtsetzungsmonopol hat, so kann niemand außer ihm Recht schaffen, es sei denn aufgrund einer staatlichen Delegation. Wenn der Staat nur die Rechtsetzungsprärogative hat, so kann er zwar andere rechtsschöpfende Kräfte gelten lassen; er kann aber jede Rechtsfrage zur Entscheidung an sich ziehen. Soweit er davon Gebrauch macht, ist seine Entscheidung bindend und hat Vorrang vor anderen Rechtsquellen.[13]

Der Staat hat in der Tat nicht notwendigerweise ein Rechtsetzungsmonopol, sondern nur eine Rechtsetzungsprärogative. Das kann man nur bestreiten, wenn man nicht einmal die *Möglichkeit* zugestehen wollte, daß der Staat auch vorgegebenes autonomes Verbandsrecht, Kirchenrecht, Gewohnheitsrecht, Notwehr- oder Naturrecht gelten lassen und anerkennen könnte. So hat z.B. das Verfassungsrecht der Bundesrepublik das gemeindliche Selbstverwal-

10 A.a.O., S. 430.

11 Roman Herzog, Allgemeine Staatslehre, S. 88.

12 A.a.O., S. 89.

13 Zu den Begriffen Rechtssetzungsprärogative und Rechtssetzungsmonopol vgl. Kriele, Theorie der Rechtsgewinnung, S. 60 ff.

tungsrecht in Artikel 28 II rechtlich institutionalisiert. Warum aber sollte der Staat diese Möglichkeit der Selbstbeschränkung nicht haben? Um seiner rechtlichen Omnipotenz willen? Aber was wäre das für eine Omnipotenz, der das Recht bestritten wird, die rechtsschöpferischen Kräfte der ihm Unterworfenen wirken und gelten zu lassen?

Wohl aber hat *die verfassunggebende Gewalt* die souveräne Kompetenzhoheit. Sie kann dem staatlichen Gesetzgeber alle Kompetenzen zuweisen, sie kann auch darauf verzichten und autonome Rechte gelten lassen; sie kann schließlich auch einen Mittelweg gehen und dem staatlichen Gesetzgeber die *Kompetenz-Kompetenz* zuweisen, also die Kompetenz, jede beliebige Rechtsfrage an sich zu ziehen, zu einer staatlichen zu machen und selbst zu regeln, wenn er sie für regelungsbedürftig hält. Sie hat, m.a.W., die *Kompetenzhoheit*, d.h. die souveräne Möglichkeit, darüber zu entscheiden, wem wann welche Kompetenzen zustehen sollen. Kraft dieser Kompetenzhoheit kann sie jede Kompetenz auch dem Staat zuweisen oder vorenthalten.

Wir müssen also unterscheiden zwischen verfassunggebender Gewalt *(pouvoir constituant)* und Staatsgewalt *(pouvoir constitué)*. Die Staatsgewalt ist verfaßte Gewalt. Sie ist selbst abgeleitet, nämlich aus der verfassunggebenden Gewalt. Sofern der Staatsgewalt die Befugnis zugestanden wird, ihre eigenen Zuständigkeiten selbst zu erweitern, besitzt sie eine Kompetenz-Kompetenz. Das aber ist eine rechtlich begründete Kompetenz, also keine souveräne Kompetenzhoheit.

Die verfassunggebende Gewalt ist für den Verfassungsstaat die einzige souveräne Gewalt, die es gibt. *Innerhalb des Verfassungsstaates gibt es keinen Souverän*: Es gibt ihn zwar im Absolutismus – der aber gerade das Gegenstück zum Verfassungsstaat ist. Die These, daß es im Verfassungsstaat keinen Souverän geben kann, ist eine Herausforderung der herrschenden Meinung und deshalb begründungsbedürftig. Diese Begründung wird unten in § 31 versucht. An dieser Stelle sei die These vorausgesetzt.

Die Souveränität der verfassunggebenden Gewalt äußert sich u.a. gerade in der Möglichkeit, *autonomes Recht* oder vorgegebenes Recht nicht nur zu tolerieren, sondern rechtlich institutionell zu gewährleisten. Es bleibt aber theoretisch immer denkbar, die gemeindliche Selbstverwaltungsgarantie durch ein verfassungsänderndes Gesetz aufzugeben.

Was die Staatsgewalt von der Gewalt der ihr unterworfenen Gliederungen unterscheidet, ist also mit den Begriffen «ursprüngliche und abgeleitete Gewalt» nicht zu kennzeichnen. Man kann von der Staatsgewalt wie von der gemeindlichen Selbstverwaltung ebensogut sagen, sie seien von der verfassunggebenden Gewalt vorgefunden und bestätigt worden, also ursprünglich, wie auch, sie seien von ihr kraft verfassungsrechtlicher Kompetenzzuweisung geschaffen worden, also abgeleitet – aber nicht die eine von der anderen, sondern beide von der verfassunggebenden Gewalt. Das ist eine Frage der Perspektive und der historischen Vorgegebenheiten.

Was staatliche und gemeindliche Gewalt unterscheidet, ist vielmehr, daß die Staatsgewalt innerhalb der durch die Verfassung bestimmten politischen

Ordnung die höchste Gewalt ist und daß sie, im Rahmen der staatlichen Kompetenzen ausgeübt, *Vorrang* genießt: *Staatliches Recht bricht autonomes Recht*. Die Situation ist ähnlich der im Bundesstaat: Bundesrecht bricht Landesrecht (vgl. z.B. Art. 31 GG). Sie unterscheidet sich jedoch vom Bundesstaat durch die Vermutung zugunsten der staatlichen Kompetenz. Während im Bundesstaat die Vermutung zugunsten der Gliedstaaten spricht (vgl. Art. 30, 72, 83 GG), muß im Verhältnis des Staates zu Selbstverwaltungskörperschaften das autonome Recht (wie in Art. 28 II GG) ausdrücklich geregelt sein. Kurz, was die Staatsgewalt von der Gewalt der untergeordneten Verbände unterscheidet, ist der *Vorrang* der *Staatsgewalt*.

§ 19. Staatsgewalt und überstaatliche Gewalt

Wie unterscheidet sich der Staat von anderen Völkerrechtssubjekten, z.B. von internationalen Organisationen (z.B. Europarat, WEU, NATO, OECD) und von übernationalen Organisationen, insbesondere von der Europäischen Gemeinschaft?

1. Unabgeleitetheit? Man hat das Unterscheidungskennzeichen auch bei dieser Frage darin gesucht, daß die inter- und supranationalen Organisationen «abgeleitet» seien, daß sie nämlich ihre Entstehung einem Gründungsakt verdanken, den die Staaten vorgenommen haben. Demnach wäre ein Kennzeichen des Staates seine «Unabgeleitetheit», also seine originäre Entstehung. Dem steht jedoch entgegen, daß auch Staaten als abgeleitete Rechtssubjekte entstehen können, so z.B. die Nachfolgestaaten Österreich/Ungarns (durch den Friedensvertrag von Saint-Germain), die aus früheren Kolonien hervorgegangenen Staaten oder die aus einem Gründungsvertrag hervorgegangenen Bundesstaaten (z.B. der Norddeutsche Bund 1866, das Deutsche Reich 1871).

2. Impermeabilität? Ein anderer Versuch der Abgrenzung stellt auf das Prinzip der «Impermeabilität», d.h. der «Undurchdringlichkeit» des Staates ab, undurchdringlich nämlich für jede außerhalb oder oberhalb des Staates stehende Gewalt. Es heißt, nur der Staat könne unmittelbar für den Bürger verbindliches Recht setzen, während die internationalen Organisationen nur den Staat als solchen verpflichten könnten. Eine Verpflichtung des Bürgers könnten sie nur mittelbar dadurch erreichen, daß die Staaten das von ihnen geschaffene Recht in innerstaatliches Recht transformierten. Dieser Grundsatz ist jedoch schon durchbrochen worden, insbesondere bei den supranationalen Gemeinschaften (vgl. z.B. Art. 289 II EWG-Vertrag und Art. 131 II Euratom-Vertrag, wonach Verordnungen des Rats unter der Kommission «unmittelbar in jedem Mitgliedstaat» gelten – nicht nur also für den Mitgliedstaat[14]). Man hat deshalb den Grundsatz der Impermeabilität dahin abgeschwächt, daß supranationale Gemeinschaften, wenn sie schon in den Staaten unmittelbar geltendes Recht

---

14 Zur Auseinandersetzung mit Versuchen, hier gleichwohl eine Transformation zu konstruieren, vgl. Heinhard Steiger, Staatlichkeit und Überstaatlichkeit, 1966, S. 99 ff.

setzen können, dann doch jedenfalls nur abstrakt generelle Regelungen treffen, diese jedoch nicht in Einzelakten konkretisieren könnten. Aber auch in dieser abgeschwächten Variante ist der Grundsatz der Impermeabilität nicht mehr haltbar. Denn die europäischen Gemeinschaften können dem Bürger unmittelbar Zahlungsverpflichtungen auferlegen. Die Entscheidungen darüber sind vollstreckbare Titel (vgl. Art. 192 EWG-Vertrag, Art. 164 Euratom-Vertrag, Art. 92 Montanunions-Vertrag). Lediglich die Vollstreckung selbst, also die zwangsweise Durchsetzung der Einzelfallentscheidungen, ist Sache der Einzelstaaten; dies aber wiederum ist keine Besonderheit, die die Gemeinschaften vom Bundesstaat unterscheidet: So können z.B. auch in der Bundesrepublik die von Bundesbehörden getroffenen Entscheidungen von Landesbehörden vollstreckt werden (§ 5 II Verwaltungsvollstreckungsgesetz des Bundes).

3. *Allzuständigkeit des Staates?* Kann man das Merkmal, das den Staat von den inter- und übernationalen Organisationen unterscheidet, in der grundsätzlichen Allzuständigkeit finden? Die inter- und übernationalen Organisationen haben nur die Aufgaben und Kompetenzen, die ihnen von den Staaten ausdrücklich übertragen oder überlassen worden sind, ihr Wirkungsbereich ist auf bestimmte und umgrenzte Funktionen beschränkt. Hat demgegenüber der Staat die *«General- und Blankovollmacht»*[15] zu regeln, was er für regelungsbedürftig hält? Ist es die Allzuständigkeit, die den Staat ausmacht, wie man vielfach annimmt?

Wer dies annimmt, muß sich zunächst mit dem Problem des Bundesstaats auseinandersetzen: Im Bundesstaat hat der Bund nur die Kompetenzen, die ihm die Verfassung ausdrücklich zuweist, vgl. für die Bundesrepublik Art. 30, 70, 83 GG. Er ist also nicht allzuständig und ist doch unstreitig ein Staat. Der Einwand ist allerdings nicht durchschlagend, wenn man einräumt, daß der Bundesstaat eine Besonderheit darstellt: Wenngleich die Kompetenzen zwischen Bund- und Gliedstaaten verfassungsrechtlich verteilt sind, so könnten dennoch Bund- und Gliedstaaten zusammengenommen die lückenlose Allzuständigkeit besitzen.

Gewichtiger ist das Problem, daß den europäischen Gemeinschaften ein Teil der Kompetenzen der Mitgliedstaaten übertragen worden ist. Die Allzuständigkeit der Mitgliedstaaten ist schon damit in Frage gestellt. Die These von der begriffsnotwendigen Allzuständigkeit des Staates hat einige Theoretiker zu folgender Konstruktion geführt: Soweit die europäischen Gemeinschaften Regelungskompetenz besäßen und von ihr auch Gebrauch gemacht hätten, könnten die Mitgliedstaaten insoweit nur noch nichtige Gesetze erlassen. Es sei aber um des Wesens des Staates willen unverbrüchlich daran festzuhalten und zu betonen, daß der Staat die volle *Kompetenz zum Erlaß nichtiger Gesetze* habe und behalte. Das sei ein unabdingbares Hoheitsrecht.

Man sieht, in welche unüberwindlichen Schwierigkeiten das starre Festhalten am Dogma von der Allzuständigkeit des Staates führt. Aus diesem Dilemma gibt es nur einen Ausweg, nämlich den Satz: Die *Allzuständigkeit gehört*

---

15 Herbert Krüger, Allgemeine Staatslehre, S. 848.

nicht zu den notwendigen Merkmalen des Staates. Dieser Satz erklärt sich aus der Souveränität der *verfassunggebenden* Gewalt.

Ihre Souveränität erweist sich am deutlichsten in der Selbstbeschränkung: in der Fähigkeit, auf Kompetenzen für den Staat zu verzichten, ebenso wie «nach innen», so auch «nach außen». Der verfassunggebenden Gewalt diese Fähigkeiten zu bestreiten bedeutet nichts anderes, als ihr ihre Souveränität zu bestreiten. Eine bestimmte Lehrmeinung von der Souveränität – daß die Staatsgewalt souverän sein müsse – wird zum Dogma erhoben und dem Staat zur Vorschrift gemacht: bei Strafe der Aberkennung des Titels «Staat». Die Lehre erhebt sich zur Richterin über die Wirklichkeit. *So führt sich die Lehre von der «Souveränität der Staatsgewalt» ad absurdum.* In Wirklichkeit ist souverän nur, wer auf Gewaltausübung verzichten kann. Das entspricht übrigens auch dem allgemeinen Sprachgebrauch. Niemand wird etwa einen autoritären Chef als einen «souveränen Mann» bezeichnen, wenn er alle Fäden in seiner Hand zu halten bestrebt ist, keine selbständigen Kompetenzen über, unter und neben sich anerkennen und sich nicht vertrauensvoll auf Zusammenarbeit verlassen mag.

Der Satz, der Staat müsse allzuständig sein, beruht auf dem Dogma von der Souveränität der Staatsgewalt. Souverän ist aber nur die verfassunggebende Gewalt, die Staatsgewalt ist «pouvoir constitué», also nicht souverän, es sei denn, die verfassunggebende Gewalt habe einen absolutistischen Staat konstituiert.

4. *Vermutung der Aufgabenhoheit.* Was also unterscheidet die Staatsgewalt von der Gewalt der inter- und supranationalen Organisationen? Es ist die Vermutung für die staatliche Aufgabenhoheit. Die Organisationen haben die Gewalt, die ihnen durch die Satzung zugewiesen ist. Der Staat hat die Gewalt, die ihm nicht durch die Verfassung genommen ist. Soweit die Verfassung nicht über- oder unterstaatlichen Verbänden Kompetenzen überläßt, soweit sie nicht die Staatsgewalt durch Grundrechte bindet, soweit sie nicht die Staatsgewalt auf Bund und Länder verteilt, regelt sie, welche Gegenstände der Staatsgewalt bei welchen Organen liegen. Läßt sie dabei Lücken offen, so bleibt doch vorausgesetzt, daß die Staatsgewalt bei irgendwelchen Organen liegen muß. Zum Beispiel: Liegt die Organisationsgewalt – d.h. die Kompetenz zur Bildung und Aufhebung von Organen – bei der Regierung oder beim Parlament, oder bei beiden, oder wo sonst? Soweit die Verfassung dies nicht klar zum Ausdruck bringt, muß die Frage durch Verfassungsinterpretation oder durch das Gesetz entschieden werden. Vorentschieden ist nur, daß die Organisationsgewalt, da die Verfassung nichts anderes regelt, jedenfalls beim Staat liegt. Die Frage ist dann, m.a.W., nicht: Staat oder nicht?, sondern: Welches Organ des Staates? Die einzige Alternative wäre, daß der Staat durch sein zuständiges Organ entscheidet, die Gewalt solle bei keinem Organ liegen, also nicht ausgeübt werden. Dies wäre zwar bei der Organisationsgewalt kaum denkbar, aber z.B. bei bestimmten Arten einer denkbaren Planungsgewalt. Soweit die Verfassung dem Staat die Befugnis überläßt, Sachaufgaben

an sich zu ziehen, hat der Staat auch das Recht, zu entscheiden, daß er eine Angelegenheit nicht als eine zu regelnde Sachaufgabe betrachte.

Mit anderen Worten: Der Staat hat eine *umfassende Aufgabenhoheit nur im Rahmen der Verfassung*. Er hat keine Allzuständigkeit, denn er kann nur im Rahmen der Verfassung handeln. In diesem Rahmen aber hat er die Prärogative, sich jede Aufgabe selbst zu stellen. Die Aufgabenhoheit beruht also nicht auf einer zugewiesenen Kompetenz, sondern ist Begriffselement der Staatsgewalt. Sie bedarf keiner besonderen Begründung durch Rechtssatz, im Gegenteil, ihre Einschränkung bedürfte eines solchen Rechtssatzes.

Daraus ergibt sich die Breite des Spektrums der staatlichen Tätigkeit. So gewichtig die Aufgaben der Europäischen Gemeinschaft sind, so sind sie doch inhaltlich beschränkt. Zu Recht hat man deshalb den Aufgabenbereich des Staates als «allgemein politisch» und den der Gemeinschaft als «funktional politisch» bezeichnet.[16] «Allgemein politische», aber durch die Verfassung und die funktionalen Kompetenzauslagerungen beschränkte Aufgabenhoheit unterscheidet den Staat also von inter- und supranationalen Organisationen, mit einem Wort: die (widerlegliche) Vermutung zugunsten seiner Aufgabenhoheit.

Zusammenfassend: *Der Begriff der Staatsgewalt ist also gekennzeichnet durch Geltungsvorrang nach innen und Vermutung der allgemein-politischen Aufgabenhoheit nach außen.*

§ 20. Das Staatsgebiet

Das Staatsgebiet spielt in der Allgemeinen Staatslehre aus zwei Gründen eine wichtige Rolle: aus verfassungsgeschichtlichen und aus völkerrechtlichen. Aus *verfassungsgeschichtlichen*, weil der Satz, die Staatsgewalt entfalte sich in einem durch Grenzen bestimmten Gebiet, der uns selbstverständlich und fast banal erscheint, seine Selbstverständlichkeit verliert, wenn man die Herrschaftsstrukturen des Mittelalters ins Auge faßt. Im Mittelalter haben zwar Länder und Grenzen eine wichtige Rolle gespielt; sie wurden aber durch die politisch entscheidenden Feudal- und Lehnsbeziehungen, durch Regalien, durch «Herrschaft» und Dominium teils übergriffen, teils durchbrochen. Die Geschichte der neuzeitlichen Staatsgewalt ist wesentlich die Geschichte der Durchsetzung der *Territorialherrschaft*. Der neuzeitliche Staat ist so stark von dem Prinzip der Gebietshoheit geprägt, daß man davon abgekommen ist, den Begriff «Staat» überhaupt auf die mittelalterlichen Ordnungen anzuwenden, und diesen Begriff dem neuzeitlichen Staat vorbehält.

Im 20. Jahrhundert ist das Territorialprinzip Grundlage der politischen Gliederung der Welt. Alle Staaten der Welt sind Territorialstaaten. Das heutige Völkerrecht ist im wesentlichen das Recht, das die Pflichten, Rechte und Befugnisse und wechselseitigen Beziehungen der Territorialstaaten regelt.

16 Steiger, Staatlichkeit und Überstaatlichkeit, S. 145 ff.

Wenn es auch daneben andere Völkerrechtssubjekte gibt – z.B. internationale Organisationen –, so sind diese doch Völkerrechtssubjekte zweiter Ordnung.

Daß für das *Völkerrecht* die Probleme der Gebietshoheit eine so wesentliche Rolle spielen, hat in erster Linie den Grund, daß Grenzstreitigkeiten immer eine der gefährlichsten Kriegsursachen gewesen sind. Es kommen aber weitere Gesichtspunkte hinzu: Das staatliche Territorium deckt sich nicht mit den geographischen Gegebenheiten; Flüsse durchziehen die Gebiete mehrerer Staaten, und die Bewegung der Luftmassen respektiert keine Staatsgrenzen; Umweltverschmutzungen oder -zerstörungen berühren die Interessen von Nachbarstaaten unmittelbar. Die Territorien decken sich ebensowenig mit den Bereichen der wirtschaftlichen Beziehungen und der Erfordernisse des Verkehrs. Probleme erwachsen ferner aus dem Überfliegen von Territorien durch Flugzeuge und Satelliten. Wie weit reicht die Gebietshoheit nach oben? Probleme erwachsen weiterhin aus der Ausbeutung der Bodenschätze: Wie weit reicht die Gebietshoheit nach unten? Probleme erwachsen schließlich aus der Ausbeutung der Meere und der Festlandsockel: Wie weit reicht die Gebietshoheit ins Meer hinein? Probleme erwachsen aus der Notwendigkeit von staatlichen Hoheitsakten außerhalb des Staatsgebietes: auf hoher See oder bei den konsularischen Vertretungen – und so fort. Die Probleme des Staatsgebietes sind also von erheblicher praktisch-juristischer Bedeutung.

Das Staatsgebiet ist nicht eine tatsächliche Vorgegebenheit, an die sich die Rechtsfolgen anknüpfen, sondern es wird selbst durch Rechtssätze erst konstituiert.[17] Es gibt kein «natürliches» Staatsgebiet: Weder geographische Gegebenheiten noch der Siedlungsraum eines Volkes können über den Umfang des Staatsgebietes entscheiden.

Zwar hat man gelegentlich angenommen, daß es *«natürliche Grenzen»* (Flußläufe, Wasserscheiden) gebe. Die Grenzen beruhen aber auf *juristischer Festlegung* und wechselseitiger Respektierung. Sie können sich an den sog. natürlichen Grenzen orientieren, und es mag häufig sinnvoll sein, wenn sie es tun. Aber erst die rechtliche Festlegung macht die sog. natürliche Grenze zur Staatsgrenze. Die Theorie von natürlichen Grenzen hat zu Grenzkonflikten geführt: Aus der Behauptung einer Inkongruenz von juristischer und natürlicher Grenze wurde der Anspruch des Staates abgeleitet, die juristische Grenze der natürlichen anzupassen, was regelmäßig auf Ausdehnung des Staatsgebietes auf Kosten des Nachbarstaates und natürlich nicht auf Schrumpfung des eigenen Staatsgebietes hinauslief. (So diente z.B. die Behauptung, Wasserscheiden seien natürliche Grenzen, der italienischen Politik bis zum Jahre 1919 zur Unterstützung ihrer Forderung auf Einverleibung Südtirols bis zum Alpenkamm.) Die Theorie von natürlichen Grenzen hat ihren Ort im Arsenal der nationalistischen Ideologien, nicht im Recht.

Ebensowenig wie durch geographische Vorgegebenheit ist das Staatsgebiet vorgeprägt durch den *Siedlungsbereich eines Volkes*. Ein solches Mißverständnis

17 H. Ridder, Art. Gebietshoheit, in: Strupp-Schlochauer, Wörterbuch des Völkerrechts, 1. Bd., 2. Aufl. 1960, S. 624, 628.

ist aber von Jellineks Definition des Staates ausgegangen: Der Staat sei die «mit ursprünglicher Herrschaftsmacht ausgerüstete Körperschaft eines seßhaften Volkes». Eine solche Begriffsbestimmung legt die Folgerung nahe, daß sich das Staatsgebiet auf das Siedlungsgebiet des seßhaften Volkes erstrecke. Wenn also die Elsässer seßhaft seien und zum deutschen Volk gehörten, so gehöre das Elsaß natürlicherweise zum deutschen Staatsgebiet. Wenn aber die Elsässer in Sprache und Kultur vollständig französiert sein werden, so wird das Elsaß natürlicherweise französisches Staatsgebiet – es sei denn, die deutsche Abstammung sei gewichtiger als Sprache und Kultur usw. Vermittels solcher und ähnlicher Theorien ist die Lehre von der natürlichen Grenze geeignet, Grenzkonflikte nicht nur heraufzubeschwören, sondern auch am Leben zu erhalten. Es geht dann immer darum, die juristische Grenze der natürlichen anzupassen. So fiel das Elsaß 1871 an Deutschland, 1918 an Frankreich, 1940 an Deutschland, 1945 wieder an Frankreich.

Wenngleich also das Staatsgebiet nicht durch tatsächliche – geographische oder nationale – Vorgegebenheiten, sondern durch rechtliche Festlegung konstituiert wird, so besagt das nicht, daß diese Konstituierung durch die einseitige rechtsschöpfende Kraft der Staatsgewalt erfolge. Das Staatsgebiet kann keine Funktion der Staatsgewalt sein und durch das Staatsrecht nicht entschieden werden, weil jede Grenzfestlegung den Nachbarn angeht und einseitige Festlegungen Konflikte auslösen würden. Der Verlauf der Grenze des Staatsgebietes ist also eine Frage des *Völkerrechts*. Der tatsächliche Besitzstand ist nur maßgebend, wenn er von Nachbarn nicht angefochten wird. Ist er angefochten, so kann der Konflikt friedlich nur durch eine vertragliche Festlegung des Grenzverlaufs beigelegt werden.

§ 21. Gebietshoheit

1. Gebietshoheit bedeutet erstens: Herrschaft des Staates über alle Personen und Sachen, die sich im Staatsgebiet befinden.

Damit ist zunächst gesagt, daß sich die Staatsgewalt nicht nur auf die Staatsangehörigen erstreckt. Auch der durchreisende Ausländer ist der Staatsgewalt unterworfen, wird innerhalb des Staatsgebiets durch die staatlichen Gesetze verpflichtet und unterliegt der Polizei- und Strafhoheit usw. Juristisch gesprochen: der Staat ist keine Personal-, sondern eine *Gebietskörperschaft.*

Damit ist nicht ausgeschlossen, daß der Staat Sonderregelungen für Ausländer erläßt, daß er sie von Pflichten (z.B. der Wehrpflicht) und von Rechten (z.B. vom Wahlrecht) ausnimmt.

Ein Wort der Begründung bedarf die Aussage, daß Gebietshoheit Herrschaft nicht nur über Personen, sondern auch über Sachen im Staatsgebiet beinhalte. G. Jellinek legte Wert darauf, zu betonen, daß die Herrschaft immer nur über Menschen bestehen könne, denn nur ihnen könne man befehlen. Befehls- und Zwangsgewalt («Imperium») sei die Natur der staatlichen Herrschaft. Hingegen sei «direkte rechtliche Herrschaft über eine Sache» Eigentum («Dominium» im Unterschied zum «Imperium»). Indessen werde die tatsächliche Sachherrschaft zu einem dinglichen Recht dadurch, daß die Rechtsordnung jedermann verpflichtet, sie zu respektieren. Rechtliche Herrschaft über eine Sache lasse sich also immer als Befehls- und Zwangsrecht gegenüber Personen interpretieren. Eine solche Interpretation führt jedoch in eine etwas künstliche und umständliche Ausdrucksweise. Es ist logisch ebenso einleuchtend, vom *Recht über eine Sache* zu sprechen, wenn man sich bewußt bleibt, daß dies eine Verpflichtung für jedermann impliziert. Ebenso ist es sinnvoll, von der Herrschaft des Staates über die in seinem Gebiet liegenden Sachen zu sprechen. Diese Herrschaft äußert sich z.B. darin, daß der Staat nach Maßgabe seines Verfassungsrechts die souveräne Möglichkeit hat, Grundstücke zu enteignen oder auch Grundstücke dinglich zu belasten, z.B. Natur-, Landschafts-, Wasserschutzgebiete festzulegen, Grundsteuer zu erheben, Straßen dem Gemeingebrauch zu widmen usw. Solche und ähnliche Maßnahmen sind insofern dinglich, als sich die Belastung nicht gegen bestimmte Personen richtet, sondern gegen den *jeweiligen Eigentümer:* wechselt dieser, so tritt der Rechtsnachfolger in die Belastung ein. Ist der Eigentümer ein im Ausland lebender Ausländer, so ist er z.B. zur Grundsteuerzahlung verpflichtet wie jeder deutsche Eigentümer auch, ohne im übrigen der deutschen Staatsgewalt unterworfen zu sein. Die Gebietshoheit ist auch insofern dinglich, als die Berechtigung, z.B. zum Gemeingebrauch, nicht bestimmten Personen gewährt wird, sondern jedermann. Vereinfacht gesprochen: Pflichten und Rechte beziehen sich auf die Sache, die Gebietshoheit bedeutet insofern also auch Herrschaft über Sachen.

2. Gebietshoheit bedeutet zweitens die Vermutung für die Ausschließlichkeit der Staatsgewalt im Staatsgebiet. Diesem Grundsatz entspricht spiegelbildlich der andere: die Vermutung dafür, daß die Staatsgewalt keine Hoheitsakte in fremdem Staatsgebiet vornehmen kann (da dort die Vermutung für die Ausschließlichkeit der anderen Staatsgewalt besteht).

Es wird hier in Abweichung von der überkommenen Lehre nicht von «Ausschließlichkeit», sondern von «Vermutung für die Ausschließlichkeit» gesprochen. Georg Jellinek sprach von der «Undurchdringlichkeit» des Staates (der sog. Impermeabilität) – undurchdringlich für fremde Staatsgewalt – als einem undurchbrechbaren Prinzip, von dem es nur «scheinbare Ausnahmen» gebe. Indessen bestehen die Ausnahmen nicht scheinbar, sondern tatsächlich, und sie sind auch keineswegs selten und ungewöhnlich. Sie bedürfen aber jeweils besonderer Begründung. Impermeabilität ist also mit dem Begriff der Gebietshoheit nicht notwendig gegeben, sie ist kein undurchbrechbarer Grundsatz, sondern eine Regel mit Ausnahmen.

Die nächstliegende Ausnahme findet sich im Bundesstaat: Im Gebiet jedes Gliedstaates besitzt sowohl dieser selbst als auch der Bundesstaat Gebietshoheit.

Eine andere Ausnahme begründen die Satzungen der Europäischen Gemeinschaft, deren Verordnungen «unmittelbar in jedem Mitgliedstaat gelten»

(Art. 189 II EWG-Vertrag und Art. 131 II Euratom-Vertrag; vgl. dazu oben § 19).

Eine weitere Ausnahme kann aus der militärischen Besetzung eines fremden Staates im Kriegsfall entstehen. Es ist zwar möglich, daß die Besatzungsgewalt die eigene Staatsgewalt des besetzten Staates gänzlich ersetzt. Dies ist aber nicht, wie Georg Jellinek annahm, die einzig denkbare Variante. Es ist ebensogut möglich, daß die Besatzungsgewalt sich damit begnügt, sich bestimmte Souveränitätsrechte vorzubehalten, und daß sie die Staatsgewalt des besetzten Staates sich in diesem Rahmen entfalten läßt. Selbst aber, wenn die Staatsgewalt des besetzten Staates vorübergehend gänzlich durch die Besatzungsgewalt ersetzt wird, so ist die Frage, ob der besetzte Staat notwendigerweise aufhört, Staat zu sein. Diese Frage bejaht zwar die sog. Debellationstheorie (Kelsen, Nawiasky): Kein Staat ohne eigene Staatsgewalt; die «Debellation» (kriegerische Niederwerfung) der Staatsgewalt bedeute deshalb das Ende des Staates. Demgegenüber nahm die herrschende Lehre in Deutschland nach 1945 an, die deutsche Staatsgewalt bestehe fort, werde aber von den Alliierten «treuhänderisch» wahrgenommen. Diese Theorie führt zu einer rechtlichen Bindung der Besatzungsgewalt, ändert aber nichts daran, daß die Besatzungsgewalt Gewalt der Besatzungsmächte bleibt, als Staatsgewalt, die das fremde Staatsgebiet «durchdringt».

Selten geworden ist das sog. Kondominium: Zwei Staaten üben gemeinschaftlich die Gebietshoheit über ein Gebiet aus, wie z.B. Preußen und Österreich über Schleswig-Holstein in den Jahren 1864 – 66. Es handelte sich bisher immer um Übergangs- und Notlösungen, die aber nach wie vor möglich sind und deshalb die These von der Ausschließlichkeit der Staatsgewalt nur als Regel gelten lassen.

Wichtiger sind die Hoheitsakte, die ein Staat im fremden Staatsgebiet vornehmen darf, bzw. – spiegelbildlich – die Hoheitsakte des fremden Staates, die im eigenen Staat geduldet werden. Sie beruhen auf völkerrechtlicher Vereinbarung. Hier ist in erster Linie zu denken an die üblichen Hoheitsakte von diplomatischen Vertretungen und Konsulaten, von Zollbehörden auf Grenzbahnhöfen, von beliehenen Schiffs- und Flugkapitänen. Es gibt auch völkerrechtliche Verträge, die das Recht eines Staates begründen, auf Gebieten, die zu fremdem Staatsgebiet gehören, eigene Staatsgewalt dauernd und umfassend auszuüben, etwa durch Pacht, Treuhand, Mandat, Truppenabkommen oder gar durch Übertragung von De-facto-Souveränität (z.B. über die Panama-Kanalzone von Panama an die USA).

Die Vielfalt und Häufigkeit von zulässigen Hoheitsakten in fremdem Staatsgebiet läßt es also nicht zu, von einem undurchbrechbaren Grundsatz der Impermeabilität zu sprechen, sondern nur von einer *Vermutung für die Ausschließlichkeit der Staatsgewalt im Staatsgebiet.*

3. Gebietshoheit bedeutet drittens die alleinige Verfügungsgewalt des Staates über sein Staatsgebiet. Verdross, Seidl-Hohenveldern und andere sprechen in diesem Zusammenhang von «territorialer Souveränität», die sich von der Gebietshoheit ähnlich unterscheiden soll wie Eigentum vom Besitz, nämlich

durch das Recht auf uneingeschränkte Entäußerung. Das heißt: Der Staat kann sein Gebiet ganz oder teilweise der vollen oder beschränkten Hoheitsgewalt eines anderen Staates unterstellen. Er kann auch einen Teil seines Gebietes einem anderen Staat abtreten.

§ 22. Das Staatsvolk

Unter Staatsvolk versteht man die Gesamtheit der Staatsangehörigen. Das Staatsvolk ist zu unterscheiden von den der Staatsgewalt Unterworfenen: das sind alle, die sich im Staatsgebiet aufhalten und folglich der Gebietshoheit unterworfen sind, also auch Ausländer, Durchreisende usw. Für die Staatsangehörigen tritt zu der bloßen Gewaltunterworfenheit eine besondere personale Beziehung zum Staat hinzu: Staatsangehörigkeit ist ein Status, der wechselseitige Rechte und Pflichten für Staat und Staatsangehörige begründet – wobei der Umfang der Rechte der Staatsangehörigen sehr unterschiedlich ist: in freiheitlichen Demokratien ist er weit, in Diktaturen kann er auf ein Nichts zusammenschrumpfen.

So bleiben z.B. den Staatsangehörigen i.d.R. die *politischen Mitwirkungsrechte* («status activus» nach Jellinek) vorbehalten, z.B. der Anspruch, zu den öffentlichen Ämtern zugelassen zu werden (bzw. nicht aus ermessensfehlerhaften Gründen davon ausgeschlossen zu sein), oder das Wahlrecht (auch das passive Wahlrecht gehört ebenso wie das aktive zum «status activus», weil die Wählbarkeit gegenüber dem Staat ein aktives Mitwirkungsrecht begründet). Begriffsnotwendig ist dieser Vorbehalt jedoch nicht. So sieht z.B. der Maastrichter Vertrag ein gegenseitiges aktives und passives Kommunalwahlrecht für alle Staatsangehörigkeiten eines Mitgliedsstaates der Europäischen Gemeinschaft in jedem anderen Mitgliedsstaat vor, in dem er seinen Wohnsitz hat (§ 8 b EG-Vertrag). Das Grundgesetz wurde dem angepaßt: Art. 28 II Satz 3.

Auch *positive Anspruchsrechte* («status positivus» nach Jellinek) bleiben häufig den Staatsangehörigen vorbehalten. So gelten z.B. die gesetzlichen Ansprüche auf Sozialhilfe für Ausländer nur teilweise (vgl. § 120 Bundessozialhilfegesetz). Insbesondere haben nur die Staatsangehörigen Anspruch auf konsularische Betreuung im Ausland.

Schließlich sind auch die *Freiheits- und Abwehrrechte* («status negativus» nach Jellinek) teilweise den Staatsangehörigen vorbehalten. So kennt das Grundgesetz Grundrechte, die jedermann, auch den Ausländern, und solche, die nur den «Deutschen» zustehen (Deutsche sind die Staatsangehörigen und die ihnen Gleichgestellten, Art. 116 I GG), z.B. die Versammlungsfreiheit, Art. 8; die Vereinigungsfreiheit, Art. 9; die Freizügigkeit, Art. 11; die Berufsfreiheit, Art. 12; das Auslieferungsverbot, Art. 16 II; der Zugang zu öffentlichen Ämtern, Art. 33 GG. Das bedeutet nicht, daß der Gesetzgeber diese Rechte den Ausländern nicht gewähren dürfte, sondern nur, daß er nicht von Verfassungs wegen zu dieser Gewährung verpflichtet ist. Eine solche Pflicht kann aber völkerrechtlich (durch gegenseitige Abkommen) oder europarechtlich begründet werden. Die Europäische Gemeinschaft hat den Angehörigen ihrer Mitgliedsländer weitgehende gegenseitige Rechte eingeräumt, z.B. Freizügigkeit und Berufsfreiheit der Arbeitnehmer (Art. 48 EG-Vertrag) und Niederlassungsfreiheit (Art. 52).

Bei diesen Aufzählungen der besonderen Rechte und Pflichten von Staatsangehörigen handelt es sich also um *typische, aber nicht um notwendige* Besonderheiten der Rechtsstellung von Staatsangehörigen. Lediglich in der *allgemeinen Gesetzesunterworfenheit* («status passivus» nach Jellinek) stehen Staatsangehörige und Ausländer einander gleich.

Staatsangehörigkeitsrecht ist *Staatsrecht*, nicht Völkerrecht, d.h. jeder Staat entscheidet selbst darüber, wen er als Staatsangehörigen in Anspruch nimmt und mit welchen besonderen Rechten und Pflichten er seine Staatsangehörigen ausstattet. Aus den unterschiedlichen staatsrechtlichen Regelungen erklärt sich, daß Doppelstaatsangehörigkeit und Staatenlosigkeit vorkommen.

Das *Völkerrecht* zieht dem Staat lediglich gewisse Grenzen und erklärt gewisse Regelungen für völkerrechtswidrig. So wäre es z.B. völkerrechtswidrig, wenn ein Staat fremden Personen ohne einen Anknüpfungspunkt seine Staatsangehörigkeit aufzwingen würde. Wenn die Bundesrepublik die Staatsangehörigen der ehemaligen DDR, die in ihren Hoheitsbereich gelangten, als «deutsche Staatsangehörige» behandelte, so tat sie dies nicht ohne einen Anknüpfungspunkt und handelte deshalb nicht völkerrechtswidrig. Der Anknüpfungspunkt lag in der besonderen rechtlichen Beziehung zwischen Deutschland, der Bundesrepublik und der DDR, die das Bundesverfassungsgericht mit dem Begriff der «Teilidentität» gekennzeichnet hat.

Es gibt Staaten, die ihren Staatsangehörigen kaum Rechte gewähren, weder politische Mitwirkungsrechte noch subjektive Anspruchsrechte, noch negatorische Abwehrrechte. Im theoretischen Grenzfall – im absolutistischen, autoritären, totalitären Staat – ist es denkbar, daß der Gewaltunterworfenheit überhaupt keine Rechte entsprechen. In einem solchen Staat ist die praktische Bedeutung der Staatsangehörigkeit naturgemäß sehr reduziert. Sie wird – abgesehen vom konsularischen Schutz – nur noch darin bestehen, daß der Staat seinen Staatsangehörigen zusätzliche Pflichten (z.B. Wehrpflicht) auferlegt und daß er den Staatsdienst den Staatsangehörigen vorbehält (ohne daß auch diese einen Anspruch auf Einstellung hätten). Auch ein solcher Staat ist Staat im Sinne des Völkerrechts.

Es wäre deshalb verfehlt, das Staatsvolk durch seine subjektiven Rechte zu definieren und den Staat als genossenschaftlichen Verband zu kennzeichnen, wie es seit Georg Jellinek üblich geworden ist. Jellinek meinte, ein Sklavenstaat sei kein Staat.[18] Damit machte er häufig vorkommende, wünschenswerte, ja für ein Leben in Menschenwürde unerläßliche Eigenschaften des Staates zu notwendigen Elementen des Staatsbegriffs. Der Staatsbegriff aber muß von allen Legitimitäts- und Verfassungsfragen frei bleiben.

---

18 Allgemeine Staatslehre, S. 407 f.

Wenn man die subjektiven Rechte der Staatsangehörigen zum Begriffselement des Staatsvolkes und damit des Staates macht, so versteckt man politische Forderungen in Seinsaussagen. Jellinek wollte politische Forderungen aus der Wissenschaft verbannen, aber gleichwohl nicht ganz von ihnen lassen. Das ist begreiflich, und man wird seiner Forderung, allen Staatsangehörigen subjektive Rechte zu gewähren, nicht ohne Sympathie begegnen. Diese Forderung mit politisch-moralischen Gründen zu erheben ist indes ehrlicher, als sie im Staatsbegriff zu verstecken. Auch ist die Wirkung einer offen erhobenen und ehrlich begründeten Forderung im politischen Raum sicherlich größer als eine mit schlechtem Gewissen in die Begriffe verpackte Forderung. Schließlich ist zu bedenken, daß jeder postulatorische Staatsbegriff die Universalität des Völkerrechts bedroht. Die Universalität des Völkerrechts aber ist ein so ernstes Problem, daß ihre Infragestellung der offenen Diskussion bedarf und ein terminologisches Versteckspiel nicht erlaubt.

Der Begriff des Staatsvolkes darf nicht nur nicht mit dem Begriff der Gewaltunterworfenen, sondern auch nicht mit dem Begriff des *Staatsbürgervolkes* verwechselt werden. Unter Staatsbürgervolk versteht man die Gesamtheit derjenigen, die am «status activus», insbesondere am Wahlrecht teilhaben. Wer das ist, entscheidet das jeweilige Staatsrecht. Meist wird Wohnsitz im Inland und immer ein Mindestalter vorausgesetzt (für die Bundesrepublik vgl. Art. 38 II GG und §§ 12 ff. Bundeswahlgesetz).

Nicht verwechselt werden darf das «Staatsvolk» ferner mit der *«Bevölkerung»* des betreffenden Staates: das sind alle Personen mit Wohnsitz im Staatsgebiet.

§ 23. Die Nation

Schließlich ist der Begriff «Staatsvolk» zu unterscheiden von «Nation». «Nation» ist im allgemeinen kein Begriff des Staatsrechts, aber auch kein Begriff der empirischen Ethnologie oder Soziologie, sondern ein Begriff der Allgemeinen Staatslehre des 19. und 20. Jahrhunderts. Der Begriff Nation unterscheidet sich einerseits von den Begriffen Staatsvolk, Staatsbürgervolk und Staatsunterworfene. Wer Staatsangehöriger, Staatsbürger oder der Staatsgewalt Unterworfener ist, entscheidet sich nach den Gesetzen, der Verfassung und den räumlichen Grenzen des Hoheitsgebiets. Es handelt sich um *Rechtsfragen*. Bei der Regelung dieser Rechtsfragen kann und wird man häufig auf empirische Gegebenheiten wie Volkszugehörigkeit Rücksicht nehmen; man muß dies aber nicht tun. Für die Beurteilung der Rechtsfragen sind *die empirischen Fragen* unerheblich; hingegen sind Begriffe wie Volk oder Bevölkerung empirische Begriffe. Der Begriff des Volkes ist ganz besonders unscharf. Sprache, Kultur, Rasse, Geschichte und viele andere Gesichtspunkte, die sich überdecken oder überlagern und je nach der Betrachtungsweise die Dominanz fordern, spielen eine Rolle.

Zwischen den rein rechtlichen und den rein faktischen Begriffen nimmt der Begriff «Nation» eine Mittelstellung ein. Der Begriff Nation knüpft zwar an einen empirischen Begriff des Volkes an; aber er enthält darüber hinaus einen *politischen* Sinn. Die Nation ist, wie man zu sagen pflegt, das seiner selbst bewußt gewordene Volk. Über die blutsmäßige Verwandtschaft hinaus verbinden die gemeinsam erlebte und erlittene Geschichte, das Ziel des Weiterhin-miteinander-Lebens, kurz, Wille und Bewußtsein der Zusammengehörigkeit. Der Begriff Nation kann deshalb über den Begriff des Volkes hinausgreifen. Zu ihr können Menschen gehören, die ethnologisch sehr verschiedenen Völkerschaften zugeordnet werden müssen, besonders sichtbar etwa in der amerikanischen Nation. Zur Nation gehören unabhängig vom Volkstum diejenigen Menschen, die sich aus geschichtlichen und politischen Gründen als eine Einheit verstehen und die ihre Einheit politisch verwirklichen oder bewahren wollen.

Der Nationbegriff unterscheidet sich aber auch in seiner zeitlichen Dimension von dem Begriff des Volkes. Zunächst ist er in seiner spezifisch politischen Bedeutung, die ihm heute eigen ist, selbst ein *geschichtlicher Begriff*, den man in die Zeit der Französischen Revolution zurückverfolgen kann, nämlich «Nation als Subjekt des Nationalstaats». Wenn man früher vom Römischen Reich Deutscher Nation sprach, so meinte man nicht, daß die deutsche Nation sich als Nationalstaat unter Nationalstaaten organisieren müsse. Diese Idee, die zu den nationalen Bewegungen und zur Gliederung der Welt in Nationalstaaten geführt hat, hat sich zusammen mit den Ideen der Französischen Revolution ausgebreitet. Dahinter stand innenpolitisch die Idee, daß die Einheit von Nation und Staat Bedingung der demokratischen Verfassungsform sei, und außenpolitisch die Idee, daß eine in Nationen gegliederte Welt friedlich sein würde; denn, so meinte man, Kriege entstünden aus den Machtbedürfnissen der Fürsten, während die Völkergemeinschaft friedliebend sei. Es handelte sich um eine etwas abstrakte Idee; sie führte zur Zerschlagung von Staaten, wie z.B. der österreichisch-ungarischen Monarchie, oder auch zum Zusammenschluß von Staaten, z.B. zur Eingliederung Österreichs in das Deutsche Reich 1937, oder zum Versuch der Abspaltung von Staatsteilen, wie Katanga, Biafra, oder zu einer Kette von Kriegen um Grenzgebiete, um Elsaß-Lothringen z.B. Weil nicht definitiv festliegt, wer eine Nation bildet, hat sich das Nationalstaatsprinzip häufig eher als friedensgefährdend erwiesen.

Nicht aber nur die Idee der Nation als solche ist eine geschichtlich bedingte, sondern auch Nationen selbst können durch besondere geschichtliche Konstellationen *entstehen und vergehen*. Wenn die Nation durch Wille und Bewußtsein konstituiert ist, dann kann eine Nation gewissermaßen erwachen. Disraeli bezeichnete die Nation mit Recht als «a work of art and time». Das Erwachen und Vergehen eines Nationalbewußtseins vollzieht sich in allmählichen Übergängen; aber es gibt doch auch herausragende Zeitpunkte. So ist es zwar ein wenig übertrieben, aber doch anschaulich, wenn man das Jahr 1813 mit den Freiheitskriegen als den Beginn der deutschen Nation ansieht. Seit dieser Zeit jedenfalls kann man die drei dem Nationalstaatsbegriff verbundenen politischen Grundimpulse in der deutschen Geschichte verfolgen: das Streben nach staatlicher *Einheit,* das Streben nach *Unabhängigkeit* von äußeren Mächten und, jedenfalls in den Anfängen und später in schwankender Intensität, das Streben nach *demokratischer Verfassung.*

Die nationale Zusammengehörigkeit als ein Produkt «of art and time» kann aber auch *vergehen.* Hätte man in den zwanziger Jahren gefragt, ob die Österreicher zur deutschen Nation gehören, so wäre diese Frage sowohl im Deutschen Reich wie auch in Österreich bejaht worden. Das Zusammengehörigkeitsgefühl war so stark, daß sich die Österreicher später ziemlich bedenkenlos, zum großen Teil sogar enthusiastisch, in das Hitler-Reich eingliedern ließen. Die deutsche Einheit war ihnen mehr wert als alles andere. Anders als nach dem Ersten Weltkrieg sind die Österreicher nach dem Zweiten Weltkrieg nicht nur unter der Gewalt äußerer Mächte eigene Wege gegangen, sondern sie wollten nun auch selbständig sein. Wille und Bewußtsein der nationalen Einheit sind hier und dort geschwunden. Die Frage, ob die Österreicher zu unserer Nation gehören, muß man nunmehr verneinen.

Aus den geschichtlichen Erfahrungen, besonders aber im Hinblick auf Österreich, läßt sich zweierlei lernen: Einmal, die Einheit der Nation schwindet, wenn man sie nicht mehr will; zum anderen, der Wille zur Einheit kann eine solche Wucht entfalten, daß er stärker wird als der Wille zu Frieden und Freiheit.

Die politische Situation *in der Bundesrepublik* war dadurch gekennzeichnet, daß sich die Deutschen von beiden Polen gleich fernhielten. Wille und Bewußtsein der nationalen Verbundenheit mit den in der DDR lebenden Deutschen waren überall gleichermaßen lebendig, allerdings bei der älteren Generation in stärkerem Maße als bei der jüngeren. Andererseits war aber auch keine relevante politische Gruppe bereit, für die politische Realisierung der nationalen Einheit einen Krieg zu riskieren, und ebensowenig, die Herstellung der nationalen Einheit im kommunistischen Sinne zu akzeptieren. Wir waren uns ferner einig in der realistischen Einschätzung der Tatsache, daß eine staatliche Einheit nicht realisierbar ist ohne die Zustimmung der Sowjetunion und daß diese Zustimmung eine veränderte Weltlage voraussetzen würde. Mit anderen Worten: Wir waren uns einig darin, daß man in der deutschen Frage nichts anderes tun konnte als sie *«offenzuhalten»*, und zwar offenzuhalten in eine unbestimmte Zukunft hinein, wohl wissend, daß in der nächsten oder übernächsten Generation Wille und Bewußtsein der Einheit nachlassen oder schwinden können, womit dann allerdings die Nation aufhören würde zu bestehen. Solange jedoch Wille und Bewußtsein der Einheit lebendig blieben, blieb auch die Nation bestehen, unabhängig davon, ob Verfassung und Verfassungsauslegung sie erwähnten oder nicht. Die Änderung der Verfassung der DDR von 1974 konnte auf ihr Fortbestehen keinen Einfluß haben, weil der Bestand der Nation keine Rechtsfrage ist, sondern eine dem Recht vorausliegende und vom Recht nicht unmittelbar beeinflußbare Wirklichkeit.

II. Teil
Freiheit: Der Verfassungsstaat

1. Kapitel: Die Wurzeln des Verfassungsstaates im England des 17. Jahrhunderts

§ 24. Die Herausforderung: Absolutismus in England?

Die geschichtlichen Weichen für die Entwicklung des Verfassungsstaates wurden in der ersten Hälfte des 17. Jahrhunderts in England gestellt. Während in Kontinentaleuropa der Absolutismus im Vormarsch begriffen war, wurde er in England zurückgewiesen - auf einem Niveau des Rechtsbewußtseins und der theoretischen Einsicht in die verfassungsrechtlichen Bedingungen der Freiheit, das uns heute noch zu erstaunen vermag. Die *Zurückweisung der absolutistischen Ansprüche* führte zugleich zu einer Umwandlung der mittelalterlichen Ordnungsstrukturen in die Strukturen eines gewaltenteilenden parlamentarischen Systems. Dieses wurde zur Mutter der amerikanischen Verfassungen, die dann ihrerseits die Französische Revolution inspirierten und später zusammen mit dieser mächtige Impulse zur Ausbreitung des demokratischen Verfassungsstaates über die westliche Welt gegeben haben.

Den Schlüssel zum Verständnis der Legitimitätsgrundlage dieses Verfassungsstaates findet man in der geschichtlichen Wirklichkeit besser als in allen späteren theoretischen Abstraktionen. Im Kampf gegen den Versuch der Einführung des Absolutismus in England wurden alle wesentlichen Argumente nicht akademisch, sondern politisch entfaltet. Diese Argumente erwiesen eine Geschichtsmächtigkeit ohnegleichen: Sie wurden die *wirkliche geschichtliche Wurzel* des heute in der Welt verbreiteten Verfassungsstaates. Die Theorie des Verfassungsstaates versteht man deshalb am besten vor dem Hintergrund des damaligen geschichtlichen Konflikts um *Absolutismus oder Verfassungsstaat,* der dem englischen Bürgerkrieg (1642–1649) voranging.

Wenngleich England in der ersten Hälfte des 17. Jahrhunderts keine geschriebene Verfassung besaß, so war der Staat doch *rechtlich verfaßt.* Die Staatsgewalt war auf König, Oberhaus, Unterhaus und Richterschaft verteilt. Die Organe hatten selbständige Kompetenzen, die aber in ihrer Ausübung aufeinander zugeordnet waren. Das System funktionierte, solange sich alle Organe verfassungstreu verhielten und sich niemand zum Alleinherrscher aufzuschwingen trachtete.

Nun hatte man jedoch in England die Schriften der französischen Souveränitätstheoretiker gelesen. Bei den englischen Königen und in ihrer Umgebung faßte der Gedanke Fuß, aus ihnen die Konsequenz auch für England zu ziehen und absolutistische Ansprüche zu erheben.

Die Kontroverse «Absolutismus oder Verfassungsrecht» war in ihrem Kern - von mancherlei Varianten und verschiedenen Begründungszusammenhängen einmal abgesehen – seit der Thronbesteigung Jakobs I. zum Zentralproblem der englischen Innenpolitik geworden, wurde am Hof, im Parlament, in den politischen und intellektuellen Zirkeln allenthalben diskutiert. Sie spaltete allmählich das englische Volk mehr und mehr in zwei Lager. Der springende Punkt war, ob die im 16. Jahrhundert entwickelte *französische Souveränitätsdoktrin auf die englischen Verhältnisse übertragen* werden sollte.[1]

Diese Frage war während Elisabeths Herrschaft rein theoretisch geblieben,[2] weil die klug und pragmatisch denkende und im Umgang mit den Repräsentanten des Volkes geschickte Königin verstand, es bei voller Ausnutzung ihrer Prärogativen nie zu einem Verfassungskonflikt mit Parlament und Common-Law-Gerichten kommen zu lassen. Die Situation änderte sich jedoch grundlegend, als ihr das Haus Stuart auf dem Thron folgte und die englische Krone mit der schottischen vereinigte. Jakob I, König von 1603 bis 1625, war ein doktrinärer Intellektueller[3]. Als Autor einer Variante der absolutistischen Staatstheorie[4], von seinen schottischen Erfahrungen geprägt, den Menschen und Verhältnissen Englands gegenüber nicht nur im Anfang fremd, sondern auch weiterhin unaufgeschlossen, machte er sich daran, seine *Staatsdoktrin in die Wirklichkeit umzusetzen.* Er störte die Engländer in ihren Gewohnheiten auf, beleidigte sie in ihren Rechten und ließ sie für ihre Interessen fürchten.[5]

Auf diesem Wege folgte ihm später sein Sohn Karl I. (1625–1649) mit noch stärkerem Durchsetzungswillen und noch kühnerer Unbedachtheit. Die Herausforderung durch die beiden ersten Stuarts spaltete die Engländer in zwei Lager, und es war *diese* Spaltung und nicht irgendeine andere, die in den Bürgerkrieg mündete.[6]

1 Die Ausbreitung dieser Doktrin in England schildert Salmon, The French Religious Wars in English Political Thought, Oxford 1959. Nicht nur in der Literatur, sondern auch in Parlamentsdebatten wurde auf die französische Situation Bezug genommen: Holdsworth, A History of English Law (7. Aufl. 1956–64), Bd. VI, S. 70 f.

2 Die Frage wurde freilich auch zu ihrer Zeit schon diskutiert: s. Salmon, a.a.O., vor allem Chap. 2 und Appendix A.

3 Holdsworth, Bd. VI, S. 9, schildert ihn u.a. so: «he had constructed theories upon many of the political and ecclesiastical questions of the day: for he was learned in a bookish academic way ...»

4 Basilikon Doron, 1598, und: True Law of Free Monarchies, 1598.

5 Eine eingehende Schilderung davon, wie sich die Parteiung aus der verfassungsrechtlichen Kontroverse entwickelt hat, gibt Holdsworth, Bd. V, S. 3–142. Holdsworth, wohl unter dem Eindruck der modernen englischen Parlamentssouveränität und der sie tragenden auf Bentham zurückgehenden rechtsphilosophischen Doktrin prinzipiell ein Anhänger der Hobbesschen Souveränitätslehre (vgl. ebda. S. 206 f., 296 ff.), kommt gleichwohl nicht umhin, als Historiker zu resümieren: Jakob I. «split the nation into two parties; and the split was intensified by the fact that all the many various causes of dissension which existed in the nation were thus enlisted under the banner of one or other of these two parties ... Thus James chose to become the leader of a party instead of the king of the nation; and his son followed in his footsteps» (a.a.O., S. 23 f.).

6 Die anschaulichste Schilderung der Entstehung des Bürgerkriegs aus dem Rechtskonflikt und am Ende aus beiderseitigen Rechtsbrüchen gibt Leopold von Ranke, Englische Geschichte, hg. von W. Andreas, Berlin/Wiesbaden 1959, Bd. I, 1. Buch, 4–8, Bd. 2, Buch 9.

Die Souveränitätsansprüche waren der kriegsauslösende Streitgegenstand. Nach einer mehr als jahrzehntelangen Weigerung, das Parlament einzuberufen, nach Steuererhebungen ohne parlamentarische Bewilligung, nach Unterstützung von Lauds konfessionellen Gleichschaltungsversuchen und dergleichen mehr machte der Versuch willkürlicher Verhaftungen unter Verletzung der parlamentarischen Immunitätsrechte und des Bruchs des mit der Annahme der Bill of Rights gegebenen Versprechens in den Augen der Engländer das Maß voll und löste offenen Aufruhr und damit den Bürgerkrieg aus.

Denn das Common Law enthielt eine Reihe von verfassungsrechtlichen Regeln. Sie betrafen insbesondere die *Beteiligung* des *Parlaments bei der Gesetzgebung* und Gesetzesänderung sowie bei der *Steuererhebung*, das *Verbot der Gesetzesdurchbrechungen* auch durch den König sowie vor allem den *Schutz des Individuums* gegen willkürliche Tötung, Bestrafung, Beraubung und Verhaftung – Regeln, die sich mit der absolutistischen Staatskonzeption nicht vertrugen.

Nicht, daß die Absolutisten für willkürliche Verhaftung und Tötung plädierten: Sie hofften auf Vernunft, Maß und Billigkeit des Monarchen. Aber sie wollten allerdings die Respektierung der Interessen des Bürgers dem Ermessen des Souveräns anheimgeben: gegen den Souverän sollte es keinen Rechtsschutz geben.

Die freiheitsschützenden Regeln waren im damaligen England ebensowenig wie anderes Recht prinzipiell der Abänderung entzogen; auch ihr verfassungsrechtlicher Charakter stand dem nicht im Wege und erschwerte ihre Abänderung nicht einmal durch zusätzliche Erfordernisse wie z.B. qualifizierte Mehrheiten. Aber angesichts der politischen Machtverhältnisse war mit den zur Abänderung erforderlichen einfachen Mehrheiten im Parlament praktisch nicht zu rechnen. Eine legale Abänderung durch Proklamation des Königs war nach den in Frage stehenden Regeln verfassungsrechtlich ausgeschlossen: Seit der zweiten Hälfte des 15. Jahrhunderts konnte der König nur mit Zustimmung des Parlaments Gesetze erlassen: weder das Parlament noch der König konnten es allein. Lediglich gewisse Kompetenzen waren dem König für «Proclamations» mit Gesetzeskraft vorbehalten.[7] König Jakob I. versuchte, die Grenzen zu sprengen und Proklamationen im Bereich der Gesetzgebungszuständigkeit des Parlaments zu erlassen. Das Parlament rief daraufhin das Gericht in einem – wie wir heute sagen würden – Organstreitverfahren an. Das Gericht entschied gegen den König und verwehrte ihm das Recht, neue Straftatbestände durch Proklamation zu erlassen.[8] Die verfassungsrechtliche *Abgrenzung der Gesetzgebungskompetenzen zwischen König*

7 Sie betrafen u.a. das Münzwesen, die auswärtigen Beziehungen, die Armee und Marine, die Religion, Preise für Nahrungsmittel, Ein- und Ausfuhrvergütungen u.a. Im einzelnen Holdsworth, Bd. IV, S. 297 ff.; S. a. D. L. Keir, The Constitutional History of Modern Britain, 7th ed., insbes. S. 114 ff. Zum Thema Verfassungsrecht des Gesetzgebungsverfahrens Holdsworth, Bd. IV, S. 99 ff., ferner Hale, S. 77.

8 «Case of Proclamation» 12. Co. Rep. 74 (1611), s. Holdsworth, Bd. IV, S. 296, Keir, a.a.O., S. 199.

und Parlament hatte damit erneut die Sanktion durch eine Common-Law-Entscheidung gewonnen.

Die Absolutisten waren also in folgender Lage: An eine legale Verfassungsänderung, die nur mit Zustimmung des Parlaments zu erreichen gewesen wäre, war nicht zu denken; auch auf eine Umformulierung des Verfassungsrechts in ihrem Sinne durch die Gerichte konnte man – zumal angesichts des klaren und eindeutigen Präjudiz – nicht bauen. Also blieb nur entweder die Resignation oder aber die Konsequenz, das gesamte Verfassungsrecht und, da es die Sanktion des Common Law besaß, mit ihm das gesamte *Common Law pauschal für unverbindlich zu erklären.* In grandios kühnem Selbstbewußtsein schreckten die Absolutisten nicht davor zurück, diese Konsequenz zu ziehen. Ihr Anspruch war kein geringerer, als das englische Verfassungsrecht insgesamt aus den Angeln zu heben und durch die Staatsphilosophie des Absolutismus zu ersetzen.

§ 25. Die Antwort: Rule of Law

Dem traten die englischen Parlamentarier und Juristen entgegen. Sie waren sich mit den Absolutisten einig in der Ansicht, daß nur die Verbindlichkeit eines dem Bürger vorgegebenen Rechts eine Friedensordnung schaffen und erhalten könne. Die Frage war nur: Ist das Common Law, das ein ausgebildetes Verfassungsrecht einschließt, verbindlich, solange es nicht auf legale Weise geändert ist, oder soll man die Schwierigkeiten einer Verfassungsänderung überspringen und ohne weiteres statt dem *Recht einer Staatsphilosophie* folgen, die im Interesse der Friedensordnung einem Souverän absolute Vollmachten zuweist? Ist absolutistische Souveränität – oder, modern und polemisch gesprochen: ist ein *Staatsstreich* oder wenigstens eine allmähliche Aushöhlung des Verfassungsrechts durch Gewöhnung an immer neue Machtusurpationen gut und zweckmäßig? Soll – materiell – weiterhin die altenglische Konzeption von der Rule of Law gelten, oder soll sich die kontinentale Staatskonzeption des Absolutismus auch in England durchsetzen? Soll – formell – eine Änderung der Rechte nur im verfassungsrechtlich *legitimierten Gesetzgebungsverfahren* (das das Zusammenwirken von König und Parlament vorsah) möglich sein, oder soll eine naturrechtliche Staatsphilosophie unmittelbar an die Stelle der bisherigen Rechtsordnung treten, eine Staatsphilosophie, die die Regeln über das Zusammenwirken von König und Parlament außer Kraft setzt und *einer* Autorität alle Vollmacht zuweist?

Das waren die Fragen, auf die *Thomas Hobbes* (1588–1679), der profundeste Theoretiker unter den englischen Absolutisten, mit dem polemisch gegen die englischen Juristen gewandten Satz antwortete: *«Auctoritas, non veritas facit legem»*.

Es ist für das Verständnis jener geschichtlichen Vorgänge von fundamentaler Wichtigkeit, im Auge zu behalten, daß die Kontroverse um das Verfassungsrecht die Fronten aufgebaut hat, die sich später im Bürgerkrieg einander gegenüberstanden. Man ist zumal unter Soziologen und Politologen leicht geneigt, nach anderen, «eigentlichen» Motiven zu suchen und sie entweder in konfessionellen Gegensätzen oder auch im Konflikt zwischen der neu erstandenen bürgerlichen Gesellschaft und den traditionalen Feudalstrukturen zu suchen, in Rechtskontroversen dagegen höchstens vordergründigen ideologischen «Ausdruck» solcher Gegensätze zu vermuten. Es soll auch gewiß nicht in Frage gestellt werden, daß konfessionelle und soziale Gegensätze eine nicht unbeträchtliche Rolle gespielt haben. Aber der Zweifel an der elementaren und primären Bedeutung der Rechtskontroversen übersieht die Eigentümlichkeit englischer Mentalität, deren *Freiheitsbewußtsein in erster Linie ein Rechtsbewußtsein* ist. In dem in Deutschland nicht ohne weiteres einleuchtenden außerordentlichen Sozialprestige des englischen Richters kommt die Bedeutung, die das Recht im Denken, Fühlen und Wollen des Engländers einnimmt, symbolhaft zum Ausdruck. Noch spürbarer wird diese Bedeutung an der Empörung und Erschütterung, die wichtige gerichtliche Entscheidungen bis in die breitesten Volksmassen hinein auslösen. Wie sehr das auch schon im 17. Jahrhundert der Fall war, schildert Leopold von Ranke mit der ihm eigenen eindringlichen Anschaulichkeit:

> «Und wie tief wurde das Gemeingefühl gebeugt, als der Spruch der Richter zugunsten des Hofes über das Schiffgeld erfolgte: man sah die Menschen mit melancholischen Gesicht schweigend aneinander vorübergehen. Auch die, welche dem König eine neue Einnahme gö«Und wie tief wurde das Gemeingefühl gebeugt, als der Spruch der Richter zugunsten des Hofes über das Schiffsgeld erfolgte: man sah die Menschen mit melanchofischem Gesicht schweigend aneinander vorübergehen. Auch die, welche dem König eine neue Einnahme gönnten, und sie für notwendig hielten, erschraken doch, daß sie ihm ohne Bewilligung des Parlaments gewährt werden konnte ...»[9]

Mit Bezug auf dieselbe Entscheidung schreibt Holdsworth:

> «Both the king and his advisers under-estimated the intelligence of the English people when they supposed that they were blind to the real issues which lay behind these decisions. They made ... an equally serious under-estimate of the strength of the popular resentment which they were arousing.»[10]

Erst wenn man diese gerade den Deutschen oft so erstaunlich anmutende Lebendigkeit des Rechtsbewußtseins im englischen Volk ermißt, wird verständlich, wie es möglich war, daß tatsächlich *verfassungsrechtliche Streitfragen der bewegende Motor der politischen Entzweiung*, die später zum Bürgerkrieg führte, gewesen sind.

---

9 Englische Geschichte, a.a.O., S. 419. Ranke bezieht sich hier auf «Hampden's Case» (sog. Ship Money Case, 1637, S. T. 825). Der Fall und die beiderseits vorgebrachten Argumente sind dargestellt bei Holdsworth, Bd. VI, S. 52 ff.; vgl. damit *Hobbes'* nicht nur einseitige, sondern auch ignorante und über die entscheidenden Probleme oberflächlich hinweghuschende Behandlung dieses Rechtsfalles im Behemoth, ed. Molesworth, Bd. VI, S. 209 f.

10 Bd. VI, S. 54 f.

Es ist unbestritten, daß es die Absicht der Absolutisten war, die Gefahr eines *Bürgerkrieges* mit allen seinen Schrecken abzuwenden und den inneren Frieden zu garantieren.[11] Es besteht kein Anlaß, daran zu zweifeln, daß der Ernst und die Leidenschaft dieses Motivs ihr Denken bewegte. Um aber die Bedeutung und Tragweite ihrer Kontroverse mit den englischen Juristen aufzuhellen, darf man es bei dieser zum Gemeingut gewordenen Anerkennung ihrer subjektiv guten Absicht nicht bewenden lassen, sondern muß der Frage nachgehen, ob ihr Plädoyer auch objektiv geeignet war, dem gesetzten Ziel zu dienen, und gegebenenfalls warum, wie und unter welchen Bedingungen – eine offenbar ganz andere Frage, da gute Absichten nicht immer gute Wirkungen haben.

Die Frage ist für die Auseinandersetzung zwischen Absolutisten und englischen Verfassungsrechtlern bedeutsam, weil uns mindestens eine Äußerung eines Juristen vorliegt, die sie verneint, und mehr als das: die der absolutistischen Doktrin für den Ausbruch des Bürgerkrieges die Verantwortung gibt. Im letzten, «Of Soveraigne Power» überschriebenen Teil seiner gegen Hobbes gerichteten Abhandlung[12] übersetzt *Hale* Hobbes' *staatsphilosophische* Postulate in eine *praktisch-politische* Sprache, d.h. er prüft sie nach seiner Methode als Vorschläge zur Rechtsreform. Auf Hobbes' Spekulation über die angebliche Natur des Menschen und auf seine Konstruktion des angeblichen Herrschaftsvertrags und dergleichen geht Hale überhaupt nicht ein – in der richtigen Erkenntnis, daß man solche Prämissen beliebig so manipulieren kann, daß sich die gewünschten Folgerungen ergeben.

Statt dessen beginnt Hale mit einer historisch untermauerten, systematischen Skizze des geltenden Verfassungsrechts nach dem Common Law, d.h. einer Darstellung der Rechte des Königs und ihrer wichtigsten Grenzen und Vorbehalte zugunsten von Parlament und Bürger. Hobbes' politisches Anliegen formuliert er sodann in kurzen Formeln als *Vorschläge zur Verfassungsreform*. Schließlich diskutiert er Vor- und Nachteile des bestehenden Rechts und der Reformvorschläge – mit einem für Hobbes vernichtenden Ergebnis. Wer dem Souverän einrede, daß er sich über das Recht hinwegsetzen dürfe, sagt Hale, «schwächt in Wirklichkeit den Souverän so sehr, wie man sich nur denken kann, und verrät ihn mit einem Kuß».[13]

Mit dieser Wendung macht Hale, der ein Royalist war, gerade die absolutistische Doktrin, die den Monarchen über das Recht erhob, für die Rebellion und den Bürgerkrieg der vierziger Jahre verantwortlich, die zur Verurteilung und Hinrichtung Karls I. und zur Etablierung der Republik Cromwells führte. Sein Gedanke ist offenbar der folgende.

---

11 Vgl. etwa I. Fetscher, Einleitung zu Hobbes' Leviathan, 1966, S. 28; R. Koselleck, Kritik und Krise, 1959, S. 28. Die ältere allein auf dem Leviathan beruhende Auffassung, wonach Hobbes seine Konzeption unter dem Eindruck des englischen Bürgerkrieges entwickelt hatte, ist nicht mehr haltbar.

12 Bei Holdsworth, a.a.O., S. 506, 513, deutsch bei Kriele, Die Herausforderung des Verfassungsstaates, S. 63 ff.

13 A.a.O., S. 511.

Das Common Law hat die königliche Prärogative nicht nur begrenzt, sondern auch fundiert. Die Macht des Königs beruhte nicht nur auf Gewalt, sondern auch auf der *Autorität, die das Common Law ihm verlieh.* Es ist eben nicht nur der Satz wahr: «*Rex facit legem*», sondern auch der umgekehrte, den u.a. Bracton gelehrt hatte: «*Lex facit regem.*» Wenn der König und seine Theoretiker das Common Law als unverbindlich behandelten, zerstörten sie eine der beiden Säulen seiner Macht: Sich bloß auf die Gewalt zu stellen, führte in den Sturz.

Dieser Gesichtspunkt ist um so bedenkenswerter, je stärker der König auf die Autorität, die seine Rechtsstellung ihm verleiht, angewiesen ist, je weniger er sich also in nackte militärische *Gewalt und Terror retten* kann. Diese Möglichkeit kalkulierte der König offenbar falsch ein. In den Worten Rankes:

> «Das System Karls I. aber war, die königliche Prägorative zur Grundlage der Regierung zu machen. Er hatte dazu keine militärische Macht zu verwenden, wie diese damals in Frankreich dazu diente, die höchste Gewalt aufrecht zu erhalten; den Fremden fiel es vielmehr auf, wie der König so ganz in den Händen seines Volkes sei: kaum gebe es einige feste Plätze, wohin er sich im Notfall retten könne; alles beruhte auf den Gesetzen und ihrer Auslegung.»[14]

Aus dieser Sicht machten die Doktrinäre der Souveränität in England also einen doppelten Fehler: Erstens ist es an sich schon eine Torheit, die Macht des Königs statt auf die Autorität des Rechts auf eine abstrakte Doktrin zu stützen, wie rational oder «*naturrechtlich*» fundiert sie auch sei, weil eine solche Doktrin eben keine allgemeine «*auctoritas*» begründen kann und den König auf bloße «*potestas*» angewiesen macht. Zweitens sollten aber jene autoritätsverachtenden Zyniker, die am Spiel der nackten «potestas» ihr Vergnügen finden, wenigstens nicht versäumen, diese richtig zu berechnen: sonst begehen sie, was in ihren Augen «schlimmer ist als ein Verbrechen: einen Fehler». Hobbes aber meinte, dem König einen Ersatz liefern zu können: *statt Fundierung der Autorität auf dem Common Law ihre Fundierung auf seinem «Naturrecht»*.[15] Das ist für Hale ein weltfremder Versuch, der wohl dazu beitragen kann, die Autorität durch das Common Law zu untergraben, zumal wenn der König sich von ihm löst, nicht aber, sie neu zu begründen; der im Gegenteil dazu beiträgt, Widerstand herauszufordern und damit Bürgerkrieg und Regizid auszulösen.

Diese Sicht steht im Widerspruch zu Hobbes' Selbstinterpretation, der sich der bei weitem größere Teil der heutigen Hobbes-Literatur angeschlossen hat. Die Frage ist, wer hier recht hat: Ob also die absolutistische Staatsphilosophie objektiv geeignet war, dem englischen Bürgerkrieg entgegenzuwirken. Diese Frage läßt sich aus der immanenten Interpretation etwa der Hobbesschen

---

14 Englische Geschichte, Bd. I., S. 417.

15 Hobbes z.B. strebte allen Ernstes an, daß sein «Leviathan» Pflichtlektüre in den Schulen werde.

Staatsphilosophie in ihrer bezwingenden Folgerichtigkeit keineswegs beantworten, sondern nur aus der *Relation dieser Philosophie zur konkreten geschichtlichen Lage* Englands.

Man gewinnt aus der philosophischen Literatur nicht selten den Eindruck, als beantworte sich diese Frage fast von selbst mit dem Hinweis auf die parallele Situation der französischen und der englischen Bürgerkriege und Regizide, so als habe die Katastrophe des Bürgerkrieges die auf die *französische Erfahrung* vorausschauende Weisheit der Absolutisten schmerzlich bestätigt und als hätten ihre Kritiker entweder die politischen Ursachen und Bedingungen von Bürgerkrieg und Frieden nicht zulänglich analysiert oder die Folgerungen nicht mit der nötigen Konsequenz und intellektuellen Unbestechlichkeit gezogen.

§ 26. «Pouvoir neutre» oder Bürgerkrieg mit Polizeimitteln?

Geschichtliche Parallelen sind aber freilich immer nur bis zu einem gewissen Grade richtig, und die *Unterschiede zwischen der französischen und der englischen Situation* sind nicht unbeträchtlich.

1. Zunächst einmal fällt auf, daß die *französische* Souveränitätsdoktrin die *Antwort* auf die bereits vorhandene geschichtliche Wirklichkeit des konfessionellen Bürgerkriegs war. *In England ging die Doktrin dem Bürgerkrieg voraus,* sie war zunächst eine reine Theorie, nicht aus konkretem Anlaß geboren, sondern aus Frankreich intellektuell übernommen. Allenfalls läßt sich die Vermutung aufstellen: Hätten nicht die Kontroverse und die königlichen Prärogativansprüche vierzig Jahre lang die politische Szene beherrscht, dann hätten andere, konfessionelle oder soziale Streitfragen früher und schärfer ihre politische Dynamik entwickelt und möglicherweise zu einem Bürgerkrieg geführt. Für diese Vermutung läßt sich vielleicht einiges anführen, aber als Argument in die staatsphilosophische Problematik eingeführt, trägt sie nicht weit. Das Argument besagt eben nur: Zwar haben die Verfechter der Souveränitätsdoktrin nicht den historisch *wirklichen Bürgerkrieg* von 1642 vorausgesehen, aber einen anderen, *hypothetischen Bürgerkrieg,* und diesen wollten sie vermeiden.

Jedoch ist nicht nur ein hypothetischer Bürgerkrieg an sich schon kein starkes Argument, ebensowenig wie jede andere Spekulation über ungeschehene historische Möglichkeiten. Er ist es noch weniger, wenn der gute Wille, den hypothetischen Bürgerkrieg zu vermeiden, dazu *beiträgt, den wirklichen Bürgerkrieg herbeizuführen.*

Überdies müßte sich die Begründung der Bürgerkriegshypothese mit nicht ganz leicht auszuräumenden Einwänden auseinandersetzen. Nach dieser Theorie müßte die Restauration von 1660, die einen Verfassungszustand ohne alleinige Souveränität des Königs oder des Parlaments wieder herstellte, England in dauernde konfessionelle Bürgerkriege gestürzt haben, und sie müßte das Ausbleiben dieser Bürgerkriege erklären.

2. Im Unterschied zu England gab es in *Frankreich* einen in seinem Ursprung konfessionellen Bürgerkrieg. Sinn und Ziel der französischen Souveränitätsdoktrin war die Durchsetzung der *Toleranz*.

Diesen Sinn aber hatte sie bei ihrem Übergang nach *England* nicht und konnte sie nicht haben. Nach Lage der Dinge konnte Inhaber der Souveränität ebenso wie in Frankreich nur der König sein. (Die Möglichkeit, die Souveränität dem Parlament zuzuweisen, wurde erst während des Bürgerkrieges ernstlich in Betracht gezogen.)

Der englische König war aber als Haupt der anglikanischen Kirche *im konfessionellen Konflikt* schon aus Gründen seines Status unausweichlich Partei. Es gab kaum jemand im Land, der weniger geeignet war, sich als der neutrale Dritte über die konfessionellen Gruppierungen zu erheben und die Toleranz zu erzwingen. Es lag ihm denn auch nichts ferner, als die Toleranz nach französischem Vorbild überhaupt nur zu erwägen, geschweige denn mit Entschlossenheit durchzusetzen. Was er und der Erzbischof von Canterbury, Laud, des Königs Bevollmächtigter in Glaubensfragen, zu konzedieren willens waren, war lediglich die *Freiheit des inneren Denkens,* auf die sie ohnehin keinen Einfluß zu nehmen vermochten, nicht aber die *Freiheit der Konfession,* die ja die kritische Frage in jenem Jahrhundert war.

So waren denn tatsächlich an fast allen offenen Konfessionskonflikten Englands in der ersten Hälfte des 17. Jahrhunderts die beiden ersten Stuarts als Partei beteiligt und, da sie die Konflikte durch Gewährung und Durchsetzung der Toleranz nach französischem Vorbild leicht hätten vermeiden können, auch für sie verantwortlich.[16]

Eine der ersten Maßnahmen Jakobs I. als englischer König war die Verweigerung der von den Puritanern erbetenen kirchlichen Freiheiten in der Versammlung von Hampton Court im Jahre 1604. Damit war der Weg eingeschlagen, den er und seine Nachfolger konsequent verfolgten. Den später vor allem von Laud aktivierten Bemühungen um Herstellung der *konfessionellen Konformität* wurde teils mit passivem Widerstand, teils – vor allem im schottischen Aufstand von 1638 – mit aktivem Widerstand, teils mit Auswanderung in die amerikanischen Kolonien begegnet. In fast allen diesen Konflikten also war es der König, bei dem die Initiative lag oder der die gewalttätigen Aggressionen vor allem Lauds ausdrücklich billigte und unterstützte.

Diese Unterschiede in der Funktion der Souveränitätsdoktrin in England und in Frankreich sind also keineswegs nebensächlich, sondern elementar. In *Frankreich*: Durchsetzung der Toleranz zur Beendigung des Bürgerkrieges; in *England*: Durchsetzung konfessioneller Konformität selbst auf die Gefahr eines Bürgerkrieges hin. Die Verwischung dieser Unterschiede, die Inanspruchnahme der guten französischen Argumente und ihres Prestiges für eine nicht nur ganz andere, sondern geradezu entgegengesetzte Sache: das bedeutet ein Schulbeispiel intellektueller Verwirrung von unabsehbaren Kon-

---

16 S. Lecler, Hist. de la Tolerance au Siècle de la Reforme, II 363 ff.

sequenzen für die politische Theorie und Wirklichkeit bis auf den heutigen Tag.[17]

Wie konnte es zu dieser Verwirrung kommen? Den Schlüssel zum Verständnis liefert die Einsicht, daß es für einen Souverän zwei Strategien gibt, um einen konfessionellen Bürgerkrieg zu beenden: Er kann entweder – wie es Heinrich IV. in Frankreich versuchte – die streitenden Parteien zum friedlichen Miteinanderleben zwingen. Er kann sich aber auch die Sache einer der kriegführenden Parteien zu eigen machen, ihr seine souveräne Macht zur Verfügung stellen mit dem Ziel, die andere zu unterwerfen und nötigenfalls auszurotten: wenn nämlich nur eine Kriegspartei als endgültiger Sieger übrigbleibt, so ist alsdann der Bürgerkrieg ebenfalls beendet. Einem absoluten Souverän ist es anheimgegeben, welche von beiden Möglichkeiten er wählt: *die Toleranz- oder die Unterwerfungsstrategie,* die «Nichtidentifikation» (Herbert Krüger[18]) mit den Bürgerkriegsparteien, weder mit der einen noch mit der anderen, oder aber auch die Identifikation mit einer von ihnen und damit den Bürgerkrieg mit Polizeimitteln.

Die französischen «Politiques» sahen dieses unheimliche Risiko wohl, gingen doch gerade die entsetzlichsten Ausbrüche des religiösen Fanatismus zu Lasten des Königs: Die *Bartholomäusnacht* hatte sie mehr als andere gelehrt, bis zu welchem Grade von Haß und Wahnsinn die konfessionelle Leidenschaft Gemüt und Verstand des Menschen zu verdüstern vermag. Aber die «Politiques» waren vernünftige Männer im Dienste einer vernünftigen Sache. Ihre Rationalität ist in einem Kalkül von Chance und Risiko zu finden: Souveränität bedeutete zwar nicht die Garantie des konfessionellen Friedens, aber eine Chance, und zwar die einzige Chance. Sie ließ sich nur gewinnen, indem man das Risiko einging, daß der Souverän statt der Toleranzstrategie die Unterwerfungsstrategie wählen werde.

Auf die Vernunft dieses Kalküls – die Vernunft der Verzweiflung – konnten sich die englischen Theoretiker der Souveränitätsdoktrin angesichts ihrer geschichtlichen Wirklichkeit keineswegs berufen. Da die Stuarts die Unter-

---

17 Wenn die frommen Engländer des 17. Jahrhunderts glaubten, daß dabei der Teufel seine Hand im Spiel gehabt haben müsse, so braucht man das heute nicht von oben herab zu belächeln; alles, was nötig ist, um es begreiflich zu finden, ist das Verständnis dafür, daß die Menschen überhaupt glaubten, der Teufel spiele in der Weltgeschichte mit. Diesen Glauben einmal vorausgesetzt, lag für den Menschen der damaligen Zeit die Vermutung nicht fern, daß er mit einem Gauklertrick die Entwicklung der menschlichen Freiheit und ihrer rechtlichen Sicherheit im Keim habe zerstören wollen. Das Erstaunliche an den Engländern jenes Jahrhunderts ist jedenfalls, daß sie die Souveränitätsdoktrin sowohl in ihrer Überflüssigkeit für England als auch in ihren gefährlichen Konsequenzen durchschauten, auch wenn sie ihre Einsicht oft nur in hilfloser Entrüstung zu artikulieren vermochten. Common sense und Weisheit gehen nicht immer mit Scharfsinn, Konsequenz und Systematik zusammen. Hobbes war fast allen seinen politisch-philosophischen Gegenspielern an Gescheitheit und Verstandesschärfe überlegen und stand dennoch an Weisheit hinter so vielen zurück.

18 Vgl. Herbert Krüger, Allgemeine Staatslehre, 2. Aufl., S. 178.

werfungsstrategie bereits praktizierten, bestand die Chance eines Übergangs zur Toleranzstrategie offensichtlich nicht, jedenfalls nicht durch Erhöhung ihrer Machtvollkommenheit. Im Gegenteil war zu befürchten, daß die - verglichen mit den bestialischen Methoden, zu denen sich die französischen Könige hergegeben hatten - verhältnismäßig maßvolle Religionsverfolgung einem rabiateren Radikalismus Platz machen könnte, wenn größere Machtfülle dies erlaubte. Das *Risiko* einzugehen, *ohne die Chance*, die es rechtfertigen könnte, zu gewinnen - das verfehlt die Rationalität der französischen Souveränitätslehre.

In Frankreich war die Unterwerfungsstrategie ein kalkuliertes Risiko, in Hobbes' England wurde sie den Bürgern zur sofortigen und unbedingten Akzeptierung vorgelegt. In *Frankreich* wurde nicht in Frage gestellt, daß die Identifikation etwas Furchtbares und zu Fürchtendes ist; in Hobbes' *England* sollte die Furcht entweder durch begütigendes Zureden (z.B. das religiöse Gewissen sei doch nur Ausdruck ideologischer Leidenschaft) oder durch entrüstetes Moralisieren (es sei böse, seine religiöse Subjektivität gegenüber der Rationalität des absolutistischen Staates behaupten zu wollen) überwunden werden.

§ 27. Bürgerkrieg für den Frieden

Die Frage, ob die Übertragung der Souveränitätslehre nach England - nach der subjektiven Absicht ihrer Verfechter dazu bestimmt, den inneren Frieden zu sichern - dazu auch objektiv geeignet war, beantwortet sich nicht aus moralischen, sondern aus politischen Gesichtspunkten.

Die Durchsetzung einer politischen Machtkonzeption sichert den Frieden jedenfalls nicht, wenn sie Widerstand herausfordert, der zur Bürgerkriegsreife gedeiht. Ob aber jemand, z.B. der Monarch, Widerstand herausfordert oder nicht, hängt nicht allein von ihm und seinem guten Willen ab: darüber entscheidet letztlich der Gegner. Wenn dieser z.B. den auf Ausbau seiner Autorität ausgehenden Monarchen zum Feind erklärt, *so wird* dieser damit zum Feind; er wird, wenn es zum Bürgerkrieg kommt, *Partei im Bürgerkrieg*, und alles Reden und Gerieren macht ihn nicht zu einer neutralen Instanz.

Will man dennoch Frieden, so muß man entweder den Feind oder sich dem Feind unterwerfen oder einen Kompromiß finden, oder im Einverständnis mit ihm die Entscheidung einer dritten Instanz übertragen. Es gibt jedenfalls keine Weise, dem Politischen im Sinne der Freund-Feind-Konstellation zu entrinnen, wenn es einem aufgenötigt wird. Das hat nicht nur Carl Schmitt mit unbestechlicher Klarheit erkannt,[19] sondern das sagt auch schon der Volksmund: «Es kann der Frömmste nicht in Frieden leben, wenn es dem bösen Nachbarn nicht gefällt» (Schiller). Wer das nicht einsieht, der mag

19 C. Schmitt, Der Begriff des Politischen, 1928, 2. Aufl. 1932, passim.

gegen den Feind moralisieren, ihn für dumm oder böse oder beides halten, in ihm den Aggressor sehen und dergleichen: ändern kann er es nicht.

Erklärt sich z.B. der König dennoch zur neutralen, friedensichernden Instanz, so ist das – politisch gesehen – nichts anderes als ein Mittel, den Gegner moralisch zu disqualifizieren, und dies hat, auch wenn es nicht die Absicht war, unvermeidlich die Wirkung, den Kampf *zu fanatisieren und zu brutalisieren*.

Das ist innenpolitisch nur so lange anders, als sich die Auseinandersetzung im Rahmen der Rechtsordnung hält, durch die sie reguliert, kanalisiert, eingehegt wird. Sobald aber die Rechtsordnung selbst umkämpft ist, sobald die *Verfassung als solche Streitgegenstand* wird, entsteht die Frage: Sind die die Verfassung tragenden Kräfte politisch stark genug, um den Ausbrecher aus der Ordnung mit dem Mittel des Rechts in die Anerkennung des Rechts zurückzuzwingen? Oder ist der Ausbrecher politisch stark genug, um – per Revolution oder Staatsstreich – eine neue Verfassungsordnung ohne Blutvergießen zu erzwingen? Wenn nicht, gibt es nur die Alternative: Kapitulation oder die Waffen entscheiden lassen.

Die gesamte Konzeption der Trennung von *Staat und Gesellschaft*, die die politische Theorie jahrhundertelang beherrschte, beruht deshalb auf einer Illusion, sofern sie davon ausgeht, daß der Monarch und sein Apparat als «pouvoir neutre» außerhalb der gesellschaftlichen Konkurrenz- und Machtkämpfe stehen könne. Er kann es nicht, wenn es eine republikanische Opposition – aus welchen Motiven auch immer: verständlichen oder verwerflichen – gibt und sie sich auch nicht hinwegmoralisieren läßt. Die Utopie *der monarchischen «pouvoir neutre»* endete meistens mit der Entmachtung oder Beseitigung des Königtums, produziert aber in ihren Anhängern noch heute Bitterkeit und Misanthropie.

Die absolutistische Theorie der innerstaatlichen Friedenssicherung lautet, umformuliert auf die konkrete historische Situation Englands: *Wenn* die Souveränitätsansprüche Karls I. allgemein anerkannt worden wären, wenn also die Engländer bereit gewesen wären, entgegenstehende Rechtsansprüche aufzugeben und sich den Ansprüchen des Königs einschließlich seiner Forderung nach konfessioneller Konformität widerstandslos zu fügen, *dann* wäre es nicht zum Bürgerkrieg gekommen. Hätten die Engländer und vor allem die Juristen das Common Law einschließlich des Verfassungsrechts preisgegeben, statt dessen die absolutistische Staatsphilosophie rechtzeitig gelesen und sie sich unverzüglich, unter Verwerfung sämtlicher konkurrierender Staatsphilosophien, zu eigen gemacht – *dann* wäre der Bürgerkrieg vermieden worden. Diese These ist allerdings richtig. Eine politische Theorie, die abstrakt und doktrinär an den praktischen Erfordernissen der konkreten geschichtlichen Situation vorbeiphilosophiert, muß verlangen, daß sich statt dessen die Menschen der Theorie anpassen.

Der Fehler liegt in der *Rechtsfremdheit* der philosophischen Methode politischer Theorien, die deduzierend ein politisches Programm für die politische Praxis entwerfen, anstatt die bestehenden Rechtsinstitutionen mit der Vermutung zugunsten ihrer Vernünftigkeit zu kreditieren und auf konkrete geschichtliche Herausforderungen vernünftige und *praktische Rechtsänderungsvorschläge* zu machen.

Der angebliche «Realismus», den solche Theorien für sich zu beanspruchen pflegen, findet keine praktisch verwertbaren Lösungen, weil in der vorausgesetzten Realität die lebendigen Menschen in ihrem wirklichen Denken und Wollen nicht vorkommen. Statt ihrer erscheinen ausgedachte abstrakte Figuren: ein englischer Parlamentarier, der sich von der Lektüre der absolutistischen Theorien überzeugen läßt, seine rechtlichen und religiösen Ansichten seien Ausdruck wölfischer Leidenschaft, deretwegen Bürgerkrieg zu erwarten sei; die Furcht davor könne ihn aber bei rechter philosophischer Anleitung zu der Vernunfteinsicht führen, daß er vor den Ansprüchen Karls I. kapitulieren und ihn allein über Recht und Konfession entscheiden lassen müsse, bereit, sich den Entscheidungen – wie immer sie auch ausfallen mögen – widerstandslos zu fügen.

Diese Torheit wird schließlich noch ärger, wenn der einen Seite nicht nur Tugend und Vernunft vorbehalten bleiben, sondern wenn die *Durchsetzung ihres Willens zum alleinigen Garanten des Friedens* erhoben wird. Carl Schmitt hat wiederholt auf die Gefahren des diskriminierenden Kriegsbegriffes hingewiesen: Wenn sich im Kriege eine Partei zur *Friedenspartei* erklärt, also um des Friedens willen Krieg führt, ist die Folge *Fanatisierung* und Radikalisierung der Kriegsführung.[20] Diese Einsicht ist natürlich für den Bürgerkrieg ebenso richtig wie für den äußeren Krieg. Wenn die Absolutisten die absolute Souveränität damit begründeten, daß sie allein den Bürgerkrieg vermeiden könnte, so erklärten sie eben die Partei des Absolutismus zur Friedenspartei schlechthin und bestärkten damit die Halsstarrigkeit und Kompromißlosigkeit des Monarchen, die praktisch in blutiges Chaos und letztlich zur Hinrichtung des Königs geführt haben. Hobbes freilich gab 25 Jahre nach Ausbruch des Bürgerkrieges (im «Behemoth», entstanden 1667) in grandioser Einseitigkeit allen Beteiligten mit Ausnahme des makellosen Königs und seiner Ratgeber die Schuld am Bürgerkrieg, der Argumentation mit galligen Beleidigungen aushelfend («stupidity» und «corruptness» waren seine bevorzugten Vokabeln).

Die Form des Dialogs hat Hobbes hier – ebensowenig wie im «Dialogue of the Common Law» – nicht dazu genutzt, den Gesprächspartner stark zu machen und ihn die naheliegenden Einwände erheben zu lassen. Die Diskussion dringt deshalb selten bis zu den politisch relevanten Kernproblemen durch und spiegelt Hobbes' Befangenheit in den Denkschablonen seines parteilichen «elitären» Milieus anschaulich wider. Wer in einer Konfliktsituation auf der einen Seite nur «Tugend» und «Vernunft», auf der anderen Seite nur «Korruptheit» und «Stupidität» finden kann, weiß nichts anderes zu raten, als den «richtigen» Standpunkt «mit allen Mitteln» durchzusetzen. Grämliche Misanthropie ist ein fast untrügliches Indiz für halbdurchdachte politische Theorien, terroristische Gesinnung ist ihre noch gewissere Folge.

20 Nomos der Erde, 1950, S. 232 ff.; Der Begriff des Politischen, a.a.O., S. 36 f.

Treffend bemerkt Carl Schmitt in diesem Zusammenhang: «Die schlimmste Verwirrung entsteht dann, wenn Begriffe wie Recht und Frieden in solcher Weise politisch benutzt werden, um klares politisches Denken zu verhindern, die eigenen politischen Bestrebungen zu legitimieren und den Gegner zu disqualifizieren.»[21] Genau in diesem Sinne haben die Absolutisten den Begriff «Frieden» politisch mißbraucht. Die Engländer haben dies mit klarem politischem Blick durchschaut und ihnen nicht etwa mißbräuchlich den «Begriff» des Rechts, sondern – voll berechtigt – das schon damals positiv geltende Verfassungsrecht entgegengehalten.

§ 28. «Der Mensch ist böse»

Etwas anderes als Misanthropie und Terrorismus ist die für die politische Theorie grundlegende anthropologische Konzeption: «Der Mensch ist böse.» So gesellig, so freundlich, so vernünftig man die Menschen seiner jeweiligen persönlichen Umgebung erleben mag: Auf *«den Menschen ist kein Verlaß»*: nicht einmal immer im persönlichen Bereich, schon gar nicht darüber hinaus. Sowohl der Drang nach Herrschaft, Geltung, Besitz als auch die Pluralität idealistischer, auf partieller Realitätsblindheit und intellektueller Verführung beruhender Überzeugungen führen zu rivalisierenden Konkurrenzen und geben genügend Anlaß für Neid, Bosheit, Rachsucht, auch für kühle Berechnung des Eigenerfolges auf Kosten anderer, führen vor allem aber zu doktrinärem Fanatismus. Solange die Menschen sind, wie sie sind, wird man, um dennoch halbwegs erträglich miteinander leben zu können, auf Polizei, Gerichtsvollzieher, Gefängniswärter und auch auf Militär leider nicht verzichten können.

«Der Mensch ist böse»: Dieses Argument verteidigt die *Unentbehrlichkeit institutionalisierter Ordnung gegenüber Utopien der Anarchie.* Ist das Argument aber auch relevant für die Kontroverse um Absolutismus oder Verfassungsstaat?

Hobbesianer[22] setzen diese Relevanz voraus, aber offensichtlich nur, weil ihnen die Rule of Law eine bürgerkriegsträchtige Konzeption ist, die sie deshalb bedenkenlos den anarchistischen Konzeptionen zuordnen oder von diesen jedenfalls höchstens graduell, nicht prinzipiell unterscheiden.[23] Daß

21 Der Begriff des Politischen, S. 65.

22 Zum Beispiel C. Schmitt, Der Begriff des Politischen, S. 59–68; R. Koselleck, Kritik und Krise, Ein Beitrag zur Pathogenese der bürgerlichen Welt, Freiburg/München 1959, S. 18 ff.

23 Nach I. Coltmann kannte Hobbes «the seducative appeal of that pecularly modern ideal of *peace without subjection*. This, as he said in one of the most foreseeing passages of the Leviathan, is the intoxicating dream that mankind might one day consent to justice» (Private Man and Public Causes, Philosophy and Politica in the English Civil War, London 1962, S. 175 f.; Sperrung vom Verf. Dazu Roman Schnur: Der Staat, 1965, S. 228). I. Coltmann bemerkt nicht, daß Hobbes, wenn er das gedacht hat, von den politischen Problemen, die im England seiner Zeit anstanden, wenig begriffen und sich statt dessen in eine intellektuelle

sich die Verwischung des *Unterschieds zwischen Anarchie und Rule of Law* jahrhundertelang hat halten können, ist eines der unglaublichsten Kapitel der Geschichte politischer Theorie bis auf den heutigen Tag.[24]

Die Verwechslung von Verfassungsstaat und Anarchie beruht auf einer ebenfalls bei Hobbes angelegten Verwirrung über die anthropologische Grundkonzeption. Hobbes' politische Theorie beruhe - so meint man allgemein zu wissen - auf der These «homo homini lupus»: seine illusionslose Konzeption der Menschennatur begründe Realismus. Die Wirklichkeit ist, daß Hobbes den Satz: «Der Mensch ist böse» schlechterdings nicht ernst genommen hat. Weit entfernt davon, ein illusionsloser Realist zu sein, basierte Hobbes seine Staatsphilosophie auf einem naiven *anthropologischen Optimismus.*

Das Fundamentalproblem aller Staatsphilosophie ist seit jeher, das menschliche Zusammenleben gegen die beiden links und rechts lauernden Gefahren zu verteidigen: gegen den *Bürgerkrieg* und gegen die *Tyrannis.* Alle politische Weisheit fängt damit an, daß beide Gefahren ernst genommen werden. Wer im Kampf gegen die eine Gefahr der anderen den Rücken zuwendet und sie nicht sieht, wird deren Beute.

Wer bloß moralisierend gegen die Herrschaft zu Felde zieht, ohne die Gefahren des Bürgerkrieges zu erkennen, unterschätzt die latente Dämonie der

---

Scheinwelt eingesponnen hat. Schwarmgeister, die von gewaltlosem Frieden durch allseitige freiwillige Gerechtigkeit träumten, spielten in den aktuellen Auseinandersetzungen jener Zeit keine relevante Rolle. Der Bürgerkrieg entbrannte nicht um die Alternative *«Ordnung oder Anarchie»*, sondern um die ganz andere: *«absolutistische oder verfassungsrechtlich gefügte Ordnung»*. Wer das nicht unterscheidet, steht vielleicht doch nicht ganz auf der «Höhe, von der das Feld der Probleme erst richtig überblickt werden kann» (so R. Schnur, a.a.O., S. 230, über I. Coltmann).

24 Auf dieser Verwischung beruht z.B. die geistvolle Konzeption der «Pathogenese der bürgerlichen Welt» von Reinhart Koselleck in seinem Buch «Kritik und Krise». Kennzeichnenderweise steht am Anfang kritiklose Übernahme der Hobbesschen Staatstheorie; diese wird aus der Welt intellektueller Naturrechtssysteme in die geschichtliche Wirklichkeit hineinprojiziert, ohne daß ein Unterschied zwischen England und Frankreich gemacht wird (S. 11-32). Alsdann erscheinen sämtliche Konzeptionen der Verfassungsbindung des Staates in Umkehrung der Zeit- und Kausalverhältnisse als herausfordernde Angreifer, als ob nicht die Souveränitätsdoktrin zumindest in ihrer englischen geschichtlichen Wirklichkeit Herausforderer gewesen und zweimal - mit dem Aufstand von 1642 sowie mit dem Sturz Jakobs II. - abgewiesen worden wäre. Locke wird alsdann als erster moralisierender Zersetzer des Hobbesschen Staates vorgestellt. Nach diesem Schema wird sodann die europäische politische Geistesgeschichte bis zur Französischen Revolution - gute und schlechte politische Theorien ohne Unterschied - aus Blindheit für die angebliche Hobbessche Weisheit erklärt: England habe dem Kontinent Modell gestanden (S. 41). Diese schon im Ansatz falsche Weichenstellung führt dann dazu, daß der Kampf für die Rechtsstaatlichkeit als anarchischer Kampf gegen den Staat überhaupt gedeutet wird. So heißt es z.B. auf S. 74: Das «Geheimnis» der Freimaurer «verschleiert die politische Konsequenz der moralischen Pläne, die sich gegen den *absolutistischen Staat* richten. Daß der Kampf gegen die *unvermeidlichen Übel* der Welt, die *Staaten*, sich unbemerkt ... vollzieht ...» usw. (Sperrungen vom Verf.). Der Identifikation: Absolutistischer Staat = Staat entspricht die andere: Verfassungsstaat = Anarchie.

Menschennatur: Bürgerkrieg und Tyrannis können Folgen der schwarmgeisternden *Utopie von den moralisch guten Beherrschten* sein. Wer bloß moralisierend gegen den Bürgerkrieg zu Felde zieht, ohne die Gefahren der Tyrannis zu erkennen, unterschätzt ebenfalls die latente Dämonie der Menschennatur: Tyrannis und Bürgerkrieg sind die Folgen der schwarmgeisternden *Utopie von den moralisch guten Herrschenden.*

Der Klassiker unter den geistigen Vätern dieser Utopie war Thomas Hobbes. Hobbes war kein Zyniker, er war Aufklärer und glaubte an Billigkeit und jus naturale (vgl. etwa Leviathan, Kap. 13, 14 und 26). Aber er zielte *nicht auf aufgeklärte Institutionen, sondern auf aufgeklärte Machthaber*. Ob sich unter diesen Umständen mehr als spärliche Rudimente aufklärerischer Vernunft verwirklichen lassen - was die englischen Juristen bestritten -, soll nicht an dieser Stelle erörtert werden (darüber siehe § 29). Unabhängig davon aber stellt sich die Frage, ob man damit rechnen kann, daß die Machthaber wenigstens die spärlichen Rudimente anzunehmen und ihre Machtausübung freiwillig zu beschränken gewillt sind - wenn der Mensch doch böse ist.

Für diese Probleme hatte Hobbes, sobald er sich von seinem geschichtslosen Naturrechtssystem löste und konkret geschichtlich argumentierte, eine *Patentlösung*: Der König und seine Parteigänger sind von der pessimistischen Anthropologie prinzipiell ausgenommen.

In seinem Alterswerk «Behemoth» zieht Hobbes politisch Bilanz und offenbart seine Ansichten über die Ursachen des englischen Bürgerkrieges. Er erblickt die Ursache darin, daß «the people were corrupted generally».[25] *Die Bosheit der Menschen liegt* aber doch *nicht*, wie er in seinem philosophischen Werk behauptet hatte, *in der menschlichen Natur.* Denn dann gäbe es davon keine Ausnahme. Von König Karl I. erklärt Hobbes jedoch, daß er «keiner Tugend, sei es des Körpers, sei es des Geistes, ermangelte» und «nichts mehr erstrebte, als seine Pflicht gegen Gott zu erfüllen und seine Untertanen gut zu regieren».[26] Und: der König «suchte keinen größeren Ruhm auf der Erde als Milde gegen sein Volk und ein frommer Verteidiger der englischen Kirche zu sein».[27]

Der Souverän ist also keineswegs, wie Ernst Bloch Hobbes verstand [28], der einzige übriggebliebene Wolf. «Der Mensch ist böse» bezieht sich vielmehr ausschließlich auf die Angehörigen der anderen Partei. Auch diese Weisheit hat eine Tradition begründet; heute noch ist die Vorstellungswelt ungezählter «Realisten»: Der Mensch ist böse, ausgenommen die Mächtigen in Staat, Wirtschaft und Militär.

Allerdings läßt eine pessimistische Anthropologie Ausnahmen zu. Hobbes könnte vielleicht in den Stuart-Königen ausnahmsweise gute Menschen gefunden haben, ohne die Gefährlichkeiten der souveränen Macht zu über sehen. Allein, für diese gutwillige Interpretation gibt es in Hobbes' Werk

25 A.a.O., S. 166.
26 Ed. Molesworth, Bd. VI, S. 166.
27 Dialogue of the Law, ed. Molesworth, Bd. VI, S. 17.
28 Bloch, Naturrecht und menschliche Würde, S. 60.

keinen Anhaltspunkt. Hobbes hat das Problem der Tyrannis nicht erörtert, sondern beiseite geschoben. Vielleicht erschien es ihm infolge seiner einseitigen Fixierung auf das Bürgerkriegsproblem nicht erörternswert, war er hier also problemblind; vielleicht auch erschien es ihm infolge seiner Rechtsblindheit nicht einmal ansatzweise lösbar und wollte er es deshalb zugunsten der Konzentration auf das ihm lösbar erscheinende Bürgerkriegsproblem eliminieren. So oder so: das Problem verschwand nicht aus der Welt und wird sich durch das Machtwort eines noch so bedeutenden Gelehrten niemals aus ihr verweisen lassen. Was Hobbes zum Tyrannisproblem zu sagen hat, läßt sich dahin zusammenfassen: Ob man einen Monarchen als Tyrannen bezeichnet, hängt ausschließlich davon ab, ob man ihn zufällig mag oder nicht.[29] Hobbes leugnet das Tyrannisproblem aber nicht nur in dieser allgemeinen Form, sondern auch explizit: Er reduziert es auf Geldverschwendung und behauptet es gebe kein geschichtliches Beispiel dafür, daß ein König ohne Not übermäßige Steuern erhoben habe; er habe auch keinen Grund dazu. Wenn aber ein König dann und wann einen Favoriten bereichert hätte, sei das unbeträchtlich und die Klage darüber nur Neid.[30]

Keine Frage, es ist reine Legende, daß Hobbes' politische Theorie von einem anthropologischen Pessimismus ausging. Im Gegenteil, die englische Variante der Souveränitätsdoktrin einschließlich ihrer Hobbesschen Ausformung beruht auf einer *idealistischen Verklärung des «guten Menschen»*. Der Erastianer Bacon hatte sich sogar zu der Behauptung verstiegen, König Jakob I. besitze das dreifache Licht des Naturrechts, des Wissens und des Heiligen Geistes.[31] Ein intelligentes Volk wie das englische hat sich freilich von solch bombastischem Unsinn nicht beeindrucken lassen.

Hobbes träumte von absoluter, aber aufgeklärter Monarchie. Aufgeklärte Monarchie ist aber keine Staatsform, die man verfassungsmäßig einrichten könnte. Staatsform ist lediglich die absolute Monarchie; ob der Monarch aufgeklärt denkt und handelt, ist Glückssache, und die Chancen sind nicht groß.

Hobbes zeigt sich erstens völlig blind für die Gefahren, die bei unbeschränkter Machtvollkommenheit des Souveräns aus *Machtlust*, Rachsucht, Habgier, aus Neid, auch aus Ressentiment gegen Geist und Vernunft, aus Brutalität und Gemeinheit und so fort entstehen können. Auf dem englischen Thron hatte – rund 150 Jahre vor seiner Zeit – immerhin ein Schurke vom Format

---

29 Vgl. Leviathan, Kap. 29, 46 und A Review and Conclusion.

30 Dialogue, a.a.O., S. 11: «... Nor can the people, nor any man that humours their disobedience, produce any example of a king that ever raised any excessive sums, either by himself or by the consent of his Parliament, but when they had great need thereof; nor can show any reason that might move any of them so to do. The greatest complaint by them made against that unthriftiness of their Kings, was for the enriching now and then a favourite, which to the wealth of the kingdom was inconsiderable, and the complaint but envy.»

31 Works, Bd. II, S. 525 f., vgl. Lecler, Bd. II, S. 376.

eines Richard III. gesessen. Und die Geschichte leidet doch auch sonst keinen Mangel an Beispielen für mißbrauchte Macht!

Hobbes zeigte sich zweitens blind für das *Kanaillenproblem*, d.h. für die Anziehungskraft, die der Machthaber auf zynische «Ratgeber», machtlüsterne Ideologen, Schmeichler und Denunzianten ausübt und die in der Welt das Ohr des Machthabers doch wohl öfter gefunden haben als aufklärerische Philosophen.

Hobbes zeigte sich drittens blind für das Problem der Fehlentscheidungen aus *falschen oder ungenügenden Informationen*. Wer die Fakten aussucht und formuliert, die dem Machthaber zur Kenntnis gebracht werden, kann ihn auf unbemerkbare Weise steuern.

Hobbes zeigt sich viertens – und das ist das Bedenklichste – blind für die Möglichkeit eines konfessionellen *Fanatismus des Souveräns*. Vergessen war die Erfahrung der *Bartholomäusnacht*, von der die französischen «Politiques» ausgegangen waren, die Haltlosigkeit eines unreifen und rohen Jüngling-Königs und seiner düsteren, fanatisierten und sadistischen Mutter, die die zur Königstafel geladenen Hochzeitsgäste morden ließen. Karl I. Stuart, der die Dissidenten in blutiger Weise terrorisierte und zu Tausenden in die Emigration trieb, wird von Hobbes als «pious defender of the Church of England» vorgestellt.[32]

So war die Souveränitätslehre von der Höhe der Einsicht in die Dämonie der konfessionell fanatisierten Menschen über die Verharmlosung des Bösen bis zur Idealisierung des Menschen heruntergekommen.

Das Böse wurde von nun an in der auf Hobbes' Spuren wandelnden politischen Theorie nicht mehr ernst genommen. «Der Mensch ist böse, die Machthaber ausgenommen»: darauf läuft bis auf den heutigen Tag die Weisheit des *«konservativen» oder etatistischen Utopismus* hinaus. Freilich würde der offene Ausspruch dieses Satzes seine Lächerlichkeit bloßstellen; man begnügt sich daher mit der Rekapitulation seiner realistischen ersten Hälfte, sei es, weil das Gemeinte infolge theoretischer Halbheit gar nicht ins Bewußtsein dringt – wie vermutlich bei Hobbes und den meisten Hobbesianern –, sei es in der Absicht zu betrügen.

Man hat die Ideologen des Absolutismus in Zusammenhang mit der *stoischen* Tradition der Ethik gebracht.[33] Es handelt sich aber um eine sonderbare Abart: nämlich um einen Stoizismus für die anderen. Der Stoiker will durch Erkenntnis seiner Handlungsantriebe zur Beherrschung seiner selbst und zur inneren Ruhe gelangen. Die Ideologen des Absolutismus dagegen wollten durch *Denunzierung der Handlungsantriebe anderer* zur Partizipation an der Herrschaft über sie gelangen und sich durch eine Verpflichtung zur Rücksichtnahme auf die Freiheit anderer darin nicht stören lassen.

Um wieder an die Realitäten dieser Welt zu verweisen, braucht man von Logik nicht mehr zu kennen als das Syllogismusschema: «Der Mensch ist

32 Dialogue, a.a.O., S. 17.

33 Roman Schnur, Die französischen Juristen, a.a.O., S. 51 ff.

sterblich, Sokrates ist ein Mensch, also ist Sokrates sterblich», und es entsprechend anzuwenden: «Der Mensch ist böse. Der Machthaber ist ein Mensch, also ...»

Die verschwiegene Aushöhlung der anthropologischen Grundweisheit hatte gewollt oder ungewollt eine politische Funktion: die Souveränitätsdoktrin der französischen «Politiques» ihres politischen Sinnes - Mittel zur Beendigung des konfessionellen Bürgerkrieges - zu entleeren und zu einem Mittel der Fortsetzung des konfessionellen *Bürgerkrieges mit Polizeimitteln* zu machen. Die Verharmlosung des Bösen rechtfertigte den Übergang von der Nichtidentifikation zur Identifikation, und das bedeutete nichts anderes als die Bemächtigung der Staatsapparatur durch eine der Bürgerkriegsparteien.

Hobbes hat solche Möglichkeiten nicht oder jedenfalls nicht mit dem ihnen zukommenden Ernst bedacht - anders als die französischen Juristen des 16. und die englischen Juristen des 17. Jahrhunderts. Es ist heute wohl ausgemacht, daß Hobbes Individualist war und die *Freiheit des Individuums* nicht zerstören, sondern sichern wollte. Roman Schnur resümiert die neueren einschlägigen Hobbes-Interpretationen - er bezieht sich auf Tönnies, Capitant, Leo Strauss, C. Schmitt und Oakeshott - so: «Die Individuen schaffen mit Hilfe ihrer Vernunft den künstlichen Leviathan, den Staat als Maschine, und dieser Staat muß stark sein, um die Individuen schützen zu können, doch verschlingt er die Individuen nicht. Vor allem gilt die ‹mutual relation between protection and obedience› und bleibt dem Individuum der Bereich des Gewissens ... Wir verdanken Hobbes ... auch ... einen wesentlichen Beitrag zur Bildung des Begriffs des subjektiven Rechts, weil Hobbes wie kaum ein anderer den Begriff des Subjekts im modernen Sinne herausgearbeitet hat.»[34]

Hobbes hätte es besser wissen können: Die Erfahrungen z.B. der Bartholomäusnacht lagen vor und waren, wie R. Schnur ebenfalls dargestellt hat,[35] von den «Politiques» mit Ernst und durchdringender Vernunft reflektiert worden. Im Schutz der toleranten französischen Könige ist die Theorie der «Politiques» in unschöpferischen Wiederholungen und Halbheiten versandet. Die Frage, die angestanden hätte, wäre gewesen, wie die erworbene Toleranz auf die Dauer garantiert und wie die befriedete *Freiheit institutionell gesichert* hätte werden können. Das war die Frage, die die englischen Juristen stellten und aus deren Lösungsversuchen später der liberale Verfassungsstaat hervorging. Hobbes aber und seine Vorläufer unter den «manieristischen Individualisten» (Schnur[36]) machten sich im Vertrauen auf den guten Monarchen keine Sorge darum.

Der bloß *moralische Appell,* «den Bereich des Gewissens» zu schützen, ist in doppelter Hinsicht erschreckend. Erstens war die geschichtliche Erfahrung darauf hinausgelaufen, daß der Schutz des Gewissens nicht genügt, daß vielmehr der Schutz der Konfessionsausübung Bedingung von Friede, Sicher-

34 Individualismus und Absolutismus, 1963. Vgl. auch die beiden Literaturberichte von B. Willms in: Der Staat I (1962), S. 93 ff. und 6 (1967), S. 75 ff. und S. 220 ff.

35 Die französischen Juristen im konfessionellen Bürgerkrieg des 16. Jh., S. 12 ff.

36 Individualismus und Absolutismus, S. 31 ff.

heit und Ordnung sei. Eben dies lehrten auch die Erfahrungen, die England unter Karl I. und Laud machte, und würde später das Regime Ludwigs XIV. wiederum zeigen; denn auch die Aufhebung des Edikts von Nantes ließ die Freiheit des Gewissens unangetastet (Art. XI des Edikts von Fontainebleau) und forderte «nur» konfessionelle Konformität.[37]

Zweitens gibt es für den Schutz des Gewissens in Hobbes' Leviathan keinerlei Rechtsgarantie und schon gar nicht ein «subjektives Recht». Das unreflektierte Vertrauen in das Gute im Machthaber, der den Gehorsam mit Schutz belohnen werde, ist das Fundament des Hobbesschen Staatsdenkens.

Eine Staatstheorie, die die Fortsetzung des Bürgerkrieges mit den Mitteln des Staates einfachhin ignorierte und die die Schmeichelreden der Höflinge für bare Münze nahm, kann jedenfalls nicht für sich in Anspruch nehmen, das Böse im Menschen erkannt und daraus die Konsequenzen für die politische Theorie gezogen zu haben.

Der Verfall der politischen Anthropologie hatte mit Hobbes einen ersten Tiefpunkt erreicht. Der Boden der Realität wurde von der *durch Hobbes begründeten Tradition* politischen Denkens nie mehr erreicht. Im Gegenteil, der Abgrund, in den man hineingeraten war, erwies sich als unermeßlich. Selbst die Nazis, die die unumschränkte Macht auf eine Horde geistig und moralisch verrohter Demagogen übertrugen, denen die Niederträchtigkeit auf der Stirn geschrieben stand und die aus ihr und ihren Plänen nie einen Hehl gemacht hatten, konnten die Unterstützung sogenannter «Konservativer» genießen, die die Weimarer Demokratie deshalb durch eine Ordnungsmacht ablösen wollten, weil der Mensch doch böse sei.

Die liberale Tradition schließt demgegenüber die Machthaber nicht nur in ihre pessimistische Anthropologie ein, sondern geht einen Schritt weiter und bedenkt auch die Verführungskraft, die von der Macht ausgeht und erst durch sie begründet wird. «Power tends to corrupt and absolute power corrupts

37 Wenn C. Schmitt die Freiheit des Gewissens, diesen «unausrottbaren individualistischen Vorbehalt» Hobbes', für die Zerstörung des Staates verantwortlich und insofern Hobbes zum Vorwurf macht (in: Der Leviathan in der Staatslehre des Thomas Hobbes, 1938, S. 84), so fragt man sich verzweifelt, wie sich dieser auf konkrete Geschichtlichkeit ausgerichtete Denker die politische Durchsetzung der Gewissenskonformität praktisch denkt. Die raffinierten Gehirnwäschemethoden der «veilles forcées» (vgl. oben § 11) vermochten zwar Übertrittserklärungen zu erzwingen, genügen aber noch keineswegs zur Anpassung der Gewissen.

C. Schmitt ist insofern ein beträchtlich konsequenterer und politischerer Denker als Hobbes, als er die praktischen Konsequenzen des Leviathan klar ins Auge faßt und sie auch will: Nicht um Befriedung durch Toleranz geht es ihm, denn diese führe je länger, je tiefer in Neutralisierungen, Relativierungen, Privatisierungen und in die Technik, sondern um Erzwingung der religiösen Einheit im Staat. Für das 16. und 17. Jahrhundert steht er auf seiten jener Theoretiker, die in dem verzweifelten Versuch, das heraufziehende Zeitalter des Individualismus «aufzuhalten», Inquisition und gewaltsame Hugenottenbekehrung rechtfertigten. Das ist eine ganz andere Welt als die jener liberalen Hobbesianer, die wie Koselleck, Schnur oder Willms zugleich mit Hobbes auch Schmitt liberal interpretieren wollen.

absolutely» (Lord Acton). Ein Radikal-Konservativer wie Arnold Gehlen bestreitet die Richtigkeit dieses Satzes nicht, meint aber, er sei unvollständig, «denn bekanntlich korrumpiert Machtlosigkeit auch, und absolute Machtlosigkeit korrumpiert absolut».[38] Das ist richtig im Hinblick auf Menschen, deren Machttrieb stark, aber frustriert ist; diesem Thema hat *Nietzsche* unter dem Stichwort «Ressentiment» besondere Aufmerksamkeit gewidmet.[39] Aber es ist bei weitem nicht so gefährlich, wenn der Ohnmächtige korrumpiert ist, als wenn der Mächtige oder gar der absolut Mächtige es ist.

Überdies kann im heutigen Verfassungsstaat zwar niemand souverän und «absolut mächtig» sein; aber es braucht auch niemand absolut ohnmächtig zu sein, den es nach Verantwortung dürstet. Der Grundsatz des gleichen Zugangs zu öffentlichen Ämtern und damit die Chance zur Teilhabe an der Amtsautorität hat sich allenthalben durchgesetzt – freilich ein Zugang nach Maßgabe der «Eignung, Befähigung und fachlichen Leistung», wie es z.B. in Artikel 33 II GG heißt. Die Eignung besitzt allerdings derjenige nicht, den die Macht korrumpiert.

§ 29. Die Vermutung zugunsten der Vernunft des Rechts

Die Verfechter des Verfassungsstaates wiesen den Absolutismus aber nicht nur wegen der Gefahr des Terrors zurück, sondern auch aus einem ebenso wichtigen, in späteren Diskussionen aber häufig übersehenen Grund: der Komplexität der gesellschaftlichen und politischen Vorgänge. Niemand kann das Ganze überschauen, niemand kann die Konsequenzen von Entscheidungen vorhersagen. Politisches Handeln geschieht «in einem Kräfteparallelogramm, das als Ganzes in niemandes Verfügung steht» (Robert Spaemann[40]). Verantworten kann man aber nur Entscheidungen, deren Konsequenz man wenigstens mit einem gewissen Grad von Wahrscheinlichkeit voraussehen kann (es sei denn, die Verhältnisse sind so schlimm, daß man nichts zu verlieren, sondern nur zu gewinnen hat). Vorausgesetzt aber, das Verfassungsrecht ist bereits Ergebnis eines geschichtlichen Fortschritts und garantiert ein gewisses Maß an Vernunft und Gerechtigkeit, so kann man mit der Totalverwerfung des Rechts viel mehr verlieren, als man denkbarerweise gewinnen

38 Moral und Hypermoral, 1969, S. 114.

39 Zu den Beispielen an die hier zu denken ist, gehören übrigens auch ohnmächtige konservative Intellektuelle, die sich vergeblich bei den Mächtigen anbiedern und deren Haß sich z.B. in höhnischer Parteinahme für die sowjetische Niederwerfung des Prager Frühlings äußert: «Die drastische Ablehnung dieser Art von Freiheit durch die Sowjets im August 1969 war ein Ereignis ersten Ranges und setzte ein Trauma»: *Gehlen*, a.a.O., S. 154 und allgemein zum Thema: «... mit solchen Einstellungen hat die Sowjetregierung bald aufräumen müssen, und wenn der Aufstand des gleichen Nihilismus noch lange dauert dann wird sie sich als letzte Ordnungsmacht plausibel machen», *Gehlen*, a.a.O., S. 155. Also wenn konservative Totalherrschaft nicht möglich ist, dann lieber Bolschewismus als Freiheit.

40 Christliche Religion und Ethik, Philosophisches Jahrbuch 1973, S. 290.

kann; z.B. kann man mit der Einführung des Absolutismus den inneren Frieden verlieren. Fortschritt setzt deshalb in bereits bestehenden Verfassungsstaaten Bewahrung des schon Erreichten und schrittweise Änderung voraus. Es war ein fundamentaler Irrtum zu meinen, daß die Vernunft durch aufgeklärte Monarchen gewährleistet werden könnte. *Es bedarf nicht eines aufgeklärten Monarchen, sondern aufgeklärter Institutionen.*

Der weiseste Monarch kann unmöglich auch nur einen Bruchteil der Weisheit besitzen, die im Recht schon verkörpert ist. Die aufklärerischen Theorien, sei es der absoluten Monarchie, sei es der absoluten Demokratie, überschätzen nicht nur die Aufklärbarkeit und Erziehbarkeit des Menschen, sie unterschätzen auch bei weitem die *Komplexität und Kompliziertheit des vernünftigen Abwägens* und die *Angewiesenheit des Vernunftfortschritts auf bewahrende Rechtsentscheidungen.* In einer entwickelten Rechtskultur kann deshalb das sittliche Niveau des Rechts weit über dem der Mehrheit der Bevölkerung liegen (Beispiel: Todesstrafe). Wo immer Leidenschaft, Parteilichkeit oder Eigeninteressen auf Terror hindrängen, pflegen die Mahnungen der aufklärenden Pädagogen ungehört zu verhallen. Wenn überhaupt etwas, dann vermögen die rechtlichen Institutionen Schutz und Freiheit zu gewährleisten.

Diese Einsicht wurde zu einer der wesentlichen Legitimationsgrundlagen des Verfassungsstaates, als es im frühen 17. Jahrhundert darum ging, die Einführung des Absolutismus in England abzuwehren. Sir *Edward Coke* (1552–1633), oberster englischer Richter und nach seiner Absetzung Unterhausabgeordneter, der bedeutendste Rechtsgelehrte seiner Zeit und als Politiker treibende Kraft der Petition of Rights, die den König auf Respekt vor dem Verfassungsrecht festlegen wollte, schrieb: Das Recht sei gewissermaßen «künstliche Vernunft» («artifical reason»[41]), die wohl zu unterscheiden sei von der subjektiven Vernunft des einzelnen. Das Recht sei nämlich der Niederschlag von unendlich viel mehr Studium, Beobachtung und Erfahrung, als ein einzelner, ja als eine ganze Generation denkbarerweise erwerben könnte. Wörtlich heißt es: «Wenn alle Vernunft, die in vielen einzelnen Köpfen verstreut ist, in einem einzigen vereint wäre, so könnte dieser doch nicht ein solches Recht machen, wie es das Recht von England ist. Es ist nämlich in vielen Generationsfolgen durch zahllose ernste und gelehrte Männer verfeinert worden.»[42] Für Coke ist das Recht also das Ergebnis eines geschichtlichen Fortschritts. Das Recht ist verwirklichte Vernunft, weil jede Einzelheit, jede Regel in der Kooperation von Generationen erwogen, an der Erfahrung überprüft, immer von neuem ergänzt und verbessert worden sei. Und daraus folgert Coke: «Neminem oportet esse sapientiorem legibus» – niemand soll sich für weiser halten als das Recht.[43]

---

41 12 Reports, 65. Über die Begriffe «natürlich» – «künstlich» bei Hobbes vgl. F. O. Wolf, Hobbes' neue Wissenschaft, 1969, S. 67 ff. Hobbes nannte die Souveränität die «künstliche Seele» des großen Menschen Leviathan, Leviathan, ed. Molesworth, S. IX.

42 I Institutions, 138.

43 I Institutions, 97 b.

Diese Auffassung darf freilich nicht dahin mißverstanden werden, daß das Recht nach Coke keinem weiteren Fortschritt zugänglich sei. Sowohl viele seiner richterlichen Entscheidungen als auch seine Gesamtdarstellung des englischen Rechts haben ihn für die Fähigkeit berühmt gemacht, obsolet gewordene Überlieferungen auszuscheiden, andere Prinzipien so zu erweitern oder einzuengen, daß das in einer feudalen und armen Agrargesellschaft entstandene Recht den Bedürfnissen einer aufstrebenden Kolonial- und Seehandelsmacht genügte, dies aber in kleinen Schritten, so daß die geschichtliche Kontinuität im großen und ganzen gewahrt blieb.[44]

Ein Mißverständnis wäre ferner auch die Annahme, daß der Rechtsfortschritt den Richtern vorbehalten und dem Gesetzgeber entzogen bleiben sollte.[45] Dagegen sprechen schon die vielen Gesetzesvorlagen, die Coke als Parlamentarier einbrachte.[46] Mit ihnen erstrebte er teils mit, teils ohne Erfolg z.B. die Abschaffung der Folter - hundert Jahre vor Thomasius -, die Abschaffung des Ämterkaufs, die Ersetzung von Ad-hoc-Honoraren für Richter und Beamte durch feste angemessene Gehälter, eine Sicherung der richterlichen Unabhängigkeit gegen Einmischung des Königs und seiner Beamten, Kontrolle der Monopole, Maßnahmen gegen das Spitzelsystem u.a. Ein Parlamentsausschuß zur Überprüfung und Rationalisierung des Rechts, dem er angehörte, schlug u.a. die Abschaffung der Todesstrafe für kleinere Delikte und ihre Begrenzung auf Kapitalverbrechen vor.

Spätestens seit dem 16. Jahrhundert war es in England selbstverständlich, daß Gesetze ebenso wie das Common Law zur *Disposition des Gesetzgebers* standen und abgeändert werden konnten.[47] Davon ging auch Coke aus, wenngleich er einen *Vorbehalt zugunsten judizieller Normenkontrolle* und Nichtanwendung eines Gesetzes bei eklatanten Verstößen gegen das «Naturrecht» machte und als Richter auch praktizierte.[48] Zwar interpretierten Coke und die meisten Zeitgenossen das Gesetzgeben nicht als Schöpfung und «Satzung» von Recht, sondern als «Finden» und Aussprechen vorgegebenen Rechts: Die

---

44 Holdsworth sieht in Cokes Schriften geradezu den Beginn des modernen - im Gegensatz zum mittelalterlichen - Common Law, «weil in ihnen mittelalterliche Regeln so mit modernen Zusätzen harmonisiert sind, daß diese Regeln das Common Law geeignet machen, der künftigen Rechtsentwicklung in England mit seinen vielen Dominions ... den Weg zu weisen», a.a.O., Bd. V, S. 424; s. ferner S. 490–493. Hill, dem anscheinend entgangen ist, daß sich das Prinzip der strikten Präjudizbindung und des Ausschlusses des «overruling» erst im Laufe des 19. Jahrhunderts unter dem Einfluß des Positivismus durchgesetzt hat, bringt zahlreiche anschauliche Beispiele für Cokes rechtsfortbildende Aktivität, allerdings, um sie Coke zum Vorwurf zu machen; verständnisvoller Gough, Fundamental Law in English Constitutional History, Oxford, 2. Aufl. 1961, S. 30-39.

45 So auch J. W. Gough, Fundamental Law in English Constitutional History, S. 39 f.

46 Vgl. Hill, Intellectual Origins of the English Revolution, 1965, S. 243 f.

47 Holdsworth, Bd. IV, S. 287.

48 So in dem berühmten Bonham's Case (8 Co. Rep. 107, 118) 1609; s. a. Calvin's Case (7 Co. Rep. 13 a und 25 a); dazu Holdsworth Bd. II, S. 441–443; Bd. IV, S. 186; Maitland, Constitutional History, S. 300 f., R. Vollmer, Die Idee der materiellen Gesetzeskontrolle, 1969, S. 105 ff.

Aufgabe des Gesetzgebers war nicht «law-making», sondern «law-declaring».[49] Aber diese Interpretation hat lediglich theoretischen Charakter; in ihr kommt nicht mehr zum Ausdruck, als daß sich der neuzeitliche Voluntarismus in der rechtsphilosophischen Konzeption der englischen Juristen noch nicht durchgesetzt hatte. Auch mag es sein, daß man sich von der Interpretation der Rechtssetzung als Rechtsfindung ganz pragmatisch erhöhte Autorität der Gesetze versprochen hat.[50]

Praktisch aber - das macht die modern aussehende Gesetzgebungsarbeit deutlich - konnte der englische Gesetzgeber des frühen 17. Jahrhunderts das Recht nach seinem Ermessen abändern und auch gänzlich neues Recht nach seinem Ermessen setzen.

Nicht um die Disponibilität des Rechts also ging die politische Kontroverse, sondern um die Frage, ob die *verfassungsmäßigen Verfahren und Kompetenzen* der Gesetzgebung, wie sie sich im Lauf der Zeit und in ihrer endgültigen Form im 15. Jahrhundert herausgebildet hatten, auch künftighin beachtet werden mußten. Danach besaß der König nur eine festumgrenzte Kompetenz zu «proclamations» und konnte im übrigen nur vom Parlament zuvor beschlossene Gesetze verkünden. Noch genauer ging die Kontroverse darum, ob derartige verfassungsrechtliche Regeln überhaupt weiterhin gelten sollten. Hobbes und in seiner Nachfolge die Vertreter der sog. «analytical jurisprudence», vor allem Austin[52] und Bentham[52], haben sich angewöhnt die Vernunfttheorie der englischen Juristen durch Isolierung aus ihrem Kontext zu karikieren, um sie lächerlich zu machen oder als gefährlichen Mythos zu bekämpfen.[53] Eine Interpretation, die sich auf den Sinn des Gemeinten einläßt, muß demgegenüber folgendes festhalten:

Coke sagt erstens nicht, daß jedes Recht vernünftig sei, er spricht vom *englischen* Recht.

Er hält dieses zweitens nicht ausnahmslos für vernünftig, sondern nur im *großen und ganzen,* während es im einzelnen stets der Korrektur offenbleibt.[54]

Damit ist drittens weder gesagt, daß jedermann das von ihm für vernünftig Gehaltene schon als Rechtsnorm ansehen, noch daß ein jeder den von ihm für vernünftig gehaltenen Rechtsnormen den Gehorsam verweigern dürfe, sondern daß Gesetzgeber und Richter im Rahmen ihrer Kompetenzen das Recht methodisch *fortbilden* dürfen.

---

49 Salmon, The French Religious Wars in English Political Thought, S. 59.

50 Andere Erklärungsgründe für den vermeintlichen Widerspruch zwischen der Gesetzgebungsaktivität Cokes und seiner Rechtsphilosophie bei Holdsworth, Bd. IV, S. 186 f.

51 Austin, der nach Bentham die Schule der «analytical jurisprudence» ausgebaut hat, würdigte trotz seiner sachlichen Gegnerschaft Cokes «Mastery of the legal system as a whole», die nur mit den großen römischen Zeiten vergleichbar sei: Jurisprudence II, 130.

52 Vor allem in der Auseinandersetzung mit Blackstone: Comment on the Commentaries.

53 Bei einem ihrer neueren Adepten, Christopher Hill, ist ein einschlägiges Kapitel lapidar und unfreundlich überschrieben: «Sir Edward Coke - Myth-Maker», a.a.O., S. 225.

54 Hobbes unterstellt ihm das Gegenteil: «That law can never be against reason, our lawyers are agreed», Leviathan Kap. 26 Ziff. 27 (ed. Molesworth, Vol. VI, S. 256).

Und viertens schließlich erscheint Coke der vernünftige Fortschritt nicht als ein notwendiger, sondern als ein *bedingter*, bedingt dadurch, daß das schon Erreichte zunächst einmal bewahrt wird und daß man das Recht nur in überschaubaren Schritten verbessert, d.h. nur so weit, daß man die Verhältnisse nicht in der Bilanz schlimmer statt besser macht. Geht man darüber hinaus, verwirft man also etwa die Geltung des Common Law im ganzen, um es durch eine neue Rechtswelt zu ersetzen, so zerstört man unendlich viel mehr, als man zunächst weiß und als man wieder aufbauen kann.

Die Konzeption Cokes und der ihm darin folgenden englischen Juristen läßt sich also dahin zusammenfassen: Es besteht eine *Vermutung zugunsten der Vernünftigkeit* des geltenden Rechts, und zwar eine im einzelnen widerlegliche Vermutung.[55]

Noch klarer als bei *Coke* wird dieser Gedanke bei Sir *Matthew Hale*[56], der von 1609–1676 lebte, einem der großen englischen Rechtshistoriker, der – wie einige Jahrzehnte vor ihm Coke – zum Amt des höchsten englischen Richters aufstieg. Er verfaßte eine Abhandlung über «Die Ergänzung und Abänderung des Rechts»[57]. Sie enthält und begründet eine Reihe praktischer Vorschläge zur Rechtsreform, die im Laufe des 19. Jahrhunderts, also 200 Jahre später, größtenteils verwirklicht wurden. Darüber hinaus – und das interessiert uns hier – reflektiert er über die *Denkmethode des Rechtsreformers.*

Hale fordert, der Reformer solle präzise angeben erstens, inwieweit und warum das Recht änderungs- und ergänzungsbedürftig sei, d.h. welche Mißstände aus der Geltung oder aus dem Fehlen einer Norm resultieren. Zweitens soll er den Änderungsvorschlag genau formulieren und unter Ausschöpfung der Lebenserfahrung möglichst weit vorausschauend abzuschätzen versuchen, nicht nur welche Vorteile, sondern auch welche – unmittelbaren und mittelbaren – Nachteile aus der Änderung erwachsen könnten. Drittens soll er alle Vor- und Nachteile des bestehenden und des vorgeschlagenen Rechtszustandes gegeneinander abwägen. Wenn sich auf diese Weise die *Vernünftigkeit einer Rechtsreform* ergibt, solle man sie vornehmen, sonst solle man es um der Rechtssicherheit willen beim bestehenden Rechtszustand belassen.

Für Hale handelt es sich dabei nicht nur um ein Postulat, sondern auch um eine Beschreibung der wenigstens im großen und ganzen tatsächlich geübten Methode sowohl richterlicher und gelehrter Entwicklung des Common Law

55 Wie rechtsfremd der moderne relativistische Positivismus geworden ist, zeigt sich darin daß Radbruch diese weise abgewogene Technik der Juristen, Respektierung der Präjudizien mit Offenheit zur Rechtsfortbildung zu verbinden, als «verzweifelte Konstruktion» und «vorsichtige Halbheit» kennzeichnete: Gustav Radbruch, Der Geist des englischen Rechts, 3. Aufl., 1956, S. 45.

56 Über Hale s. Holdsworth, Bd. VI, S. 574 ff.

57 Considerations touching the Amendment or Alteration of Laws, bei Francis Hargrave (ed.), Collectanea juridica: consisting of tracts relative to the law and constitution of England, 1791, S. 253–289. Von dieser Abhandlung sagt Holdsworth, daß keine weisere über dieses Thema jeweils im ganzen Verlauf der englischen Rechtsgeschichte geschrieben worden sei: a.a.O., S. 592.

wie auch des legislativ-politischen Denkens. Daraus ergibt sich ihm die Vermutung zugunsten der Vernünftigkeit des Rechts: *Die vernünftige Rechtserzeugungsmethode gewährleistet das vernünftige Ergebnis.* Soweit der Rechtsreformer nicht in der Lage ist, die Vermutung im einzelnen durch konkrete Gründe auszuräumen, verweisen die englischen Juristen gewissermaßen die individuelle Vernunft des einzelnen an die im Lauf der Geschichte aufgespeicherte Vernunft der rechtlichen Institutionen.

Die Vermutung zugunsten der Vernünftigkeit des positiven Rechts hat, wie Hale darlegt, die methodische Konsequenz, daß dem Rechtsreformer *Begründungspflicht* und Argumentationslast zugewiesen werden. Dieser Grundsatz bedeutet nicht, daß der Gesetzgeber nicht auch Experimente riskieren sollte: der Grundsatz von «trial and error» durchzieht das englische Rechtsdenken viel zu tief, als daß eine solche Annahme gerechtfertigt erscheinen könnte. Er bedeutet ebensowenig, daß die Vermutung nicht auch durch den Aufweis der Sinnlosigkeit einer Freiheitsbeschränkung widerlegt werden könnte. Er bedeutet schließlich auch nicht, daß nicht größere, zusammenhängende Rechtsgebiete reformiert werden sollten. Die Widerleglichkeit der Vermutung ist ernst gemeint. Denn die Juristen waren weder «reaktionär» (so Hill) noch «revolutionär» (so Sabine), sondern freiheitsliebende Reformer. Sie wußten, daß die absolute Souveränität ein Moloch ist, dem Götzengläubige, in illusorischen Hoffnungen befangen, den Frieden und die Menschenrechte zum Opfer bringen.

Der Grundsatz von der widerleglichen Vermutung zugunsten der Vernünftigkeit des Rechts soll bewirken, daß das an verwirklichter Vernunft und Gerechtigkeit *schon Erreichte* zunächst einmal bewahrt wird. Die dem Rechtsreformer auferlegte Begründungspflicht erzieht zu informiertem und verantwortlichem politischem Handeln und Denken. Angesichts der damals verbreiteten vielfältigen Pamphletliteratur wird auch dem politischen Theoretiker die *Verantwortung für die voraussehbaren praktischen Auswirkungen seiner Theorie* abverlangt. Es war voraussehbar, daß die Ablösung des Verfassungsrechts durch den Absolutismus zum Bürgerkrieg mit Polizeimitteln führen und die Voraussetzungen der rechtlich geschützten Freiheit zerstören würde.

§ 30. Ausnahme- und Normalzustand

Auch das Problem des Ausnahmezustands war in jener Kontroverse bereits vorgezeichnet: Im Falle einer unvorhergesehenen *Rebellion oder Invasion* könne der Staatsnotstand unter Umständen nur behoben werden, wenn ein Souverän sofort, d.h. möglicherweise unabhängig von rechtlichen Bindungen, die erforderlichen Gegenmaßnahmen treffen könne. Das heißt in letzter Konsequenz: Der Souverän müsse entscheiden können; sowohl wann ein Staatsnotstand vorliege als auch welche Maßnahmen erforderlich seien.[58] Auf dieser

58 S. dazu C. Schmitt, insb. Politische Theologie, 2. Aufl., 1934, wo Souveränität definiert wird als die Möglichkeit, über den Ausnahmezustand zu entscheiden.

Notwendigkeit hat vor allem Hobbes immer wieder nachdrücklich bestanden, besonders ausführlich in seiner Polemik gegen Coke und die englischen Juristen im «Dialogue».[59]

Sein Argument büßt allerdings von seiner Überzeugungskraft erheblich ein, wenn man auch die Notstandsregeln des Common Law in Betracht zieht, die keineswegs – wie Hobbes unterstellte – dem König die nötigen Rechte vorenthalten. Seit dem Mittelalter galt, daß der König zu allen Maßnahmen, die *für die Verteidigung des Landes erforderlich* waren (wie die Aushebung von Schiffen, Geld und Männern), auch ohne Zustimmung des Parlaments berechtigt war.[60] Das war von den Common-Law-Gerichten anerkannt und vom Parlament nie ernstlich bestritten worden.

Erst als unter Jakob I. und Karl I. das Argument von den Erfordernissen des Staatsnotstandes dazu herhalten sollte, ein unbeschränktes Recht des Königs auf Proklamationen (d.h. auf Gesetzeserlaß ohne Mitwirkung des Parlaments[61]), auf Ein- und Ausfuhrregelung[62], auf Einsperrungen ohne Richterspruch[63], auf Steuererhebung[64] juristisch zu rechtfertigen, entbrannte der Konflikt um das Ausnahmerecht. Die Kontroversfrage war nun also nicht mehr das Ausnahmerecht für Ausnahmesituationen, sondern der *Mißbrauch des Ausnahmerechts in Normalsituationen*. Mehr noch, es handelte sich nicht um gelegentlichen Mißbrauch, sondern um eine bewußte Verwischung der Grenze zwischen Ausnahme- und Normalzustand mit dem Ziel, *den Ausnahmezustand zu generalisieren*. Das Ausnahmerecht wurde zum Vehikel, mittels dessen die Prärogative des Königs zur umfassenden Souveränität befördert werden sollte. Die doktrinäre Souveränitätsdoktrin konnte auf dem Wege über legale Verfassungsänderung nicht erreicht werden, weil dazu die Zustimmung des Parlaments nötig gewesen wäre. Zu offenem Staatsstreich fehlte die militärische Macht. Der Versuch führte später in den Bürgerkrieg und endete mit der Niederlage des Königs. So blieb der dritte Weg: durch *ausweitende Interpretation der Ausnahmeprärogative* das Verfassungsrecht allmählich auszuhöhlen und die Souveränität Schritt für Schritt auf leisen Sohlen zu erschleichen.[65]

Der König fand dabei die Unterstützung einiger Juristen und Gerichte; im großen und ganzen aber folgte der Juristenstand ihm nicht, sondern sah es als seine Aufgabe an, das Verfassungsrecht so lange zu wahren, als es nicht auf legale Weise geändert war. Eben deshalb galt dem Juristenstand im allgemeinen – und Coke als seinem Repräsentanten im besonderen – die Attacke *Hobbes'* im «Dialogue».

---

59 Ed. Molesworth, Bd. VI, vor allem S. 11 ff.

60 Einen Überblick über die Entwicklung gibt Holdsworth, Bd. VI, S. 49 ff.; vgl. ferner Hale, a.a.O.

61 Case of Proclamations (1611) 12 Co. Rep. 74.

62 Bate's Case (1606) 2 S. T. 371.

63 Darnel's Case (1627) 3 S. T. 1.

64 Hampden's Case (sog. Ship Money Case) (1637) 3 S. T. 825.

65 Darstellung bei Holdsworth, Bd. VI, S. 3–141; vgl. ferner Ranke, Englische Geschichte.

Hale machte sich demgegenüber in seiner Erwiderung auf Hobbes zum Sprecher der herrschenden juristischen Auffassung. Die theoretische Möglichkeit eines Staatsnotstandes bestritt er nicht. Er erwiderte aber[66]:

Erstens dürfe der Ausnahmezustand eines Staatsnotrechtes *nicht zum Regelzustand* gemacht werden.

Zweitens dürfe man über dem Risiko des Staatsnotstandes nicht die Vorteile aus den Augen verlieren, die aus einem *gesicherten Rechtszustand* erwachsen; vielmehr müsse man abwägen. Nach Hales Ansicht konnte man die von Hobbes behaupteten Risiken in Kauf nehmen.

Drittens nämlich hielt Hale diese Risiken für imaginär. Die bloß theoretisch denkbare, abstrakte Möglichkeit einer Notsituation, der nicht auch bei Berücksichtigung der konkreten geschichtlichen Verhältnisse eine *tatsächliche Möglichkeit entspricht,* wollte Hale nicht als Argument gelten lassen.

Es ging also im Kern immer um die Zuweisung der Begründungspflicht und um die richtige Argumentationstechnik bei der Rechtsreform und Rechtsfortbildung. Der Satz: «*Auctoritas, non veritas facit legem*» läßt sich nur in diesem Zusammenhang ganz verstehen. Indem Hobbes mit ihm gegen die Auffassung von der Vermutung zugunsten der Vernünftigkeit des bestehenden Rechts polemisiert, befreit er sich von dem Erfordernis der Ausräumung dieser Vermutung durch konkrete Gründe und schießt sich die Bahn frei für die Ersetzung des Verfassungsrechts durch seine Staatsdoktrin.

Man konnte sicherlich verschiedener Meinung darüber sein, ob die verfassungsrechtlichen Ausnahmeregeln nicht doch für eine konkret mögliche Notsituation ungenügend seien. Wer dies aber annimmt, hätte – so war Hales Meinung – darzutun, was für Notsituationen konkret möglich seien und warum und inwiefern zu ihrer Bewältigung das Verfassungsrecht nicht ausreiche. Dieser Begründungspflicht ist Hobbes niemals nachgekommen; das konnte er auch nicht, weil er *vom Recht zu wenig wußte.* Im «Dialogue of the Common Law» geht er offenbar davon aus, daß es in England überhaupt keine königlichen Prärogativen für Ausnahmesituationen gebe; nur unter dieser Voraussetzung jedenfalls erhalten seine Darlegungen ihren Sinn[67]: Hobbes' Vorstellungen vom Recht beruhten offensichtlich nicht auf zureichender Information. Er hat, ehe er seinen Dialog über das Common Law schrieb,

---

66 A.a.O., S. 512.

67 Z.B. ed. Molesworth, Bd. VI S. 23: «How shall I be defended from the domineering of proud and indolent strangers that speak another language, that scorn us, that seek to make us slaves, or how shall I avoid the destruction that may arise from the cruelty of factions in a civil war, unless the king, to whom alone, you say, belongeth the right of levying and disposing of the militia by which only it can be prevented, have ready money, upon all occasions to arm and pay as many soldiers, as for the present defence, or the peace of the people, shall be necessary? Shall I not, and you, and every man be undone? Tell me not of a Parliament, when there is no Parliament sitting, or perhaps none in being, which may often happen ... If this be reason, it is reason also that the people be abandoned, or left at liberty to kill one another, even to the last man; if it be not reason then you have granted it is not law ...» usw.

nicht einmal die «ein oder zwei Monate» aufgewandt, die zur Erarbeitung des Rechts bis zur Befähigung zum Richteramt seiner Meinung nach genügten,[68] sondern er scheint sich mit dem begnügt zu haben, was in seinen Zirkeln von Leuten geredet worden war, die anscheinend auch nicht Bescheid wußten. So sind denn auch die Einwände, die er den Dialogpartner erheben läßt, beklagenswert schwach.

Das ist um so bemerkenswerter, als der Ausbruch aus den rechtlichen Bindungen ja Anfang und Ende seiner politischen Forderungen ist. Der Souverän solle darüber entscheiden, welche Maßnahmen nötig seien, und was er für nötig halte, solle ihm auf jeden Fall erlaubt sein; andernfalls lebe der Bürger unter der schrecklichsten Bedrohung. Deshalb solle der Souverän über das Verfassungsrecht erhaben sein: das ist die Quintessenz seines Plädoyers. Für die konkret möglichen Bedrohungen jedoch war Vorsorge getroffen. England und die USA sind, solange sie seinen Ratschlägen zur Perpetuierung des Ausnahmerechts nicht gefolgt sind, nicht zugrunde gegangen. Hobbes' Protest gegen das Recht beruhte mehr auf affektiver Ansteckung als auf Gründen.

2. Kapitel: Gewaltenteilung und Menschenrechte

§ 31. Im Verfassungsstaat gibt es keinen Souverän

Der Verfassungsstaat unterscheidet sich vom absolutistischen Staat in erster Linie durch die Gewaltenteilung. Die Staatsgewalt steht nicht über dem Recht, sondern ist an ein ihr vorgegebenes Recht gebunden. Es ging darum, den Inhaber der Exekutive (früher den König oder Fürst) an ein Verfassungsrecht und an Gesetze zu binden, die er nicht allein schaffen, aufheben, ändern oder durchbrechen konnte, die vielmehr in der Verfügungsmacht einer von ihm unabhängigen gesetzgebenden Gewalt (Legislative) standen. Nur wo er überhaupt an Recht gebunden ist, kann er auch an Menschenrechte gebunden sein. Die Gewaltenteilung zwischen Legislative und Exekutive ist für sich allein zwar noch kein Garant für Menschenrechte, aber ihre erste Voraussetzung; sie ist m.a.W. ihre zwar nicht hinreichende, aber notwendige Bedingung. Dies war die erste Lehre, die die politische Aufklärung aus den Erfahrungen mit dem Absolutismus gezogen hat, insbesondere aus der französischen Hugenottenverfolgung nach der Aufhebung des Toleranzedikts von Nantes im Jahre 1685.

Eine zweite Lehre, die sich historisch anschloß und erst im Laufe des 19. Jahrhunderts durchzusetzen begann, war die Erforderlichkeit richterlicher Kontrolle der Exekutive auf die Vereinbarkeit ihrer Maßnahmen mit Verfassung und Gesetzen (Verfassungs- und Verwaltungsgerichtsbarkeit), oder sogar der richterlichen Kontrolle des Gesetzgebers auf Einhaltung der Verfassung (Normenkontrolle). Die richterliche Kontrolle setzt persönliche und sachliche

---

68 Dialogue, a.a.O., S. 6.

Unabhängigkeit des Richters voraus. So mündete die politische Aufklärung also in die Lehre von der Dreiteilung der Gewalten in Legislative, Exekutive und Judikative.

Eine dritte Lehre aus den schlimmen Erfahrungen mit dem Absolutismus war, daß es der Formulierung unverfügbarer Menschenrechte bedarf: unverfügbar auch für den Gesetzgeber selbst. In erster Linie sollte ausgeschlossen werden, daß die Menschen durch die Gefahr willkürlicher Eingriffe in Freiheit und Eigentum bedroht und eingeschüchtert werden können, insbesondere die Gefahr willkürlicher Verhaftung. Die Formulierung der unverfügbaren Menschenrechte in Grundrechtskatalogen macht jedoch erst Sinn, wenn die Staatsgewalt überhaupt ans Recht gebunden ist, also erst in einem Verfassungsstaat der Gewaltenteilung.

Der neuzeitliche Territorialstaat mit seinen weitreichenden wirtschaftspolitischen, sozialpolitischen und anderen gestaltenden Aufgaben steht vor einem fast unlösbar erscheinenden Dilemma: Einerseits soll er mächtiger sein als alle gesellschaftlichen Mächte im Lande, mächtiger z.B. als Wirtschaftskonzerne und Gewerkschaften, andererseits soll er dem schwächsten einzelnen zuverlässigen Schutz gewähren: Der (jeweiligen) Opposition, den Künstlern, den Sektierern, den Intellektuellen, den Volkstumsminderheiten, den konfessionellen Minderheiten usw. Der absolutistische Staat konnte dieses Dilemma nicht lösen, und ebensowenig können es alle modernen Systeme, die nach seinem Modell gebaut sind: Militärdiktaturen, faschistische Führerstaaten usw. oder die Systeme des sogenannten «demokratischen Zentralismus».

Die Lösung des Dilemmas besteht darin, daß der Staat den Schutz der Menschenrechte gewissermaßen in seine eigene Gewalt hineinnimmt, daß die Staatsgewalt sich als menschenrechtsschützende Gewalt definiert. Dies aber bleibt ohne *Gewaltenteilung*, insbesondere ohne *richterliche Unabhängigkeit* bloße Absichtserklärung. Denn die Menschenrechte lassen sich nur realisieren, wenn sie die Staatsgewalt begrenzen, wenn also die Staatsgewalt von vornherein auf einer Rechtsordnung beruht, die den Schutz der Menschenrechte in sich einschließt. Entscheidend ist die unlösbare dialektische Verknüpfung von Recht und Macht: *Die Staatsgewalt schafft Recht* und setzt es durch, aber *das Recht begründet und legitimiert die Staatsgewalt.* Diese Dialektik gilt es in ihrer ganzen Bedeutung zu verstehen. Auf der Schwierigkeit dieses Problem zu erfassen, beruhen die meisten Legitimitätskrisen des demokratischen Verfassungsstaates.

Wenn wir vom Verfassungsstaat sprechen, so verstehen wir unter dem Begriff des «*Staates*» das *Gesamt der Staatsorgane und des Staatsrechts,* nicht etwa nur die Staatsorgane. Im Verfassungsstaat gibt es zwar «staatsrechtliche Souveränität», das heißt, der Staat als das Gesamt der Staatsorgane und des Staatsrechts ist gegenüber der Gesellschaft souverän (vgl. § 12). Aber es gibt *innerhalb* des Verfassungsstaates keinen Souverän, d.h. niemanden, der Souveränität besitzt, also die zumindest latente, im Einzelfall als Ultima ratio hervortretende *ungeteilte, unbedingte, unbeschränkte Macht, Recht zu durchbre-*

chen und zu schaffen. Mehr noch: das Vorhandensein eines Souveräns in diesem Sinne einerseits und der Verfassungsstaat andererseits sind zwei polare, einander ausschließende Gegensätze; mit anderen Worten: Die Vorstellung eines Souveräns ist revolutionärer Sprengstoff gegen den Verfassungsstaat.

Aus der politologischen und verfassungsrechtlichen Literatur gewinnt man häufig den Eindruck, als sei die Frage nach dem Souverän im Verfassungsstaat lediglich etwas komplizierter als in der absoluten Monarchie. Die Souveränität, so meint man, sei im Verfassungsstaat vermittelt, dem Blick verstellt, nicht so unmittelbar greifbar, müsse aber doch irgendwo vorhanden sein.

Indessen gibt es im Verfassungsstaat nur *Kompetenzen*, die vom vorgegebenen Verfassungsrecht umgrenzt sind. Die Staatsgewalt ist auf Organe verteilt, und jedes Organ hat nur diejenige Rechtsmacht, die ihm von der Verfassungsordnung zugewiesen ist. Zwar haben die Verfassungsorgane verschieden gewichtige Kompetenzen, z.B. der Bundestag mehr als der Bundespräsident, die Bundesregierung mehr als das Bundesverfassungsgericht usw. Aber es sind doch bloß Kompetenzen. Wenn eines von diesen Organen, z.B. die Regierung, sich gegenüber allen anderen absolut durchsetzen, deren Kompetenzen an sich ziehen und Souveränität erlangen würde, so wäre ein solcher Staatsstreich gleichbedeutend mit dem Ende des Verfassungsstaates.

Wenn also die Verfassung alle Kompetenzen sowohl zuweist als auch beschränkt, ist dann die *Verfassung souverän?* Das ist eine Vorstellung, die man aus der Lehre von der Herrschaft des Rechts, der «rule of law and not of men» gefolgert hat.[1] Dem ist jedoch zweierlei entgegenzuhalten. Einmal kann es sich sicherlich nur um Souveränität im übertragenen Sinne, um einen metaphorischen Sprachgebrauch, handeln. Denn zur Souveränität gehört das Element der tatsächlichen Herrschaftsmacht. Normen als solche herrschen nicht, sondern sie werden durch Herrschende zur Geltung gebracht. Zum anderen könnte man von Souveränität der Verfassung nur dann reden, wenn die Verfassung absolut gälte, wenn sie also unveränderbar wäre. Sie steht aber doch zur Disposition des verfassungsändernden Gesetzgebers.

Kann man also folgern: Souverän sei, wer die *Verfassung abändern* kann? Dem steht wiederum entgegen, daß das Recht zur Verfassungsänderung selbst eine verfassungsrechtliche Kompetenz ist, die an bestimmte Verfahrensvoraussetzungen und qualifizierte Mehrheiten gebunden ist. Außerdem ist sie fast überall auf mehrere Organe verteilt, bei uns z.B. auf Bundestag und Bundesrat (Art. 79 II GG).

Kann man also folgern: Souverän sei das *Volk?* Hier muß man unterscheiden: Das Volk hat bestimmte, ihm von der Verfassung zugewiesene Kompetenzen, z.B. bei Wahlen, bei Plebisziten, bei der politischen Mitwirkung. Soweit es sich um fest umgrenzte Kompetenzen handelt, kann es sich nicht um Souveränität handeln. Das Volk hat aber auch die Möglichkeit, in einer Volksabstimmung die Verfassung insgesamt außer Kraft zu setzen, evtl. indem es sich bei dieser Gelegenheit eine neue Verfassung gibt (vgl. Art. 146 GG). Dann

1 Vgl. z.B. H. Krabbe, Die Lehre von der Rechtssouveränität, 1906.

handelt es in der Tat nicht im Rahmen einer verfassungsrechtlichen Kompetenz. Es wird dann tätig als *«pouvoir constituant»*, nicht als «pouvoir constitué». Als «pouvoir constituant» ist es in der Tat souverän (vgl. § 69). Das aber heißt mit anderen Worten, es steht insofern außerhalb des Verfassungsstaates oder, zeitlich gesehen, vor dem Verfassungsstaat. Es schafft erst den Verfassungsstaat oder schafft ihn ab, steht aber jedenfalls nicht *innerhalb* des Verfassungsstaates, so daß die These: *Im* Verfassungsstaat gibt es keinen Souverän, unberührt bleibt.

Außerdem: die verfassunggebende Gewalt des Volkes ist zwar tatsächlich die ungeteilte, unbedingte, unbeschränkte Macht, Recht zu durchbrechen und Recht zu schaffen. Insofern ist es also berechtigt, von *Volkssouveränität* zu sprechen. Aber diese Macht kann sich nur in dem einen Akt der *Verfassungsschöpfung* verwirklichen. Die Souveränität des absolutistischen *Monarchen* hingegen verwirklicht sich in *ständiger und detaillierter* Regierungs- und Gesetzgebungstätigkeit. Auch hat der absolutistische Monarch nicht nur zu einem ihm vorgelegten Gesetzesentwurf ja oder nein zu sagen, sondern er kann ihn selbst formulieren, umformulieren, grundsätzlich ändern usw., während die verfassunggebende Gewalt des Volkes sich bestenfalls in zwei Akten erschöpft: in der Wahl von Vertretern in die verfassunggebende Nationalversammlung und der plebiszitären Akklamation zu dem ihm vorgelegten Entwurf.

Ist in der parlamentarischen Demokratie das *Parlament souverän?* Die drei Hauptaufgaben des Parlaments: Gesetzgebung, Budgetrecht und Kontrolle, evtl. auch Bestellung der Regierung, geben dem Parlament zwar ein deutliches Übergewicht über alle anderen Organe. In den meisten Demokratien ist es aber dennoch in vielfältiger Weise verfassungsrechtlich eingebunden. Es kann z.B. seine Befugnisse nur im Zusammenwirken mit anderen Organen ausüben (z.B. Antragsrecht der Regierung, Mitwirkungsrecht eines Senats oder Bundesrates, Ausfertigung und Verkündung von Gesetzen durch den König oder den Präsidenten, im Bundesstaat begrenzte Kompetenzen zur Gesetzgebung, richterliche Kontrolle der Einhaltung dieser Grenzen, in einigen Ländern auch materielle richterliche Kontrolle der Gesetze auf ihre Übereinstimmung mit Grundrechten und anderen Verfassungsprinzipien hin, vielfach ein nur beschränktes Recht zur Bestellung und Abberufung der Regierung usw.). Insoweit kann man zwar von einer *Prärogative* des Parlaments, keinesfalls aber von Souveränität sprechen.

Nimmt man den *Grenzfall England*, wo das Parlament auch durch das ungeschriebene Verfassungsrecht besonders wenig eingebunden und wo folglich die Theorie von der Souveränität des Parlaments besonders verwurzelt ist, so zeigt sich, daß gewisse Mindestschranken auch für das Parlament unentbehrlich sind: Die Legislaturperiode ist zeitlich begrenzt, der Premierminister kann das Parlament auflösen, es gelten Verfahrensregeln über Zusammentritt, Tagesordnung, Rederecht, Redezeit, Abstimmungsmodalitäten, überhaupt das Mehrheitsprinzip, Regeln über die Wahl und Kontrolle der Regierung, Kompetenzabgrenzung zwischen Regierung und Parlament, eigene Kompetenzen des Königs, des Oberhauses, der Regierung, der Justiz, Wahlsysteme und Wahlmodalitäten: ein ganzes System von geschriebenen und ungeschriebenen Regeln grenzt die Macht des Parlaments ein.[2] Zwar kann das Parlament diese Regeln im einzelnen ändern und variieren, aber es kann sie nicht schlechthin aufheben. Selbst ein absolutistischer Monarch mußte ja, wie dargelegt, ein letztes Minimum an vorgegebenem Verfassungsrecht, zumindest über seine eigene Installierung, respektieren. Um so mehr muß dies ein so komplex zusammengesetzter, auf Zeit bestellter und politisch in sich kontroverser Körper wie das Parlament tun. Das Parlament müßte solche Regeln selbst dann noch respektieren, wenn es keine Gewaltenteilung gäbe, wenn also das Königtum abgeschafft und die anderen Gewalten zu Parlamentsausschüssen degradiert wären. Ein Parlament ist nur arbeitsfähig, wenn Regeln über sein Zustandekommen und über die Bedingungen und Verfahrensweisen seines Entscheidungsprozesses bestehen und allgemein respektiert werden. Solche Regeln bilden das unentbehrliche Minimum an materiellen Verfassungsnormen in der parlamentarischen Demokratie.

Kann man innerhalb des Verfassungsstaates denjenigen als Souverän bezeichnen, *der über den Ausnahmezustand entscheidet*?[3] Im Ausnahmezustand hat das höchste Exekutivorgan, der Präsident oder die Regierung, im allgemeinen sehr weitgehende, manchmal umfassende Kompetenzen. Man kann sich einen Extremfall denken, in dem die Entscheidung über den Ausnahmezustand tatsächlich latente Souveränität bedeutet: nämlich dann, wenn das höchste Exekutivorgan selbst, frei und unkontrolliert entscheidet, ob ein Ausnahmezustand vorliegt, wenn damit ihm selbst alle Macht, unabhängig von allen verfassungsrechtlichen Bindungen, zufällt, wenn an seinen Befugnissen kein anderes Organ kontrollierend beteiligt ist und wenn es selbst über die Dauer des Ausnahmezustands entscheiden kann. Das heißt praktisch, wenn es entscheiden kann, daß der Ausnahmezustand zeitlich unbegrenzt ist. Eine solche Verfassungsbestimmung wäre in der Tat eine Ermächtigung, den Verfassungsstaat dauernd durch ein absolutistisches Souveränitätssystem abzulösen. Die Verfassung enthielte dann eine Ermächtigung zur Verfassungsbeseitigung.[4]

---

2 Vgl. hierzu die sehr klärende Dissertation von Theo Langheid, Souveränität und Verfassungsstaat, The ‹Sovereignty of Parliament›, Köln 1984.

3 C. Schmitt, Politische Theologie, 2. Aufl. 1934, S. 11.

4 Eine solche Regelung galt in der ehemaligen DDR: Nach § 4 Absatz 2 des Gesetzes zur Verteidigung der DDR von 1961 konnte im Verteidigungszustand der Staatsrat die Rechte der Bürger und die Rechtspflege in Übereinstimmung mit den Erfordernissen der Verteidigung abweichend von der Verfassung regeln. Gemäß Artikel 52 Satz 2 der Verfassung war im Dringlichkeitsfall der Staatsrat berechtigt, den Verteidigungszustand zu beschließen. Das Verfassungsrecht enthielt also die unbegrenzt auslegbare Ermächtigungsvoraussetzung des «Dringlichkeitsfalles», indem der Staatsrat sich selbst unbeschränkte Dispositionsbefugnisse über die Verfassung zuweisen konnte, ohne daß eine zeitliche Beschränkung, eine Kontrolle durch ein anderes Organ oder ein Recht zur Aufhebung, sei es einzelner Maßnahmen, sei es des Verteidigungszustandes im ganzen vorgesehen war. Dies war nichts anderes als die verfassungsrechtliche Ermächtigung zur Etablierung absolutistischer Diktatur, die nur des-

In den demokratischen Verfassungsstaaten westlichen Typs besteht dagegen das Notstandsrecht aus verfassungsrechtlichen Ermächtigungen, die die Notstandsbefugnisse sachlich und zeitlich eingrenzen. Ein anderes Organ als das ermächtigte kann das Vorliegen der Ermächtigungsvoraussetzungen kontrollieren oder kann das Ausnahmerecht im ganzen oder einzelne Maßnahmen aufheben und dergleichen. Die *verfassungsrechtliche Eingrenzung* ist zwar verschieden stark ausgeprägt, besonders stark im Notstandsrecht des Grundgesetzes (vgl. Art. 115a ff. GG), aber sie ist doch im Prinzip überall vorhanden. Das Ausnahmerecht als solches schafft also keine Souveränität. Es kann gegebenenfalls das Vehikel sein, auf dem unter Bruch der Verfassung, unter Ausnutzung der besonderen Machtvollkommenheiten die Verfassung auf die Dauer ausgehöhlt oder beseitigt wird. Dann aber hat man es wiederum nur mit einem Staatsstreich zu tun, der sich des Ausnahmerechts als Instrument bedient. Das bevollmächtigte Organ überschreitet seine Kompetenzen und schwingt sich zum Souverän auf. Es handelt sich dann also nicht um einen Souverän im Verfassungsstaat, sondern um das Ende des Verfassungsstaates. Im Verfassungsstaat kann es also keinen Souverän geben.

Man muß immer unterscheiden zwischen dem tatsächlichen Ausbruch aus dem Verfassungsstaat und dem Handeln innerhalb des Verfassungsstaates. Nur aus einer Verkennung dieses Unterschieds läßt sich das Mißverständnis erklären, daß es innerhalb des Verfassungsstaates Souveränität geben könnte. Diesem Mißverständnis ist sogar ein so engagierter Verfechter des Verfassungsstaates wie Hermann *Heller* erlegen. In seinem Buch «Die Souveränität»[5] definiert er:

> «Souveränität ist die sowohl rechtliche als auch wirkliche Fähigkeit, jeden die Einheit des gebietsgesellschaftlichen Zusammenwirkens alternierenden Konflikt gegebenenfalls sogar gegen das positive Recht zu entscheiden.»

Es gibt aber keine «rechtliche» Fähigkeit, gegen das positive Recht zu entscheiden. Entweder es handelt sich um eine rechtliche Fähigkeit, dann ist sie im positiven Recht enthalten; es wird also nicht gegen das positive Recht entschieden, sondern es werden bestimmte Normen des positiven Rechts aufgrund positiv-rechtlicher Ermächtigung vorübergehend dispensiert – ein legaler Vorgang. Oder es wird wirklich gegen das positive Recht entschieden, dann handelt es sich nicht um eine «rechtliche» Fähigkeit, sondern um die tatsächliche Macht, sich über das Recht hinwegzusetzen oder es abzulösen, also um Kriminalität, Staatsstreich, Revolution oder Gebrauchmachen von dem demokratischen «pouvoir constituant». Kurz, im Verfassungsstaat gibt es keinen Souverän: Er bedeutet vielmehr historisch und begrifflich die Aufgliederung der staatlichen Souveränität auf das Gesamt der Staatsorgane und des Staatsrechts.

---

halb nicht auffiel, weil das Verfassungsleben der DDR auch im Normalzustand dem Absolutismus ohnehin nahekam.

5 H. Heller, Die Souveränität, S. 97 ff.

§ 32. Rechte oder Toleranzen

Nur wo es keinen Souverän gibt, kann es Menschenrechte *als Rechte* geben. Im Absolutismus gab es Menschenrechte in der Idee, nicht in der Wirklichkeit, in der Philosophie, nicht im Recht. Es gab zwar Verfassungsurkunden, die einzelne Rechte formulierten und die auch richterlich anwendbar waren. Aber es handelte sich um *Toleranzen,* die jederzeit durchbrechbar und aufhebbar waren. Der Mensch geht aber nur dann aufrecht und nicht mit gekrümmtem Rückgrat, wenn er sich auf dem festen Grund gesicherter Rechte bewegt und nicht untertänigst um die Gewährung oder Beibehaltung von Toleranzen bitten muß.

Man versteht deshalb das Problem der Menschenrechte nur dann, wenn man sorgfältig unterscheidet zwischen Toleranzen und institutionell gesicherten Rechten. Auch im *absolutistischen* Staat sprach man von Menschenrechten, aber es handelte sich in Wirklichkeit um Toleranzen. So hat z.B. Christian Wolff, der typische Vertreter des Polizeistaates, eine Lehre von Menschenrechten entwickelt. Politisch gesehen erschöpften sich diese Menschenrechte aber in einem *moralischen Appell an den souveränen Herrscher.* Sie laufen auf die Aufforderung hinaus, der Souverän solle die Menschenrechte gesetzlich festlegen und respektieren. Gewiß, der Monarch konnte dies tun. Aber die Rechtsstaatlichkeit aus Toleranz stand unter dem Vorbehalt der Souveränität. Das bedeutet: Sie war jederzeit generell widerrufbar oder auch speziell durchbrechbar. Deshalb gab man sich im 18. Jahrhundert nicht mehr mit der Gewährung religiöser Toleranz zufrieden, sondern forderte Religionsfreiheit als gesichertes Recht. Kant stellte dem «hochmütigen Namen der Toleranz» die Freiheit gegenüber[6], und Goethe meinte: «Toleranz sollte eigentlich nur eine vorübergehende Gesinnung sein; sie muß zur Anerkennung führen. Dulden heißt beleidigen.»[7]

Sowohl die Entstehungsgeschichte des Preußischen Allgemeinen Landrechts als auch die Geschichte seiner Geltung liefern Beispiele genug für die Schwankungen, denen der Rechtsstaat unterworfen war, je nach den politischen Situationen, je aber auch nach den jeweils am Hof vorherrschenden politischen Ansichten und Interessen, je nach der Zusammensetzung derjenigen, die den Zugang zum Machthaber hatten. Das Preußische Allgemeine Landrecht spricht von der «natürlichen Freiheit, sein eigenes Wohl, ohne die Kränkung der Rechte eines anderen suchen und befördern zu können» und von den «allgemeinen Rechten der Menschen». Aber es handelt sich um Rechte, die der Souverän gewähren, aber auch wieder *zurücknehmen* kann. Er kann sie auch generell gewähren, aber im Einzelfall *durchbrechen.* Wie wenig verläßlich solche Rechtsstaatlichkeit ist und wie scharf der Staat zuschlagen kann, zeigt das klassische Modell der Toleranzproblematik: die Geschichte des Toleranzedikts von Nantes in Frankreich. Die gewährte Toleranz

6 In: Beantwortung der Frage: Was ist Aufklärung?
7 Maximen und Reflexionen Nr. 875

konnte hundert Jahre später ohne weiteres zurückgenommen werden, und der konfessionelle Bürgerkrieg konnte, diesmal mit Polizeimitteln gegen eine ohnmächtige Minderheit geführt, wiederaufleben. Die Einschränkungen der Freiheit z.B. aufgrund der *Karlsbader Beschlüsse* zeigen, daß es sich nicht um ein theoretisches, sondern um ein praktisches Problem handelt.

Demgegenüber setzt institutionelle Sicherung von Menschenrechten ein *gewaltenteilendes Verfassungssystem* voraus. Menschenrechte sind *erstens* nicht nur eine Formel, die ein Souverän jederzeit zurücknehmen kann, sondern Bestandteil eines Verfassungssystems, das dem Machthaber selbst Grenzen setzt. Sie sind *zweitens* inhaltlich so formuliert, daß sie nicht nur zur Akklamation, sondern auch zur Opposition berechtigen. Sie sind *drittens* durch Verfassungsgesetz und durch richterliche Interpretation so ausgestaltet, daß sie eine gewisse Verläßlichkeit gewähren, die denen, die von ihnen Gebrauch machen, Mut und Sicherheit gibt. Ihre Beachtung wird *viertens* richterlich kontrolliert, und das setzt voraus, daß die Richter sachlich und persönlich unabhängig sind, ferner daß die Richter sich der Respektierung der Menschenrechte in ihrem Amtsethos verpflichtet wissen, was wiederum eine gewisse Tradition und Stabilität der Rechtskultur im Verfassungssystem zur Voraussetzung hat. Kurz, Menschenrechte und Verfassungsstaat bedingen sich wechselseitig.

Grund- und Menschenrechte sind die *Antwort auf die Tendenzen zur Souveränität.* Die Souveränitätsdoktrin ist die Herausforderung, die Menschenrechte sind die Zurückweisung dieser Herausforderung. Wir finden Menschenrechte dort artikuliert, wo es Tendenzen zur Souveränität gab. Menschenrechte sind die Antwort auf diese Tendenz und ihre Abweisung im Dienste des Schutzes elementarer menschlicher Freiheit. Deshalb geht die Geschichte der Menschenrechte Hand in Hand mit der Geschichte des Verfassungsstaates. Die Geschichte der Menschenrechte und die Geschichte des Verfassungsstaates bilden eine untrennbare Einheit.

Menschenrechte setzen demjenigen, der die Kompetenz hat, Recht zu schaffen und zu ändern, Bedingungen und Schranken, und sie verneinen die Macht, Recht zu durchbrechen. Rechte können freilich einer tatsächlichen Macht, der nackten «potestas» gegenüber, nichts ausrichten, sowenig wie die Moral gegenüber dem Zynismus etwas auszurichten vermag. *Rechte wirken nur gegenüber Rechten,* Menschenrechte nur gegenüber einer Rechtsmacht, d.h. gegenüber Kompetenzen, deren rechtliche Herkunft und rechtliche Bedingtheit vom Kompetenzinhaber respektiert werden.

Das ist der tiefste Grund, weshalb Menschenrechte nur in einem Verfassungsstaat wirken können. Für die Wirksamkeit von Menschenrechten ist die *Gewaltenteilung mit richterlicher Unabhängigkeit wichtiger als der verfassungsrechtliche Grundrechtskatalog.* England hat die Menschenrechte auch ohne eine Verfassungsurkunde gewährleistet. Andererseits ist ein verfassungsrechtlicher Grundrechtskatalog mit Absolutismus, Diktatur oder Totalitarismus durchaus vereinbar. So gewährleistet Artikel 127 der Verfassung der Sowjetunion von 1936, die als rechtsverbindliches Verfassungsgesetz erlassen wurde, die «Unverletzlichkeit der Person». Das hinderte nicht den stalinistischen Terror, der im Jahre 1937 einen seiner Höhepunkte erreichte. Damals wurden allein in zwei Jahren 7 Millionen Menschen willkürlich verhaftet, das sind im Durchschnitt 10.000 täglich. Von Anfang 1935 bis Juli 1940 wurden 19.840.000 Menschen als «Volksfeinde» verhaftet, davon 7 Millionen erschossen. Die Mehrheit der übrigen ist in den Lagern umgekommen.[8] Die Verfassung kann Terror nicht hindern, wenn sie dem Prinzip Souveränität untergeordnet ist, anstatt gewaltenteilend zu sein und damit die institutionellen Bedingungen der Rule of Law zu gewährleisten. In dem genannten Artikel der Verfassung der Sowjetunion hieß es weiter, Verhaftungen bedürften der Genehmigung des Staatsanwalts. Diese Formel war keine Schutzklausel, sondern eine Ermächtigung des Staatsanwalts zu Verhaftungen. Die Staatsanwaltschaft war personell nach politischen Gesichtspunkten besetzt, verfuhr nach dem Prinzip der politischen Opportunität und war obendrein noch weisungsgebunden. Alle Grundsätze des Habeas-corpus-Prinzips sind unberücksichtigt geblieben: die engen gesetzlichen Bedingungen, unter denen Verhaftungen überhaupt nur zulässig sind, die Entscheidungskompetenz unabhängiger gesetzlicher Richter, der Anspruch auf rechtliches Gehör binnen kurzer Frist usw. Unter solchen Umständen bedeutete die Proklamation einer «Unverletzlichkeit der Person» praktisch – nichts. Die scheinbaren Menschenrechte waren kein Schutzwall gegen den Archipel Gulag, sondern dienten im Gegenteil der verschleiernden Legitimierung des Prinzips Souveränität: Der Staat beanspruchte die totale Verfügungsmacht über den Menschen, dies jedoch im Namen der Menschenrechte.

Im Westen hat man es sich vielfach zur Gewohnheit gemacht, die Menschenvernichtung der «stalinistischen Epoche» auf die despotische Grausamkeit Stalins zurückzuführen, also auf persönliche Eigenschaften des Souveräns statt auf das Souveränitätssystem als solches. Deshalb ist es von größter Wichtigkeit, die historische Tatsache zu betonen, daß das System willkürlicher Verhaftungen und Erschießungen unmittelbar nach der Oktoberrevolution von Lenin eingeführt wurde. Lenin forderte bereits im Januar 1918 die «Ausrottung und Unschädlichmachung der Parasiten (der Reichen und Gauner, der Tagediebe und Hysteriker)» und setzte sie durch. Diese Begriffe wurden nie näher definiert, aber äußerst weit ausgelegt. Am 5. September 1918 erließ der Rat der Volkskommissare das «Dekret über den Roten Terror», das neben Massenerschießungen gebot, «Klassenfeinde» in «Konzentrationslagern» einzusperren. Das System der Konzentrationslager – der «Archipel Gulag» (Solchenizyn) – wurde sodann durch Lenin zu dem doppelten Zweck ausgebaut: Terror zu üben und Zwangsarbeiter zu rekrutieren.[9] 1928–1932 – also längere

8 Hartmut Soell, FAZ vom 25. 3. 1993, S. 11 auf der Grundlage des Berichts einer 1960 von Chrustschow eingesetzten unabhängigen Kommission.

9 Einzelheiten in dem grundlegenden Werk von Andrzej J. Kamiński, Konzentrationslager 1896 bis heute, eine Analyse, Stuttgart 1982, auch als Taschenbuch erschienen: Serie Piper Nr. 954.

Zeit vor der im engeren Sinne als «stalinistisch» geltenden Epoche – diente es Stalin zur «Umsiedlung» der Bauern, der sogenannten Kulaken: 10–15 Millionen kamen in dieser Zeit dabei ums Leben, unzählige weitere wurden Opfer der dadurch ausgelösten Hungersnot. Das Problem lag nicht in der mangelnden Moral oder Vernunft des Souveräns, sondern im Fehlen der Gewaltenteilung und damit der Menschenrechtsgeltung.

Umgekehrt gibt es in England bis heute zwar weder eine Verfassungsurkunde noch sonst einen Grundrechtskatalog, der das Parlament selbst binden würde – die Bill of Rights von 1689 ist vom Parlament selbst beschlossen worden und wäre nach der allgemeinen Regel abschaffbar: das jüngere Gesetz bricht das ältere. Dennoch gibt es rechtlich geschützte Freiheit, weil Gewaltenteilung herrscht. Insbesondere die sachliche und persönliche Unabhängigkeit der Richter verhindert, daß die freiheitsschützenden Rechtsregeln durchbrochen werden, und das traditionelle Rechtsbewußtsein verhinderte jedenfalls bisher die Herausforderung durch einen Souverän, der die richterliche Unabhängigkeit und den Bestand der freiheitsschützenden Rechtsregeln in Frage gestellt hätte. Solange der Respekt vor den Menschenrechten als selbstverständlich gilt, entsteht das Bedürfnis nach einem den Gesetzgeber selbst bindenden Grundrechtskatalog nicht. Gerade diese Selbstverständlichkeit, mit der die freiheitsschützenden Rechtsregeln im Rechtsbewußtsein lebendig sind, machte England zum Ursprungsland der Menschenrechte, verhinderte aber gleichzeitig die Verfassungsurkunde, die den Gesetzgeber selber band. *Die ersten Verfassungsurkunden* mit Grundrechtskatalogen sind die Verfassungen der *amerikanischen* Einzelstaaten, die zum Modell aller grundrechtsschützenden Verfassungsstaaten geworden sind. Die amerikanischen Grundrechte sind aber nur aus ihrer geschichtlichen *Herkunft aus dem englischen* Recht zu verstehen.

§ 33. Menschenrechte: angelsächsiches Recht oder naturrechtliche Aufklärung?

Der Ursprung der Menschenrechte ist umstritten. Die einen suchen ihn in der Naturrechtsphilosophie von der Stoa bis zur französischen Aufklärung des 18. Jahrhunderts. Andere – und zwar sowohl marxistische als auch konservative Theoretiker – suchen ihn in einer «ökonomischen Basis», nämlich in bürgerlichen Aneignungs- und Ausbeutungsinteressen. Wieder andere suchen ihn im englischen und amerikanischen Recht. Die Frage, welche dieser Theorien richtig ist, kann erhebliche Folgen für die Auslegung der Grundrechte und die Legitimität des Verfassungsstaates haben, worauf zurückzukommen ist.

Zunächst zu der Frage: Liegt der Ursprung der Menschenrechte im *angelsächsischen Recht* oder nicht vielmehr in der Naturrechtsphilosophie der *französischen Aufklärung* – oder vielleicht in einem Zusammenfluß aus beiden Quellen? Eine berühmt gewordene Diskussion dieser Frage soll uns zur Anknüpfung dienen: die zu Beginn unseres Jahrhunderts geführte Kontroverse zwischen Georg Jellinek, dem Klassiker der neueren deutschen allgemeinen Staatslehre, und Emil Boutmy, einem Klassiker der neueren französischen Politologie.[10]

Georg Jellinek wandte sich vor allem gegen die Vorstellung, der Ursprung der Menschenrechte sei in der französischen Aufklärungsphilosophie des 18. Jahrhunderts und dort insbesondere bei Rousseau zu suchen, seine Ideen hätten sich dann während der Französischen Revolution in der Erklärung der Menschenrechte niedergeschlagen und von dort über die Welt verbreitet. «Die Geschichte der Politik ist heute noch viel zu viel Literaturgeschichte, viel zu wenig Geschichte der Institutionen selbst», sagte Jellinek.[11] Er meinte dagegen, daß die *französische Erklärung der Menschenrechte von 1789* nach einem Modell gearbeitet war, nämlich nach den Bills of Rights in der Verfassung von Virginia 1776 und in den Verfassungen anderer amerikanischer Einzelstaaten, und er suchte die Rechtsgeschichte der Grundrechte in der Geschichte Amerikas.

In einer leidenschaftlichen Erwiderung hat *Emil Boutmy* den Anspruch Frankreichs, Ursprungsland der Menschenrechte zu sein, zu retten versucht. Daß die amerikanischen Bills of Rights älter sind als die französische Erklärung der Menschenrechte, konnte er zwar nicht bestreiten. Aber diese seien trotz ihrer scheinbaren Ähnlichkeit nicht Vorbild gewesen; denn sie seien *juristische, nicht philosophische* Dokumente. Die Bills of Rights der Amerikaner gäben «Zeugnisse für ihr unphilosophisches und allzusehr auf die Praxis gerichtetes Denken».[12] «Für die Franzosen ist die Deklaration (der Menschenrechte) nur ein oratorisches Meisterstück, die Artikel stehen da in abstrakter Reinheit, allein im Glanz ihrer Majestät und der Herrschaft der Wahrheit über die Menschen. Kein Gericht kann sie als Rechtsmittel verwenden oder sie zur Urteilsbegründung heranziehen. Zur Belehrung der ganzen Welt schreiben die Franzosen; die amerikanischen Verfassunggeber dagegen haben die Artikel ihrer Deklarationen zum Nutzen und zur Annehmlichkeit ihrer Mitbürger verfaßt.»[13] Man spürt schon in Ton- und Wortwahl, daß der Franzose die philosophische Deklaration der Menschenrechte für etwas Höheres und Bedeutsameres zu halten scheint als ihre rechtliche Institutionalisierung.

Jellinek erwiderte, daß ihn gerade die *Rechtsgeschichte* der Grundrechte interessiert habe. Er maß zwar der Frage ihrer *naturrechtlichen Begründung* große Bedeutung bei und unterschied die «Menschenrechte» der Amerikaner von den «guten alten Rechten» der Engländer. Jedoch interessierten ihn die Menschenrechte, seien sie auch naturrechtlich begründet, jedenfalls gerade als rechtlich institutionalisierte Rechte.

---

10 Abgedruckt in dem von *Roman Schnur* herausgegebenen Sammelband: Zur Geschichte der Erklärung der Menschenrechte.

11 Schnur, a.a.O., S. 38.

12 Schnur, a.a.O., S. 99.

13 Schnur, a.a.O., S. 88 f.

Die Begriffe «Grundrechte und Menschenrechte» werden zwar häufig gleichbedeutend verstanden. Aber nach dem Schwerpunkt sowohl ihrer Herkunft als auch des Sprachgebrauchs kann man so unterscheiden: Grundrechte sind *positives Recht,* Menschenrechte sind *Naturrecht.* In der theoretischen Diskussion spielt dieser Unterschied eine große Rolle: Menschenrechte gelten zeitlich gesehen ewig, räumlich gesehen überall in der Welt; sie sind in der Natur oder in Gottes Schöpfung verwurzelt, sie haben den Charakter der Heiligkeit und Unverbrüchlichkeit. Grundrechte scheinen demgegenüber eine Sache minderen Ranges zu sein. Es sind die rechtlich-institutionell verbürgten Menschenrechte. Ihre Geltung ist zeitlich und örtlich bedingt. Aber sie sind dafür objektiv geltendes Recht. Sie sind auch subjektiv geltende Rechte: sie sind vor Gericht einklagbar. Sie beschränken die Macht der Staatsorgane, sie sind nicht nur unvereinbar mit der unbeschränkten Souveränität des Staatsapparates über den Menschen, sondern sie sind Ausdruck der Negation der Souveränität und der Sicherung der Freiheit durch ein gewaltenteilendes Verfassungssystem.

Wo die Menschenrechte in Grundrechten institutionalisiert sind, dort ist der Unterschied zwischen Grund- und Menschenrechten eine Frage des Aspekts: Rechtlich gesehen handelt es sich um Grundrechte, philosophisch gesehen um Menschenrechte. Wo die Institutionalisierung hingegen nicht gelungen ist, sind die Menschenrechtskataloge Forderungen, Ideen, Hoffnungen, Impulse, Tendenzen: Es kommt dann darauf an, *aus den Menschenrechten Grundrechte zu machen.* Die Menschenrechte haben dann – im Hegelschen Sinne (noch) «keine Wirklichkeit», genauer: Sie haben genauso viel Wirklichkeit, wie ihnen unter den jeweils gegebenen Umständen an politischer Kraft zu ihrer Realisation in klagbaren Grundrechten innewohnt.

Wenn man diesen begrifflichen Unterschied zugrunde legt, so kann man die Kontroverse zwischen Jellinek und Boutmy in die Formel bringen: Jellinek fragt nach der geschichtlichen Wirklichkeit der Grundrechte, Boutmy nach der philosophischen Idee der Menschenrechte. Boutmys leidenschaftliches Plädoyer für Frankreich als Ursprungsland der Menschenrechte ist so zu verstehen: Die *Amerikaner* hatten «bloß» *Grundrechte, Frankreich* aber schenkte der Welt die *Menschenrechte.* Jellinek hält dem entgegen: «Ohne Amerika, ohne die Verfassungen der Einzelstaaten hätten wir vielleicht eine Philosophie der Freiheit gehabt, niemals aber eine Gesetzgebung, die die Freiheit garantiert.»

Fordern wir die beiden durch Boutmy und Jellinek repräsentierten Grundpositionen – philosophische Menschenrechte gegen rechtlich institutionalisierte Grundrechte – vor den Richterstuhl der Geschichte! Können wir mit eindeutiger Klarheit den einen zum Sieger, den anderen zum Verlierer erklären? Dazu sind die Dinge zu verwickelt. Es gibt eine wechselseitige Beziehung zwischen Aufklärungsphilosophie und der französischen Erklärung der Menschenrechte einerseits und der Entwicklung der amerikanischen Verfassungen und der Ausbreitung des Verfassungsstaates über die westliche Welt andererseits. Sich diese wechselseitigen Einflüsse zu vergegenwärtigen liefert zugleich ein klassisches Exempel für die Beziehungen zwischen Geist und Politik, Theorie und Praxis, Philosophie und Recht.

§ 34. Das Ur-Grundrecht

Das klassische Grundrecht ist der Schutz vor willkürlicher Verhaftung *(Habeas corpus)*, das Coke in die Formel gekleidet hat:

«No man can be taken, arrested, attached, or imprisoned but by due process of law and according to the law of the land.»

Coke seinerseits pflegte sich auf die *Magna Charta Libertatum* von 1215 zu beziehen, einen Verfassungsakt, mit dem Souveränitätsanmaßungen des Königs in die verfassungsrechtlichen Schranken alter Verfassungsrechte der Barone zurückgewiesen wurden. Es ist zwar zu einem Gemeinplatz geworden, daß die Magna Charta nicht in die Vorgeschichte der Freiheitsrechte gehöre, weil sie nur ständische Rechte und nicht Menschenrechte festlegte. Aber dieser Gemeinplatz ist nur zum Teil richtig. Die Geschichte der Grundrechte ist ein ständiges Zusammenfließen von zwei Quellen: zum einen den verfassungsrechtlichen Zurückweisungen von *Souveränitätsansprüchen,* zum anderen der (naturrechtlichen) Ausweitung der damit begründeten Rechte von zunächst ständischen Rechten durch das *Gleichheitsprinzip:* von ständischen Vorrechten zu Rechten aller freien Bürger, dann zu den Rechten aller Staatsangehörigen, schließlich zu allgemeinen Menschenrechten.

Die *Magna Charta* enthielt den Satz, *daß kein freier Mann verhaftet, gefangengehalten, enteignet, geächtet, verbannt oder auf irgendeine Art zugrunde gerichtet werden dürfe, es sei denn aufgrund gesetzlichen Urteilsspruchs* (Art. 39). Diese Formel wurde zur Mutter aller Grundrechte: Der Schutz vor willkürlicher Verhaftung und Strafverfolgung ist das Ur-Grundrecht, die Wurzel der Freiheit. Denn ohne dieses Grundrecht ist der Mensch ständig bedroht, jede Art geistiger, politischer, religiöser oder sonstiger Äußerung oder Betätigung kann ihn die persönliche Freiheit kosten, die Angst verschließt ihm den Mund. Ein Souverän ist immer gleichbedeutend mit Terror, selbst dann, wenn er seine Macht maßvoll und gerecht handhabt; denn da man dessen nie sicher sein kann, lebt der Untertan in Furcht und ist in seiner Menschenwürde gebrochen. Schutz vor willkürlicher Verhaftung ist also nicht nur *historisch,* sondern auch *sachlich* die Mutter aller Grundrechte.

Edward Cokes historische Bedeutung für die Geschichte des englischen und amerikanischen Rechts und damit für die Entwicklung des modernen Verfassungsstaates kann kaum überschätzt werden; aber seine wirkungsmächtigste Tat ist die Ausweitung dieses Grundprinzips der Magna Charta auf «alle freien Engländer». Coke bediente sich einer historischen Interpretation: Er leitete sein Prinzip unmittelbar aus der Magna Charta ab. Die Frage, wieweit diese Ableitung historisch berechtigt war, ist für die Frage der praktischen Auswirkung nicht bedeutsam. Jedenfalls wurde Cokes Prinzip in der Petition of Rights von 1628 als englisches Verfassungsrecht anerkannt, und es ist gleichgültig, ob damit altes überliefertes Recht bestätigt oder ein neues Prinzip verankert wurde. Denn das Prinzip hat eine negative und eine positive Implikation. Negativ: der König besitzt jedenfalls kein souveränes Recht zu willkürlichen Verhaftungen; positiv: hierauf kann man sich berufen. Der Kreis derer, die sich darauf berufen können, erweiterte sich im Laufe der Geschichte, die positive Seite also ist variabel. Die negative aber jedenfalls ist altes englisches Recht. Insofern ist die Cokesche Formel also tatsächlich nur eine *Variation des Artikels 39 der Magna Charta.*

Das Grundrecht auf Schutz vor willkürlicher Verhaftung wurde in der *Habeas-Corpus-Akte* von 1679 erneut bestätigt. Der Grundgedanke Cokes spielte auch bei den Verhandlungen über die *Agreements of the People* (1647) eine große Rolle und wurde von den englischen Emigranten nach Amerika mitgenommen.

Georg Jellineks These war, daß die Menschenrechte ihren Ursprung in der *Religionsfreiheit* gehabt hätten.[14] Er verwies auf *Roger Williams*, den Gründer von Providence und Rhode Island, der die Religionsfreiheit im Gesetzbuch für Rhode Island von 1647 als unveräußerliches Menschenrecht deklariert hatte, und auf die Charta für die Kolonie Rhode Island aus dem Jahre 1663. Der Gedanke der Religionsfreiheit habe sich im Laufe des folgenden Jahrhunderts in Amerika mächtig verbreitet und sich schließlich in den Verfassungsurkunden niedergeschlagen. Nachdem hier einmal in grundsätzlicher Form ein unveräußerliches Menschenrecht verbrieft und anerkannt worden sei, habe dies die anderen Rechte nach sich gezogen und ihnen gewissermaßen als Modell gedient.

So sehr die Forschung Jellineks These, daß die Menschenrechte ihren Ursprung in Amerika haben, bestätigte, so wenig hat sich jedoch seine These vom Ursprung der Menschenrechte in der Religionsfreiheit aufrechterhalten lassen.[15] Denn Religionsfreiheit wurde in der amerikanischen Geschichte nur ganz ausnahmsweise als *Recht*, im allgemeinen aber nur als *Toleranz* verstan-

---

14 Schnur, a.a.O., S. 39 ff.

15 Ebenso z.B. Fritz Hartung, Die Entwicklung der Menschen- und Bürgerrechte von 1776 bis zur Gegenwart, 4. Aufl., S. 11. Roman Schnur scheint die Sache umgekehrt zu sehen: Er meint, Jellinek habe mit der These recht behalten, daß die Menschenrechte ihren Ursprung in der Religionsfreiheit hätten, nicht jedoch mit der These, daß die französische Erklärung der Menschenrechte von den amerikanischen Bills of Rights inspiriert sei (a.a.O., S. XI). Mit dieser Einschätzung steht Schnur jedoch im Gegensatz zu der übereinstimmenden Meinung so bedeutender Historiker wie Hartung, Hashagen, Vossler, Riner, Bohatec, Pound und Oestreich. Er begründet seine abweichende Ansicht nur mit einem Verweis auf Carl Schmitt und Jürgen Habermas, die aber an diesen Forschungsergebnissen im wesentlichen vorbeigehen. Habermas sieht die Sache mehr aus der Perspektive des sozialistischen Kritikers der ökonomischen Ausnutzung der Menschenrechte. Schmitt behauptet den Primat der Religionsfreiheit ausdrücklich ohne Rücksicht auf die geschichtlichen Details der Entwicklung«» «nur in einem systematischen Sinne» (Verfassungslehre, 3. Aufl., S.158 f.), weil er von dem Modell eines souveränen Staates ausgeht, der die *konfessionelle Konformität* erzwingt und der deshalb auf den Widerstand der Gläubigen stößt.

den, während es gleichzeitig eine ausgeprägte Geschichte von Freiheitsrechten gegeben hat.

Hashagen hat gezeigt, daß «eine allgemeine Gewissens- und Kultusfreiheit in den Kolonien» vor der Revolution als eine beherrschende Macht nicht existierte und daß auch die theoretische Forderung nach Religionsfreiheit wenig verbreitet war. Die ursprünglichen Entwürfe des Religionsartikels in der virginischen Bill of Rights enthielten *keineswegs Religionsfreiheit, sondern Toleranz,* und erst den Bemühungen James Madisons gelang es, die Religionsfreiheit in die Endfassung hineinzubringen. Der Religionsartikel wurde erst durchgesetzt, als die vorangegangenen 15 Freiheitsrechte längst formuliert waren. «Er konnte also nicht mehr der Quellpunkt der vorangegangenen 15 Artikel sein. Sie waren ja längst fertig und stammten trotz ihrer radikalen Fassung gar nicht von einem kirchenpolitischen Ultra vom Schlage Madisons, sondern von einem Anglikaner»[16], nämlich von George Mason.[17] Ähnliches zeigt die Geschichte der Religionsartikel in den Verfassungen anderer amerikanischer Staaten: Die Religionsfreiheit ist nur mit Müh' und Not in die Verfassungen aufgenommen worden. So richtig es ist, daß sie in der Charta von Rhode Island nachweisbar ist, so ist sie doch dort vereinzelt geblieben: Die anderen Kolonien hatten die Religionsfreiheit nicht. Der Geist, aus dem die Menschenrechte erwachsen sind, ist aber in allen amerikanischen Kolonien gleichermaßen verbreitet gewesen. Die Hinzunahme der Religionsfreiheit hat sich in Amerika zwar letzten Endes durchsetzen können, aber sie ist für den Geist der Bills of Rights weder geschichtlich noch ideell prägend geworden.

Auch Jellineks Hinweis auf die erste Verankerung der Religionsfreiheit im ersten Agreement of the People aus dem Jahre 1647 kann nicht davon überzeugen, daß die Religionsfreiheit alle anderen Menschenrechte «mit hindurchgerissen habe», wie Ernst Troeltsch annahm.[18] Denn in der Endfassung vom 20. 1. 1649 ist in Artikel 9 von der Religionsfreiheit nur noch die *Toleranz* übriggeblieben. Das Agreement of the People enthielt hingegen die wesentlichen anderen Grundrechte und Grundfreiheiten. Diese können sich also nicht der Religionsfreiheit verdanken. Diese Tatsache wird auch durch das Beratungsverfahren bestätigt: Man hatte sich auf eine Reihenfolge der zu diskutierenden Probleme geeinigt, derzufolge die Glaubens- und Gewissensfreiheit erst nach Erledigung der anderen Rechts- und Verfassungsfragen erörtert werden sollte.[19]

Jellineks Irrtum erklärt sich aus seiner Überbetonung der *naturrechtlichen Begründung* der Grundrechte. Er meinte, zwischen den amerikanischen und

16 Hashagen bei Schnur, a.a.O., S. 138.

17 Vgl. dazu Gustav Adolf Salander: Vom Werden der Menschenrechte, 1926.

18 *Ernst Troeltsch:* Die Bedeutung des Protestantismus für die Entstehung der modernen Welt, Historische Zeitschrift 97, 1906, S. 39.

19 Hierzu ausführlicher Josef Bohatec: Die Vorgeschichte der Menschen- und Bürgerrechte in der englischen Publizistik der ersten Hälfte des 17. Jahrhunderts, bei Schnur, a.a.O., S. 267.

den englischen Erklärungen der Rechte bestehe ein grundsätzlicher Gegensatz: Der Engländer genieße seine Freiheit aufgrund guten alten Rechts, der Amerikaner hingegen aufgrund eines naturrechtlich begründeten allgemeinen Menschenrechts, und er fand bei Roger Williams diese naturrechtliche Begründung der Religionsfreiheit. Aber dem ist mehreres entgegenzuhalten: Einmal fügt die naturrechtliche Begründung der juristischen Substanz des Grundrechts nichts hinzu, sie betrifft nur den ideologischen Hintergrund. Zum anderen ist die Betonung des Naturrechts nicht eine Eigentümlichkeit, die Amerika von England, sondern eine Eigentümlichkeit, die im 17. und 18. Jahrhundert philosophisch geprägte Politiker von Juristen unterschied. Drittens bestand für die angelsächsische Rechtstradition der scharfe Gegensatz zwischen Naturrecht und Common Law keineswegs, sondern man verstand das Common Law als Verwirklichung des Naturrechts, weil und insofern es die grundlegenden Freiheiten schützte. Selbst also wenn es zutrifft, daß man die Religionsfreiheit in Rhode Island naturrechtlich begründet hat, so folgt daraus nicht, daß sie eine herausgehobene Stellung innerhalb der Bills of Rights haben müßte oder gar als Ursprung und Modell aller anderen Menschenrechte anzusehen sei.

Jellineks These von der Religionsfreiheit als dem Ur-Menschenrecht hat aber immerhin einen berechtigten Kern, der uns auf die richtige Spur bringt. Wenn man überhaupt die verschiedenen Menschenrechte nach Qualität und Bedeutung gruppieren will und nach einem Ursprungsrecht sucht, welches alle anderen Freiheiten «mit hindurchgerissen habe», so ist es zu suchen in dem *Schutz vor willkürlicher Verhaftung und Strafverfolgung* (Habeas corpus). Denn dieses Grundrecht ist die Voraussetzung dafür, daß man überhaupt den Schutz des Gesetzes genießt, daß der Freiheitsraum berechenbar ist und daß man sich in diesem Freiheitsraum selbstsicher bewegen und behaupten kann. Diese Selbstsicherheit aber ist die Grundlage aller anderen Freiheiten, insbesondere auch der politischen Betätigungsfreiheit in allen ihren Formen. Nun bestanden in der ersten Hälfte des 17. Jahrhunderts in England Tendenzen, die Dissidenten aus konfessionellen Gründen polizeilich zu verfolgen. Die von den Puritanern erbetenen Freiheiten waren in der Versammlung von Hampton Court im Jahre 1604 von Jakob I. verweigert worden. Damit waren die Weichen gestellt in Richtung auf die Herstellung konfessioneller Konformität, die vor allem Laud mit Unterstützung Karls I. mit wachsendem Eifer anstrebte. Die Dissidenten antworteten teils mit Emigration in die amerikanischen Kolonien, teils mit passivem Widerstand, teils mit aktivem Widerstand, vor allem im schottischen Aufstand von 1638.

Das Grundrecht auf Schutz vor willkürlicher Verhaftung wurde aber in erster Linie aus konfessionellen Gründen verletzt. Die Religionsfreiheit war der damals aktuelle konkrete Anwendungsfall dieses allgemeinen Grundrechts. Nichts lag näher, als daß die Betroffenen in ihrem ersten Entwurf zum Agreement of the People statt des allgemeinen Prinzips das besondere an die Spitze stellten. Indessen war man in den Beratungen über das Agreement of the People der Meinung, daß dem Schutz vor willkürlicher Verhaftung hinreichend Genüge getan sei, wenn man statt der Religionsfreiheit die Toleranz festlege. Gerade in dieser Entwicklung der Diskussion zeigte sich, daß der Schutz vor willkürlicher Verhaftung das eigentliche Ur-Grundrecht war.

Wie *Bohatec*[20] gezeigt hat, spielte bei den Verhandlungen über das Agreement of the People 1647 mit seinen Grundrechten die Erfahrung von 1628, die zur Petition of Rights geführt hatte, eine wesentliche Rolle, und zwar hat besonders Cokes Formel inspirierend gewirkt. Ihre Anwendung auf die konfessionelle Freiheit war eben bloß ein Anwendungsfall, sie erschien variabel, war gewissermaßen nur eine Funktion des Ur-Grundrechts; die Varianten wurden von verschiedenen, vor allem auch von theologischen Erwägungen bestimmt. Das Grundrecht auf Schutz vor willkürlicher Verhaftung ist also nicht nur gleich alt wie das Grundrecht auf Religionsfreiheit, sondern *älter*. Es ist zugleich *umfassender* und schließt zumindest religiöse Toleranz ein.

Roger Williams' Verfassung von Rhode Island von 1647 bestätigt ebenfalls, daß die Religionsfreiheit nicht isoliert gesehen werden darf, sondern vor dem ganzen Hintergrund des Verfassungskonflikts von 1628. Der Satz Cokes ist nämlich fast wörtlich in diese Verfassung eingegangen. Die Religionsfreiheit ist in den Schutz vor willkürlicher Verhaftung eingebettet und aus ihr heraus begründet.

In der Verfassung von Rhode Island aus dem Jahre 1647 heißt es: «That no person in this Colonie shall be taken or imprisoned, or be disseized of his Land or Liberties, or be exiled or any otherwise molested or destroyed, but by the Lawfull Judgement of his Peeres or by somme known Law, and according to the letter of it, Ratified and confirmed by the major part of the General Assembly lawfully met and orderly managed.» Dieser Satz ist inhaltlich nichts anderes als die Formel Cokes.

Das gleiche gilt für die Charta für Rhode Island aus dem Jahre 1663: «... that noe person within the sayd colonye, at any time hereafter, shall be any wise molested, punished, disquieted, or called in question, for any differences in opinione in matters of religion ...» Also nicht die Religionsfreiheit ist das Grundrecht von Rhode Island, sondern es ist die Cokesche Formel für den Schutz vor willkürlicher Verhaftung, angewandt auf den Schutz gegen willkürliche Glaubensverfolgung.

In gleicher Weise sind die anderen Grundfreiheiten – insbesondere Freiheit der Rede, der Presse, der Versammlung und der Petition usw. – Ausfächerungen desselben Prinzips, angewandt auf die Lebensbereiche, in denen seine Geltung besonders verteidigt werden mußte.

§ 35. Der Ursprung der amerikanischen Verfassungen

Welche politischen Anlässe tatsächlich entscheidend zu den Bills of Rights in den Verfassungen der amerikanischen Einzelstaaten geführt haben, haben

20 Bohatec, bei Schnur, a.a.O.

vor allem Hashagen, Vossler und Pound deutlich gemacht.[21] Die Verfassungen muß man in ihrem zeitlichen Zusammenhang mit der *Unabhängigkeitserklärung* 1776 der amerikanischen Kolonien sehen. Insofern sich die Kolonien gegen das Mutterland auflehnten, lösten sie sich aus dem gemeinsamen Rechtsband und bedurften deshalb ersatzweise der Fundierung im *Naturrecht*. Zugleich begründeten sie die Notwendigkeit dieser Auflehnung damit, daß England sie in ihren Grundrechten verletzt hatte, und indem sie diese Auflehnung naturrechtlich fundierten, brachten sie zugleich die öffentliche Meinung der Aufklärungszeit auf ihre Seite. Schließlich waren die Naturrechtsideen in Amerika insofern auf fruchtbaren Boden gefallen, als der Naturzustand für die Amerikaner nicht so fiktiv erschien wie in Europa und nicht in die urferne Vorzeit verlegt werden mußte: Man gründete ja tatsächlich Staaten durch Vertrag. Nichts lag näher, als daß man die naturrechtlichen Vertragstheorien, die in jener Zeit in aller Munde waren, zu ihrer Deutung heranzog. Und schließlich spielte eine Rolle, daß das englische Common Law den Besonderheiten der amerikanischen Entwicklung nicht immer Rechnung tragen konnte, so daß man es in Amerika zwangsläufig durch naturrechtlich begründete Rechtssätze ergänzen mußte.

So wurden aus den «altüberlieferten Grundrechten» der Engländer die naturrechtlich begründeten Menschenrechte der Amerikaner. Ihre rechtlich-institutionelle Substanz aber veränderte das nicht. Sehr richtig bemerkt Otto Vossler: «Wenn man die Amerikaner von 1776 fragt, wie denn die natürlichen oder Menschenrechte in ihre positive Gesetzgebung gekommen seien, so antworten sie, daß sie überhaupt nicht hineingekommen, sondern schon immer darin enthalten gewesen seien ... Sie betrachten die englischen Grundrechte schon als eine Erklärung der Menschenrechte.»

Die politische Konstellation der Unabhängigkeitserklärung von 1776 entspricht denn auch in wesentlichen Zügen – mutatis mutandis – dem Verfassungskonflikt von 1628. «Im Streit zwischen Mutterland und Kolonien wiederholte sich im Prinzip – aber unter verschärfenden Umständen – der Kampf zwischen den Stuarts und Coke.»[22] *Die Herausforderung ging wieder von einer Souveränitätsanmaßung aus,* diesmal nicht von der des Königs, sondern von der des englischen Parlaments gegenüber den Kolonien. Das Parlament beanspruchte im «Declaration Act» von 1766 «to bind the colonies and people of America, subjects to the Crown of Great Britain, in all cases whatsoever».

Diese Herausforderung muß man in ihrem Zusammenhang sehen: Vorangegangen war eine Welle von allgemeinen Verhaftungsvollmachten («General Warrants») sowie von konkreten Verhaftungs- und Hausdurchsuchungsbefehlen («Writs of Assistance»). Justus Hashagen führt dazu aus: «Offenbar liegt hier eine der nächsten Wurzeln der Menschenrechte. Kein Gegenstand, der in dem Recht der Erklärungen so breit und energisch behandelt wird wie

21 R. Pound, The Development of Constitutional Guaranties of Liberty; Hashagen und Vossler bei Schnur, a.a.O.

22 Otto Vossler bei Schnur, a.a.O., S. 176, mit Belegen.

das *Verhaftungsrecht* und der Strafvollzug und positiv die Freiheit des Hauses, der Person, der Familie gegen willkürliche Durchsuchungen und Verhaftungen ...»[23] Hinzu kam die Forderung nach dem Verbot von Ausnahmegerichten, dadurch herausgefordert, daß die Engländer die Zuständigkeit ihrer Admiralitätsgerichte ausweiteten. Dem Ausbruch des Unabhängigkeitskrieges gingen also politische Konflikte voran, ähnlich denen, die dem englischen Bürgerkrieg von 1642 vorangingen. So wie Karl I. den Versuch machte, Steuern ohne Bewilligung des Parlaments zu erheben - womit er verbriefte Rechte verletzte -, ebenso wurde nun auch die *Steuerbewilligungsfrage* zu einem entscheidenden Konfliktstoff: Auf die 1765 erhobene Stempelsteuerakte des englischen Parlaments antworteten die Kolonisten mit der Forderung «no taxation without representation». Der Kampf um dieses Recht hatte die übrigen politischen Betätigungsrechte automatisch im Gefolge: Petitionsrecht, Versammlungsrecht, freies Wahlrecht usw. Konkrete Anlässe führten die Amerikaner zur Besinnung auf die elementaren englischen Grundfreiheiten, die sie dann, naturrechtlich fundiert und menschenrechtlich ausgeweitet, in ihren Bills of Rights zusammenfassend niederlegten: als Antwort auf Souveränitätsanmaßungen.

Demgemäß stehen die persönlichen Freiheitsrechte in unlösbarem Zusammenhang mit dem Prinzip eines kompetenzverteilenden Verfassungsstaates, und deshalb ist es folgerichtig, daß der *Menschenrechtskatalog* von Virginia 1776 die Festlegung von *Gewaltenteilung und richterlicher Unabhängigkeit* enthält. Grundrechte bedeuten Zurückweisung von Souveränitätsanmaßungen, zunächst der des Königs, später, im amerikanischen Unabhängigkeitskrieg, der des englischen Parlaments, im Laufe des 19. Jahrhunderts allgemein auch solcher des demokratischen Gesetzgebers.

Der Grundgedanke von 1776 war derselbe wie der von 1628: Die Vorhandenheit eines *Souveräns* bedeutet Verunsicherung auch dann, wenn Freiheit als Toleranz gewährt wird; denn daß die Freiheit jederzeit zurücknehmbar ist, hält die Menschen in Furcht. Demgegenüber bedeutet *Rule of Law* Schutz durch den Richter, durch das gerichtliche Verfahren und die Gerechtigkeitsprinzipien, die sich im Common Law niedergeschlagen haben und die in der Verfassung ausdrücklich hervorgehoben sind.

Aufschlußreich ist ein Blick in die amerikanische Bundesverfassung von 1787: Sie enthält in ihrer ursprünglichen Gestalt, also ohne die Amendments, nur wenige Grundfreiheiten, aber doch immerhin einige. Diese betreffen ausdrücklich das Habeas-Corpus-Prinzip und einige seiner Ausfächerungen, nämlich das Verbot von speziellen Strafgesetzen sowie Ex-postfacto-Gesetzen (Art. I. §§ 9 und 10 der Bundesverfassung). Die in den ersten zehn *Amendments* von 1789 hinzugefügte «Bill of Rights» enthält in den beiden letzten Vorbehalte der Einzelstaaten gegenüber dem Bund. Von den übrigen acht betreffen fünf ausschließliche Rechte des Bürgers im gerichtlichen Verfahren. Die anderen

23 Bei Schnur, a.a.O., S. 146.

drei betreffen materielle Rechtsgrundsätze, in denen der Schutz gegen willkürliche Eingriffe als besonders relevant erfahren worden war.

Die Grundrechte der amerikanischen Bundesverfassung sind in der ursprünglichen Absicht also Grundrechte der persönlichen Freiheit gegenüber staatlicher Willkür und keineswegs Grundrechte zum Schutz feudalistischer oder kapitalistischer Privilegien. Ein Überblick mag das erhärten:

Art. 1: Freiheit der Religion, der Rede, der Presse, der Versammlung, der Petition.

Art. 2: Recht, Waffen zu tragen.

Art. 3: Einquartierungsverbot.

Art. 4: Schutz vor Verhaftungen und Durchsuchungen.

Art. 5: Prozessuale Grundrechte: Recht auf Jury; ne bis in idem; Aussageverweigerungsrecht; Eingriffe in Leben, Freiheit, Eigentum nur mit fairem Prozeß, Enteignung nur bei Entschädigung.

Art. 6: Weitere prozessuale Grundrechte: Schnelles und öffentliches Verfahren, unparteiliche Jury, Anklageverlesung, Gegenüberstellung mit Zeugen, Aussageerzwingung für günstige Zeugen, Recht auf Verteidiger.

Art. 7: Weitere prozessuale Grundrechte: Jury auch im Zivilprozeß.

Art. 8: Weitere prozessuale Grundrechte: Keine überhöhten Strafen oder Kautionen.

Art. 9 und 10: Vorbehalte der Einzelstaaten gegenüber dem Bund.

Die meisten Grundrechte, nämlich die der Artikel 4–8, schützen also den Bürger vor Gericht, und alle zusammen schützen die Freiheit der Person gegenüber Souveränitätsanmaßungen des Staates.

Das *Eigentum* ist nur zweimal genannt, und zwar in Artikel 5: Die eine Stelle sieht gerechte Entschädigung bei Enteignung vor, bestätigt also damit das Enteignungsrecht. Die andere Stelle findet sich in ein und demselben Satzteil mit dem Aussageverweigerungsrecht. Nach einem Komma ist der Gewährleistung des Aussageverweigerungsrechts die Gewährleistung hinzugefügt: «nor be deprived of life, liberty or property, without due process of law». Der Sinn des Satzes in diesem Zusammenhang ist eindeutig: Man kann weder mit dem Tode noch mit Freiheitsstrafe, noch mit *Eigentumsstrafe* belegt werden, außer aufgrund eines fairen Gerichtsverfahrens.

Dies ist die *Übernahme der Cokeschen Formel*, und sie dient demselben Zweck, dem sie bei Coke gedient hat: Sie bewahrt den Bürger, der sich gesetzestreu verhält, vor Furcht und gibt ihm Sicherheit gegenüber dem Staat. Es ist der Schutz der Person gegen den willkürlich zuschlagenden Souverän, keineswegs aber der Schutz der liberalen Wirtschaft gegenüber Sozialgesetzen.

Die Geschichte der Auslegung dieser Formel ist freilich die Geschichte der Auslegungswillkür durch wirtschaftsliberal eingestellte Richter, es ist eine Geschichte des Mißbrauchs von Richtermacht. Sie deuteten Grundrechte der *Menschenwürde* um in Grundrechte der *Wirtschaftsfreiheit*, worauf zurückzukommen ist. In ihrer ursprünglichen Gestalt aber ging es um Freiheit von der Furcht vor willkürlicher Verhaftung, eine Freiheit, die die Grundlage aller anderen Freiheiten ist.

§ 36. Von den amerikanischen Verfassungen zur französischen Revolution

Welchen Einfluß hat angesichts dieser Vorgeschichte die gemeineuropäische Naturrechtsphilosophie und insbesondere die *französische Aufklärung* auf die Entwicklung und Durchsetzung von Verfassungsstaat und Menschenrechten gehabt?

Zunächst zum Einfluß der naturrechtlichen Aufklärung auf die *amerikanischen* Grundrechte. Die ersten Jahrhunderte der Neuzeit, in denen sich die Grund- und Menschenrechte institutionell zu verwirklichen begonnen haben, sind von einem lebhaften geistigen Austausch insbesondere zwischen England, Frankreich, Deutschland, den Niederlanden und Amerika geprägt. Der geistige Austausch zwischen Europa und Amerika während des 18. Jahrhunderts ist bekannt, und es besteht kein Zweifel, daß naturrechtliche Gedanken der Aufklärung in Amerika gewirkt haben und daß das geistige Klima des 18. Jahrhunderts zumindest teilweise von gleichen oder parallelen Ideen geprägt war. Der naturrechtliche Einfluß auf die amerikanischen Bills of Rights in ihrer ursprünglichen Gestalt erstreckte sich im wesentlichen auf den ideologischen Hintergrund, die Vorstellung, die man sich von dem Grund der Menschenrechte machte.

Aufklärerische Elemente finden sich vor allem in zweierlei Hinsicht:

Das erste Element aufklärerischen Ursprungs betraf die *naturrechtliche Begründung* der Grundrechte. Diese war in den Texten der Verfassung nur angedeutet: So war in der Verfassung von Virginia gesagt, die Menschen hätten «certain inherant rights», oder in der Verfassung von Massachusetts, sie hätten «certain natural, essential and unalienable rights». Dieser Gedanke von der naturrechtlichen Ursprünglichkeit der Menschenrechte gehörte sicher zu ihrem philosophischen Hintergrund. Deutlicher als in den Verfassungen wird das in der Unabhängigkeitserklärung vom 4. 7. 1776: Dort wurde es zu den «self-evident truths» gerechnet, daß alle Menschen «are endowed by their creator with certain unalienable rights» und daß Regierungen eingerichtet seien, um diese Rechte zu sichern. Praktische Bedeutung hat diese Vorstellung aber nur insofern, als sie die politische Unabdingbarkeit der Menschenrechte und damit ein Widerstandsrecht für den Fall ihrer Abschaffung oder Durchbrechung begründet. Im übrigen bedeutet sowohl die Vorstellung von der naturrechtlichen Ursprünglichkeit der Menschenrechte als auch die Vorstellung, daß die Rechte auf den Schöpfer zurückgehen, für die juristische Auslegung dieser Rechte – nichts. Sie war juristisch irrelevant.

Das zweite Element aufklärerischen Ursprungs war die Vorstellung, daß man nicht *Bürger*rechte, sondern *Menschen*rechte, Rechte eines *jeden*, der Menschenantlitz trägt, in den Bills of Rights der Staatsverfassungen niederlegte. Doch auch hier blieb es, zunächst jedenfalls, dabei, daß es sich um theoretische Begründungen ohne praktische Auswirkung handelte. Das Verständnis der Grundrechte als Menschenrechte ist z.B. in den Text der Verfassung von Virginia eingedrungen, wo es heißt, «that *all men* are by nature equally free and independent ...» Diese auf «alle Menschen» bezügliche Erklärung war freilich juristisch folgenlos: die Verfassung für Virginia konnte selbstverständlich nur Recht für den Staat Virginia festlegen. Wie die Rechtswirklichkeit in anderen Staaten der Welt aussehen sollte, darüber konnten die Bürger von Virginia eine moralische Meinung haben, aber sie konnten sie nicht rechtlich regeln. Was sie hätten regeln können, war, daß jeder, der das Gebiet des Staates Virginia betrat, dort ohne weiteres alle Rechte eines Bürgers von Virginia genoß. Aber davon waren sie weit entfernt: Es bedurfte eines Einbürgerungsverfahrens, und wer als Sklave nach Virginia verkauft worden war, kam nicht in den Genuß der Rechte. Die Aussage über die Rechte «aller Menschen» wies also zwar aufklärerischen Einfluß auf, aber gerade das bedeutete, zunächst jedenfalls: Sie war juristisch irrelevant.

Erstmals führte 1783 in Massachusetts die Klage eines Sklaven zum Erfolg: Der Artikel der Verfassung, daß alle Menschen frei und gleich geboren sind, führte zur *Aufhebung der Sklaverei* in Massachusetts.[24] Nur schrittweise folgten andere Nordstaaten diesem Beispiel, während die Südstaaten konsequent an der Sklaverei festhielten. Als im Jahre 1790 eine Gruppe von Quäkern den Kongreß ersuchte, seinen Einfluß auszuüben, um die Sklaverei abzuschaffen, wurde von Abgeordneten aus den Südstaaten erwidert: Wenn sich der Kongreß mit derartigen Petitionen überhaupt näher befasse, so werde im Süden die «Trompete für die Lossagung von der Union geblasen werden». Man sei der Union nicht aus moralischen, sondern aus politischen Gründen beigetreten.[25] Tatsächlich kam es später wegen dieser Frage zur Sezession der Südstaaten, und erst der amerikanische Bürgerkrieg führte zur formellen Abschaffung der Sklaverei in den USA, damit aber noch lange nicht zur realen Gleichstellung der Farbigen.

Hier zeigen sich zwei wesentliche Eigentümlichkeiten des Verfassungsstaates angelsächsischer Prägung: Einmal schuf er Freiheit nur für die Freien, er besaß von sich aus *nicht* den Impuls zur *Gleichheit*. Es mußte erst der naturrechtliche Anspruch «eines jeden, der Menschenantlitz trägt», hinzutreten, damit es zur Abschaffung der Sklaverei und auch zur Ermöglichung sozialstaatlicher Tendenzen kommen konnte. *Die Institutionen der Freiheit bedurften der Ergänzung um die Idee der Gleichheit*, genauer um die Idee des gleichen Anspruchs eines jeden Menschen auf Freiheit. Die *Verschmelzung von Verfassungsstaat und Naturrecht* erst schuf die revolutionäre Kraft, die in Richtung auf gleiche Freiheit wirkte, d.h. auf Gleichberechtigung innerhalb des Verfassungsstaates, auf allgemeines Wahlrecht, auf sozialstaatliche Impulse, auf Schaffung der realen Voraussetzungen für die Freiheit eines jeden.

Zum anderen bedurfte der angelsächsische Verfassungsstaat dieses naturrechtlichen Impulses auch zur Erweckung seiner Tendenz auf Ausbreitung über die westliche Welt. Die amerikanischen Verfassungen hatten zunächst keine missionarischen Impulse, sondern im Gegenteil eine isolationistische

---

24 Dazu A. Zilversmith in: William and Mary Quarterly Bd. 35 (1968). S. 624–24.

25 Zitiert bei Heide Gerstenberger: Zur politischen Ökonomie der bürgerlichen Gesellschaft, 1973, S. 258 f., m.w.N.

Tendenz: Sie schufen Fluchtburgen für Emigranten aus dem absolutistischen Europa. Ohne die Vorstellung, daß ein jeder, der Menschenantlitz trägt, auch ohne Emigration diesen Anspruch auf Freiheit besitze, wäre es nicht zum Siegeszug des Verfassungsstaates auch in der europäischen und einem Teil der überseeischen Staatenwelt gekommen.

Die Idee der Gleichheit hätte aber schwerlich ihre impulsierende Kraft entfalten können, wenn sie rein philosophisch geblieben und nicht mit der *Französischen Revolution* und ihrer Erklärung der Menschenrechte politisch in die Welt getreten wäre. «Zur Belehrung der ganzen Welt schreiben die Franzosen», meinte Boutmy mit Stolz; und tatsächlich verdankt die Welt dieser Belehrung sowohl den Impuls zu gleicher Freiheit innerhalb des Verfassungsstaates als auch zur Ausbreitung des Verfassungsstaates über die Welt.

Andererseits hätte sich die europäische Naturrechtsidee als ohnmächtig erwiesen ohne das Modell des Verfassungsstaates, das Amerika beisteuerte. In den absolutistischen kontinentaleuropäischen Staaten erschöpfte sich die Naturrechtslehre in moralischen Appellen an den Monarchen. Dessen Freiheitsgewährungen konnten aber, wie wir sahen (oben § 32), nicht zu Rechten, sondern immer nur zu Toleranzen führen, die jederzeit durchbrechbar und zurücknehmbar waren. Erst der gewaltenteilende Verfassungsstaat schuf den Rahmen einer rechtlichen institutionalisierten Freiheit, innerhalb deren die naturrechtliche Idee der Gleichheit realisierbar wurde. Der Verfassungsstaat für sich schafft Freiheit - aber nur für die Privilegierten. Die naturrechtliche Idee fordert Freiheit für jedermann - kann sie aber nicht rechtlich verwirklichen. Erst die *Verbindung von Verfassungsstaat und Gleichheitsidee* schafft die Grundlage für die rechtlich-institutionalisierte Freiheit eines jeden.

Die französische Erklärung der Menschenrechte von 1789 verdankt ihre das politische Bewußtsein des 19. Jahrhunderts inspirierende Kraft dem Umstand, daß sie unmittelbar mit der Idee des Verfassungsstaates verbunden war. Ihr praktisches Scheitern in der französischen Geschichte hingegen ist auf den Umstand zurückzuführen, daß es bei der bloßen «Idee des Verfassungsstaates» blieb, daß der Versuch zur Verwirklichung des Verfassungsstaates schon 1792 scheiterte. Die Einsicht in diese teils positive, teils negative Wirkung der «Idee des Verfassungsstaates» ist so wichtig, daß wir uns ihre beiden Elemente vergegenwärtigen müssen.

Einerseits: Während sich bis zur Französischen Revolution die naturrechtliche Menschenrechtsidee in moralischen Appellen an den Souverän erschöpfte, verknüpfte sie sich in der Französischen Revolution mit der Absicht zur Begründung eines Verfassungsstaates. Indem sich in der französischen Ständeversammlung von 1789 der «Dritte Stand» von dem traditionalen, vorabsolutistischen Ständerecht lossagte und zur Erklärung der Menschenrechte bekannte, beanspruchte er, einen menschenrechtschützenden und daher gewaltenteilenden Verfassungsstaat zu gründen. Daher war es folgerichtig, daß er sich weitgehend an den amerikanischen Bills of Rights orientierte.

Boutmys Vorstellung, daß die Erklärung der Menschenrechte aus der Aufklärungsphilosophie, insbesondere der *Staatstheorie Rousseaus*, abgeleitet worden sei, läßt sich nicht aufrechterhalten. Rousseau war den französischen Revolutionären nur wenig bekannt. Seine Philosophie wäre auch zur Begründung der Französischen Revolution in ihrer ersten Phase (1789–92) kaum geeignet gewesen.[26] Aus den Prämissen Rousseaus allein ergibt sich weder die Folgerung der Gewaltenteilung noch die Folgerung von Menschenrechten, die den Volkssouverän selbst binden könnten (vgl. §§ 69 f. u. 74 f.).

Hingegen standen die *amerikanischen Bills of Rights Modell für die Erklärung der Menschenrechte von 1789.* Boutmy bestritt zwar, daß die Verfassungen amerikanischer Einzelstaaten überhaupt irgendwelchen maßgeblichen Einfluß auf Gestalt und Inhalt der französischen Menschenrechtserklärungen gehabt hätten. Demgegenüber hat die Forschung zeigen können, daß die Bills of Rights der amerikanischen Verfassungen in den Jahren vor der Französischen Revolution sowohl in der Originalsprache wie auch in französischer Übersetzung in hoher Auflage verbreitet und in aller Munde waren. Lafayette, der den Entwurf zur französischen Erklärung der Menschenrechte formuliert hat, war mit dem Geist, der die amerikanischen Grundrechte geprägt hatte, intim vertraut, hatte er doch jahrelang an Washingtons Seite am Unabhängigkeitskrieg teilgenommen. Er stand im Laufe des Jahres 1789 in ständigem freundschaftlichem Kontakt mit Jefferson, der zu jener Zeit Gesandter der Vereinigten Staaten in Paris war, und es ist erwiesen, daß er seine Entwürfe Jefferson zur Stellungnahme vorgelegt und sich mit ihm darüber beraten hat.[27] Schließlich hat Boutmy auch nicht Jellineks Behauptung ernstlich erschüttern können, daß die französische Erklärung der Menschenrechte kein einziges Recht enthielt, das nicht schon in den amerikanischen Bills of Rights enthalten gewesen wäre, und ebensowenig Jellineks Nachweis, daß die französische Erklärung auch in der Form der amerikanischen wesentlich ähnlich ist.

Andererseits: Es blieb bei der Idee des Verfassungsstaates – und damit blieben die Menschenrechte *Deklamationen ohne bleibende juristische Wirklichkeit.* Die Erklärung der Menschenrechte von 1789 ging zwar in die französische Verfassung vom 3. 9. 1791 ein, die einen gewaltenteilenden Verfassungsstaat schuf, die aber schon am 10. 8. 1792 suspendiert wurde. Als am 21. 9. 1792 das Königtum abgeschafft wurde, war die Gewaltenteilung, die auf den beiden Säulen Nationalversammlung und König ruhte, beseitigt. *Ohne Verfassungsstaat keine Menschenrechte*: mit den September-Morden 1792 begann die Entartung der Französischen Revolution in den Terror. Es kam zu der neuen Verfassung vom 24. 6. 1793, die zwar auch mit einer noch ausführlicheren «Erklärung der Rechte des Menschen und Bürgers» begann, die aber nie in Kraft trat. Die Menschenrechte blieben leere Deklamation, und nicht nur das: Sie pervertierten in ihr Gegenteil, indem sie zur intellektuellen Rechtfertigung der Terrorherrschaft des Wohlfahrtsausschusses unter ihrem Inspirator Robespierre herhalten mußten.

---

26 S. dazu vor allem Iring Fetscher, Rousseaus politische Philosophie, 1968, S. 263.
27 Otto Vossler bei Schnur, a.a.O., S. 293 ff.

Die Annahme, die Geschichte der Grund- und Menschenrechte beginne mit der französischen Erklärung der Menschenrechte von 1789 und sei der politische Niederschlag der französischen Aufklärungsphilosophie, ist nach alledem ein Irrtum, und zwar ein Irrtum mit verhängnisvollen Auswirkungen: Er hat wesentlich zu einem Verständnis der Menschenrechte beigetragen, das sie *aus dem institutionellen Zusammenhang mit dem Verfassungsstaat gelöst* und auf die abstrakt-philosophische Ebene der Deklamationen verschoben hat. Dieses Mißverständnis der Menschenrechte aber führt, wo es politisch wirksam wird, dazu, daß man sich zu den Menschenrechten zwar bekennt, diese aber nicht juristisch institutionalisiert. Wem an der Wirklichkeit mehr gelegen ist als an pathetischen Worten, wird die Sache mit wenig Begeisterung sehen: Die Menschenrechte leben so hoch in den Sternen, daß niemand an sie herankommt. Das deklamatorische Bekenntnis zu ihnen macht die Sache nicht besser, sondern schlimmer: Es täuscht über die Abwesenheit der Menschenrechte hinweg und erlaubt eine Herrschaftsideologie, die unter dem Schein der Menschenrechtssicherungen das Prinzip Souveränität praktiziert. Wie schlimm das sein kann, wird nicht immer deutlich, wenn der Souverän seine Herrschaft tolerant und maßvoll gebraucht: Dann entsteht Zufriedenheit mit dem Souverän, die Forderung nach dem Verfassungsstaat gerät in Vergessenheit und wird schließlich nicht mehr verstanden - so lange, bis der Souverän seine Macht zeigt und der schlafende Bürger - zu spät - erwacht.

3. Kapitel: Die zwei französischen Revolutionen 1789 und 1792

§ 37. Der «pouvoir constituant» (1788 - 1791)

Wie ist die Volkssouveränität mit Gewaltenteilung und Menschenrechten vereinbar? Bedeutung und Tragweite dieser Frage werden erst anschaulich aus dem geschichtlichen Zusammenhang, der ihre Tradition begründet hat, dem Zusammenhang nämlich der Französischen Revolution. Wenn man die Begriffe der allgemeinen Staatslehre an ihrem geschichtlichen Ursprung verortet, so können sie ihre Abstraktheit und Befremdlichkeit verlieren und Leben gewinnen. Die *Französische Revolution hat alle wesentlichen Grundmodelle der Demokratie innerhalb weniger Jahre wie unter Experimentierbedingungen durchprobiert.* Die Erfahrungen, die wir seither mit den verschiedenen Demokratiemodellen gemacht haben, variieren nur die Erfahrungen, die uns die Französische Revolution paradigmatisch vor Augen führt. Entwicklungen, die anderswo Jahrzehnte in Anspruch genommen haben, sind in Frankreich in dem dichtgedrängten Raum weniger Jahre abgelaufen.

Die Französische Revolution ist aber nicht nur ein beliebiges Lehrbeispiel für die allgemeine Staatslehre, sondern vor allem der geschichtsmächtige *Ausgangspunkt für die Demokratisierungsbewegung,* die seither die politische Geschichte impulsiert. In ihr wurden politische Fronten aufgebaut, die sich auf andere Länder übertragen haben und dort noch heute lebendig sind. In ihr wurde der Versuch unternommen, die Ideen von «Freiheit, Gleichheit und Brüderlichkeit» in die Tat umzusetzen, die seither den Maßstab für den Fortschritt bilden und an dem die politischen Verhältnisse überall in der Welt gemessen werden. In ihr wurden aber auch alle wesentlichen *fundamentalen Fehler* begangen, aus denen man, wenn man sie reflektiert, Lehren ziehen kann. Die Fehler wurden aber vielerorts auch wiederholt, weil man die Lehren der Französischen Revolution nicht zu ziehen gewillt oder fähig war.

Die Französische Revolution lief in *Phasen* ab, die jeweils eines der Grundmodelle der Demokratie durchspielen. Genaugenommen handelt es sich um zwei Revolutionen: eine Revolution *für* den Verfassungsstaat (1789 - 1792) und eine *gegen* den Verfassungsstaat (1792 - 1794).

In der ersten Phase ging es nicht darum, die absolutistische Souveränität vom Monarchen auf eine Gruppe von Volksvertretern zu verlagern, sondern einen *demokratischen Verfassungsstaat* zu schaffen, also zunächst einmal Gewaltenteilung herzustellen. Die Nationalversammlung erklärte sich zur «Assemblée Constituante» und verabschiedete die Verfassung von 1792, in der alle Souveränität, auch die Volkssouveränität, aufgehoben war.

Die Volkssouveränität offenbarte sich also nur in der Beratung und der *Verabschiedung der Verfassung* selbst. Solange es den Verfassungsstaat nicht gibt, kann sich die Demokratie nur in der Gestalt der Volkssouveränität interpretieren. Aber die Souveränität ist nicht Selbstzweck, sondern, solange es keinen Verfassungsstaat gibt, eine unvermeidliche Notwendigkeit und die Grundlage für den zu schaffenden demokratischen Verfassungsstaat: ein Notbehelf, eine Übergangslösung.

Am Anfang der Französischen Revolution steht die Unterscheidung zwischen «*pouvoir constituant*» und «*pouvoir constitué*», die Sieyès formuliert hat und die für das Denken der Constituante grundlegend war. Die verfassunggebende Gewalt ist selbst noch nicht verfassungsmäßig gebunden, sie ist «legibus absolutus» und im eigentlichen Sinn souverän. Sie begibt sich aber durch die Verfassunggebung ihrer Souveränität. So heißt es im Schlußartikel der Verfassung von 1791:

> «Die Nationalversammlung erklärt, daß die Verfassung beschlossen ist und daß sie nichts daran ändern kann.»

Wenn also der «pouvoir constituant» sich seiner Souveränität begibt, so hat die in die Verfassung eingebundene gesetzgebende Versammlung keine Souveränität. In der ersten Phase der Französischen Revolution verstand man also unter Volkssouveränität nicht mehr, als daß die *Verfassung auf den Volkssouverän zurückgeht* und durch ihn demokratisch legitimiert ist. Nicht aber verstand man darunter, daß die unter der Verfassung zu wählende gesetzgebende Körperschaft neben oder über der Verfassung stünde und diese durchbrechen könnte. Sie konnte sie von Verfassungs wegen noch nicht einmal ändern, es sei denn in dem in der Verfassung selbst vorgesehenen Verfahren. Eine Änderung und sogar Aufhebung der Verfassung außerhalb dieser Verfahrensregeln ist faktisch möglich, bedeutet aber dann einen Ausbruch aus der Verfassung, also eine neue Revolution, in der sich die Volkssouveränität erneut im «pouvoir constituant» manifestiert. Die verfassunggebende Nationalversammlung von 1789 hatte aber allerdings die Vorstellung, sie würde eine Verfassung von Dauer schaffen, die funktionsfähig genug sei, um einen Rückfall in den verfassungslosen Zustand zu verhindern. Der «pouvoir constituant» sollte gewissermaßen die *Volkssouveränität ein für allemal verbrauchen.*

Dieses hochgesteckte Ziel hätte freilich erfordert, daß sich das souveräne Volk selbst seines «pouvoir constituant» begibt und seine Souveränität im «pouvoir constitué» aufhebt. Das aber setzt eine dahingehende Entscheidung *des Volkes* voraus. Diese kann auf zweierlei Weise erfolgen: Entweder *wählt das Volk* eine nicht nur verfassungberatende, sondern verfassunggebende Versammlung und ermächtigt sie zum Beschluß über die Verfassung. Oder aber die Nationalversammlung, gleichgültig auf welche Weise sie zustande gekommen ist, begnügt sich damit, einen Verfassungsentwurf zu beraten und vom *Volk in unmittelbarer Abstimmung* beschließen zu lassen. Die Nationalversammlung aber war weder als verfassunggebende gewählt, noch unterbreitete sie ihren Entwurf dem Volk zur Verabschiedung. Statt dessen betrachtete sie sich als souveräne Repräsentantin des Volkes: *statt Volkssouveränität Parlamentssouveränität.* Dies war mehr als ein Schönheitsfehler, es erwies sich später als eine entscheidende Legitimitätsschwäche der Verfassung von 1791.

Ferner ist für den bereits etablierten Verfassungsstaat, wie gesagt, die Unterscheidung von *Trägerschaft und Ausübung* der Volkssouveränität charakteristisch: Die Trägerschaft liegt beim Volke, die Ausübung bei den verfassungsmäßigen Staatsorganen. Nun kann für den *«pouvoir constituant»* diese Trennung aber eigentlich nur dann gelten, wenn er selbst schon verfaßt ist. Das aber würde die Geltung einer einstweiligen Verfassung voraussetzen, die Besetzung und Verfahren einer verfassunggebenden Nationalversammlung regelt. Diese müßte vom Volkssouverän gebilligt sein. Mindestens müßte sich die Zustimmung des Volkes in seiner Teilnahme an Wahlen zu der verfassunggebenden Nationalversammlung äußern. Indessen verstand sich die Nationalversammlung, *ohne* daß diese Bedingungen erfüllt waren, als Repräsentantin des Volkes und wurde auch in weiten Kreisen so verstanden. Sie betrachtete sich als ermächtigt, die Verfassung nicht nur als Entwurf zu beraten und zu formulieren, sondern auch in Stellvertretung des Volkes zu beschließen.

Das ist um so bemerkenswerter, als sie nicht nur nicht als verfassungbeschließende, sondern nicht einmal als verfassungberatende Versammlung gewählt worden war. Vielmehr ging die verfassunggebende Nationalversammlung aus der Versammlung der *Generalstände* hervor. Der König hatte sich in wirtschaftlichen und politischen Schwierigkeiten, die die Legitimitätsgrundlage des Absolutismus zu erschüttern begannen, des altfranzösischen Verfassungsrechts der drei Generalstände (Geistlichkeit, Adel, städtisches Bürgertum) erinnert und sie zum erstenmal seit 1614 wieder einberufen, um ein wirtschaftliches und administratives Reformprogramm von ihr bestätigen zu lassen und auf eine breitere Legitimitätsgrundlage zu stellen. Indem er der Nation in ihren drei Ständen «die volle Ausübung aller ihnen gehörenden Rechte» zurückzugeben versprach, wollte er das durch die Anmaßungen des Absolutismus überwucherte alte Verfassungsrecht des Königreichs wiederaufleben lassen.

Die Ständeversammlung wandelte sich jedoch selbst in eine verfassunggebende Nationalversammlung auf der Legitimitätsgrundlage der repräsentierten Volkssouveränität um. Dieser Umwandlungsprozeß vollzog sich in mehreren Stufen:

Erstens hat noch der König selbst die Zahl der Vertreter des dritten Standes verdoppelt. An sich war jeder Stand durch 300 Deputierte vertreten. Nun war es streitig, ob es bei dem alten Prinzip getrennter Beratung und Abstimmung nach Ständen bleiben sollte oder ob sich die drei Stände zu einer einheitlichen Versammlung zusammenschließen sollten. Der König entschied sich am 27. 12. 1788 für eine Lösung, in der er einen Kompromiß erblickte: es sollte zwar bei dem alten Verfahren bleiben, aber zum Ausgleich dafür wurde die Zahl der Deputierten des dritten Standes auf 600 erhöht.

Zweitens erklärte sich der dritte Stand selbst zur «Nationalversammlung», gemäß der von Sieyés in seiner berühmt gewordenen Flugschrift «Qu'est-ce que le tiers-état?» ausgegebenen Parole: «Der dritte Stand ist die Nation selbst.»

Drittens fand der dritte Stand Unterstützung durch 47 Adlige und einen großen Teil der Geistlichkeit, vor allem der Landpfarrer, und hatte damit eine klare Mehrheit.

Viertens beanspruchten die Deputierten des dritten Standes, der Kompromißvorstellung des Königs zum Trotz, die Vereinigung aller Stände in einer einzigen Versammlung und *Abstimmung nach Köpfen*. Dem gab der König am 17. 6. 1789 nach – allerdings in der Erwartung, er werde die Versammlung mit einem Gewaltstreich beseitigen können. Der Versuch wurde jedoch abgeschlagen. (In diesem Zusammenhang erfolgte der Sturm auf die Bastille am 14. 7. 1789.) Damit war das Grundprinzip der Ständeversammlung, daß die Beschlüsse zweier Stände den dritten nicht binden können, aufgehoben.

Fünftens nahmen die Deputierten des ersten und zweiten Standes, die nicht bereit waren, sich mit dem dritten Stand zu identifizieren, an den Beratungen nicht mehr teil.

Sechstens setzten sich die Vertreter der Nationalversammlung über die imperativen Mandate, denen sie als Ständevertreter unterlagen, hinweg und nahmen ein *freies Mandat* in Anspruch. Instruktionen wurden am 22. 12. 1789 auch gesetzlich untersagt. Mit dem freien Mandat hat sich das Prinzip der parlamentarischen Repräsentation in Frankreich durchgesetzt.

Siebtens bedeutete das freie Mandat zugleich, daß die Nationalversammlung in ihrer *Aufgabenstellung* nicht mehr durch die Vollmachten beschränkt war, die ihr gemäß der königlichen Einberufung der Generalstände erteilt worden waren und die nicht über die vom König den Generalständen zugedachten Aufgaben hinausreichen konnten. Allerdings hatte der König der Ständeversammlung eine verhältnismäßig weitreichende Reformaufgabe zugedacht: Sie sollte sich befassen mit «allem, was die Erfordernisse des Staats betrifft, der Reform der Mißstände, der Errichtung einer festen und dauernden Ordnung in allen Teilen der Verwaltung, dem allgemeinen Wohlstand in unserem Königreich und dem Wohl von allen und jedem einzelnen unserer Untertanen»[1]. Aber immerhin handelte es sich um eine Aufgabenstellung im Rahmen des Ständesystems und seiner Rechtsgrundlagen. Die Versammlung ermächtigte sich selbst zu der Aufgabe, dieses System mitsamt seinen Rechtsgrundlagen abzuschaffen und durch ein neues zu ersetzen.

Achtens beschloß die Nationalversammlung am 5. 8. 1789 die Aufhebung des Feudalsystems, die *Rechtsgleichheit* von Adligen und Bürgerlichen und die Abschaffung adliger Privilegien.

Diese Dekrete bedurften der Zustimmung des Königs, die er nach längerem Zögern unter dem Druck der Verhältnisse erteilte.

Neuntens nahm die Versammlung in der Woche zwischen dem 16. und 26. August 1789 die *Erklärung der Menschenrechte* an.

Zehntens hielt sich die Nationalversammlung nicht nur für befugt, einen Verfassungsentwurf, der dem Volk zur Abstimmung vorzulegen sei, zu beraten, sondern auch die *Verfassung selbst zu beschließen.* Sie benötigte für die Beratung und Formulierung zwei Jahre und beschloß die Verfassung am 3. 9. 1791.

§ 38. Legitimität kraft Vermutung stillschweigender Zustimmung

Worauf konnte unter diesen Umständen die demokratische Legitimität dieser Nationalversammlung beruhen? Es ging nicht um die Ableitung ihrer Legitimität aus dem altfranzösischen Recht der Generalstände. Die Nationalversammlung verstand sich als revolutionär, d.h. sie brach mit den alten Legitimitätsgrundlagen. Einen solchen Bruch muß man nach dem Effektivitätsprinzip zur Kenntnis nehmen: Wenn sich die neue Ordnung tatsächlich gegenüber der alten Ordnung durchzusetzen vermag, wenn die Revolution also siegreich ist, so bedarf sie der Legitimierung aus dem alten Recht nicht mehr. Der Nationalversammlung hat denn auch nichts ferner gelegen, als eine solche Legitimierung zu beanspruchen. Was sie statt dessen beanspruchte, war, *Repräsentantin der Nation zu* sein. In der Einleitung zur Erklärung der Menschen- und Bürgerrechte spricht sie von sich selbst als der «Repräsentantin des französischen Volkes, konstituiert als Nationalversammlung». Dieser Anspruch, das Volk als Nationalversammlung zu repräsentieren, bedarf der Rechtfertigung angesichts des ebenfalls in der Erklärung der Menschen- und Bürgerrechte (Art. 3) ausgesprochenen Grundsatzes:

1 Lettres du roi pour la convocation des États Généraux vom 24. 1. 1789, bei Armand Brette, Recueille des Documents relatifs à la convocation des États Généraux de 1789, I, 56.

«Le principe de toute souveraineté réside essentiellement dans la nation.»

Freilich ist diese Formulierung vorsichtig. Es heißt nicht einfach: «La souveraineté réside dans la nation.» Vielmehr deuten die Zusätze «le principe» und «essentiellement» Vorbehalte an. Es heißt dann weiter:

«Keine Körperschaft kann eine Autorität *ausüben*, die nicht ausdrücklich von ihr (der Souveränität) *ausgeht*.»

Schon hier wird die Unterscheidung von Innehabung und Ausübung der Souveränität angedeutet, die in der Verfassung von 1792 konsequent durchgeführt werden wird.

Die Nationalversammlung legitimiert sich also demokratisch. Aber es bleibt die Frage: Inwiefern geht die Autorität der Nationalversammlung vom Volk aus?

Ihre demokratische Legitimität ruht auf zwei Säulen: einmal auf den *Wahlen*, aus denen sie, wenn auch unter anderen Voraussetzungen, immerhin hervorgegangen war. Aber diese Wahlen legitimierten lediglich die Mitwirkung in der Ständeversammlung aufgrund der generalständischen Verfassung, nicht aber deren Verletzung und gar Beseitigung. Hierzu bedurfte es also einer weiterreichenden Legitimation, die in der Theorie der Volkssouveränität gesucht wird. Aber die Nationalversammlung bestand nicht aus dem Volk, sondern aus Deputierten: nicht Identität, sondern Repräsentation, und zwar Repräsentation *ohne Vollmacht* und Ermächtigung durch Wahlen.

Also war die demokratische Legitimierung nur zu gewinnen kraft der Übereinstimmung des Willens der Nationalversammlung mit dem Volkswillen. Weder Volksentscheid noch Ermächtigung zur Repräsentation durch Wahlen schienen erforderlich, sondern die *Billigung durch das Volk*. Es handelte sich nicht darum, daß der empirische Volkswille (wie er wirklich ist) durch den hypothetischen Volkswillen (wie er sein würde, wenn das Volk seine wahren Interessen erkennte) ersetzt wurde. Diese Unterscheidung wird erst relevant, wenn der empirische und der hypothetische Volkswille auseinanderklaffen, wenn das Volk andere Interessen verfolgt als die, die die Herrschenden als seine wahren Interessen definieren. Solange das Volk die Herrschenden «trägt», ihre Maßnahmen billigt, werden der empirische Volkswille und das objektive Volksinteresse identifiziert. Die Billigung des Volkes gilt dann als Beweis für die Übereinstimmung mit den Interessen des Volkes.

Wenn aber die Billigung des Volkes die Repräsentation demokratisch legitimieren soll, muß dann nicht das Volk seine Billigung in irgendeiner Form *zum Ausdruck bringen*, sei es vorab durch Wahlen, die die Ermächtigung zu dieser Repräsentation implizieren, sei es nachträglich durch Volksabstimmung über den beratenen und beschlossenen Verfassungsentwurf? Die Nationalversammlung ermangelte beider Elemente demokratischer Legitimität. So blieb nur der Weg, die Billigung des Volkes zu *vermuten* und zu unterstellen. Erwiesen war sie nicht.

Es gibt auch durchaus Gründe, sie zu bezweifeln: Adel und Geistlichkeit bildeten zwar nur eine Minderheit. Aber beide besaßen doch eine große Gefolgschaft im Volk. Nach der Heimkehr der Adligen aus der Emigration zeigte sich, wie lebendig die Treuebeziehungen vor allem der Landbevölkerung zu ihren früheren Herren noch war. Auch der Katholizismus war in weitesten Schichten tief verwurzelt. Nun hatte die Nationalversammlung die Vorrechte des Adels abgeschafft, die Kirchengüter verstaatlicht, die Geistlichen zu Staatsbeamten gemacht und von ihnen den Eid auf die Verfassung verlangt, den ein großer Teil von ihnen verweigerte. Wie breit die Zustimmung des Volkes zu diesen Maßnahmen war, darüber gibt es Spekulationen, aber keine bewiesenen Feststellungen.

Hinzu kommt, daß der dritte Stand, der in der Nationalversammlung vertreten war, nur das städtische Bürgertum, aber weder das Landvolk noch alle städtischen Schichten repräsentierte, insbesondere nicht die ärmeren Schichten. Diese Teile der Bevölkerung gewannen zwar eine Reihe von Vorteilen durch Maßnahmen der Nationalversammlung, und man kann vermuten, daß sie diese Maßnahmen gebilligt haben. Wieweit aber ihre Zustimmung darüber hinausreichte, ist ungewiß. Das politisch aktive Bürgertum, das sich in Schriften und Reden artikulierte, äußerte weitgehende Unterstützung der Nationalversammlung. Aber es ist denkbar, daß es eine «schweigende Mehrheit» gegen die Nationalversammlung gegeben haben könnte. Dies soll hier keineswegs behauptet werden; man weiß es nicht. Es mag durchaus sein, daß eine Abstimmung eine breite Mehrheit des Volkes sowohl für einzelne Maßnahmen wie auch für die Verfassung von 1792 erbracht hätte. Nur darum geht es, die Eigentümlichkeit der demokratischen Legitimität der Nationalversammlung zu klären: Sie beruht letzten Endes auf der Vermutung *der stillschweigenden Billigung durch das Volk.*

Genügt die Vermutung der stillschweigenden Billigung für die demokratische Legitimation? Zu dieser Frage meint *Carl Schmitt,* der konservative Kritiker der Weimarer Republik:

> «Es wäre ein in diesen Fragen der demokratischen Verfassungslehre besonders abwegiger Formalismus, dieser ersten Nationalversammlung den Charakter eines Beauftragten der verfassunggebenden Gewalt des Volkes abzusprechen. Der Wille der französischen Nation ist hier zweifellos zur Geltung gekommen; die Prozedur einer besonderen Wahl oder Abstimmung hat demgegenüber nur relative Bedeutung.»[2]

«Zweifellos» – das genüge für die demokratische Legitimation, meint Carl Schmitt und befindet sich damit durchaus in Übereinstimmung mit der auch damals in Frankreich herrschend gewesenen Ansicht. Ist diese Prämisse einmal gesetzt, so ergeben sich Folgerungen, über deren Tragweite man sich im Klaren bleiben muß. Diese Folgerungen entfernen sich sehr von den Vorstellungen der französischen verfassunggebenden Nationalversammlung und

---

2 Verfassungslehre, 3. Aufl., S. 87.

kommen ganz anderen Absichten entgegen. Carl Schmitt zieht diese Folgerungen in kleinen Schritten. Zunächst generalisiert er:

«Auch eine stillschweigende Zustimmung des Volkes ist immer möglich und leicht zu erkennen.»[3]

Indessen wird in der Demokratie die Zustimmung des Volkes nicht stillschweigend vermutet, sondern *durch Wahlen und Abstimmungen erwiesen*. «Stillschweigende Zustimmung» gehört eher zur politischen Theorie des Feudalismus als zu der der Demokratie. Denn auch der Feudalismus setzte die Zustimmung des Volkes in den wechselseitigen Statusbindungen von Schutz und Gehorsam voraus. Die Zustimmung (consensus) wurde stillschweigend bis zum Beweis des Gegenteils unterstellt, nämlich bis der Herrscher zum Tyrannen entartete und damit die Ausübung des Widerstandsrechts legitimierte.

Auch *konkludente Handlungen* können Wahlen und Abstimmungen eigentlich nicht ersetzen. Wer sich z.B. in den Staaten des «demokratischen Zentralismus» an den dort möglichen Wahlen beteiligt, arrangiert sich mit den gegebenen Verhältnissen und versucht, das Beste daraus zu machen. Seine Beteiligung an den Wahlen beweist aber keineswegs seine Zustimmung zum System als Ganzem. Dies aber unterstellt Carl Schmitt:

«In der bloßen Beteiligung an dem durch eine Verfassung bestimmten öffentlichen Leben kann z.B. eine konkludente Handlung erblickt werden, durch welche der verfassunggebende Wille des Volkes sich deutlich genug äußert. Das gilt für die Beteiligung an den Wahlen, die ein bestimmter politischer Zustand mit sich bringt.»[4]

Warum insistiert Schmitt auf diesen keineswegs einleuchtenden Schlußfolgerungen? Die These von der Demokratie durch stillschweigende Zustimmung hat einen hintergründigen Sinn. Er erschließt sich am Ende der Kette dieser Schlußfolgerungen. Schmitt meint nämlich weiter:

«Auf diese Weise kann also den verschiedenartigsten Verfassungen der Charakter demokratischer Legitimität zugesprochen werden, indem man sie auf die immer vorhandene, sei es auch nur stillschweigend betätigte verfassunggebende Gewalt des Volkes gründet.»[5]

Und damit kein Zweifel daran bleibt, worauf die Deduktion hinaussoll, folgt an späterer Stelle mit der wünschenswerten Klarheit der schon zitierte zentrale Satz:

«Eine Diktatur insbesondere ist nur auf demokratischer Grundlage möglich.»[6]

---

3 Ebenda, S. 91.
4 Ebenda, S. 91.
5 Ebenda, S. 91.
6 Ebenda, S. 237.

Die Legitimation durch stillschweigende Akklamation ist demokratisch ungenügend. Wenn die Nationalversammlung weder Wahlen zu einer verfassunggebenden Versammlung ausschrieb noch ihren Entwurf zur Volksabstimmung stellte, so ist das ein demokratischer Mangel. Diese demokratische Defizienz wurde in der konservativen Demokratietheorie zum Wesen der Demokratie.

§ 39. Der Verfassungsstaat (1791)

Die Verfassung von 1791 bekennt sich zwar ausdrücklich zur Volkssouveränität:

> «Die Souveränität ist eine, unteilbar, unveräußerlich und unverjährbar. Sie gehört der Nation.»

Die Volkssouveränität liegt der Verfassung zugrunde, weil der «pouvoir constituant» der verfassunggebenden Nationalversammlung sich als Repräsentant des Volkes verstand. Sie ist aber in der Verfassung aufgehoben und damit erschöpft. Die Verfassung unterscheidet zwischen *Trägerschaft* und *Ausübung* der Souveränität:

> «Die Nation, von der alle Gewalten ihren Ursprung haben, kann sie nur durch Übertragung ausüben.»

Der Inhaber der Souveränität, das Volk, ist als solches nicht handlungsfähig. Die handlungsfähigen Organe aber sind nicht identisch mit dem Volk. Nicht Identität also, sondern Repräsentation. Aber die Repräsentation ist auch nicht etwa beschränkt auf die gesetzgebende Körperschaft, die aus Wahlen hervorgegangen ist. Vielmehr bestimmt die Verfassung:

> «Die französische Verfassung ist repräsentativ; die Repräsentanten sind die gesetzgebenden Körperschaften und der König.»

Diese Gewalten und auch die dritte Gewalt, die Rechtsprechung, üben nur die ihnen verfassungsrechtlich zugewiesenen Kompetenzen aus. Der Inhaber der Souveränität behält nichts zur eigenen Ausübung zurück. Auch die Wahl zur gesetzgebenden Körperschaft erfolgt nur aufgrund der dem Wahlvolk verfassungsrechtlich zugewiesenen Kompetenz und nur in dem dafür vorgesehenen Verfahren. Insofern ist also die *Volkssouveränität zur Ausübung übertragen*, und zwar vorbehaltlos übertragen und von den Verfassungsorganen restlos absorbiert.

Es gibt also innerhalb des Verfassungsstaates keinen Souverän. Im Anschluß an die Bestimmung, daß die Souveränität bei der Nation liegt, heißt es:

> «Kein Teil des Volkes und keine einzelne Person kann sich ihre Ausübung aneignen.»

Es gibt nur *Kompetenzen*, die in verfassungsmäßiger Form und aufgrund von verfassungsmäßig erlassenen Gesetzen im Namen des Volkes und in seinem Dienst wahrzunehmen sind. Alle Ausübung der Souveränität wird durch die Verfassung vermittelt:

1. Die aus mittelbaren Wahlen hervorgehende *Nationalversammlung ist nicht souverän*, sondern hat nur bestimmte, ihr durch die Verfassung zugewiesene Kompetenzen, insbesondere die der Gesetzgebung sowie der Haushalts- und Steuerhoheit. Aber sie ist nicht nur durch Kompetenzen, sondern auch durch materielle Freiheitsrechte beschränkt:

> «Die gesetzgebende Gewalt kann keine Gesetze erlassen, die die Ausübung der natürlichen und bürgerlichen Rechte, die in diesem Abschnitt (Titel I der Verfassung) bezeichnet und durch die Verfassung verbürgt sind, beeinträchtigen und behindern.»

Zu diesen Rechten gehören: Freizügigkeit, Redefreiheit, Religionsfreiheit, Versammlungsfreiheit, Eigentum (unter dem Vorbehalt der Enteignung gegen Entschädigung). Diese Grundrechte sind im Abschnitt über richterliche Gewalt um die Grundrechte ergänzt, in denen sich das Habeas-Corpus-Prinzip ausdrückt. Im wesentlichen enthält und verbürgt die Verfassung also dieselben Grundrechte wie die Zusatzartikel von 1791 zur Verfassung der USA. Darüber hinaus war die Erklärung der Menschenrechte von 1789 in die Verfassung inkorporiert, ohne daß die Verfassung sie als bindend für den *Gesetzgeber* bezeichnet hat.

2. Auch der *König ist nicht souverän,* vielmehr gilt:

> «Es gibt in Frankreich keine Autorität, die über dem Gesetz steht. Der König regiert nur durch dieses. Und nur im Namen des Gesetzes kann er Gehorsam verlangen.»

Auch der König hat also nur die verfassungsmäßig umrissenen Kompetenzen. Insbesondere liegt die vollziehende Gewalt ausschließlich in seiner Hand. Er allein ernennt und entläßt die Minister; es gibt also keine parlamentarische Regierung. Gegenüber den Gesetzesbeschlüssen der Nationalversammlung steht dem König ein suspensives Veto zu.

3. Die Verfassung sieht aber nicht nur eine Zweiteilung, sondern ganz im klassischen Sinne eine Dreiteilung der Gewalten vor. Die *Richter* werden zwar gewählt, sind aber dann sachlich und persönlich unabhängig. Daß sie nicht als dritte Repräsentanten genannt sind, beruht wohl auf der Vorstellung, daß sie nur die Gesetze zu interpretieren und anzuwenden haben, daß sie also, wie Montesquieu es formuliert hatte, nur «der Mund des Gesetzes» und deshalb «en quelque façon nul», also als eigene Gewalt mit eigenen Entscheidungsvollmachten nicht vorhanden seien. Ob sich aus der Bindung des Gesetzgebers an die Verfassung und die verfassungsrechtlich verbürgten Freiheitsrechte eine *richterliche Normenkontrolle* ergeben sollte, hatte die Verfassung nicht ausdrücklich entschieden, ebensowenig wie auch die Verfassung der USA. Die Verfassung macht aber einen Unterschied zwischen der Erklärung

der Menschen- und Bürgerrechte, die in die Verfassung inkorporiert, ihr aber gleichsam wie eine Präambel vorangestellt ist, und den in Titel I und Titel III Kap. V aufgezählten Freiheitsrechten. Während die Erklärung der Menschen- und Bürgerrechte den Charakter von Proklamationen besitzt, spricht die Verfassung von den übrigen Grundrechten als solchen, die «von der Verfassung verbürgt sind». Die Formel «die gesetzgebende Gewalt kann keine Gesetze erlassen ...», die diese Verbürgungen beeinträchtigen, entspricht der Formel des 2. Amendment zur amerikanischen Verfassung: «Congress shall make no law ...», der Formel also, die später zur Grundlage der richterlichen Normenkontrolle geworden ist.

Die Verfassung von 1791 etablierte einen Verfassungsstaat, der insofern *demokratisch* war, als die aus mittelbaren, zweijährlich wiederkehrenden Wahlen hervorgehende Nationalversammlung ein deutliches Übergewicht gegenüber den anderen Gewalten besitzt. Dieses Übergewicht beruht in erster Linie auf ihrer gesetzgebenden Gewalt unter Bindung aller anderen Gewalten an das Gesetz, sodann aber auch auf dem Gewicht des der Nationalversammlung zustehenden Budgetrechts.

Da die Tendenz zur Demokratisierung des Verfassungsstaates, die das 19. und 20. Jahrhundert impulsierte, Verfassungsänderungen nötig macht, ist es besonders bemerkenswert, daß die Verfassung das *Verfahren zur Verfassungsänderung* außerordentlich schwierig gestaltete. In den Regeln über die Verfassungsänderung wird die Beschränkung des «pouvoir constitué» konsequent zu Ende geführt. Hier offenbart sich der Riß zwischen Verfassungsstaat und Identitätsdemokratie, zwischen verfaßter Gewalt und Volkssouveränität, der sich alsbald als die Bruchstelle der Verfassung erwies. Die Verfassung bekennt sich zunächst ausdrücklich zur Volkssouveränität: «Die Verfassung der Nationalversammlung erklärt, daß die Nation das unveräußerliche Recht hat, ihre Verfassung zu ändern.» Aber auch dieses unveräußerliche Recht versucht die Verfassung gleichzeitig zu veräußern, nämlich verfassungsrechtlich aufzuheben:

> «Nichtsdestoweniger: In Anbetracht des Umstands, daß es dem nationalen Interesse gemäßer ist, die Artikel, deren Unzuträglichkeit die Erfahrung lehren wird, nur mit den in der Verfassung selbst vorgesehenen Mitteln zu reformieren, beschließt sie (die verfassunggebende Nationalversammlung), daß dabei ... in folgender Form vorgegangen wird: ...»,

und dann wird ein kompliziertes Verfahren geregelt: Drei Legislaturperioden hindurch muß der Wunsch nach Verfassungsänderung einstimmig gebilligt werden, alsdann wird eine Revisionsversammlung einberufen. Ihre Mitglieder leisten den Eid,

> «frei leben oder sterben zu wollen, mit allen ihren Kräften die Verfassung von 1791 aufrechtzuerhalten und in allem der Nation, dem Gesetz und dem König treu zu sein».

Alsdann können sie die Verfassung ändern, sollen sie aber in ihren Prinzipien erhalten und die Änderung auf Details beschränken.

Dieses Verfahren sollte die Verfassung stabilisieren, machte sie aber in einem Maße unflexibel, das Verfassungsreformen praktisch ausschloß und die Verfassung damit dem Verfassungsbruch oder der Verfassungsaufhebung auslieferte. Die von der Verfassung selbst konstatierte Volkssouveränität bot dazu den Hebel. Sobald das verfassungsändernde Verfahren den Bedürfnissen nicht entspricht, kommt der Anspruch des «pouvoir constituant», der beim Volk verblieben ist und notwendigerweise verbleibt, zur Geltung. Demgegenüber haben die Regeln der Verfassung über Verfassungsänderung nur den Charakter von Vorschlägen. Denn die Verfassung ruht auf der Souveränität des «pouvoir constituant», der sie ihre Legitimität verdankt, und kann diesen selbst nicht binden. *Die demokratische Idee ist mächtiger als die Verfassung*, denn sie ist die Grundlage und Voraussetzung ihrer juristischen Geltung. Die Verfassungsabschaffung hat zwar revolutionären Charakter. Sie ist nicht kraft Verfassungsrechts *legal*, wohl aber kraft der Idee der Volkssouveränität, die der Verfassung zugrunde liegt, *legitim*. Die Sprengkraft, die in der Idee der Volkssouveränität liegt, kann kein Verfassungsstaat ausschließen; er kann sie nur mäßigen und mildern.

Dazu bedarf es aber sowohl einer Verfassungstradition, die auch den *Konservativen* die Identifizierung mit der Verfassung erlaubt, als auch eines flexibleren Verfassungsänderungsverfahrens, das den *Progressiven* die Chancen zu einer Fortentwicklung der Verfassung nicht verschließt. Der ersten Bedingung konnte die verfassunggebende Nationalversammlung nicht Genüge tun, weil es in Frankreich weder entwicklungsfähige Institutionen noch die Rule of Law, sondern den Absolutismus gegeben hatte. Ein flexibleres Verfahren der Verfassungsrevision hätte sie dagegen vorsehen können, wenn sie nicht das Mißtrauen gehegt hätte, daß radikalere Kräfte durch radikale Reformen das Verfassungswerk überhaupt in Frage stellen würden.

Die verfassunggebende Nationalversammlung wollte durch die Integration des Königs in das Verfassungssystem den König und mit ihm die Royalisten und damit die *konservativen Kräfte versöhnen*, um auf diese Weise der Verfassung Stabilität zu verleihen. Sie wollte republikanischen (also antimonarchischen) Kräften den Weg versperren. Aber so weit läßt sich die Zukunft nicht beherrschen. Wer einen Fluß kanalisiert, muß seine Bahn breit genug gestalten, sonst bewirkt er das Gegenteil des Erstrebten: der Strom tritt über die Ufer. Die verfassunggebende Nationalversammlung hat eine Verfassung von unbestimmter Dauer schaffen wollen. Die Verfassung sollte die zukünftigen Generationen für immer binden. Sie währte ein Jahr – bis 1792.

§ 40. Souveränität des Volkes oder des Königs

Das ganze 19. Jahrhundert hindurch wurde Europa von einem Grundkonflikt bewegt: Liegt der «pouvoir constituant» beim Volk oder beim König? Die Wurzel dieses Konflikts liegt im Scheitern der Verfassung von 1791.

Diese Verfassung hatte zwar die Monarchie beibehalten, ihr aber eine neue Legitimitätsgrundlage unterlegt. Bis dahin ruhte die Legitimität des Königtums auf drei Säulen, einer traditionalen, einer charismatischen und einer rationalen:

Traditional: Die dynastische Erbfolge war mit der Weihe des Herkommens des guten alten Rechts umgeben. *Charismatisch*: Ein magisch sakrales Element, symbolisch ausgedrückt in Krönung und Salbung durch den Erzbischof von Reims, sichtbar werdend in der Heilkraft des Königs, insbesondere seiner Fähigkeit, Skrofeln zu heilen (zum letztenmal hat am 31. 5. 1825 ein französischer König durch magische Kräfte zu heilen versucht). *Rational*: Seit dem Ausgang des 16. Jahrhunderts traten rivalisierend mit den traditionalen und charismatischen Legitimationselementen und diese mehr und mehr verdrängend rationale Zweckmäßigkeitserwägungen und Naturrechtstheorien hinzu, die so konstruiert und begründet wurden, daß der größte Nutzen des Volkes den Absolutismus erforderlich mache (am konsequentesten bei Hobbes). Wie wir sahen, ermöglichte dieser Rationalismus zwar die Lösung des Königs aus traditional-rechtlichen Bindungen, konnte aber doch die traditionale und charismatische Legitimitätsgrundlage nicht völlig ersetzen; vielmehr blieb der König auf sie angewiesen. Die Einberufung der Generalstände durch ihn im Jahre 1788 bedeutete zugleich auch ein öffentliches Bekenntnis zum traditionalen Recht, das vom Absolutismus gewissermaßen überlagert, nicht verdrängt worden war. Das rationale Element der Legitimität hatte aber auf die anderen Elemente wie eine zersetzende Säure gewirkt, sie brüchig und unglaubwürdig gemacht (vgl. § 14).

Dies war ja auch die ursprüngliche Absicht der absolutistischen Souveränitätslehre: Die im traditionalen Recht wurzelnde Eigenmacht der Stände und der in der päpstlichen Legitimität wurzelnde kirchliche Einfluß hatten sich als treibende Kräfte des konfessionellen Bürgerkriegs erwiesen und sollten ausgeschaltet werden. Im Zeitalter der Aufklärung wurden die traditionalen und charismatischen Elemente der königlichen Legitimität weiter erschüttert: Sie erschienen vom Standpunkt rationaler Nützlichkeit aus gesehen unverständlich, unbegründbar, anmaßend und gefährlich. So waren die alten Legitimitätsgrundlagen – die traditionalen und charismatischen – am Ende des 18. Jahrhunderts weitgehend ausgehöhlt. Rationale Erwägungen vermochten allenfalls noch staatliche Souveränität zu begründen; aber diese hätte sich auch republikanisch manifestieren können, und es schien nicht mehr recht einleuchtend, daß sie einen König erfordere.

Die verfassunggebende Nationalversammlung, die das Königtum beibehalten wollte, stellte es daher auf eine ganz neue Grundlage. Der König war

König dank der Verfassung, und die Verfassung gründete ihre Legitimität auf die Volkssouveränität. In der Verfassung hieß es, wie gesagt:

«Es gibt in Frankreich keine Autorität, die über dem Gesetz steht. Der König regiert nur durch dieses. Und nur im Namen des Gesetzes kann er Gehorsam verlangen.»

Damit war das Selbstverständnis, das der König von seinem Königtum hatte und das seine royalistischen Anhänger im Lande und in allen Monarchien Europas teilten, in der Wurzel getroffen. Alle drei Säulen der monarchischen Legitimität waren ersetzt.

Die monarchische *Tradition* bestand zwar fort, aber nicht mehr oder jedenfalls nicht mehr allein aus eigenem Recht. Zwar galt auch nach der Verfassung von 1791 die dynastische Erbfolgeregelung weiter, wonach der erstgeborene männliche Nachkomme des Königs Thronfolger sein sollte. Aber diese Regelung galt nun auch kraft verfassungsrechtlicher Anerkennung, nicht einfach nur kraft Tradition. Schon am 19. Juni 1790 hatte die Nationalversammlung den erblichen Adel für abgeschafft erklärt. Damit hatte sie ihren Anspruch sichtbar gemacht, über traditional begründete Statusrechte souverän zu disponieren. Wenn die dynastische Erbfolge weiter galt, so deshalb, weil die Nationalversammlung vor ihrer Abschaffung haltmachte, und dies ließ sich auch so deuten: weil sie ihre Disposition in diesem Sinne traf. Hinzu kam, daß die königliche Würde auf den Zusammenhang des Feudalsystems angewiesen war. Der König war die Spitze der Adelspyramide. Durch die Abschaffung des Adels gewann er den Charakter von etwas Schwebendem, sinnlos Gewordenem.

Der König, für den also die Grundlagen seines Königtums auf dem Spiel standen, versuchte im Sommer 1791 noch vor Erlaß der Verfassung zu den österreichischen Truppen zu flüchten, in der Hoffnung, eine Intervention der europäischen Monarchien zu seinen Gunsten herbeiführen zu können. Er wurde aber unterwegs erkannt und als Gefangener nach Paris zurückgebracht. Die verfassunggebende Versammlung suspendierte daraufhin das Königtum und demonstrierte damit ihre souveräne Dispositionsgewalt. Nachdem sie die Verfassung beschlossen hatte, *erkannte der König die Verfassung an* und wurde *daraufhin* 1791 wieder in Amt und Würde eingesetzt. Seine traditionale Legitimitätsgrundlage war auf diese Weise offenkundig durch die Legitimität ersetzt, die die Verfassung ihm auf der Grundlage der Volkssouveränität vermitteln wollte.

Die magisch-sakrale Würde, die dem Königtum ein Element *charismatischer* Legitimität verliehen hatte, war nicht mehr anerkannt. Der Kirche, die sie vermittelt hatte, war ein eigenes Legitimierungsrecht nicht mehr zugestanden: Die Kirche stand weder über dem Staat noch als gleichgeordneter Partner neben ihm, sondern unter seiner Souveränität, unter der Verfassung und den Gesetzen. Sie konnte keine legitimitätsbegründende Wirkung für die Verfassungsorgane ausüben. Der König sollte nach seiner Thronbesteigung in Gegenwart der gesetzgebenden Körperschaft den Eid leisten, *der Nation und den Gesetzen treu* zu sein, nicht dem göttlichen oder natürlichen Recht.

Die rationale Legitimitätsgrundlage des Absolutismus lag ursprünglich, wie wir sahen, in erster Linie in der Erwartung, daß ein «pouvoir neutre» über den Parteien des konfessionellen Bürgerkriegs die Macht haben sollte, wechselseitige Toleranz und damit den Frieden zu erzwingen. Diese Legitimitätsgrundlage war bereits im Laufe des 17. Jahrhunderts brüchig geworden und schließlich entfallen, als Ludwig XIV. die so begründete Macht mißbrauchte, um den konfessionellen Bürgerkrieg wiederaufzunehmen, diesmal mit Polizeimitteln gegen einen zuvor wehrlos gemachten Gegner.

Im Laufe des 17. und 18. Jahrhunderts war freilich eine neue rationale Legitimitätsgrundlage an ihre Stelle getreten: Die Vorteile einer zentral geleiteten, hierarchisch gegliederten Bürokratie waren sichtbar geworden. Diese Tatsache hatte genügend Überzeugungskraft, um dem König zu helfen, sich gegenüber dem feudalen Ständesystem durchzusetzen, die Nivellierung des Adels einzuleiten und die Gleichheit vorzubereiten. Aber sie vermochte ihm nicht gegenüber der demokratischen Revolution zu helfen. Denn der bürokratische Staatsapparat war nicht an die Person des Königs gebunden. Er konnte auch von einem *republikanischen* Staat übernommen und fortgeführt werden. Die Flucht des Königs hatte seine Entbehrlichkeit eindringlich anschaulich gemacht: Die Nationalversammlung erteilte während seiner Abwesenheit und anschließenden Gefangenschaft direkte Weisungen an die Minister – und die Verwaltung funktionierte weiter.

Aus der Perspektive der Royalisten war der König also seiner königlichen Würde weitgehend entkleidet und im wesentlichen zu einem demokratischen Staatspräsidenten degradiert worden. Thron und Erblichkeit der Dynastie erschienen als Fremdkörper in einer auf Volkssouveränität basierten Verfassung – und sie erschienen auch vielen Republikanern so. Die Integration des Königs in die Verfassung war von der verfassunggebenden Nationalversammlung als ein Kompromiß gedacht, der die *Royalisten, Legitimisten, Traditionalisten integrieren* und mit dem neuen System versöhnen sollte. Aber in deren Augen handelte es sich nicht um einen Kompromiß, sondern um eine Niederlage, in die sie sich der Not gehorchend fügten, freilich nicht ohne inneren Vorbehalt: Der Kampf um die Wiederherstellung der monarchischen Legitimität war keineswegs aufgegeben. Wenn die Verfassung schon verfügbar war und es einen «pouvoir constituant» geben konnte, so durfte in ihren Augen nur der König das Recht zur Verfassunggebung haben. Dieser Gedanke wurde für den *Geist der Restauration* charakteristisch: Alle Souveränität liege beim König. Er besitze den «pouvoir constituant». Er allein könne Verfassungen erlassen. Er könne, wenn er es für opportun halte, auch dem Volk parlamentarische Mitwirkungsrechte einräumen. Aber er könne diese Verfassung auch jederzeit zurücknehmen. Er könne auch Menschen- und Bürgerrechte verfassungsrechtlich anerkennen, aber auch diese könne er zurücknehmen oder, wenn er es für tunlich halte, durchbrechen: Es handelt sich dann also nicht um Rechte, sondern um Toleranzen.

So standen sich zwei Prinzipien gegenüber: Volkssouveränität und monarchische Souveränität. Dieser Konflikt zerriß von nun an Europa. Ihn konnte auch die Verfassung von 1791 nicht überbrücken. Die Legitimitätsgrundlagen der Monarchie waren zu brüchig geworden, als daß sie das Königtum auf eine dauerhafte und stabile Grundlage hätten stellen können. Aber sie waren noch stark genug, um die Gruppe der Royalisten zu binden und sie zu veranlassen, das Schrumpfen ihrer Zahl durch Entschiedenheit und Intensität wettzumachen. Vor allem aber waren sämtliche europäischen Mächte noch Monarchien. Der König stand mit ihnen nicht nur in politischer, sondern zum Teil auch in verwandtschaftlicher Beziehung; die Königin, Marie Antoinette, war eine Schwester des Kaisers. War unter diesen Umständen dem Eid des Königs auf die Verfassung zu trauen? Hatte er ihn nicht nur mit dem inneren Vorbehalt geleistet, den *Kampf um die Wiederherstellung der monarchischen Legitimität* aufzunehmen, sobald die Gelegenheit dies erlauben werde? Hoffte er nicht auf eine Intervention von außen und eine Wende im Inneren und suchte bis dahin nur Zeit zu gewinnen? In diesen Fragen lag der Sprengstoff, der die Verfassung von 1791 zerstörte.

§ 41. Der Zerfall des Verfassungsstaates (1792)

Im Rückblick ist alles Geschehene notwendigerweise geschehen, und es hat, rein geschichtlich gesehen, keinen Sinn zu fragen, ob eine andere Entwicklung möglich gewesen wäre. Wenn man alle Kausalzusammenhänge in ihren Verflechtungen restlos überblicken könnte, so müßte man wohl Nicolai Hartmanns These folgen: Was nicht wirklich ist, ist nicht möglich gewesen.[7] Aber wenn wir nicht nur Geschichte zur Kenntnis nehmen, sondern im Rahmen der Staatslehre Erfahrungen verarbeiten und Lehren für die praktische Politik aus ihnen ziehen wollen, so ist die rein gedankliche Frage doch sinnvoll, *welche Chancen bestanden haben* und welche Wendung die Dinge hätten nehmen können, wenn mehr Klugheit gewaltet hätte und Fehler vermieden worden wären. Jeder Verkehrsunfall ist kausal restlos determiniert – aber das schließt nicht die Frage aus, wie er hätte vermieden werden können und was man tun muß, um Unfälle gleicher Art in Zukunft zu vermeiden.

Der große englische Kritiker der Französischen Revolution, Edmund Burke, war keineswegs ein hellsichtiger Prophet, wenn er schon 1790 voraussagte, daß die Revolution in Terror ausarten würde.[8] Es bestanden damals sowohl die Chance, daß die Stabilisierung eines Verfassungsstaates gelingen könnte, als auch das Risiko, daß sie scheitern würde. Burke sah realistisch nur das Risiko, und da sein Pessimismus recht behielt, wurde er später von den deutschen Konservativen zum Klassiker der Revolutionskritik erhoben. Aber wenngleich der schlimmste Fall eintrat, so hatte er dennoch geirrt, wenn er

7 Wirklichkeit und Möglichkeit, 1938.
8 Reflections on the Revolution in France.

diesen für den einzig möglichen gehalten hatte. In einer noch unentschiedenen und offenen politischen Situation sind viele Wendungen möglich, und erst wenn eine von ihnen zur Geschichte geworden ist, wird es sinnvoll zu sagen, sie sei mit Notwendigkeit eingetreten.

Wenn Polarisierungen einen gewissen Hitzegrad erreicht haben, so wird entscheidend, ob sie sich zu *Souveränitätskonflikten* steigern oder ob sie sich zu politischen *Konflikten im Rahmen der Verfassung mäßigen.* Ist die Grenze zum Souveränitätskonflikt einmal überschritten, so entwickelt sich ein Automatismus der Eskalation, der unaufhaltsam in eine blutige Auseinandersetzung hineintreibt. Dieser Grenze kann man nur fernbleiben, wenn es gelingt, vor allem ihre religiösen und *ideologischen Engagements* aus der Polarisierung herauszuhalten, weil diese mit ihren Absolutheitsansprüchen in besonderem Maße die Tendenz zur unbegrenzten Konfliktsteigerung in sich tragen.

Die «inneren Vorbehalte» des Königs gegen die Verfassung bedeuteten nicht viel, solange sie sich nicht in äußeren Aktionen manifestierten. Entscheidend war daß der König den *Eid auf die Verfassung* geleistet hatte. Daraufhin ließ ihn Kaiser Leopold II. wissen, daß die Mächte die von ihm anerkannte Verfassung ebenfalls anerkennen würden. Den französischen Royalisten blieb keine andere Wahl, als dem König zu folgen, und dem König blieb keine andere Wahl, als seine verfassungsmäßigen Pflichten zu erfüllen. Seine inneren Vorbehalte also und das Mißtrauen, das die Demokraten gegen ihn hegten, ließen die Lage zwar labil und gefährdet erscheinen. Aber ob es zu einer Explosion kommt oder nicht, hängt von Zufällen ab. Man konnte damals durchaus mit der Möglichkeit rechnen, daß sich die Verfassung einlebte, wenn sie nur Zeit und dadurch Stabilität gewann. Die Zeit hat eine heilende und befriedende Wirkung. Man gewöhnt sich an den neuen Zustand, richtet sich auf seine Bedingungen ein, die Furcht vor dem Gegner läßt nach, wenn dessen erwarteter Angriff ausbleibt, damit wird der Haß auf den Gegner schwächer, man findet sich mit dem neuen Zustand ab und sieht an ihm auch positive Seiten, und schließlich wächst eine Generation heran, für die die Geltung der Verfassung selbstverständlich ist und die die früheren Legitimitätsverhältnisse nur noch aus der Geschichte kennt.

Wenn wir uns schon einmal auf die hypothetische Frage einlassen, wie die Welt aussähe, *wenn sich die Verfassung von 1791 behauptet hätte,* so können wir die Spekulation auch zu Ende führen: Die Wirkung der Französischen Revolution auf die Welt wäre unvergleichlich größer und positiver gewesen. Die Sympathie, mit der die Französische Revolution bis in das Jahr 1792 hinein überall in Europa und Amerika begleitet worden ist, wäre erhalten geblieben und nicht in Abscheu umgeschlagen. Die Bestrebungen, Verfassungsstaaten nach französischem Modell einzurichten, wären erfolgreicher gewesen, die Kräfte des Fortschritts und die Kräfte der Tradition hätten sich weniger unversöhnlich gegenübergestanden und vielleicht ihre Gegensätze im Verfassungsstaat überbrücken können. Das waren die Chancen des Jahres 1791. Das Risiko war, daß die Polarisierung ins Extrem getrieben und die Verfassung zerstört wurde.

Kehren wir zur Wirklichkeit zurück: Die Chance wurde vertan. Nicht Mäßigung und Versöhnung, sondern wachsendes *Mißtrauen* und immer hintergründiger werdende Drohungen beider Seiten beherrschten das Jahr 1792. Der *Kirchenkampf* mit einem Teil der Geistlichen und ihren Anhängern wurde nicht gemäßigt, sondern verschärft. Die Kirchengüter waren schon 1790 zu Nationalgütern erklärt worden und bildeten die Grundlage für die Ausgabe von Assignaten, mit deren Hilfe der Staat seine Defizite deckte und das besitzende Bürgertum seinen Wohlstand sicherte. Die Geistlichen waren zu Staatsbeamten erklärt und verpflichtet worden, den Eid auf die Zivilkonstitution der Geistlichkeit zu leisten. Fast alle Bischöfe und die Mehrzahl der Priester verweigerten den Eid. Die Verfassung von 1791 bestätigte diese Regelungen. Zu den ersten Maßnahmen, die die gesetzgebende Körperschaft unter der Verfassung schon in den ersten Monaten beschloß, gehörte ein Gesetz, das den eidverweigernden Priestern die Bürgerrechte und Pensionsansprüche aberkannte und die Polizei ermächtigte, sie ins Ausland zu verbannen. Ohne Notwendigkeit, ja ohne einen vernünftigen Grund trieb der in der Nationalversammlung herrschende Antiklerikalismus in eine totale Konfrontation mit den Katholiken, die aber im damaligen Frankreich eine beträchtliche Macht darstellten.

Das Gesetz scheiterte zwar am Veto des Königs. Die eidverweigernden Priester aber nahmen die Herausforderung an: Sie erklärten den Sakramentenempfang durch vereidigte Priester zur Todsünde. Damit war für die treuen Katholiken der Legitimitätskonflikt unüberbrückbar geworden: die Todsünde vor Gott konnte nur vermeiden, wer die Versöhnung mit der Zivilkonstitution verweigerte. Denn die Regelungen über die Zivilkonstitution waren unvereinbar mit den Prinzipien des kanonischen Rechts, da sie die Priester in die Beamtenhierarchie eingliederten und auch für den Fall eines Loyalitätskonflikts mit dem Papst weisungsgebunden machten.

Die Konfrontation zwischen Kirche und Verfassungsstaat aber schadete nicht nur dem Verfassungsstaat, sondern auch der Kirche: Sie veranlaßte unter den Anhängern der Zivilkonstitution einen nachhaltigen Abfall vom christlichen Glauben. Sie verlangten nun erst recht den Eid der Geistlichen auf die Zivilkonstitution und verschärften die Maßnahmen gegen eidverweigernde Priester, und die eidverweigernden Priester ihrerseits sahen sich in ihrem Mißtrauen gegen den Verfassungsstaat erst recht bestätigt. Vielleicht hätte die Zeit den Konflikt mildern und die Versöhnung ermöglichen können, aber die Nationalversammlung hatte sich unnötigerweise zu viele Feinde auf einmal geschaffen. Der Konflikt wurde vollends unüberbrückbar, als im September 1792 in Pariser Gefängnissen 300 Geistliche brutal ermordet wurden.[9]

Auch der *Konflikt mit dem Adel* wurde unüberbrückbar, als der Eindruck entstand, daß die Emigranten auf einen Interventionskrieg der europäischen Mächte gegen Frankreich zum Zweck der Wiederherstellung des Ancien Régime hindrängten – ein Eindruck, der mindestens zum Teil berechtigt war.

---

9 Hans Maier, Die Französische Revolution und die Katholiken, 1989, S. 6.

Der *Konflikt mit dem König* begann unüberbrückbar zu werden, als der Verdacht entstand, daß auch er Verbindungen mit ausländischen Fürsten und mit dem Ziel unterhielt, sie zum Krieg gegen Frankreich zu veranlassen. Im April 1792 erklärte die Nationalversammlung Österreich den Krieg - aus präventiven Absichten, aber auch um den König auf ihre Seite zu zwingen oder ihn zu veranlassen, Farbe zu bekennen. Der König hatte in der Nationalversammlung den Antrag auf Kriegserklärung eingebracht, aber seine Motive blieben den Skeptikern undurchsichtig. Hatte er es getan, um sich von dem Verdacht des mangelnden Patriotismus zu befreien? Oder im Gegenteil, weil er heimlich einen Sieg des Feindes erhoffte?

Die Niederlagen, die die französische Armee in den ersten Kriegsmonaten erlitt, bestärkten den Verdacht des königlichen Verrats. Eine radikale Menschenmenge überfiel den König im Schloß und zwang ihm die Jakobinermütze auf. Die Royalisten antworteten auf diese Demütigung mit Kundgebungen im ganzen Land. Die Nationalversammlung beschloß die Geltung eines - in der Verfassung nicht vorgesehenen - Notstandsrechts mit der berühmt-berüchtigten Formel: «Das Vaterland ist in Gefahr.» Damit wurde unter anderem unter *Suspendierung verfassungsrechtlicher Verfahrensvorschriften* die Todesstrafe gegen Hochverräter begründet und damit unausgesprochen der König bedroht: Der Anfang vom Ende des Verfassungsstaates.

Als dann noch der Oberbefehlshaber der gegnerischen Truppen, der Herzog von Braunschweig, drohte, er werde in Paris keinen Stein auf dem anderen lassen, wenn der königlichen Familie das Geringste geschehe, erschien der Beweis für den Verrat des Königs erbracht. Man forderte die Absetzung des Königs. Da die Nationalversammlung zögerte, kam es am 20. 8. 1792 zur «*Zweiten Revolution*».

Diese richtete sich zunächst gegen die Pariser Kommune (den Stadtrat), deren Mitglieder auseinandergejagt und durch Revolutionäre ersetzt wurden. Diese übten die faktische Macht in Paris aus und steuerten durch Druck auf die Nationalversammlung auch deren Entscheidungen. Unter diesem Druck setzte sich die Nationalversammlung mehr und mehr über die Verfassung hinweg. Es gab nicht mehr Gegner, die ihre Konflikte im Rahmen der Friedensordnung der Verfassung austrugen, sondern *Feinde*, die sich die Souveränität anmaßten, um des Überlebens ihrer Prinzipien willen *über dem Recht* zu stehen. Das war das Ende des Verfassungsstaates und damit die entscheidende Wende im Verlauf der Französischen Revolution, nämlich ihre Perversion in das *Gegenteil* dessen, was sie ursprünglich beabsichtigt hatte. An die Stelle der Freiheit trat der Terror, an die Stelle der Gleichheit trat die Willkür, an die Stelle der Brüderlichkeit traten Haß, Mißtrauen, Blutrausch und Mord. Die aufgeklärte Menschheit, die bis dahin voller Hoffnung und Sympathie die Französische Revolution begleitet hatte, wandte sich entsetzt, enttäuscht und empört von ihr ab.

Es kommt aber darauf an zu verstehen, was damals geschah und warum es geschah. Es bildete sich nämlich die Legende, Königsmord, Schreckensherrschaft und der spätere napoleonische Cäsarismus seien die automatisch eintretenden Folgen einer demokratischen Revolution. Diese Legende hat das ganze 19. Jahrhundert hindurch Verwirrung und Unheil gestiftet und noch bis in die faschistischen Bewegungen des 20. Jahrhunderts hinein nachgewirkt. Was man jedoch für die Folgen der demokratischen Revolution hielt, waren in Wirklichkeit die Folgen ihres Scheiterns. Die Revolution hatte nämlich ursprünglich das Ziel der Errichtung eines demokratischen Verfassungsstaates gehabt. Aber die Nationalversammlung bemühte sich nicht maßvoll und weise, das Volk in seinen verschiedenen Strömungen und Gruppierungen in den Verfassungsstaat zu integrieren, sondern suchte eifernd und ohne die Machtverhältnisse realistisch einzuschätzen die totale Konfrontation mit den konservativen Kräften im Innern und in Europa. *Der Verfassungsstaat zerbrach an der sich immer weiter steigernden Polarisierung.* So traten schließlich an die Stelle des demokratischen Verfassungsstaates die beiden unversöhnlich einander gegenüberstehenden Prinzipien demokratischer und monarchischer Souveränität.

§ 42. Parlamentssouveränität (1792 - 1793)

Der Zerfall des Verfassungsstaates vollzog sich in zwei Hauptphasen: Zunächst trat an die Stelle der Verfassungsbindung das Prinzip der *Souveränität der Nationalversammlung,* die das Recht beanspruchte, sich über die Verfassung hinwegzusetzen (1792 - 93). In einer zweiten Phase schloß sich das Prinzip der *Souveränität von Revolutionsausschüssen* (Wohlfahrtsausschüssen) an, die auch die Souveränität der Nationalversammlung nicht mehr respektierten (1793 - 95). Die zeitliche Trennung beider Phasen läßt sich nicht ganz konsequent durchführen: Mit der revolutionären Pariser Kommune bereitete sich das künftige Prinzip gewissermaßen in einer Unterströmung schon während der Phase der Parlamentssouveränität vor, und in der Phase der Revolutionsausschüsse bestand die Nationalversammlung fort und legitimierte, formal gesehen, den Terror durch gesetzliche Ermächtigungen, obwohl sie, politisch gesehen, von den revolutionären Führern beherrscht wurde. Aber mindestens läßt sich sagen, daß der *Schwerpunkt* der Machtausübung in der ersten Phase bei der Nationalversammlung, in der zweiten bei den wechselnden Führern der Revolution lag.

Das Prinzip der Parlamentssouveränität und damit die Mißachtung der Verfassung brach stufenweise durch:

Es begann, wie immer in solchen Fällen, mit der *Außerkraftsetzung des Urgrundrechts,* des Schutzes gegen willkürliche Verhaftung. Am 11. 8. 1792 ermächtigte die Nationalversammlung die Gemeinderäte, von sich aus verdächtige Leute zu verhaften. An diesem Tage wurde in Frankreich die Menschenwürde abgeschafft: Die Menschen mußten, wenn sie überleben wollten, wieder das Rückgrat krümmen und auf die Vorstellungen der Herrschenden schielen. An die Stelle der politischen Urteilskraft trat die politische Witterung dafür, wie sich die Machtverhältnisse entwickelten und bei wem sich anzubiedern am meisten Sicherheit versprach – wie der Wind geht, so neigt sich der Halm. Doch die Ermächtigung vom 11. 8. 1792 war nur der Anfang.

Die gesetzgebende Versammlung suspendierte einige Tage später das Königtum und duldete die *Verhaftung des Königs*. Dies war ein klarer Verfassungsbruch. Denn die Verfassung sah lediglich vor, daß der König abdanken könne oder daß seine Abdankung in bestimmten Fällen gesetzlich vermutet wird, nämlich wenn er den Eid verweigert oder zurücknimmt, einen Putsch versucht oder das Land verläßt und einer Aufforderung zur Rückkehr zwei Monate lang nicht Folge leistet. Keiner dieser Fälle lag vor. Militärische Niederlagen im Krieg begründeten nach der Verfassung keinen gesetzlichen Abdankungstatbestand. Im übrigen war der Verdacht, daß der König diese Niederlage verschuldet habe, auch nicht erwiesen. Schon gar nicht war eine Gefangensetzung des Königs mit der Verfassung vereinbar, denn diese erklärte: «Die Person des Königs ist unverletzlich und heilig.»

Die Nationalversammlung wählte Minister. Die Verfassung sah vor: «Allein dem König steht die Wahl und die Entlassung der Minister zu.»

Unter dem neugewählten Justizminister Danton wurden im September 1792 über tausend Royalisten ermordet, etwa Dreiviertel von ihnen Strafgefangene – ohne Prozeß und ohne Rechtsgrundlage. Die Morde wurden toleriert und von den Behörden nicht verfolgt.

Die Verfassung war zwar noch formal in Kraft, blieb aber unbeachtet, soweit sie den politischen Absichten im Weg stand. Sie besaß (juristische) Geltung, aber keine (faktische) Wirksamkeit. Es war dann nur ein folgerichtiger weiterer Schritt, daß die Nationalversammlung die Verfassung nicht nur unbeachtet ließ, sondern über sie auch durch einfachen Mehrheitsbeschluß disponierte. Der im September neugewählte Nationalkonvent beschloß am 21. 9. 1792 die *Abschaffung des Königtums*. Das von der Verfassung selbst vorgesehene formelle Verfahren der Verfassungsrevision, das, wie gesagt, sehr unflexibel war, wurde nicht eingeleitet.

Souverän ist wie wir sahen, wer über das Recht disponieren und es durchbrechen kann. In diesem Sinne betrachtete sich die Nationalversammlung als souverän. Nachdem sie das Recht in Anspruch genommen hatte, über das Verfassungsrecht zu disponieren, hätte sie es wenigstens durch Gesetzesbeschlüsse formal so abändern können, daß es einer Verfassungsdurchbrechung nicht bedurft hätte. Es hätte dann wenigstens das Minimum an Rechtssicherheit bestanden, das sich aus der Geltung der Gesetze ergibt. Man muß dann zwar mit der Änderung und Aufhebung der Gesetze rechnen, weiß aber wenigstens, woran man ist, solange Gesetze nicht geändert sind. Aber die Nationalversammlung fuhr fort, *das Recht auch zu durchbrechen*.

Am deutlichsten und für alle Welt schockierendsten kam diese Souveränitätsanmaßung in dem Prozeß gegen den ehemaligen König zum Ausdruck. Die gesetzgebende Nationalversammlung fungierte *zugleich als Ankläger und als Gericht*. Bedenken gegen den Prozeß überwand Robespierre mit dem Argument: «Wenn der König nicht schuldig ist, so sind es diejenigen, die ihn entthront haben.» Es gehe um die Frage, ob die Revolution vom 10. August zu Recht erfolgt sei oder nicht. Damit hatte er allerdings recht. Die Revolution gegen den Verfassungsstaat entwickelt ihre eigene Logik. Wenn irgendwo der Gedanke auftaucht, der Verfassung doch Respekt zu zollen, so entsteht für den Revolutionär eine gefährliche Situation: Er gerät dann in den Geruch eines Rechtsbrechers. Es muß ihm daran liegen, jeden Gedanken an die Geltung der Verfassung von vornherein zum Erlöschen zu bringen. Er muß ein neues Legitimitätsprinzip zur Geltung bringen, und das kann er nur, wenn das alte Recht als überwunden gilt.

Die Nationalversammlung sprach den König «schuldig der Verschwörung gegen die Freiheit der Nation und der Verletzung der öffentlichen Sicherheit». Auch in diesem Urteilsspruch äußert sich Konsequenz: Der König wurde nicht etwa wegen eines Verstoßes gegen die Verfassung oder die Gesetze verurteilt. Er wurde am 21. Januar 1793 hingerichtet.

Kennzeichnend für diese zweite Phase der Revolution war also die Souveränitätsanmaßung der gesetzgebenden Nationalversammlung. Diese lag *nicht in der Konsequenz* der ersten Phase der Revolution, wie man unterstellt hat, sondern war *ihren Prinzipien entgegengesetzt.* Die Verfassung von 1791 hatte an markanter Stelle festgelegt: «Kein Teil des Volkes und keine einzelne Person kann sich die Ausübung der Souveränität aneignen», und hat diesen Grundsatz nachdrücklich auch auf die Nationalversammlung bezogen. Allerdings war die verfassunggebende Nationalversammlung so inkonsequent gewesen, für sich selbst eine Ausnahme zu machen: Da sie ihren Verfassungsentwurf dem Volk nicht zur Abstimmung unterbreitet, sondern sich selbst die Vollmacht zuerkannt hatte, die Verfassung zu beschließen, ergab sich die logische Schlußfolgerung: Wenn eine gewählte Nationalversammlung eine Verfassung geben kann, dann kann sie auch die Verfassung durchbrechen oder ändern. Es ist dann nicht einzusehen, wieso die Beschlüsse eines früheren Parlaments ein späteres Parlament binden sollten.

Die im Sommer 1792 neugewählte Nationalversammlung beschloß folgerichtig am 21. 9. 1792 in einem einstimmigen Dekret, daß eine Verfassung ihre Verbindlichkeit durch die plebiszitäre Zustimmung des Volkes erlange. Das klang zwar sehr demokratisch. Die hintergründige Funktion dieses Beschlusses war jedoch, die Legitimationsgrundlage der Verfassung von 1791 in Frage zu stellen und die Parlamentssouveränität zu festigen. Wie wenig der Nationalkonvent daran dachte, seine Souveränität durch irgendeine Verfassung, sei sie auch plebiszitär angenommen, eingrenzen zu lassen, zeigte sich im Sommer 1793, als die Nationalversammlung ihren neuen Verfassungsentwurf zur Volksabstimmung stellte und dieser vom Volk angenommen wurde. Die Nationalversammlung setzte sich dennoch auch über diese Verfassung hinweg und *suspendierte ihr Inkrafttreten* auf unbestimmte Zeit. Sie ist niemals in Kraft getreten.

Die *verfassunggebende* Nationalversammlung von 1789 bis 1791 hingegen hatte ihre Souveränität aus dem «pouvoir constituant» abgeleitet: Der Übergang vom Ancien Regimé zum demokratischen Verfassungsstaat konnte nur revolutionär erfolgen. Es kann aber keine rechtlich legitimierte revolutionäre

Versammlung geben. Deshalb war für die Übergangsphase 1789 - 91 die Inanspruchnahme der Parlamentssouveränität unabweisbar. Die Nationalversammlung von 1791/92 war durch verfassungsmäßige Wahlen legitimiert – mit Betonung auf «verfassungsmäßig». Weder die eine noch die andere dieser Rechtfertigungen konnte der Nationalkonvent von 1792 für die Inanspruchnahme der Parlamentssouveränität verwenden. Er löste sich aus allen Bedingungen und Einschränkungen und betrachtete sich als *Souverän schlechthin.* Er beanspruchte also Parlamentssouveränität ohne die Einschränkung: «als pouvoir constituant» und ohne die Einschränkung: «auf Grund verfassungsmäßiger Wahlen.»

§ 43. Wohlfahrtsdiktatur (1793 - 1794)

Bis zum Jahre 1793 gehörte also die Wahl zur demokratischen Legitimität, so verschieden diese Legitimität im übrigen auch begründet war: Für die verfassunggebende Nationalversammlung als das Ausnahmerecht des «pouvoir constituant», für die Nationalversammlung von 1791 durch die Verfassung und für die Nationalversammlung von 1792 durch das neue Prinzip der bedingungslosen Parlamentssouveränität. In allen drei Fällen war entscheidend noch immer das in der Wahl zum Ausdruck gekommene *Vertrauen des Volkes* und nicht allein das (angebliche und vom Machthaber definierte) *Interesse des Volkes,* anders gewendet: der empirische Volkswille (so wie er ist) und nicht allein der hypothetische Volkswille (so wie er sein sollte oder sein würde, wenn das Volk seine Interessen richtig erkennte). Zwar erschöpfte sich der empirische Volkswille in einer weitreichenden Ermächtigung an die Gewählten seines Vertrauens: Es galt das Prinzip der *Repräsentation* und nicht das der Identität. Zwar wurde ferner der empirische Volkswille in der Periode der verfassunggebenden Nationalversammlung nicht verifiziert, sondern, wie wir sahen (oben § 38), nur vermutet. Aber weder der durch ein gewähltes Parlament repräsentierte noch der vermutete empirische Volkswille darf mit dem hypothetischen Volkswillen verwechselt werden: Solange die demokratische Legitimität bei einem aus Wahlen hervorgegangenen Parlament liegt, beruht sie jedenfalls auf der Annahme, daß die getroffenen Entscheidungen durch das Vertrauen der Wähler gedeckt seien. Solange wird also noch als entscheidend anerkannt, was das Volk *meint und will,* und nicht was es – nach welchen Gesichtspunkten immer – *meinen und wollen sollte.* Auch die Berufung auf den bloß vermuteten empirischen Volkswillen bedeutet Berufung auf den empirischen Volkswillen.

Die Berufung auf den hypothetischen Volkswillen bedeutet hingegen Absehen vom empirischen Volkswillen. Sie *entwickelt ihre eigene Logik,* die sich wie folgt skizzieren läßt:

Es kommt nicht darauf an, was das Volk wirklich oder vermutlich will, sondern darauf, was in seinem *«wahren Interesse»* liegt. Der empirische Volkswille kann sein wahres Interesse verfehlen, er kann irren, er kennt oder durchschaut die Probleme nicht, er erscheint unreif, naiv, manipuliert, kurz: Er will, was seinem Interesse eigentlich zuwiderläuft. Der hypothetische Volkswille kann sich deshalb nicht in Wahlen ausdrücken oder jedenfalls nur dann, wenn er zufällig mit dem empirischen Volkswillen identisch ist – eine Möglichkeit, mit der man freilich nicht immer rechnen kann. Soll der hypothetische oder «wahre» Volkswille entscheidend sein, so bedarf es also einer Instanz, die ihm neben und unabhängig von dem empirischen Volkswillen, der in Wahlen zum Ausdruck gekommen ist, Geltung verschafft.

Diese Instanz muß mit Personen besetzt sein, die von den Irrtümern und Naivitäten frei sind, die das Volk hindern, seine wahren Interessen zu erkennen. Wer sind diese Personen? Wer entscheidet die Frage, wer diese Personen sind? Das Volk, das seine wahren Interessen nicht kennt, kann auch die wahren Interpreten seines Interesses nicht kennen. *Nur die Wissenden selbst können entscheiden, wer die Wissenden sind* – nämlich eben sie selbst. Ihnen allein steht es zu, die Macht unabhängig von Wahlen zu erobern, Revolution zu machen, Diktatur auszuüben.

Sie können sich zwar von der gewählten Körperschaft wählen lassen, wenn das für die Eroberung der Machtposition zweckmäßig erscheint. Für eine Übergangszeit erscheint dann ihre Legitimität in den Wahlen begründet. Aber die legitimitätsbegründenden Wahlen sind nur eine Krücke, die man wegwerfen kann, wenn man ihrer nicht mehr bedarf. Ihre Machtausübung legitimiert sich letztlich nicht aus *der Wahl, sondern aus «dem wahren Volksinteresse»*.

Aus dieser Legitimitätsbegründung folgt, daß die *Wissenden souverän* sind, d.h. über der Verfassung und den Gesetzen stehen. Denn die Geltung von Verfassung und Gesetz ist durch die Wahlen zur verfassunggebenden und gesetzgebenden Körperschaft vermittelt und beruht also letztlich «nur» auf dem empirischen Volkswillen. Verfassung und Gesetze schaffen Hindernisse gegen die Willkür, die als solche auch berechtigt sein mögen. Die Durchsetzung des wahren Volksinteresses kann aber ihrem Wesen nach nicht Willkür sein: denn das gesamte Staatswesen mitsamt Verfassung und Gesetzen soll ja dem Volkswohl dienen und muß deshalb der Durchsetzung des Volkswohls weichen, soweit es ihm hinderlich ist.

Da es häufig *mehrere rivalisierende Gruppen* gibt, die beanspruchen, die Wissenden zu sein, die aber das wahre Volksinteresse unterschiedlich interpretieren, ergibt sich für jede dieser Gruppen klar, daß die jeweils *anderen* Gruppen willkürlich und anmaßend handeln. Ihr Anspruch, das wahre Volksinteresse zu kennen, kann nur auf Irrtum oder Heuchelei beruhen. Ihre behaupteten Machtansprüche beschwören die Gefahr einer Despotie herauf, der gegenüber das wahre Volksinteresse verteidigt werden muß. Und da die jeweils anderen von der Idee besessen sind, daß das wahre Volksinteresse in *ihrer* Interpretation ein Zweck ist, dessen Erreichung jedes Mittel erlaubt, muß man das *wirkliche* wahre Volksinteresse durch adäquate Mittel verteidigen. Die *Guillotine* ergibt sich also mit zwingender Logik aus dem Herrschaftsanspruch des wahren Volksinteresses selbst und muß in erster Linie dazu benutzt werden, rivalisierende Revolutionäre auszuschalten.

Diese politische Logik – die *zwingende Logik des Terrors* – setzte sich seit der «Zweiten Revolution» am 10. August 1792 schrittweise durch. Zunächst beanspruchten die Kenner des wahren Volksinteresses die Macht über die Pariser Kommune und vertrieben die legitimen Inhaber der kommunalen Ämter. Sodann beanspruchten sie, die Entscheidungen der in Paris tagenden Nationalversammlung im Sinne des wahren Volksinteresses zu steuern. Da sich die Nationalversammlung als schwerfällig erwies und dem wahren Volksinteresse ihre eigenen, irrigen Vorstellungen vom Volksinteresse entgegenhielt, war Druck durch Gewaltandrohung unvermeidlich. Aus dem wahren Volksinteresse ergab sich die Legitimität zur Gefangensetzung des Königs und zu den Septembermorden an den Royalisten.

Als der neugewählte Nationalkonvent den König verurteilte und hinrichten ließ, intensivierte sich in Frankreich die royalistische Opposition, und zugleich traten die meisten europäischen Mächte dem Bündnis gegen Frankreich bei. Deshalb konnten sich die Verfechter des wahren Volksinteresses nicht mehr damit begnügen, den Nationalkonvent durch Druck zu Verfassungsbrüchen anzutreiben, sondern sie mußten ihm weiterreichende *Vollmachten abnötigen.* Diese Vollmachten waren zwar sämtlich mit der Verfassung unvereinbar, aber durch die Entscheidung des Nationalkonvents legitimiert – eine Legitimation, deren die Durchsetzung des wahren Volksinteresses zwar eigentlich auch nicht bedurft hätte, die aber für eine Übergangszeit zur Machterlangung dienlich erschien.

Am 10. März 1793 wurde das *Revolutionstribunal* eingesetzt, eine Art Volksgerichtshof, der unabhängig von der ordentlichen Justiz und ohne deren Prozeßregeln Strafen einschließlich der Todesstrafe verhängen konnte. Am 19. März folgten Revolutionskomitees (sog. Überwachungskomitees) mit Polizei- und Verwaltungsvollmachten. Am 6. April wurde der *«Wohlfahrtsausschuß»* gebildet, ein neunköpfiges Exekutivkomitee des Nationalkonvents mit Vollmachten neben und über den Ministern. Diese Institutionen sorgten für den «salut public», d.h. für das «wahre» (oder «hypothetische») Volksinteresse. Aus diesem Umstand leiteten sie mehr und mehr ihre Legitimität ab, während ihre Wahl durch den Nationalkonvent an Legitimierungswert verlor. Der Nationalkonvent, der ohnehin die Verfassung nicht respektierte, erteilte den Revolutionsorganen Vollmachten, band sie aber kaum an die Schranken festumrissener Kompetenzen und gesetzlicher Ermächtigungen. In immer größerem Umfang erkämpften sich die neugeschaffenen Organe die *General- und Blankovollmachten,* die Mittel zu ergreifen, die der Zweck des «salut public» in ihren Augen erforderte. Und dieser Zweck erforderte in erster Linie Beseitigung all derer, die abweichende (und also irrige) Vorstellungen vom Volksinteresse besaßen.

Der nächste Schritt zur Erlangung der unbeschränkten Souveränität war die endgültige *Beseitigung der Verfassung,* auf die man sich auch nicht mehr verbal sollte berufen können. Am 24. 7. 1793 wurde eine neue, vom Volk bestätigte Verfassung verkündet, die wesentlich demokratischer war als die vorhergehende: Nach ihr konnte die Nationalversammlung Gesetzentwürfe nur beraten; den Gesetzesbeschluß sollte das Volk in Urversammlungen selbst treffen. Mit dem Verfassungsbeschluß hatte der «pouvoir constituant» gesprochen, und die alte Verfassung war nun auch formell außer Kraft getreten. Das Inkrafttreten der neuen Verfassung wurde aber im Interesse des «salut public» ausgesetzt. Auf diese Weise entstand ein *verfassungsloser Zustand*, der bis 1795 anhielt. Die neue Verfassung trat, wie gesagt, niemals in Kraft. Im Jahre 1795 wurde dann eine neue, weniger demokratische Verfassung ebenfalls vom Volk angenommen, die in Kraft trat.

Der verfassungslose Zustand erlaubte den bestehenden Organen endgültig, kraft eigener Machtvollkommenheit weiterzuregieren. Am 5. 9. 1793 faßten sie den Beschluß, den «Terror auf die Tagesordnung» zu setzen. Der Terror wurde am 17. 9. durch das sogenannte *Verdächtigengesetz* legalisiert. Sein Wortlaut veranschaulicht das Prinzip Souveränität im Namen des «salut public»:

«Als verdächtig gelten:
diejenigen, die sich durch ihr Benehmen, ihre Verbindungen, ihre mündlichen oder schriftlichen Äußerungen als Anhänger der Tyrannei, des Föderalismus und als Feinde der Freiheit gezeigt haben;
diejenigen, die sich über die Beschaffung ihrer Existenzmittel und über die Erfüllung ihrer Bürgerpflicht nicht gehörig ausweisen können;
diejenigen, denen das Zeugnis über ihre staatsbürgerliche Gesinnung verweigert worden ist;
die vormals Adligen, die ihre Anhänglichkeit an die Revolution nicht ständig an den Tag gelegt haben;
die Emigranten, auch wenn sie zurückgekehrt sind;
die wegen Vergehen Angeklagten, auch wenn sie freigesprochen worden sind ...»[10]

Schließlich erließ der Nationalkonvent am 10. 10. 1793 auch formell ein *Ermächtigungsgesetz*, das dem Wohlfahrtsausschuß unumschränkte Vollmachten erteilte. Am 10. 6. 1794 wurde die Todesstrafe durch Gesetz in die Willkür des Revolutionstribunals gestellt. Angeklagte durften weder Verteidiger noch Zeugen heranziehen. Es wurde geregelt, daß Urteile nur auf Freispruch oder auf Tod zu fällen seien.

Die Verwalter der Wohlfahrt des Volkes entschieden aber nicht nur, wer leben durfte und wer zu sterben hatte, sondern auch, was die Lebenden zu glauben und nicht zu glauben hatten. Eine antichristliche Bewegung führte zunächst zur Einführung des «Vernunftkultes», im Frühjahr 1794 zum Kult des «höchsten Wesens». Hierbei handelte es sich um einen der seltenen Fälle direkter Umsetzung einer politischen Philosophie mit Aufforderungscharakter in die politische Wirklichkeit: nämlich um die Umsetzung von Ideen Rousseaus durch Robespierre. Rousseau hatte die Religion unter staatsphilosophischen Gesichtspunkten funktionalisiert. Die «Religion der Lamas, der Japaner und des Katholizismus» sei, meinte er, «vom politischen Standpunkt aus ungeeignet»[11]. Unter zustimmender Berufung auf Hobbes meinte er, das

10 Zitiert bei Onave Aubry, Die Französische Revolution, Bd. II, S. 42.
11 Le Contrat Social, 4. Buch, 8. Kap.

Staatsoberhaupt müsse *souverän über die Staatsreligion* entscheiden und die Dogmen festlegen, an die die Bürger zu glauben haben. Rousseau legte die «geeigneten» Glaubenssätze über das «höchste Wesen» gleich selbst fest, und Robespierre benutzte die Monate seiner Diktatur, um Rousseaus Staatsreligion «einzuführen».

Die Französische Revolution, die 1789 im Namen der Menschenrechte begonnen hatte, war in das absolute *Gegenteil der Menschenrechte* umgeschlagen: in die Verfügung des Staates über die Wahrheit und über den Glaubensbereich des Menschen. Auch dieser Gipfelpunkt der Barbarei wirkte traditionsbegründend und wirkt unter anderem in den Systemen des «demokratischen Zentralismus» nach, wo das Dogma des dialektischen Materialismus, dem gemäß der Geist eine Funktion und Eigenschaft der Materie sei, als Staatsreligion oder besser: Antireligion «eingeführt» worden ist. Robespierres geistiger Terror lieferte der Obstruktion der *eidverweigernden Priester* noch nachträglich den Anschein der Berechtigung - den Anschein freilich nur. Denn diese Obstruktion hatte wesentlich zum Zusammenbruch des Verfassungsstaates beigetragen. Ohne diesen Zusammenbruch aber wäre es nicht zur Wohlfahrtsdiktatur Robespierres gekommen.

Die Verfassungsbrüche und die Ermächtigungen zur Diktatur, die der Nationalkonvent unter Druck beschlossen hatte, hatten eine Rechtsunsicherheit erzeugt, unter der auch die Mitglieder des Nationalkonvents selbst zu leiden hatten. Sie gerieten in *Angst* und Panik und gaben sich durch immer weitergehende Beschlüsse den selbstgewählten Machthabern mehr und mehr in die Hand, so daß diese praktisch den Nationalkonvent beherrschten und sich jede beliebige neue Ermächtigung beschaffen konnten.

Viele Mitglieder des Nationalkonvents wechselten täglich ihren Schlafplatz in der Hoffnung, so der Verhaftung zu entgehen. Die Eskalation von Angst und Terrorermächtigung erreichte schließlich den Punkt, an dem die absolut gewordene Angst in Todesmut umschlug. Was schließlich den Entschluß zur entschiedenen Gegenwehr und am 28. 7. 1794 die Hinrichtung Robespierres und seiner Anhänger auslöste, waren nicht Vernunft und Verfassungstreue oder irgendwelche sittlichen Motive. Es war die nackte Angst der Überlebenden, die zum großen Teil selbst, wie man mit Recht festgestellt hat, «zu den abgefeimtesten Schuften und verhärtetsten Schurken» gehörten.[12] Ende Juli 1794 waren so gut wie alle namhaften Persönlichkeiten des Nationalkonvents hingerichtet. Die Überlebenden kehrten zunächst zum Prinzip der Souveränität des gewählten Nationalkonvents zurück. Sie entwarfen im Frühjahr 1795 die besitzbürgerliche Direktorialverfassung, die in einer Urabstimmung vom Volk angenommen wurde und vier Jahre lang in Kraft blieb, bis sie dem Staatsstreich Napoleons zum Opfer fiel.

12 Johannes Scherr, Menschliche Tragikomödie, 8. Bd., S. 5, 3. Aufl., Leipzig 1884.

Für den demokratischen Verfassungsstaat ist die Volkssouveränität ein Prinzip, das ihm zugrunde liegt und ihm vorausgeht. Das Prinzip ist eine politische Tatsache, die verfassungsrechtlich anerkannt wird, aber kein Rechtsprinzip. Die Manifestation der Volkssouveränität im «pouvoir constituant» ist ein geschichtlicher Faktor, der am Anfang der Verfassung steht und die Verfassung so lange trägt, wie diese Bestand hat. Je länger, desto mehr gewinnt die Verfassung die zusätzliche Weihe traditionaler Legitimität und ermöglicht es dem konservativen Sinn, sich mit der Verfassung zu identifizieren. Man denke etwa an die fast mythische Verehrung, die die «founding fathers» in den Vereinigten Staaten genießen.

Eine erneute Manifestation der Volkssouveränität aber bedeutet eine Infragestellung der Verfassung und den Entwurf zu einer neuen. Ob sich darüber Einigkeit erzielen läßt und ob das Volk wiederum einen Verfassungsstaat beschließen wird, der Freiheit und Demokratie gewährleistet, ist ungewiß. Möglich ist die weitgehende Einigkeit über ein System, das die Freiheit und damit die Demokratie aufhebt. Möglich ist auch, daß es überhaupt nicht zur Einigkeit kommt, sondern zu einer Pluralität von Modellen, von denen sich eines in Bürgerkrieg, Putsch oder Revolution durchsetzt und ebenfalls Freiheit und Demokratie aufhebt. Möglich ist freilich auch ein besserer Verfassungsstaat. Aber für diese Chance geht man erhebliche Risiken ein.

Deshalb gehört es zum verfassungsstaatlichen Denken, das Prinzip der Volkssouveränität möglichst auch aus dem Bewußtsein zu verdrängen. Der Verfassungsstaat regelt den *Normalzustand,* und «vernünftig ist, den Ausnahmezustand zu vermeiden»[13]. Die Manifestation des «pouvoir constituant» aber ist ein *Ausnahmezustand*: Der Friedensrahmen der Verfassung verliert seine Geltung, und alle Möglichkeiten einschließlich der schlimmsten sind offen. Die Volkssouveränität, die den Verfassungsstaat *schafft,* ist ein stabilisierendes Prinzip; insofern sie den Verfassungsstaat wieder *in Frage stellen* kann, ist sie jedoch vulkanischen Charakters.

Man kann die politische Eruption in der Politik, anders als in der Geologie, herbeireden, wenn man sich zu viel mit ihrer Möglichkeit beschäftigt oder das Bewußtsein gar auf sie fixiert. Denn man erschüttert damit das Vertrauen in die Beständigkeit der Verfassung und beeinträchtigt so ihre Legitimität. Die Phantasie wird angeregt, sich mit alternativen Staatsmodellen zu beschäftigen. Da aber verschiedene Gruppen der Bevölkerung verschiedene Modelle vorziehen, kreist die Diskussion alsbald um eine Pluralität von Modellen. Jeder Gruppe aber erscheinen die jeweils anderen Alternativen bedrohlich und beängstigend. In einem Klima der Angst und des wechselseitigen Mißtrauens aber kann leicht die Frage nach dem Präventivschlag entstehen: Sollte man nicht sicherheitshalber dem anderen zuvorkommen und lieber das eigene Modell gewaltsam durchsetzen? Wenn jede Gruppe vermutet, daß die andere

13 O. Marquard, a.a.O., S. 94

ähnliche Überlegungen anstellt, so steigert dies das Mißtrauen und damit die Gefahr, in einen politischen Zustand zu geraten, der in jedem Fall schlimmer ist als der bestehende Verfassungsstaat, welche Mängel er immer haben mag.

Im angelsächsischen Verfassungsdenken spielt deshalb der «pouvoir constituant» des Volkssouveräns praktisch keine Rolle, es sei denn die der Erinnerung an die *traditionsbegründenden Revolutionen*: Für die Engländer an das 17. Jahrhundert, für die Amerikaner an die Gründungen der Einzelstaaten und des Bundes im 18. Jahrhundert. Änderungen der Verfassung vollziehen sich im Rahmen der Verfassung, ohne daß es einer neuen Verfassunggebung bedarf, in England durch einfache parlamentarische Gesetze, in den USA durch Amendments und durch flexible Interpretation der Verfassungsvorschriften (z.B. über die Kompetenzabgrenzung von Bund und Staaten). Die Möglichkeit einer Volksabstimmung über eine neue Verfassung wird in der Theorie anerkannt, im politischen Leben jedoch nicht praktiziert.

Anders in Frankreich.[14] Die Französische Revolution ist in ihrem primären und wesentlichen Anliegen - der Gründung eines Verfassungsstaates ohne Souverän und auf der Grundlage der Menschenrechte - gescheitert. Sie ist deshalb nicht wirkungslos geblieben. Aus ihren Trümmern wurde zweierlei gerettet: Einmal eine Summe von Rechtsprinzipien, vor allem des bürgerlichen Rechts, die die formale Gleichheit, die kapitalistische Eigentumsordnung und die Gewerbefreiheit betreffen. Sodann aber, und das interessiert uns an dieser Stelle, das ständig wache Bewußtsein von der Volkssouveränität, die sich *im Durchschnitt in jeder Generation einmal* im vulkanischen Ausbruch des «pouvoir constituant» manifestiert.

Der Nationalkonvent hat am 21. September 1792, dem Tage der Abschaffung der Monarchie, den Grundsatz aufgestellt, daß es eine Verfassung nur geben kann, wenn das Volk sie angenommen hat («qu'il ne peut y avoir de constitution que celle qui est acceptée par le peuple»). Seither wurden alle französischen Verfassungen mit Ausnahme der Restauration des Königreichs plebiszitär bestätigt. Ein dauerhafter freiheitlicher Verfassungsstaat, der eine stabile Demokratie hätte begründen können, ist jedoch lange Zeit nicht gelungen. Es gab in eineinhalb Jahrhunderten außer dem Königreich fünf Republiken, zwei Kaiserreiche sowie verschiedene Übergangsstufen, zum Teil Präsidialdiktaturen, die sämtlich vom Volk bestätigt wurden:

1793 nahm das Volk einen Verfassungsentwurf an, der von den Verwaltern des Volkswohls dennoch nicht in Kraft gesetzt wurde. Erst die Verfassung vom 22. 8. 1795 stellte die Gewaltenteilung her und legte fest: «Kein Individuum, keine Vereinigung von Bürgern kann sich Souveränität anmaßen» (Art. 28) - schloß also einen Souverän aus. Damit war nun zwar die Voraussetzung für die rechtliche Verwirklichung von Grundrechten gegeben, auch wenn der Grundrechtskatalog gegenüber den früheren Erklärungen der Menschenrechte erheblich eingeschränkt und statt dessen um einen Pflichtenkatalog ergänzt war. Immerhin hätte sich auf dieser bescheiden gewordenen Grundlage ein

---

14 Zum Unterschied zwischen französischem und angelsächsischem politischem Denken vgl. Fraenkel, Deutschland und die westlichen Demokratien, S. 70 ff.

Verfassungsstaat in Frankreich bewähren können, wenn er nicht schon drei Jahre nach Inkrafttreten durch den Staatsstreich Napoleons beseitigt worden wäre, ein Staatsstreich, der durch die Verfassung von 1799 legalisiert worden ist. Diese Verfassung beruhte auf dem Prinzip Souveränität, konnte also nur scheinbar Rechte, in Wirklichkeit nur Toleranzen gewähren. Konsequenterweise enthielt sie auch keinen Grundrechtskatalog mehr.

1802 nahm das Volk die veränderte Konsulatsverfassung an, die Napoleon zum Ersten Konsul auf Lebenszeit machte, und 1804 akzeptierte es das erbliche Kaisertum der Familie Bonaparte.

In den Jahren der *Restauration* herrschte der Grundsatz: Der «pouvoir constituant» liegt beim König. Die Charte Constitutionnelle Ludwigs XVIII. von 1814 hatte nicht den Charakter einer Charte im mittelalterlichen Sinn – eine Vereinbarung zwischen König und Ständen –, sondern den einer einseitig oktroyierten Verfassung. Der politische Gegensatz zwischen «Rechten» und «Linken» – zwischen Royalisten und Demokraten – hatte sich auf die simple und ausweglose Alternative reduziert: Liegt der «pouvoir constituant» beim König oder beim Volk? Diese Alternative ließ keine Versöhnung zu: Entscheidend war, wer über die tatsächliche militärische und politische Macht verfügte. Für den König war diese Alternative riskant und kurzsichtig, nachdem ein Jahrhundert Aufklärung und die Erfahrung von Revolution und plebiszitärer Verfassunggebung das politische Selbstbewußtsein des Volkes und die Überzeugung geweckt hatte, daß der «pouvoir constituant» beim Volk liegen sollte. Die vom König gewährte Verfassung vom 4. 6. 1814 enthielt einen Abschnitt über das «öffentliche Recht der Franzosen», der immerhin mehr Rechtssicherheit gewährte als die Napoleonische Verfassung, aber inhaltlich weit hinter den Erklärungen der Menschenrechte von 1789 und auch von 1793 zurückblieb. Sie gewährte zwar gewisse Freiheiten, die aber nicht den Charakter von Menschenrechten, sondern nur von Toleranzen haben konnten. So konnten 1830 königliche Ordonnanzen die verfassungsmäßige Pressefreiheit und Zugeständnisse im Wahlrecht ohne weiteres aufheben. Bei dieser Verfassung blieb es auch nach der Juli-Revolution. Sie wurde in der Fassung vom 14. 8. 1830 nur in wenigen Punkten revidiert, die Prinzipien blieben erhalten.

Hier zeigt sich ein wesentlicher *Unterschied zwischen dem «pouvoir constituant» des Volkes und dem des Königs*: Das Volk kann, soweit es nicht parlamentarisch repräsentiert ist, sondern plebiszitär entscheidet, die Verfassung nur aufheben und ersetzen. Der König kann sie auch durchbrechen. Denn *der König ist immer unmittelbar präsent und handlungsfähig* (vgl. § 69). Er ist als Chef der Exekutive auch in besonderem Maße handlungsmächtig. Liegt der «pouvoir constituant» beim König, so ist deshalb die Verfassung in einem labileren Zustand, als wenn er beim Volk liegt. Die demokratische Verfassung garantiert Menschenrechte und nicht nur Toleranzen, obwohl der Volkssouverän die Verfassung als ganze aufheben kann. Diese Aufhebung ist jedoch keine Möglichkeit, auf die der Bürger gefaßt sein muß. Mit einer Durchbrechung oder Aufhebung der Verfassung durch den König hingegen muß er immer rechnen.

Die royalistische Legitimität erwies sich allerdings als brüchig: Die Zurücknahme der Toleranzen führte zur sogenannten Juli-Revolution und zur Abdankung des Königs. Die Verfassung von 1830 versuchte noch einmal die Alternative «pouvoir constituant des Volkes oder des Königs» aufzuheben und die Versöhnung auf der Grundlage eines *bürgerlich-monarchischen Verfassungsstaates* zu verwirklichen: Der König, von der Kammer zum König gewählt (Bürgerkönig), hatte nach der neuen Verfassungslage ebensowenig das Recht zur Aufhebung oder Durchbrechung der Verfassung wie das Volk. Aber wiederum verspielte Kurzsichtigkeit die Chance: diesmal die *Kurzsichtigkeit eines bürgerlichen Konservatismus*. Er erkannte nicht, daß der Verfassungsstaat nur dann stabil und lebensfähig sein konnte, wenn er demokratisiert wurde. Nur eine Demokratisierung des Wahlrechts und ein aktives Anpacken der immer dringender werdenden sozialen Probleme hätten ihn auf eine breite Legitimitätsgrundlage stellen können. Da das im Parlament herrschende Bürgertum dahingehende Reformen verweigerte, scheiterte der Verfassungsstaat in der Februar-Revolution von 1848.

Von nun an galt wieder unangefochten das Prinzip vom «pouvoir constituant» des Volkes. Wiederum hat das Volk sich nicht eine Demokratie geschaffen, sondern *sich durch demokratische Plebiszite der Voraussetzungen der Demokratie begeben*. Die republikanische Präsidialverfassung von 1848 brachte Louis Napoleon in plebiszitärer Wahl an die Spitze. Die Revolutionsverfassung vom 4. 11. 1848 enthielt einen Katalog von Grundrechten, die nun nicht als «Menschenrechte», sondern als «Bürgerrechte» bezeichnet wurden (die Verfassung enthielt auch sonst weniger pathetische Deklamationen: «Freiheit, Gleichheit und Brüderlichkeit» wurden lediglich als «Prinzipien», nicht als «Rechte» bezeichnet). Dafür waren diese Bürgerrechte aber rechtlich institutionalisiert. Indessen wurde diese Verfassung nach dem Staatsstreich Napoleons III. 1851 und ihre plebiszitäre Legitimierung 1852 wiederum durch das Prinzip Souveränität abgelöst.

Napoleon III. erklärte 1852 in einem Staatsstreich die Nationalversammlung für aufgelöst und ließ ihre angesehensten Mitglieder verhaften. Das Volk billigte mit breiter Mehrheit diesen Staatsstreich und stattete den Präsidenten mit allen gewünschten Vollmachten aus, zu denen die Vollmacht gehörte, eine neue Verfassung zu erlassen. Der «pouvoir constituant» wanderte also zum Präsidenten hinüber, aber aufgrund einer demokratischen Ermächtigung, so daß formal die These von der Volkssouveränität aufrechterhalten werden konnte. Der Präsident ließ sich vom Senat zum Kaiser ernennen und ließ 1852 durch eine Volksabstimmung auch das Zweite Kaiserreich demokratisch legitimieren. Im Mai 1870 bestätigte das Volk eine halbparlamentarische Verfassung, die ihm Napoleon zur Abstimmung unterbreitete, um einer republikanisch-demokratischen Opposition entgegenzukommen. Nach Napoleons Gefangennahme wurde Frankreich im September 1871 wiederum zur Republik erklärt. Erst 1875 gelang es, eine Verfassung von einiger Beständigkeit zu schaffen. Das Volk akzeptierte eine Präsidialverfassung, die mit einigen Reformen, vor allem einer gestärkten parlamentarischen Verantwortung der

Regierungen, bis 1940 in Geltung blieb. Die parlamentarische Verfassung von 1946 scheiterte bereits wieder im Jahre 1956, als das Volk die de-Gaullesche Präsidialverfassung plebiszitär bestätigte.

Vergleicht man die englische und amerikanische Verfassungsentwicklung mit der französischen und stellt die Frage, welche von beiden demokratischer ist, so hängt die Antwort vom Demokratiebegriff ab. Fast alle französischen Verfassungen, mit Ausnahme der von 1946, gingen von einer starken, zentral geleiteten Exekutive aus. Die Exekutive hat im Wandel der französischen Verfassungen eine so erstaunliche Stabilität und Kontinuität bewahrt, daß schon Alexis de Tocqueville meinte, die Französische Revolution habe eigentlich nichts Wesentliches verändert: das Ancien Regimé habe *alle Macht in der Bürokratie zentralisiert,* und dabei sei es geblieben. Die Verfassungsumstürze der Französischen Revolution und seither beträfen mehr oder weniger Äußerlichkeiten.[15] Das ist zwar eine Übertreibung, aber sie hat immerhin einen berechtigten Kern. Die Exekutive hat wie ein unerschütterbarer Fels alle Verfassungsänderungen überdauert, und die Verfassungen haben dem meistens Rechnung getragen und die Macht auch formell beim Chef der Exekutive konzentriert. Teils handelte es sich um Präsidialdemokratien mit erheblichen Vollmachten für den Präsidenten, teils um Diktaturen, teils um Kaiserreiche. Es war z.T. ein gewisses Maß an Freiheit und politisch-parlamentarischer Mitwirkung vorgesehen, z.T. aber herrschte auch blanker Terror. In den Übergangsperioden zwischen den Verfassungen gab es Perioden des Bürgerkrieges (1848, als Cavaignac in der «Junischlacht» in blutigem Straßenkampf rund zehntausend Arbeiter ermorden ließ), Revolution (1872, die ebenfalls mit der Niedermetzelung von Tausenden Kommunarden endete) oder faschistische Putschgefahr (1956), die de Gaulle mit seiner Präsidialverfassung gebannt hat.

Die heutige Präsidialverfassung sieht nicht nur erheblich weniger demokratische Mitwirkungsrechte vor als der englische Parlamentarismus, sondern auch immer noch weit weniger als die amerikanische Verfassung, obwohl auch diese auf einem Präsidialsystem beruht. Die Behauptung, die Franzosen hätten seit 1789 ein viel demokratischeres Leben geführt als die Engländer und Amerikaner, läßt sich nur mit dem Argument verteidigen, sie hätten so häufig vom *«pouvoir constituant» Gebrauch gemacht* und damit die Volkssouveränität unter Beweis gestellt. Vergleicht man hingegen den *Alltag des politischen Lebens,* so hatten die Franzosen in der Bilanz sehr viel weniger Demokratie als die angelsächsischen Länder.

15 Kritisch dazu Otto Vossler, Tocqueville, S. 13 f.

§ 45. Verfassungsliberalismus und Wirtschaftsliberalismus

Wir haben gesehen, daß die Grundrechte der amerikanischen Verfassung keineswegs kapitalistische Privilegien, sondern persönliche Freiheiten gewährleisten, insbesondere den Schutz des Bürgers gegenüber staatlicher Willkür (vgl. o. § 35). Die Annahme, Freiheit diene in erster Linie den bürgerlichen Interessen der Marktgesellschaft, ist eine Legende, die von zwei Seiten gepflegt wurde: einerseits von den Marxisten, die damit den gewaltenteilenden Verfassungsstaat diskreditieren wollten, andererseits von den Theoretikern des Kapitalismus, die die Grundrechte in Garanten der Wirtschaftsfreiheit umdeuten wollten. Beide bestärkten sich gegenseitig. Der Aufstieg dieser Legende im Laufe des 19. Jahrhunderts mündete in den Ost-Westkonflikt des 20. Jahrhunderts und seit dem Ende der 40er Jahre in den Kalten Krieg, der die Menschheit hart an den Rand einer atomaren Katastrophe führte und vierzig Jahre währte. Wegen dieser eminenten welthistorischen Bedeutung lohnt es sich, die Problemgeschichte zumindest skizzenhaft nachzuzeichnen – als Beispiel dafür, wohin falsche intellektuelle Theorien führen können.

Unabhängig davon aber bleibt die grundsätzliche Frage berechtigt: Wie hängt der Verfassungsstaat mit den Bedürfnissen der bürgerlichen Marktgesellschaft zusammen? Wie verhalten sich persönliche und wirtschaftliche Freiheit zueinander? Gehören *Verfassungsstaat* und *Marktwirtschaft,* Verfassungsliberalismus und Wirtschaftsliberalismus aus zwingenden inneren Gründen zusammen?

Die Geschichte des Verfassungsstaates ging von seinen Anfängen im England des 17. Jahrhunderts über seine Ausbreitung nach Amerika, nach Europa und der ganzen westlichen Welt bis in die Gegenwart hinein Hand in Hand mit der Geschichte der Marktwirtschaft, jedenfalls im großen und ganzen und aus der Vogelperspektive betrachtet. Erweist sich das Bild von der Zusammengehörigkeit auch noch als zutreffend, wenn wir die Vogelperspektive verlassen und die Dinge aus der Nähe betrachten? Und gegebenenfalls, worauf beruht die Zusammengehörigkeit, wovon hängt sie ab, und wie verläßlich ist sie?

Der «Liberalismus» als politische Bewegung erstrebte im allgemeinen zwei Ziele: den Verfassungsstaat und die Marktwirtschaft. Man unterscheidet demnach den *politischen Liberalismus,* dem es um Gewaltenteilung- und Menschenrechte geht, und den *ökonomischen Liberalismus,* dem es um die Marktwirtschaft geht, oder kurz: den Verfassungsliberalismus und den Wirtschaftsliberalismus. In längeren Epochen der Verfassungsgeschichte traten beide Arten des Liberalismus als eine Einheit auf, und lediglich der Schwerpunkt lag zu verschiedenen Zeiten in verschiedenen Ländern mehr auf verfassungspolitischem oder mehr auf wirtschaftspolitischem Gebiet. Aber es gibt auch Beispiele in Geschichte und Gegenwart dafür, daß sich der Zusammenhang beider Arten von Liberalismus lockert, daß beide sich voneinander lösen und daß schließlich der Wirtschaftsliberalismus in offene Gegnerschaft zum Verfassungsliberalismus treten kann.

Sowohl bei den konservativen als auch bei den sozialistischen Kritikern des Verfassungsstaates ist die Annahme verbreitet, die bürgerliche Marktgesellschaft sei gewissermaßen das soziologische Substrat des Verfassungsstaates, der Verfassungsstaat sei auf ihre Bedürfnisse zugeschnitten, sei der Staat der bürgerlichen Klasse, der in erster Linie den Interessen der Produzenten und Kaufleute diene. Wenn das richtig wäre, wenn also die Marktwirtschaft auf den Verfassungsstaat angewiesen wäre, *dann wären die Verfechter der Marktwirtschaft die zuverlässigsten Verteidiger des Verfassungsstaates.* Das sind sie indessen nicht. Vielmehr schafft der Verfassungsstaat zwar günstige Bedingungen für die Marktwirtschaft; aber er gibt auch politischen Bewegungen Raum, die die Marktwirtschaft unter Umständen so sehr einengen, daß sie günstigere Bedingungen in einer Diktatur passender Couleur finden kann.

Der *innere Zusammenhang von Marktwirtschaft und Verfassungsstaat* besteht lediglich darin, daß der Verfassungsstaat in dreierlei Hinsicht günstige Bedingungen für die Marktwirtschaft schafft: Rechtssicherheit, parlamentarischen Einfluß und die Gewährleistung bestimmter Freiheiten, insbesondere des Eigentums.

Zunächst: Die Marktwirtschaft bedarf der *Rechtssicherheit,* die Voraussetzung für betriebswirtschaftliche Planungen ist. Je genauer der Unternehmer die Daten kennt, mit denen er für die Zukunft rechnen kann, desto besser kann er disponieren. Er ist gegen einen Souverän, jedenfalls dann, wenn dessen Etablierung nicht gerade dem Zweck dient, ihm Sicherheit zu gewährleisten, sondern wenn er mit dessen Eingriffen in die Wirtschaft rechnen muß. Rechtsdurchbrechungen, die dem Souverän möglich sind, schaffen ein verunsicherndes Klima der Unberechenbarkeit. Rechtssicherheit hingegen verlangt im allgemeinen die Bindung des Richters an das Gesetz und die persönliche und sachliche Unabhängigkeit des Richters. Gesetze müssen formalisiert, veröffentlicht, generell, verläßlich und inhaltlich bestimmt sein.

Sodann ist den Verfechtern der Marktwirtschaft selbstverständlich am *parlamentarischen Einfluß* gelegen, und auch dieser Umstand führt den Wirtschaftsliberalismus mit dem Verfassungsliberalismus zusammen. Alle drei klassischen Funktionen des Parlaments: Gesetzgebung, Steuerbewilligung und Regierungskontrolle, können für den Unternehmer gleichermaßen bedeutsam sein.

Schließlich sind die persönlichen *Freiheiten,* die der Verfassungsstaat gewährt, zum Teil *ökonomisch relevant:* Sie tragen dazu bei, ökonomische und betriebliche Dispositionen und den freien Warenverkehr zu ermöglichen. Der Verfassungsstaat enthielt in seinen Ursprüngen zwar keine besonderen wirtschaftlichen Freiheiten. Aber für die Marktwirtschaft ist das Verteilungsprinzip «im Zweifel für die Freiheit» günstig, das sich in der deutschen liberalen Tradition in dem Grundsatz vom «Vorbehalt des Gesetzes» niedergeschlagen hat: Eingriffe in Freiheit und Eigentum nur aufgrund eines Gesetzes. Ferner können Grundrechte, die dem Gesetzgeber Grenzen setzen, auch dann, wenn ihr Schutzzweck die persönliche Freiheit ist, ökonomisch relevant und nützlich werden, insbesondere die Grundrechte der *Berufsfreiheit*, der *Freizügigkeit*, der *Vereinigungsfreiheit* und des *Eigentums*.

Es ist jedoch nachdrücklich zu betonen, daß diese Grundrechte zwar der Marktwirtschaft zugute kommen, daß sie aber pervertiert und uminterpretiert werden, wenn sie im Dienste der Marktwirtschaft *funktionalisiert* werden. Im Verfassungsstaat gibt es keinen Grundrechtsschutz für ein Wirtschaftssystem, sondern es gibt persönliche Freiheiten, die auch dem wirtschaftenden Menschen zugute kommen und die deshalb für die Marktwirtschaft relevant und wichtig sind. Der Verfassungsstaat schützt die persönliche Freiheit *um der Menschenwürde, nicht um der Marktwirtschaft willen* – jedenfalls seiner eigentlichen Idee nach. Für ihn ist die Wirtschaft für den Menschen, nicht der Mensch für die Wirtschaft da. Daß die Freiheit der Marktwirtschaft zugute kommt, ist mittelbare Folge, nicht Zweck. Die Freiheit um der Marktwirtschaft willen schützen zu wollen bedeutet eine Umdeutung sowohl des Verfassungsstaates als auch der Marktwirtschaft. Diese Umdeutung gefährdet beide, sowohl den Verfassungsstaat als auch die Marktwirtschaft.

In den klassischen *Bills of Rights* Englands, der amerikanischen Staaten und der amerikanischen Bundesverfassung kommen, wie wir gesehen haben, die Wirtschaftsfreiheiten überhaupt nicht vor. Es gibt nur persönliche Freiheiten, die zum Teil wirtschaftlich relevant sind. Aber selbst die persönlichen Freiheiten mit ökonomischer Relevanz stehen nicht im Vordergrund, der Akzent liegt vielmehr auf den Freiheiten, die die persönliche Menschenwürde sichern (vgl. den Überblick oben in § 35).

Während also die *Marktwirtschaft von alters her kein genuiner Bestandteil des Verfassungsstaates* ist, sah sich andererseits auch die Marktwirtschaft nicht unbedingt auf den Verfassungsstaat angewiesen. Die Klassiker der marktwirtschaftlichen Theorie im 18. Jahrhundert – Adam Smith in England und die Physiokraten wie Quesnay in Frankreich – richteten sich in erster Linie gegen den Merkantilismus und befürworteten ihm gegenüber im wesentlichen nur drei Freiheiten: Freihandel (wozu auch die Abschaffung der Binnenzölle gehörte), freie Berufswahl und Freizügigkeit. Aber auch im Hinblick auf diese drei Freiheiten erschien es ihnen genügend, daß sie als *Toleranzen* gewährt wurden. Sie wandten sich in einem Geist maßvollen Appells, mehr vorschlagend als fordernd, an die jeweils für die Wirtschaftspolitik Verantwortlichen. Denn auch die absolutistischen Monarchen des europäischen Kontinents waren am Gedeihen der Wirtschaft interessiert: Ludwig XV., Kaiser Josef II., Zarin Katharina II. und der Markgraf von Baden zeigten sich ihren Ideen gegenüber aufgeschlossen. Der Absolutismus konnte zwar keine Freiheitsrechte, sondern nur Toleranzen, d.h. jederzeit zurücknehmbare Freiheiten, gewähren. Aber die Klassiker der marktwirtschaftlichen Theorie vertrauten doch auf die Überzeugungskraft der Marktidee und das Eigeninteresse der Monarchen am Wohlstand in ihrem Lande. Sie dachten nicht daran, sich am Kampf um den Verfassungsstaat zu beteiligen. In den amerikanischen Verfassungen kommen diese drei Freiheiten denn auch nicht vor.

Revolutionären Charakter gewann der Wirtschaftsliberalismus erst im Zuge der Französischen Revolution und im Laufe des 19. Jahrhunderts, nämlich erst dann, als er den Katalog der geforderten Freiheiten erweitert hatte, insbesondere auf freie *Verfügbarkeit von Grund und Boden, Aufhebung der Zünfte, freie Arbeitsverträge, Niederlassungsfreiheit, Gewerbefreiheit, Freiheit zu wirtschaftlichen Zusammenschlüssen.* Soweit diese Forderungen revolutionär erkämpft werden mußten, kam es zu einer politischen Symbiose von Verfassungsliberalismus und Wirtschaftsliberalismus auf dem europäischen Kontinent, einfach deshalb, weil die persönliche Freiheit im allgemeinen und diese wirtschaftlich relevanten Freiheiten im besonderen demselben Gegner abgetrotzt werden mußten. Aber es handelte sich um ein Zusammenfließen von zwei Ideenströmen, das befristet und bedingt war (bedingt dadurch, daß die Ziele des Wirtschaftsliberalismus im parlamentarischen Verfassungsstaat besser erreichbar erschienen). Der Wirtschaftsliberalismus an sich bedurfte der konstitutionell gesicherten persönlichen Freiheit nicht: Er gedieh auch unter Napoleon, und er hielt sich weitgehend in der Restauration und in allen folgenden Systemen. In Deutschland überdauerte er das Scheitern des Verfassungsversuchs von 1848, blühte im Bismarck-Reich und fand zur Weimarer Reichsverfassung mit ihren Grundfreiheiten ein allenfalls halbherziges Verhältnis. Dort, wo persönliche Grundrechte verfassungsrechtlich positiviert waren, wie in den USA, wurden sie vom Wirtschaftsliberalismus in seinem Sinne umgedeutet und instrumentalisiert (vgl. § 48). Und nur zur Abrundung sei erwähnt, daß die Marktwirtschaft und die für sie besonders relevanten Freiheiten sich auch in verschiedenen faschistischen und autoritären Diktaturen, wenngleich nur als Toleranzen, zu behaupten vermochten, ja daß der Verfassungsstaat in einigen Ländern gerade zu dem Zweck zerstört worden ist, um politische Bewegungen auszuschalten, die die Marktwirtschaft in Frage stellten. *Verfassungsstaat, Gewaltenteilung, Menschenwürde und persönliche Freiheit wurden abgeschafft, um die für die Marktwirtschaft erforderlichen Freiheiten und Sicherheiten zu gewährleisten.*

Der Verfassungsstaat ist also für die Marktwirtschaft günstig, aber nicht erforderlich. Die Marktwirtschaft ist keine verläßliche Stütze des Verfassungsstaates und kann seine Legitimitätsgrundlage nicht sein. Demgemäß ist der Wirtschaftsliberalismus ein Verbündeter des Verfassungsliberalismus nur, *wenn und soweit* zusammen mit Menschenrechten und Gewaltenteilung auch die für die Wirtschaft relevanten Rechtssicherheiten, politischen Einflüsse und Freiheiten gewährleistet sind.

Aber dies Bündnis kann unzuverlässig werden, wenn ein autoritäres Regime diese wirtschaftlich relevanten Freiheiten zu gewährleisten verspricht.

§ 46. Wirtschaftsplanung und Planwirtschaft

Andererseits ist es richtig, daß Planwirtschaft im Rahmen des Verfassungsstaates unmöglich wäre. Man muß unterscheiden zwischen Wirtschaftsplanung und Planwirtschaft. Wirtschaftsplanung geht im Prinzip von einem Marktsystem aus, nutzt aber die zahlreichen Möglichkeiten zur Marktsteuerung, Marktbegrenzung und Marktkontrolle systematisch und planmäßig aus. Im Verfassungsstaat geht der Rahmen für Wirtschaftsplanung bis an die Grenze der Grundrechte und ist in diesem Rahmen verfassungsmäßig.

Anders die Planwirtschaft, wenn wir darunter dasselbe verstehen, was Walter Eucken «Zentralverwaltungswirtschaft» nannte: Der Mechanismus des Marktes wird ausgeschlossen. Statt dessen wird ein staatlicher Gesamtwirtschaftsplan aufgestellt und sein Vollzug durch einen Verwaltungsapparat kontrolliert. Planwirtschaft macht den arbeitenden und wirtschaftenden Menschen zum Vollstrecker des vorgegebenen Plans. Sie setzt einen Souverän voraus.

Als grobe Faustregel läßt sich der Satz aufstellen: *Staatliche Wirtschaftsplanung ist (weitgehend) verfassungsmäßig, Planwirtschaft verfassungswidrig*. Genauer wäre es, zu sagen: Planwirtschaft ist im Verfassungsstaat unmöglich. Sie bedarf eines Instrumentariums, das unter den Bedingungen des Verfassungsstaates nicht hergestellt werden könnte.

Eine Planwirtschaft bedarf einer *gigantischen Zentralbehörde* mit umfassenden Vollmachten. Das ergibt sich von selbst, wenn man sich veranschaulicht, welchen Umfang und welche Flexibilität die Planungen in der Zentralverwaltungswirtschaft haben müßten. Der Blick in das Branchenverzeichnis eines Telefonbuchs belehrt über die Vielzahl der Branchen in einer einzigen Stadt, ein Blick in einen Angebotskatalog über die Fülle der Waren in einer einzigen Firma. Die Behörde müßte das Wissen all der tausend kleinen, mittleren und großen Unternehmen über den Bedarf und seine Schwankungen in sich aufnehmen – ohne sich jedoch, wie diese, an der konkreten Angebots- und Nachfragesituation orientieren zu können –, und zwar im ganzen Staatsgebiet, und sie müßte dies alles noch auf die außenwirtschaftlichen Erfordernisse abstimmen. Eine Zentralbehörde, die das alles überschauen und planen soll, muß aber nicht nur gigantische Ausmaße, sondern auch ein *selbständiges Verordnungsrecht* haben. Das parlamentarische Gesetzgebungsverfahren, das für die Gewaltenteilung wichtige Zusammenspiel von zwei Gesetzgebungskammern, der Vorbehalt der Regelung aller wichtigen Lebensbereiche durch den Gesetzgeber wären mit einem solchen Verordnungsrecht unvereinbar[1].

---

1 In der Bundesrepublik wären die erforderlichen Pauschalermächtigungen gemäß Art. 80 I GG verfassungswidrig. Die Verordnungsermächtigungen müssen jeweils Zweck, Inhalt und Ausmaß der Ermächtigung bestimmen, müssen also selbst hinreichend bestimmt sein: «Art. 80 soll den Gesetzgeber zwingen, die für die Ordnung eines Lebensbereiches entscheidenden Vorschriften selbst zu setzen» (BVerfGE 7, 301). Der Gesetzgeber aber könnte nicht einen Bruchteil der in der Planwirtschaft erforderlichen Aufgaben bewältigen.

Ferner: Die Durchführung der Planungsverordnungen muß kontrolliert und durchgesetzt werden. Dafür kommen nach Art. 83 GG nur die Landesbehörden in Betracht. Daraus aber folgt weiter, daß alle Planungsverordnungen der Zustimmung des Bundesrates bedürfen (Art. 80 Abs. II). Der Bundesrat, der schon seinen Anteil an der Gesetzgebung unmöglich bewältigen konnte, müßte sich also mit jeder einzelnen Verordnung befassen. Das könnte

Ferner würden Vollzug und Kontrolle der Planwirtschaft der Verwaltung eine Macht einräumen, die die persönliche Freiheit ersticken müßte. Wichtige Grundrechte persönlicher Freiheit wären beeinträchtigt. Wenn z.B. die Zuweisung von Arbeitsplätzen durch den Plan bestimmt wird, so sind die Grundrechte der freien *Berufswahl* und der *Freizügigkeit* verletzt. Darüber hinaus müßten die Menschen im Interesse der Planerfüllung *zu bestimmten Arbeiten gezwungen* werden, ob der Zwang nun durch direkte oder durch indirekte Druckmittel, wie Drohung mit Entzug der Lebensmittelkarte, ausgeübt wird. Auch andere Freiheiten, wie z.B. die Meinungsfreiheit, würden vielleicht nicht offen verletzt, aber doch praktisch ausgehöhlt. Denn sie setzen voraus, daß der Mensch nicht von einer einzigen Macht uneingeschränkt abhängt und in Furcht und Existenzangst vor ihr leben muß. Bildlich gesprochen, geht der Mensch nur dann aufrecht und nicht mit gekrümmtem Rückgrat, wenn er weiß: Im äußersten Ernstfall bleibt mir die Möglichkeit, Arbeitgeber und Wohnsitz zu wechseln. Das kann er nicht, wenn der Arbeitgeber überall immer nur derselbe Staat ist. Ferner wären *Koalitionsfreiheit, Tarifautonomie und Mitbestimmung* in der Planwirtschaft unmöglich, weil sie immer zu Planstörungen führen könnten.

In der Praxis der planwirtschaftlichen Systeme hat sich darüber hinaus gezeigt, daß die Erfordernisse des Planvollzugs ein *Emigrationsverbot* erzwingen. Den Menschen wurde verboten, sich, selbst unter Opferung ihrer Heimat und ihrer persönlichen Lebensbeziehungen, dem Gesamtsystem zu entziehen – ein Tiefstand in der Geschichte der Menschenrechte, der bis dahin nur vom französischen Absolutismus nach der Aufhebung des Edikts von Nantes erreicht worden ist. Im Planwirtschaftssystem ist die Wirtschaft nicht für den Menschen da, sondern der Mensch für die Wirtschaft; er hat sich diesem System einzuordnen. Das ist die Aufhebung der Menschenwürde und das Gegenteil dessen, was der Verfassungsstaat intendiert.

Im Hinblick auf die Planwirtschaft also ist es richtig, daß Marktwirtschaft und Verfassungsstaat zusammengehören: Da die Zentralverwaltungswirtschaft persönliche Freiheit ausschließt, schließt die persönliche Freiheit die Zentralverwaltungswirtschaft aus. Die persönliche Freiheit kommt also der Marktwirtschaft zugute. Die Umdeutung des Verfassungsstaates beginnt erst da, wo die persönliche Freiheit im Dienste eines Marktwirtschaftssystems funktionalisiert wird, wo sie also nicht nur gegen die *Planwirtschaft*, sondern auch gegen die staatliche *Wirtschaftsplanung* in Anspruch genommen wird. Auch dann wird nicht vom Menschen und der Menschenwürde, sondern vom Wirtschaftssystem her gedacht, auch dann wird der Mensch als Rädchen in die Maschine des Wirtschaftssystems eingefügt, auch dann ist die Wirtschaft nicht für den Menschen, sondern der Mensch für die Wirtschaft da. Die Wirtschaftsfreiheit ist dann nicht Folge der persönlichen Freiheit sondern

er selbst dann nicht, wenn er in Permanenz tagen würde, was aber ebenfalls unmöglich wäre, da er von den Landesregierungen gebildet wird, die auch ihre Landesaufgaben wahrzunehmen haben.

Selbstzweck, und Korrekturen, die u.U. gerade im Dienste der Freiheit eines jeden erforderlich sind, werden behindert oder unmöglich gemacht. Das entspricht nicht der Idee des Verfassungsstaates, wie die marxistischen Kritiker des Verfassungsstaates meinen, *sondern ist eine Perversion* des Verfassungsstaates.

In der Bundesrepublik hat das Bundesverfassungsgericht solche Umdeutungsversuche zwar nicht aus der politischen Rhetorik verbannen können, aber es hat verhindert, daß sie durch das Grundgesetz legitimiert und damit zementiert und unkorrigierbar gemacht wurden. Das Bundesverfassungsgericht zieht im Grundgesetz den Rahmen, innerhalb dessen die wirtschaftspolitischen Kontroversfragen demokratisch auszutragen sind:

> «Die ‹*wirtschaftspolitische Neutralität*› des Grundgesetzes ... ermöglicht dem Gesetzgeber, die ihm jeweils sachgemäß erscheinende Wirtschaftspolitik zu verfolgen, sofern er dabei das Grundgesetz beachtet» (BVerfG 4, S. 117 f.).

Beide Elemente dieses Grundsatzes - den «Beurteilungsspielraum» des Gesetzgebers und seine «Grenzen» - hat das Bundesverfassungsgericht bis in die Gegenwart hinein festgehalten.

Das Bundesverfassungsgericht hat damit den Anspruch zurückgewiesen, das Grundgesetz schütze die «soziale Marktwirtschaft». Man muß annehmen, daß es mit dieser Feststellung in seiner Entscheidung vom 20. 7. 1954 dem Vortrag antworten wollte, den H. C. Nipperdey am 5. 3. 1954 in Karlsruhe gehalten hat und in dem er die gegenteilige These vertrat.[2] Das Bundesverfassungsgericht hat selbstverständlich nicht in Frage gestellt, daß die Grundrechte der Wirtschaftsplanung Grenzen setzen, sondern es wollte die *Funktionalisierung der Grundrechte* im Dienste eines Wirtschaftssystems zurückweisen. Diese Funktionalisierung verleitete Nipperdey zu Interpretationen etwa des Artikels 2 I und des Artikels 12 I, die das Bundesverfassungsgericht nicht übernommen hat. Die Auslegungen dieser Grundrechte durch das Bundesverfassungsgericht lassen der Gestaltungsfreiheit des Gesetzgebers einen wesentlich weiteren Spielraum als Nipperdeys Auslegung. Aber die Dialektik der Sache ist, daß die Grundrechte durch die Entfunktionalisierung aus der politischen Sphäre der wirtschaftlichen Interessen- und Zweckmäßigkeitsauseinandersetzungen herausgenommen und damit als *Schutzwall persönlicher Freiheit* nicht geschwächt, sondern gefestigt wurden.

Vor dem Hintergrund der Geschichte des Verfassungsstaates ist bemerkenswert, daß sich das Bundesverfassungsgericht damit in voller Übereinstimmung mit der ursprünglichen Tradition der Grundrechte befindet.

---

2 Die soziale Marktwirtschaft in der Verfassung der Bundesrepublik.

§ 47. Der Besitzindividualismus

Auch wenn Verfassungsliberalismus und Wirtschaftsliberalismus aus zwei verschiedenen Quellen entspringen und nicht notwendigerweise zusammenfließen müssen, so sind sie doch häufig, und man kann sagen: in der Regel, miteinander vereint. Zwar kann die Marktwirtschaft den Verfassungsstaat nicht legitimieren, aber wer überhaupt den Sinn für Freiheit hat, ist im allgemeinen sowohl den ökonomischen als auch den politischen Begründungen für Freiheit gegenüber aufgeschlossen. Erst der Besitzindividualismus wirft ein Legitimitätsproblem auf (vgl. § 48).

Locke hat Hobbes' individualistisch-utilitaristischen Ansatz zwar übernommen, aber von seinem lebensfremden Dogmatismus befreit. Er war im Unterschied zu Hobbes ein wirklich politischer Kopf, ein Insider und Kenner der englischen Gesellschaft. Dank seiner Vermittlung bekam das Naturrecht des «possessive individualism» geschichtlichen Einfluß. Was *Macpherson* als «possessive individualism» – Besitzindividualismus – beschrieben hat, ist nur eine *Variante des utilitaristischen Individualismus*. Sie besteht darin, daß alles Eigeninteresse und sogar die persönliche Freiheit in der Sprache des Eigentums artikuliert wird: «Das Individuum ist wesentlich Eigentümer seiner eigenen Person und Fähigkeiten, für die es der Gesellschaft nichts schuldet.»[3]

Im 17. Jahrhundert machten einige Theoretiker das Eigentum zu einem Oberbegriff der Leben und Freiheit mit einschloß. Dahinter mag die Tendenz gestanden haben, den besonders starken rechtlichen Schutz, den das Eigentum genoß, auch anderen Rechtsgütern zugute kommen zu lassen. Bei Locke war daraus jedoch eine Haltung geworden, die das Eigentum tatsächlich als Grundlage aller Freiheit ansah und ihm einen höheren Rang als allen anderen Rechtsgütern zuerkannte.

Locke berücksichtigte die parlamentarischen, freiheitlichen, konstitutionellen Bedürfnisse seiner Zeitgenossen. Aber infolge seines individualistischen Ansatzes war er nicht mehr in der Lage, persönliche Freiheitsrechte als Grundrechte zu begründen; im Gegenteil hat er wesentlich zur Zersetzung der Grundrechtsidee in England beigetragen. Während die Auswanderer diese Idee mit nach Amerika nahmen und sie dort in ihren Verfassungen teilweise institutionalisierten, kam es in England nicht zu ihren verfassungsrechtlichen Konsequenzen. Statt dessen prägte sich – entsprechend den Lockeschen Prinzipien – die Idee der *Parlamentssouveränität* aus. Den Eigentums- und Marktbedürfnissen des «possessive individualism» konnte durch regelmäßig wiederkehrende Wahlen des parlamentarischen Gesetzgebers Rechnung getragen werden, vorausgesetzt, daß den Nichteigentümern die Individualität abgesprochen und sie vom Wahlrecht ausgeschlossen wurden. Diese Konsequenz, die zu seiner Zeit immerhin die Hälfte der Nation betraf, konnte Locke sowohl als praktischer Politiker seiner Zeit als auch als ein von Hobbes geprägter Theoretiker rechtfertigen. Locke, der am Sklavenhandel beteiligt war und der

---

3 Macpherson, Die politische Theorie des Besitzindividualismus, S. 295.

forderte, die Kinder von Armengeldempfängern von drei Jahren an zur Arbeit anzuhalten, hat kein einziges Freiheitsrecht institutionell schützen wollen. Schon zu diesem Zeitpunkt war der Grundgedanke vergessen oder zersetzt, der die großen politischen Diskussionen in der ersten Hälfte des 17. Jahrhunderts bestimmt hatte und den Bohatec so zusammenfaßt: «Kein Schutz der Grundrechte ohne die Verfassung, keine Verfassung ohne die den Bürgern verbürgten Grundrechte»[4] und: «Der Schutz der subjektiven Rechte ist bedingt durch die Staatsform.»[5] Dieser Gedanke ließ sich aus den Prämissen des «possessive individualism» nicht mehr ableiten.

Zwar gehört der *Schutz des Eigentums* zu den *klassischen Freiheitsrechten des Verfassungsliberalismus,* weil auch die Angst um das Eigentum das Rückgrat krümmt. Insofern hat das Eigentum seinen richtigen Ort in der Due-Process-Klausel. Vom Ansatz des «possessive individualism» her verliert sich aber die Menschenwürde-Funktion des Eigentums. Locke meinte, im Naturzustand könne sich jeder Eigentum aneignen, mit zwei Einschränkungen, nämlich erstens nur so viel, «daß auch anderen noch genügend und ebenso Gutes übrigbleibe», und zweitens nur so viel, wie er «zum Nutzen seines Lebens verbrauchen kann». Aber hier handelt es sich nur um den Ansatz, der begründet, daß jedermann zum Schutz seines Eigentums der bürgerlichen Gesellschaft beitritt. Innerhalb dieser Gesellschaft unterliegt er dann ihren eigenen Bedingungen, und das heißt denen des geldgesteuerten Marktes. Nach einer Reihe von Ableitungen läuft es darauf hinaus, daß, wer kein Eigentum hat, kein vollwertiges Glied der Gesellschaft sein könne.

Locke faßt unter den Begriff Eigentum «Leben, Freiheit und Eigentum» zusammen, aber nur im theoretischen Ansatz. Im praktischen Ergebnis wird nur das Eigentum wirklich gesichert, Leben und Freiheit bleiben dem Common Law anvertraut, auf dessen Funktionsfähigkeit Locke ja auch weitgehend vertrauen konnte. *Die Sicherung des Eigentums erfolgt nicht durch die Grundrechte, sondern durch das Wahlrecht*: dieses wird auf die Besitzenden beschränkt. So können diese gesetzgeberisch sicherstellen, daß sie ihren Besitz unbeschränkt vermehren können und sich dagegen schützen, daß Habenichtse es ihnen auf legalem Wege nehmen. Sinn und Inhalt des Eigentumsbegriffs verändern sich also bei diesem Klassiker der bürgerlichen Gesellschaft, und zugleich geht die Grundrechtseigenschaft auch des Eigentums verloren: *Das wirtschaftliche Eigentum wird wirkungsvoller geschützt als durch Grundrechte, nämlich durch die Macht.* Viele Elemente des Verfassungsliberalismus aus der ersten Hälfte des 17. Jahrhunderts wurden von Locke beibehalten, aber sie wurden den Interessen des Besitzbürgertums angepaßt. Es «wird nun der bürgerliche Verfassungsstaat, worin ja die Botschaft des rationalen Naturrechts seit Locke besteht, an den legitimen Verhältnissen der Produktion gerechtfertigt», meint Jürgen Habermas,[6] womit er sich freilich nicht auf die ursprüngliche, sondern auf eine schon korrumpierte Legitimationstheorie bezieht. Der Besitzindivi-

4 A.a.O., S. 35 (bei Schnur S. 300).
5 A.a.O., S. 36 (bei Schnur S. 301).
6 Legitimationsprobleme im Spätkapitalismus, 1973, S. 38.

dualismus führt in letzter Konsequenz zu dem Konzept: *Verfassung im Rahmen der Wirtschaft*, während der eigentliche Gedanke des Verfassungsliberalismus war: *Wirtschaft im Rahmen der Verfassung*.

Die einzige Solidarität, die der Besitzindividualist kennt, ist die Solidarität der Besitzbürger untereinander, die ebenso international ist wie die kommunistische Solidarität und die sich – das ist ein Thema für sich – ebenso zu einer politischen Ideologie verdichten kann wie diese und auf dem Weg über Ideologiebildung auch Habenichtse, deren Eigeninteressen nicht betroffen sind, erfassen kann.

Ein Beispiel in jüngerer Zeit lieferte das vielstimmige Werben um Sympathie für den Putsch in Chile im September 1973. Präsident Allendes Wahlperiode dauerte zu dem Zeitpunkt des Putsches noch drei Jahre. Wir sind gewohnt, von ungeduldigen Fortschrittseiferern Geduld zu fordern und ihnen ein unter Umständen generationenlanges Warten zuzumuten. Denn, wie Karl Schurz schrieb: der Kampf mit Hilfe der öffentlichen Meinung statt mit Hilfe von Gewalt «ist nicht allein demokratischer, sondern auch solider ... Dieser Kampf hat den Vorteil, daß er stets gleichen Schritt hält mit dem Standpunkt der Menge ... die Menschen sind nun einmal so, daß sie sich nicht vernünftigklopfen lassen ... Jede dieser gemachten Dummheiten aber absolviert etwas ...»[7] Die Befürworter des Putsches meinten demgegenüber, die Junta wollte «die Essenz der Verfassung retten»[8]. Dieses Argument erlaubt uns zu klären, *was alles im Verständnis von Besitzindividualisten nicht zur Essenz der Verfassung gehört*: der politisch organisatorische Teil mit regelmäßig wiederkehrenden Wahlen, Parteien und Gewaltenteilung, sodann die Grundrechte im Abschnitt X der Verfassung Chiles: Gleichheit vor dem Gesetz, Meinungs-, Presse- und Lehrfreiheit, Versammlungs- und Vereinigungsfreiheit, Unverletzlichkeit der Wohnung und des Postgeheimnisses, Freizügigkeit, Anspruch auf den Ordentlichen Richter, keine Strafe ohne Gesetz, Verbot von willkürlicher Verhaftung, Verbot der Folter, und richterliche Kontrolle dieser Grundrechte. Allende hatte jedoch das Eigentum an Produktionsmitteln angetastet, und dieses bleibt als die «Essenz der Verfassung» übrig.

Das *Legitimitätsproblem*, das der Besitzindividualismus aufwirft, läßt sich so zusammenfassen: Der Besitzindividualismus korrumpiert die Marktwirtschaft, und die vom Besitzindividualismus korrumpierte Marktwirtschaft korrumpiert den Verfassungsstaat. Auf diese Weise produzierte der Besitzindividualismus sein dialektisches Gegenstück, den Marxismus. Das polarisierende Zusammenspiel von beiden hatte die Tendenz, den Verfassungsliberalismus von zwei Seiten her aufzusaugen und die Legitimitätsgrundlage des Verfassungsstaates in Frage zu stellen.

In diesen kurzen Formeln läßt sich das Legitimitätsproblem zusammenfassen, das den Verfassungsstaat seit etwa der Mitte des vorigen Jahrhunderts am geschichtsmächtigsten bedroht und in mehreren Fällen zerstört hat. Es

7 Brief an Malvida von Meysenburg, abgedr. in: Zeitschrift für Rechtspolitik, 1968, S. 53

8 «Die Welt» vom 13. 9. 1973.

gibt andere Legitimitätserschütterungen: Bei der Zerstörung der Weimarer Republik z.B. spielte der Besitzindividualismus nur eine mitwirkende Rolle. Darauf ist zurückzukommen; aber im Ost-Westkonflikt ist die den Verfassungsliberalismus zerreibende *Polarisierung zwischen Besitzindividualismus und Marxismus* zum gewichtigsten Problem geworden und erfordert deshalb unser besonderes Interesse.

§ 48. Die Korrumpierung der Marktwirtschaft durch den Besitzindividualismus

Als Legitimationsgrundlage der Marktwirtschaft gilt von Adam Smith bis heute der Nutzen für die Befriedigung der materiellen Bedürfnisse. Die Marktwirtschaft erkennt das Gewinnstreben und das Eigentum an Produktionsmitteln aus Gründen des Gemeinwohls an. Damit eignet sie sich besonders gut als Maske des Besitzindividualismus, der sie von innen her aufzehrt und korrumpiert und auf diese Weise Gefahren für die Verfassungslegitimität herbeiführt. Denn die besitzindividualistische Korrumpierung erst der Marktwirtschaft und dann des Verfassungsstaates führt zur *Uminterpretation der Verfassung,* insbesondere seiner Grundrechte im Dienst individueller Interessen auf Kosten der Interessen anderer und schließlich auf Kosten des Verfassungsstaates und der Menschenwürde selbst.

Das gibt uns Anlaß, die Methoden dieser Korrumpierung aufzudecken, um *die am Gemeinwohl orientierte Marktwirtschaft* von dem *an Privatinteressen orientierten Besitzindividualismus* zu scheiden. Dies ist für die Legitimitätsfestigung des Verfassungsstaates deshalb so wichtig, weil der marktwirtschaftliche Liberalismus, wie gesagt, ohnehin ein labiler, nicht wirklich zuverlässiger Verbündeter des Verfassungsliberalismus ist und weil diese Labilität erheblich verstärkt wird, wenn er vom Besitzindividualismus durchsetzt und verändert wird.

Zu diesem Zweck müssen wir uns zunächst die Bedingungen vergegenwärtigen, unter denen die *Gemeinwohlorientierung der Marktwirtschaft* begründet werden kann. Die marktwirtschaftliche Theorie sucht nach den optimalen Bedingungen des wirtschaftlichen Wohlstands. Profit und Privateigentum an Produktionsmitteln sind gerechtfertigt, weil und insofern sie diesem Ziel dienen. Sie sind Mittel zum Zweck, nicht wie für den Besitzindividualismus Selbstzweck. Niemand hat das klarer zum Ausdruck gebracht als der Klassiker der marktwirtschaftlichen Theorie, Adam Smith selbst:

> «*Zweck und Ziel aller Produktion ist der Verbrauch,* und die Interessen des Produzenten sollten nur soweit berücksichtigt werden, wie es zur Förderung der Interessen der Verbraucher nötig ist. Diese Maxime ist so vollkommen einleuchtend, daß es abgeschmackt wäre, sie beweisen zu wollen.»[9]

---

9 Natur u. Ursachen des Volkswohlstandes, übers. v. I. Stöpel, 3. Bd., S. 20 (4. Buch, 8. Kap.).

Dieser rein instrumentale Charakter des Profits wurde von allen liberalen Nationalökonomen bis in die Gegenwart hinein festgehalten. Da der Profit nicht Zweck, sondern Mittel ist, bedurfte es einer Begründung dafür, inwiefern das Mittel Profit dem Zweck Wohlstand diene. Dieser Begründung diente die Theorie von der «invisible hand»: Wenn jeder Gewerbetreibende seinen Profit anstrebt, muß er seine Mitmenschen veranlassen, bei ihm zu kaufen. Zu diesem Zweck muß er ihre jeweils dringendsten Bedürfnisse aufspüren und befriedigen können. Wenn alle Gewerbetreibenden nach dieser Maxime verfahren, werden Initiative, Phantasie, Fleiß und Intelligenz von Tausenden für die Bedürfnisbefriedigung mobilisiert, und im Zusammenspiel des wirtschaftlichen Kosmos wird aus dem Profitinteresse jedes einzelnen, wie von «unsichtbarer Hand» gesteuert, die Bedürfnisbefriedigung aller zusammen: Aus dem privaten Laster wird öffentliche Tugend, wie es Mandeville in seiner Bienenfabel formuliert hat.

Ausgangspunkt der Überlegung ist also das Gemeininteresse. Hingegen liegt beim Besitzindividualismus der *Ausgangspunkt beim Individuum*, das Eigentümer seiner Person, seiner Fähigkeiten und seines Besitzes ist und für dieses der Gesellschaft nichts schuldet.[10] Die Gesellschaft wird konstruiert aus einem Marktsystem, in dem die einzelnen Individuen ihr jeweils eigenes Interesse verfolgen, und die politische Gemeinschaft ist ein Instrument zur Sicherung der äußeren Bedingungen des freien Marktverkehrs, insbesondere zum Schutz des Eigentums.

Sosehr diese abstrakte Konstruktion dem Lebensgefühl des wirtschaftenden Bürgers auch entgegengekommen sein mochte, es kollidierte doch mit dem immer noch lebendigen traditionellen Ethos der Treuhänderschaft des Eigentums, der christlichen Hilfspflicht für den Nächsten und der auf Treue und Verantwortung beruhenden politischen Gemeinschaft. Die national-ökonomische Theorie der «invisible hand» räumte die Gewissensbedenken aus: *Individualinteresse und Gemeininteresse erschienen identisch.* Die wirtschaftliche Freiheit diente zugleich den naturrechtlich begründeten Individualansprüchen und dem Wohl des Ganzen, ja mehr noch: entgegenstehende ethische Traditionen wurden als gemeinschädlich erwiesen. Naturrecht und Nationalökonomie verschmolzen: Das Naturrecht des «possessive individualism» erschien durch die Volkswirtschaftstheorie ethisch gereinigt und endgültig legitimiert; und umgekehrt erschien die Volkswirtschaftstheorie, die von Zweckmäßigkeitsüberlegungen ausging; durch ihre Symbiose mit dem individualistischen Liberalismus des 17. Jahrhunderts naturrechtlich verankert und damit der Sphäre diskutabler Zweckmäßigkeitserwägungen entzogen. Kraft dieser Symbiose wurde der Wirtschaftsliberalismus zur politisch mächtigsten Kraft im 19. Jahrhundert. Einwände gegen ihn – entstammten sie nun traditional konservativen, merkantilistischen oder sozialistischen Quellen – erschienen nicht als diskutable Meinungen, sondern als Angriff auf die naturrechtlichen Grundlagen der politischen Gemeinschaft.

---

10 Macpherson, Die politische Theorie des Besitzindividualismus, S. 223 ff.

Die Marktwirtschaft ist in der Tat besser geeignet als jede andere Wirtschaftsform, Informationen über Bedürfnisse an diejenigen zu vermitteln, die die Bedürfnisse befriedigen können, und sie ist auch besser geeignet, Initiative, Intelligenz und Fleiß anzuregen. Die Chancen für die Bedürfnisbefriedigung sind nirgendwo so optimal wie bei der Marktwirtschaft – allerdings nur unter bestimmten Bedingungen. Die Korrumpierung der Marktwirtschaft durch den Besitzindividualismus führt dazu, daß diese *Bedingungen unberücksichtigt* bleiben.

1. *Der Marktmechanismus trägt in sich die Tendenz zu seiner eigenen Aufhebung*, nämlich zur Bildung von wirtschaftlicher Macht in Gestalt von Monopolen und Teilmonopolen. Diese Tendenz hat sich mit solcher Wucht entfaltet, daß sich der Staat gegenüber den großen wirtschaftlichen Mächten, vor allem gegenüber den multinationalen Konzernen, kaum noch durchzusetzen vermag. Wirtschaftliche Macht gibt es in dreierlei Richtung: Sie ist einmal Macht über den Markt, also die Möglichkeit, Konkurrenten auszuschließen und die Preise zu diktieren. Sie ist sodann Macht über die Lohnabhängigen, und sie ist drittens unkontrollierter politischer Einfluß, der aus der Erpreßbarkeit der politischen Gemeinschaft durch den Monopolisten und aus dessen Verfügungsmacht über Millionensummen entsteht. In allen drei Richtungen bedarf die wirtschaftliche Macht der Kontrollierbarkeit durch eine überlegene staatliche Macht, wenn es wirklich um Gemeinwohl und nicht um Privatinteressen geht. In erster Linie sind Maßnahmen erforderlich, die die Entstehung wirtschaftlicher Macht von vornherein verhindern. Deshalb forderten die Verfechter der Marktwirtschaft z.B. Verbote und Kontrolle von Fusionen, Kartellen, Preisbindungen, Absatzkontingentierungen, vereinbarten Produktionsbeschränkungen, Gebietsaufteilungen, Haftungsausschlüssen, ferner Maßnahmen zur Begrenzung von Wachstum, zur Kontrolle der Werbung usw.[11] Von der Idee des Verfassungsstaates her bestehen gegen solche Maßnahmen keine Einwände, sie können insbesondere Grundrechte nicht berühren, wenn nicht besondere Umstände hinzutreten, die sie ausnahmsweise verfassungswidrig machen. Im Gegenteil können solche Maßnahmen von der Idee des Verfassungsstaates her sogar gefordert sein.

Die besitzindividualistische *Korrumpierung der Marktwirtschaft* besteht in der Tendenz, die im Interesse des Gemeinwohls erforderlichen Hindernisse gegen die Entstehung wirtschaftlicher Macht zu bekämpfen oder zu überspielen. Die besitzindividualistische *Korrumpierung des Verfassungsstaates* besteht in der Uminterpretation der Grundrechte in dem Sinne, daß sie statt der Menschenwürde die Entstehung wirtschaftlicher Macht schützen und entgegenstehende staatliche Maßnahmen verfassungswidrig machen sollen.

2. Im Zuge der industriellen Expansion seit der Mitte des vorigen Jahrhunderts *sind dic Verfassungsstaaten vor der Entstehung wirtschaftlicher Macht immer weiter zurückgewichen*: Es wurden zwar gesetzliche Kartellverbote, Fusionskontrollen und dergleichen erlassen, aber so lückenhaft und schwächlich, daß

11 Vgl. für solche Forderungen z.B. Walter Eucken, Grundsätze der Wirtschaftspolitik.

systematische und dauerhafte Kontrollen ausgeschlossen waren. Wachstumsbegrenzungen wurden kaum versucht. Vermögenskonzentrationen enormen Ausmaßes wurden durch Steuerbegünstigungen und Subventionen gefördert. In jedem Einzelfall gab es honorige Gründe: Gründe der Technik, der Rationalisierung, der Organisation, des Weltmarktdruckes, der Arbeitsplatzsicherung usw. Man kann auch noch andere Motive, z.B. «irrationale und psychologische Faktoren, wie den Kult des Großen»[12] anführen. Aber im Hintergrund standen meistens auch private Interessen. Insgesamt wurde aus der Summe vieler kleiner Einzelentscheidungen ein Systemwandel, nämlich die Preisgabe des marktwirtschaftlichen Modells zugunsten eines weitgehenden Laissez-faire.

Unter diesen Umständen ergab sich aus der Logik der marktwirtschaftlichen Konzeption die Forderung, daß die nicht *verhinderte wirtschaftliche Macht nun wenigstens staatlich kontrolliert* werden müßte. Zum Beispiel stellte *Franz Böhm,* einer der führenden Köpfe des deutschen Neoliberalismus in der Periode nach dem Zweiten Weltkrieg, den Grundsatz auf:

«Wer privatwirtschaftliche Autonomie in Anspruch nimmt, darf auf dem Markt keine Macht besitzen; wer über Marktmacht verfügt, hat keinen Anspruch auf privatwirtschaftliche Autonomie».[13]

Böhm wandte sich ausdrücklich dagegen, «daß gegen Träger wirtschaftlicher Machtstellungen nur bei nachgewiesenem Machtmißbrauch eingeschritten werden dürfte». Denn die Schädlichkeit wirtschaftlicher Machtstellungen ergebe sich ohne weiteres daraus, «daß das wirtschaftliche Verhalten des Machtträgers zwar an seinem privatwirtschaftlichen Rentabilitätsinteresse ausgerichtet, aber nicht durch die Konkurrenz kontrolliert ist». Deshalb forderte er eine staatliche Aufsichtsbehörde, die die Befugnis haben sollte, «dem beaufsichtigten Unternehmen notfalls die Preise vorzuschreiben, Konzerne zu entschachteln und renitente Unternehmen ihrer Zwangsverwaltung zu unterstellen». Es kommen aber auch andere Möglichkeiten zur Beherrschung wirtschaftlicher Macht in Betracht, z.B. Maßnahmen zur Kontrolle von Preisen, wie Transparenz der Preisgestaltung, Genehmigungspflicht von Preiserhöhungen bei marktbeherrschenden Unternehmen, ferner Mitbestimmung und schließlich auch die Überführung von Produktionsmitteln in Gemeineigentum oder andere Formen der Gemeinwirtschaft, wie sie z.B. das Grundgesetz ausdrücklich vorsieht (Art. 74 Ziff. 15 und Art. 25 GG).

Die besitzindividualistische *Korrumpierung der Marktwirtschaft* hat nun freilich dazu geführt, daß die wirtschaftliche Macht zum Teil mächtiger geworden ist als die staatliche Macht und daß solche Maßnahmen nur noch in beschränktem Umfang tatsächlich möglich sind. Die besitzindividualistische *Korrumpierung des Verfassungsstaates* besteht auch hier darin, den dem Staat geblie-

---

12 Ernst Benda, Industrielle Herrschaft und sozialer Staat, 1964; S. 14.

13 Die Bedeutung der Wirtschaftsordnung für die politische Verfassung, Süddeutsche Juristenzeitung 1946, S. 141 ff. abgedr. bei Ulrich Scheuner (Hg.), Die staatliche Einwirkung auf die Wirtschaft, S. 85 ff.

benen schwachen Möglichkeiten auch noch rechtliche Hindernisse durch Uminterpretation der Grundrechte in den Weg zu legen.

3. Nach der marktwirtschaftlichen Konzeption ist es folgerichtig, *Gegenstände, die nicht reproduziert werden können*, die aber gemeinschaftswichtig sind, aus dem Markt herauszunehmen. Denn die marktwirtschaftliche Konzeption geht davon aus, daß die knappe Ware teuer wird und daß daraus das Interesse wächst, sie zu reproduzieren, wodurch die Nachfrage gedeckt und der Preis wieder gesenkt wird. Dieser Mechanismus versagt bei nichtreproduzierbaren Waren.

Die besitzindividualistische *Korrumpierung der Marktwirtschaft* führt dazu, die nichtreproduzierbaren Waren dennoch zum Vorteil der Besitzenden dem Markt zu überlassen, und die *besitzindividualistische Korrumpierung* des Verfassungsstaates führt dazu, diesen Vorteil Privater auf Kosten der Gemeinschaft verfassungsrechtlich absichern zu wollen.

4. Es gibt *langfristige Gemeinschaftsbedürfnisse*, deren Befriedigung der Markt, der sich an den Nachfragen und damit am jeweils aktuellen Einzelbedürfnis orientiert, nicht leisten kann, z.B. politische Erfordernisse der Entwicklungshilfe, der Vorbereitung von Autarkie auf Teilmärkten, um internationalen Erpressungen vorzubeugen, Probleme der Energieversorgung, der Nahrungsversorgung, der Bereitstellung von Ressourcen, der Umweltpolitik, der Infrastruktur, der Regionalstruktur usw. Es kann zur Überlebensfrage werden, daß der Staat durch Planung und ihren direkten oder indirekten Vollzug in die Wirtschaftsfreiheit eingreifen kann, ohne daß dem ein verfassungsrechtlich garantiertes Marktsystem entgegengehalten werden könnte.

Die besitzindividualistische *Korrumpierung der Marktwirtschaft* besteht darin, solche Maßnahmen zwar dort dem Staat zu überlassen, wo sie ökonomisch nicht rentabel sind, sie ihm aber überall dort, wo Gewinne erzielt werden können, zu verweigern, auch dann, wenn die Gemeininteressen dadurch Schaden leiden. Die besitzindividualistische *Korrumpierung des Verfassungsstaates* besteht auch hier darin, das Verfassungsrecht im Dienst der Privatinteressen zu instrumentalisieren.

5. Schließlich: Die Marktwirtschaft ist zwar insofern gemeinwohlorientiert, als sie insgesamt der Produktion förderlich ist, sie ist aber von sich aus den Problemen der Gerechtigkeit gegenüber neutral. Sie war von Anfang an vereinbar mit Sklaverei, mit Ausbeutung von Kolonien, mit einer zum Teil brutalen Ausnutzung von abhängigen Arbeitern, mit Kinderarbeit, mit Arbeitslosigkeit usw. Abhilfe oder auch nur Milderung war und ist nur zu erreichen durch staatliche Gegensteuerung, insbesondere durch *Sozialgesetzgebung*, durch Entwicklung eines Arbeitsrechts, das die gewerkschaftliche Gegenmacht legalisiert und kanalisiert. Diese Maßnahmen haben die Marktwirtschaft nicht prinzipiell in Frage gestellt, sondern nur begrenzt und ergänzt.

Die besitzindividualistische *Korrumpierung der Marktwirtschaft und des Verfassungsstaates* führte in den Verfassungsstaaten dazu, daß diese Entwicklung gegen größte Widerstände schrittweise erkämpft werden mußte.

§ 49. Die Korrumpierung des Verfassungsstaates durch den Besitzindividualismus (am Beispiel der US-Verfassung)

Die Korrumpierung des Verfassungsstaates durch den Besitzindividualismus wird besonders anschaulich in dem Zurechtbiegen der amerikanischen Bundesverfassung durch Uminterpretation in der zweiten Hälfte des 19. Jahrhunderts und bis in die dreißiger Jahre des 20. Jahrhunderts hinein. Die amerikanische Verfassung enthält nur Grundrechte, die die persönliche Freiheit und Menschenwürde schützen (vgl. oben § 35).

Hingegen ist die wirtschaftliche Freiheit in den Grundrechten der amerikanischen Verfassung fast gar nicht abgesichert. Wir finden lediglich zwei Bestimmungen, die ihr entgegenkommen: In bestehende Verträge darf nicht eingegriffen werden, und: Enteignung ist nur gegen Entschädigung zulässig. Aber es fällt auf, daß das Eigentum nur als ein persönliches Freiheitsrecht, nicht als Fundament der Marktwirtschaft gedacht worden ist. Zwar gehört auch das Eigentum, «welches die Grundlage aller persönlichen Freiheit, Tätigkeit und Selbständigkeit»[14] bildet, zu den persönlichen Freiheitsrechten. Aber die Grundrechte der amerikanischen Verfassung schützen nur vor willkürlichen Eigentumsstrafen, ebenso wie vor willkürlichen Todes- und Freiheitsstrafen. Im übrigen sieht die amerikanische Verfassung Enteignung gegen Entschädigung vor. Die amerikanischen Verfassungsväter hielten wirtschaftsliberale Grundrechte teils für entbehrlich, teils auch wollten sie bewußt dem Gesetzgeber merkantilistische Maßnahmen offenhalten. Denn zur Zeit der Entstehung der Verfassung herrschten in Amerika merkantilistische Ansichten vor.

Allerdings ist die Geschichte der Interpretation der amerikanischen Verfassung eine Geschichte ihrer Uminterpretation: Die Wirtschaftsfreiheit wurde in die persönlichen Grundfreiheiten hineininterpretiert mit der Folge einer *Fundamentalverfälschung sowohl der Grundrechte als auch der Wirtschaftsfreiheit.* Die Wirtschaftsfreiheit, die dem Produzenten aus nationalökonomischer Sicht nicht um seiner selbst willen, sondern um der Funktionsfähigkeit des Wirtschaftssystems willen zugebilligt wird, wurde zu einem verfassungsfesten subjektiven Recht des Produzenten auf Kosten seiner Angestellten und des Verbrauchers. Die Wirtschaftsfreiheit verpanzerte sich in den Grundrechten, und die Doktrin, daß private Laster zu öffentlichen Tugenden werden können, wurde zum verfassungsfesten Dogma: «What is good for General Motors, is good for the United States» (Wilson).

Gesetze wurden für verfassungswidrig erklärt, wenn sie z.B. Kinderarbeit verboten, Mindestlohn für Frauen festsetzten, Arbeitszeit für Frauen auf zehn Stunden begrenzten, zwei Prozent Steuern auf Einkommen und Gewinne über 4000 Dollar legten, Grund- und Schenkungssteuer einführten, Konzernbildung kontrollierten oder Kartelle verboten. Im Jahre 1895 erklärte der Supreme Court die progressive Einkommenssteuer für verfassungswidrig.[15]

14 Marx/Engels, Kommunistisches Manifest, Abschnitt II

15 Pollock v. Farmers Loan and Trust Co. 158 US 601 (1895).

Im selben Jahr machte er das Anti-Trust-Gesetz, den Sherman-Act von 1890, durch «verfassungskonforme Auslegung» praktisch wirkungslos.[16] Ein Gesetz, das den Handel von Waren, die von Kindern unter vierzehn Jahren in Fabriken oder Bergwerken produziert waren, im zwischenstaatlichen Verkehr verbot, sollte nicht im Rahmen der bundesstaatlichen Kompetenzen liegen.[17] Ein Gesetz, das die Arbeitszeit der Bäckereiangestellten auf sechzig Stunden wöchentlich beschränkte, beraubte Angestellte wie Ansteller ihrer Freiheit «without due process of law».[18]

Die vordergründige Begründung war meistens, solche Gesetze seien «kommunistisch, sozialistisch oder populistisch», die Verfassung schütze aber *Freiheit und Eigentum.* Diese Rechte stünden, wie sich Supreme-Court-Richter McReynolds ausdrückte, «nicht zur Disposition der Launen oder Kapricen oder der fanatischen Ideen jener Leute, die zufällig für den Tag die parlamentarische Mehrheit haben. Die entgegengesetzte Doktrin ist revolutionär und führt geradewegs in die Zerstörung unseres bewährten und erfolgreichen Verfassungssystems.»[19] Anlaß für diese – übrigens ausnahmsweise im Dissens gesprochene – Exklamation war ein Gesetz, das eine Haftung von Arbeitgebern bei Arbeitsunfällen vorsah.

Am anschaulichsten sind Fälle, in denen es um einen Konflikt zwischen der persönlichen Freiheit des einen und dem wirtschaftlichen Eigentum des anderen ging. Unter diesen ist der Fall des Negersklaven Dred Scott besonders eindrucksvoll, ein Fall, der in der Vorgeschichte des amerikanischen Bürgerkrieges eine entscheidende Rolle gespielt hat. Dred Scott wurde von seinem Herrn und Eigentümer im Jahre 1834 aus Missouri auf eine Reise nach Illinois und Nordlouisiana mitgenommen, also in ein Gebiet nördlich der Linie von 36 Grad 30 Minuten. Diese Linie trennte aufgrund des sogenannten «Missouri-Kompromisses» von 1820 die Gebiete, in denen Sklaverei zugelassen war, von Gebieten, in denen sie durch Bundesgesetz verboten war. 1838 kam Dred Scott wieder zurück nach Missouri. Mehrere Jahre später klagte er auf Feststellung seines Status als freier Bürger. Denn indem er sich im Norden aufgehalten habe, wo es Sklaverei nicht gebe, sei er kraft Gesetzes frei geworden. Nachdem er den Rechtsstatus eines Freien einmal erlangt habe, hätte er ihn nicht wieder verlieren können. Der Supreme Court wies die Klage ab und erklärte das Bundesgesetz, das die Sklaverei in den Nordstaaten abgeschafft hatte, für verfassungswidrig. Es sei nämlich unvereinbar mit dem 5. Amendment, wonach niemand seines Lebens, seiner Freiheit oder seines Eigentums ohne einen ordnungsgemäßen Prozeß beraubt werden dürfe («no person ... shall be deprived of life, liberty or property without due process of law»). Der Eigentümer Dred Scotts sei seines Eigentums durch generelles Bundesgesetz, also nicht durch einen «ordnungsgemäßen Prozeß» beraubt

16 US v. Knight Co, 156 US 1 (1895).

17 Hammer v. Dagenhart, 247 US 251 (1918).

18 Lochner v. New York, 198 US 45 (1905).

19 Zitiert bei Rodell, Nine Men, A Political History of the Supreme Court 1790–1955, New York 1955, S. 202 ff.

worden; eine solche Beraubung sei verfassungswidrig und nichtig (Entscheidung aus dem Jahr 1857).

Aus der Due-Process-Klausel, die willkürliche Strafen ohne einen ordnungsgemäßen Strafprozeß verhindern sollte, war durch richterliche Interpretation eine einschneidende Beschränkung der gesetzgebenden Gewalt geworden. Fast jedes Gesetz erlegt den Bürgern Pflichten auf und greift somit in Freiheit oder Eigentum ein – das ist schließlich der Sinn von Gesetzen. Wenn solche eingreifenden Gesetze ohne weiteres der Kompetenz des Bundesgesetzgebers entzogen wären, so wäre dieser zur Ohnmacht verurteilt. Diese radikale Konsequenz, die aus der Dred-Scott-Entscheidung eigentlich folgen würde, mußte im Laufe der weiteren Rechtsprechung selbstverständlich abgemildert werden. Es blieb aber das Prinzip übrig, daß Gesetze, die das Eigentum tangieren, entgegen der ursprünglichen Absicht der Verfassung auf ihre Verfassungsmäßigkeit hin grundsätzlich überprüft werden können und daß das Gericht die Grenzen des gesetzgeberischen Ermessens – nach welchen Gesichtspunkten immer – festlegt. Gegen dieses Prinzip ist an sich nichts einzuwenden, wenn die richterliche Kontrolle im Geiste der persönlichen Freiheit und Menschenwürde ausgeübt wird. Aber nach welchen Gesichtspunkten dem Gesetzgeber Grenzen gezogen wurden, entschieden die Richter nach ihrem eigenen Gutdünken. Ihre Abwägung fiel anders aus: Ihnen erschien das Interesse des Sklaveneigentümers schutzbedürftig, das Interesse des Dred Scott hingegen zogen sie nicht in Betracht.

Das Gericht unter Vorsitz des aus den Südstaaten stammenden Chief Justice Taney begnügte sich aber nicht damit, die gesetzliche Abschaffung der Sklaverei in den Nordstaaten für verfassungswidrig zu erklären, sondern ging weiter und erklärte entgegen der in den Nordstaaten geltenden Rechtslage, daß ein Schwarzer überhaupt nicht Bürger der Vereinigten Staaten sein könne, daß Dred Scott folglich von vornherein kein Klagerecht und der Supreme Court in seiner Sache infolgedessen keine Jurisdiktion habe. Aus dieser Feststellung hätte sich eigentlich die Konsequenz ergeben, daß der Supreme Court die Klage als unzulässig hätte abweisen müssen. Er hätte sich damit freilich der Gelegenheit begeben, den Missouri-Kompromiß für verfassungswidrig zu erklären. Der besitzindividualistische Eifer war aber nicht nur mächtiger als Gesetz und Verfassung, er war auch mächtiger als die Regeln der Logik und des Prozeßrechts.

Die Entscheidung bedeutete darüber hinaus einen Bruch mit der amerikanischen Rechtstradition und damit mit den eigentlichen Legitimationsgrundlagen des Verfassungsstaates. Sie förderte mehr als alles andere das Klima der Polarisierung, das schließlich zwangsläufig in den Bürgerkrieg zwischen den Nord- und Südstaaten mündete.

Fred Rodell, Verfassungsrechtler an der Yale University, hat ausgerechnet, daß von der ersten Normenkontrollentscheidung des Supreme Court (Marbury versus Madison, 1803) an bis 1955 insgesamt 78 Gesetze für verfassungswidrig erklärt worden sind und daß 75 von diesen Gesetzen ausschließlich rechtlich abgesicherte finanzielle Interessen betroffen hatten; nur drei von ihnen hatten die persönliche Freiheit verletzt.[20] Dieses Zahlenverhältnis könnte man in zweierlei Richtung auslegen: Entweder die Verfassungsrichter hatten eine deutliche Präferenz für wirtschaftliche Interessen und vernachlässigten die persönliche Freiheit. Oder aber der amerikanische Gesetzgeber hat die persönliche Freiheit in aller Regel unangetastet gelassen, zeigte aber eine Neigung zu Eingriffen in die wirtschaftlichen Rechte. Ob die erste oder die zweite Interpretation richtig ist, ist eine Frage, die aus ideologischer Voreingenommenheit schnell im einen oder anderen Sinne vorentschieden ist. Eine zuverlässige Antwort ergibt sich jedoch aus der vorhandenen oder mangelnden Dignität und Seriosität der juristischen Argumentation des Supreme Court: Er hat die Bill of Rights - zumindest in vielen Fällen - nach Geist und Wortlaut im besitzindividualistischen Sinne umgedeutet. Insbesondere in die Due-Process-Klausel haben die Juristen ihre besitzindividualistischen Prinzipien buchstäblich hineingemogelt. Sie lasen z.B. das Prinzip der *Vertragsfreiheit* hinein, wonach Verträge nicht typisiert und bestimmte Typen von Verträgen nicht verboten werden dürfen. Verfassungsrichter Holmes, der durch seine abweichenden Meinungen (dissenses) berühmt wurde, meinte: «Ziemlich alles Recht besteht darin, dem Menschen einige Dinge zu untersagen, die sie eigentlich tun wollen, und Vertragsschlüsse sind davon nicht ausgenommen.» Und er formulierte griffig: Die Due-Process-Klausel «hat nicht Herbert Spencers ‹Social Statics› zum Gesetz erhoben».

Die Due-Process-Klausel mußte aber auch zur Begründung des Prinzips herhalten, daß bestimmte gesetzliche Schuldverhältnisse wie etwa Haftpflichten nicht geschaffen werden durften. Am gravierendsten war das ebenfalls aus der Due-Process-Klausel heraus- oder besser das in sie hineingelesene Prinzip, daß *Steuern einen unzulässigen Eingriff in das Eigentum* bedeuteten. Die amerikanische Rechtsgeschichte kannte keinen Schutz gegen Steuererhebungen, sondern nur das Prinzip «no taxation without representation». Die Due-Process-Klausel war nicht zum Schutz gegen Steuern bestimmt. Die besitzindividualistische Uminterpretation machte sie zu einer Sozialstaatsverhinderungsklausel. Ähnliche Uminterpretationen folgten und wirkten in gleicher Weise der Entwicklung des Sozialstaates entgegen.

§ 50. Die Aushöhlung der Grundrechte

Diese Entwicklung der Rechtsprechung versetzte die amerikanische Verfassungsrechtswissenschaft in eine gewisse Ratlosigkeit. Sie glaubte zunächst, der Blockade des demokratischen Entscheidungsprozesses nur durch die Theorie eines konsequent gehandhabten «*judicial self-restraint*» begegnen zu können, d.h. der Forderung nach «richterlicher Zurückhaltung». Ausgewogen angewandt, ist das eine weise Doktrin, konsequent ins Extrem getrieben, führt sie jedoch zum Verzicht auf den richterlichen Schutz der Menschenrechte.

20 Rodell, a.a.O., S. 25 f.

Die Entwicklung dieser Theorie und der um sie entstandenen Kontroverse ist von großer Bedeutung, weil sie lehrt, inwiefern die juristisch richtige Auslegung der Verfassung ein geschichtlich richtiges Verständnis für die Legitimationsgrundlagen des Verfassungsstaates voraussetzt. Wo dieses Verständnis verlorengeht, geht nach und nach die richterliche Kontrolle der Grundrechte verloren und werden Gewaltenteilung und Menschenrechte schließlich zur Disposition gestellt. Damit aber wird schließlich die Legitimationsgrundlage des Verfassungsstaates selbst in Frage gestellt.

Die Theorie des «judicial restraint» wurde erstmals im Jahre 1893 von dem Harvard-Professor *James B. Thayer* entwickelt.[21] Thayer ging von dem richtigen Grundsatz aus, daß das Verfassungsrecht wirtschaftspolitisch, sozialpolitisch, gesellschaftspolitisch usw. *neutral* sei, d.h. daß es der demokratischen Auseinandersetzung zwischen «linken» und «rechten» Parteien Raum gewähre. Daraus ergab sich für ihn, ebenfalls zutreffend, das Amtsethos des Richters, der zwar persönlich der einen oder der anderen Partei zuneigen möge, der aber *als Richter* seine Neigung zurückzuhalten habe und sie nicht in die Verfassung hineininterpretieren dürfe. Die Schlußfolgerung, die sich aus diesem Prinzip hätte ergeben müssen, wäre gewesen: Die Richter haben *die Grundrechte, die die Verfassung gewährt*, gegenüber dem Gesetzgeber zu verteidigen, aber sie haben nicht das Recht, wirtschaftliche Freiheiten, die ihnen persönlich wünschenswert erscheinen mögen, als Grundrechte zu erfinden und in die Verfassung hineinzumogeln.

Thayer hingegen und die meisten seiner Nachfolger konnten sich der suggestiven Wirkung nicht entziehen, die von den *Präjudizienketten* richterlicher Verfassungsauslegung ausging; sie sahen die amerikanische Verfassung im Lichte der Auslegung durch die Präzedenzien. Das ist angesichts der großen Bedeutung, die die Präzedenzien allgemein haben und die von der angelsächsischen Rechtstheorie seit jeher anerkannt ist, verständlich. Könnte man auf die ursprüngliche, gewissermaßen jungfräuliche Verfassung zurückgehen, so würde sich zeigen: *Persönliche Freiheiten sind grundrechtlich garantiert, wirtschaftliche nicht*, wenn auch einige persönliche Freiheiten wirtschaftliche Relevanz haben. Aber man kann eben, abgesehen von besonderen Ausnahmefällen, die Präjudizienketten nicht übergehen, ohne die normbildende Funktion von Präjudizien überhaupt in Frage zu stellen und damit das ganze Rechtsgefüge mitsamt Rechtssicherheit, Gleichheit, Voraussehbarkeit, richterlicher Rückbindung an «rules» und richterlicher Selbstbindung durch «rules» für die Zukunft zu erschüttern, was wiederum, wenn man es täte, die richterliche Unabhängigkeit gefährden würde.

Kurz, Thayer und seine Nachfolger konnten, wenn sie nicht abstrakt bleiben und sich um jede Wirkung bringen wollten, nicht von der ursprünglichen, sondern nur von der *richterlich interpretierten Verfassung* ausgehen. Das aber bedeutet: Sie gingen von einer in wesentlichen Bereichen *uminterpretierten*

---

21 The Origin and Scope of the American Doctrine of Constitutional Law, jetzt in R. G. McCloskey (Hg.), Essays in Constitutional Law, New York 1957

Verfassung aus, die die wirtschaftliche Freiheit sehr weitgehend, die persönliche aber nur in beschränktem Maße garantierte. Um der demokratischen Auseinandersetzung und dem parlamentarischen Gesetzgeber überhaupt den demokratisch erforderlichen Spielraum freizukämpfen, sahen sie keinen anderen Weg als die Forderung, der Supreme Court solle kein Gesetz für verfassungswidrig erklären, das durch rationale, irgendwie vertretbare Gründe gerechtfertigt werden könne – gleichgültig, ob die Richter persönlich diese Gründe überzeugend fänden oder nicht. Der Richter soll die *«rationale Vertretbarkeit»* eines gesetzgeberischen Arguments anerkennen, seine persönliche politische Meinung aber «zurückhalten» (judicial restraint).

Diese Konzeption verbreitete sich rasch in der amerikanischen Rechtswissenschaft und fand im Supreme Court selbst Fürsprecher bei einer Minderheit von Richtern, deren bedeutendste Holmes und Brandeis waren. Im Supreme Court konnte sich diese Konzeption jedoch bis in die dreißiger Jahre des 20. Jahrhunderts hinein nicht durchsetzen. Der Supreme Court blockierte noch nach 1933 einen großen Teil der Wirtschafts- und Sozialgesetzgebung des «New Deal» Präsident Roosevelts. Erst nachdem eine überwältigende Mehrheit des amerikanischen Volkes Präsident Roosevelt ein zweites Mal wählte und damit seine Opposition zu dieser Rechtsprechung zum Ausdruck gebracht hatte, fand die Doktrin zeitweilig eine Mehrheit im Supreme Court. Damit war nun zwar der Weg frei für die Rooseveltsche Wirtschafts- und Sozialgesetzgebung. Aber bald zeigte sich auch die Schwäche der Doktrin des «judicial restraint».

Denn nun wurde selbstverständlich gefordert, sie «konsequent» anzuwenden, und das führte zur Aushöhlung auch der persönlichen Freiheitsrechte, die die Verfassung ihrer Idee und ihrem Wortlaut nach garantieren wollte. Auch für die persönlichen Freiheitsrechte galt konsequenterweise, daß die Gerichte sie unangewendet lassen sollten, wenn sich Eingriffe in sie mit «rational vertretbaren» Gründen verteidigen ließen. So wie das Gericht die mit gesetzlichen Wirtschaftsregulierungen verbundene Beschränkung der «Wirtschaftsfreiheit» respektierte, ebenso, meinte man, müsse es auch *Rassendiskriminierung, McCarthyistische Übergriffe* in die geistige Freiheit und *unfaire Prozeßmethoden* respektieren. Der Vorschlag lief auf den Kompromiß hinaus: Die «Rechten» verzichten auf die Blockade des Sozialstaates, die «Linken» auf die Menschenrechte.

Damit war die Idee der amerikanischen Verfassung ein zweites Mal in der Wurzel getroffen. Während die besitzindividualistische Uminterpretation der Verfassung die demokratische Auseinandersetzung um die wirtschafts- und sozialpolitische Gesetzgebung weitgehend illusorisch gemacht hatte, machte die im «judicial restraint» liegende Antwort auf diese Herausforderung den gerichtlichen Schutz der Menschenrechte weitgehend illusorisch. Man trieb gewissermaßen den Teufel mit Beelzebub aus, in der Meinung, sich nur so konsequent fair und politisch neutral verhalten zu können. Diese Logik der Sache wird am deutlichsten sichtbar bei dem Supreme-Court-Richter *Felix Frankfurter*, dem führenden Kopf der Doktrin des «judicial restraint». Frankfurter argumentierte, die von der Verfassung ausdrücklich geschützten Freiheiten seien Interessen, neben denen es jedoch andere Interessen gebe. Politik bestehe darin, Interessen gegeneinander abzuwägen, dies sei aber Aufgabe des Gesetzgebers und nicht des Richters:

«Während das Gericht die Bedeutung der ‹freien Rede› betont hat, hat es doch anerkannt, daß ‹freie Rede› nicht für sich selbst ein Prüfstein ist. Die Verfassung ist auch anderen wichtigen Interessen gegenüber, wie z.B. der öffentlichen Ordnung, nicht gleichgültig, auch dann, wenn sie im Interessenkonflikt mit der freien Meinungsäußerung nicht überwiegt» («is not found to be the *overbalancing* consideration»).[22]

Nun ist es zwar richtig, daß man alle Grundrechte als unter einem «Gemeinschaftsvorbehalt» stehend interpretieren muß, auch dann, wenn das in der Verfassung nicht ausdrücklich erwähnt ist, und daß die vorbehaltlose Garantie der freien Rede im 2. Amendment nicht auch z.B. Verleumdung, Meineid, Verrat, Anstiftung zu Verbrechen und dergleichen umfassen kann. Und es ist auch richtig, daß der Richter bei der verfassungsrechtlichen Normenkontrolle die in Frage stehenden Gemeinschaftsinteressen gegen die durch das Grundrecht geschützten Interessen abwägen muß. Aber das Grundrecht soll doch die Freiheit schützen, und das kann es nur unter zwei Voraussetzungen: Erstens müssen die Begründungspflicht und die Verteilung der Argumentationslast zugunsten des Grundrechts erfolgen. *Die Freiheitsbeeinträchtigung, und nicht die Freiheit, ist begründungsbedürftig*. Es stehen sich also nicht von vornherein zwei gleichwertige Interessen gegenüber, die irgendwie abzuwägen sind, wie es für politische Erwägungen charakteristisch ist, sondern die juristische Methode ordnet die Gedankenführung im Sinne des Prinzips von Regel und Ausnahme und verteilt die Begründungsbedürftigkeit. Zweitens erfüllt das Grundrecht seine freiheitschützende Funktion nur dann, wenn sich das Gericht der so geordneten Interessenabwägung nicht entzieht.

Frankfurter übersah beide Gesichtspunkte. Für ihn bestand die richterliche Interpretation in einem «Abwägen» oder, wie er es nannte, «Balancieren» der Interessen, wobei sich die von der Verfassung garantierten und die von der Verfassung nicht erwähnten Interessen gleichwertig gegenüberstünden. Damit aber entfiel der entscheidende *Unterschied zwischen juristischer und politischer Argumentationsweise*. Unter dieser Voraussetzung lag die Schlußfolgerung nahe, daß solches «Balancieren» eigentlich keine Aufgabe des Richters, sondern des Gesetzgebers sei und daß es folglich an die politischen Instanzen zu verweisen sei. In einer konkurrierenden Urteilsbegründung[23] leitet Frankfurter seine Erwägungen mit der Feststellung ein: «Wir sind um unser Urteil über einen *Interessenkonflikt* gebeten ...» Sodann legt er richtig dar, daß ein solches Urteil ein *politisches* Urteil wäre, und findet: «... direktes Politikmachen ist nicht unseres Amtes. Wie konkurrierende Interessen am besten zu versöhnen sind, ist *Sache des Gesetzgebers*, und die Balance, die er findet, ist ein Urteil,

---

22 Niemotko v. Maryland, 340 US 268, 282 (1951) – concurring opinion.
23 Dennis v. USW, 341 US 494.

das nicht durch unseres zu ersetzen, sondern zu respektieren ist, solange es nicht außerhalb des Bereiches eines fairen Urteils liegt.» So löst Frankfurter die juristische Argumentation in eine politische auf, um dann einzusehen, daß der Richter unter diesen Umständen abzudanken habe.

Diese Konzeption hat sich freilich in der Rechtsprechung des Supreme Court nicht durchgängig durchgesetzt, aber sie hat doch in der Rechtsprechung Schwanken und Unsicherheit und in der Rechtswissenschaft eine gewisse Verwirrung ausgelöst. Frankfurter selbst hielt sich immer noch die Möglichkeit offen, in Grenzfällen die Freiheitsinteressen der Verfassung für «overbalancing» zu erklären. Er stimmte z.B. mit der Mehrheit, als es darauf ankam, der Rassendiskriminierung in den Schulen ein Ende zu setzen[24] oder um McCarthyistische Übergriffe auf die Universitäten abzuwehren[25]. Seine Konsequenz aus der Doktrin des «judicial restraint» war anderen Autoren aber nicht *konsequent* genug. So empfahl z.B. Learned Hand, die Grundrechte der amerikanischen Verfassung richterlich überhaupt nicht mehr anzuwenden.[26] Verfassungsrechtsprechung solle sich auf die Prüfung der formalen Richtigkeit des Rechtsetzungsverfahrens und der Zuständigkeit des Gesetzgebers beschränken. Die Grundrechte sind dann nur noch eine an den Gesetzgeber gerichtete Ermahnung.

Zur Begründung behauptete *Hand* zunächst, daß die Institution der Verfassungsrechtsprechung von den Gründungsvätern nicht zur Grundrechtsanwendung gedacht gewesen sei – eine These, die insofern richtig ist, als der ursprünglich von den Gründungsvätern 1787 vorgelegte Verfassungstext überhaupt noch keinen Grundrechtskatalog enthielt, dieser vielmehr erst 1789 vom Kongreß den Staaten zur Ratifizierung vorgelegt wurde. Der ursprüngliche Text enthält lediglich in Art. I §§ 9 und 10 einige Grundrechte. Daß diese nur undurchsetzbare Mahnungen enthielten, ist überdies eine gewagte Behauptung. Ihres Hauptverfechters Hamilton berühmte Explikationen der richterlichen Funktion in Nr. 78 der Federalist Papers sprechen gegen diese Auffassung, wenn sie die Sache auch nicht zweifellos machen.

Dort heißt es: «Die Verfassung soll dem Gesetz, die Absicht des Volkes soll der Absicht ihrer Bevollmächtigten vorangehen.» Dieser Schluß will keineswegs eine Überlegenheit der richterlichen über die legislative Gewalt nahelegen. Er meint lediglich, daß die Kompetenz des Volkes beiden überlegen ist: «Wo der Wille des Gesetzgebers – ausgedrückt in den Gesetzen – im Widerspruch steht zum Willen des Volkes – ausgedrückt in der Verfassung –, dort sollen sich die Richter lieber von dem letzteren als dem erstgenannten leiten lassen.»

Hand läßt im dunkeln, wie er sich die Handhabung von Artikel I §§ 9 und 10 denkt, und spricht nur von der eigentlichen Bill of Rights in den Zusatzartikeln.

---

24 Brown v. Board of Education of Topeka, 347 US 483 (1954).

25 Zum Beispiel Sweezy v. New Hampshire 354 US 234 (1957)

26 Hand, The Bill of Rights, Cambridge (Mass.) 1958.

Wie die Anwendung der Bill of Rights genau gemeint war, ist historisch ungeklärt und wird es wohl bleiben. Die einen haben sich dies, die anderen jenes, die dritten gar nichts gedacht, und viele haben die Sache wohl auch absichtlich im dunkeln gelassen, um Kompromisse zu ermöglichen und die Entwicklung der Zukunft anheimzustellen.[27] Die Hypothese, daß richterliche Applikation der Bill of Rights gewollt war, hat die verhältnismäßig größte Wahrscheinlichkeit für sich. Jedenfalls hat die weitere geschichtliche Entwicklung die Normenkontrolle etabliert, die der Verfassungstext weder ausdrücklich einsetzt noch ausschließt, wohl aber nahelegt. Seit Marshalls berühmter Entscheidung Marbury v. Madison im Jahre 1803 ist die Normenkontrolle ständige Praxis. Sowenig L. Hand auch mit Marshalls Urteilsgründen einverstanden ist, der konservative Sinn der Amerikaner ist viel zu ausgeprägt, als daß man um einer vagen historischen Spekulation willen mit einer so alten, eingewurzelten Tradition plötzlich brechen würde.

Noch weniger läßt man sich durch L. Hands theoretische Reflexion dazu bestimmen. Sie läuft darauf hinaus, daß die Klauseln der Bill of Rights so vage seien, daß juristische Argumentation bei ihrer Anwendung unmöglich sei. Das unvermeidliche «Balancieren von Werten» mache das Gericht zu einer *«dritten legislativen Kammer»*. Deshalb müsse sich die Verfassungsrechtsprechung auf die Überwachung der Gewaltenteilung beschränken.

Hand hat sich nicht darüber verbreitet, inwiefern die Kompetenzklauseln der Verfassung applikabler sein sollen als die Grundrechte. Die Welfare-Klausel[28], die Commerce-Klausel[29], die Necessary-and-proper-Klausel[30] sind mindestens ebenso vage wie die Grundrechtsklauseln, und ihre Interpretation hat mindestens ebenso bedeutende politische Auswirkungen. Ähnliches gilt für eine große Zahl von Vorschriften in allen anderen Rechtsgebieten. Eine allgemeine Interpretationsregel: *«Vage Bestimmungen sind nicht anzuwenden»* wäre aber doch wohl eine Absurdität. Da die meisten Rechtsvorschriften interpretationsbedürftig sind, ist es auch nur eine Frage des Grades, wann sie unter das Verdikt «vage» fallen. Kurz, L. Hands Gründe können sein Resultat nicht tragen. Die Ironie seiner Argumentation ist, daß eine richterliche Entscheidung darüber, die Grundrechte von nun an nicht mehr anzuwenden, eine einschneidende Verfassungsänderung bedeuten würde. Sie wäre gerade der «coup de main», gegen den Hand zu Felde zu ziehen meinte.

An anderer Stelle[31] stützte Hand seinen Vorschlag mit dem viel nachgeredeten Argument: «Eine Gesellschaft, die so verdorben ist, daß der Geist der Mäßigung dahin ist, *kann* kein Gericht retten, eine Gesellschaft, in der dieser Geist blüht, *braucht* kein Gericht zu retten.» Der Satz hat sein Prestige nicht

---

27 S. hierzu McCloskey, The American Supreme Court, Chicago 1960, Kap. 1 und die dort genannten Werke.

28 Art. I § 8 Ziff. 1.

29 Ziff. 3.

30 Ziff. 18.

31 The Contribution of an Independent Judiciary to Civilisation, in: Dilliard (Hg.), The Spirit of Liberty, New York 1953, S. 155–165.

verdient. Jede erfolgreiche Klage beweist, daß die menschliche Gesellschaft weder aus Engeln noch aus Teufeln besteht und daß das Gericht sowohl nötig als auch nützlich ist.

Es gab in der amerikanischen Rechtslehre verschiedene Versuche von unterschiedlicher Qualität, solchem Radikalismus gegenüber die *rechtliche Geltung der Grundrechte zu verteidigen*, auf die hier nicht im einzelnen eingegangen werden kann[32] Sie sind durchweg nicht voll überzeugend. Denn da es das amerikanische Präjudiziensystem unmöglich macht, die Verfassung ohne Rücksicht auf die Präjudizienketten auszulegen, kann man sie nicht konsequent von ihrer besitzindividualistischen Uminterpretation reinigen. Daher gelang es nicht, einen Vorrang der ursprünglichen persönlichen Freiheitsrechte vor den in die Verfassung hineingemogelten Wirtschaftsfreiheiten klar und überzeugend zu begründen. Dazu kam die weitere Schwierigkeit, daß man im Lauf der Jahre einzelne Verfassungsklauseln in ihrer uminterpretierten Form auch für die Absicherung *persönlicher Freiheitsrechte* benutzt hat. So hat man z.B. die Freizügigkeit[33] und die Schulintegration im District of Columbia[34] auf die Due-Process-Klausel gestützt, die ursprünglich, wie gesagt, nur strafprozessuale Bedeutung gehabt hat. Damit hat man die Umdeutung der Due-Process-Klausel gewissermaßen nachträglich sanktioniert und zementiert. Ein Zurück zu ihrer ursprünglichen Bedeutung würde nicht nur dem Mißbrauch dieser Klausel für Wirtschaftsfreiheiten, sondern auch den auf sie gestützten persönlichen Freiheiten die verfassungsrechtliche Grundlage entziehen.

Aus alldem ergibt sich die Lehre, daß es darauf ankommt, besitzindividualistische und andere *ideologische Umdeutungen der Verfassung von vornherein zu vermeiden* und die immer neuen Versuche zur Umdeutung abzuweisen.

§ 51. Die marxistische Antwort auf den Besitzindividualismus

Die nachhaltigste und geschichtlich wirksamste Legitimitätserschütterung des Verfassungsstaates ging von der These aus, der Verfassungsstaat diene nur oder in erster Linie bürgerlichen Eigentumsinteressen oder, anders gewendet: die Eigentums- und Produktionsverhältnisse bildeten die ökonomische *Basis*, der Verfassungsstaat sei nur der ideologische *Überbau*. Die bürgerlichen Produktionsverhältnisse seien dadurch gekennzeichnet, daß der «gesellschaftlich erarbeitete Mehrwert privat angeeignet» werde. Der Verfassungsstaat habe die Funktion, einerseits die Freiheiten zu gewähren, die die

32 Ein Überblick bei Kriele, Der Supreme Court im Verfassungssystem der USA, in: Recht, Vernunft, Wirklichkeit S. 546 ff.; siehe auch M. Kriele, Grundrecht und demokratischer Spielraum, in: Handbuch des Staatsrechts V § 110 A.

33 Kent and Briehl v. Dulles, 357 US 116 (1958)

34 Bolling v. Sharpe 347 US 497 (1954); die Schulintegration ist, soweit sie von den Einzelstaaten gefordert wird, auf die Equal-protection-Klausel des 24. Zusatzartikels gestützt, der aber nur die Staaten, nicht den Bund verpflichtet und deshalb im D. C. nicht anwendbar ist.

Produzenten und Händler benötigten, andererseits den Schutz des privaten Eigentums an Produktionsmitteln zu gewährleisten. Dies ist gewissermaßen ein Thema mit Variationen. Das Thema, von Karl Marx entwickelt, wurde seither unzählige Male auf allen Ebenen des Reflexionsniveaus variiert, bis auf den heutigen Tag.

Dies war aber nicht nur die Annahme der Marxisten, sondern auch der Besitzindividualisten, die sich von den Marxisten nur darin unterschieden, daß sie das bejahten, was die Marxisten verneinten (s. § 49). Die Marxisten wollten die «bürgerlichen Produktions- und Eigentumsverhältnisse» *überwinden*, die Besitzindividualisten wollten sie *verteidigen*. Die Marxisten waren bereit, den Verfassungsstaat der «Diktatur des Proletariats» zu opfern, die Besitzindividualisten waren bereit, ihn einer Diktatur zur Abwehr der «Linken» (nicht nur der Marxisten) zu opfern: einem autoritären, faschistischen, militärdiktatorischen Staat. Beide unterschieden sich natürlich in vielerlei Hinsicht: Während es marxistische Organisationen, Strategien und theoretische Systeme zum Teil auf hohem Reflexionsniveau gab, war der Besitzindividualismus überwiegend durch eine individuelle Haltung geprägt, die durch Angst, Haß, Hysterie und robusten Interessenkampf gekennzeichnet war, die sich theoretisch nur diffus artikulierte und die weniger systematisch Kampforganisationen bildete. Aber die wesentliche Perspektive war Marxisten und Besitzindividualisten gemeinsam: *nicht Wirtschaft im Rahmen der Verfassung, sondern Verfassung im Rahmen des Wirtschaftssystems.*

Da der Marxismus offen das Ziel der Diktatur des Proletariats proklamierte, trat er in Feindschaft nicht nur gegen den Besitzindividualismus, sondern auch gegen den Verfassungsstaat. Auf diese Weise erzeugte er nicht nur ein *Bündnis zwischen Verfassungsstaat und Besitzindividualismus*, sondern ermöglichte den Besitzindividualisten, sich unter der *Maske der Verteidigung des Verfassungsstaates* verborgen zu halten und mit den Verfassungsverteidigern ideologisch in einer Weise zu verschmelzen, die beiden nicht mehr bewußt war: Ehrliche Verfassungsverteidiger werden, wenn sie durch die marxistische Bedrohung hysterisiert sind, zu unbewußten Helfern der Besitzindividualisten, und diese halten sich subjektiv ehrlich für Verfassungsverteidiger. Diese Mimikry war geeignet, viele zu täuschen, und erhöhte die Effizienz der Besitzindividualisten erheblich. Sie täuschte auch die Marxisten und bestärket sie in ihrer Ausgangsthese, daß die Verfassung nur das Instrument des Besitzindividualismus sei.

Diese Legitimitätsgefährdung war aber noch undurchschaubarer und verwickelter durch den Umstand, daß sowohl Sozialisten (soweit sie nicht Marxisten sind) als auch Besitzindividualisten *Gewaltenteilung und Menschenrechte* durchaus ehrlich anerkennen können. Zwar ist ihr Blick fixiert auf die Eigentums- und Produktionsverhältnisse, die ihnen wichtiger erscheinen als Gewaltenteilung und Menschenrechte. Dennoch können sie den Verfassungsstaat bejahen, nur ist diese Bejahung *bedingt*: Die Sozialisten bejahen den Verfassungsstaat unter der Bedingung, daß die Eigentums- und Produktionsverhältnisse in ihm überwunden, die Besitzindividualisten unter der Bedingung, daß sie in ihm aufrechterhalten werden können. Ob diese sich wechselseitig ausschließenden Bedingungen tatsächlich erfüllt sind oder nicht, darüber sind in beiden Gruppen die Meinungen geteilt. Je nach Land und Situation neigt die Mehrheit mehr zur Erfüllbarkeit oder Unerfüllbarkeit ihrer jeweiligen Bedingungen. Solange man seine Bedingung für erfüllbar hält, sind die Bekenntnisse zum Verfassungsstaat glaubwürdig. Aber die Meinungen über die Erfüllbarkeit schwanken, und diese Schwankungen erzeugen die Labilität der Verfassungslegitimität.

Denn die Stabilität der Verfassung hängt letztlich davon ab, aus welchem Grund die Verfassung bejaht wird: Gilt sie als Grundlage für Frieden und Freiheit - die fundamentalen Voraussetzungen aller anderen politischen Ziele?

Die *Sozialisten* bejahen den Verfassungsstaat - soweit sie ihn bejahen - nicht deshalb, sondern weil er *günstige Bedingungen für den Klassenkampf* schafft. *Engels* z.B. meint über die politischen Freiheiten: «Um kämpfen zu können, muß man erst einen Boden haben, Luft, Licht und Ellenbogenraum. Sonst bleibt alles Geschwätz.»[35] Was aber legitimiert den Verfassungsstaat, wenn der Klassenkampf in ihm keinen Erfolg verspricht? Und was könnte ihn legitimieren, wenn der Kampf erst einmal siegreich beendet ist? Dann würde der Verfassungsstaat den Gegnern der Marxisten «Luft, Licht und Ellenbogenraum» zum Kampf um die Wiederherstellung bürgerlicher Produktionsverhältnisse verschaffen - er erscheint also dann in dieser Perspektive reaktionär. Der Verfassungsstaat war für den Marxisten *nicht Fundament, sondern Instrument*: Er wurde positiv bewertet, soweit er die Umwälzung der Produktionsverhältnisse ermöglicht, negativ, soweit er ihrer Umwälzung hinderlich ist.

Die *Besitzindividualisten* bejahen Verfassungsstaat und Menschenrechte - soweit sie sie bejahen - deshalb, weil sie *günstige Bedingungen für Verteidigung und Vermehrung des privaten Eigentums* an Produktionsmitteln schaffen. Eigentum wird zur Quintessenz der Menschenrechte und zur eigentlichen Legitimationsgrundlage des Verfassungsstaates. «Was nützt es dem Bürger, wenn er alle Freiheit dieser Welt gewinnt, an seinem Eigentum aber Schaden leidet?»[36] Was aber legitimiert den Verfassungsstaat, wenn die Eigentumsverhältnisse in ihm gefährdet sind, wenn Sozialisten, die das Eigentum an Produktionsmitteln in Frage stellen, in ihm Chancen gewinnen? Der Verfassungsstaat erscheint auch den Besitzindividualisten *nicht als Fundament, sondern als Instrument.* Er wird positiv bewertet, soweit er der Umwälzung der Produktionsverhältnisse hinderlich ist, negativ, soweit er sie ermöglicht.

Aus beiden Perspektiven kann der Verfassungsstaat keine stabile Konsensgrundlage sein. Der Konsens ist ein vorläufiger, scheinbarer, der auf unterschiedlicher Einschätzung von Siegeschancen beruht. Die Hoffnung der Sozialisten war die Angst der Besitzindividualisten - und umgekehrt. Wenn beide auf Sieg hoffen, bejahen zwar beide den Verfassungsstaat, *aber mindestens einer von beiden muß im Irrtum sein* und dies über kurz oder lang bemerken.

35 Marx/Engels, Werke, Bd. 35, S. 270.

36 Leisner, Sozialbindung des Eigentums, 1972, S. 240.

Wenn eine Seite die Zuversicht verliert, unter den Bedingungen des Verfassungsstaates siegen zu können, wird sie den Verfassungsstaat in Frage stellen – aus demokratischen Sozialisten werden dann marxistische Revolutionäre, aus demokratischen Besitzindividualisten werden Befürworter von Putsch und Diktatur.

Am gefährlichsten wird es, wenn beide Seiten ihre Zuversicht verlieren, wenn sie in Angst und Hysterie geraten. Diese Gefahr ist deshalb groß, weil Marxisten und Besitzindividualisten geistig aufeinander fixiert sind. Sie respektieren sich wechselseitig als Realisten und stimmen darin überein, daß der auf die Menschenrechte um ihrer selbst willen bezogene Verfassungsliberalismus ein naiver Idealismus sei. Durch ihn blicken sie beide wie durch Glas hindurch oder rechnen ihn wechselseitig dem Gegner als dessen einfältigen Helfer zu. Marxisten und Besitzindividualisten dämonisieren sich wechselseitig und betreiben im Zusammenspiel miteinander die *Polarisierung*.

Sie verstehen einander so gut, weil sie derselben geistigen Ahnenreihe entstammen. *Der Marxismus ist der aufsässige, aber ganz und gar legitime Sohn des Besitzindividualismus*. Er ist, die Prämissen des Besitzindividualismus einmal gesetzt, die konsequente Antwort auf ihn, seine dialektische Gegenthese, deren Auftreten in der geschichtlichen Logik begründet liegt. Es ist freilich die Logik nicht einer progressiven, sondern einer regressiven Dialektik, der Dialektik des Verfalls einer geschichtlich bereits entwickelten Synthese. So wie im Anfang des 17. Jahrhunderts in England die Synthese von Macht und Recht, die der Verfassungsstaat darstellt, in Souveränitätsanmaßung und Widerstand zerfiel, zerfiel sie seit dem 19. Jahrhundert in Besitzindividualismus und Marxismus.

Der Besitzindividualismus ist eine *Perversion der Grundlage des Verfassungsstaates*. Der Irrtum des Marxismus ist, daß er den Besitzindividualismus für die Grundlage des Verfassungsstaates hält; seine Wahrheit ist, daß er den Besitzindividualismus als eine geschichtlich wirksame Macht innerhalb des Verfassungsstaates erkennt. Sein Irrtum ist, daß er die Auswirkungen des Besitzindividualismus: Sklaverei, Ausbeutung, Imperialismus, Kriegstreiberei und faschistische Tendenzen, aus ihrem jeweiligen geschichtlichen Zusammenhang herauslöst und stets für akut hält; seine Wahrheit ist, daß er diese Auswirkungen realistisch als möglich erkennt. Sein Irrtum ist, daß er diese Auswirkungen dem Verfassungsstaat zuschreibt; seine Wahrheit ist, daß man sie nur bekämpfen kann, wenn man ihre Wurzel bekämpft, die allerdings nicht im Verfassungsstaat, sondern im Besitzindividualismus zu suchen ist. Sein Irrtum ist, daß er mit dem Verfassungsstaat Friede und Freiheit in Frage stellt; seine Wahrheit ist, daß Friede und Freiheit auch durch den Besitzindividualismus gefährdet werden.

Nun kann es geschichtlich nicht bezweifelt werden, daß der Besitzindividualismus den Verfassungsstaat von seinen Anfängen an durchsetzt und z.T. überwuchert hat und daß er lange Zeit unter der Maske der Verteidigung von Freiheit und Verfassung in Politik und Presse lebendig war: Das macht die marxistische Perspektive zwar verständlich, aber deshalb nicht richtig.

Das Bundesverfassungsgericht hat die Fehler der amerikanischen Grundrechtsauslegung von vornherein vermieden. Seiner Abwägung zwischen Grundrechten und demokratischem Gestaltungsspielraum des Gesetzgebers liegt die Regel zugrunde: Je größer die Bedeutung der Freiheit für den Kernbereich der Person, desto stärker der Grundrechtsschutz. Je weiter der Bürger in sozialen, wirtschaftlichen, beruflichen Zusammenhängen steht, desto mehr muß er hinnehmen, daß der Gesetzgeber seine Freiheit im Interesse anderer und der Gemeinschaft einschränkt; in wirtschaftspolitischen Fragen ist das Grundgesetz neutral. Zwar kommen einige persönliche Freiheitsrechte, wie Freizügigkeit, freie Berufswahl, Eigentumsschutz mittelbar der Marktwirtschaft zugute. Der Grundrechtsschutz gilt aber nicht ihr, sondern der Freiheit der Person.[37]

---

37 M. Kriele, Grundrechte und demokratischer Gestaltungsspielraum, in: Handbuch des Staatsrechts, Bd. V § 110 mit zahlreichen Beispielen.

III. Teil.
Gerechtigkeit: Der demokratische Verfassungsstaat

1. Kapitel: Freiheit und Gleichheit

§ 52. Zusammengehörigkeit oder Gegensatz von Freiheit und Gleichheit?

Der Schritt vom Verfassungsstaat zum demokratischen Verfassungsstaat bedeutet in erster Linie die Ergänzung des Prinzips der Freiheit um das Prinzip der Gleichheit - nicht als Gegenprinzip zur Freiheit, sondern als logische Konsequenz aus den Prinzipien des Verfassungsstaats selbst. Die Gleichheit ist zugleich mit der naturrechtlichen Begründung der Freiheit gesetzt. Demokratische Gleichheit bedeutet «*Freiheit für alle* und nicht nur für einige». Dieser These widerspricht Leibholz. Er meint, es stünden

> «liberale Freiheit und demokratische Gleichheit in Wirklichkeit zutiefst zueinander im Verhältnis einer unaufhebbaren Spannung. Freiheit erzeugt zwangsläufig Ungleichheit und Gleichheit notwendig Unfreiheit. Je freier die Menschen sind, um so ungleicher werden sie. Je mehr die Menschen dagegen im radikal-demokratischen Sinne egalisiert werden, um so unfreier gestaltet sich ihr Leben.»[1]

Leibholz folgert, der moderne Verfassungsstaat beruhe auf einem Kompromiß zwischen Freiheit und Gleichheit, zwischen Liberalismus und Demokratie, zwischen repräsentativen und identitären Prinzipien, von Prinzipien also, die, wie er sagt, «in ihrer immanenten Gesetzlichkeit gegensätzlich angelegt sind und sich - idealtypisch gesehen - in ihrer grundsätzlichen Tendenz ausschließen».[2]

Die Annahme, Freiheit könne es nur auf Kosten der Gleichheit, Gleichheit nur auf Kosten der Freiheit geben, kann schon aus logischen Gründen nicht richtig sein. Sie beruht auf einem doppelten Trugschluß:

1. Gibt man der Freiheit auf Kosten der Gleichheit den Vorzug, so stellt man zugleich die Freiheit in Frage. In einem politischen System weitgehender Freiheit ohne Rücksicht auf Gleichheit hätten die Stärkeren, Tüchtigeren,

---

1 G. Leibholz, Strukturwandel der modernen Demokratie, 2. Aufl. 1964, S. 88 f. Vgl. ferner den Sammelband «Freiheit und Gleichheit» mit dem bezeichnenden Untertitel «Die Quadratur des Kreises», Hrsg. L. Reinisch, 1974.

Zu Unrecht wird oft *Tocqueville* für die These angeblicher Unvereinbarkeit von Feiheit und Gleichheit in Anspruch genommen. In Wahrheit unterscheidet Toqueville begrifflich Freiheit und Gleichheit, zeigt zwar, daß «die Vorliebe, welche die Menschen für die Freiheit hegen, und die, welche sie für die Gleichheit empfinden, in der Tat zwei verschiedene Dinge» sind, weist aber gerade auf die wechselseitige Abhängigkeit von Freiheit und Gleichheit hin: Freiheit kann ohne Gleichheit nicht verwirklicht werden (Über die Demokratie in Amerika, 2. Teil, II, 1. Kap.).

2 A.a.O., Fn. 89.

Kampfbereiteren, die mit den günstigeren Startchancen freie Bahn, um Macht und Reichtum auf Kosten anderer zu erlangen. Am Ende stünde Ungleichheit, nämlich Abhängigkeit der Schwächeren von den Stärkeren. Das aber bedeutete mit dem Verzicht auf Gleichheit zugleich das Ende der Freiheit, nämlich der Freiheit für die Abhängigen und Unterdrückten. So führte z.B. der sogenannte Manchester-Liberalismus des 19. Jhs., der dem Modell «Freiheit vor Gleichheit» vergleichsweise am nächsten kam, breite Schichten in Arbeitsbedingungen und Abhängigkeiten, die nicht nur auf Kosten der Gleichheit, sondern auch der Freiheit gingen.

2. Und umgekehrt: Gibt man der Gleichheit auf Kosten der Freiheit den Vorzug, so muß man die freie Entfaltung des Kräftespiels unterbinden, also die Freiheit einschränken und im Grenzfall opfern. Das aber ist nur möglich in einem System rigoroser politischer Macht. Ein solches System aber hebt nicht nur die Freiheit, sondern zugleich die Gleichheit auf.

Der Extremfall wurde uns in den kommunistischen Staaten anschaulich, wo im Namen der Gleichheit die Freiheit unterdrückt wurde. Damit war zugleich die Gleichheit aufgehoben: Es herrschte ein Zweiklassensystem von Parteielite einerseits und dem ihr rechtlos ausgelieferten Volk andererseits.

Freiheit und Gleichheit sind also aufeinander angewiesen, ja sie sind zwei Seiten ein und derselben Sache. Sie können beide nur bestehen, wenn die rechte Balance zwischen ihnen getroffen wird. Wo diese Balance verloren geht, gleichgültig ob nach der Seite der Freiheit oder nach der Seite der Gleichheit hin, so sind Freiheit und Gleichheit zusammen gefährdet.

Wie das Grundgesetz diesem Zusammenhang Rechnung trägt, wird anschaulich, wenn man sich die Art. 2 I und 3 GG vergegenwärtigt. Es ist üblich, den Grundsatz der Freiheit in Art. 2 I, den Grundsatz der Gleichheit in Art. 3 niedergelegt zu finden. Man kann es aber ebensogut auch andersherum ansehen: Der Gleichheitssatz findet seinen grundlegenden Ausdruck in Art. 2 I, der Freiheitssatz in Art. 3.

Art. 2 sagt: «Jeder» hat das Recht auf freie Entfaltung seiner Persönlichkeit. Dieses «Jeder» bringt den Gedanken der Gleichheit zum Ausdruck: Jeder hat das gleiche Recht. Niemand ist rechtlos, niemand ist bloß Objekt der Staatsgewalt, sondern jedermann ist Rechtssubjekt. Wäre es nicht jedermann, wären es vielmehr nur einige, so wäre damit die Gleichheit aufgehoben, die Art. 2 I somit also schützt. Die Grenze dieses Rechts für jedermann bildet die verfassungsmäßige Ordnung, worunter die gesamte im Einklang mit dem Grundgesetz stehende Rechtsordnung zu verstehen ist[3].

Art. 3 I fügt hinzu: Alle Menschen sind vor dem Gesetz – gemeint ist ebenfalls vor der gesamten verfassungsmäßigen Rechtsordnung[4] – gleich. Das bedeutet zunächst einmal, die Rechtsordnung soll aus allgemein geltenden Rechtssätzen bestehen und keine willkürlichen Differenzierungen vornehmen. Mit Recht hat das BVerfG Art. 3 zusammenfassend als «Willkürver-

3 Vgl. BVerfGE 6, 32 («Elfes»).

4 Vgl. BVerfGE 41, 72 f.

bot» bezeichnet.[5] Die klassische Definition der Freiheit lautet in einer Formel Immanuel Kants: «Unabhängigkeit von eines anderen nötigender Willkür»[6]. Das Willkürverbot des Gleichheitssatzes bedeutet also Schutz der Freiheit.

Gewiß ist auch die übliche Redeweise richtig, wonach Art. 2 die Freiheit und Art. 3 die Gleichheit gewährleisten. Das macht anschaulich, daß die Gleichheit in der Freiheit und die Freiheit in der Gleichheit steckt: Rechtlosigkeit einiger hebt nicht nur die Freiheit, sondern auch die Gleichheit auf, und Willkür beseitigt nicht nur die Gleichheit, sondern auch die Freiheit.[7]

Die Betrachtungsweise, die Freiheit und Gleichheit im Gegensatz zueinander sieht, setzte 1790 mit Edward Burkes «Reflections on the French Revolution» ein und ist seither für eine ganze Reihe von Theoretikern der Demokratie charakteristisch. Sie wirkte sich auch im politischen Leben aus und war charakteristisch für die jeweils konservativere Position. Jeder Schritt auf mehr Gleichheit wurde mit dem Argument bekämpft, er beeinträchtige die Freiheit. Die Alternative von Freiheit und Gleichheit diente häufig sogar zur Grenzziehung zwischen den politischen Parteien. So ist z.B. die fast 200 Jahre alte Differenz zwischen den großen amerikanischen Parteien, den Democrats und den Republicans – früher Republicans und Federalists –, ideologisch gesehen durch die jeweils stärkere Betonung der Gleichheit (Democrats) oder der Freiheit (Republicans) geprägt. In diesem Sinne sehen auch manche heutige Beobachter die Differenz zwischen dem linken und dem konservativen Lager in der Bundesrepublik von eben diesen beiden Tendenzen geprägt.[8]

Die Begründungen für die prinzipielle Gegensätzlichkeit von Freiheit und Gleichheit gehen in verschiedene Richtungen. Doch ist allen Begründungen gemeinsam eine gewisse *Abstraktheit und Ungeschichtlichkeit*. Gewiß kann man beide Prinzipien in einer Weise ins Extrem treiben, daß sie ihren inneren Zusammenhang verlieren. Aber damit verlieren sie zugleich auch den Zusammenhang mit der Geschichte des demokratischen Verfassungsstaates. Es werden Modelle konstruiert, die darauf hinauslaufen, das Freiheitsprinzip (das der parlamentarischen Repräsentation angelsächsischer Prägung zugeordnet wird) werde durch ein Gleichheitsprinzip pervertiert (das dem Demokratismus französischer Herkunft entstamme). Das Zusammenfließen von zwei Prinzipien aus zwei historischen Quellen und zwei unvereinbaren naturrechtlichen Traditionen erzeuge den Mischmasch und die Unentschiedenheit, die für die demokratischen Verfassungsstaaten charakteristisch seien.

---

5 Nachweise bei Leibholz/Rinck, Kommentar zum Grundgesetz, Art. 3 Rdn. 2.

6 Immanuel Kant, Metaphysik der Sitten, hrsg. v. K. Vorländer, 4. Aufl. 1922, S. 43.

7 Vgl. G. Dürig in Maunz/Dürig/Herzog/Scholz, Kommentar zum Grundgesetz, Art. 3 Rdn. 134 («Freiheit – Gleichheit»).

8 Vgl. insbesondere Helmut Schelsky: Mehr Demokratie oder mehr Freiheit? Der Grundsatzkonflikt der «Polarisierung» in der Bundesrepublik Deutschland, FAZ v. 20. 1. 1973 – dazu Martin Kriele, Das Grundgesetz im Parteienkampf, ZRP 6/73, sowie Schelsky und Kriele, Ein Briefwechsel, Merkur, Okt. 1973; siehe ferner Richard Löwenthal, Demokratie und Freiheit heute, eine Auseinandersetzung mit Helmut Schelsky, in: Sozialismus und aktive Demokratie, Frankfurt 1974, S. 37 ff.

Dem ist entgegenzuhalten, daß das Gleichheitsprinzip ebenso wie das Freiheitsprinzip dem dialektischen Naturrechtsverständnis entstammt, das die geistesgeschichtliche Grundlage des Parlamentarismus bildet. Sobald nämlich die durch das Common Law gewährleistete «Freiheit der Engländer» naturrechtlich verstanden wird – und das geschah im Gegenzug zu Souveränitätsanmaßungen seit dem 17. Jahrhundert und besonders nachdrücklich in der zweiten Hälfte des 18. Jahrhunderts in Amerika –, ist das Gleichheitsprinzip dem Freiheitsprinzip immanent und braucht nur aus ihm «entwickelt» und politisch durchgesetzt zu werden. Die Freiheit wird dann mit dem Argument verteidigt, sie sei die Bedingung dafür, daß der Mensch der menschlichen Natur gemäß leben könne. Dieses Argument hat für alle Menschen gleichermaßen Gültigkeit. Mit seiner Hilfe lassen sich die Privilegien einer Schicht oder eines Standes, einer Konfession oder einer Rasse nicht verteidigen, sondern nur die *Rechte des Menschen als Menschen*. Das ist der Grund dafür, daß die Urgestalt des Gleichheitsprinzips lautete: «Freiheit für alle und nicht nur für einige.»

Nachdem die amerikanische Unabhängigkeitserklärung von 1776 als «self-evident» erklärt hatte, «that *all men* are created equal, that they are endowed by their creator with certain unalienable rights» und dieser Gedanke in die Verfassungen der amerikanischen Einzelstaaten eingegangen war (vgl. § 35), erfolgte die Aufhebung der Sklaverei in Massachusetts im Jahre 1781 durch die Gerichte, nicht durch den Gesetzgeber. Die Gerichte zogen die logische Konsequenz aus den verfassungsrechtlich festgelegten Prämissen. Der Vorgang lag zeitlich vor der Französischen Revolution. Er ist weder durch sie noch durch revolutionäre französische Gleichheitsideen ausgelöst worden, sondern hat seine Wurzel in der gemeineuropäischen Naturrechtstradition, die in Amerika und England ebenso wie in Frankreich und anderen kontinentaleuropäischen Ländern lebendig war. Die Kantsche Formel, daß die Freiheit des einen mit der Freiheit eines jeden anderen zusammen bestehen müsse, bringt das Prinzip der *ursprünglichen Identität von Freiheit und Gleichheit* zum Ausdruck. Die Herstellung der Gleichheit bedeutet nichts anderes als die Herstellung der Freiheit: Sie befreit den Sklaven, den Leibeigenen, den Knecht, später den Proletarier und schafft dadurch eine Mindestbedingung für ein der Natur des Menschen gemäßes Leben. Die Herstellung der Gleichheit mindert zwar die mit der Herrschaft genossenen Freiheiten des Sklavenhalters, des Herrn, des Ausbeuters usw.; sie tut dies jedoch um der Freiheit des Menschen willen.

Wird die Freiheit in diesem Sinne erst einmal naturrechtlich verstanden, so entsteht ein wesentlicher *Unterschied zwischen Freiheit und Privilegien*: Privilegien sind Vorteile, die im positiven (gesetzten, traditionalen) Recht, aber nicht im Naturrecht begründet sind und denen häufig Abhängigkeit und Unfreiheit anderer Menschen entsprechen. Das altfeudale Recht war von Privilegien und Abhängigkeiten bestimmt. Mit dem naturrechtlichen Verständnis der Freiheit kam ein dynamisches Element in das Recht, es entwickelte sich Rechtspolitik, deren Motor die Zielvorstellung von einer Angleichung des positiven Rechts an das Naturrecht ist. Diese Angleichung bedeutet Abbau von Privilegien und damit Herstellung von *Gleichheit im Dienste der Freiheit*.

Die Evolution der Identität von Freiheit und Gleichheit vollzog sich in drei sich zum Teil zeitlich überlagernden Phasen:

Zunächst trat an die Stelle der feudalen Statusverhältnisse als Grundstruktur der politischen Rechtsbeziehungen das Gesetz, dessen Kennzeichen die abstrakte Regelung von Sachverhalten für einen generellen Adressatenkreis ist. Die *Allgemeinheit des Gesetzes* bedeutet zugleich Herstellung von Gleichheit (vgl. § 58).

Sodann bedeutet Allgemeinheit des Gesetzes aber nicht, daß jedes Gesetz für jeden gelten müsse. Gewisse Gesetze gelten nur für die Erwachsenen, nur für die Kaufleute, nur für die seefahrenden Kaufleute usw. Es kommt allein darauf an, daß die Unterscheidungen *sachlich gerechtfertigt* sind. «Sachlich rechtfertigen» aber heißt, an den «sensus communis», den Common sense appellieren, also an das Urteilsvermögen, von dem vorausgesetzt ist, daß es der allen Menschen gemeinsamen Vernunft entspringt. Da die sachliche Rechtfertigung im einzelnen oft streitig ist, kann das Optimum nur in der offenen dialektischen Auseinandersetzung gefunden werden. Nur Ungleichbehandlungen, die sich in diesem Verfahren rechtfertigen lassen, sind mit der Freiheit vereinbar, andernfalls handelt es sich um Privilegien. Freiheit beruht also auf der *Rechtfertigung* vor dem «sensus communis» und auch in diesem Sinne prinzipiell auf der Idee der Gleichheit (vgl. § 55).

Drittens: Sind diese Prämissen einmal gelegt, so entwickeln sich ständig verschiedene Meinungen und Gruppierungen unter dem Gesichtspunkt, welche Entscheidungen als sachlich gerechtfertigt gelten können. Im Zeitalter der industriellen Revolution und des freien Wettbewerbs wurde die Schere zwischen der finanziellen Macht- und Vermögensakkumulation auf der einen und der Verelendung auf der anderen Seite zu einem zentralen Problem: Es stand wieder Freiheit gegen Unfreiheit. Die Korrektur dieser Schere durch das *Sozialstaatsprinzip* bedeutet für die einen Freiheitsbeschränkung durch ein den freiheitlichen Traditionen prinzipiell feindliches Gleichheitsprinzip. Für die anderen handelt es sich jedoch um Freiheitsbegründung durch Gleichheit.

Das Sozialstaatsprinzip ist nichts anderes als die logische Konsequenz des naturrechtlichen Grundansatzes, daß die Freiheit des einen mit der Freiheit des anderen zusammen bestehen müsse. Ein «Liberalismus», der zu der Aufhebung der *Realbedingungen der Freiheit* führt, entstammt seinerseits nicht dieser naturrechtlichen Tradition, sondern einer nationalökonomischen Theorie, die sich von diesem Grundsatz entfernt und sich radikalisiert hat. Nicht beruht umgekehrt das Sozialstaatsprinzip auf einer von außen an den Verfassungsstaat herangetragenen, ihm ursprünglich fremden Tradition. Es ist der naturrechtliche Grundsatz der Freiheitsidee selbst, der die sozialstaatliche Gleichheitstendenz hervorbringt. Aus diesem Verständnis ihres Ursprungs folgt freilich auch zugleich die Begrenzung des Sozialstaatsprinzips: Zur entscheidenden Grenze wird die Frage, ob die Herstellung der Gleichheit *wirklich*

Freiheit begründet und bewahrt oder im Gegenteil ihrerseits die Realbedingungen der Freiheit aufhebt.

§ 53. Menschenwürde

Der naturrechtliche Grundsatz, der dem Gedanken von Freiheit und Gleichheit zugrunde liegt, lautet: Jeder Mensch hat kraft seines bloßen Menschseins Anspruch auf Achtung seiner Menschenwürde.[9] Das besagt: Man darf ihn nicht ermorden, foltern, versklaven oder sonst erniedrigen - was immer die Zweckmäßigkeitsgründe dafür sein mögen. Der Grundsatz der Menschenwürde setzt allen Zweckmäßigkeitserwägungen der Rechtsbegründung eine absolute, unübersteigbare Grenze. Er bildet insofern das Gegenprinzip zur Rechtsbegründung aus rein utilitaristischer Rationalität.[10]

Zwar trägt die Normenbegründung durch das Folgenkalkül verhältnismäßig weit (vgl. §§ 5, 65). Sie vermag uns in der Tat zahlreiche Normen zu erklären, die oft nicht auf Anhieb einleuchten, die aber einleuchtend werden, wenn man ihre Fernwirkungen rational und umfassend genug ins Auge faßt. Aber es gibt Normen, zu deren Begründung ein noch so rational und langfristig angelegtes Interessenkalkül nicht ausreicht. Sie regeln Situationen, in die wir auch bei Berücksichtigung aller denkbaren Eventualitäten nicht geraten können. Sie schützen Menschengruppen, zu denen wir nicht gehören und die niemals die Macht haben werden, uns um der Gegenseitigkeit willen zur Anerkennung ihrer Interessen zu veranlassen. In solchen Fällen besteht immer eine starke Tendenz, ihre Interessen zu vernachlässigen.

Das Konzept des Rechtsgrundsatzes der Menschenwürde ist und war stets dazu bestimmt, dieser Tendenz entgegenzutreten und den Schutz derer zu gewährleisten, die sich gegen die Vergewaltigung ihrer Interessen nicht wehren können. Es handelte sich stets um ein Konzept der Noblesse und Ritterlichkeit, dazu bestimmt, das Interessenkalkül, so berechtigt es sein mag, in die Schranken eines ihm vorgelagerten, übergeordneten, ihm Grenzen ziehendes Rechtsdenken zu verweisen. Dieses Rechtsdenken will uns verpflichten, uns nicht nur als Mittelpunkt unseres Horizonts zu sehen und von da aus unsere Interessen zu kalkulieren, sondern gewissermaßen die Vogelperspektive einzunehmen, aus der heraus prinzipiell alle Menschen Rechtsträger und wir ihnen insofern gleich sind. In diesem Sinne entwickelte die Aufklä-

---

9 Zum historischen und philosophischen Hintergrund siehe E.-W. Böckenförde und R. Spaemann (Hg.), Menschenrechte und Menschenwürde, Stuttgart 1987, insbesondere die Beiträge von R. Spaemann: Über den Begriff der Menschenwürde, S. 295 ff. und J. Tischner, Zur Genese der menschlichen Würde, S. 317 ff. - Speziell im Blick auf die Abtreibungsfrage: Stephen Schwarz, Die verratene Menschenwürde, 1992.

10 Zu den Urprüngen der Idee von der Würde des Menschen aus der hermetischen Tradition, vor allem bei Pico de Mirandola (1463 - 1494), vgl. Hubert Cancik, Die Würde des Menschen ist unantastbar. Religions- und philosophiegeschichtliche Bemerkungen zu Art. 1 S. 1 GG, in: Hermann Funke (Hg.), Utopie und Tradition, 1987.

rung des 18. Jahrhunderts den Rechtsbegriff in unmittelbarer Konfrontation mit den Versuchen, Ethik nur aus Zweck-Mittel-Erwägungen zu begründen. Ihnen gegenüber formulierte Immanuel Kant den Imperativ:

> «Handle so, daß du die Menschheit, sowohl in deiner Person, als in der Person eines jeden anderen jederzeit zugleich als Zweck, niemals bloß als Mittel brauchst.»[11]

Der Rechtsgedanke der Menschenwürde hat zu Beginn der Neuzeit zuerst im Völkerrecht Ausdruck gefunden, ehe er ins Staatsrecht eingegangen ist, und zwar zunächst in der spanischen Naturrechtslehre des 16. Jahrhunderts. Francisco de Vitoria (1492/93 - 1546)[12] wurde von Karl V., der in Salamanca - schon als Kaiser - seine Vorlesungen hörte, beauftragt, Richtlinien für die Missionierung der Indianer auszuarbeiten. Er war ein persönlicher Freund von Las Casas[13] und von diesem über die Ausplünderung, Versklavung und Vernichtung der Indianer unterrichtet. Die spanische Rechtfertigung dafür war, daß die Indianer als Heiden keine Rechtssubjekte seien und daß mit ihnen geschlossene Verträge keine Verbindlichkeit hätten. Dem hielt Vitoria den Naturrechtsgrundsatz entgegen, daß die Menschen in ihrer Natur prinzipiell gleich und frei seien. Das ihrer Natur gemäße Verhalten sei das Verhältnis von Freien und Freunden. Dieser Grundsatz war schon in der Antike vorgeprägt: wir finden ihn etwa in der Stoa und bei Cicero. Damals war er nur philosophische Idee und moralischer Anspruch. Jetzt gewann er eine politische Dynamik, die die Welt zu revolutionieren begann. Vitoria zitierte Ovid: «Non enim homini homo lupus est, sed homo.»[14]: Der Mensch ist für den Menschen nicht ein Wolf, sondern ein Mensch. Vitoria folgerte Rechtsregeln der Gegenseitigkeit und der Universalität gemäß dem Grundsatz: «Neminem laedere»: Was du nicht willst, das man dir tu, das füg' auch keinem anderen zu. Weder der Papst noch der Kaiser seien Herr des ganzen Erdkreises. Missionierung sei nur in der Form der freien Verkündigung, nicht des Zwanges erlaubt. Unglaube aber hebe weder das natürliche noch das menschliche Recht auf. Die Indianer seien sowohl kraft ihres eigenen Rechts als auch kraft des universalen Naturrechts als Eigentümer und freie Vertragspartner zu achten.

Der Grundsatz der Menschenwürde besagte also: Der Mensch ist Rechtssubjekt «als Mensch», und nicht nur als Katholik oder Protestant, Christ oder Heide, Angehöriger unseres oder eines fremden, «primitiven» Kulturkreises. Dieser Grundsatz wurde zunächst fruchtbar für das Völkerrecht: er ermöglichte gleichberechtigte Rechtsbeziehungen z.B. auch zu den Türken, Indern, Chinesen.

---

11 I. Kant, Grundlegung zur Metaphysik der Sitten, B 66 f.

12 Zu Francisco de Vitoria vgl. vor allem: Joseph Höffner, Christentum und Menschenwürde. Das Anliegen der spanischen Kolonialpolitik im Goldenen Zeitalter, Trier 1947.

13 Zu Bartolomé de Las Casas (1474-1566) vgl. vor allem: L. Hanke, The Spanish struggle for justice in the conquest of America, New York 1949.

14 Francisco de Vitoria, De Indis, Sectionis tertiae, De titulis legitimis, Nr. 3.

Nachdem dieser Gedanke in der Völkerrechtslehre Fuß gefaßt hatte, ging er – vor allem unter dem Zwang der konfessionellen Bürgerkriege – auch in die europäische Staatsrechtslehre ein. Die politische Aufklärung ging aus deren Naturrechtslehre hervor. Sie hat sie in dreierlei Hinsicht umgestaltet: Erstens hat sie sie universalisiert. Sie löste das Naturrecht endgültig aus seiner Verflechtung mit dem Recht des mittelalterlichen Reiches. Zweitens hat sie das Naturrecht zugleich emanzipiert: es kam nun für die innerstaatliche Anerkennung nicht mehr darauf an, ob der Mensch zur Kirche gehört, ob er Christ oder Heide ist. Drittens hat sie das Naturrecht dynamisiert: dieses legitimierte nun nicht mehr nur den Widerstand gegen tyrannische Entartung der Herrschaft mit dem Ziel der Wiederherstellung des guten alten Rechts. Es wurde vielmehr zur treibenden Kraft der Umgestaltung des positiv geltenden Rechts mit dem Ziel seiner Annäherung an Freiheit und Gleichheit, also zur Kraft der demokratischen Revolution und der Rechtsreformen innerhalb der Demokratien.

Die Frühaufklärer des 17. Jahrhunderts konnten freilich den Absolutismus noch nicht in Frage stellen. Das in der Völkerrechtslehre entwickelte Naturrecht der Anerkennung des Menschen als Menschen lebte aber in der rudimentären Form moralischer Appelle fort. Der Fürst konnte dem Untertan gegenüber wenigstens Pflichten haben. Zwar waren es nur unvollständige Pflichten, denen keine ihnen entsprechenden Rechte gegenüberstanden, die der Untertan dem Fürsten gegenüber hätte geltend machen können, aber doch einseitige moralische Pflichten, die aus Tradition, Sittlichkeit, Religion oder aber auch aus der Vernunft begründet werden konnten. Man konnte sie zum Beispiel in «Fürstenspiegeln» zusammenfassen und dem Fürsten ins Gewissen reden. Solche Pflichtenkataloge konnten sich auf das Überlieferte beschränken, es war aber auch möglich, diesen Rahmen zu sprengen und Überlegungen einzubauen, die an die Natur des Menschen anknüpften.

Die Naturrechtslehre, die im Völkerrecht gegenseitige, einander entsprechende Pflichten und Rechte begründet hatte, konnte sich in den absolutistischen Staaten des 17. Jahrhunderts nur in dieser deformierten Gestalt in Europa ausbreiten. Man beschränkte sich auf die Pflichtenseite und sah sich genötigt, die Rechte wegzulassen. So hat man das Naturrecht zwar formal halbiert, konnte aber seine materialen Gehalte dennoch zur Geltung bringen und diese auf die Bedürfnisse des innerstaatlichen Rechts hin umgestalten und erweitern.

Obwohl dieses Naturrecht den Absolutismus formell anerkannte, höhlte es ihn gleichzeitig aus und bereitete in seinem Inneren – zunächst kaum bemerkt und nicht einmal bewußt beabsichtigt – eine Architektur vor, die später, als die Fassade des Absolutismus einstürzte, den Staat stabil zu tragen imstande war. Besonders nachhaltige Wirkung hatte die Ausarbeitung des Naturrechts bei Pufendorf (1632 – 1694)[15], vor allem mit der Lehre, der Fürst habe die Pflicht, die Würde des Menschen zu achten.

15 Zu Samuel Pufendorf vgl. vor allem: Hans Welzel, Die Naturrechtslehre Samuel Pufendorfs. Ein Beitrag zur Ideengeschichte des 17. und 18. Jahrhunderts, Berlin 1958.

Der Idee der Würde des Menschen wohnte die Dynamik einer Eichel inne, die zur Eiche wird. Erstens haftete die Würde jetzt nicht mehr an Stand oder Verdienst, sondern am Menschsein des Menschen schlechthin. Ist sie zu achten Pflicht, so sind insofern alle Menschen *gleich* zu achten.

Zweitens gehört zur Würde des Menschen, daß er im Rahmen seiner Pflichten und äußeren Gegebenheiten einen Spielraum *freier* Selbstbestimmung hat, in dem er seine besten individuellen Anlagen und Möglichkeiten zur Entfaltung bringen kann. Die Pflicht des Fürsten, seine Würde zu achten, bedeutete für das 17. Jahrhundert vor allem, ihn im Kernbereich seines Gewissens zu achten und seine Konfession zu tolerieren, darüber hinaus aber die allgemeine Beachtung des damaligen Standards judizieller Rechte, insbesondere der Verschonung von willkürlicher Verhaftung und Verfolgung.

Nachdem auf diese Weise die Rechtsidee von Gleichheit und Freiheit in die absolutistische Pflichtenlehre eingedrungen war, folgte drittens, daß die Würde des Menschen die Anerkennung einer Rechtsstellung des Menschen verlangt: der Mensch wurde vom Objekt der Fürstenpflicht zum *Rechtssubjekt.* Die Aufklärung des 18. Jahrhunderts zog diese Schlußfolgerung als eine zwingende Konsequenz aus der Würde des Menschen. Pufendorfs Anerkennung des Absolutismus und seine Einkleidung des Naturrechts in eine Pflichtenlehre erwiesen sich als ein Schleier, der eine ausgearbeitete Rechtslehre verhüllt hatte. Zog man den Schleier weg, wurde eine Naturrechtslehre sichtbar, in der den Pflichten des Fürsten Rechte des Menschen entsprachen.

Im Begriff der Menschenrechte lag der Gedanke, daß der Mensch kraft seines bloßen Menschseins Rechtssubjekt ist, nicht erst aufgrund von Gesetz, Vertrag, Pflichtenübernahme, Steuerleistung usw. Es ging z.B. nicht mehr um religiöse Toleranz, sondern um das juristisch garantierte Recht auf freie Religionsausübung. Es ging um Überwindung der Sklaverei und der kolonialen Ausbeutung der «Wilden». Es ging stets um die, die als Allerletzte in Betracht kamen, z.B. um Hexen, Schwerverbrecher, Henker, Geisteskranke, «Wilde», Angehörige «minderwertiger Rassen», Asoziale, Abartige, Schwerbehinderte, Nazis, Kapitalisten, Reaktionäre, Kommunisten usw.: Ging ihre Mißachtung so weit, daß sie Opfer willkürlicher Einsperrung, Mißhandlung oder Tötung wurden, wurde dem entgegengehalten, daß sie Menschen sind, deshalb an der Menschenwürde teilhaben und deshalb Träger von Rechten sind, unabhängig von moralischen, geistigen oder standesbedingten Qualifikationen. Es bedeutet die konsequente logische Fortsetzung der langen Reihe der jeweils Ausgegrenzten, um die es im Streit für die Menschenwürde ging, auch im Blick auf den Embryo seine Fortsetzung zu finden. Der Einwand: «diesmal ist etwas anderes», wurde immer erhoben. Gerade eben deshalb war der Betreffende ja in seiner Menschenwürde bedroht und verteidigungsbedürftig.

Da das Grundgesetz den Grundsatz der Menschenwürde verankert, muß es gerade den Übersehenen, den Schwächsten, den Hilflosen, denen, die sich nicht zur Wehr setzen können, Rechte zubilligen, aus keinem anderen Grunde als nur dem, daß sie im biologischen Sinne Menschen sind.

Die Gegner des Konzepts der Menschenwürde (z.B. *Singer, Hoerster)* verspotten das als «Speziesismus»: die Bevorzugung der Spezies Mensch. Sie meinen, es gehe in der Ethik nur um Glückmaximierung und um Leidvermeidung aus Mitleid. Deshalb seien Tiere dem Menschen und Menschen den Tieren rechtlich anzunähern.

> «Das Leben eines Neugeborenen hat also weniger Wert als das Leben eines Schweins, eines Hundes oder eines Schimpansen».[16]

Singer knüpft damit ausdrücklich an archaische Rechtstraditionen an und wendet sich gegen das zivilisierte Rechtsdenken, das bloß «Ausdruck einer bestimmten jüdisch-christlichen Haltung» sei. Richtig daran ist, daß von dem Gedanken der Gottebenbildlichkeit des Menschen ein wesentlicher Impuls zur Anerkennung der Menschenwürde ausging, wie etwa bei Vitoria sichtbar wird. Die Sonderstellung des Menschen im Kosmos und sein Hervorgehobensein über die Welt der Tiere wurde freilich auch schon in den antiken Mysterienschulen und in der antiken Philosophie (z.B. bei Plato, Aristoteles, Zeno, Cicero) zum Ausdruck gebracht, ohne sich allerdings politisch durchsetzen zu können. Was diesem Gedanken in der Neuzeit zum politischen Durchbruch verhalf, war aber – was Singer übersieht – in erster Linie der Impuls, die Rechtsstellung des Menschen von seiner Zugehörigkeit zum jüdisch-christlichen Kulturraum unabhängig zu machen und z.B. den Indianern, Muslimen, Ketzern, Hexen usw. zu einer rechtlich anerkannten Rechtsstellung zu verhelfen. Es ging und geht beim Gedanken der Menschenwürde also gerade nicht darum, den Nichtchristen jüdisch- christliche Vorstellungen aufzudrängen, sondern um den Fortschritt der rechtlichen Zivilisation schlechthin: um die Anerkennung des anderen um seiner selbst willen und unabhängig davon, ob das unserem langfristig kalkulierten Eigeninteresse entspricht oder nicht.

Die Achtung der Menschenwürde ist überhaupt nicht bedingt durch ihre Eignung für irgendwelche Zwecke, wie bedeutsam diese sein mögen. Sie trägt ihren Zweck in sich selbst. Wenn man die in der Menschenwürde begründeten Menschenrechte als unantastbare Rechte bezeichnet, so heißt das, daß sie in ihrem Kernbereich unbedingte Achtung fordern – unabhängig von den Folgen für außerhalb ihrer selbst liegende Zwecke. Mag ihre Verletzung noch so nützlich für noch so wohlgemeinte Zwecke sein: Das Recht des Menschen als Menschen fordert seine Unantastbarkeit unbedingt.

Die geschichtlich machtvollste Gegenströmung war eigentlich weniger das Recht des Stärkeren, Schlaueren, Brutaleren, Kampfbereiteren: zu diesem offenen Zynismus bekannten sich außer den Faschisten nur wenige sophistische Intellektuelle. Die wirksamste Gegenströmung war vielmehr die utilitaristische Ethik, die Menschenrechtsverletzungen mit dem langfristigen Gesamtnutzen für die Menschheit rechtfertigte. Bentham hat sie in die Formel gefaßt: es gehe um das größte Glück der größten Zahl. Diese Formel schließt ein,

---

16 Peter Singer, Praktische Ethik, 1984, S. 169.

daß die Herbeiführung des Unglücks einer kleinen Zahl moralisch gerechtfertigt sein könne, wenn sie für die Herbeiführung des größten Glücks der größten Zahl zweckdienlich sei. So wurde nicht nur gedacht, so wurde auch gehandelt: Sklaverei und Indianerausrottung machen anschaulich, wofür die utilitaristische Ethik nützlich war.

Diese Ethik lag und liegt aber nicht nur dem Handeln des bewußt utilitaristisch denkenden angelsächsischen Liberalismus zugrunde, sondern auch zahlreichen anderen Strömungen. «Der Zweck heiligt die Mittel»: Das ist die Formel des ethischen Utilitarismus dann, wenn der Zweck im irdischen Glück gesucht wird. In diesem Sinne rechtfertigt der Machiavellismus der sogenannten Staatsraison Menschenrechtsverletzungen im Einzelfall mit dem Gesamtnutzen für das Ganze des Staates und seiner Bürger.

Auch dem Marxismus liegt als tiefstes ethisches Motiv der Gedanke vom größten Glück der größten Zahl zugrunde. Karl Marx war vom ethischen Utilitarismus englischer Prägung viel stärker beeinflußt als er vielleicht selber wußte und wahrhaben wollte. Es ging ihm um die künftige Befreiung der Menschheit, um das Ende der Geschichte, um einen Zustand, in dem die künftigen Generationen vollständig frei und gleich sein würden, in dem ein «neuer Mensch» leben werde. Dieses Ziel erschien ihm so groß, daß die Opferung von ein oder zwei Generationen durch die Diktatur des Proletariats als ein geringfügiger Preis erschien. Aufs Ganze der künftigen Menschheit berechnet machen die Opfer der Übergangszeit nur eine kleine Zahl aus. Das größte Glück der größten Zahl rechtfertigte für ihn also das Unglück einer geschichtlich gesehen kleinen Zahl.

Dieser utilitaristischen Ethik steht die Konzeption der Menschenwürde schroff und unversöhnbar gegenüber. Sie sagt: man darf den Menschen nicht willkürlich verhaften, foltern, morden, versklaven, in KZs verschleppen usw. – was immer der Zweck und wie hoch er auch gesteckt sein mag. Die utilitaristische Zweckmoral erscheint ihr zynisch. Die Menschenrechte stehen und fallen aber mit der grundsätzlichen Haltung: zweckrational oder nicht – Menschenrechte gelten unabhängig davon, ob sich ihre langfristig kalkulierte Dienlichkeit für den Gesamtnutzen der Menschheit erweisen läßt oder nicht.

§ 54. Andere Gründe für Freiheit und Gleichheit

Es ist allerdings hinzuzufügen, daß es für den gleichen Anspruch auf Freiheit noch weitere Gründe außer der Menschenwürde gibt. *Thomas I. Emerson*, «grand old man» der amerikanischen Grundrechtslehre, hat am Beispiel der Meinungsfreiheit einen *vierfachen Schutzzweck* dieses Grundrechts in Rechtsprechung und politischer Philosophie von der Geschichte bis zur Gegenwart aufgewiesen.[17]

17 Thomas I. Emerson, Toward a General Theory of the First Amendment, The Yale Law Journal 1963, S. 73 ff.; ders., Communication and Freedom of Expression, Scientific American, Sept. 1972.

Unter diesen Zwecken steht «*individual self-fulfillment*» an erster Stelle. Aus diesem Schutzzweck ergibt sich die Folgerung, daß diese Freiheit einen Endzweck in sich selbst hat und unabhängig davon ist, ob ihr Gebrauch irgendwelche anderen politischen oder sozialen Ziele fördert.

Ein zweiter Schutzzweck der Meinungsfreiheit ist die Sicherung der Realbedingungen für den Fortschritt im Finden von *Wahrheit*. Nur die Freiheit der Meinungsäußerung gewährleistet, daß die Meinungen sich im Laufe der Zeit wechselseitig korrigieren. Der dialektische Fortschritt der Einsicht im Laufe der Geschichte hängt von dieser Freiheit ab. Der erste große Verteidiger der Pressefreiheit, John Milton, dessen «Areopagita» 1644 erschien, begründete diese Freiheit nicht in erster Linie individualistisch, sondern dialektisch. Er meinte, wenn auch etwas emphatisch übertrieben:

> «And though all the winds of doctrine were let loose to play upon the earth, so truth be in the field, we do injuriously by licensing and prohibiting to misdoubt her strength. Let her and falsehood grapple; who ever knew truth put to the worse in a free and open encounter ... For who knows not that truth is strong next to the Almighty; she needs no policies, nor stratagems, nor licensings to make her victorious, those are the shifts and defenses that error uses against her power.»[18]

Dieser Gedanke gehört seither zu den klassischen Selbstverständlichkeiten des naturrechtlichen Freiheitsdenkens Englands und Amerikas.

Der dritte Grund für die Meinungsfreiheit ist ihre Unentbehrlichkeit für die *politische Entscheidungsfindung* in einer demokratischen Gesellschaft. Während sich der Gesichtspunkt der «Wahrheit» nicht nur auf den Bereich politischer Meinung, sondern in erster Linie auf den der wissenschaftlichen Erkenntnis bezieht, tritt in diesem Zusammenhang der Gesichtspunkt der Gerechtigkeit und Vernünftigkeit verbindlicher Entscheidungen hinzu. In diesem Zusammenhang kommt wieder die Parallelität von politischem und gerichtlichem Prozeß ins Spiel: So wie eine richterliche Entscheidung nicht sachlich und gerecht sein kann, wenn nicht alle Beteiligten zu Wort gekommen sind, so auch die politische Entscheidung. Das gilt um so mehr, je komplexer die sozialen und ökonomischen Verhältnisse geworden sind. Auch dieser Gesichtspunkt gehört zur alten Tradition und wurde z. B. im 17. Jahrhundert Hobbes von Chief Justice Hale entgegengehalten.[19]

Emersons vierter Gesichtspunkt ist, daß die Meinungsfreiheit eine angemessene *Balance zwischen Stabilität und Wandel* ermöglicht. Nur unter der Voraussetzung der Meinungsfreiheit gibt es, wie Emerson sagt, «eine Konfrontation der Ideen, nicht der Gewalt». Die Konflikte, die die Geschichte bewegen, werden einerseits ermöglicht, andererseits in friedlichen Bahnen gehalten. Die Meinungsfreiheit wird also auch deshalb gewährt, weil die Alternative entweder Unterdrückung und Beharrung oder Revolution und

---

18 Zitiert nach G. H. Sabine, A History of Political Theory, New York 1961, S. 508.

19 M. Hale, Reflexionen über Hobbes' Dialogue of the Laws, abgedruckt bei Kriele, Die Herausforderung des Verfassungsstaats, S. 63, 68 ff.

Bürgerkrieg wäre. Meinungsfreiheit erhöht die Chance, aus «trial and error» politische Konsequenzen zu ziehen oder sogar durch Diskussion den Umweg über «trial and error» von vornherein zu vermeiden. Auch dieser Gedanke ist alte angelsächsische Tradition.

Diese an Emerson orientierte Skizze der Gründe für die Meinungsfreiheit ist um weitere Gesichtspunkte zu ergänzen.

Fünftens nämlich setzt auch die *demokratische Kontrolle* der Staatsorgane die Meinungsfreiheit voraus. Insbesondere muß die Einhaltung des Amtsethos und der Konventionalregeln von der öffentlichen Meinung überwacht und ihre Verletzung mit öffentlicher Entrüstung beantwortet werden.

Sechstens erhöht die Meinungsfreiheit die Legitimität auch deshalb, weil sie die *Hoffnung* ermöglicht, daß Ungerechtigkeiten in Zukunft ausgeräumt werden, und weil sie das *Vertrauen* begründet, daß die bereits getroffenen Entscheidungen einer kritischen Überprüfung ausgesetzt gewesen sind.

Ähnliche Gründe sprechen auch für andere Grundrechte mit demokratischer Relevanz, wie z.B. Vereinigungs- und Versammlungsfreiheit, Petitionsrecht, Wahlrecht usw.

Kurz: Der gleiche Anspruch auf Freiheit beruht nicht nur auf der Menschenwürde, die die Rechtssubjektivität jedes Menschen begründet, sondern auch auf der Einsicht in die verhältnismäßig günstigsten Bedingungen von Wahrheit, Vernunft, Friede, sozialer Gemeinschaft, demokratischer Mitwirkung sowie in die Bedingungen der Gerechtigkeit des Rechts, des Fortschritts und der Bewahrung des Erreichten.

In der modernen wissenschaftlich-technischen Zivilisation kann nur dieses ethische Grundprinzip des Rechts den Menschen davor bewahren, bloß funktionaler Bestandteil zentraladministrierter Großorganisationen und Objekt zweckrationaler Manipulation zu sein und im Falle eigenständigen Denkens und Handelns eliminiert zu werden. Ohne diesen Grundsatz bestünde kein Hindernis für Systeme der Konzentrationslager, der Rassen- oder Klassenverfolgung, der Religionsausrottung, der Verschleppung, der Folter oder des organisierten Mordes, des Ausreiseverbots und der totalen geistigen und moralischen Beherrschung des Menschen, wie wir sie in den rechten und linken Diktaturen der Welt erlebt haben und nach wie vor in vielen Teilen der Welt erleben und noch erleben werden.

§ 55. Freiheit, Gleichheit und gewaltenteilende Demokratie

Auch die Organisationsprinzipien des demokratischen und sozialen Verfassungsstaates der Neuzeit sind Ausfächerungen dieses Grundsatzes.[20] Die Feststellung, das Grundgesetz sei aus dem Grundsatz «Jeder hat gleichen

20 Zum Typus des demokratischen Verfassungsstaates und zu den nationalen Ansätzen seiner Verwirklichung vgl. C.J. Friedrich, Der Verfassungsstaat der Neuzeit, 1953, S. 26 ff.; F.A. von Hayek, Die Verfassung der Freiheit, deutsch 1971.

Anspruch auf Freiheit und Achtung seiner Würde» legitimiert, bezieht sich also keineswegs nur auf den Katalog der Grundrechte, seine normative Verbindlichkeit (auch für den Gesetzgeber) oder die gerichtliche Einklagbarkeit der Grundrechte. Nicht nur die Grundrechte, sondern auch die organisatorischen Vorschriften des Grundgesetzes sind von diesem Grundsatz her auszulegen. Zwar lassen sie sich nicht aus diesem Grundsatz in ihren Einzelheiten zwingend «ableiten»: gegen diese Annahme spricht schon die Tatsache, daß das Staatsrecht in verschiedenen Varianten des demokratischen Verfassungsstaates der westlichen Welt verschieden gestaltet ist. Wohl aber läßt sich sagen, daß die Grundprinzipien, die zusammen die freiheitliche demokratische Grundordnung ausmachen, dem Zweck dienen, politische Bedingungen herzustellen, unter denen jeder gleichen Anspruch auf Freiheit und Würde haben und bewahren kann. Deshalb wäre eine Grundgesetzauslegung jedenfalls falsch, wenn sie dazu führte, daß dieser Grundsatz verletzt wird; sie kann nur richtig sein, wenn sie mit ihm im Einklang bleibt. Das Grundgesetz läßt sich auch an seinem organisatorischen Teil – mit parlamentarischer Demokratie, Gewaltenteilung, Verantwortlichkeit der Regierung, Gesetzmäßigkeit der Verwaltung, Unabhängigkeit der Gerichte usw. – verstehen als ein Versuch, die politischen Bedingungen herzustellen, unter denen wir der Verwirklichung dieses Grundsatzes möglichst nahekommen.

Ihr Fundament bildet das *Gewaltmonopol* des Staates. Es ist Bedingung des inneren Friedens. Die Sicherung des inneren Friedens aber ist die Grundlage von Freiheit und Gleichheit. Denn ohne sie ist der Unbewaffnete und Friedliche gegenüber dem Bewaffneten und Gewaltbereiten im Nötigungszustand, also unfrei. Und zwischen beiden, dem Nötigenden und dem Genötigten, gibt es keine Gleichheit, noch weniger zwischen Tötendem und Getötetem, zwischen Marterndem und Gemartertem. Das Fehdewesen des Mittelalters und die konfessionellen Bürgerkriege des 16. und 17. Jahrhunderts haben die Menschen gelehrt, daß der durch das Gewaltmonopol des Staates gesicherte innere Friede die erste Grundbedingung für die Überwindung dieser grausamsten Form von Unfreiheit und Ungleichheit bildet.

Diese Erfahrung hat sich seither immer wieder bestätigt, wenn es gewalttätigen Gruppen gelang, das Monopol zu durchbrechen – durch Verbrechen aller Art, durch politisch motivierten organisierten Terrorismus mit Geiselnahme, Folter und Mord, durch einander bekriegende politische oder ideologische Kampfbünde oder auch durch «Gegengewalt» gegen die Staatsgewalt. Widerstand gegen die Staatsgewalt kann nur dann gerechtfertigt sein, wenn die Staatsgewalt selbst nicht dem Recht unterworfen ist – gerechtfertigt dann als der einzige Weg, der zur Herstellung der rechtlichen Bedingungen von Freiheit und Gleichheit führen kann.

Das Gewaltmonopol ist nur eine notwendige, aber selbstverständlich keine hinreichende Bedingung für Freiheit und Gleichheit. Es ist aber insofern eine notwendige Bedingung, als nur in einer äußerlich befriedeten Welt Argumente überhaupt Bedeutung gewinnen können. Erst dann wird der dialektische

Prozeß der öffentlichen Diskussion möglich, erst dann können die Interessen eines jeden, auch des Schwächeren, in die Diskussion eingehen.[21]

Auf der Grundlage des Staates mit Gewaltmonopol macht die *Gewaltenteilung* Sinn, die im organisatorischen Teil der Verfassung ausgefächert wird: Dieser konstituiert die verschiedenen Organe der Gesetzgebung, der Exekutive und der Rechtsprechung - z.B. die verschiedenen Kammern der Legislative, die Organe der Regierung und Verwaltung, die Gerichtszweige -, weist ihnen ihre Kompetenzen zu und regelt ihre Verfahren.

Gewaltenteilung bedeutet, daß jedes Staatsorgan nur im Rahmen rechtlich zugewiesener Kompetenzen und nach vorgegebenen Rechtsregeln handeln, nicht aber über das Recht im Ganzen verfügen oder es durchbrechen kann. Innerhalb des gewaltenteilenden Verfassungsstaats gibt es verschiedene Staatsorgane, aber keines von ihnen ist souverän (o. § 31).

Die staatsrechtliche Organisation des gewaltenteilenden Staates schafft die Voraussetzungen dafür, daß die Staatsgewalt den Bürgern gegenüber Rechtspflichten haben kann, und überhaupt nur unter dieser Voraussetzung kann es Freiheit und Gleichheit geben. Eine Staatsgewalt, die nicht aus dem Recht abgeleitet und nicht in Rechtspflichten eingebunden ist, kann ihre Macht zwar milde, tolerant, großmütig ausüben und sich an selbst erlassene Gesetze halten, aber sie kann von ihrer Macht ebensogut grausamen, törichten, menschenfeindlichen Gebrauch machen, die selbst erlassenen Gesetze willkürlich interpretieren, beseitigen oder sich über sie hinwegsetzen - je nach ihren Zwecken, ihrer Willkür, ihrer subjektiven Meinung. Der Untertan ist ihrem Belieben ausgeliefert. Er ist im Verhältnis zu ihr also weder frei noch gleich. Seine Situation ist vergleichbar der einer von Terroristen gefangenen Geisel - sie kann eine Zeitlang schonend behandelt, aber auch erniedrigt, mißhandelt oder ermordet werden.

Das war die historische Erfahrung, die Europa nach der Überwindung von Fehde und konfessionellen Bürgerkriegen mit dem Absolutismus gemacht hat. Gewaltenteilung ist die historische Antwort auf die Herausforderung durch den Absolutismus. Sie ist die Voraussetzung für jeden Versuch, die Ideale von Freiheit und Gleichheit in politische Wirklichkeit umzusetzen.[22]

---

21 Vgl. hierzu D. Merten, Rechtsstaat und Gewaltmonopol, 1975. Das staatliche Gewaltmonopol bedeutet keine Leugnung der geschichtlichen Dialektik, wie von manchen behauptet wird, sondern bietet die Basis dafür, daß geschichtliche Dialektik sich demokratisch, also unter Einschluß aller, und ohne Blutvergießen entwickeln kann.

22 Rousseau übersah meistens die Bedeutung der Gewaltenteilung. Sein Demokratiebegriff war absolutistisch. Demokratie unterschied sich von Monarchie nur darin, daß an die Stelle des souveränen Fürsten das souveräne Volk trat. Rousseaus Terminologie veranlaßte Immanuel Kant, gewaltenteilende Demokratien als «Republiken» zu bezeichnen und den Begriff «Demokratie» nur im Rousseauschen Sinne zu verwenden. Das ist der Grund, weshalb das Wort «Demokratie» bei Kant nur in abfälligem Sinne vorkommt. Kant unterschied «Republiken» von «Despotien». Deren Kennzeichen ist nicht Grausamkeit, sondern Gewaltenkonzentration und damit absolutisitische Unabhängigkeit von rechtlicher Bindung. «Demokratie» verstand Kant im Sinne Rousseaus und bezeichnete sie deshalb als Variante der Despotie.

Eine solche Verfassung garantiert nicht schon aus sich heraus die Realisierung der Menschenrechte (es gab in den amerikanischen gewaltenteilenden Demokratien sogar Sklaverei). Aber sie ist eine Mindestvoraussetzung für die Bindung der Staatsgewalt an Recht (und war deshalb die Grundlage für die Überwindung der Sklaverei). Kurz: Gewaltenteilung ist keine hinreichende, aber eine notwendige Bedingung der Geltung des Rechtsprinzips gleicher Freiheit.

§ 56. Gleiche bürgerliche und politische Rechte

a) Rechtfertigungsbedürfnis der Freiheitsbeschränkung

Zunächst ging es um den Grundsatz, daß Freiheitseinschränkungen rechtfertigungsbedürftig sind. Welche weitreichende Bedeutung dieser Grundsatz hat, wird sichtbar, wenn man sich die Zeiten vergegenwärtigt, in denen er nicht galt, in denen gerade umgekehrt die Herstellung eines freien Standes im einzelnen begründungsbedürftig war; durch Berufung auf Privilegien, Regalien, altüberlieferte Rechte, Erhebung in den freien Stand, Wechsel vom Land zur Stadt («Stadtluft macht frei») usw. Und welche aktuelle Bedeutung dieser Grundsatz hat, wird anschaulich an der Tatsache, daß er auch in der «sozialistischen» Welt wiederum nicht galt, dort bedurfte vielmehr einer besonderen Erlaubnis, wer ausreisen, studieren, publizieren, sich politisch oder religiös betätigen wollte, und diese Erlaubnis wurde nur unter besonderen, eng umgrenzten Bedingungen erteilt: Nicht die Freiheitsbeschränkung, sondern die Freiheitsgewährung war dort begründungsbedürftig: Das Verhältnis von Regel und Ausnahme war zugunsten der Verfügungsmacht des Staates über den Menschen umgekehrt.[23]

Der Grundgedanke, daß die Freiheitsbeschränkung rechtfertigungsbedürftig ist, fand im 19. Jahrhundert seine staatsrechtliche Ausprägung im «Vorbehalt des Gesetzes» – Eingriffe in Freiheit und Eigentum bedürfen gesetzlicher Grundlage.[24] Unter dem Grundgesetz findet er seine Ausprägung im Grundrechtskatalog insbesondere in Art. 2 I. Dieser unterscheidet sich vom Vorbehalt des Gesetzes in zweierlei Hinsicht. Einerseits steht die Freiheit, zu tun und zu lassen, was man will, unter dem Vorbehalt nicht nur des Gesetzes, sondern der gesamten verfassungsmäßigen Rechtsordnung (wobei freilich «wesentliche» Grundrechtseinschränkungen dem Gesetzgeber vorbehalten

---

23 Die Ausübung von «Freiheitsrechten», wie sie die sozialistischen Staaten garantieren, ist von vornherein in die Staatszielbestimmung «Errichtung des Sozialismus» eingebunden; so daß sich die Ausübung von Meinungsfreiheit, Versammlungsfreiheit usw. daran messen lassen, ob sie dieser Zielbestimmung entspricht; auf diese Weise wird Freiheit begründungsbedürftig gemacht. Vgl. z.B. art 27 ff. der DDR-Verfassung. Dazu Kriele, Die Menschenrechte zwischen Ost und West, in: Recht, Vernunft, Wirklichkeit, S. 103 ff.

24 Hierzu D. Jesch, Gesetz und Verwaltung, 2. Aufl. 1968, S. 47 ff.; E.-W. Böckenförde, Gesetz und gesetzgebende Gewalt, 2. Aufl. 1981, insbes. S. 323 ff.

bleiben.[25] Andererseits ist der Rechtsetzer selbst an die Grundrechte gebunden und muß Freiheitseinschränkungen verfassungsrechtlich rechtfertigen können.

Der Grundsatz, daß die Freiheitseinschränkung rechtfertigungsbedürftig ist, bedeutet nicht darüber hinaus auch ein Auslegungsprinzip von Gesetzen und anderen Rechtsnormen im Sinne einer Vermutungsregel «im Zweifel für die Freiheit». Einen derartigen Auslegungsgrundsatz gibt es nur im Rahmen des Straf- und Strafprozeßrechts in Gestalt der Regel «in dubio pro reo», nicht aber darüber hinaus als allgemeine Regel der juristischen Interpretation. Vielmehr sind im Zweifel der Wille des Gesetzgebers und Sinn und Zweck des Gesetzes zu ermitteln. Das Gesetz kann ja gerade auf Freiheitsbeschränkung gerichtet sein. In diesem Falle könnte eine solche Auslegungsregel auf Zweckverfehlung und damit auf einen Übergriff der rechtsprechenden in die rechtsetzende Gewalt hinauslaufen.

b) Rechtfertigende Gesetzeszwecke

Wenn die Freiheitsbeschränkung rechtfertigungsbedürftig ist, so stellt sich die Frage: wie kann man sie rechtfertigen? Die klassische Antwort der politischen Aufklärung lautete zunächst nur: Der Zweck der Freiheitsbeschränkung sei die Freiheit – nämlich die Freiheit der anderen. Nach der Formel Kants kommt es darauf an, daß die Freiheit des einen mit der Freiheit eines jeden anderen zusammenbestehen kann.[26] Ein Freiheitsgebrauch, der die Freiheit der anderen aufsaugt und schließlich aufhebt und zerstört, ist von den Grundrechten nicht mehr gedeckt.

Wir haben inzwischen hinzugelernt, daß die Freiheit des anderen zwar einer der wesentlichsten Zwecke, aber nicht der einzige Zweck ist, der Freiheitsbeschränkungen zu rechtfertigen vermag. *Zweitens* kann auch die Erhaltung des Staatsganzen ein rechtfertigender Zweck sein. Dabei handelt es sich allerdings noch um eine mittelbare Rechtfertigung aus dem individuellen Freiheitszweck, dann nämlich, wenn der Staat ein demokratischer Verfassungsstaat ist und sich selbst aus dem Zweck der Freiheit legitimiert.

Wenn es zu den Zwecken eines Freiheitsrechts gehört, die Realbedingungen der Demokratie zu sichern, so ist auch ein Freiheitsgebrauch, der diese Realbedingungen beseitigt, von dem Grundrecht nicht mehr gedeckt. Praktisch bedeutet das: Der Gesetzgeber hat die Befugnis, den Grundrechtsgebrauch so zu regeln und einzugrenzen, daß insgesamt die Realbedingungen der Demokratie und damit die Freiheit für alle erhalten bleiben. Wenn Freiheit und Demokratie ernstlich gefährdet werden, so kann aus dem Grundrecht und dem demokratischen Prinzip sogar der Verfassungsauftrag an den Gesetzgeber erfolgen, durch geeignete Regelungen diese Gefahr abzuwenden.

---

25 Vgl. BVerfGE 49, 89 ff., 126.

26 Kant, über den Gemeinspruch: Da mag in der Theorie richtig sein, taugt aber nicht für die Praxis, Werke Bd. VI, 1968, S. 127 ff., 144.

In Übereinstimmung mit den klassischen Vorstellungen sieht das *Bundesverfassungsgericht* z.B. den Schutzzweck der Pressefreiheit nicht nur in der individuellen Freiheit, sondern auch in der «Unentbehrlichkeit» der freien Presse für die Demokratie.[27] Es hält deshalb mit diesem Grundrecht Maßnahmen für vereinbar, die dem Zweck dienen, «Gefahren abzuwehren, die einem freien Pressewesen aus der Bildung von Meinungsmonopolen erwachsen könnten».[28] Es geht sogar einen Schritt weiter und erklärt, es ließe sich in dieser Hinsicht «an eine Pflicht des Staates denken».

Drittens ist aber auch die Überwindung von Hunger, Not und Analphabetentum ein Zweck, der die Beschaffung der erforderlichen Mittel (Steuern, Sozialabgaben) rechtfertigen kann. Die Verfolgung dieser Zwecke dient zwar auch der Freiheit; denn in Hunger, Not und Umwissenheit zu leben bedeutet Unfreiheit. Aber hier handelt es sich um einen weiteren Begriff der Freiheit als den Kantschen der «Unabhängigkeit von eines anderen nötigender Willkür». Freiheit wird jetzt verstanden als die Chance des einzelnen, gemäß seiner Begabung und Neigung leben und arbeiten zu können und nicht nur um die elementarste Lebensbasis besorgt sein zu müssen; mit anderen Worten als die Chance, an den Errungenschaften der modernen Zivilisation teilzuhaben und nicht von ihren Gütern und Bildungsmöglichkeiten ausgeschlossen zu bleiben.

Viertens kann auch die Rücksicht auf Ehre, Integrität, Gepflogenheiten, Sittlichkeit, Familienzusammenhang religiöse Überzeugungen, aber auch auf Besitz und Eigentum die Freiheitsbeschränkung rechtfertigen, also die Rücksicht auf Rechtsgüter, die unter den Begriff der «Freiheit» zu subsumieren nicht ohne weiteres überzeugend erscheinen mag.

Und *fünftens* schließlich kann die Freiheitsbeschränkung auch der Rücksicht auf die Umwelt des Menschen dienen: z.B. im Naturschutz, im Tierschutz, im Umweltschutz überhaupt. Dieser Schutz mag zwar oft auch menschlichen Freiheitsinteressen zugute kommen. Oft aber läßt sich dieses Interesse nur recht künstlich konstruieren (z.B. wenn man sagt: Der Tierschutz diene dem Schutz des Menschen vor Verrohung oder dem Schutz des mitleidigen Menschen: der Tierschutz dient diesen Zwecken auch, aber er dient unabhängig davon unmittelbar dem Schutz der Tiere vor vermeidbaren Qualen).

Es ist Sache des Gesetzgebers, Zwecke zu bestimmen. Die Legitimität der Zweckbestimmung hängt davon ab, daß die Freiheitsbeschränkung nicht außer Verhältnis zum Zweck steht. Dieser Grundsatz findet seinen verfassungsrechtlichen Niederschlag in dem alle Grundrechtsauslegung durchziehenden *Verhältnismäßigkeitsprinzip*: Freiheitsbeschränkungen bedürfen eines legitimen Zwecks und müssen zur Erreichung dieses Zwecks geeignet und erforderlich sein und nicht außer Verhältnis zu ihm stehen.[29] Nicht jeder beliebige Zweck ist legitim, sondern es bedarf im Konfliktfall der Begründung, daß es sich um vernünftige, sachlich sinnvolle Zwecke handelt.

---

27 BVerfGE 20, 162, 175.

28 A.a.O., S. 176.

29 Hierzu zusammenfassend K. Stern, Staatsrecht I, 1977 § 4 III 8e; § 20 IV 4b.

Daß es sich um solche Zwecke handelt, kann zwar im Regelfall bei vom demokratischen Gesetzgeber geschlossenen Gesetzen vermutet werden, wenn nicht das Gegenteil dargetan werden kann. Doch je intensiver Gesetze Grundrechte einschränken, desto höhere Anforderungen bestehen sowohl an das Gewicht des öffentlichen Zwecks als auch an die Beweisbedürftigkeit der Eignung und Erforderlichkeit des Gesetzes zur Erreichung dieses Zweckes.

c) Bürgerliche und politische Rechte als Menschenrechte

Der Grundsatz, daß die Freiheit durch die Rücksicht auf die Freiheit eines jeden anderen begrenzt ist, war bei Kant noch dadurch eingeschränkt, daß nicht «jeder» gemeint war, sondern nur der Staatsbürger («citoyen»), von dem Kant sagte: «Die dazu erforderliche Qualität ist, außer der natürlichen (daß er kein Kind, kein Weib sei), die einzige, daß er sein eigener Herr (sui juris) sei». Als «sein eigener Herr» verstand Kant, in juristische Termini übersetzt, nur den, der sich nicht durch Dienst-, sondern durch Werkverträge ernährt: «der Hausbediente, der Ladendiener, der Tagelöhner, selbst der Friseur», seien nicht ihr eigener Herr, wohl aber der Perückenmacher.[30]

Diese Beschränkung der staatsbürgerlichen Qualität auf Männer und Selbständige wird man mit Nachsicht beurteilen, wenn man sich die historischen Gegebenheiten des 18. Jhs. vergegenwärtigt, an denen gemessen sie noch verhältnismäßig fortschrittlich war. Es gab in der Geschichte des Staatsrechts der Neuzeit vielfältige andere Bedingungen für die staatsbürgerliche Qualität: man mußte Grundbesitzer oder Familienhaupt sein, später zumindest Steuerzahler, durfte nicht auf Fürsorge angewiesen sein, mußte der Staatskonfession angehören oder durfte zumindest bestimmten Konfessionen, vor allem der jüdischen, nicht angehören, durfte weder Farbiger noch Mischling sein, mußte lesen und schreiben können usw.

Vor diesem Hintergrund versteht man die revolutionäre Wirkung der naturrechtlichen Begründung der bürgerlichen und politischen Rechte als Menschenrechte aus der Würde eines jeden, der Menschenantlitz trägt; der entscheidende Durchbruch zur gleichen Freiheit eines jeden.[31] Der revolutionäre Impuls dieser naturrechtlichen Idee konnte sich nur schrittweise durchsetzen: in der Abschaffung der Sklaverei, in der Aufhebung der Leibeigenschaft, in der Emanzipation der Juden, in der allgemeinen Schulpflicht, in der staatsbürgerlichen Gleichberechtigung der Arbeiter und anderer in Dienstverhältnissen stehenden Personen, in der sozialen Bewegung überhaupt, in der Chancengleichheit der Parteien, in der religiösen, weltanschaulichen, politischen

---

30 Kant, Gemeinspruch (Fn. 27), S. 151. Einschränkungen dieser Art finden sich freilich nicht nur bei Kant, sondern bei nahezu allen Vorkämpfern des Konstitutionalismus (vgl. u. § 59).

31 Dies Durchsetzen gleicher Freiheit eines jeden war vor allem ein Sieg der naturrechtlichen Freiheitstheorie über utilitaristische Gesichtspunkte, wie etwa «welchen Nutzen soll es haben, denjenigen Freiheit zu gewähren, die mit ihr nichts anzufangen wissen?». Vgl. o. § 53.

Neutralität des Staates und – der jüngste Schritt in dieser Entwicklung – in der Gleichberechtigung von Mann und Frau.

Die lapidaren Formen des Art. 3 II und III GG sind ein Niederschlag jahrhundertelanger geistesgeschichtlicher und politischer Kämpfe um die prinzipielle Gleichberechtigung der Geschlechter, der Abstammung, der Rasse, der Sprache, der Heimat, der Herkunft, des Glaubens, der religiösen und politischen Anschauungen – ein nur mit größter Mühe erreichter und nach wie vor von Rückschlägen bedrohter Fortschritt in der Geschichte gleicher Freiheit.

Hinzuzufügen ist, daß der naturrechtliche Charakter der Menschenrechte den Unterschied zwischen Menschen- und Bürgerrechten nicht aufhebt. Zwar ist jeder Mensch, auch der Ausländer, ein in seiner Freiheit und Menschenwürde geschütztes Rechtssubjekt. Aber damit ist nicht ausgeschlossen, daß der Staat seinen Staatsangehörigen besondere Rechte gewährt: z.B. das Recht, im Gebiet des Staates seinen Wohnsitz zu nehmen, einem Erwerb nachzugehen, sich politisch zu betätigen oder öffentliche Ämter innezuhaben, zu wählen oder sich sonst an der Willensbildung des Staatsvolkes zu beteiligen. Jeder Mensch hat einen naturrechtlichen Anspruch darauf, Bürger eines Staates zu sein, der ihn in seiner Menschenwürde schützt. Jeder Staat trägt Verantwortung in erster Linie für seine Bürger, nicht für die ganze Welt. Er kann sich jedoch selbst zu großzügiger Hilfsbereitschaft verpflichten und kann Ausländern im Rahmen seiner Möglichkeiten besondere Rechte einräumen. Eine naturrechtliche, aus der Menschenwürde folgende Verpflichtung zur Aufnahme des Ausländers in das Staatsgebiet besteht jedoch nur, wenn er in seiner Heimat politischer Verfolgung ausgesetzt ist.

§ 57. Gleichheit in Rechtsprechung, Verwaltung und Gesetzgebung

Der Grundsatz von der Rechtfertigungsbedürftigkeit einer Regel an generalisierbaren Prinzipien gilt nicht nur für den Gesetzgeber, sondern auch für den Richter. Deshalb ist der Richter dem Gesetz unterworfen (Art. 97 I) – das notwendige Korrelat seiner Unabhängigkeit. Aber auch in dem Spielraum, den ihm das Gesetz zur Interpretation und zur Rechtsfortbildung überläßt, entscheidet er nicht nur einen Einzelfall, sondern schafft ein *Präjudiz*. Das bedeutet: er orientiert die konkrete Entscheidung an einer Regel – der «ratio decidendi» –, von der er wollen kann, daß sie zur allgemeinen Regel werde, und von der er das deshalb wollen kann, weil diese Regel dem Prinzip der gleichen Freiheit aller Rechnung trägt. Diesem Vorausblick auf künftige gleich liegende Fälle entspricht der Rückblick auf frühere Präjudizien, an denen er sich im Zweifelsfalle orientiert, d.h. dann, wenn er nicht in der Auseinandersetzung mit ihren Entscheidungsgründen bessere Gründe findet, um davon abzuweichen. Weicht er ab, so wiederum nicht nur im Hinblick auf den zu entscheidenden Einzelfall, sondern zugleich im Hinblick auf die künftige präjudizielle Ausstrahlung seiner neuen Entscheidung. Ebenso wie die Gesetzesänderung durch den Gesetzgeber Ungleichbehandlung für die Betroffenen vor und nach der Gesetzesänderung schafft, ohne den Gleichheitssatz deshalb zu verletzen, so auch die Abweichung von früheren Präjudizien – vorausgesetzt in beiden Fällen, generalisierbare Gründe rechtfertigen die Annahme, die neue Regel trage der gleichen Freiheit aller besser Rechnung als die alte. Der Grundsatz der «*Präjudizienvermutung*» hat zwar in die traditionelle juristische Methodenlehre noch nicht überall Eingang gefunden. Er leitet aber weitgehend die richterliche Praxis und ist ein aus dem Willkürverbot des Art. 3 folgendes Verfassungsgebot (von anderen Gründen, die für diese Praxis sprechen, abgesehen).[32]

Entsprechendes gilt für die Verwaltung, die im gesetzesfreien Raum durch ihre Praxis eine «Selbstbindung» schafft.[33] Auch diese Selbstbindung steht lediglich unter dem Vorbehalt, daß eine neue Praxis «von nun an» generell Anwendung finden soll. Aber auch hier gilt schon für den ersten Fall einer neuen Praxis, daß diese im Hinblick auf ihre künftige präjudizielle Wirkung von einer mit generalisierbaren Gründen rechtfertigungsfähigen Regel geleitet werden muß (sogenannte «antizipierte Selbstbindung»)[34]. Ebenso kann die Verwaltungspraxis zwar von der Verwaltungsrechtsprechung abweichen, aber ebenfalls nur, wenn sie sich in der Auseinandersetzung mit ihren Gründen auf bessere Gründe berufen kann, von denen sie erwartet, daß ihre Überzeugungskraft die künftige Rechtsprechung beeinflussen kann.[35]

Die demokratische Herstellung von Freiheit und Gleichheit ist ein unendlicher Prozeß, der niemals abgeschlossen sein kann. Die Balance zwischen Freiheit und Gleichheit muß in jeder Generation neu getroffen werden, weil die Freiheit immer neue Ungleichheiten produziert und die Versuche zu deren Überwindung immer von neuem Freiheit und Gleichheit gefährden. Die Balance zwischen Freiheit und Gleichheit treffen, heißt, das jeweils erreichbare Optimum an gleicher Freiheit zu finden. Dieses Optimum aber bedeutet immer zugleich Inkaufnahme von ungleicher Freiheit. Es kommt dann darauf an, daß so wenig wie möglich an ungleicher Freiheit in Kauf genommen werden muß, daß also nicht die Korrektur zu einem noch höheren Grad an ungleicher Freiheit führt. Die Suche nach der Balance zwischen Freiheit und Gleichheit ist ein ständiger Prozeß von Korrekturen, von Korrekturen der Korrekturen und so fort, in den Erfahrungen, Theorien, ideologische Einseitigkeiten, Leidenschaften und Versachlichungen eingehen, ohne daß jemals ein Ende absehbar wäre.

So schafft z.B. das Erbrecht ungleiche Startchancen. Schafft man aber das Erbrecht ab, so greift man in den Zusammenhang der Familie, in das Fürsorgedenken des Erwerbstätigen, in seine Leistungsmotivation und in sein Ver-

---

32 Näheres hierzu: Kriele, Theorie der Rechtsgewinnung, 2. Aufl. 1976, §§ 69-71; zusammenfassend: Recht und praktische Vernunft, 4. Kap. Vgl. auch o. § 29.

33 Vgl. Fietzcker, Selbstbindung der Verwaltung, NJW 1981, S. 2087 ff.

34 Dazu Ossenbühl, Verwaltungsvorschriften und Grundgesetz, 1968, S. 518 m.w.N.

35 Ossenbühl in: Erichsen/Martens (Hg.), Allgemeines Verwaltungsrecht, 9. Aufl., S. 158 f.

fügungsrecht über das Erworbene ein. Man schafft Ungleichheiten ab, greift aber in die Freiheit ein, und zwar in einer Weise, die zugleich neue Ungleichheiten schafft: nämlich eine Benachteiligung derjenigen, deren Neigung und Veranlagung sich auf Erwerb und auf Sicherung der Angehörigen richten. Eine weitere Frage ist dann, ob die anderen, deren Lebensgestaltung sich an anderen Werten und Zielen orientiert, davon einen Vorteil haben, oder ob nicht vielmehr die Abschaffung des Erbrechts sich nachteilig auf die wirtschaftliche Produktivität, damit auf die Steuereinkünfte und die Sozialleistungen des Staates auswirken würden. Kurz: absolute Freiheit und Gleichheit sind weder durch die Herstellung noch durch die Abschaffung des Erbrechts erreichbar, die Frage kann nur sein, wo das Optimum liegt. Ähnlich liegt es mit Fragen wie denen nach dem Eigentum an Produktionsmitteln oder der progressiven Besteuerung oder der unentgeltlichen Inanspruchnahme von Bildungsinstitutionen oder Rechtsanwälten oder was sonst die politischen Kontroversen in der Demokratie ausmacht.

Jedenfalls kann die Tatsache, daß es ungleiche Freiheit gibt, nicht schon für sich ohne weiteres ein Argument für ihre Überwindung sein, sondern nur dann, wenn es Alternativen gibt, die nicht andere und schlimmere Ungleichheiten und Unfreiheiten schaffen. Und die Tatsache, daß Freiheit und Gleichheit im demokratischen Verfassungsstaat nie endgültig erreichbar sind, daß es vielmehr immer nur um optimale Annäherung geht, kann kein Argument gegen den demokratischen Verfassungsstaat sein, weil jede denkbare Alternative dazu verurteilt ist, Freiheit und Gleichheit vollständig aufzuheben.

§ 58. Das Allgemeine Gesetz und die soziale Gerechtigkeit

Das demokratische Instrument zur Herstellung gleicher Freiheit ist das allgemeine Gesetz. In dem Gedanken der Allgemeinheit des Gesetzes kommt der Gedanke der Gleichheit am unmittelbarsten zum Ausdruck.

Ein Gesetz ist «allgemein», wenn es abstrakt (auf unbestimmt viele Fälle bezogen) und generell (an unbestimmt viele Adressaten gerichtet) ist. Abstraktheit bedeutet aber nicht, daß es unbestimmt viele Fälle der geregelten Art in der Lebenswirklichkeit tatsächlich geben müsse, sondern nur, daß die Bestimmung der möglichen Fälle von sachlichen Gründen getragen wird,[36] und das kann auch dann der Fall sein, wenn es tatsächlich nur einen in Betracht kommenden Fall gibt. Ebenso bedeutet Generalisierbarkeit nicht, daß es unbestimmt viele Adressaten geben müsse, sondern nur, daß die Gruppe sachgerecht abgegrenzt ist, und das kann sie auch dann sein, wenn tatsächlich nur ein einziger Adressat in Betracht kommt. Selbst die Gesetze mit dem größten und umfassendsten Adressatenkreis, z.B. die Strafgesetze, gelten nicht für Kinder. Der Gesetzgeber kann aber aus sachlichen Gründen auch Gesetze erlassen, die z.B. nur für Kaufleute oder nur für Einzelhandelsgeschäfte oder

36 BVerfG 28, 361; 25, 397.

nur für Apotheken oder nur für Bahnhofsapotheken gelten – letzteres auch dann, wenn es im Bundesgebiet nur eine einzige Bahnhofsapotheke gibt.[37]

Die Allgemeinheit des Gesetzes beruht auf der «Sachlichkeit» der Bestimmung von Fall und Adressat, und das bedeutet: diese Bestimmung muß sich aus *generalisierbaren Gründen* rechtfertigen lassen.[38] Wenn es tatsächlich nur einen in Betracht kommenden Fall oder Adressaten gibt, so liegt das dann an der Zufälligkeit der Situation. Gesetze werden erlassen, wenn tatsächlich vorhandene oder erwartete Vorkommnisse Anlaß zu der Regelung geben, daß «immer dann», wenn ein solches Vorkommnis gegeben ist, die «jeweils Betroffenen» so und so berechtigt oder verpflichtet sein sollen; und es sind vorsorgliche Regelungen denkbar, die durch ihre Sanktionsandrohung bewirken, daß kein einziger Fall der geregelten Art eintritt. Ob die rechtfertigenden Gründe von Regelungen generalisierbar sind, hängt zumindest davon ab, ob – bei einer belastenden Regel – jeder in Betracht kommende denkbare Adressat ihre Berechtigung zugestehen könnte, oder – bei einer begünstigenden Regel – ob alle anderen diese zugestehen können. «Die Berechtigung zugestehen können» heißt: anerkennen können, daß die Regel aus objektiven Gründen als geeignet und erforderlich angesehen werden kann, einem Zweck zu dienen, der sich seinerseits an den Maßstäben einer freiheitsschützenden demokratischen Verfassungsordnung legitimieren läßt (oben S. 222 f.). Gewiß bedeutet das nicht, daß tatsächlich jedermann die getroffene Regel überzeugend finden müsse, sondern nur, daß die das Gesetz beschließende parlamentarische Mehrheit sie so finden müsse – mit Gründen, die mindestens vertretbar und nicht evident sachwidrig sind,[39] die bei intensiveren Grundrechtseinschränkungen aber einen höheren Grad an Überzeugungskraft entfalten müssen.[40]

Diese Grundsätze finden ihren verfassungsrechtlichen Anknüpfungspunkt in Art. 3 I «Alle Menschen sind vor dem Gesetz gleich», der im Zusammenhang mit Art. 2 I und den übrigen Grundrechten auszulegen ist und alle drei Gewalten bindet (Art. 1 III, 20 III), sowie für grundrechtseinschränkende Gesetze in Art. 19 I.

Die Allgemeinheit des Gesetzes begründet nur dann Gleichheit, wenn sie eingebunden ist in die Rechtstradition, die die Freiheitsbeschränkung von allgemeinen Gesetzen abhängig macht.[41] Es sind auch allgemeine Gesetze denkbar, die die Freiheit nicht sichern, sondern unterdrücken – wofür die «sozialistische Gesetzlichkeit» anschauliche Beispiele in Fülle lieferte. Solche Gesetze unterdrücken aber nicht nur die Freiheit, sondern verleugnen zugleich die Gleichheit, und zwar in doppelter Hinsicht: Einmal, weil sie die Machthaber privilegieren, sodann aber auch, weil zur Gleichheit notwendigerweise das Recht eines jeden auf freie Entfaltung seiner Persönlichkeit gehört. All-

---

37 BVerfGE 13, 225.
38 Dazu Recht und praktische Vernunft, § 13.
39 Zur Rechtsprechung des BVerfG vgl. Leibholz/Rinck (Fn. 14) Art. 3 Rdn. 10.
40 BVerfGE 7, 377 ff., I S. 6.
41 Des näheren: Recht und praktische Vernunft, § 9.

gemeine Gesetze, die dieses Recht mißachten, unterdrücken die Menschen ungleich: die moralisch Sensiblen, die intellektuell Aufrichtigen, die religiös Aufgeschlossenen, die künstlerisch Schöpferischen, die Begabten aller Art werden im Kern ihrer Persönlichkeit getroffen, während die Stumpfen, Feigen, Beschränkten, Gleichgültigen, Lügebereiten und auch sonst Anpasserischen durch solche Gesetze nicht berührt werden. Solche Gesetze wirken also zugleich privilegierend und diskriminierend. Die Allgemeinheit des Gesetzes kann nur denn Gleichheit herstellen, wenn sich die durch sie begründeten Freiheitsbeschränkungen an den Maßstäben einer freiheitssichernden demokratischen Verfassungsordnung legitimieren lassen.

Wie aber, wenn die formale Gleichheit des allgemeinen Gesetzes mit materialer Ungleichheit zusammentrifft – mit dem Unterschied zwischen Arm und Reich, mit ungleichen Bildungs- und Startchancen? Man hat oft die soziale Gerechtigkeit gegen die formale Rechtsgeltung ausgespielt und in diesem Zusammenhang den Satz von Anatole France zitiert: «Das Gesetz in seiner erhabenen Majestät verbietet es Armen und Reichen gleichermaßen, unter Brücken zu schlafen, Brot zu stehlen und an Ecken betteln zu gehen».[42] Das erscheint wie eine schreiende Ungerechtigkeit. Die Ungerechtigkeit liegt aber nicht in der Allgemeinheit des Gesetzes, sondern in dem sozialen Elend, das Arme zu solchen Handlungen treibt, und darüber hinaus in dem Bagatellcharakter des Bettelns und Unter-Brücken-Schlafens – was beides nicht strafwürdig ist. Wäre aber des Brotstehlen nicht generell verboten, so dürfte auch den Armen das Brot, das sie durch Betteln erlangt haben, wieder gestohlen werden: daran können auch die Armen kein Interesse haben.

Des Problem liegt in der Überwindung der Armut, und es ist nicht zu sehen, inwiefern die Durchbrechung der Allgemeinheit der Gesetze dazu etwas beitragen könnte. Im Gegenteil: nur allgemeine Gesetze haben die allgemeine Schulpflicht, das Verbot der Kinderarbeit, die Gleichberechtigung der Frau, die progressive Besteuerung, die Sozialversicherungsgesetze, die Rechtsansprüche auf Sozialleistungen usw. begründen können. Der soziale Fortschritt steht zur Allgemeinheit der Gesetze nicht nur nicht im Widerspruch, sondern ist darauf angewiesen. Er muß in erster Linie dem Gesetzgeber vorbehalten bleiben, oder sich, wenn er richterrechtlich erfolgt – wie z.B. im Arbeitsrecht –, in Entscheidungen vollziehen, die geeignet sind, präjudizielle Wirkung zu entfalten, die sich also an Regeln orientieren, von denen man wollen kann, daß sie zur allgemeinen Regel werden.

Mit allgemeinen Gesetzen ist also in der Tat noch keine gleiche Freiheit hergestellt. Die formale Freiheit des Gesetzes ist zwar eine notwendige, aber keine hinreichende Bedingung der Freiheit. Wer in Armut und Elend lebt, ist nicht frei, sondern gezwungen, ständig und ausschließlich um die Erhaltung seiner Lebensbasis besorgt zu sein. Die Überwindung der Not ist nicht nur eine elementare Forderung der Gleichheit, sondern auch der Freiheit, denn in Not leben bedeutet unfrei sein. Freiheit bedeutet mehr als Abwehr staat-

42 Anatole France, Die rote Lilie, deutsch München 1925, S. 116.

licher Eingriffe; sie bedeutet auch die Herstellung von sozialen Bedingungen der Entfaltung der Persönlichkeit für jedermann.[43]

Das ist der Grundgedanke der sozialen Bewegung des 19. und 20. Jahrhunderts, der nicht etwa im Gegensatz zur Idee der Freiheit steht, sondern eben aus den rechtlichen und philosophischen Wurzeln der Freiheitsidee selbst sich mit innerer Zwangsläufigkeit ergibt.[44] Es ist keine Rede von einem Gegensatz zwischen Freiheit und Gleichheit, sondern von einem ständigen Prozeß der Überwindung von Unfreiheiten, worin immer sie begründet sein mögen: in der Angst vor staatlicher Willkür, im Ausgeliefertsein an ein fremdbestimmtes Recht, oder in Hunger und Not.

Nicht nur die bürgerlichen und politischen,[45] sondern auch die wirtschaftlichen, sozialen und kulturellen Menschenrechte[46] sind also Elemente der Freiheit, darauf gerichtet, gleiche Freiheit für alle zu schaffen. Zwischen diesen beiden Typen von Menschenrechten gibt es allerdings einen Unterschied: Während die bürgerlichen und politischen Freiheiten unmittelbar geltendes, gerichtlich einklagbares Recht sind,[47] können die wirtschaftlichen, sozialen und kulturellen Menschenrechte nur Pflichten des Staates sein, denen subjektiv-öffentliche Rechte nicht gegenüberstehen,[48] von Ausnahmen in Grenzfällen abgesehen. Denn ihre Verwirklichung setzt politische, wirtschaftliche, organisatorische, budgetmäßige Programme voraus, über die nur Gesetzgeber und Regierung, nicht aber die Gerichte entscheiden können. Sie können deshalb von Demokratien und Diktaturen gleichermaßen verwirklicht oder vernachlässigt werden. Sie formulieren nur, um was sich nicht nur demokratische Gesetzgeber und Regierung, sondern auch Diktaturen aller Couleur in der Regel ohnehin bemühen.

Die Vertreter der sozialistischen Diktaturen und anderer nach dem absolutistischen Modell gestalteter Staaten bei den Vereinten Nationen betonen deshalb mit Vorliebe die wirtschaftlichen, sozialen und politischen Menschenrechte und stellen die bürgerlichen und politischen Menschenrechte als einen individualistischen Luxus hin, der ihrer Verwirklichung eher hinderlich erscheint. Aber warum muß man die Menschen entrechten, um ihnen Brot zu geben?

In Wirklichkeit sind die bürgerlichen und politischen Menschenrechte der Verwirklichung der wirtschaftlichen, sozialen und kulturellen Menschenrechte nicht hinderlich, sondern förderlich. Denn die bürgerlichen und politischen Freiheiten sind die Voraussetzung dafür, daß politische Kritik und Kontrolle

---

43 Hierzu und zum folgenden: Befreiung und politische Aufklärung, S. 66 f. und § 12.

44 Vgl. S. Miller, Das Problem der Freiheit im Sozialismus, 1974.

45 Internationaler Pakt über bürgerliche und politische Rechte, BGBl. 1976, II, S. 1068, abgedruckt in: Kriele, Die Menschenrechte zwischen Ost und West, 1977, S. 96 ff.

46 Internationaler Pakt über wirtschaftliche, soziale und kulturelle Rechte, BGBl. 1976, II, S. 428, abgedruckt in: Kriele, Die Menschenrechte zwischen Ost und West, 1977, S. 117 ff.

47 Art. 2 Ziff. 1-3 des Bürgerrechtspaktes.

48 Art. 2 Ziff. 1 des Sozialrechtspaktes. Hierzu: Kriele, Die Menschenrechte zwischen Ost und West, in: Recht, Vernunft, Wirklichkeit, S. 103 ff.

möglich wird, daß unfähige Regierungen abgewählt werden und daß demokratische Initiativen sich in Regierungsprogrammen und Gesetzen niederschlagen können.

Auch die Vereinten Nationen gehen in der Allgemeinen Erklärung der Menschenrechte von 1949 von der bedingungslosen Unantastbarkeit der Freiheitsrechte aus. Sie haben sich auch seither nie offen zu ihrer Infragestellung bekannt. Sie haben zwar auch die sozialen Menschenrechte formuliert, aber nicht um die bürgerlichen Freiheitsrechte zu verdrängen oder zu ersetzen, sondern um sie zu ergänzen. Sie haben z.B. 1966 die bürgerlichen und politischen Rechte in einem Pakt, die wirtschaftlichen, sozialen und kulturellen Rechte in einem anderen Pakt zusammengefaßt. Beide Konventionen stehen gleichberechtigt nebeneinander. Für einen Vorrang der einen vor der anderen gibt es im Völkerrecht keinen Anhaltspunkt.[49]

Die Erfahrung lehrt, daß der Sozialstaat nirgendwo so stark entwickelt ist wie in demokratischen Verfassungsstaaten. Für diese ist aber die Allgemeinheit des Gesetzes unentbehrlich - sie allein vermag den Bürger vor willkürlichen Verhaftungen und anderen Freiheitsbeeinträchtigungen zu schützen. Schon deshalb ist sie Bedingung für den demokratischen Kampf, der allein mehr soziale Gerechtigkeit zu erreichen vermag. Aber auch die Herstellung sozialer Gerechtigkeit selbst ist auf das Instrument der allgemeinen Gesetze angewiesen.

Kurz, das Ausspielen sozialer Gerechtigkeit gegen das allgemeine Gesetz, das auf den ersten Blick als soziales Engagement im Dienst von Freiheit und Gleichheit erscheint, erweist sich bei näherem Zusehen als unverantwortlich nicht nur im formalen, sondern auch im moralischen Sinn des Wortes: als Mangel an demokratischem Amtsethos. Es beruht auf einer Unterschätzung der Bedeutung der formalen Geltung des Gesetzes, die zwar keine hinreichende, aber eine notwendige Bedingung für die inhaltliche Verwirklichung gleicher Freiheit eines jeden ist.

§ 59. Allgemeines und gleiches Wahlrecht

Die Entwicklung des Verfassungsstaats zum demokratischen Verfassungsstaat, also die Ergänzung der Freiheit um das Prinzip der Gleichheit wird in erster Linie anschaulich an der schrittweisen Ausweitung des Wahlrechts hin zum allgemeinen und gleichen Wahlrecht. Ursprünglich machten die Wahlrechtsregelungen Grundbesitz, freie Mitgliedschaft in einer Zunft oder Steuerzahlungen von einer bestimmten Höhe an zur Voraussetzung für das Wahlrecht. Nichtbesitzende, Lohn- und Almosenempfänger und andere Abhängige waren ausgeschlossen, selbstverständlich auch die Minderjährigen, die Sklaven und - die Frauen. Das Volk setzte sich nicht aus Individuen, sondern aus

---

49 Im einzelnen siehe M. Kriele, Freiheit und «Befreiung». Zur Rangordnung der Menschenrechte (1988); jetzt in: Recht, Vernunft, Wirklichkeit, Berlin 1990, S. 204 ff.

Haus- und Hofeinheiten (oikos) zusammen. Nur der männliche Haushaltsvorstand galt als frei und daher als fähig, am politischen Leben teilzunehmen, die übrigen waren abhängig, nach innen der Anordnungsgewalt des Haushaltsvorstands unterworfen und nach außen durch ihn und sein politisches Urteil repräsentiert.

Von den Gesetzen betroffen aber waren anders als vom Steuerbewilligungsbeschluß nicht nur die Haus- und Hofeinheiten oder die Haushaltsvorstände, sondern jedermann, und daraus ergab sich die Folgerung, daß jedermann gleichen Einfluß auf die Gesetzgebung und also gleiches Wahlrecht haben sollte.

Die «Leveller» (Gleichmacher) des 17. Jahrhunderts und ein Teil der Independenten fordert zwar nicht sogleich mit aller Konsequenz das allgemeine und gleiche Wahlrecht, auch sie wollten die Frauen, die Lohn- und Almosenempfänger ausnehmen.[50] Aber ihre Begründung für die Ausweitung des Wahlrechts war naturrechtlich, und dieser naturrechtlichen Argumentation konnten die Vorbehalte, die Frauen und Bedienstete vom Wahlrecht ausschlossen, im Lauf der Zeit nicht standhalten. Das Hauptargument war, daß *jeder, der vom Gesetz betroffen sei,* auch darüber mitentscheiden müsse, und da jeder gleich betroffen sei, müsse auch jedem das gleiche Wahlrecht zustehen.[51]

Gegen diese Forderungen, die in der Putney-Debatte über das Agreement of the People (1647) diskutiert wurde, wurde zunächst der grundsätzliche Einwand erhoben, das Naturrecht gefährde die Rechtssicherheit. So meinte Ireton:

> «Durch dasselbe Naturrecht, was immer das sein mag, durch das ihr sagen könnt, ‹jedermann hat das gleiche Recht, die zu wählen, die über ihn herrschen› – durch dasselbe Naturrecht hat jeder ein gleiches Recht, irgendwelche Güter, die er sieht: Nahrung, Getränke, Kleidung an sich zu nehmen und für seinen Unterhalt zu benutzen. Er hat freie Verfügung über das Land, kann sich den Boden nehmen und bearbeiten.»[52]

Ireton verwechselte die naturrechtliche *Kritik am positiven Recht* mit dem naturrechtlich begründeten *Rechtsbruch.* Nun ging es jedoch um politische Forderungen, die durch Gesetze eingelöst werden sollten. Das Naturrecht diente als Maßstab für die Rechtspolitik, nicht als Aufforderung zum Rechtsbruch. Die naturrechtliche Argumentation hat sich seither immer gegen diese Verwechslung verteidigen müssen.

Diese Verwechslung besteht nicht unter allen Umständen zu Unrecht. Denn dem Naturrecht wohnt ein dynamisches Element inne: Wenn es keine Aussicht gibt, daß sich das positive Recht ihm annähert, so motiviert es schließlich seine revolutionäre Durchsetzung. Der Grundsatz: «*To obey punctualy, to cen-*

---

50 Näheres bei Macpherson, Die politische Theorie des Besitzindividualismus, S. 131 ff.; E. Bernstein, Sozialismus und Demokratie in der großen englischen Revolution.

51 Belege bei J. Bohatec, Menschen und Bürgerrechte in der englischen Publizistik, S. 27 ff. (bei Schnur S. 277 ff.) sowie bei Macpherson.

52 Clark-Papers I 307.

sure freely» ist nur im parlamentarischen Verfassungsstaat beheimatet, dessen Institutionen der Rechtspolitik Chancen eröffnen.

Geschichtlich gesehen sind *Kritik und Gehorsam* nicht nur miteinander verträglich, sondern sie bedingen und bestätigen sich sogar wechselseitig. Ihr Zusammenhang erweist sich unter anderem in der Tatsache, daß das Problem des passiven und aktiven Widerstandsrechts überall dort mit seiner gefährlichen Brisanz aufbricht, wo die Freiheit der Kritik nicht besteht, während es in demokratischen Verfassungsstaaten, die die Freiheit der Meinungsäußerung garantieren und der Rechtspolitik Spielraum geben, im allgemeinen verhältnismäßig geringe praktische Bedeutung besitzt. Das hat drei Ursachen: Einmal schafft diese Freiheit ein Ventil für die Empörung über Unrecht. Sodann erhöht sie die Chance, daß das Unrecht vom Gesetzgeber eingesehen und abgestellt wird. Und schließlich ist nur, wo diese Freiheit schon eine Zeitlang bestanden hat, das Vertrauen begründet, daß auch in der Vergangenheit schon eine Verbesserung der Rechtsinstitutionen zu verdanken und daß das unangefochten bestehende Recht in der öffentlichen Diskussion geprüft und einstweilen für gut befunden worden ist.

Dieses Vertrauen aber und die Chance, daß das positive Recht dem Naturrecht angenähert wird, *setzt die Vorstellung eines Naturrechts voraus.* Wenn ein Teil des Volkes das Naturrecht prinzipiell leugnet, so nimmt es dem anderen Teil des Volkes die Hoffnung und das Vertrauen, daß das positive Recht ihm angenähert werden könnte. Gerade dann kommt es zur unvermittelten Konfrontation von positivem Recht auf der einen und Naturrecht auf der anderen Seite und also zu einer revolutionären Situation. Hingegen kann die Anerkennung des naturrechtlichen Anspruchs auf gleiches Wahlrecht die Verfassungsordnung auf eine breite Legitimitätsgrundlage stellen.

Ein zweites Argument, das in der Putney-Debatte gegen die Ausweitung des Wahlrechts vorgebracht wurde, lautete:

> «Wir müssen Lehrlinge, Almosenempfänger und Bedienstete deswegen ausschließen, weil sie vom Willen anderer abhängig sind und sich fürchten, ihnen zu mißfallen» (Petty[53]).

Dieses Argument ließ sich hören; es warf aber nur ein technisches Problem auf, das später durch die Sicherung des Wahlgeheimnisses gelöst werden konnte.

Das tiefste und entscheidende Argument gegen die Ausweitung des Wahlrechts war der *Schutz der Eigentümer und Steuerzahler* vor dem Gesetzgebungsrecht der Nichteigentümer und Nichtsteuerzahler: die Sorge vor Umverteilung, vor «Gleichmacherei», vor den sog. «levelling laws». Diese Sorge erwies ihre Steigerungsfähigkeit zu Angst und sogar zu Hysterie schon in der Putney-Debatte: Wenn «Meister und Diener gleichermaßen zu Wählern werden», so könnten die Armen, wie in Rom, eine *Diktatur* errichten (Colonel Rich).[54]

---

53 Woodhouse, Puritanism and Liberty, 1938, S. 83.

54 Woodhouse, a.a.O., S. 63.

Oder ganz im Gegenteil: «Die Konsequenz dieser Regel (des allgemeinen Wahlrechts) tendiert zur *Anarchie,* muß in Anarchie enden» (Cromwell).[55]

Unabhängig von solchen Übersteigerungen bestand der rationale Kern der Sorge in der Erwartung einer Umverteilung, die zugleich die *Realbedingungen für Produktion und Handel* antasten könnte, indem nicht nur Ungerechtigkeiten der Verteilung korrigiert, sondern die rechtlichen Institutionen von Eigentum, Vertragsfreiheit usw. abgeschafft werden könnten. Damit würde dann die Grundlage allen Wohlstands und aller Freiheit aufgehoben. Kurz, es handelte sich um ein Mißtrauen in die politische Urteilsfähigkeit derjenigen, die nicht wirtschaftlich frei und unabhängig sind, die keine wirtschaftliche Verantwortung tragen und daher nicht gelernt haben, die Bedingungen des wirtschaftlichen Handelns realistisch einzuschätzen.

Dieses Grundmotiv der Putney-Debatte durchzieht seither die Geschichte des demokratischen Verfassungsstaates und ist heute so frisch wie einst, obwohl das allgemeine und gleiche Wahlrecht längst eingeführt ist und seine Unschädlichkeit erwiesen hat. Aber die Befürchtung, daß infolge des allgemeinen und gleichen Wahlrechts die Grundlagen der Wirtschaft und des Wohlstands zerstört werden könnten, hält ein Mißtrauen gegen den demokratischen Verfassungsstaat bis auf den heutigen Tag wach.

Das allgemeine und gleiche Wahlrecht hat sich deshalb erst im Laufe des 19. und 20. Jahrhunderts durchsetzen können, und zwar nur gegen erhebliche Widerstände. Man muß allerdings einräumen, daß sich seit dem 17. Jahrhundert drei Bedingungen gewandelt haben: Einmal ist dank der allgemeinen *Schulpflicht* gewährleistet, daß die Lohnabhängigen lesen und sich die erforderlichen Mindestinformationen verschaffen können. Zum anderen hat die industrielle Revolution mit ihrer Tendenz zur Proletarisierung die «Lohnabhängigen» in der *sozialen Bewegung* zum Selbstbewußtsein und zur eigenständigen Urteilsbildung gebracht. Und drittens hat die *Französische Revolution* das öffentliche Bewußtsein von der Zusammengehörigkeit von Freiheit und Gleichheit geweckt und den Kampf für das allgemeine und gleiche Wahlrecht ermutigt.

In der Französischen Revolution hat sich zwar das allgemeine und gleiche Wahlrecht noch nicht durchgesetzt. Nach der *Verfassung von 1791* waren nur die sogenannten «Aktivbürger» wahlberechtigt, d.h. die Franzosen, die 25 Jahre alt waren und eine direkte Steuer in der Höhe von drei Arbeitstagen zahlten. Lohnempfänger wurden vom Wahlrecht ausdrücklich ausgenommen. Daß Frauen nicht stimmberechtigt sein konnten, erschien damals noch so selbstverständlich, daß es in der Verfassung nicht einmal geregelt war und niemand dies vermißte. Von den rund 25 Millionen Franzosen, von denen rund 15 Millionen im Wahlalter standen, waren nur rund 4,5 Millionen wahlberechtigt. Die Verfassungsorgane, insbesondere die Nationalversammlung, galten aber als Repräsentanten des ganzen Volkes.

Erst die *Verfassung von 1793,* die jedoch nicht in Kraft trat, sah allgemeines

55 Cromwell, Clark-Papers, ed. by C. H. Firth, 1. Bd., 1891, S. 309.

und gleiches Wahlrecht wenigstens für die Männer vor. Die *Verfassung von 1795* überließ die Wahlrechtsfrage dem Gesetzgeber, der das Stimmrecht von Steuerleistungen abhängig machte. Trotzdem aber gingen von der Französischen Revolution mächtige Impulse insofern aus, als sie mehr als alles andere dem öffentlichen Bewußtsein den naturrechtlichen Gedanken einprägte, daß *jeder gleichen Anspruch auf Freiheit* und politische Selbstbestimmung habe, auch wenn dieses Bewußtsein das ganze 19. Jahrhundert hindurch mit starken Widerständen zu ringen hatte.

In Preußen sah die Verfassung von 1850, die bis 1918 in Kraft blieb, ein *Drei-Klassen-Wahlrecht* vor. Die Wahlen waren zwar allgemein, aber nicht gleich; sie wurden nach der Höhe der gezahlten Steuern gestaffelt. Alle Steuerzahler des Wahlbezirks wurden in der Reihenfolge der Höhe ihrer Steuerleistungen auf einer Liste vermerkt. Alsdann wurde die Gesamtsumme der gezahlten Steuerbeträge in drei gleiche Teile geteilt. Die Höchstzahlenden, die das erste Drittel der Steuerbeiträge aufbrachten, hatten zusammen ein Drittel des Stimmengewichts (häufig hatte also ein einziger Gutsbesitzer oder Fabrikant ein Drittel des Stimmengewichts). Diejenigen, die die nächstniedrigen Steuerbeiträge bis zur Höhe eines weiteren Drittels aufbrachten, besaßen ein weiteres Drittel des Stimmengewichts und der große Rest das letzte Drittel.

In Deutschland sah das *Frankfurter Reichswahlgesetz von 1849* ein allgemeines und gleiches Wahlrecht für alle unbescholtenen Deutschen ab 25 Jahren vor und nahm nur die Armengeldempfänger und Konkursschuldner davon aus. Dieses Gesetz blieb jedoch infolge des Scheiterns der Reichsverfassung unwirksam. Erst in der Verfassung des Norddeutschen Bundes und dem dazu ergangenen Wahlgesetz wurde das allgemeine und gleiche Wahlrecht verwirklicht und blieb seither in Kraft, 1919 ergänzt um das Stimmrecht für Frauen.

2. Kapitel: Die naturrechtlichen Grundlagen des Parlamentarismus

§ 60. Gerichtlicher und politischer Prozeß

Der demokratische Verfassungsstaat - oder kurz: die Demokratie - ist also aus der Demokratisierung des Parlaments hervorgegangen. Aus dem Honoratiorenparlament wurde - insbesondere durch das allgemeine und gleiche Wahlrecht - das Repräsentationsorgan des Volkes. Diese Umwandlung folgte mit logischer Konsequenz aus den naturrechtlichen Grundgedanken, die dem Parlamentarismus zugrundeliegen. Sie ist nichts anderes als die Evolution der ihm zugrundeliegenden Ideen. Das ist eine folgenreiche These, die freilich im Widerspruch zu einer weitverbreiteten Ansicht steht. Die Gegenmeinung erblickt im demokratischen Verfassungsstaat einen Kompromiß zwischen im Grunde unvereinbaren Ideen, nämlich zwischen Freiheit und Gleichheit, zwischen repräsentativem Parlamentarismus und Demokratie, wobei eine gewisse Entsprechung einerseits zwischen Freiheit und Repräsentation, andererseits zwischen Gleichheit und Demokratie gesehen wird.

Was zunächst den angeblichen Prinzipiengegensatz von Parlamentarismus und Demokratie betrifft, so ist u.a. *Gerhard Leibholz* ein besonders markanter Zeuge für diese Auffassung. Er meint, bei der

> «parteienstaatlichen Demokratie handelt es sich in Wahrheit um eine Form der Demokratie, die in ihrer grundsätzlichen Struktur von der liberal-repräsentativen, parlamentarischen Demokratie nicht nur im technischen Detail, sondern in allen wesentlichen Punkten völlig verschieden ist.»

Und zwar sei dieser moderne Staat

> «seinem Wesen wie seiner Form nach nichts anderes wie eine rationalisierte Erscheinungsform der plebiszitären Demokratie oder ... ein Surrogat der direkten Demokratie im modernen Flächenstaat».[1]

Demokratie als Konsequenz des Parlamentarismus oder als Gegenprinzip zum Parlamentarismus – diese Alternative hängt unmittelbar mit der anderen Alternative: *Gleichheit als Konsequenz der Freiheit oder als Gegenprinzip zur Freiheit* zusammen. Ebenso wie vom naturrechtlichen Ansatz her das Ziel der Gleichheit die «Freiheit für alle» ist, so ist das Ziel der Demokratisierung, daß die parlamentarische Repräsentation eine Repräsentation aller und nicht nur einiger ist. Die Erreichung dieses Ziels ist nur möglich, wenn alle am dialektischen Rechtserzeugungsprozeß teilhaben können. Demokratisierung ist also die Anwendung des Gleichheitsprinzips auf den parlamentarischen Verfassungsstaat.

Wenn man jedoch, wie Leibholz, im Gleichheitsprinzip nicht die Evolution des Freiheitsprinzips, sondern ein Gegenprinzip zur Freiheit erblickt, so erscheint auch die *Demokratisierung tendenziell freiheitsfeindlich*. Ihre philosophischen und geschichtlichen Wurzeln werden dann nicht in den naturrechtlichen Prinzipien von Freiheit und Parlamentarismus selbst gesucht, sondern in fremden, von außen an den parlamentarischen Verfassungsstaat herangetragenen Prinzipien. So meint Leibholz, daß

> «*Demokratismus* und *Liberalismus* an verschiedenen politischen Werten orientiert sind, der Liberalismus an dem Personsein des Menschen und der persönlichen Freiheit, der Demokratismus am Volk, das als ein ideelles Ganzes in der politischen Wirklichkeit sich manifestiert».[2]

Das Volk als ein «ideelles Ganzes» ist zwar der Grundgedanke der Demokratie auch im parlamentarischen Verfassungsstaat, insofern das Ethos der Repräsentation den Abgeordneten verpflichtet, sich als «Vertreter des ganzen

1 Strukturprobleme der modernen Demokratie, S. 93.

2 Leibholz in der Diskussion mit dem Verf. zu: Das demokratische Prinzip im Grundgesetz, Veröff. d. Vereinigung d. Deutschen Staatsrechtslehrer, 29, S. 105.

Volkes» zu betrachten. Diese Vorstellung ist jedoch insofern mit der Idee des Liberalismus identisch, als «das Volk» zugleich als die Summe seiner einzelnen Mitglieder verstanden wird, die alle gleiches Recht auf Würde und Freiheit haben. Die Freiheit dem Teil des Volkes vorbehalten zu wollen, der sie bereits hat, ist nicht die Idee des Liberalismus – jedenfalls nicht des Verfassungsliberalismus im Unterschied zum Wirtschaftsliberalismus –, sondern des Konservatismus. Die genuin liberale Idee vom «Personsein des Menschen und der persönlichen Freiheit» verlangt *Gleichheit, nämlich Freiheit für alle.*

Wenn die Demokratisierung ihre Rechtfertigung in der Freiheit für alle findet, so liegt darin freilich zugleich auch die Grenze der Demokratisierung: Demokratisierung bedeutet nicht Kampf des Volkes gegen die freiheitsschützenden Institutionen, sondern im Gegenteil die Gewährleistung, daß diese Institutionen die Freiheit aller und nicht nur einiger sichern.

Parlamentarische Demokratie ist geschichtlich und theoretisch zu begreifen aus der Übertragung des Gedankens des gerichtlichen Prozesses auf den politischen Prozeß der Gesetzgebung. Sie geht wie die gerichtliche Rechtsfortbildung davon aus, daß sich das Recht dialektisch nach prozessualen Regeln aus den im Volk gemachten Erfahrungen der Unzulänglichkeit des schon bestehenden Rechts verwirklicht. Sie orientiert sich an der Dialektik des gerichtlichen und politischen Prozesses. Das englische Parlament hat seine geschichtliche Wurzel bekanntlich in der «curia regis», einem Organ, das ursprünglich u.a. Rechtsprechungs- und Rechtsfortbildungsfunktion hatte. Seine Gesetzgebungsfunktion wurde seit dem 17. Jahrhundert verstanden als Rechtsfortbildung in größeren Zusammenhängen, unabhängig von Präjudizien. Der Gesetzgeber war Beschleuniger, Richtpunktsetzer und Ordner der Rechtsfortbildung.[3]

Das Common Law gab es als Richterrecht vor den Gesetzen; Recht entsteht überhaupt zunächst als Richterrecht.[4] Die politische Gewalt zwingt den Austrag der Macht-, Interessen- und Ansichtsgegensätze in eine prozessual geregelte Meinungskontroverse, die in eine verbindliche Dezision mündet. Der Anfang der Rechtsgewinnung ist, daß jemand im Volk eine situationsbedingte Unrechtserfahrung macht und klagt. In einer Welt, in der sein Fall nicht gesetzlich vorentschieden ist, behauptet er eine Normhypothese z.B. von der Art: «So etwas braucht man sich nicht gefallen zu lassen». Gegenstand der Kontroverse ist die Frage, ob es gerechtfertigt wäre, die Normhypothese durch Entscheidung zur Norm zu machen, und zwar durch präjudizielle Wirkung der «ratio decidendi» im Richterrecht oder durch Gesetz.

Rechtfertigen bedeutet, wie Chief Justice Hale schrieb: die in Frage kommenden Norm-Alternativen vergleichen, die voraussichtlichen Konsequenzen für das praktische, menschliche, wirtschaftliche, soziale Leben abschätzen und diejenigen wählen, die bei unparteiischer Abwägung der begünstigenden

3 Matthew Hale, Consideration Touching the Amendment or Alteration of Laws, ed. by Francis Hargrave (Collectanea juridica, 1791, S. 253–289).

4 Eingehender Kriele, Theorie der Rechtsgewinnung, insbes. S. 60 f.

und benachteiligenden Wirkungen die relativ geringsten Nachteile und größten Vorteile mit sich bringt.[5]

Die Möglichkeit, trotz der erheblichen Meinungsverschiedenheiten zu argumentieren und begründet zu entscheiden, beruht auf einem Urteilsvermögen und Gerechtigkeitssinn, von dem man annahm, daß er den Menschen, wenn auch in verschiedenen Graden der Begabung und Entwicklung, gemeinsam sei, und den man deshalb als «sensus communis» – *«common sense»* – voraussetzte.[6] Die zugeordnete Dogmatik verstand sich als «prudentia» und nicht als «scientia». Ihre Kernbegriffe waren, wie Kluxen für das englische 18. Jahrhundert gezeigt hat, «circumstances, conveniency, expediency, probability».[7] Fortschritte in der Einsicht wurden nicht durch Deduktion, sondern durch situationsbedingte Erfahrung gewonnen, durch «challenge and answer», durch «trial and error».

Man ging davon aus, daß politische Meinungsverschiedenheiten zum größten Teil (nicht alle) prinzipiell diskutierbar, aber so komplex sind, daß sie auf verbindliche Dezisionen angewiesen sind, deren Richtigkeit dann aber wieder in Frage gestellt werden kann. Rechtlicher Fortschritt ist ein unendlicher Prozeß von Diskussion und Dezision.[8]

In dem Maße, in dem die sozialen Verhältnisse komplexer werden, werden sie regelungsbedürftiger und gewinnt die parlamentarische Gesetzgebung mehr und mehr an Übergewicht über richterliche Rechtsbildung. Damit wird auch der Entscheidungsprozeß komplexer. Die diffuse Vielfalt von Anregungen und Ansichten zwingt zur Abfilterung des Relevantesten und Vordringlichsten. Volksherrschaft durch Parlamentarismus bedeutet deshalb in einer ersten vorläufigen Kennzeichnung dreierlei:

1. Ebenso wie es zur gerichtlichen Rechtsbildung des Anstoßes durch einen *Kläger* bedarf, geben die im Volk gemachten situationsbedingten Erfahrungen der Entscheidungsbedürftigkeit und der öffentlichen Relevanz einer Sache Anstoß zum parlamentarischen Entscheidungsprozeß. Gegenstand der Diskussion sind Selektion und zeitliche und rechtliche Prioritätenordnung, also die Fragen, welche Sachen entscheidungsbedürftig, welche von ihnen vordringlich sind und welche Entscheidung gerechtfertigt wäre. Die von den Repräsentanten getroffene Entscheidung über Relevanz und Priorität muß sich vor dem Common sense der Wähler rechtfertigen. Der demokratische Legitimationszirkel ist also ein ständiger *Rechtfertigungsprozeß*. Die Wahl gewährleistet, daß sich die Bewertung der Relevanzen und Prioritäten im großen und ganzen im Einklang mit dem Common sense hält.

2. Der grundlegende Satz des juristischen Ethos ist: *«audiatur et altera pars»* (oder, wie es deutschrechtlich hieß: «Eenes Mannes Rede ist keenes Mannes Rede, man muß sie hören alle beede»). Sind drei an der Sache beteiligt, so

5 M. Hale, a.a.O.

6 Gadamer, Wahrheit und Methode, 2. Aufl. 1965, S. 16 ff.

7 Kluxen (Hg.), Parlamentarismus, 2. Aufl. 1969, S. 99, 103.

8 Dazu näher Kriele, Theorie der Rechtsgewinnung, S. 191 ff.

müssen sie alle drei zu Wort kommen, sind hundert beteiligt, so alle hundert, sind es Millionen, so müssen Millionen zu Gehör kommen. Da das praktisch nicht möglich ist, drängt dieses Ethos zwangsläufig zu Organisationsformen, die eine *Repräsentation* von Millionen ermöglicht.

Der Abgeordnete des Parlaments vereinigt die Doppelfunktion des Anwalts und des Richters in sich. Seine Rolle kann theoretisch nur dann voll verstanden werden, wenn keine dieser beiden Funktionen vernachlässigt wird. Hier geht es zunächst um die anwaltliche Seite: Der Abgeordnete ist gewissermaßen der *Anwalt des Volkes mit Generalvollmacht*, er hat im Namen und Interesse des Volkes zu plädieren und Anträge zu stellen. Die Vertretungsmacht wird ihm durch die Wahl erteilt. Wenn aber nur ein *Teil des Volkes wahlberechtigt* ist, ist nur dieser Teil an der Bestellung des Anwalts beteiligt. Das schließt nicht aus, daß der Abgeordnete im Einzelfall auch Interessen des nichtwahlberechtigten Volksteils zur Sprache bringt. Aber es wäre illusorisch anzunehmen, daß nicht der an der Wahl beteiligte Volksteil eine erheblich bessere Chance hätte, sich voll zu Gehör zu bringen, als der nicht beteiligte. Den übrigen gegenüber wird der Grundsatz «audiatur et altera pars» verletzt.

3. Das Problem der Repräsentation entsteht daraus, daß im politischen Prozeß, im Unterschied zum juristischen, *Plädierende und Entscheidende identisch* sein müssen. Nicht schiedsrichterliche Führung, sondern Entscheidung durch *Mehrheit*. Die Rolle des Königs als einer möglichen «pouvoir neutre» wurde im Laufe der Geschichte mehr und mehr zurückgedrängt. Das scheint auf den ersten Blick dem Grundsatz zu widersprechen: Niemand kann Richter in eigener Sache sein. Madison[9] entwickelt im «Federalist» das Prinzip der Mehrheitsentscheidung aber gerade aus diesem Satz, und das im Ergebnis zu Recht. Denn *im politischen Prozeß ist eine neutrale Instanz unmöglich*. Jeder denkbare Schiedsrichter ist, so sehr ihn sein Amt aus der Gesellschaft heraushebt, doch zugleich Mitglied der Gesellschaft, als solches in Interessen, Ideologien, Traditionen verstrickt und also notwendigerweise Partei.[10] Es gibt keinen «pouvoir neutre». Das ist im Parlamentarismus nicht anders als in der absoluten Monarchie, nur daß der Parlamentarismus daraus die ehrliche Konsequenz zieht. Eine Beschränkung des Wahlrechts aber führte dazu, daß ein *Teil des Volkes Richter in eigener Sache* wäre.

Im Prozeß des politischen Meinungskampfes gibt es nur gewissermaßen nautische Positionen.[11] Alles ist in Bewegung. Auch der festgehaltene Standpunkt ändert seine Funktion durch die Bewegung der Umwelt. Jede denkbare Position ist *dialektisch einseitig*. Niemand kann je sagen, seine Ansicht sei absolut vernünftig. Es gibt nur Grade von Vertretbarkeit und Plausibilität. Dafür gibt es aber keinen anderen Maßstab als den der möglichst breiten und

9 James Madison, The Utility of the Union as a Safeguard against Domestic Faction and Insurrection, in: Hamilton/Madison/Jay, The Federalist Papers (No. 10), The New American Library, 1961, S. 79.

10 So für den absoluten Monarchen N. Elias, Über den Prozeß der Zivilisation, Bd. 2, S. 222 ff., insbes. S. 239–241.

11 Odo Marquard, Skeptische Methode im Blick auf Kant, 1958, S. 54.

dauerhaften Zustimmung. Es ist wie in der juristischen Dogmatik: Daß ständige Rechtsprechung und herrschende Ansicht vernünftiger sind als die Mindermeinung, die nicht zu überzeugen vermag, ist nicht sicher, aber wahrscheinlicher als die gegenteilige Annahme.

Aus diesen historischen Prämissen entwickelten sich die Institutionen des Parlamentarismus. Mit einer gewissen Zuspitzung läßt sich also die These aufstellen: *Herrschaft des Volkes* im Sinne der parlamentarischen Demokratie ist identisch mit *Herrschaft des Rechts* (im Sinne der «rule of law»).

Die Demokratisierung des parlamentarischen Verfassungsstaates folgte mit geschichtlicher Zwangsläufigkeit aus diesem Ansatz, als die rechtspolitische, gesetzgeberische Funktion des Parlaments mehr und mehr in den Vordergrund rückte.

Solange die wichtigste Funktion des Parlaments in der *Steuerbewilligung* bestand, ließ sich die alte Honoratiorenordnung mit dem Argument verteidigen, daß an einer Entscheidung nur die beteiligt sein sollten, die die Steuerlast zu tragen hatten. Dieses Argument verlor seine Überzeugungskraft in dem Maße, in dem die *rechtspolitische* Funktion des Parlaments in den Vordergrund rückte, also seit dem 17. Jahrhundert. Damals setzte sich die Überzeugung durch, daß das altüberlieferte Recht den Bedürfnissen der aufkommenden Wirtschaftsgesellschaft nicht mehr genügte und mehr und mehr der Ergänzung und Korrektur durch die Gesetzgebung bedurfte. Sobald man aber begann, das überlieferte Recht in größeren Zusammenhängen kritisch zu überprüfen, verlor es an Autorität und Verbindlichkeitsvorstellung: Die traditionale Legitimität wurde allmählich durch rationale Legitimität verdrängt.

Damit wurde zugleich das Naturrecht zum kritischen Maßstab der gesetzprüfenden Vernunft. Denn man kann eine Gesetzesänderung nicht nur damit begründen, daß bestimmte Interessen dies erfordern. Das Recht regelt kollidierende Interessen, und was dem einen zugute kommt, gereicht dem anderen zum Nachteil. Die gerechte Entscheidung fordert also unparteiliche Abwägung der Interessen. Auf diese Weise bringt allein die Tatsache der rechtspolitischen Gesetzgebungspraxis die naturrechtliche Idee der prinzipiellen Gleichberechtigung eines jeden ins Spiel. Daraus folgte – in Anlehnung an die naturrechtlichen Grundlagen des Parlamentarismus – die Demokratisierung des Parlamentarismus, insbesondere das allgemeine und gleiche Wahlrecht.

§ 61. Parteien und Fraktionen

Das dialektische Naturrechtsverständnis des demokratischen Parlamentarismus läßt sich am anschaulichsten am Thema «Parteien und Fraktionen» verdeutlichen. Wenn man, wie Leibholz, davon ausgeht, daß der liberal-repräsentative Parlamentarismus durch die Demokratisierung seine Strukturprinzipien einbüßt, dann erscheinen auch die Parteien als prinzipiell parlamentsfremd. Sie sollen ihre Herkunft, laut Leibholz, in der Idee der «plebiszitären» oder «direkten Demokratie» haben. Ihre Einfügung in den parlamentarischen Verfassungsstaat bedeute also einen Kompromiß zwischen zwei prinzipiell unvereinbaren Ideen. Dieser Kompromiß schlage sich z.B. nieder in der Spannung zwischen so «entgegengesetzten» Verfassungsprinzipien wie dem freien Mandat (Art. 38 I GG) und der Mitwirkung der Parteien bei der politischen Willensbildung (Art. 21 I GG). Die praktischen Vorschläge zur juristischen Lösung dieser Spannung, die Leibholz macht und an deren rechtlicher Durchsetzung er als Bundesverfassungsrichter maßgeblich mitgewirkt hat, werden hier nicht in Frage gestellt, sondern im Gegenteil in ihren wesentlichen Grundzügen unterstützt. Nur ihre theoretische Begründung ist zurückzuweisen. *Denn die Parteien sind nicht dem Parlamentarismus an sich prinzipiell wesensfremd, sondern die logische Evolution der dem Parlamentarismus immanenten Prinzipien.* Diese theoretische Differenz hat eine praktische Bedeutung lediglich im Hinblick auf die Legitimitätswirkung: Ein Kompromiß zwischen prinzipiell gegensätzlichen Ideen ist seiner Natur nach vorläufig. Wenn ein solcher Kompromiß zur Grundlage der Verfassung erklärt wird, so macht das die Verfassung labil. Diese Labilität aber ist unnötig. Denn sie wird durch einen fundamentalen geschichtlichen und theoretischen Irrtum erst herbeigeführt.

Leibholz meint, daß man «zur Zeit der amerikanischen und französischen Revolution ... noch nicht mit der Möglichkeit der Bildung von politischen Parteien rechnete».[12] Parteien seien vielmehr erst im Laufe des 19. Jahrhunderts entstanden und hätten sich erst im 20. Jahrhundert durchgesetzt. Das ist zwar richtig, wenn man mit dem Begriff «Partei» jenen Grad von organisatorischer Verfestigung verbindet, den heutige Parteien haben. Diese organisatorische Verfestigung ist aber nicht notwendigerweise ein wesentliches Begriffsmerkmal der Partei. Sie wurde erst durch die große Zahl der Mitglieder erforderlich, die eine Folge der Ausweitung des allgemeinen und gleichen Wahlrechts und der gleichzeitigen Bevölkerungsvermehrung ist. Denn, wie Leibholz zutreffend bemerkt:

> «Die Parteien sind es, die in den großen Flächenstaaten heute allein die Möglichkeit haben, die Millionen der Wähler zu politisch aktionsfähigen Gruppen zusammenzuschließen. Sie sind geradezu das Sprachrohr, dessen sich das mündig gewordene Volk bedient, um sich artikuliert äußern und politische Entscheidungen fällen zu können.»[13]

Solange die Parteien noch nicht «die Millionen der Wähler zu politisch aktionsfähigen Gruppen zusammenzuschließen» hatten, waren sie lockerer organisiert. Es kam leichter zu Grenzverschiebungen, die Autorität führender Persönlichkeiten spielte eine stärkere, das Programm eine schwächere Rolle, der «Unterbau» an der Basis war weniger entwickelt. Wenn man nicht den Grad der organisatorischen Verfestigung zum Kennzeichen der Partei macht

---

12 Strukturprobleme der modernen Demokratie, S. 83.

13 Der Parteienstaat des Bonner Grundgesetzes, Recht, Staat u. Wirtschaft, III, 1951, S. 104.

– wozu keine Veranlassung besteht –, dann ist das Entscheidende die *politische Gruppierung im Parlament und ihre organisatorische Ausstrahlung* in die Wahlbezirke hinein. Zumindest in diesem Sinne gibt es, wie auch Leibholz zugesteht,[14] Fraktionen und Parteien, seitdem die grundlegenden politischen und gesetzgeberischen Kontroversen im Parlament debattiert worden sind. Die Kontroversen erzeugen *zunächst* (mehr oder minder organisierte) *Fraktionen*, und die *Fraktionsbildung zieht die Parteibildung nach sich.* Jedenfalls gingen in aller Regel die Fraktionen den Parteien zeitlich voran.[15] Denn erst die parlamentarischen Grundsatzkontroversen konkretisieren die im Volk lebendigen Meinungs- und Interessengegensätze so weit, daß sie zum «Streitgegenstand» werden und sich die Wählerschaft nach ihnen gruppieren konnte. Die Parteibildung ist dann nur noch der organisatorische Versuch, diese Gruppierung zu verstetigen und für die Wählerwerbung nutzbar zu machen.

Im *England* des 17. Jahrhunderts begann der Grundkonflikt, der zum Bürgerkrieg geführt hatte, die politische Frontstellung zwischen «Whigs» und «Tories» aufzubauen. Seit 1688 gab es feste Organisationen, die sich «Parteien» nannten. Im 18. Jahrhundert war das Zwei-Parteien-System, wie es vor allem K. Kluxen geschildert hat,[16] bereits voll entwickelt. In den *USA* bildeten sich die beiden Hauptparteiströmungen schon während der Beratungen über die Verfassung: zunächst als die «Federalists» und ihre Gegner, die sich alsbald nach Gründung der Union als «Republicans» organisierten und den Wahlkampf gegen die «Federalists» führten. Ihr Führer Jefferson wurde 1796 zum Vizepräsidenten und 1800 zum Präsidenten gewählt. Damit war die parteipolitische Polarität begründet, die seither zwar viele Schwankungen und organisatorische Veränderungen durchgemacht hat, die aber in Grundsatzpositionen heute noch in der Frontstellung zwischen «Republicans» und «Democrats» fortlebt.[17]

Was *Deutschland* betrifft, so ist es richtig, wenn Leibholz bemerkt, Parteien und Fraktionen habe es «zum ersten Mal ansatzweise ... in der Frankfurter Nationalversammlung von 1848» gegeben. Das erklärt sich einfach daraus, daß es vorher keine politischen Parlamente in Deutschland gegeben hat. Bemerkenswert ist jedoch, daß diese Ansätze sofort zusammen mit dem Versuch der Etablierung einer parlamentarischen Verfassung auftauchten. Partei- und Fraktionsbildung ist eben dem Parlamentarismus wesensimmanent. Der großen Mehrheit der Frankfurter Nationalversammlung lag nichts ferner, als ihren Verfassungsversuch von vornherein durch Ansätze zu einer «identitären» oder «direkten Demokratie» zu verfälschen. Es gibt keine parlamenta-

---

14 Er spricht dann «von Parteien nur im Sinne von Honoratioren- und Komiteparteien und nicht im Sinne des modernen Parteienstaates», a.a.O., S. 100.

15 Hauenschild, Wesen und Rechtsnatur der parlamentarischen Fraktionen, 1968.

16 Das Problem der politischen Opposition, Entwicklung und Wesen der englischen Zwei-Parteien-Politik im 18. Jahrhundert, 1956.

17 Die «Republicans» setzen (pauschal und undifferenziert gesprochen) die Tradition der «Federalists», die «Democrats» die der damaligen «Republicans» fort.

rische Demokratie in der Welt ohne ein Parteiensystem, wohl aber viele ohne maßgeblichen Einfluß der Idee einer plebiszitären oder direkten Demokratie.

Aus der Identität der Plädierenden und Entscheidenden erwächst der ethische Anspruch, der mit der Idee der Repräsentation erhoben ist, nämlich auf sachliche und verantwortliche Meinungsbildung. Der Verwurzelung in Tradition, Leidenschaft, Vorurteil, Eigeninteresse soll so viel Vernunft wie möglich abgerungen werden. Der Anspruch geht also über das Standesethos des Rechtsanwalts, dem die Einseitigkeit erlaubt ist, hinaus, weil der Abgeordnete gewissermaßen *zugleich Anwalt und Richter* ist. Die parteiliche Einseitigkeit ist aber unausweichlich und kann durch den ethischen Anspruch nur gemäßigt und in Grenzen gehalten werden.

Sie ist angesichts der demokratischen Prozeßregeln auch erträglich und kann zur Wahrheitsfindung beitragen, ebenso wie der einseitige, ja polemische Anwalt vor Gericht der zutreffenden Sachverhaltsermittlung dienen kann – vorausgesetzt, daß die Gegenpartei uneingeschränkt ebenfalls zu Wort kommt, weil er nämlich jedenfalls *alle für die eine Seite relevanten Gesichtspunkte* herbeischafft. Doch könnte die prozessuale Sachverhaltsdiskussion oft selbst dann nicht zu Einigkeit führen, wenn es weder Entscheidungsfristen noch Beweisschwierigkeiten gäbe, weil verschiedene Parteien von verschiedenen Normhypothesen ausgehen und infolgedessen verschiedene Tatsachen relevant finden. Vor Gericht haben die Parteien oft verschiedene Versionen desselben Sachverhalts, auch wenn sie sich gewissenhaft an die Wahrheit halten, weil sie verschiedene Gesichtspunkte als relevant hervorheben.

Noch mehr gilt das im politischen Prozeß, wo Interessebedingtheit und ideologische Prägung zu völlig verschiedener Sicht der Dinge führen können. Vernunft ist ihrem Wesen nach dialektisch und kann sich nicht anders verwirklichen als durch Parteien und Parteienkampf.[18] Da es im dialektischen Rechtfertigungsprozeß kein neutrales Urteil geben kann, kann es nur parteiliche Ansichten geben, unabhängig davon, wieweit sich Parteien zu politischen Organisationen verfestigt haben. *Politische Parteien* sind vergleichbar den *Prozeßparteien* vor Gericht, und die Gleichheit des Wortes «Partei» ist weder historisch noch sachlich zufällig. Die primäre Funktion der politischen Parteien im politischen Prozeß ist das Plädieren. Der über die von den Parteien organisierten Wahlen ins Parlament gelangte Abgeordnete ist gewissermaßen Anwalt mit Generalvollmacht. Das freie Mandat des Abgeordneten ist historisch aus der Prozeßvollmacht des Anwalts entstanden.[19] Seine Doppelrolle

---

18 In der Tradition der Rhetorik unterschied sich die juristische von der politischen Rhetorik nur darin, daß für den Juristen die Beurteilung abgeschlossener Sachverhalte, für den Politiker die Abschätzung künftiger Entscheidungskonsequenzen überwog und als typisch galt. Die Grenzen zwischen juristischer und politischer Rhetorik waren aber flüssig. Der wesentliche Bestandteil an Lehren war für beide Typen identisch und wurde meistens in einheitlichen Rhetorikschulen zusammen unterrichtet, vgl. Perelman, Traité de l'Argumentation.

19 Hierzu Gaines Post, Plena Potestas and Consent in Medieval Assemblies, in: Studies

als Plädierender und Entscheidender wirkt freilich auf die Partei zurück und unterstellt sie dem Anspruch, ihr Plädoyer vor dem ganzen Volk rechtfertigen zu können.

Die Vorstellung, daß Parteien dem Parlamentarismus wesensfremd seien, entsteht, wenn man, wie Carl Schmitt und Leibholz, von einem *rationalistischen statt einem dialektischen Begriff der Diskussion* ausgeht: «Argument und Gegenargument, mit deren Hilfe man das dissentierende ‹member of Parliament› zu überzeugen sucht» (Leibholz[20]). Derartige Diskussionen sind kaum möglich, soweit die politischen Grundkontroversen in Frage stehen (vgl. §§ 62 und 66). Es gibt solche Diskussionen nur auf der Basis einer schon vorgegebenen politischen Solidarität, hauptsächlich also innerhalb der Fraktionen oder dort, wo Sachverstand und Spezialwissen aufgerufen sind, hauptsächlich also in den Ausschüssen.[21]

Das angebliche Idealbild des Parlamentarismus ist irreal: Tories und Whigs, Federalists und Republicans, Konservative und Sozialisten, Großgrundbesitzer und Industrieproletarier, Imperialisten und Humanisten, Katholiken und Materialisten setzen sich im Parlament in Ruhe zusammen und überzeugen einander von ihrer jeweiligen Grundposition durch Austausch von Argumenten. Wer das erwartet, der muß enttäuscht werden. Er muß nicht deshalb enttäuscht werden, weil im Laufe der letzten hundert Jahre die Parteien den Parlamentarismus korrumpiert hätten und weil der Fraktionszwang nunmehr die Abgeordneten hindere, einander argumentativ zu überzeugen, sondern weil es solche Diskussionen nicht geben kann und nicht gegeben hat.

Zwar *gab es, solange das Wahlrecht an Besitz- und Steuerbedingungen geknüpft war, eine gemeinsame Frontstellung* der Parlamentarier aller Richtungen gegenüber den nachdrängenden Bevölkerungsteilen, die diese Privilegien aufbrechen und ebenfalls am Gesetzgebungsprozeß teilhaben wollten. Über die Abwehr des gemeinsamen Gegners konnten sich die parlamentarischen Fraktionen mit Argumenten leicht verständigen. Es ist im wesentlichen dieser Tatbestand, den man mit der Formel von der «sozialen Homogenität des Honoratiorenparlaments» zu umschreiben pflegt. Aber diese Gemeinsamkeit schloß andere Grundsatzkontroversen nicht aus. Die Polarisierung z.B. zwischen Whigs und Tories im 18. Jahrhundert war keineswegs weniger grundsätzlich und leidenschaftlich, als sie in heutigen Parlamenten üblich ist.[22]

Ein Beispiel dafür, wie die Wirklichkeit Ende des 18. Jahrhunderts in Amerika aussah, mag das anschaulich machen. Die «Federalists» versuchten, den Wahlkampf der «Republicans» mit Hilfe des «Alien and Sedition Acts» von 1798 zu unterdrücken. In diesen Gesetzen wurde Strafe angedroht gegen «jede falsche, skandalöse und maliziöse Schrift gegen die Regierung der Ver-

---

in Medieval Legal Thought, 1964 S. 91 ff., 116; Ch. Müller, Das imperative und freie Mandat, S. 125 ff.

20 Der Parteienstaat des Grundgesetzes, S. 85.

21 So auch Dolf Sternberger, Das angebliche Unrecht der Parteienregierung, in: Grund und Abgrund der Macht, 1962, S. 214 ff.

22 Vgl. die Darstellung bei Kluxen, Das Problem der politischen Opposition.

einigten Staaten ... mit der Absicht, sie in Verruf zu bringen oder den Haß des guten Volkes gegen sie zu erwecken».[23] Wer diesen Tatbestand erfüllte, entschieden die Richter, die durchweg von den Federalists in ihre Ämter berufen waren. Und zwar verurteilten sie Herausgeber und Autoren von Blättern, die den Republicans nahestanden, zu Gefängnis, unter ihnen den Kongreßabgeordneten Lyons und den Philosophen Cooper, ferner eine Gruppe, die mittels einer Lotterie Geld für einen zu Gefängnis Verurteilten sammelte, einen Zeitungsherausgeber, der eine Anzeige dieser Gruppe veröffentlichte, und den Bruder eines bestraften Zeitungsherausgebers, in dessen Druckerei seine Zeitung gedruckt worden war.[24]

Es war zwar nur ein kurzes Zwischenspiel in der amerikanischen Geschichte. Es hat Jeffersons Wahlsieg von 1800 nicht behindert, sondern eher gefördert, und Jefferson hat alsbald nach seinem Amtsantritt als Präsident eine Amnestie erlassen; die Gefangenen wurden befreit, die Geldstrafen zurückgezahlt, und der Kongreß hob das Gesetz auf. Doch die Tatsache, daß die Mehrheit des Kongresses zuvor dieses Gesetz überhaupt beschlossen hatte, *veranschaulicht den Grad der Homogenität, Friedlichkeit und Sachlichkeit*, mit der damals die Kongreßabgeordneten einander «durch Argument und Gegenargument zu überzeugen versucht» haben.

Es gibt immer und überall in der Geschichte politische Grundsatz-, Macht- und Interessenkämpfe und also auch parteiliche Gruppierungen mit der Tendenz zu Aufstand, Bürgerkrieg, Unterwerfung, Terror aller Art. Politischer Realismus bedeutet in erster Linie, die *Unvermeidlichkeit des Kampfes anzuerkennen*. Politische Humanität bedeutet die Frage stellen, wie trotz dieser Unvermeidlichkeit soviel Frieden, Freiheit und Gerechtigkeit wie möglich erreichbar sind. Die einzige Antwort, die bisher auf diese Jahrtausende alte Frage gefunden worden ist, lautet: einerseits dem Kampf freien Raum zu geben (weil die Alternative Unterdrückung wäre), andererseits aber ihn zugleich in prozessuale Regeln einzubinden, die seine *relative Friedlichkeit* und Versachlichung ermöglichen. So wie im Kleinen der Streit zwischen zwei Nachbarn nicht durch Totschlag, sondern durch gerichtlichen Prozeß ausgetragen wird, so im Großen der Streit zwischen den politischen Gruppierungen nicht durch Bürgerkrieg, sondern durch demokratische Auseinandersetzung.

Ein Parlament, in dem die Abgeordneten einander durch Argument und Gegenargument überzeugen würden, würde den Verdacht nahelegen, daß es die politischen Kontroversen seiner Zeit und seines Landes gar nicht in sich aufgenommen hätte. Ein solches Parlament wäre keineswegs das «Ideal des Parlamentarismus», als das es von C. Schmitt, Leibholz und anderen beschrieben worden ist; ein solches Parlament würde vielmehr seine Funktion verfehlen. Es wäre nur denkbar als das Parlament eines politisch in sich homogenen herrschenden Volksteils, der seine Grundsatzkonflikte mit anderen

---

23 Sedition Act, July 14th, 1798, in: Henry Steel Commager, Documents of American History, 7. Ed., Bd. I, S. 177 f.

24 Näheres bei Rodell, Nine Men, S. 63 ff.

Volksteilen in den außerparlamentarischen Raum oder in den Untergrund verbannt hätte. Es wäre nur eine *Variante des autoritären Obrigkeitsstaates.*

Obwohl jedoch der Parlamentarismus lange Zeit hindurch auf eine Honoratiorenelite beschränkt blieb, gab es dennoch auch innerhalb dieser Schicht fast ständig parteiliche Grundsatzkonflikte. Das «Ideal», das in der Geschichte des 18. und frühen 19. Jahrhunderts gesucht wird, wird dort nur gefunden, nachdem es unter Mißachtung historischer Tatsachen in die Geschichte hineinprojiziert worden ist. *Der Parteienkampf gehört zum Wesen des Parlamentarismus.* Lediglich die organisatorische Verfestigung der Parteien hat zugenommen. Die organisatorische Verfestigung hat zwar eine Reihe praktischer und rechtlicher Konsequenzen, ist aber trotzdem eine technische, keine prinzipielle Frage. Sie löst die technischen Probleme, die aus der Ausdehnung des Wahlrechts folgen.

§ 62. Wahrheit durch öffentliche Diskussion?

Das Parlament wurde im Laufe des 19. und 20. Jahrhunderts durch seine Demokratisierung, d.h. in erster Linie durch die Einführung des allgemeinen und gleichen Wahlrechts, zum wichtigsten Vermittler der demokratischen Legitimität. Solange es in Folge der Beschränkungen des Wahlrechts nur eine kleine Schicht des Volkes repräsentierte, war es demokratisch nur im rudimentären Ansatz. Seine eigentliche Legitimitätsgrundlage war nicht die demokratische Gleichheit. Es handelte sich aber auch nicht einfach um Interessenvertretung der wahlberechtigten Schicht. Vielmehr verstand sich das Parlament von vornherein als Repräsentant des «allgemeinen» Rechts, des Common Law und damit des ganzen Volkes, ein Selbstverständnis, das später die Demokratisierung des Parlamentarismus zur Folge hatte.

Die Grundlage des Parlamentarismus ist also die *Übertragung des Gedankens des juristischen Prozesses auf den politischen Prozeß der Gesetzgebung* (vgl. § 60). Dieses Selbstverständnis hat der Parlamentarismus durch seine Demokratisierung nicht preisgegeben. Im Gegenteil liegt die Demokratisierung in der logischen und praktischen Konsequenz dieses seines ursprünglichen Ansatzes. Es ist aber gerade dieser Ansatz, der leicht zu Mißverständnissen führt und den verständlich zu machen eine der zentralen Aufgaben der Staatslehre sein muß.

Im Krisenjahr 1923 erschienen zwei Interpretationen des Parlamentarismus, die in idealtypischer Weise die zwei entgegengesetzten Standpunkte repräsentieren, die die theoretische Diskussion und auch die politische Konfrontation beherrschen. Die eine stammte von Carl Schmitt, die andere von Ernst Troeltsch.

Carl Schmitt faßte in seiner Schrift «Die geistesgeschichtlichen Grundlagen des heutigen Parlamentarismus» die Argumente zusammen, die bis heute rechts und links zum Angriff gegen den Parlamentarismus vorgebracht werden. Schmitt unterschob nämlich dem Parlamentarismus eine geistesgeschichtliche Grundlage eigens zu dem Zweck, den Wegfall dieser Grundlage behaupten zu können.

Er bezog sich auf bedeutende Theoretiker des Liberalismus wie Burke, Bentham, Guizot und James Stuart Mill. In Anknüpfung an sie kennzeichnete er die geistige Grundlage des parlamentarischen Systems durch die Begriffe *«Öffentlichkeit»* und *«Diskussion»:* Öffentliche Diskussion sei die Basis für Parlamentarismus und für «das ganze System von Rede- und Pressefreiheit, öffentlichen Sitzungen, parlamentarischen Immunitäten und Privilegien». Die Ausschüsse dienten nur der äußerlichen, technischen Vorbereitung. Was durch Öffentlichkeit und Diskussion bewirkt werden solle, sagt Schmitt, «war nicht weniger als Wahrheit und Gerechtigkeit selbst. Durch Öffentlichkeit und Diskussion allein glaubte man die bloß tatsächliche Macht und Gewalt zu überwinden und den Sieg des Rechts über die Macht herbeiführen zu können.» Er zitierte Eugène Forcade: «la discussion substituée à la force».

Schmitt stellte nun diesem *Idealbild* die desillusionierende Realität gegenüber: nicht vernünftig diskutierende Abgeordnete stünden sich im Parlament gegenüber, sondern ideologisch festgelegte Fraktionen; der einzelne Abgeordnete sei durch Fraktionszwang gebunden. «Die Besprechungen in den Ausschüssen oder in interfraktionellen Zusammenkünften sind nicht Diskussion, sondern geschäftliche Besprechungen und Verhandlungen, die mündliche Erörterung dient hier dem Zweck einer gegenseitigen Berechnung der Macht- und Interessengruppierung.»[25] Solche Verhandlungen seien geheim und müßten es sein, ebenso wie auch die Besprechungen mit den Auftraggebern der Parteien, den Interessenverbänden usw.[26] Die wesentlichen Entscheidungen fielen so außerhalb des Parlaments, seine öffentlichen Diskussionen seien nur noch Fassade, in Wahrheit fungiere das Parlament «als Bureau für eine technische Umschaltung in den staatlichen Behördenapparat».[27] Mit seiner Analyse wollte Schmitt, wie er erklärte, «den letzten Kern der Institution des modernen Parlaments treffen». Im letzten Kapitel zeigt er die Alternative auf: die politische Durchsetzung des *Mythos* im Sinne von Sorel und Donoso Cortes, d.h. die durch Bewußtheit und besonderen Fanatismus gekennzeichnete Variante der Ideologie, die – wie Schmitt sagt – «sowohl die Kraft zum Martyrium wie den Mut zur Gewaltanwendung»[28] besitze und von der «Vorstellung einer blutigen, definitiven, vernichtenden Entscheidungsschlacht» getrieben werde.

Diese Argumentationsweise machte die Bahn frei für den Kampf gegen den Parlamentarismus. Nicht nur die rechten, sondern auch die linken Gegner der parlamentarischen Demokratie machten sie sich zu eigen. Beide operierten in den zwanziger Jahren ebenso wie noch heute mit der *rhetorischen Figur idealistischer Überhöhung*: Die Idealisierung des Parlamentarismus wird so

---

25 Verfassungslehre, S. 319.

26 Ebenda.

27 Ebenda.

28 Die geistesgeschichtliche Lage d. heutigen Parlamentarismus, 3. Aufl. 1963, S. 80.

hochgetrieben, daß Ideal und Wirklichkeit immer weiter auseinanderklaffen, bis schließlich die Idee der parlamentarischen Diskussion naiv und unrealistisch erscheint.

Daß indessen politische und soziale Fundamentalgegensätze nicht ausgetragen werden können, indem man sich einmal in Ruhe im Parlament zusammensetzt und Argumente austauscht, das war auch schon im 17., 18. und 19. Jahrhundert so. Die Honoratiorenparlamente waren keineswegs sozial und politisch homogen, sondern nicht weniger polarisiert, als es die demokratisierten Parlamente des 20. Jahrhunderts sind. Einen gegenteiligen Eindruck erweckt Schmitt mit folgenden Argumentationsstufen: Er orientiert sich erstens nicht an der Geschichte des *Parlaments*, sondern an der Geschichte der *Theorie* des Parlaments. Zweitens beschränkt er diese auf die Epoche der ersten Hälfte des 19. Jahrhunderts, in der das Parlament am meisten Honoratiorencharakter hatte und in der es den Theoretikern darum ging, den Parlamentarismus des französischen Bürgerkönigtums zu verteidigen. Drittens wählte Schmitt solche Zitate aus, die am meisten idealisierenden Charakter haben, und viertens läßt er diese durch Isolierung aus ihrem Kontext noch naiver erscheinen, als sie sind. Alsdann hat er leichtes Spiel, die so zusammengefügte «geistesgeschichtliche Grundlage» des Parlamentarismus der Lächerlichkeit preiszugeben.[29]

Im Lauf der sechziger Jahre lebte die Schmittsche Argumentation mit geringfügigen Varianten bei der «neuen Linken» wieder auf, hauptsächlich mit dem Unterschied, daß der Entscheidungskampf und der anschließende terroristische Totalitarismus nicht mit dem faschistischen Mythos, sondern mit der Überwindung des kapitalistischen Profits gerechtfertigt wird. So meint z.B. *J. Agnoli*, daß «der Sinn des Verfassungsstaates darin liege, einen Zustand des sozialen Friedens zu garantieren»[30], der *«Manipulationsnutzen des sozialen Friedens»* aber liege in der Disziplinierung der Sozialisten.[31] Daß die politische Logik dieses Gedankens ebenso wie bei Schmitt zu der Konsequenz von Bürgerkrieg und totalitärem Terror führt, wird allerdings nicht ausgesprochen und vielleicht auch aus dem Bewußtsein verdrängt.

Ebenfalls im Jahr 1923 hielt *Ernst Troeltsch*[32] einen (in der Öffentlichkeit kaum beachteten) Vortrag, in dem er die geistesgeschichtliche Grundlage des Parlamentarismus in der *gemeineuropäischen Naturrechtstradition* suchte. Er brachte die parlamentarische Demokratie in einen inneren Zusammenhang

---

29 Vgl. auch Ulrich Scheuners Kritik an Schmitts Argumentation: «Sie unterliegt dem methodischen Einwand, daß es nicht angeht, eine grundlegende staatsrechtliche Idee an die Begriffswelt eines bestimmten Zeitabschnitts zu binden, dem damit eine normative Rolle gegeben wird.» Das repräsentative Prinzip in der modernen Demokratie, in: Festschrift für Hans Huber, 1961, S. 222–246.

30 J. Agnoli/P. Brückner, Die Transformation der Demokratie, S. 18.

31 A.a.O., S. 21.

32 Ernst Troeltsch, Naturrecht und Humanität in der Weltpolitik, Berlin 1923, abgedr. in engl. Sprache in O. Gierke, Natural Law and the Theory of Society I, Cambridge 1934, App. I, S. 201 ff.

mit den Ideen der Menschenrechte, der Vernunft, der Gerechtigkeit und des Fortschritts. Auch er hielt die Weimarer Demokratie für brüchig, aber er verfolgte die gegenteilige Tendenz wie Carl Schmitt: Er wollte nicht dazu beitragen, ihr den Todesstoß zu versetzen, sondern im Gegenteil, die geistesgeschichtliche Grundlage bewußtzumachen, um sie zu stabilisieren. Er sah die Gefahr darin, daß die Deutschen seit der Mitte des 19. Jahrhunderts aus der gemeineuropäischen Naturrechtstradition herausgefallen waren und deren Prämissen, Implikationen und politische Konsequenzen nicht mehr verstanden. Da aber die Legitimität und damit die Stabilität der Weimarer Demokratie von diesem Verständnis abhing, ergab sich für ihn die Forderung, die Deutschen sollten sich mit dem übrigen Europa und seinen geistigen Traditionen versöhnen und den Anschluß an die naturrechtliche Tradition wieder suchen.

Ernst Troeltschs Ruf verhallte ungehört. Wohin die den Parlamentarismus erst idealisierenden und dann «entlarvenden» Theorien in ihrer rechten und linken Variante in der praktisch-politischen Konsequenz führen, das mußte erst erlebt werden. Erst nach den Erfahrungen mit den Realitäten des Hitlerreiches und der marxistischen Diktatur über Ostdeutschland wuchs in der Bundesrepublik die Bereitschaft, sich um ein Verständnis der wirklichen geistesgeschichtlichen Grundlagen des Parlamentarismus zu bemühen.

§ 63. Die Infragestellung der praktischen Vernunft

Offenheit für das Argument ist die Moral des Parlamentarismus. Diese Moral wird in der Wurzel getroffen durch die Annahme, daß es praktische Vernunft aus theoretischen Gründen unmöglich geben könne. Diese Annahme pflegt man aus folgender Erwägung abzuleiten: Es gebe politische Entscheidungen über Zwecke und Ziele und politische Entscheidungen über Mittel und Wege. Sei der Zweck vorgegeben, so sei die Frage nach den geeigneten Mitteln der empirischen Rationalität zugänglich. Auch wenn man mitunter nur durch «trial and error», durch das Ausprobieren von Hypothesen und das Auswerten von Erfahrungen in längeren Zeiten lernen könne, welche Mittel welchen Zwecken dienen – prinzipiell sei die Frage der Zweckmäßigkeit des Mittels rational diskutierbar.

Aber in der politischen Wirklichkeit gehe es nicht nur um Mittel und Wege bei vorgegebenen Zwecken und Zielen, sondern um die Zwecke und Ziele selbst. Auch gerate, was ein geeignetes Mittel für einen anerkannten Zweck sei, häufig mit anderen Zielen und Zwecken in Kollision, so daß es bei politischen Entscheidungen fast immer nur um *Entscheidungen zwischen Zwecken und Zielen* gehe. Verschließen sich diese aber nicht prinzipiell der rationalen Diskussion? Ist also die Pluralität der politischen Ziele durch Argumente prinzipiell unüberbrückbar? Muß man nicht im Bereich der politischen Entscheidung durch die vordergründigen «Argumente» und angeblichen «Gründe» hindurchblicken auf die *faktischen Ursachen* gesellschaftlicher, ökonomischer, psychologischer Art? Muß man nicht, m.a.W., das, was der naturrechtlichen Konzeption als «vernünftiger Grund» erscheint, als «ideologisch» verstehen, d.h. es soziologisch oder psychologisch auf die «eigentliche Bedingung» *reduzieren,* wenn man sich aus der Verstrickung in vordergründige Befangenheit befreien und die Wirklichkeit begreifen will?

Für solche Reduktion steht uns eine Reihe von Formeln und Kategorien zur Verfügung. Schon griechische Sophisten – Gorgias, Kallikles, Trasymachos, Kritias u.a. – meinten, das Recht diene dem *Interesse,* sei es des Starken oder Besseren, sei es des Schwachen und Unwürdigen. Wem es diene, darin schwankten sie. Jedenfalls aber gingen sie davon aus, daß die angebliche «Dikaiosyne» (Gerechtigkeit) auf Betrug zu reduzieren sei – Lüge im Dienst von Gruppeninteressen.

Heutige Ideologiekritik spricht nicht mehr von bewußtem Betrug. Man versteht unter *«Ideologie»* Überzeugungen, die, ohne daß das bewußt wäre, *nicht auf Gründen, sondern auf Interessen* beruhen (vgl. § 64). Diese seien ihrerseits – so der Marxismus – durch Produktionsverhältnisse und Klassenzugehörigkeit oder – so die moderne Wissenssoziologie – auch durch allerlei weiter differenzierbare gesellschaftliche Bedingungen geprägt.

Auch individualpsychologische Reduktionen setzen nicht Betrug voraus, sondern sehen in vorgeblichen Gründen unbewußt bleibende Spiegelungen von Wünschen im Dienst eines Willens, sei es des Willens zur Macht (Nietzsche), sei es des Ressentiments (ebenfalls Nietzsche) oder des Neides oder des Neidvermeidungsstrebens (jüngstes Beispiel: Helmut Schoeck).

Mehr Dignität haben die an der Funktionsweise der Demagogie orientierte Reduktion von «Derivaten» auf «Residuen» bei Pareto und die Reduktion von Argumenten auf die Funktion von «Fahnen und Zeichen» im Dienst eines massenbegeisternden Mythos bei Sorel. Eine differenzierte Reduktionstheorie liefert Arnold Gehlen: den rechtlichen Institutionen wohnt zwar eine, wie er sagt, «unerwartete ontologische Zweckmäßigkeit» oder auch «sekundäre objektive Zweckmäßigkeit» inne. Aber daß diese nicht nur konstatiert, sondern auch reflektiert und artikuliert werden und daß dieser Reflexion denkbarerweise gesetzgeberische Vernunft, Weisheit, Rationalität entspringen könnte – diese Möglichkeit kann Gehlen nicht in Betracht ziehen. Denn er hat den menschlichen Geist zuvor eingeteilt in einerseits instrumentell-technisches und historisch-psychologisches Bewußtsein, die beide, wie er treffend bemerkt, kein Recht schaffen können, und andererseits das «ideative Bewußtsein», das die Institutionen schafft und sich an einer «idée directrice» orientiert. Dieses *«ideative Bewußtsein»* ist aber ganz rudimentär definiert, nämlich so, daß es Vernunft und Rationalität außer sich hat. Modell ist die Institutionen schaffende Kraft «primitiver» Totemkulturen, wobei das Wort «primitiv» bezeichnenderweise in Anführungsstrichen erscheint. Generalisiert man dies Modell und projiziert es in neuere Rechtskulturen hinein, so überrascht es nicht, daß die den Institutionen immanente Rationalität stets als «sekundäre» und «unerwartete» auftritt.

Die detaillierteste und systematischste Reduktion der vorgeblichen Vernunftgründe des Rechts auf gesellschaftliche Fakten finden wir im sogenannten *«legal realism»*[33], einer amerikanischen Schule, die die Rechtsentstehung empirisch-soziologisch auf Ursachen reduziert und die Bedeutung der «Gründe» leugnet: Hier wird jede denkbare Reduktionsmöglichkeit konsequent durchgespielt.

Wir haben es hier mit der alten philosophischen Kontroverse Voluntarismus - Rationalismus zu tun. Diese läßt sich, soweit sie für unseren Zusammenhang relevant ist, stark vergröbert in die Formel bringen: Bestimmen Gründe unser Wollen, oder bestimmt umgekehrt unser Wollen die vermeintlichen Gründe?

Die *rationalistische* Theorie erklärt das Recht aus seinen Gründen und erhofft sich im aufklärerischen Sinne Verbesserung des Rechts aus besseren Gründen. Sie hält ethische Verantwortung für prinzipiell möglich und unter besonderen Umständen sogar für einen politisch relevanten Faktor: Die *voluntaristische* Theorie erblickt in alledem Naivität und sucht ihr zu entgehen durch Reduktion der vorgeblichen Gründe auf individuellen oder gemeinschaftlichen Willen (oder, wie gesagt, auf das sogenannte «ideative Bewußtsein», das die erzielte Rationalität nicht angestrebt hat, das vielmehr außerrational und insofern dem blinden Willen sehr ähnlich ist, was die etwas ungenaue Subsumtion unter den Begriff «Voluntarismus» rechtfertigen mag).

Wenn man Rechtssoziologie mit der gängigen lexikalischen Definition versteht als die Lehre von den gesellschaftlichen Bedingungen und Auswirkungen des Rechts, so braucht man aus dieser Definition nicht schon eine Option für die voluntaristische Rechtstheorie herauszulesen: Unter verschiedenen gesellschaftlichen Voraussetzungen kann Verschiedenes vernünftig sein. Gesellschaftliche Bedingungen sind immer notwendige Bedingungen des Rechts. Doch in der rechtssoziologischen Literatur begegnet man nicht selten dem Versuch, *das Recht erschöpfend und ausschließlich aus gesellschaftlichen Fakten zu erklären*, meist eingeführt mit der Formel, es gelte, die vermeintlichen Vernunftgründe des Rechts zu durchstoßen und zu den dahinterliegenden «eigentlichen Bedingungen» vorzudringen. Vor allem die ideologietheoretische Variante des Voluntarismus wird dann oft wie selbstverständlich vorausgesetzt.

Das wäre an sich unbedenklich, wenn nicht die Komponente der «Selbstverständlichkeit» dabei im Spiele wäre. Die Selbstverständlichkeit der ideologiekritischen Rechtstheorie hat nämlich zur Folge, daß diese Voraussetzung nicht mehr kritisch bedacht und deshalb verallgemeinert und absolut gesetzt wird.

Nur diese Absolutsetzung - nichts anderes - ist gefährlich. Selbstverständlich ist die ideologiekritische Aufdeckung gesellschaftlicher Bedingungen des Rechts nicht nur fruchtbar, sondern unerläßlich, auch für eine rationalistische Konzeption des Rechts. *Vernünftige Gründe sind niemals abstrakt, sondern immer bezogen auf die gesellschaftliche Wirklichkeit,* sie beschreiben und erklären Mißstände, schlagen Abhilfemöglichkeiten vor und erwägen ihre voraussicht-

---

33 Vgl. Kriele, Theorie der Rechtsgewinnung, S. 102 ff.

lichen Auswirkungen. Ideologiekritik kann deshalb bessere Gründe für besseres Recht liefern und der Motor des rational-aufklärerischen Fortschritts im Recht sein. Rechtssoziologische Analyse gesellschaftlicher Bedingungen und Auswirkungen des Rechts ist also nicht an ein voluntaristisches Verständnis des Rechts gebunden, sondern kann auch im rationalistischen Kontext sowohl der reformerischen Rechtspolitik als auch der juristischen Interpretation von großem Nutzen sein.

Versteht sie hingegen das Recht voluntaristisch, so kann die Aufdeckung der gesellschaftlichen Bedingungen es nur «entlarven», diskreditieren, evtl. destruieren, ohne gleichzeitig die Chance vernünftiger Verbesserung zu erschließen. Zwar gibt es Veränderungen, aber solange sich die Utopie des absterbenden Staates nicht verwirklicht, laufen sie darauf hinaus, daß *statt der einen gesellschaftlichen Schicht die andere herrscht,* daß das eine Wertsystem durch das andere abgelöst wird, daß die einen Gruppeninteressen die anderen verdrängen. Aus dieser Voraussetzung erwächst politisch nicht selten die Bereitschaft, das Recht nicht zu reformieren, sondern insgesamt aus den Angeln zu heben und zu ersetzen.

Die verschiedenen, von antiliberalen Ideologien betriebenen *Revolutionen und Staatsstreiche* unseres Jahrhunderts haben sich tatsächlich fast durchweg aus voluntaristischen Rechtstheorien gespeist: Da sie die Entstehung des Rechts ausschließlich aus dem Herrscherwillen von Rassen, Völkern, Gruppen, Eroberern, Aristokraten, evtl. von Sklaven oder Herrenmenschen, von Kapitalisten oder Proletariern begriffen, konnten sie die Institutionen des Verfassungsrechts pauschal beiseite schieben.

Es ist aber nicht so, daß voluntaristische Rechtstheoretiker immer oder meistens auf faschistische, autoritäre oder kommunistische Verfassungszerstörung zielten. Manche tun das zwar oder nehmen solche Möglichkeiten spielerisch in Kauf. Andere aber sind ganz im Gegenteil an der Bewahrung und Verbesserung des erreichten Niveaus der Rechtskultur interessiert. Ihnen gegenüber wäre zu fragen, ob die gute Absicht dem guten Ziel zu dienen geeignet ist, solange die Theorie auf den Voluntarismus fixiert bleibt und ob diese Fixierung nicht vielmehr auch ungewollt und mittelbar der Destruktion dienen kann. Die entscheidende Frage ist, ob man die ideologische Bedingtheit von politischen Argumenten ohne jede Beschönigung realistisch anerkennen und *trotzdem Argumente sinnvoll und vernünftig* finden kann. Anders gewendet ist die Frage, ob alle Argumente ideologisch sind und, wenn ja, ob ihr ideologischer Charakter gewissermaßen alle Vernunft aufsaugt und illusorisch macht. Um dieser Frage nachzugehen, ist es erforderlich, den Begriff des Ideologischen zu präzisieren.

§ 64. Ideologie

Der Begriff der Ideologie und des Ideologischen ist sehr weit gefaßt, hauptsächlich deshalb, weil er ein Instrument in der politischen Auseinandersetzung ist. Die meisten kennzeichnen den Begriff so, daß es möglich wird, die jeweilige politische Gegenposition als «ideologisch», die eigene als unideologisch zu kennzeichnen. In Anknüpfung an eine Reihe von Untersuchungen zum Thema Ideologie[34] läßt sich dem Begriff jedoch ein praktikabler Sinn abgewinnen, wenn ihm wenigstens folgende Kennzeichen zugerechnet werden:

1. Überzeugungen sind ideologisch, wenn sie *nicht auf Gründen, sondern auf Interessen* beruhen. Der Fuchs, dem die Trauben zu sauer sind, meint das nicht, weil er es wüßte, sondern weil er sich über ihre Unerreichbarkeit hinwegtrösten will.

2. Damit ist nicht gesagt, daß eine ideologische Überzeugung falsch sein müßte: Vielleicht sind die Trauben wirklich sauer. Der Gegenbegriff zur Ideologie ist nicht - wie oft gesagt wird - Wahrheit, sondern *Bereitschaft, mit sich reden zu lassen.* Eine Überzeugung, die nicht auf Gründen, sondern auf Interessen beruht, kann man nicht in aller Ruhe auf die Stichhaltigkeit ihrer Gründe hin prüfen lassen: Ein Symptom (wenn auch kein sicheres Indiz) für den ideologischen Charakter einer Überzeugung ist deshalb die gereizte, ärgerliche oder entrüstete Reaktion; die erfolgt, wenn die Richtigkeit der Überzeugung aus sachlichen Motiven in Frage gestellt wird.

3. Ideologie heißt nicht, daß man den anderen täuschen will. Bewußt eingesetzte Zwecktheorien, Betrug, rhetorische Verführung, politische Lüge: das alles ist schon der Antike bekannt. «Betrugstheoretisch erklärt Kritias die Religion als Erfindung der Mächtigsten im Dienste der Herrschaft, deutet Kallikles die Gerechtigkeit als ideale Waffe der Schwachen im Kampf um ihre Selbstbehauptung gegen die Starken.»[35] Es gibt für die Antike Betrüger und Betrogene, aber keinen *Selbstbetrug.* Ideologie ist deshalb ein spezifisch neuzeitlicher Begriff. Seine Entdeckung ist, daß der Mensch selbst die Interessenbedingtheit seiner Überzeugung nicht durchschaut, daß er seine Überzeugung guten Glaubens für begründet hält. Man pflegt diese Entdeckung auf Bacons Idolenlehre zurückzuführen,[36] andere sehen sie schon bei Macchiavelli.[37] Auch Luther, der gegen die «Hure Vernunft» gepoltert hat, ist in diesem Zusammenhang zu nennen.[38]

4. Nicht jede Überzeugung, die auf Interessen beruht, pflegt man ideologisch zu nennen, sondern nur eine solche, die auf politisch, *sozial, ökonomisch relevanten Interessen* beruht: Interesse an Herrschaft, an Freiheit, an Verteilung oder Erlangung von Besitz, Macht, Ehre, Bildung oder auch das Interesse am Sichabfinden mit dem Unerreichbaren. Wenn dagegen etwa ein Kind Trauben

---

34 Hans Barth, Wahrheit und Ideologie; H. Lübbe, Politische Philosophie in Deutschland; Geiger, Ideologie und Wahrheit; Topitsch, Begriff und Funktion der Ideologie, in: Sozialphilosophie zwischen Ideologie und Wissenschaft; K. Lenk, Ideologie, Ideologiekritik und Wissenssoziologie.

35 Lübbe, a.a.O., S. 16.

36 Z.B. Geiger, a.a.O., S. 7 ff.

37 Lieber, Evangel. Staatslexikon, S. 781.

38 Über die Anfänge der Ideologietheorie vor allem O. Brunner, Das Zeitalter der Ideologien: Anfang und Ende, in: Neue Wege der Sozialgeschichte, 1956.

zu sauer findet, die ihm die Mutter verweigert, so nennt man das höchstens per analogiam, nicht aber im unmittelbaren Wortsinn «ideologisch», weil es sich um den familiären, nicht den politischen Bereich handelt.

5. Ideologisch ist aber wohlgemerkt nicht etwa die unmittelbare Artikulation von Interessen, sondern die *Verschleierung der Interessiertheit* durch Aussagen von theoretisch oder auch religiös begründeten, objektiven Geltungsansprüchen, die mit den Interessen unter Umständen gar nichts zu tun zu haben scheinen. Der marxistische Ideologiebegriff geht in seinen Ursprüngen auf die psychologistische Religionsinterpretation zurück. Sein Modell findet er in Marx' bekannter Formulierung aus der Kritik der Hegelschen Rechtsphilosophie: «Die Religion ist der Seufzer der bedrängten Kreatur, das Gemüt einer herzlosen Welt, wie sie der Geist geistloser Zustände ist. Sie ist das Opium für das Volk.» Hier wird also das Glaubensvermögen des Menschen nebst allen fundamentaltheoretischen Rechtfertigungen auf ein sozialpsychologisches Motiv völlig anderer Art reduziert: auf das Trost- und Illusionsbedürfnis angesichts des äußeren Elends der Welt.

6. Da politische Interessen fast immer Gruppeninteressen sind, sind auch Ideologien *Gruppenüberzeugungen.* Ihre Verbreitung und Übertragung auch auf die nachrückenden Generationen erfolgen nach *gruppenpsychologischen* Motiven, machen sich also unabhängig von den ursprünglich auslösenden Interessen. Ideologien können deshalb Gruppenmitglieder erfassen, die an den Ursprungsinteressen gar nicht teilhaben, die aus von diesen Interessen unabhängigen Motiven zur Gruppe gehören. Ideologien können ferner die Interessen, denen sie sich verdanken, jahrzehntelang überleben: Wissenschaftlich veraltete, nicht mehr zu verwirklichende oder angesichts veränderter Umstände oder neugewonnener Einsichten nicht mehr wünschenswerte politische Programme können immer noch eifrige Verfechter finden. Und obwohl eine Familie im allgemeinen eine ökonomische und sozial homogene Einheit bildet, kann es in Wahlkampfzeiten zu den bittersten Auseinandersetzungen kommen, z.B. wenn der Vater für die FDP, die Mutter für die CDU und der Sohn für die SPD plädiert, weil Interessen nicht unmittelbar, sondern vermittelt durch Gruppenideologie wirken und die Familienmitglieder in verschiedenen Sozialgruppen ihr geistig dominantes Zentrum finden: der Vater z.B. in der Berufsvereinigung, die Mutter in der Kirche und der Sohn im Studentenverband.

7. Die Ideologie hat eine Doppelfunktion: Sie dient einerseits der Rechtfertigung und *Legitimierung* des politischen Verhaltens einer Gruppe nach außen, andererseits auch der inneren *Integration der Gruppe,* begründet ihren Zusammenhalt, ihre Solidarität.

Diese Begriffsbestimmung der Ideologie ist nicht unwidersprochen geblieben. Es gibt auch Vorschläge, dem Wort eine sehr viel allgemeinere Bedeutung beizulegen: So ist z.B. für Viehweg Ideologie «Theorie mit sozialer Funktion»[39] ohne jeden abwertenden Beigeschmack und unabhängig davon, ob der Theo-

39 Ideologie und Rechtsdogmatik, in: Maihofer (Hg.), Ideologie und Recht, 1969, S. 89.

retiker die soziale Funktion beabsichtigte; die Elemente der Interessenbedingtheit, Befangenheit, Selbsttäuschung fallen weg. Auch eine solche Definition hat ihre geschichtlichen Vorläufer in einer ideologietheoretischen Nebenströmung, dem sogenannten *Panideologismus,* repräsentiert durch bedeutende Namen wie Scheler, Durkheim, Mannheim, C. Wright Mills und Theodor Geiger,[40] und sie kann auch in konkreten Gesprächssituationen eine kommunikationsfördernde Funktion haben, weil sie taktisch die Atmosphäre entspannen kann, nachdem man sich zuvor wechselseitig als «Ideologen» diffamiert hat.

Aber der Begriff verliert dabei seinen spezifischen unterscheidenden Sinn, weil nämlich, was man leicht übersieht, *fast alle Theorien soziale Funktion haben,* auch und gerade die als wahr bewährten Theorien. Mindestens alle sozialwissenschaftlichen, volkswirtschaftlichen, juristischen und ähnlichen Theorien haben soziale Funktion. Dies ist sogar beabsichtigt, nämlich durch das Interesse nicht an der Antwort, sondern an der Fragestellung. Die Frage, warum man dies und nicht jenes wissen will, ist mit der Antwort: weil es eventuell wahr ist, nicht genügend beantwortet. Man könnte, wie Carnap einmal sagte, Erhebungen anstellen über durchschnittliche Körpergröße und Gewicht aller derjenigen Personen in Wien, deren Telefonnummer auf 3 endigt. Man würde Wahrheit finden können, aber sie hätte keine soziale Funktion, und darum unterläßt man es, sie zu suchen. Aber auch naturwissenschaftliche Theorien haben oft soziale Funktion, teils beabsichtigt, wie z.B. in der Ernährungsbiologie, der Medizin, den für die Technik relevanten Wissenschaften, teils auch unbeabsichtigt, wie in der Atomphysik oder zu Kopernikus' Zeiten in der Astronomie. Im Prozeß Galilei traten zwei Aspekte der wissenschaftlichen Theorie anschaulich in Erscheinung: Galilei dachte an die Wahrheit, seine Ankläger an die soziale Funktion. Meint der Ideologiebegriff aber alles das, so meint er nichts.

Deshalb empfiehlt es sich, den Begriff zusammenfassend so zu verstehen: Ideologisch sind Überzeugungen,

1. die nicht auf Gründen, sondern auf Interessen beruhen,
2. über die man deshalb nicht mit sich reden lassen mag,
3. über deren Wahrheitsgehalt man sich selbst täuscht,
4. die politisch relevant sind,
5. theoretischen oder religiösen Geltungsanspruch erheben,
6. sich auf gruppenpsychologische Weise übertragen und erhalten und
7. sowohl der Integration der Gruppe als auch der Rechtfertigung ihres politischen Verhaltens dienen.

Die Verwendung des Wortes «Ideologie» oder «ideologisch» im angegebenen Sinn kann entgegengesetzte Funktionen haben: Sie kann entweder aufklären oder im Gegenteil *Resignation vor der Möglichkeit* der Aufklärung zum

40 M. Scheler, Probleme einer Soziologie des Wissens, in: Versuche zu einer Soziologie des Wissens; E. Durkheim, Soziologie und Philosophie; K. Mannheim, Ideologie; C. W. Mills, Methodical Consequences of the Sociology of Knowledge, in: American Journal of Sociology, Vol. 46 (1940); Th. Geiger, Ideologie u. Wahrheit.

Ausdruck bringen wollen. Der Marxismus (durch den der Ideologiebegriff politische Brisanz gewann und dem er seine seither nur noch variierte Prägung verdankt) betont sowohl den aufklärenden als auch den resignativen Aspekt. Er hält unsere Eigentums- und Erbrechtsordnung für die Grundlage «bürgerlicher Ideologie». Das soll heißen, diese Ordnung diene nur *scheinbar* den Interessen aller, in Wirklichkeit aber nur denen der besitzenden Klasse. Der Aufweis der Ideologie soll also einerseits die arbeitende Klasse über ihre «eigenen Interessen» aufklären, um sie der das Gegenteil behauptenden «bürgerlichen Propaganda» zu entziehen, und es andererseits möglich machen, daß sich bürgerliche Intellektuelle über den Ideologiecharakter ihres bisherigen Denkens klar würden und gegen ihr eigenes «Klasseninteresse» zum Kommunismus überliefen. Da Marx und Engels selbst bürgerlicher Herkunft waren, ist diese Möglichkeit des «aufklärenden» Übergangs von der Ideologie zur «Wahrheit» ein von Anfang an unentbehrliches Ingrediens des Ideologiebegriffs.

Jedoch setzt nach dieser Unterscheidung die Aufklärung über die Ideologiebedingtheit des eigenen Denkens ein beträchtliches intellektuelles Reflexionsvermögen und auch die Muße voraus, die eine intensive theoretische Beschäftigung möglich macht: Eine Leistung, die überhaupt nur – mit einem Begriff von Karl Mannheim[41] – die «sozial freischwebenden Intellektuellen» zu erbringen vermögen. Deshalb wäre für die Masse der «Bürgerlichen» die ideologische Befangenheit selbst dann unentrinnbar, wenn sie ihr ernsthaft entrinnen wollte. Daraus ergibt sich für den Marxismus die Folgerung, daß ein Fortschritt für die Arbeiterklasse unmöglich durch Diskussion, durch politischen Meinungsaustausch in Parlament und Presse, erzielt werden könne, sondern nur durch Gewalt, konkret, durch Klassenkampf.

Der *marxistische Ideologiebegriff* weist einige Besonderheiten auf, die der neuere wissenssoziologische Ideologiebegriff nicht mehr besitzt: die *Bindung der Ideologie an die Klasse*, seine Kennzeichnung durch «Überbau» und «Entfremdung». Diese Besonderheiten fixierten ihn auf das Denken der «bürgerlichen Klasse», die sich der Emanzipation des «Proletariats» entgegenstemmt. Dabei ist vorausgesetzt, daß die Emanzipation des Proletariats die des Menschen schlechthin ist, daß mit der gelungenen Revolution, nach der, wie *Marx* formuliert, «alle Bedingungen der menschlichen Existenz unter der Voraussetzung der sozialen Freiheit organisiert werden», auch die Bedingungen für die Ideologiehaftigkeit des Denkens entfallen.

Der *wissenssoziologische Ideologiebegriff* setzt die Desillusionierung über diese Möglichkeit schon voraus. Er bestreitet nicht etwa, daß das bürgerliche Denken ideologisch ist oder sein kann, aber er erlaubt, die ideologischen Elemente in den politischen Überzeugungen *aller* Gruppen und Richtungen zu konstatieren und *auch den Marxismus selbst als Ideologie* zu kennzeichnen. Heute räumen auch Theoretiker wie z.B. der polnische Philosoph Kolakowski ein, daß Mar-

41 K. Mannheim, Ideologie und Utopie, 1952.

xismus «zum idealen Überbau einer organisierten politischen Massenbewegung»[42], also zur Ideologie geworden ist.

Der Ideologiekritiker kann also selbst Ideologe sein, unabhängig davon, ob er das ideologische Element im Denken seines politischen Gegners vielleicht richtig erkennt. Ob er Ideologe ist oder nicht, kann er selbst nicht wissen, da ja zum Begriff des Ideologischen die *Selbsttäuschung* gehört.

§ 65. Wertrelativismus und Interessenpluralismus

So stand die Wissenssoziologie, wie sie sich zunächst hauptsächlich in Deutschland in den zwanziger Jahren herausgebildet hat, vor dem Phänomen einer Pluralität von einander feindlich gegenüberstehenden Ideologien. Ihre Plausibilität gewann diese Wissenssoziologie aus der politischen Realität einer *Vielheit von Parteien* und Programmen, die sich zum Teil kompromißlos und ohne eine gemeinsame Legitimitätsgrundlage anzuerkennen bekämpften.

Für die Verfassungstheorie der Weimarer Republik wurde diese Konzeption aber zu einem ernsten Legitimitätsproblem. Der springende Punkt war, daß weder Ideologen noch Ideologiekritiker über die ideologisch wesentlichen Probleme miteinander *diskutieren* können. Der Ideologe kann schon definitionsgemäß nicht mit sich reden lassen. Der Ideologiekritiker der Gegenseite kann mit dem, den er für einen Ideologen hält, auch nicht diskutieren, weil er davon ausgeht, daß der andere Argumenten grundsätzlich verschlossen ist. Läßt sich unter diesen Voraussetzungen überhaupt noch das Minimum an gemeinsamer Basis festhalten, auf der das friedliche Zusammenleben im parlamentarischen Verfassungsstaat nur beruhen kann? Es gab (und gibt) verschiedene Versuche, auch unter der voluntaristischen Prämisse radikaler Ideologiekritik den parlamentarischen Verfassungsstaat zu begründen. Hauptsächlich zwei von ihnen haben in der Staatslehre und auch in der Geschichte der Weimarer Republik Bedeutung erlangt: Erstens die *Reduktion auf Wertsysteme* und zweitens die *Reduktion auf Gruppeninteressen*. Ihnen entspricht die theoretische Fundierung des Parlamentarismus erstens auf den *Wertrelativismus*, zweitens auf den *Interessenpluralismus*.

Zu 1: Der *relativistische* Versuch (z.B. Kelsen, Radbruch, Arnold Brecht[43]) läßt sich kurz folgendermaßen zusammenfassen: Kennzeichen für die Wissenschaftlichkeit einer Aussage sei die rationale Diskutierbarkeit. Politische Überzeugungen aber seien stets wertbezogen, und Wertsysteme verschlössen sich der Diskussion. Ihre Aussagen könnten insoweit nicht wissenschaftlich sein, sie besäßen keine objektive Gültigkeit, sie schienen vielmehr nur dem ideologiebefangenen Subjekt gültig zu sein. Vor dem Forum objektiver Wissenschaft komme deshalb keiner Ideologie irgendein Vorzug vor irgendeiner

---

42 L. Kolakowski, Der Mensch ohne Alternative, 4. Aufl. 1967

43 H. Kelsen, Reine Rechtslehre, S. 357 ff.; G. Radbruch, Rechtsphilosophie, S. 106 ff.; A. Brecht, Politische Theorie, insbes. S. 139 ff.

anderen zu; der Absolutheitsanspruch, den eine jede erhebe, sei Selbsttäuschung, alle seien relativ. Diese Relativität gelte es allgemein einzusehen. Denn *aus der allgemeinen Einsicht in die Relativität folge die allgemeine Bereitschaft zur Toleranz*: nur ein soziales Programm mit absolutem Geltungsanspruch werde Fanatismus erzeugen. Relativismus führe zur Anerkennung des Pluralismus von Parteien und Programmen, zu wechselseitiger Respektierung und zu Kompromißbereitschaft, kurz, zur Anerkennung des Parlamentarismus.

Diese Konzeption beruht auf zwei schwerwiegenden Fehlern, einem logischen und einem praktischen. Erstens ist der Schluß von der Einsicht in die Relativität der eigenen Ideologie auf die Bereitschaft zur Toleranz keineswegs zwingend. Der Begriff des «Mythos» im Sinne von G. Sorel hatte gerade die Funktion, die Wirksamkeit der Ideologie von ihrer Relativität unabhängig zu machen.[44] Der Mythos prägte, wie Carl Schmitt sofort erkannte, das Denken des Faschismus. Schmitt sah deshalb in Sorel mit Wyndham Lewis den Schlüssel zu allem zeitgenössischen Denken.[45] Mussolini erklärte schon 1922: «Wir haben einen Mythos geschaffen, der Mythos ist ein Glaube, ein edler Enthusiasmus, *er braucht keine Realität zu sein*, er ist ein Antrieb und eine Hoffnung, Glaube und Mut.»[46] In ähnlichem Sinne äußerte sich Hitler. Der Faschismus hat, mit Schmitts Worten, «unter bewußter Berufung auf den Mythos Menschheitsdemokratie und Parlamentarismus verächtlich beiseite gesetzt».

Der zweite Fehler liegt in der Halbheit, mit der der Selbsttäuschungscharakter des Ideologischen nicht ganz ernst genommen wird. Der Relativismus geht von einem Mittelding zwischen Aufklärbarkeit und Nichtaufklärbarkeit des Menschen aus: von der Ideologie könne man sich zwar nicht lösen, aber doch wenigstens ihre Relativität einsehen. Dagegen ist zu sagen, daß sich die Formen akademischer Höflichkeit nicht in den Bereich der politischen Gesamtgesellschaft übertragen lassen. Der Appell etwa an einen gläubigen Sozialisten oder an einen die kirchliche Autorität hinter sich wissenden Verfechter der katholischen Soziallehre, das jeweilige Sozialprogramm als nur relativ gültig anzuerkennen und *aus dieser Relativität* Toleranzbereitschaft zu gewinnen, wird keine breite oder gar allgemeine Resonanz finden, sondern meist nicht einmal gehört werden, und wo er gehört wird, oft als Anmaßung und Zumutung empfunden werden. Man kann, so nützlich diese Art der Ideologiekritik im wissenschaftlich-akademischen Raum vielleicht sein mag, doch jedenfalls politisch die Legitimität einer Verfassung nicht auf die Zustimmung eines kleinen Bruchteils seiner Bürger gründen.

Zu 2: Ein zweiter Versuch, von der Basis des rechtstheoretischen Voluntarismus aus den Parlamentarismus zu begründen, ist das liberalistische Konzept des *Interessenpluralismus*: Es wird überall dort vertreten, wo das *Modell*

---

44 Vgl. dazu Brunner, Das Zeitalter der Ideologie, in: Neue Wege der Sozialgeschichte, S. 194, 219.

45 Die geistesgeschichtliche Lage, S. 78, n. 2.

46 Zitiert bei C. Schmitt, Die geistesgeschichtliche Lage, S. 89.

des wirtschaftlichen Wettbewerbs auf die politische Auseinandersetzung übertragen wird.[47] Schon Adam Smith hat ihm klassischen Ausdruck gegeben: «Wer sein eigenes Interesse verfolgt, befördert das der Gesellschaft häufig wirkungsvoller, als wenn er wirklich beabsichtigt, es zu fördern. Ich habe nie erlebt, daß viel Gutes von denen erreicht wurde, die vorgaben, für das öffentliche Wohl zu handeln.»[48] Smith sagt «vorgaben» (affected); denn ein ehrliches Anstreben des Gemeinwohls kann es für den Voluntaristen nicht geben, sondern nur das Pluriversum der zum Kompromiß gekommenen, ausbalancierten Einzelinteressen, die eine «unsichtbare Hand» auf geheimnisvolle Weise zur Harmonie führt, ebenso wie der Volkswohlstand entsteht, wenn jeder seinen Profit anstrebt. Wenn jemand heuchelt, das Gemeinwohl anzustreben, so ermahnen ihn die Interessenpluralisten, sich ehrlich zum Egoismus zu bekennen. Wenn er es selbst wirklich glaubt, antworten sie mit Aufklärung über die Interessen, auf denen seine «Ideologie» beruhe. Diese «Aufklärung» scheint dann erfolgversprechend, wenn er einsieht, daß die Verfolgung des Eigeninteresses nichts Schändliches sei, sondern im Gegenteil Vorteil auch für andere verspreche. Mit dieser Einsicht, so meint man, werde der unbewußte psychische Mechanismus, der die Ideologien produziert, außer Kraft gesetzt. Im Vordergrund steht für diese Konzeption also nicht die Entlarvung der einzelnen Ideologien, sondern die Entlarvung der *Gesamtideologie des Gemeinwohls* oder Gemeininteresses, des öffentlichen Interesses, der Gerechtigkeit usw. Sei diese Entlarvung gelungen, so sänken die Einzelideologien von selbst dahin. Die Beseitigung der «Ideologie des Gemeininteresses» soll die Bahn frei machen für den utilitaristischen Individualismus (vgl. § 5) und schließlich für den Besitzindividualismus (vgl. § 47).

Es kommt für diese Verfassungstheorie zunächst also darauf an, alle konkurrierenden Verfassungstheorien auszuräumen. Sei die parlamentarische Verfassung im öffentlichen Bewußtsein erst einmal auf den Interessenpluralismus gegründet, so sei die Bahn frei für die nüchterne Erkenntnis der Eigeninteressen. Diese Erkenntnis mache kompromißfähig, und im *Austrag von Interessenkompromissen erfülle sich der Sinn des Parlaments.*

Jedoch, in Fragen der praktischen Philosophie ist der Common sense oft klüger als die Theorie. Die Theorie leidet nicht nur daran, daß es sehr wohl Sinn hat, von Gemeininteresse und Gerechtigkeit zu sprechen. Sie leidet vor allem daran, daß die Menschen das – mehr oder weniger reflektiert – wissen und sich jedenfalls nicht dazu überreden lassen, ihre Gruppeninteressen unverkleidet vorzutragen. Der Bauernverband z.B. wird Subventionsforderungen weiterhin mit der Ernährungsautarkie, mit der kulturpolitischen Bedeutung des Bauernstandes, der Benachteiligung der Bauern im europäischen Markt und überhaupt mit der Gerechtigkeit seiner Ansprüche zu rechtfertigen suchen, er wird keineswegs sagen: er wolle mehr Geld, weil es schön sei, mehr Geld zu haben, und nun solle man einen Kompromiß mit ihm schließen.

47 Dazu H. Krüger, Allgemeine Staatslehre, § 27, mit eingehenden Nachweisen.
48 The Wealth of Nations I (1776), Ed. Everyman's Library, p. 400.

Was man in dieser Theorie die *«Balance der Interessen»* nennt, wäre die *Durchsetzung der stärkeren und gewaltbereiteren Gruppen.* Diejenigen, die sich nicht organisieren können oder wollen oder sonst keine Machtmittel besitzen, insbesondere die ganz kleinen Gruppen: die Künstler, die Zigeuner, die Buddhisten, die Geisteskranken usw., hätten keine Rechte.

Die Doktrin des Interessenpluralismus versuchte das Problem zu entschärfen, indem sie auf die *Langfristigkeit des Interessenkalküls* vertraut: Der Bauer müsse mit einplanen, daß sein Eigeninteresse an die Gesamtwirtschaft gebunden ist; auch der religiösen Minderheit gegenüber sei Toleranz langfristig im Eigeninteresse, weil diese durch Bevölkerungsumschichtung zur Mehrheit werden könnte; Arbeitslosenunterstützung sei bei sonst gesicherter Berufsposition ein Kalkül des Eigeninteresses, denn man könnte doch einmal darauf angewiesen sein; liberale Sicherungen des Strafprozesses, wie z.B. das Beweiserfordernis oder der Anspruch auf Gehör oder der Schutz gegen Folter usw., seien langfristig im Eigeninteresse, denn man könnte einmal selbst eines Verbrechens verdächtigt werden; Euthanasie werde verboten, denn man könnte selbst einmal geisteskrank werden usw. Solche Kalküle wirken politisch sicherlich bis zu einem gewissen Grade. Aber für ihre durchschlagende Kraft hat derjenige, der sie behauptet, die Begründungspflicht, und ihr ist bislang noch nicht Genüge getan worden. Es scheint auch nicht wahrscheinlich, daß sich ihre durchschlagende Kraft in empirischen Untersuchungen aufweisen lassen wird. Der Beamte mit Pensionsanspruch rechnet nicht mit Arbeitslosigkeit und kann sich politisch doch für soziale Sicherung des Arbeitslosen einsetzen; wer für religiöse Toleranz eintritt, braucht nicht an die Möglichkeit einer Mehrheit der Buddhisten in Deutschland zu glauben; wer den Antisemitismus verurteilt, kann seine rassische Abstammung überprüft haben und als Arier erwiesen sein; wer gegen die Todesstrafe plädiert, braucht sich eines Kapitalverbrechens nicht für fähig zu halten und fürchtet sich keineswegs vor der möglichen eigenen Hinrichtung; wer gegen die Bestrafung der Homosexualität eintritt, muß nicht selbst homosexuell veranlagt sein. Nicht einmal wahltaktische Machtinteressen müssen bestimmend sein; denn auch unabhängige Bürger haben solche Meinungen.

Also nicht nur kurz- oder langfristig kalkulierte *Eigeninteressen,* sondern mindestens auch *Meinungen* über das, was *recht und unrecht,* gerechtfertigt oder ungerechtfertigt ist, bestimmen das politische Wollen, und nicht etwa nur die vordergründige politische Rhetorik. Deshalb kann das Programm der liberalistischen Theorie des Interessenpluralismus ebensowenig funktionieren wie das des Relativismus. Die Institution des parlamentarischen Gesetzgebungsverfahrens läßt sich vom Boden voluntaristischer Rechtstheorien aus nicht verstehen.

§ 66. Der dialektische Diskussionsbegriff

Es ist zwar richtig, daß «öffentliche Diskussion» die Grundlage des Parlamentarismus bildet, aber es ist nur dann richtig, wenn der Diskussionsbegriff dialektisch verstanden wird: eingebunden in den Prozeß der *geschichtlichen Auseinandersetzung*, die der Parlamentarismus gewissermaßen in Verfahrensregeln einfängt und dadurch befriedet und vor freiheitszerstörender Radikalisierung bewahrt. Die faschistische und marxistische «Entlarvung» des Parlamentarismus beruhen auf der Umdeutung des dialektischen in einen naivrationalistischen Diskussionsbegriff.

Die Rückführbarkeit von Meinungen auf Interessen ist keineswegs eine Entdeckung neuerer Wissenssoziologie und Ideologiekritik, sondern begleitet die Geschichte des Parlaments von Anfang an. Das ideologiekritische Denken war, von Bacon vorgeprägt, von Mandeville, Shaftesbury und Hume ausgebildet, schon im frühen 18. Jahrhundert Gemeingut der politischen Öffentlichkeit Englands, hauptsächlich in der Gestalt der Rückführung von «reason» auf «passion», «appetite» und «interest».[49]

Man schloß aber daraus nicht, daß Argumente überhaupt funktionslos, daß sie bloß Derivate von Residuen (Pareto) oder Spiegelungen von Klasseninteressen seien, wie es die radikale «Ideologieentlarvung» verschiedener Couleur beschreibt, sondern hielt am Ethos der parlamentarischen Repräsentation fest. Dieses Amtsethos richtet sich ebenso wie das richterliche Ethos, aus dem es abgeleitet ist, auf Sachlichkeit und Unparteilichkeit. *Sachlichkeit* bedeutet: Offenheit für das Argument, die Bereitschaft, seine Meinung durch Argumente bestimmen zu lassen. *Unparteilichkeit* bedeutet die Bereitschaft, seine Entscheidungen nicht von konkreten partikularen Interessen, sondern von langfristigen Maximen bestimmen zu lassen, die dem *Gemeininteresse oder bei Abwägung rivalisierender Interessen dem jeweils fundamentaleren Interesse* Vorrang geben. Die klassische Idee der parlamentarischen Repräsentation lief darauf hinaus, daß der Verwurzelung in Tradition, Leidenschaft, Vorurteil, Eigeninteresse usw. soviel Vernunft wie möglich abgerungen werden sollte. Zu diesem Zweck sollte sich der politische Standpunkt durch öffentlich vorgebrachte Argumente ausweisen.

Die immer vorhandene *Differenz zwischen Anspruch und Wirklichkeit* führte weder dazu, den Anspruch aufzugeben, noch dazu, die Wirklichkeit zu idealisieren. Die Antwort auf die Differenz zwischen Anspruch und Wirklichkeit war vielmehr ein System der Kontrolle durch Gewaltenteilung, öffentliche Meinung und Erziehung.

Wenn die ideologiekritische Skepsis in einem Land erst einmal total und allgemein geworden ist, zerstört sie zusammen mit dem Ethos auch die po-

---

49 Siehe Kluxen, Das Problem der politischen Opposition, Entwicklung und Wesen der englischen Zweiparteienpolitik im 18. Jahrhundert, vor allem das 5. Kap.; Lenk, Problemgeschichtliche Einleitung in: Lenk (Hg.), Ideologie – Ideologiekritik und Wissenssoziologie, S. 18 ff.

litischen Möglichkeiten seiner Einhaltung. Solange das Ethos aber das politische Klima prägt, wirkt es auf doppelte Weise: Erstens bleibt die innere Verpflichtungskraft, die mit den Vorstellungen von *Ehre*, Anstand und Sittlichkeit verknüpft ist, niemals ganz wirkungslos: denn die Menschen sind zwar nicht gut, aber auch nicht ganz schlecht, sondern schwanken zwischen beiden Polen. Zweitens wird die Einhaltung des Ethos auch durch die äußere Kontrolle und damit durch ein unmittelbares Interesse gestützt: auf seiner Verletzung steht die *Sanktion öffentlicher Entrüstung* und Kritik. Eine Ansehensschädigung aber kann durchaus auch die individuelle parlamentarische Karriere beeinträchtigen.

Das Ethos der Sachlichkeit und Unparteilichkeit beruht auf einer Prämisse, in der von Aristoteles bis Hegel alle großen politischen Denker übereinstimmten, nämlich auf der Prämisse von der prinzipiellen *Einheit der menschlichen Vernunft*. Man ging davon aus, daß die Vernunft etwas Objektives, Allgemeines ist, an dem der Mensch teilhat, und sprach in diesem Sinne von «sensus communis», von *common sense*. Allerdings war man sich immer darüber im klaren, daß diese Teilhabe abgestuft ist nach Graden der Einsichtsfähigkeit und nach Graden der Trübung durch Leidenschaften, Traditionen und Interessen und daß die Einsicht noch nicht zugleich die Bereitschaft bedeutet, der Einsicht in der Tat zu folgen.

Die Prämisse von der Einheit der menschlichen Vernunft läßt sich zwar nicht «beweisen»; aber andererseits läßt sich ohne ihre Voraussetzung der ganze Bereich der politischen und juristischen Diskussion und der durch sie hervorgebrachten Ergebnisse nicht verstehen. Sie ist die *Bedingung der politischen Kommunikation* überhaupt. Argumente sind gewissermaßen Appelle an den common sense. Wer immer sich argumentierend an der politischen Diskussion beteiligt, hat die Prämisse schon vorausgesetzt, auch wenn er sich dessen nicht bewußt geworden ist.

Deshalb kann man das Problem, anstatt es philosophisch zu vertiefen, wozu hier nicht der Ort ist, am einfachsten durch eine *Aufforderung zur Konsequenz* einsichtig machen: Wer nämlich die Prämisse leugnet, muß konsequenterweise darauf verzichten, im politischen Leben irgendeine politische Zielvorstellung argumentativ zu vertreten. Dann muß er konsequenterweise auch darauf verzichten, ein Amt anzutreten oder sonst politische Verantwortung für den Staat, für eine Partei oder Gruppe, ja auch nur für die Zukunft einer Familie zu übernehmen. Wer diesen Verzicht nicht leistet, dem ist es mit der Leugnung der Prämisse nicht ernst. Die Theorie, es gebe keinen common sense, erweist sich dann als spielerische Behauptung, eigens erfunden für den Zweck akademischer Theoriediskussionen. Die Theorie gilt für das Seminar, nicht für das Leben. Das aber heißt, man glaubt sie nicht ernstlich. Zwischen dem, wovon man sich in der akademischen Theoriediskussion überzeugt gibt, und dem, wovon man «im Grunde eigentlich» überzeugt ist, klafft oft ein Widerspruch. Tiefere philosophische Wahrheitsfindung beginnt damit, daß man mit sich selbst identisch wird, und das heißt zunächst, daß man sein theoretisches und sein wirkliches Bewußtsein zur Deckung bringt – entweder indem man im Leben die Konsequenz aus seiner Theorie zieht oder, wenn sich bei dem Versuch dazu die Theorie als abstrakt und unwahr erweisen sollte, indem man die Theorie korrigiert.

Die Prämisse von der Einheit der menschlichen Vernunft bedarf allerdings einer Relativierung. Anthropologische und archäologische Forschungen haben uns darüber belehrt, daß wir nicht einmal die Geltung der elementaren Logik zu allen Zeiten und bei allen Völkern voraussetzen können.[50] Indessen ist diese Relativierung für die Theorie des Parlamentarismus ohne Belang. Es genügt, daß wir einen Common sense innerhalb der neuzeitlichen, westlich geprägten Welt, der Welt des Parlamentarismus, voraussetzen können.

Gewichtiger als die prinzipielle Relativierung ist die praktische: *Meinungen sind untrennbar verknüpft mit Interessen*, mit Machtfragen, mit Autoritäten, mit Traditionen, die man oft nur geistes- und religionsgeschichtlich verstehen kann. Freiwillige Optionen für politische Gruppen oder Parteien kann man heute im Zeitalter der Tiefenpsychologie aus individual-, gruppen-, alterspsychologischen und anderen Strukturen und Konstellationen erklären. Politische Meinungen sind wie die Spitzen von Eisbergen; was sie letztlich bestimmt, bleibt unter der Oberfläche des Bewußtseins. Das Argument aber bleibt über der Oberfläche und kann sie deshalb nicht unmittelbar bewegen.

Was politische Meinungen aber ändern kann, sind tiefreichende Erfahrungen. Die Sicht des Vierzigjährigen unterscheidet sich meist sehr von der des Zwanzigjährigen. Die Sicht der päpstlichen Sozialenzykliken und der sozialistischen Parteiprogramme von heute unterscheidet sich wesentlich von denen vor fünfzig oder hundert Jahren. Doch führen im politischen Bereich gleiche Erlebnisse zu ganz unterschiedlichen Erfahrungen. Das erklärt sich daraus, daß die komplexen wirtschaftlichen, sozialen, geschichtlichen und anderen Zusammenhänge nur durch theoretische Interpretationsschemata erklärt werden können. Erfahrung entsteht durch ein Hin- und Herwandern des Blicks zwischen Erlebnis oder Information einerseits und theoretischem Erklärungsschema andererseits. Die Interpretationsschemata bilden den Kitt für Gruppensolidarität. Nehmen die in der Gruppe geltenden Autoritäten neue Erfahrungsgesichtspunkte auf und vertreten sie, so prägen sie die Gruppenmeinung allmählich um.

Argumente haben also eine doppelte Funktion. Einerseits schaffen sie Problembewußtsein. Sie erklären, was, wie man im Englischen so treffend sagen kann, «issue», der Kern der Streitfrage ist. Das heißt, sie vermitteln die Interpretationsschemata, die aus dem unendlichen Fluß diffuser Erlebnisse das Relevante sichtbar machen. Dadurch erst werden Erlebnisse zu Erfahrungen. Andererseits *relativieren* Argumente die Interpretationsschemata und stellen die Problemlösungen in Frage, indem sie Tatsachen geltend machen, die mit diesen nicht oder nicht zulänglich erklärbar sind, und auf diese Weise die Schemata umwandeln. Kurz, *Argumente und Diskussionen ändern Meinungen meistens nicht unmittelbar und sofort, aber sie leiten langfristig die Erfahrungen,*

50 Vgl. Lévi-Strauss, Das wilde Denken, 1968.

die ihrerseits Meinungswandlungen herbeiführen. Bezieht man so die Einsichten der Ideologiekritik und der Gruppenpsychologie ein, so wandelt sich das rationalistische Verständnis der Diskussion in ein dialektisches, wenn man unter Dialektik versteht: Verwirklichung des Naturrechts im Prozeß geschichtlicher Erfahrung.

Ihren dialektischen Gang in diesem Sinne nimmt die Geschichte auch ohne parlamentarische Demokratie, dann aber auf langwierigen und blutigen Wegen über Souveränität und Revolution, Bürgerkrieg, Diktatur und Terror. Der Sinn der parlamentarischen Demokratie ist, *die geschichtliche Dialektik gewissermaßen an prozessuale Regeln zu binden*, die ihr Freiheit geben und zugleich ihre Friedlichkeit gewährleisten.

Die geistesgeschichtlichen Grundlagen des Parlamentarismus kann man also mit Ernst Troeltsch in der Naturrechtstradition finden, sofern man unter Naturrecht nicht einen feststehenden Normenkomplex versteht, sondern den *geschichtlichen Prozeß dialektischer Rechtfertigung*, die die relativ größte Chance der Verwirklichung der Gerechtigkeit im positiven Recht eröffnet.

§ 67. Fortschritt

Die geistesgeschichtliche Grundlage des Parlamentarismus ist also nicht «Diskussion», sondern «Dialektik», nicht die naiv-realistische Vorstellung, daß die Parlamentarier durch öffentliche Diskussion unmittelbar die Wahrheit finden, sondern die Übertragung des Gedankens des gerichtlichen Prozesses auf den politischen Prozeß der Gesetzgebung (oben § 60). Dialektik in diesem Sinne ist diejenige Ausprägung der europäischen Naturrechtstradition, die die Sackgasse des lebensfremden Systematisierens vermieden hat und wirklichkeitsbezogen geblieben ist. Dialektik unterscheidet sich von Diskussion u.a. durch die *Großräumigkeit und Langfristigkeit der Bewegungen der Vernunft in der Geschichte*. Sie macht erklärlich, weshalb Diskussionen und rechtfertigende Argumente sinnvoll sind, obwohl sie meistens nicht unmittelbar zu Ergebnissen und Einigungen führen. Langfristig tragen sie durch ihre Doppelfunktion der Schaffung von Problembewußtsein und der Infragestellung von Problemlösungen doch dazu bei, daß sich die Meinungsfronten, wenn auch nur langsam und schrittweise, verschieben. Die langfristige Tiefenwirkung der Diskussion ist natürlich nicht auf die parlamentarische Debatte beschränkt. Alle geistigen und politischen Strömungen in der Gesellschaft haben an ihr teil. Im Parlament, in dem eigens dafür bestellten *obersten Repräsentationsorgan*, gelangen nur die besonders vordringlichen und entscheidungserheblichen Gesichtspunkte in einem dialektischen, nach prozessualen Regeln festgelegten Verfahren im besonderen Maße zur Bewußtheit. Das Parlament treibt also den dialektischen Klärungsprozeß voran und setzt ihn in politische Entscheidungen um.

Insofern ist also das Parlament im besonderen Maße Motor des Fortschritts – allerdings unter der einen Voraussetzung, daß die Entscheidungen des

Parlaments die rechtlichen Verhältnisse nicht nur verändern und verschieben, sondern verbessern. Der Parlamentarismus ist so unmittelbar mit der *Erwartung des Fortschritts* verknüpft, daß sich ein Fortschrittspessimismus sehr häufig unmittelbar in antiparlamentarische, insbesondere in faschistisch-autoritäre Einstellungen umgesetzt hat. Deshalb ist die Frage wichtig, ob das Vertrauen eigentlich begründet ist, daß die durch das Parlament bewirkten Veränderungen, aufs Ganze gesehen, Verbesserungen mit sich bringen.

Sofern sich dieses Vertrauen mit der neuzeitlichen wissenschaftlichen, technischen und wirtschaftlichen Entwicklung verband, scheint es sich als eine große Illusion erwiesen zu haben. Wir stehen mit verhältnismäßig hoher Wahrscheinlichkeit vor einer ökologischen Katastrophe, vor globaler Hungers- und Wassersnot, vor einer Erschöpfung oder Verknappung und Verteuerung der Ressourcen, vor Bürgerkriegen und neuen Totalitarismen und möglicherweise über kurz oder lang auch vor neuen Kriegen. Angesichts dieser Perspektiven kann man von Fortschritt nur sprechen entweder unter dem ganz großen Gesichtspunkt der *Weltgeschichte* oder gar der Weltevolution, oder unter dem ganz beschränkten Gesichtspunkt der *Verfassungsgeschichte der Neuzeit,* nicht aber in der mittleren Perspektive, die die überschaubare Geschichte als eine Fortschrittsgeschichte in wissenschaftlicher, technischer, politischer und moralischer Hinsicht betrachtete.

Für Hegels Geschichtsphilosophie war allerdings eine eigentümliche Verknüpfung des universalgeschichtlichen und des verfassungsgeschichtlichen Fortschrittsaspekts charakteristisch. Die Weltgeschichte mit dem Aufstieg und Untergang von Kulturen, mit Revolutionen, Kriegen, Völkerwanderungen und Königsmorden hat in dem unübersehbaren Geflecht von Ursachen und Wirkungen dazu beigetragen, daß die Welt zu Hegels Zeiten so war, wie sie war, und hat also nicht nur nicht verhindert, sondern mittelbar mitbewirkt, daß es den *Code Napoléon* und das *Preußische Allgemeine Landrecht* gab. Indessen ist eine solche Fortschrittsauffassung nur rückblickend sinnvoll. Für die Zukunft kann man hoffen, daß der überlebenden Menschheit nach den möglicherweise bevorstehenden Katastrophen ein Neuanfang gelingen wird, der zu vernünftiger angelegten Kulturen führt und sich den Zielen der demokratischen Weltevolution weiter nähert.

Die Fortschrittsidee im Sinne des Parlamentarismus bezieht sich weder auf wissenschaftliche, technische und wirtschaftliche Entwicklung noch auf die universalgeschichtliche Evolution, noch auf die «Emanzipation» aus dem Recht einschließlich des Verfassungsrechts (dazu unten § 71), sondern auf die Annäherung des *Rechts* an die Gerechtigkeit. Sie orientiert sich an Erfahrungen z.B. mit der Humanisierung des Strafrechts: der Abschaffung der Folter, der Abschaffung der Todesstrafe, dem Ausbau der Rechtfertigungs- und Entschuldigungsgründe, der Unschuldsvermutung und anderen prozessualen Sicherungen. Solche und unzählige ähnliche Regelungen mußten in schweren Kämpfen errungen werden. Sie haben im positiven Recht gewissermaßen ein *Vernunftpotential angesammelt,* das die These erlaubt: Das Recht in den westlichen Verfassungsstaaten enthält heute unvergleichlich viel mehr

Vernunft, als jeder einzelne aufzubringen vermag. Denn es ist die Frucht von Argumenten, die auf der Auswertung von Erfahrung von unzähligen rechtlich relevanten Konflikten und Situationen erwachsen ist: Die Argumente haben sich nach vielen Umwegen und Mühen schließlich gegen Vorurteile und Leidenschaften durchgesetzt. Die normative Geltung der Rechtsnormen gewährleistet, daß sich die wiederauflebenden momentanen Leidenschaften an ihnen brechen, daß z.B. nicht ein grausiger Mord zu Todesstrafe, Lynchjustiz und Folter oder zur Aufweichung der strafprozessualen Beweisregeln führt. Die Verfahrensregeln des Parlamentarismus gewährleisten, daß eine Abänderung des Rechts nicht spontan, sondern in einem dialektischen Prozeß der Konfrontation von Argument und Gegenargument möglich ist. Daraus resultiert die Chance, daß Rechtsänderungen Rechtsverbesserungen und nicht Rückfälle in die Barbarei bedeuten.

Fortschritt in diesem Sinne ist also kein verläßlicher Automatismus, er ist *bedingt*. Zu seinen Bedingungen gehört erstens der schon institutionalisierte *Verfassungsstaat*, der ein Klima des inneren Friedens und damit die erste Voraussetzung gewährleistet, unter der der Mensch überhaupt bereit ist, auf Argumente zu hören, und die Freiheit schafft, Ungerechtigkeiten öffentlich anzuklagen und für Rechtsänderungen zu plädieren.

Eine zweite Bedingung des rechtlichen Fortschritts ist die *Bewahrung des schon Erreichten*. Nur wer auf dem schon Erreichten aufbaut, hat eine realistische Chance, praktisch zu wirken, während dem bloß idealistisch Postulierenden die Mittel zur Realisierung des Erstrebten fehlen, so daß er am Ende auf nichts verweisen kann als auf seine gute Absicht. Er trägt aber nicht nur zum wirklichen Fortschritt nichts bei, sondern befördert darüber hinaus sogar den Rückfall. Denn indem die bloß postulierende Sollens- oder Wertphilosophie die Tendenz erzeugt, das schon Erreichte aus dem Blick zu verlieren, zerstört sie eben dadurch den Willen, es zu bewahren, und beschwört damit die Gefahr herauf, daß es tatsächlich verlorengeht. Odo Marquard[51] spricht in diesem Zusammenhang von dem «Verleugnungszwang und Regressionseffekt des Sollensdenkens», den Hegel gefürchtet und dem er entgegenzuwirken getrachtet habe. Die Richtigkeit dieser Einsicht läßt sich durch geschichtliche Beispiele eindringlich belegen.[52]

Aber die Gegebenheit dieser Bedingungen garantiert den Fortschritt nicht, sondern eröffnet ihm nur eine *Chance*. Denn auch unter diesen Bedingungen werden viele Gesetze beschlossen, die sich später als unvernünftig, ungerecht, schädlich erweisen. Und doch ist im parlamentarischen Verfassungsstaat die Wahrscheinlichkeit, daß die Gesetze einen Fortschritt bringen, etwas größer als die Wahrscheinlichkeit eines Rückschritts. Wie läßt sich das erklären?

In der freien geistigen Auseinandersetzung hat das *bessere Argument eine*

---

51 Marquard, Hegel und das Sollen, in: Schwierigkeiten mit der Geschichtsphilosophie.

52 Eingehender zu diesem Thema Kriele, Die vermutete Vernünftigkeit unseres Rechts, in: Recht, Vernunft, Wirklichkeit, S. 471 ff.; und: Gesetzestreue und Gerechtigkeit in der richterlichen Rechtsfindung, in: Recht, Vernunft, Wirklichkeit, S. 519 ff.

etwas bessere Chance. Zwar überzeugen gute und schlechte Argumente gleichermaßen denjenigen, dessen Vorurteilen und Interessen sie zugute kommen. Anders läßt es sich nicht erklären, daß derjenige, der sich von der Wirtschaftspolitik einer Partei Vorteile verspricht, so häufig ohne jede Differenzierung auch deren Außenpolitik, Bildungspolitik, Rechtspolitik usw. verteidigt und die Politik der Gegenpartei bekämpft. Aber immerhin gibt es eine unabhängige und intelligente Mittelschicht von Bürgern, die zu differenzieren versteht und in verschiedenen Sachbereichen der einen oder der anderen Partei recht gibt. Wenn sich auch politische Meinungen weitgehend ideologisch auf Interessen zurückführen lassen, so trübt dieser Umstand zwar das reine Ideal der Vernunft erheblich, zerstört es aber nicht. Die geistige Natur des Menschen ist, wie die Natur überhaupt, hinfällig, aber nicht ohne die Kraft zur Erneuerung und Wiederbelebung.

Infolgedessen besitzt die Wahrheit eine gewissermaßen magische Fähigkeit, «einzuleuchten», die ihre Überzeugungskraft vom Interesse unabhängig macht. Dadurch reicht ihre Überzeugungskraft über den Kreis der an der Richtigkeit des Arguments unmittelbar Interessierten hinaus. Wenn das Interesse gegen die Überzeugungskraft des Arguments sehr stark ist, wenn man z.B. in einer parteipolitisch polarisierten Situation dem Gegner kein Zugeständnis machen will, so erzeugt das eine Bornierung, die die überzeugende Wirkung der Wahrheit blockiert. Man kann durch den Appell an bornierende Affekte alle Menschen eine Zeitlang und manche Menschen auf Dauer irreführen, aber nicht alle auf Dauer. *Im großen und ganzen behält die Wahrheit doch einen Überschuß an Überzeugungsfähigkeit.* Dieser Überschuß erzeugt zwar keinen schnellen und eklatanten Fortschritt. Aber er hat genügt, um das Recht, aufs Ganze gesehen, von zahlreichen Ungerechtigkeiten zu befreien, und er begründet die Zuversicht, daß sich das Recht auch weiterhin in Richtung auf die Gerechtigkeit bewegen wird, solange der Verfassungsstaat besteht und Frieden und Freiheit sichert.

§ 68. Mehrheit, Öffentlichkeit, Konventionalregeln

a) Warum Mehrheit?

Warum soll die Mehrheit entscheiden? Gibt es dafür einen einleuchtenden Grund, oder handelt es sich um eine beliebige Verfahrensregelung, die man getroffen hat, weil es überhaupt einer Entscheidungsregel bedarf, und die man ebensogut durch andere Regelungen ersetzen könnte? Man hat das Mehrheitsprinzip auf verschiedene Weise zu begründen versucht,[53] von denen zwei unser Interesse finden müssen.

Die einen sehen im Mehrheitsprinzip einen *Ersatz für das demokratische Identitätsprinzip.* Das Ideal erblickt man in der Identität von Herrschenden

53 Vgl. Berg, Democracy and the Majority Principle, Göteborg 1965, und Scheuner, Das Mehrheitsprinzip in der Demokratie, 1974.

und Beherrschten, die aber Einstimmigkeit voraussetzen würde. Da diese praktisch nicht zu erzielen sei, sollten so viele Menschen wie möglich in den Genuß der Selbstbestimmung kommen und so wenige wie möglich Fremdbestimmung erleiden. Wenigstens die Mehrheit solle die Freiheit haben, nach ihrem Gesetz zu leben.[54] Dieser Gesichtspunkt spielt heute, im demokratisierten Parlamentarismus, sicherlich eine Rolle. Er kann aber zumindest nicht allein ausschlaggebend gewesen sein. Denn das parlamentarische Mehrheitsprinzip ist älter als das demokratische Mehrheitsprinzip, es galt lange vor der Einführung des allgemeinen und gleichen Wahlrechts.

Die klassische Antwort des Parlamentarismus war vielmehr, daß die Mehrheitsentscheidung die verhältnismäßig größte Wahrscheinlichkeit für Vernunft und Gerechtigkeit bietet. Zwar kann niemand in strittigen Einzelfragen beurteilen und entscheiden, auf welcher Seite die Wahrheit liegt - er kann sich nur der einen oder der anderen Seite anschließen, da es im Prozeß des politischen Meinungskampfes keine Neutralität, sondern nur gewissermaßen nautische Positionen gibt und jeder gewissermaßen Partei ist (vgl. oben § 60). Aber wenn es richtig ist, daß das wahre Argument einen Überschuß an Überzeugungsfähigkeit gegenüber dem unwahren besitzt, dann folgt, daß die *Chance der Mehrheit, die Wahrheit zu gewinnen, aufs große und ganze gesehen etwas größer* ist als die Chance, die die Minderheit besitzt.

Diese Überlegung bleibt auch dann richtig, wenn die parlamentarische Diskussion die Mehrheiten nicht bildet und nicht verändert. Im Regelfall liegt die Verteilung von Mehrheit und Minderheit durch Wahl oder Koalitionsbildung fest, wie eine leere Hülse, die nur der inhaltlichen Füllung bedarf. Aber diese inhaltliche Füllung erfolgt aufgrund eines Verfahrens, das sich ebenfalls nach bestimmten dialektischen Regeln - wenn auch nicht nach formal festgelegten - *innerhalb der Mehrheit* abspielt, wobei jedoch die Minderheit sehr oft sowohl durch Argumente als mitunter auch durch politische Druckmittel auf diese Diskussion einzuwirken vermag. Wie stark diese Einwirkung ist, zeigt sich an der Tatsache, daß die Entscheidungen etwa des Deutschen Bundestages zu durchschnittlich neunzig Prozent einstimmig gefaßt werden. Ein abweichender Eindruck entsteht nur durch den Umstand, daß kontroverse Entscheidungen zu schärfer polarisierten Debatten führen und dadurch im öffentlichen Bewußtsein eine größere Rolle spielen.

Sowohl innerhalb der Mehrheit als auch innerhalb der Minderheit gelingt die Bildung der gemeinsamen Meinung nur in einem komplizierten dialektischen Prozeß. Im Anfang gibt es eine diffuse Vielfalt von Ansichten, Absichten, Vorstellungen, Vorurteilen und Ignoranzen. In Fraktionsarbeitskreisen und Koalitionsbesprechungen wird durch Diskussion und Kompromisse schrittweise die Einigkeit darüber hergestellt, welche Probleme relevant, vordringlich, entscheidungsbedürftig und entscheidungsreif sind und in welchem Sinne sie vernünftigerweise entschieden werden sollten, kurz, *Einigkeit über Relevanzen und zeitliche und sachliche Prioritäten.*

54 Zum Beispiel Robert Walther in: Veröffentlichungen der Vereinigung der Deutschen Staatsrechtslehrer, 29, 91, zustimmend Gerd Roellecke ebenda 99 f.

Die meisten Fragen erfordern Spezialwissen, Sachverstand und Engagement, die nur fruchtbar werden können, wenn die Arbeitsteilung und das ganze Geflecht von Solidarität, persönlicher Autorität und wechselseitigem Vertrauen funktioniert. Deshalb sind *Fraktionen unvermeidlich*. Je größer aber die Fraktionen, desto größer die Chance, daß partikulare Gesichtspunkte und Ungerechtigkeiten korrigiert werden. Also ist diese Chance bei der Mehrheit etwas größer als bei der Minderheit, allein schon verfahrensmäßig gesehen. Ein anderer Gesichtspunkt als der verfahrensmäßige aber steht uns nicht zur Verfügung, wenn wir die Geltung des Mehrheitsprinzips abstrakt und generell beurteilen wollen, unabhängig von Einzelfällen, die uns vor Augen stehen mögen und in denen uns die Minderheitenmeinung einleuchtender erscheinen mag. *Das Verfahren erhöht die Chance der Vernunft.*

Es ist *im politischen wie im gerichtlichen Prozeß:* Im standgerichtlichen Verfahren werden wahrscheinlich mehr ungerechte Urteile gefällt als im ordentlichen Gerichtsverfahren. Aber auch im ordentlichen Gerichtsverfahren gibt es ungerechte Urteile. Die Chance der Gerechtigkeit verbessert sich weiter, wenn dem Verurteilten eine zweite und dritte Instanz zur Verfügung stehen, wenn sich die Entscheidung im Einklang hält mit generellen Normen und ihrer Auslegung durch die ständige Rechtsprechung und wenn dieser Rechtsprechung in der öffentlichen und speziell auch in der rechtswissenschaftlichen Diskussion vorgearbeitet worden ist. Ähnlich im politischen Raum: eine Militärdiktatur oder ein sonstiges Souveränitätssystem ohne freie und offene Diskussion einschließlich der Systeme des «demokratischen Zentralismus» stehen auf dem gleichen Niveau wie im gerichtlichen Prozeß das militärische Standgericht.

Die Alternative zur Wahrheitsfindung durch Verfahren, die solche Systeme anzubieten haben, ist das *Wahrheitsbewußtsein kraft elitärer Anmaßung*. Man geht von dem Gedanken aus: «Was ist die Mehrheit? Die Mehrheit ist der Unsinn. Verstand ist stets bei wenigen nur gewesen» (Schiller). Indessen: Wer sind die wenigen, und *wer entscheidet* darüber, wer sie sind? Auf diese Fragen gibt es immer nur dieselbe Antwort: die Elite soll entscheiden. Wer ist die Elite? Die Elite sind wir selbst. Wer entscheidet die Frage, wer zur Elite gehört? Niemand kann darüber entscheiden außer uns selbst, weil nur die Elite die Fähigkeit besitzt, die Elite zu beurteilen.

Diese Logik überwindet zwar das Mehrheitsprinzip, aber zugleich auch den inneren Frieden. Denn kraft dieser Logik gibt es in der politischen Wirklichkeit eine *Pluralität von Eliten*. Die einen berufen sich auf den Marxismus, die anderen auf den Wirtschaftsliberalismus, die dritten auf die katholische Soziallehre usw. Die Frage, welche Elite sich durchsetzt, hängt dann allein davon ab, welche stärker und gewaltbereiter ist. Das parlamentarische Mehrheitsprinzip beruht demgegenüber nicht auf der materialen Qualifikation als Elite, sondern allein auf den Chancen für Vernunft und Gerechtigkeit, die mit den dialektischen Verfahren des parlamentarischen Prozesses gegeben sind.

b) Öffentlichkeit

Die Chancen bestehen nur, wenn sich die Parlamentsmehrheit an Sachgründen zu orientieren vermag; sie muß deshalb unabhängig von Mehrheitsmeinungen des Volkes sein. Andererseits gehört zur Demokratie, daß sich die Repräsentanten des Volkes dem Volk zu vermitteln vermögen und sich in ihren Gerechtigkeitsurteilen im großen und ganzen im Einklang mit demVolk halten, dem in den Wahlen das letzte Urteil darüber zusteht. Diesem Zweck dient die *Öffentlichkeit* des parlamentarischen Beratungs- und Entscheidungsprozesses. Auch der Sinn dieser Öffentlichkeit – nebst ihren Grenzen – läßt sich nur auf der Grundlage des dialektischen Naturrechtsverständnisses, das dem Parlamentarismus zugrunde liegt, verstehen. Wenn man Öffentlichkeit nämlich nur aus dem demokratischen Prinzip herleitet, so wird sie zu einem Mittel der Annäherung an das Identitätsprinzip. Sie führt dann in letzter Konsequenz zur Mitberatung und Mitentscheidung von möglichst vielen und bringt damit die Verfahren und das Mehrheitsprinzip um ihre Praktikabilität und um ihren Sinn, die Chancen der Gerechtigkeit zu verbessern. Nur dieser Sinn aber begründet und begrenzt zugleich das Prinzip Öffentlichkeit.

Es gibt eine breite Skala von *Formen der Öffentlichkeit.* Sie reicht von Formen unmittelbarer Demokratie über akklamierende oder schweigende Zuhörerschaft, über Berichterstattung durch Wortlaut- und Beschlußprotokolle, Beschreibung des wesentlichen Gangs der Verhandlungen, nachträgliche Begründungspflicht, Aufhebung der Vertraulichkeit generell oder in einzelnen Punkten bis zu genereller oder ausnahmsweiser Erlaubnis der Akteneinsicht.

Öffentlichkeit dient der *Repräsentation durch Transparenz der Entscheidungen,* nicht aber der unmittelbaren Teilhabe am Entscheidungsprozeß, wie die Theoretiker der Volkssouveränität meinen.[55] Sie kontrolliert die Einhaltung des Ethos der Repräsentation. Deshalb lassen sich mitberatende oder auch akklamierende Zuhörerschaft nicht rechtfertigen. Die Transparenz des Entscheidungsprozesses zwingt zur *Rechtfertigung der Entscheidungen* und erhöht damit die Chance der Verantwortbarkeit vor dem Common sense, festigt ihre demokratische Legitimität und kann wichtig für ihre Interpretation werden.

Diese Gründe, so gewichtig sie sind, sind aber mit *Gegengründen* abzuwägen: Die Sachlichkeit der Diskussion kann beeinträchtigt werden durch Verführung zu effekthaschender Rhetorik, durch Rücksicht auf partikulare Interessen oder diffuse Emotionen (Reden zum Fenster hinaus), durch Scheu vor dem Wagnis der Artikulation unausgereifter Erwägungen. Deshalb ist eine Differenzierung etwa zwischen Öffentlichkeit der Plenarverhandlung und Nichtöffentlichkeit der Ausschußverhandlung sinnvoll. Außerdem kann die Rücksicht auf au-

55 Eine normative Verbindlichkeit der «öffentlichen Meinung» wird in der heutigen Staatslehre (statt vieler: H. Krüger, Allgemeine Staatslehre, S. 453) und Politologie (ausführlich dazu L. Roos, Demokratie als Lebensform, 1969, S. 228 ff.) allgemein abgelehnt. J. Habermas (Strukturwandel der Öffentlichkeit, S. 242 ff.) spricht der verbandsmäßig organisierten Öffentlichkeit eine weitgehende politische Kontrollfunktion zu.

ßenpolitische, militärische, betriebliche oder private Interessen Vertraulichkeit erfordern.

Die Transparenz fordert *öffentliche Beratung* nur im gewählten Repräsentationsorgan des Volkes, im übrigen lediglich öffentliche *Rechtfertigung der Entscheidung*. Das kann, aber muß nicht durch Transparenz auch der Beratung geschehen. Da diese Transparenz aber die rechtfertigenden Gründe am deutlichsten sichtbar macht, ist die Begründungspflicht nach der Regel verteilt: soviel Transparenz wie möglich, soviel Vertraulichkeit wie nötig.[56] Angesichts gegenwärtiger Trends ist es aber angebracht zu betonen, daß oft gute Gründe die Vertraulichkeit nötig machen. Sich über sie hinwegzusetzen ist rücksichtslose Mißachtung z.B. außenpolitischer Interessen, verfassungsrechtlicher Kompetenzverteilung oder privater Rechtsgüter und ist deshalb nicht Ausweis demokratischer Gesinnung, sondern im Gegenteil Verletzung demokratischer Konventionalregeln.

Nur von dem Sinn und Zweck des Mehrheitserfordernisses, die Chancen für Wahrheit und Gerechtigkeit zu erhöhen, lassen sich auch die *Rechte der Minderheit* erklären, die dem Mehrheitsprinzip Grenzen setzen. Niklas Luhmann hat gezeigt, daß und wie Verfahren legitimieren (vgl. oben § 7), aber nicht, warum sie legitimieren. Nur wenn man annimmt, daß Verfahren die Chance der Wahrheitsfindung erhöhen, können auch die informellen Verfahren innerhalb der Mehrheitsfraktion das Mehrheitsprinzip legitimieren. Und nur von dieser Prämisse her lassen sich auch die *Grenzen des Mehrheitsprinzips* würdigen und verstehen, insbesondere die Regeln des *Minderheitenschutzes* und des Mitwirkungsrechts der Minderheit im Parlament und seinen Ausschüssen. Hält man das Mehrheitsprinzip nur für ein defizientes Identitätsprinzip oder gar nur für einen beliebigen Verfahrensmodus, so sind die Grenzen des Mehrheitsprinzips nicht zu erklären. Von der Basis des dialektischen Naturrechtsverständnisses aus erklären sie sich hingegen zwanglos daraus, daß auch sie dazu beitragen, die Chance der Wahrheitsfindung zu erhöhen. Denn diese Chance hängt von der freien Konfrontation von Argument und Gegenargument ab. Sie setzt also die Furchtlosigkeit der oppositionellen Minderheit und den Minderheitenschutz ebenso voraus wie ihre gesicherten Mitwirkungsrechte im politischen Meinungsbildungsprozeß.

c) Konventionalregeln

Nur von diesem naturrechtlichen Verständnis der dialektischen Gerechtigkeitsfindung her lassen sich auch die *Konventionalregeln* erklären, die der demokratische Prozeß erfordert: Ungeschriebene, nur durch das Ethos der Demokratie begründete Verhaltensregeln von Parlament und Regierung.

Beispiele für solche Konventionalregeln sind die Forderungen, daß keine Partei sich mit Begriffen identifiziert, die wie Staat, Nation und Demokratie

---

56 Das wird in der politologischen Literatur oft zu wenig differenziert, vgl. die Ausführungen bei L. Roos, Demokratie als Lebensform, S. 223–239.

das politische Ganze bezeichnen, daß auch die parlamentarisch nicht repräsentierte Opposition bis zur Toleranzgrenze organisierter Verfassungsfeindlichkeit respektiert wird, daß die Minderheit in Ausschüssen und Wahlorganen anteilig repräsentiert wird, daß Rechtfertigung nicht durch Nötigung, Einschüchterung und Irreführung ersetzt wird, daß Vertraulichkeitsregeln nicht verletzt werden, auch wenn dies nicht strafbar ist, daß Geheimdienste nicht zur parteipolitischen Inlandsaufklärung oder zur Einmischung in die inneren Angelegenheiten anderer Länder oder gar zur Finanzierung von «destabilisierenden Maßnahmen» («destabilizing measures»: offizieller Ausdruck für die von der CIA und auch aus der Bundesrepublik finanzierten Fuhrunternehmerstreiks in Chile z. Zt. Allendes) mißbraucht werden, daß Regierungsmacht nicht zur Einschüchterung der Justiz benutzt wird, daß Parlamente und Gerichte nicht belogen werden, daß die Vertraulichkeitssphäre der Regierung nicht dazu ausgenutzt wird, um Verbrechen zu decken usw. Die Watergate-Affäre hat gezeigt, daß die Geltung der Konventionalregeln von einer intakten Presse gewährleistet werden kann, aber auch, daß die Geltung der Konventionalregeln von einer intakten Presse abhängt.

Konventionalregeln sind Grundregeln der politischen und gesellschaftlichen Sittlichkeit, nicht des Rechts. Sie beanspruchen Verbindlichkeit, auch wenn sie vor Gericht nicht durchsetzbar sind. Die Stabilität der Demokratie hängt letztlich, wie wir in der Weimarer Republik erfahren haben, vom politischen Klima ab, insbesondere also davon, daß die Konventionalregeln der Demokratie öffentliche Geltung behalten, daß, m.a.W., undemokratisches Verhalten als unehrenhaft gilt.

Vom Standpunkt des rationalistischen Repräsentationsbegriffs aus müßten die Konventionalregeln Ähnlichkeit mit den Regeln des wissenschaftlichen Austauschs haben, vom Standpunkt der pluralistischen Demokratietheorie aus müßten sie den Marktregeln vergleichbar sein. In Wirklichkeit ähneln sie eher den Regeln des juristischen Prozesses und laufen hinaus auf *Respektierung von Parteirollen und Verfahrensregeln* des demokratischen Prozesses und damit auf Achtung der gemeinsamen Verfassungsbasis.

Es ist wichtig, daß das Verdikt «*undemokratisch*» jedenfalls aus offiziellem Mund nicht leichtfertig mißbraucht und abgenutzt wird. Andererseits muß es aber auch mit der nötigen Entrüstungsschärfe und Öffentlichkeitsbreite dort angewandt werden, wo Konventionalregeln verletzt werden. Die Bezeichnung und Präzisierung dieser Regeln ist deshalb eine wichtige Aufgabe der Staatslehre. Diese muß sich dabei von folgenden Gesichtspunkten leiten lassen: Die Regeln dürfen nicht überfordern, sie müssen nötig sein, um die Demokratie als Staatsform zu stabilisieren, und sie müssen, unabhängig vom konkreten Anlaß, der ihre Erforderlichkeit bewußtmacht, unparteilich gelten können.

3. Kapitel: Das Alternativkonzept: Identität von Herrschenden und Beherrschten

§ 69. «Volkssouveränität»

Zwei Ergebnisse des II. Teils über den Verfassungsstaat lassen sich in den Sätzen zusammenfassen: 1. Im Verfassungsstaat kann es *keinen Souverän* geben. 2. Nur wenn es keinen Souverän gibt, gibt es eine verläßliche, auf *Menschenrechten* und nicht nur auf Toleranz beruhende Freiheit.

Wenn diese Sätze richtig sind, so ergibt sich aus ihnen eine Folgerung von großer Tragweite: Nur wo die Freiheit auf Menschenrechten und nicht nur auf Toleranz beruht, kann es *Demokratie* geben. Anders gewendet: Politische Selbstbestimmung setzt die Menschenwürde des furchtlosen, aufrechten Ganges voraus. Denn wer in Angst vor dem Belieben der Herrscher das Rückgrat krümmen muß, ist offenbar nicht selbst der Herrscher.

Ohne rechtlich gesicherte Freiheit lebt er in Unsicherheit und Furcht: er muß auf die jeweiligen Wünsche des jeweiligen Machthabers schielen und sich ihnen anpassen, wenn er nicht willkürliche Verhaftung, Verschleppung, Ausweisung, Folter und Ermordung riskieren will. Demokratie als politische Selbstbestimmung des Volkes hängt ab von der Selbstbestimmung der Mitglieder des Volkes. Wer vom Selbstbestimmungsrecht der Völker spricht, ohne das bürgerliche und politische Selbstbestimmungsrecht des Menschen einzuschließen und vorauszusetzen, betrügt sich und andere. Er meint dann in Wirklichkeit die Fremdbestimmung des Volkes durch eine Parteiführung oder sonstige Herrschaftselite, die sich als Repräsentantin des Volkes ausgibt, ohne dazu demokratisch legitimiert zu sein.

Demokratie kann es also nur geben im Rahmen von rechtlichen Regeln, die die ständig sich erneuernde demokratische Meinungs- und Willensbildung offenhalten, so daß jeder Bürger gleiche und freie Chancen auf Mitwirkung an der Gestaltung der öffentlichen Verhältnisse hat. Deshalb gehören zur Demokratie die Pluralität und Gründungsfreiheit der Parteien, die demokratische Struktur der Parteien (Art. 21 I GG), die Chancengleichheit der Parteien (Art. 3 I) und die Grundrechte auf Vereinigungsfreiheit (Art. 9), auf Meinungs-, Presse- und Wissenschaftsfreiheit (Art. 5), auf Petitionen (Art. 17) und in weiteren Zusammenhängen alle politischen und bürgerlichen Rechte.[1] Deshalb hat die Demokratie die bürgerlichen und politischen Rechte zur Voraussetzung, die ihrerseits die Gewaltenteilung zur Voraussetzung haben. Ohne Gewaltenteilung keine Rechtsbindung des Staates, ohne Rechtsbindung des Staates keine gesicherte Freiheit. Ohne gesicherte Freiheit aber können die im Volk lebendigen Meinungen, Interessen und sittlichen Werturteile nicht

1 Vgl. dazu die Allgemeine Erklärung der Menschenrechte von 1949 und den Pakt über bürgerliche und politische Rechte von 1968, abgedruckt bei: Kriele, Die Menschenrechte zwischen Ost und West.

zur politischen Geltung kommen. Herrscht aber nicht das Volk, so besteht keine Demokratie.

Darüber hinaus bedarf die Demokratie rechtlicher Organisations- und Verfahrensregeln, etwa über die gesetzgebenden Körperschaften, ihre Bildung und Zusammensetzung (z.B. Wahlrecht), ihr Zusammenwirken, die Rechte und Pflichten ihrer Mitglieder, die Zusammensetzung und Kompetenzen ihrer Unterorgane (Ausschüsse), die Öffentlichkeit oder Nichtöffentlichkeit ihrer Beratungen, das Rederecht, die Redezeit, das Quorum, die erforderlichen Mehrheiten (absolute, relative, einfache, qualifizierte), die Abstimmungsmodalitäten, die Voraussetzungen des Inkrafttretens ihrer Beschlüsse usw.

Man kann also nicht etwa so, wie man die konstitutionelle von der absolutistischen Monarchie unterschied, eine konstitutionelle von einer absolutistischen Demokratie unterscheiden. Eine absolutistische Demokratie ist unmöglich, ein Widerspruch in sich. Absolutistisch herrschen heißt: nicht ans Recht gebunden sein, nicht unter, sondern über dem Recht stehen. Ohne Rechtsbindung fehlen nicht nur die bürgerlichen und politischen Rechte, die die Demokratie erst möglich machen. Ohne Rechtsbindung läßt sich auch ein demokratisches Entscheidungsverfahren nicht organisieren.

Ein absoluter Monarch ist präsent und handlungsfähig, nicht aber das Volk als solches: dieses wird politisch erst handlungsfähig mittels rechtlich verbindlicher Organisation.

Wegen dieser Angewiesenheit der Demokratie auf bürgerliche und politische Rechte und auf eine verfassungsrechtliche Organisation kann die Demokratie nicht das Fundament des demokratischen Verfassungsstaates bilden. Sie hat vielmehr eine rechtlich verbindliche Verfassung schon zur Voraussetzung. Wenn wir in diesem Sinne von Demokratie sprechen, so meinen wir nicht den einmaligen, ursprünglichen Akt der Verfassungsschöpfung, sondern die ständige und fortdauernde politische Organisationsform, m.a.W. nicht den pouvoir constituant, sondern den pouvoir constitué. Dem demokratischen Verfassungsstaat kann oder muß je nach der historischen Situation ein revolutionärer Akt der Verfassungsschöpfung vorausgehen, sei es in der Gestalt von Wahlen zu einer Versammlung, die durch diese Wahlen zur Verfassunggebung ermächtigt ist, sei es durch eine Volksabstimmung über einen Verfassungsentwurf. Auch diese beiden Formen der Betätigung des pouvoir constituant bedürfen einer vorläufigen Organisation und der Anerkennung ihrer Verbindlichkeit als legitim durch das Volk. Der pouvoir constituant erschöpft sich aber in der Verfassunggebung und hebt sich damit auf: fortan gilt als rechtlich legitim nur noch die auf diese Weise verbindlich zustande gekommene Verfassung. Deshalb ist es eine für die Zukunft der Demokratie gefährliche Irreführung, den Begriff der Demokratie allein auf den pouvoir constituant zu beziehen, wie es die meisten der sogenannten revolutionären Befreiungsbewegungen tun: das Volk ist nicht schon durch Entkolonialisierung oder sonstige Abschüttelung von Fremdherrschaft befreit, wenn dies in eine neue Form der Despotie mündet. Es ist nur befreit, wenn der pouvoir constituant eine Verfassungsorganisation mit Gewaltenteilung, bürgerlichen und politischen Menschenrechten und Demokratie schafft. Nur ein so verstandener Begriff der «Befreiung» steht in der Tradition der politischen Aufklärung.[2]

Kurzum: Demokratie setzt einen Verfassungsstaat voraus, in dem es keinen Souverän gibt (vgl. o. § 31).

Diese Schlußfolgerung weckt jedoch Zweifel: Man könnte einwenden, wo es keinen Souverän gebe, gebe es auch keine *Volkssouveränität,* und wo es keine Volkssouveränität gebe, gebe es keine Demokratie. Die Volkssouveränität ist in der Tat fester Bestandteil des demokratischen Selbstverständnisses in den westlichen Verfassungsstaaten. So rechnet z.B. das Bundesverfassungsgericht zu den grundlegenden Prinzipien der freiheitlich demokratischen Grundordnung im Sinne des Grundgesetzes folgende:

> «... die Achtung vor den im Grundgesetz konkretisierten Menschenrechten, vor allem vor dem Recht der Persönlichkeit auf Leben und freie Entfaltung, die *Volkssouveränität,* die Gewaltenteilung, die Verantwortlichkeit der Regierung, die Gesetzmäßigkeit der Verwaltung, die Unabhängigkeit der Gerichte, das Mehrparteienprinzip und die Chancengleichheit für alle politischen Parteien mit dem Recht auf verfassungsmäßige Bildung und Ausübung einer Opposition.»[3]

Die Volkssouveränität gehört also dazu.

Widersprechen sich aber nicht die beiden Sätze: Demokratie setzt den Verfassungsstaat voraus, in dem es keinen Souverän gibt, und: Demokratie setzt die Volkssouveränität voraus? Wie läßt sich der Widerspruch auflösen?

Zunächst einmal: *Innerhalb* des Verfassungsstaates gibt es keinen Souverän; das sagt auch das Bundesverfassungsgericht, indem es zu den Prinzipien des Verfassungsstaates die Menschenrechte, die Gewaltenteilung, die Verantwortlichkeit der Regierung, die Gesetzmäßigkeit der Verwaltung, die Unabhängigkeit der Gerichte usw. rechnet. Diese Prinzipien sind nicht nur unvereinbar mit einem Souverän, sondern seine Negation schlechthin. Ein Souverän könnte sie alle durchbrechen: Er ist durch keine Menschenrechte gebunden, er zentralisiert die Gewalt in seiner Hand, er ist niemand verantwortlich, kann Gesetze aufheben oder durchbrechen, Richter anweisen oder absetzen usw. Das Bundesverfassungsgericht bestätigt also selbst, daß es innerhalb des Verfassungsstaates keinen Souverän gibt.

Volkssouveränität kann dann also nicht die Kompetenz des Volkes zu beliebigen Entscheidungen sein. Sie bedeutet vielmehr: Der Verfassungsstaat selbst und alle durch ihn organisierten Gewalten führen ihre Legitimität auf die Entscheidungsgewalt des Volkes zurück. Diese Feststellung enthält zwei Elemente:

Zunächst liegt ihr der in der Französischen Revolution geprägte Unterschied von *«pouvoir constituant»* und *«pouvoir constitué»* zugrunde, von verfassunggebender Gewalt und verfaßter Gewalt. Der «pouvoir constituant» liegt beim

---

2 Eingehend: Kriele, Befreiung und politische Aufklärung, 2. Aufl. 1986; Freiheit und „Befreiung", in: Recht, Vernunft, Wirklichkeit, S. 204 ff.

3 BVerfGE 2, 13

Volk: Volkssouveränität bedeutet zunächst die Souveränität, über die Verfassung zu entscheiden. Sie erschöpft sich im Akt der Verfassunggebung und ist alsdann, bis zu erneuter Verfassunggebung, in der Verfassung aufgehoben: «pouvoir constitué».

Sodann unterscheidet die demokratische Verfassung zwischen *Trägerschaft* und *Ausübung* der Staatsgewalt. So heißt es in der französischen Verfassung von 1791:

> «Die Nation, von der alle Gewalten ausgehen, kann sie nur durch Übertragung ausüben.»

Volkssouveränität in diesem Sinne bedeutet also «Innehabung» oder «Trägerschaft» der Staatsgewalt. Aber auch diese Trägerschaft ist in der Verfassung aufgehoben: *Innerhalb* des Verfassungsstaates gibt es nur *Kompetenzen,* und auch das Volk besitzt nur die verfassungsrechtlich vorgesehenen Kompetenzen.

Diese beiden Grundentscheidungen finden ihren Niederschlag in allen seitherigen demokratischen Verfassungen. So heißt es z.B. im Grundgesetz:

> Präambel: «... hat das deutsche Volk in den Ländern Baden, Bayern usw. ... kraft seiner verfassunggebenden Gewalt das Grundgesetz der Bundesrepublik Deutschland beschlossen.»

Das Grundgesetz erkennt also an, daß der «pouvoir constituant» beim Volk liegt, und erkennt insofern die Volkssouveränität an.

> Art. 20 Abs. II: «Alle Staatsgewalt geht vom Volke aus. Sie wird vom Volke in Wahlen und Abstimmungen und durch besondere Organe der Gesetzgebung, der vollziehenden Gewalt und der Rechtsprechung ausgeübt.»

Volkssouveränität heißt also nicht, daß das Volk die Gewalt *ausübt,* sondern daß die Gewalt, die geteilt ist und von verschiedenen Verfassungsorganen ausgeübt wird, vom Volke «ausgeht». Innerhalb des Verfassungsstaates sind auch dem Volke nur bestimmte Kompetenzen und Rechte zugewiesen, nämlich zu Wahlen und Abstimmungen, zur Mitwirkung in Parteien, Vereinigungen und Versammlungen, zu Petitionen, zur Bildung der öffentlichen Meinung usw.

Für den Verfassungsstaat bedeutet Volkssouveränität also, daß der *«pouvoir constituant» und die Trägerschaft der Staatsgewalt* beim Volke liegen. Da sich der Begriff der Volkssouveränität in diesen beiden Elementen erschöpft, ist Volkssouveränität ohne weiteres vereinbar mit dem Satz, daß es innerhalb des Verfassungsstaates keinen Souverän gibt. Die Volkssouveränität tritt unmittelbar nur am Anfang oder am Ende des Verfassungsstaates auf, bei seiner Konstituierung und bei seiner Abschaffung.

Die Volkssouveränität kann also die Freiheit und damit die Demokratie konstituieren. Wo sich, wie auf dem *europäischen Kontinent* im 17. und 18. Jahrhundert, die monarchische Souveränität durchgesetzt hat, konnte *der Ver-*

fassungsstaat nur durch die Inanspruchnahme der Souveränität des Volkes und seiner verfassunggebenden Gewalt geschaffen werden.

Der *demokratische Souverän* gibt, indem er vom «pouvoir constituant» Gebrauch macht, seine Souveränität auf. Er ist *nicht mehr unmittelbar handlungsfähig*. Er ist als politischer Faktor nur latent vorhanden: Er tritt erst wieder in Funktion, wenn der Verfassungsstaat zusammenbricht. Man kann auch sagen: Die demokratische Souveränität ruht, solange der Verfassungsstaat besteht.

Anders der *monarchische Souverän*. Wenn er eine Verfassung erläßt, so bleibt er doch Verfassungsorgan, und zwar in aller Regel das mächtigste Organ im Staate, insbesondere als Chef der Exekutive. Er zieht sich nicht, wie der Volkssouverän, nach Erlaß der Verfassung zurück, sondern bleibt stets *präsent und handlungsfähig*. Zwar hat er als Organ innerhalb des Verfassungsstaates nur bestimmte Kompetenzen. Aber da er den «pouvoir constituant» besitzt, kann er die Kompetenzen jederzeit ändern, aufheben oder auch durchbrechen.

Es gibt Theorien der Demokratie, die den Volkssouverän nach dem Modell des monarchischen Souveräns konstituieren, die gewissermaßen nur *den Monarchen durch das Volk ersetzen*. Die Volkssouveränität ruht nicht, sondern der Volkssouverän bleibt ständig präsent und handlungsfähig. Damit ist das Wesen des Verfassungsstaates in seinem Kern verneint. Das ist das Staatsmodell Rousseaus. Es ist dasselbe wie das von Hobbes, nur daß der Herrscher «den Namen gewechselt, an absoluter, unwiderstehlicher Macht hingegen noch bedeutend gewonnen hat» (Georg Jellinek[4]).

Zwar ist auch trotz der Präsenz und Handlungsfähigkeit des Volkssouveräns eine Verfassung möglich, ebenso wie sie in der absolutistischen Monarchie möglich ist. Sie ist sogar nötig, weil der Volkssouverän praktisch nur durch parlamentarische Vertreter handeln kann und deshalb nur durch eine irgendwie verfaßte Organisation politisch handlungsfähig wird. Aber ebenso wie der monarchische Souverän steht der Volkssouverän bzw. sein oder seine Vertreter nicht in oder unter der Verfassung, sondern über ihr. Das bedeutet praktisch, daß der Volkssouverän ebenso wie der monarchische Souverän *die rechtlichen Realbedingungen der individuellen Freiheit durchbrechen* oder aufheben kann, womit er zugleich die *Realbedingung der Demokratie selbst aufheben* würde. Hingegen hebt sich im demokratischen Verfassungsstaat die Volkssouveränität selbst auf, gewährleistet so Freiheit und Menschenwürde und schafft gerade dadurch die Voraussetzung für die Demokratie.

Der Verfassungsstaat ist nur eine notwendige, keineswegs eine hinreichende Bedingung der Demokratie. Verfassungsstaaten können mehr oder weniger demokratisch sein. Der auf «pouvoir constituant» und Trägerschaft der Staatsgewalt beschränkte Begriff der Volkssouveränität macht einen Verfassungsstaat noch nicht zum demokratischen Verfassungsstaat. Zum demokratischen Verfassungsstaat gehört darüber hinaus die Volksherrschaft, die allerdings

---

4 Die Politik des Absolutismus und die des Radikalismus (Hobbes und Rousseau), in: Ausgewählte Schriften und Reden, 1911, 2. Bd., S. 3 ff., 15.

keine souveräne Herrschaft ist. Volksherrschaft manifestiert sich unter anderem in der freien und gleichen Wahl, in der Prärogative der gewählten Körperschaft, insbesondere in der Gesetzesbindung aller Staatsorgane, in den staatsbürgerlichen Mitwirkungsrechten und anderem mehr. Aber anders herum gilt: Ohne Verfassungsstaat keine Demokratie.

§ 70. Identität und Freiheit

In der Staatslehre und der politischen Rhetorik gibt es einen alternativen Begriff der Demokratie: Demokratie bedeute «Identität von Herrschenden und Beherrschten» (z.B. Carl Schmitt). In einer solchen Demokratie sei das Volk souverän, präsent und handlungsfähig und beherrsche sich selbst. Aus diesem Ansatz ergeben sich zahlreiche theoretische und politische Auseinandersetzungen und Mißverständnisse. Insbesondere entstehen Legitimitätsprobleme dann, wenn man *den demokratischen Verfassungsstaat von den Prinzipien der Identität von Herrschenden und Beherrschten her interpretiert*. Der dadurch entstehende Prinzipienwiderspruch führt nicht nur zu theoretischen Verwirrungen und Unerklärlichkeiten, sondern mitunter auch in eine revolutionäre Dynamik, die auf die «Vollendung der Demokratie» und das heißt in diesem Sinne: auf die Umwandlung des demokratischen Verfassungsstaates in eine «wahre Demokratie» zielt und auf dem Wege dorthin die Realbedingungen jeder Art von Demokratie in Frage stellt. Für den Versuch, Klarheit und Überblick über die theoretischen und politischen Probleme zu gewinnen, kann es hilfreich sein, die beiden Grundtypen zunächst in idealtypischer Reinheit einander gegenüberzustellen.

Bei der *«Identität von Herrschenden und Beherrschten»* handelt es sich um ein Ideal, einen theoretischen Grenzfall, dessen praktische Unmöglichkeit für die modernen Flächenstaaten allgemein anerkannt wird. Dieser Grenzfall macht lediglich die «Idee der permanenten Volkssouveränität» anschaulich, die in einer Zielvorstellung, einer Hoffnung, einer Forderung besteht, nämlich: *soviel Identität wie möglich*. Schranken ergeben sich nur aus der praktischen Undurchführbarkeit. Parlamentarische Repräsentation, Gewaltenteilung, verfassungsmäßige Kompetenzzuweisung usw. werden nur mit dem Argument akzeptiert, daß die praktischen Erfordernisse sie erzwingen. Die Institutionen des demokratischen Verfassungsstaates gelten als *Ersatz* für die praktisch unerreichbare Identitätsdemokratie.

Demgegenüber ist der *demokratische Verfassungsstaat* nichts anderes als der *parlamentarische Verfassungsstaat,* der von der Idee der *Volksherrschaft* mehr und mehr durchdrungen und verändert worden ist: Die Volksherrschaft ist die logische Konsequenz der naturrechtlichen Konstitutionsprinzipien des parlamentarischen Verfassungsstaates, eine Konsequenz, die jedoch gegen traditionale Widerstände erst durchgesetzt werden mußte. Dieser Kampf erzwang einerseits die Anerkennung der Volkssouveränität im Sinne von «pouvoir constituant» und «Trägerschaft der Staatsgewalt». Er schlägt sich andererseits in einer Reihe von Reformen nieder, die jedoch nur bis zu der Grenze gehen, von der an ein Mehr an Volksherrschaft die Prinzipien des parlamentarischen Verfassungsstaates selbst in Frage stellen würde.

Unter dem demokratischen Verfassungsstaat verstehen wir, anders gewendet, den parlamentarischen Verfassungsstaat, der demokratisiert worden ist. *Demokratisierung des Verfassungsstaates* bedeutet die Ergänzung des Prinzips der Freiheit um das Prinzip der *Gleichheit*, insbesondere also Einführung des allgemeinen und gleichen Wahlrechts, Entwicklung eines in sich demokratischen Parteiensystems, Ausbau der politischen Mitwirkungsrechte in Parteien, Vereinigungen, Selbstverwaltungsorganen, öffentlicher Meinungsbildung, ferner allgemeine Sicherung der Realbedingungen der Freiheit *(Sozialstaatsprinzip)*, Abwendung von gesellschaftlicher Machtakkumulation oder ihre demokratische Kontrolle usw. Das Gleichheitsprinzip soll gewährleisten, daß das Volk und nicht ein Teil des Volkes die Staatsgewalt innehat und daß die Organe des Staates, insbesondere das Parlament, die Staatsgewalt in *Vertretung, im Dienst und im Interesse des Volkes* und nicht eines Teils des Volkes ausüben. Der Kern der demokratischen Legitimation ist die regelmäßig wiederkehrende Wahl, die Prärogative des gewählten Gesetzgebers und die Gesetzesbindung aller Staatsorgane.

Die Tendenz zu weiterer Demokratisierung zielt z.B. auf kürzere Wahlperioden, auf unmittelbare Volkswahl nicht nur der Parlamente, sondern auch der Regierung, der Richter, der Funktionsinhaber in gesellschaftlichen Institutionen, auf das imperative Mandat, die Abrufbarkeit der Gewählten, die unbedingte Öffentlichkeit aller Beratungen über Entscheidungen von öffentlicher Relevanz, Volksbegehren und Volksabstimmungen bei der Gesetzgebung, allgemeine Wahlpflicht, Abschaffung des Föderalismus, Abschaffung der verfassungsgerichtlichen Kontrolle über die Gesetzgebung usw.

Einige dieser Forderungen wären mit den Prinzipien des parlamentarischen Verfassungsstaates vereinbar. Ihre Zurückweisung erfolgt nicht, weil diese Prinzipien auf dem Spiel stünden, sondern weil die praktische Durchführung dieser Forderungen unzweckmäßig erscheint oder gar auf unübersteigbare Schranken stößt. Zumindest der letztere Einwand wird auch vom Standpunkt der Identitätsdemokratie aus grundsätzlich anerkannt.

Indessen sind unter diesen Forderungen einige, die – ob sie nun praktisch durchführbar sind oder nicht – vom Standpunkt des demokratischen Verfassungsstaates aus prinzipiell zurückgewiesen werden, weil sie die institutionellen Bedingungen der Freiheit und damit der Realbedingungen der Demokratie in Frage stellen. Maximum und Optimum fallen nicht zusammen: «Mehr Identität» bedeutet nur bis zu einer gewissen Grenze «mehr Demokratie». Dann stellt sich das ein, was Hegel als *dialektischen Umschlag von der Quantität in die Qualität* beschrieben hat: *Mehr Identität bedeutet dann Aufhebung der Realbedingungen der Demokratie.*

Die kritische Frage, an der sich die Geister scheiden, ist, ob es diesen dialektischen Umschlag von mehr Identität in weniger Demokratie wirklich gibt oder nicht. Vom Standpunkt der Theorie der *Identitätsdemokratie* aus scheint das zweifelhaft. Den Kern dieser Theorie bildet die Annahme, daß Identität von Herrschenden und Beherrschten und Freiheit dasselbe seien. Daraus folgt die Hypothese: *Je mehr Identität, desto mehr Freiheit.* Trifft das zu? Die Begründung für diese Annahme ist einfach: Identität von Herrschenden und Beherrschten sei schließlich nur eine andere Formel für Fehlen von Fremdherrschaft. Das Ideal sei Selbstbestimmung und Abwehr von Fremdbestimmung. Die tatsächlich überall vorhandene Fremdbestimmung im Staat wird interpretiert als Notbehelf, als Übergangsmaßnahme, als Kompromiß mit prinzipiell überwindbaren Notwendigkeiten. Man erwartet Freiheit nicht von der rechtlichen Einbindung der Herrschaftsinstitutionen, sondern von ihrer Überwindung und damit von der Abwesenheit der Fremdbestimmung überhaupt.

Demgegenüber beruht die Theorie des *demokratischen Verfassungsstaates* auf der Annahme, daß es immer und überall unvermeidlicherweise Herrschende und Beherrschte, also Regierende und Regierte, Gesetzgeber und Gesetzesdurchsetzung geben muß. *Freiheit beruht dann nicht auf der Überwindung, sondern auf der qualitativen Umgestaltung der Herrschaftsinstitutionen* so, daß sie das Optimum an Freiheit ermöglichen, also in erster Linie durch Zurückweisung jedes Souveränitätsanspruchs, durch Menschenrechte und deren institutionelle Sicherung in materiellen Rechtssätzen, in Institutionen der Gerichtsverfassung, der richterlichen Unabhängigkeit und des prozessualen Verfahrens usw.

Diesen beiden Freiheitsbildern entsprechen zwei verschiedene *Geschichtsphilosophien*, die auf die Frage antworten: Erwächst der Fortschritt aus der Überwindung oder der Verbesserung der rechtlichen Institutionen? *«Fortschritt» im Sinne der Identitätsdemokratie* bedeutet Vergrößerung des Freiheitsraums durch «Emanzipation aus gesellschaftlichen Zwängen und Herrschaftsverhältnissen», zu denen nicht nur die Institutionen des Staates, sondern auch die des Verfassungsstaates und letztlich auch die des demokratischen Verfassungsstaates gerechnet werden.

«Fortschritt» im Sinne des demokratischen Verfassungsstaates bedeutet demgegenüber Entwicklung der Institutionen in Richtung auf Frieden, Freiheit und Gerechtigkeit: Frieden wird vom Staat, Freiheit vom Verfassungsstaat und Gerechtigkeit vom demokratischen Verfassungsstaat erwartet. Die Demokratisierung des Verfassungsstaates bedeutet, die Realbedingungen der Freiheit *jedem gleich* zugute kommen zu lassen. Demokratisierung ergänzt das Prinzip der Freiheit um das Prinzip der Gleichheit. *Gleichheit bedeutet «Freiheit für alle»* und bringt damit in der Tat einem großen Teil des Volkes erst die Freiheit. Aber sie tut dies weder durch Neuschaffung noch durch Abschaffung, sondern durch die Ausweitung und Ergänzung von im Verfassungsstaat schon angelegten freiheitsschützenden Institutionen. Diese Institutionen waren ungerecht, insofern die durch sie geschützte Freiheit nicht allen gleich zugute kam. Die *Demokratisierung* fügt der Idee der Freiheit die der *Gerechtigkeit* hinzu.[5]

---

5 Zu diesen beiden Denkmodellen, ihren Wurzeln und ihren Konsequenzen vgl. Kriele, Befreiung und politische Aufklärung, 2. Aufl. 1986.

Der Klassiker der Identitätsdemokratie, *Jean-Jacques Rousseau*, unterschied zwar im Ansatz Freiheit durch Freiheitsschutz und *Freiheit durch Selbstbestimmung*. Das Problem, das der Gesellschaftsvertrag zu lösen habe, formulierte er so:

«Es ist eine Gesellschaftsform zu finden, die mit der ganzen gemeinsamen Kraft die Person und das Eigentum eines jeden Mitglieds schützt und verteidigt» (Freiheit durch Freiheitsschutz) «und in der jeder, obwohl er sich mit allen zusammenschließt, dennoch nur sich selbst gehorcht und ebenso frei bleibt wie vorher» (Freiheit durch Selbstbestimmung).[6]

Doch nahm er an, daß sich das Problem des Schutzes der individuellen Freiheit durch die Herstellung der Identität von Herrschenden und Beherrschten *von selbst erledigen* würde:

«Diese Bedingungen ... lassen sich auf eine einzige zurückführen, nämlich auf die vollständige Hingabe jedes Mitglieds mit allen seinen Rechten an die ganze Gemeinschaft. Denn da sich jeder ganz hingibt, ist die Bedingung erstens für alle gleich, und niemand kann ein Interesse daran haben, sie für den anderen drückend zu machen ...».

Diese Annahme ist abstrakt in dem Sinne, daß die Erfahrung, das konkrete, wirkliche Leben in der Geschichte und in der aktuellen Politik ihr nicht entsprechen. Die Abschaffung der Freiheit durch Wahlen (wie z.B. 1933) und der Terror im Namen der Demokratie haben viele Ursachen, Motive und Gründe, auf die einzugehen sein wird. An dieser Stelle sei nur vermerkt, daß Rousseau selbst seiner Prämisse, Identität gewährleiste die Freiheit, mißtraute. Er meinte,

«daß keine Regierung in so hohem Maße Bürgerkriegen und Aufständen ausgesetzt ist wie die Demokratie oder Volksregierung, weil keine so stark und unaufhörlich nach Veränderung der Form drängt und keine mehr Wachsamkeit und Mut zu ihrer Erhaltung erfordert ... Gäbe es ein Volk von Göttern, würde es demokratisch regiert werden. Eine so vollkommene Regierung eignet sich nicht für Menschen.»[7]

Wenn Demokratie nur auf der Volkssouveränität und nicht auf den freiheitsschützenden Institutionen des Verfassungsstaates beruht, so folgt, daß der Volkssouverän auch die Souveränität besitzt, die Freiheit und damit die Demokratie selbst aufzuheben. Tut er das, so erscheint alsdann der undemokratische Zustand durch seine demokratische Entscheidung legitimiert.

So lautet z.B. einer der zentralen Sätze in der Verfassungslehre Carl Schmitts, des konservativen Kritikers der Weimarer Reichsverfassung: *«Eine Diktatur insbesondere ist nur auf demokratischer Grundlage möglich.»*[8] Auch die Systeme des «demokratischen Zentralismus» verstehen sich als Demokratien, und

6 Le Contrat Social, 1. Buch, 6. Kap.
7 Le Contrat Social, 3. Buch, 4. Kap.
8 Verfassungslehre, 3. Aufl., S. 237.

Lenin meinte, daß «nicht der geringste Widerspruch zwischen dem sowjetischen (d.h. dem sozialistischen) Demokratismus und der Anwendung der diktatorischen Macht einzelner Personen» bestehe.[9] Demokratie erscheint also auch möglich auf der Grundlage von Rechtsunsicherheit, Geheimpolizei, KZ, Folter, Emigrationsverbot und dementsprechend der Angst, des gekrümmten Rückgrats, des schrägen Blicks auf den Machthaber.

Dieser Demokratiebegriff ist keineswegs ungewöhnlich. Alle modernen Diktaturen von rechts und links behaupten von sich, Demokratien zu sein, mit unterschiedlichen Begründungen freilich, auf die zurückzukommen ist. Die konservative Skepsis gegenüber der Demokratie, die die Freiheit durch die Demokratie bedroht sieht, legt eben diesen Demokratiebegriff zugrunde und verkennt damit die Eigentümlichkeit des Demokratiebegriffs im demokratischen Verfassungsstaat.

Der Begriff der Demokratie ist so weit und umfassend, daß es mit ganz wenigen Ausnahmen heute keinen Staat der Welt gibt, der sich nicht als demokratisch legitimiert versteht. Angesichts der diffusen Vielfalt des Demokratiebegriffs ist es gewiß eine Frage der definitorischen Festlegung, wenn wir den Satz aufstellen: *Demokratie setzt Freiheit und deshalb den Verfassungsstaat voraus.* Aber diese definitorische Festlegung ist nicht willkürlich. Sie kann sich erstens auf den Wortsinn berufen: «Demokratie» bedeutet «Volksherrschaft», und das Volk kann nicht gleichzeitig herrschen und in Angst vor einem Herrscher leben. Sie kann sich zweitens auf die naturrechtliche Tradition der demokratischen Idee berufen, die von der Stoa bis zur Aufklärung stets Demokratie in untrennbarem Zusammenhang mit Freiheit und mit Menschenwürde sah. Und sie kann sich drittens auf die Verfassungsgeschichte berufen: Während sich vom 16. bis 18. Jahrhundert in Kontinentaleuropa der monarchische Absolutismus durchsetzte, standen die ersten Ansätze zu neuzeitlichen Demokratien in England und Amerika auf dem Boden der *Rule of Law*. Auch der Durchbruch der demokratischen Idee in Kontinentaleuropa in der *Französischen Revolution von 1789* bedeutete zunächst nichts anderes als die Gründung eines Verfassungsstaates auf der Grundlage der Menschenrechte.

Erst die «Zweite Revolution» vom 20. 8. 1792 richtete sich *gegen* den Verfassungsstaat. Mit ihr begann die neuere Geschichte einer Demokratie ohne Verfassungsstaat, und damit eine zweite Tradition der Demokratietheorie, in der sich der Begriff der Volkssouveränität von den Voraussetzungen des Verfassungsstaates gelöst hat. In dieser Tradition bedeutet Volkssouveränität mehr als «pouvoir constituant» und Trägerschaft der Staatsgewalt. Sie bedeutet z.B. Parlamentssouveränität, Wohlfahrtsdiktatur, Diktatur des Proletariats, plebiszitären Cäsarismus, plebiszitäre Gesetzgebung, Rätedemokratie usw.

Die entscheidende Frage für die Auseinandersetzung zwischen demokratischem Verfassungsstaat und Souveränitätsdemokratie geht um das Problem, ob die Volkssouveränität die Fesseln sprengt, die ihr der Verfassungsstaat

9 Lenin, Die nächsten Aufgaben der Sowjetmacht, AW II, S. 384.

angelegt hat. Und dies ist auch das geschichtliche Drama des 20. Jahrhunderts: Gelingt dem Prinzip Volkssouveränität der Ausbruch aus dem Verfassungsstaat? Immer wieder drängen sich die Fragen in den Vordergrund: Müßte nicht eigentlich der Souverän seine Souveränität ständig ausüben? Kann er sich mit rechtlich zugewiesenen Kompetenzen begnügen, ohne sich als Souverän in Frage zu stellen? Erweist sich Souveränität nicht in der ständigen und durch keine Verfassung aufhebbaren Fähigkeit, oberhalb von Kompetenzen und rechtlichen Begrenzungen zu stehen? Der Konfliktstoff, der in diesen Fragen aufgehäuft ist, beherrscht das große Drama der Auseinandersetzung um die Demokratie – und der letzte Akt des Dramas ist noch nicht gespielt.

§ 71. Selbstaufhebung der Identitätsdemokratie

Die Selbstaufhebung der Identitätsdemokratie ist keineswegs nur Theorie, sondern in der Geschichte mehrfach politische Wirklichkeit geworden. Die Theorie der Identitätsdemokratie eignet sich zur Rechtfertigung der Diktatur gerade deshalb, weil dieser Theorie nirgendwo auf der Welt eine Wirklichkeit entspricht. Vielmehr hat die Identitätstheorie den Charakter eines Ideals, einer Leitvorstellung, mit deren Hilfe verschiedene Wirklichkeiten interpretiert oder kritisiert werden können. Die Wirklichkeit besteht überall aus Institutionen, in denen es Herrschende und Beherrschte, Regierende und Regierte gibt. Die Identitätstheorie dient dazu, diese Institutionen als Kompromiß des Ideals mit allerlei Sachzwängen zu billigen oder zu verwerfen. Die radikalste Form solcher Kompromißtheorien entsteht, wenn man am Ideal konsequent festhält und es von der Wirklichkeit trennt: dann kann man die empirische Wirklichkeit uneingeschränkter Fremdbestimmung mit Hilfe des Ideals uneingeschränkter Selbstbestimmung rechtfertigen. Das ist die Konsequenz politischer Radikalität: Wenn die Identität zum ungetrübten Ideal gesteigert wird, dann erlaubt das, auch die machtstaatliche Wirklichkeit bis hin zum totalitären Terror zu steigern. Es gibt zwei Grundtypen dieser Radikalität:

Entweder wird die uneingeschränkte Identität als Fernziel in die Zukunft verlegt, oder sie steht als plebiszitäre Entscheidung für die Diktatur am Anfang des Machtstaates. Beide Konstruktionen lassen sich auch miteinander vereinigen. Diese beiden Typen der Rechtfertigung von Fremdbestimmung mittels des Ideals der Identität spielen keineswegs nur bei abstrakten politischen Ideologien, sondern auch in der politischen Wirklichkeit von heute eine erhebliche Rolle.

Zunächst zur *plebiszitären Unterwerfung unter die Fremdbestimmung*: Wenn sich das Volk in einem freien Akt der Selbstbestimmung einer unbeschränkten Fremdherrschaft unterwirft, so läßt sich diese Herrschaft als demokratisch legitimiert interpretieren. Diese Legitimierung kann zusätzlich ergänzt und dauerhaft gemacht werden durch *psychologische Identifikation* des Volkes mit dem Herrschenden. In dieser Gestalt erscheint die «cäsaristische» Demokratie als *Versöhnung von Absolutismus und Demokratie*: von Napoleon I. über Napoleon III. bis hin zur Selbstinterpretation faschistischer Diktaturen als Repräsentanten der «wahren Demokratie». Entweder geht die Diktatur aus einer Volkserhebung oder auch aus legalen Wahlen hervor, oder ein Staatsstreich wird plebiszitär gebilligt.

Eine weitere Ergänzung und Abstützung dieses Typs liegt in scheindemokratischen Organisationsformen, die zwar Wahlen vorsehen, aber gewährleisten, daß die Herrscher die Souveränität immer in der Hand behalten: so im «demokratischen Zentralismus», in dem *der Zentralismus die Wirklichkeit, die «Demokratie» die Herrschaftsideologie* ist. Die von den Herrschenden beherrschten Wahlen haben die Funktion, die immer erneute Selbstunterwerfung des Volkes unter die Fremdbestimmung vorzuspiegeln.

Die kommunistische Diktatur benutzte beide Typen demokratischer Legitimierung: Sie interpretierte sich als «demokratisch» nicht nur kraft des *Zukunftsziels*, sondern auch kraft der *Selbstunterwerfung* des Volkes unter die Diktatur. Diese Unterwerfung wurde sowohl in der anfänglichen Revolution gesehen (auch wo diese gar nicht stattgefunden hat, sondern durch militärische Besetzung durch die Sowjetunion ersetzt worden ist) als auch in der Beteiligung des Volkes an scheindemokratischen Wahlen.

Die Theorie der Identitätsdemokratie muß in allen ihren Modellen die Wirklichkeit der Fremdbestimmung mit dem Ideal der Selbstbestimmung versöhnen. Vor dieser Notwendigkeit steht auch die Theorie des demokratischen Verfassungsstaates. Ihr Ansatz ist jedoch ein anderer: für sie setzt die Demokratie den Verfassungsstaat voraus. *Der Verfassungsstaat soll zwar demokratisiert, aber nicht überwunden werden.* Im Gegenteil würde die Überwindung des Verfassungsstaates die Realbedingung der Demokratie zerstören. Aus dieser Perspektive ergibt sich gegen die beiden Typen des identitätsdemokratischen Radikalismus der Einwand, daß sie zwar die Selbstbestimmung verwirklichen wollen, aber die Grundlagen und Voraussetzungen der Selbstbestimmung aufheben.

Bei *plebiszitärer Unterwerfung* unter die Fremdbestimmung erschöpft sich die demokratische Selbstbestimmung in dem einmaligen Akt der freiwilligen Selbstunterwerfung. Die anschließende psychologische Identifikation von Volk und Führer ist nichts anderes als die Ausdrucksform unbeschränkter Fremdbestimmung. Die Demokratie ist psychologisch in die *Innerlichkeit* unmündiger Untertanen verlegt und hat keine Wirklichkeit.[10] Das wird in dem Testfall offenbar, der eintritt, wenn jemand zur Mündigkeit erwacht und die Akklamation verweigert. Da es keine Menschenrechte, sondern nur Toleranzen gibt, ist er gezwungen, das Rückgrat zu krümmen. Der einzige Unterschied zu seinem früheren Zustand ist der, daß er seine Fremdbestimmtheit nunmehr bewußt als solche erfährt.

10 Die «demokratische Legitimation» der Führerherrschaft beruht auf dem Gedanken, daß *«Identifikation»* ein Stück *«Identität»* sei, während sie in Wirklichkeit gerade Fremdbestimmung voraussetzt; vgl. dazu Christoph Müller, Das imperative und freie Mandat, 1966, S. 43 f. m.w.N.

Das ist auch im System des *«demokratischen Zentralismus»* nicht anders: die scheindemokratischen Institutionen vermitteln den Schein der Selbstbestimmung lediglich demjenigen, der sich mit der Macht psychologisch identifiziert. Der mündige Bürger, der die Akklamation verweigert, unterscheidet sich von dem Akklamierenden nur durch die bewußte Erfahrung seiner Fremdbestimmtheit.

Darüber hinaus gilt aber auch die demokratische Rechtfertigung der Fremdbestimmung durch den *freiwilligen* Unterwerfungsakt nicht für alle. Selbst wenn alle Bürger und nicht nur ein Teil von ihnen in einem bestimmten Zeitpunkt zugestimmt hätten, so hat doch die *nachwachsende Generation* nicht zugestimmt. Was als Selbstbestimmungsdemokratie begann, perpetuiert sich auf die Dauer als reine Fremdbestimmung. Die nachwachsende Generation hat noch nicht einmal die Gelegenheit, sich in einem einmaligen Akt selbstbestimmter Akklamation freiwillig der Fremdbestimmung zu unterwerfen. Denn dieser Akt setzt Mündigkeit, und diese setzt die institutionell gesicherte Freiheit eines Verfassungsstaates voraus.

Darüber hinaus gab es aber auch in der Geschichte keine freiwillige Selbstaufhebung der Freiheit durch «das Volk», sondern stets nur durch einen *Teil* des Volkes, mitunter durch eine Mehrheit des Volkes, die damit einen anderen Teil des Volkes totaler und unaufhebbarer Fremdbestimmung unterwarf. Das Hobbessche Modell des Gesellschaftsvertrags, in dem alle Bürger wechselseitig auf ihre Freiheit verzichten und unumschränkte Vollmacht auf den Souverän übertragen, ist nur ein *theoretisches* Legitimationsmodell. Es findet keine Entsprechung in der politischen Wirklichkeit, sondern allenfalls in gesellschaftlichen Teilbereichen. Am nächsten kommt ihm der Beitritt zu einer *Klostergemeinschaft* mit strengen disziplinarischen Regeln, denen man sich freiwillig unterwirft. Aber hier handelt es sich – jedenfalls aus der Perspektive des Rechts im neuzeitlichen, säkularisierten Staat – um eine Zwangsgewalt, der man sich durch *Austritt* wieder entziehen kann. Im politischen Raum kommen dem Modell am nächsten jene einkonfessionellen theokratischen Kolonien ohne Religionsfreiheit, die calvinistische Siedler nach Genfer Modell auf amerikanischem Boden gegründet haben und in denen, obgleich demokratisch verfaßt, eine strenge religiöse und sittliche, das Privatleben reglementierende Zucht herrschte, der man sich allenfalls durch Emigration entziehen konnte.[11] Aber die Kolonien, die die Siedler freiwillig gründen oder in die sie freiwillig einwandern, sind ein Sonderfall in der Geschichte. Überall sonst, wo eine Diktatur aus Volkswahl oder Selbstentmachtung des repräsentativen Parlaments hervorgeht (wie in Deutschland 1933) oder wo sie auf Revolution oder plebiszitär gebilligtem Staatsstreich beruht, wird ein Teil des Volkes totaler Fremdbestimmung unterworfen.

Überdies ist die *Auswanderung* aus dem Land dem Austritt aus einer Organisation nur begrenzt vergleichbar. Während sich im Austritt aus der Or-

---

11 Hawthornes klassischer Roman «The Scarlet Letter» vermittelt ein anschauliches Bild von dem Ausmaß der Sittendisziplin im damaligen Massachusetts.

ganisation noch ein Stück Vorbehalt der Selbstbestimmung manifestiert, äußert sich in der Emigration die Flucht vor der reinen Fremdbestimmung. Das «Recht auf Emigration» wird in Nicht-Verfassungsstaaten nur als Toleranz, nicht als Menschenrecht gehandhabt. Wie total die Fremdbestimmung die Menschen zu Objekten der Staatsmacht degradieren und ihrer Würde berauben kann, zeigt sich darin, daß in Staaten, die auf dem Prinzip der Souveränität und nicht auf dem Prinzip der Rule of Law beruhen, selbst die *Emigration verboten* und unter Strafe gestellt werden kann, so unter dem Prinzip der monarchischen Souveränität im Frankreich Ludwigs XIV. und unter dem Prinzip der Volkssouveränität in den Staaten des «demokratischen Zentralismus».

§ 72. Warum der Staat nicht absterben kann

Die marxistische Rechtfertigung der Diktatur war eine andere: es sollten die Bedingungen für eine Identitätsdemokratie geschaffen werden, und zwar so konsequent, daß der Staat schließlich absterben könne. Dann erst wären Freiheit und Gleichheit vollständig hergestellt. Freiheit und Gleichheit seien auf die Verfassungsordnung nicht angewiesen, ja diese stehe der vollen Verwirklichung von Freiheit und Gleichheit im Wege. Denn, so lautete das Argument, diese Verfassungsordnung konstituiere einen Staat, der Macht ausübe. Macht aber beschränke die Freiheit und schaffe Ungleichheit zwischen Machthabern und den der Macht Unterworfenen.

Die Selbstbestimmung galt als ein Fernziel, dessen Erreichung an Bedingungen geknüpft ist, die nur mittels äußerster Konzentration der Staatsmacht durchgesetzt werden können. Der bisherige Staat – und zwar auch der demokratische Verfassungsstaat – wurde interpretiert als «die organisierte Gewalt einer Klasse zur Unterdrückung einer anderen»[12]. *Fernziel* war statt dessen das Absterben des Staates zugunsten einer «Assoziation, worin die freie Entwicklung eines jeden die Bedingung für die freie Entwicklung aller ist»[13]. *Mittel* war die Diktatur des Proletariats, die die Klassengegensätze «und damit seine eigene Herrschaft als Klasse» aufheben sollte. Das *Ziel* der Selbstbestimmung also diente als Rechtfertigung unbeschränkter Fremdbestimmung einschließlich des Terrors und des Emigrationsverbots. Die *Wirklichkeit* war die Selbstperpetuierung der Macht, die die Erreichung des Fernziels ganz und gar unwahrscheinlich machte. Wenn man aber einmal annimmt, daß dieses Fernziel die totale und dauernde Fremdbestimmung in den kommunistischen Diktaturen rechtfertigt, dann folgt, daß es erst recht kommunistische Oppositionsorganisationen innerhalb der demokratischen Verfassungsstaaten zum Zweck der Herbeiführung dieser Diktatur rechtfertigt, also das Anstreben von Totalpolarisierung, die Aktivierung des Klassenkampfes,

12 Kommunistisches Manifest, II a. E.

13 Ebenda.

die Brechung der arbeitsrechtlichen Friedenspflicht durch «wilde Streiks», den aktiven und passiven Widerstand gegen Gesetze.

Alle diese Argumente setzen zunächst einmal voraus, daß der Staat tatsächlich abgeschafft werden oder absterben könnte und die Menschen alsdann friedlich, frei und gleich miteinander leben würden. Das Argument läuft also auf die Alternative hinaus: Staat oder Nicht-Staat. Wenn es den Staat nicht mehr gibt, gibt es allerdings die Ungleichheit zwischen Inhabern von Staatsämtern und den übrigen Bürgern nicht mehr. Ein solcher Zustand verwirklicht allerdings Freiheit und Gleichheit nicht schon aus sich heraus. Er täte es nur dann, wenn auch ohne Staatsgewalt sichergestellt wäre, daß nicht im gesellschaftlichen Raum Unfreiheit und Ungleichheit entstünden. Das hätte zur Voraussetzung, daß jeder sein Handeln an moralischen Normen orientieren könnte, die seine Freiheit mit Rücksicht auf die gleiche Freiheit jedes anderen begrenzen.

Die marxistische Theorie nimmt an, daß sich die Menschen nur unter marktwirtschaftlichen Verhältnissen egoistisch verhielten, während sozialistische Produktionsverhältnisse einen «neuen Menschen» erzeugten. Jeder wäre dann guten Willens, die Rechte jedes anderen zu achten. Deshalb werde der Staat nach dem globalen Sieg des Sozialismus absterben. Diese Theorie beruht auf zwei Prämissen.

Die erste Prämisse lautet: Was Recht und Unrecht ist, verstehe sich von selbst; wenn wir alle guten Willens wären, die Rechte jedes anderen zu achten, wüßten wir auch, wie wir uns zu verhalten hätten. Es bedürfte weder gesetzgeberischer noch behördlicher und richterlicher Entscheidungen. Die Frage ist indessen, ob allseitiger guter Wille, seine Möglichkeit in einer sozialistischen Welt einmal unterstellt, den Staat schon entbehrlich machen würde. Man muß auch wissen, was rechtens ist.

Welche allgemeinen Regeln aber gerecht wären, das ist auch unter Menschen guten Willens umstritten, im Grundsätzlichen und im Einzelnen. Die Frage ist zwar sachlich diskutierbar, ohne indessen in absehbarer Zeit zu einem allgemeinen Konsens führen zu können. Also bedarf es der verbindlichen Entscheidung darüber, welche Regeln gelten sollen. Deshalb bedürften wir des Gesetzgebers auch, wenn wir alle guten Willens wären.

Auch konkrete Rechtsstreitigkeiten entstehen meistens nicht daraus, daß sich jemand weigert, zu tun, was das Recht offenkundig von ihm fordert, sondern entweder daraus, daß die Rechtslage umstritten ist oder daraus, daß beide Parteien verschiedene Versionen des Sachverhalts haben. Soll dieser Streit nicht mit Gewalt ausgetragen werden, dann muß ein unparteilicher Richter das Recht auslegen und Beweis erheben. Auch behördliche Verwaltungsakte sind unentbehrlich, weil selbst allseits guter Wille nicht über Zweifel und Meinungsverschiedenheiten sowohl über die Rechtslage als über die Sachverhaltseinschätzung hinweghilft.

Und schließlich bedürften wir der staatlichen Zwangsgewalt in Gestalt von Polizei, Gerichtsvollzieher, Strafvollzug usw. auch dann, wenn wir alle guten Willens wären, den Gesetzen, Verwaltungsakten und Gerichtsurteilen zu folgen. Der staatliche Zwangsapparat muß bereit stehen, auch dann, wenn er nicht eingesetzt zu werden braucht. Denn wir können vom Bürger nur erwarten, daß er das Recht respektiert, wenn wir ihm garantieren können, daß auch die Achtung seiner Rechte sichergestellt ist.

Die zweite Prämisse der marxistischen Theorie vom Absterben des Staates liegt in der Annahme, antagonistische Konflikte entstünden aus dem Klassenkampf um den Besitz materieller Güter. Mit der Aufhebung des Privateigentums an Produktionsmitteln seien sie überwunden.

Indessen entstehen sie auch aus zahlreichen anderen Motiven: aus Gruppenrivalitäten aller Art, die ihre Wurzel auch in verschiedenen politischen und sozialen Ideen, Religionen und Moralvorstellungen haben, aber auch einfach aus Eifersucht, Ehrgeiz, Haß, Mißverständnis, Rivalität und Machtstreben. Daran ändern sozialistische Produktionsverhältnisse überhaupt nichts.

Aber auch soweit die Konflikte aus dem Kampf um materielle Güter entstehen, wäre dieser Kampf nur zu befrieden, wenn diese Güter im Überfluß bereitstünden. Daß Überfluß herstellbar wäre, diese marxistische Prämisse hat sich als einstweilen illusorisch erwiesen. Aber selbst ferner, wenn es Überfluß gäbe, so könnte dieser doch nur für Gattungswaren («ein Auto») in Betracht kommen, nicht aber für nur einmal vorhandene Güter (das Grundstück in dieser Lage, dieses Kunstwerk usw.). Konflikte, die gegebenenfalls nur mittels der Staatsgewalt befriedet werden können, wird es deshalb auch unter sozialistischen Produktionsbedingungen immer geben.[14]

Darüber hinaus würde selbst die Überwindung antagonistischer Konflikte, ihre Möglichkeit einmal theoretisch unterstellt, nur dann zu Freiheit und Gleichheit führen, wenn es nur Einzelindividuen und keine Organisationen gäbe, die untereinander und im Verhältnis zu den einzelnen Ungleichheit und Unfreiheit begründen könnten. Die marxistische Annahme lautete, unter sozialistischen Produktionsbedingungen werde es nur noch Verwaltung von Sachen und die Leitung von Produktionsprozessen, nicht mehr aber die Herrschaft von Menschen über Menschen geben.[15] Indessen gehören zu den Sachen, die verwaltet werden müssen, die Organisationen, die in der wissenschaftlich-technischen Industriewelt unvermeidlich sind. Unter sozialistischen Produktionsverhältnissen werden alle Organisationen zu Untergliederungen einer einzigen Großorganisation des Staates. Die Menschen schrumpfen zu Bestandteilen dieser Großorganisation, in deren Funktionsmechanismus sie sich reibungslos einzufügen haben. Insofern sind sie zwar unterein-

---

14 Eingehender: Befreiung und politische Aufklärung, § 26.

15 Vgl. F. Engels, Zur Entwicklung des Sozialismus von der Utopie zur Wissenschaft, in: Marx/Engels, Werke, Bd. 19, 1978, S. 124. Zwar ist die klassische Formel vom «Absterben des Staates» aus der sozialistischen Verfassungstheorie immer mehr verschwunden (so wurde sie z.B. im offiziösen DDR-Kommentar von 1969 nicht einmal erwähnt); es handelte sich aber hierbei um eine eher vordergründige, taktisch motivierte Anpassung der Begrifflichkeit an die Realität immer stärker anwachsender Staatsmacht. Im Kern ist die marxistische Lehre nach wie vor nur als eine Lehre vom künftigen Absterben des Staates zu verstehen.

ander gleich, doch sind sie ungleich im Verhältnis zu denjenigen, die die Großorganisationen leiten und verwalten.

Nur wenn der Staat nicht selbst eine funktionale Großorganisation ist, sondern eine an den Rechtsprinzipien von Freiheit und Gleichheit orientierte, gewaltenteilende rechtliche Organisation, gibt es eine Pluralität von ihm untergeordneten Organisationen, die freien Eintritt und Austritt ermöglichen und die in sich so strukturiert sind, daß sich die auf Freiheit und Gleichheit beruhenden Rechtsprinzipien gegenüber den Funktionsbedingungen der Organisation zu behaupten vermögen. Die sozialistische Wirtschaftsform hingegen kann niemals zu einer Aufhebung der Staatsmacht führen, sondern im Gegenteil nur zu ihrer Konzentration und äußersten Steigerung.[16]

Aber selbst wenn es denkbar wäre, Freiheit und Gleichheit absolut, d.h. ohne Staatsgewalt herzustellen, so müßte doch sichergestellt werden, daß die natürlichen Ungleichheiten des Menschen nicht alsbald zu erneuten gesellschaftlichen Ungleichheiten und Abhängigkeiten führen. Das Versprechen der Herrschaftsfreiheit ist deshalb an die Voraussetzung gebunden, daß der Mensch so verändert werde, daß die natürlichen Ungleichheiten möglichst vermindert und irrelevant gemacht werden. Es muß ein «neuer Mensch entstehen».[17] Dazu genügt freilich die sozialistische Wirtschaftsform nicht, vielmehr bedarf es der geistigen Umerziehung des Menschen mit dem Ziel der Identität gesellschaftlicher und individueller Interessen.[18] Das setzt totale Herrschaft voraus, die Freiheit und Gleichheit aufhebt.

«Freiheit» wird dann umgedeutet in Einsicht in die Notwendigkeit dieser Totalherrschaft, und «Gleichheit» bedeutet dann vor allem: Beseitigung der Verschiedenheiten der geistigen und moralischen Orientierung.

Diese Beseitigung wird möglich durch Reduktion des Menschen auf den kleinsten gemeinsamen Nenner, der nur in den physischen Grundbedürfnissen des Menschen gefunden werden kann. Deshalb gehört zur «vollen Emanzipation» des Menschen im marxistischen Sinn die restlose Ausrottung aller Religion und aller idealistischen Philosophie und Moral. Diese müssen schon deshalb abgeschafft werden, weil sie eine Wurzel von Verschiedenheiten in der geistigen und moralischen Orientierung bilden und weil diese Verschiedenheiten zu antagonistischen Konflikten führen können. Diese Verschiedenheiten können freilich nicht in einem vorübergehenden revolutionären Prozeß endgültig beseitigt werden. Denn um sie zu beseitigen, muß man die Natur des Menschen vergewaltigen. Deshalb muß ihr Aufleben in jeder Generation

---

16 Warum das so sein muß, versucht der Verfasser zu erklären in: Befreiung und politische Aufklärung, § 35.

17 Zum «sozialistischen Menschen» vgl. den offiziösen Kommentar zur Verfassung der DDR, Autorenkollektiv, Arlt u.a., 1969, Bd. 1 Art. 19 Erl. 6.

18 Vgl. Art. 2 IV Verfassung der DDR: «Übereinstimmung der politischen, materiellen und kulturellen Interessen der Werktätigen und ihrer Kollektive mit den gesellschaftlichen Erfordernissen ist die wichtigste Triebkraft der sozialistischen Gesellschaft». Hierzu und zum folgenden des näheren: Befreiung und politische Aufklärung (Fn. 1) § 5 und das 5. Kap.

von neuem durch dauerhafte Totalherrschaft niedergehalten werden. Es wird also in marxistisch orientierten Staaten immer diejenigen geben müssen, die die Totalherrschaft ausüben, und diejenigen, die ihr unterworfen sind. Insofern kann dort niemals Freiheit oder Gleichheit hergestellt werden. Es gibt nur den ideologischen Schein, daß um der Herbeiführung von Freiheit und Gleichheit willen Totalherrschaft ausgeübt werden müsse.

Deshalb bildete das absolutistische Modell – oder im Sprachgebrauch Kants: der Despotismus – das Grundprinzip des Staatsaufbaus in den marxistisch orientierten Staaten – wirkungsmächtig und mit missionarischem Expansionsdrang. Alle staatliche und gesellschaftliche Tätigkeit stand unter der Führung und Leitung der kommunistischen Partei, und das heißt, unter Führung und Leitung der obersten Gremien dieser Partei. Zwar unterschieden auch die Verfassungen der marxistisch orientierten Staaten gesetzgebende, vollziehende und richterliche Gewalt, aber es handelte sich nicht um Gewaltenteilung, sondern um organisatorische Untergliederung eines der zentralen Führung unterworfenen Staatsapparates,[19] wie es sie selbstverständlich auch in den absolutistischen Fürstentümern gab.

Gewiß gab es wesentliche Unterschiede zur absolutistischen Monarchie: Die absolutistische Herrschaft gründete sich damals auf dynastische Legitimität oder auf Gottesgnadentum, heute auf den Theoriefanatismus der Partei. Die Macht lag damals beim Fürsten, heute bei einem Führungsgremium, in dem Abberufung und Ersetzung des Vorsitzenden möglich ist. Sie kannte damals die Gewissensbindung an eine religiös geprägte Sittlichkeit, heute ist sie an funktionalen Zwecken orientiert. Zu den Stützen der Macht gehörten damals Landbesitz und die Treuebindung von Beamten und Heer, heute sind es Parteiapparat und Geheimpolizei. Der Staatsapparat respektierte damals meistens die Eigenständigkeit traditionaler Institutionen, heute ist er nach Zweckmäßigkeitsgesichtspunkten organisiert. Damals begnügte er sich mit der Aufrechterhaltung von Ruhe und Ordnung, heute nimmt er das gesamte wirtschaftliche und gesellschaftliche Leben in den Griff. Damals kannte er noch die geistige Toleranz, mit der die absoluten Königtümer die politische Aufklärung in ihrem Schoße sich haben entwickeln lassen. Heute beherrscht er die modernen Methoden der totalen Beherrschung alles geistigen, moralischen und politischen Lebens.

Aber alle diese Unterschiede, so gewichtig sie sind, verblassen doch vor der einen entscheidenden Gemeinsamkeit: Der Machthaber ist nicht in eine Rechtsordnung eingebunden, er steht nicht unter, sondern über dem Recht. Ist er aber nicht an Recht gebunden, so kann er auch an Menschenrechte nicht gebunden sein, und es kann weder Freiheit noch Gleichheit geben. Freiheit und Gleichheit galten in den sozialistischen Staaten lediglich als Fernziele der Herrschaftsausübung, deren Bedingung, das Absterben des Staates, durch

19 Die Verfassungstheorie der «sozialistischen» Staaten lehnte ausdrücklich jedwede Gewaltenteilung ab; vgl. etwa den offiziösen Kommentar zur Verfassung der DDR (Fn. 16) Art. 5 Erl. 1; Bd. 2, Art. 48 Erl. 2.

die unumschränkte Herrschaftsausübung herbeigeführt werden soll: Sie begründeten nicht Rechte des Bürgers, sondern dienten im Gegenteil dazu, seine Rechtlosigkeit gegenüber der Herrschaftsmacht zu rechtfertigen.

Die Alternative zur gewaltenteilenden Macht des demokratischen Verfassungsstaates ist nun einmal das Recht des Stärkeren, des Schlauesten, des Zynischsten, des Geschicktesten und Schnellsten. Das Recht des Stärkeren zeigt sich im Extrem, wenn alle wirtschaftliche, politische und geistige Macht in der Hand einer Parteiführung konzentriert ist, die durch keine von ihr unabhängige Gesetz- oder Verfassunggebung verpflichtet werden kann. Die Selbstprivilegierung der Machthaber und die Diskriminierung der anderen ist dann bis ins Äußerste getrieben. An die Stelle des Rechtsprinzips tritt das Machtprinzip, an die Stelle der Unparteilichkeit die Parteilichkeit.

Die Hoffnung auf die Herstellung von Freiheit und Gleichheit in einer staatsfreien Welt legitimierte die unentwegte Fortdauer unumschränkter Herrschaftsmacht in den marxistischen Staaten so, wie die an die Spitze der Deichsel eines Eselskarrens gebundene Mohrrübe den Esel zur Fortbewegung motiviert. Die Hoffnung ist so unerfüllbar, wie die Mohrrübe unerreichbar ist. Wenn die marxistische Theorie das Absterben des Staates in Aussicht stellte, so weckte sie eine trügerische Illusion, die keinem anderen Zweck diente, als dem, die unumschränkte Machtausübung zu legitimieren.

Indem das Grundgesetz Freiheit und Gleichheit aus der Würde des Menschen begründet, bedeutet Gleichheit nicht Einebnung der Verschiedenheiten, sondern Gleichberechtigung der Menschen unabhängig von ihren jeweiligen Verschiedenheiten, und bedeutet Freiheit in erster Linie geistige Freiheit und damit Offenheit für verschiedene geistige Orientierungen des Menschen. Man kann den Staat dann einem Gärtner vergleichen, der einen üppig blühenden, vielgestaltigen Garten soweit ordnet, wie erforderlich ist, damit sich alle Blumen ihrer Eigenart gemäß entfalten können und nicht die Stärkeren die Schwächeren erdrücken. Der marxistische Staat wäre vergleichbar einer Mähmaschine, die alle Blumen gleichermaßen bis auf ihre grünen Stengel abschneidet, so daß sie einem geschnitten Rasen gleichen.

Staatsgewalt wird in beiden Fällen ausgeübt: Die Alternative ist also nicht etwa Staat oder Nicht-Staat, sondern absolute oder rechtlich beschränkte Staatsgewalt, m.a.W.: entweder absolute Beseitigung von Freiheit und Gleichheit durch die Herrschenden, oder aber zwar Inkaufnahme der relativen Ungleichheit zwischen Amtsinhabern und anderen, die aber ihren Stachel verliert durch gleichen Zugang zu öffentlichen Ämtern (Art. 33 II GG), Bindung der Amtsausübung an das Gesetz (Art. 20 III), allgemeine und gleiche Wahl des Gesetzgebers (Art. 38 I) und die übrigen Prinzipien der Demokratie, und schließlich durch die Bindung aller Staatsgewalt einschließlich der Gesetzgebung an die Rechtsprinzipien von Freiheit und Gleichheit (Art. 1 III).

§ 73. Der demokratische Verfassungsstaat – demokratische Halbheit?

Innerhalb der demokratischen Verfassungsstaaten wird es zu einem *Legitimitätsproblem, wenn man den Verfassungsstaat aus den Prinzipien der Identität heraus interpretiert,* wenn man, mit anderen Worten, den eher angelsächsischen Institutionen die französische Demokratiekonzeption Rousseaus unterlegt. Der demokratische Verfassungsstaat erscheint dann als eine Übergangsstufe, als «halber Schritt» zur Identitätsdemokratie. Er wird gedeutet als vorläufiger Kompromiß zwischen konservativen, auf fremdbestimmten Herrschaftsformen beharrenden, und progressiven, auf Volkssouveränität hinzielenden Kräften. Er erscheint dann als unvollendete, halb noch in traditionalen Herrschaftsstrukturen verstrickte Demokratie, als «defizienter Modus unmittelbarer Volksherrschaft»[20], als «Surrogat der direkten Demokratie»[21].

Diese Interpretation des demokratischen Verfassungsstaates aus der Perspektive der Volkssouveränität gibt es in einer *politisch-dynamischen* und in einer *theoretisch-statischen* Variante. Die erstere will den dynamischen Prozeß des Übergangs zur Volkssouveränität bewußt in Gang setzen. Für sie ist das Wesentliche an der Verfassung das in ihr ausdrücklich oder implizit enthaltene Bekenntnis zum Prinzip der Demokratie. Deutet man dies dynamisch im Sinne eines «Verfassungsauftrags» zur Entwicklung der Identitätsdemokratie, so leitet man gewissermaßen aus der Verfassung selbst den *Auftrag zur Verfassungsüberwindung* ab. Der demokratische Verfassungsstaat erscheint als Übergangsform.

Die theoretisch-statische Interpretation zielt nicht auf Überwindung, sondern nur auf *Interpretation* des demokratischen Verfassungsstaates aus der Perspektive der Identitätsdemokratie. Da diese Interpretation irrig ist, führt sie zunächst zu nichts anderem als zu Erklärungslücken und Widersprüchen. Diese führen dann aber unbeabsichtigt weiter zu einer Fundamentalkritik des demokratischen Verfassungsstaates, die seine Legitimität erschüttert und so mittelbar und unbeabsichtigt der Dynamik der Verfassungsüberwindung zugute kommt. Der theoretische Unterschied zwischen dem demokratischen Verfassungsstaat und der Identitätsdemokratie ist also keineswegs nur eine theoretische Frage. Wäre er das, so könnte man Fehlinterpretationen des demokratischen Verfassungsstaates aus der Perspektive der Identitätsdemokratie in den Bereich fruchtloser akademischer Diskussionen verweisen und sich mit dem Hinweis begnügen, daß die Wirklichkeit des demokratischen Verfassungsstaates lebendig ist, ganz unabhängig davon, ob theoretisierende Intellektuelle sie richtig oder falsch verstehen. Aber Fehldeutungen können in die politische Wirklichkeit ausstrahlen[22] und sogar *Legitimitätserschütterungen* auslösen. Der demokratische Verfassungsstaat kann ihnen nur standhal-

20 Hans Maier, Politische Wissenschaft in Deutschland, 1969, S. 186.

21 Gerhard Leibholz, Der Strukturwandel der modernen Demokratie, in: Strukturprobleme der modernen Demokratie, 2. Aufl. 1964, S. 93.

22 Wie überhaupt Theorien das Bewußtsein und schließlich die äußere Wirklichkeit verändern; vgl. dazu Rainer Specht, Innovation und Folgelast, 1972.

ten, wenn eine genügend breite Schicht von Bürgern vorhanden ist, die ihn nicht irrig, sondern zutreffend interpretieren.

Die Probleme, die sich aus der Konfrontation der Wirklichkeit eines demokratischen Verfassungsstaates mit der Theorie der Volkssouveränität ergeben, sind nicht auf den ersten Blick durchsichtig; denn der Verfassungsstaat wird zum demokratischen Verfassungsstaat tatsächlich nur durch die *Dynamik seiner Demokratisierung*. Es ist geschichtlich unbestreitbar, daß der Idee der Identitätsdemokratie im Laufe des 19. und 20. Jahrhunderts entscheidende Impulse zur Entwicklung des allgemeinen und gleichen Wahlrechts, zur Abschaffung von Sklaverei und Privilegien, zur Förderung von Realbedingungen für die Freiheit eines jeden zu verdanken sind. Es ist ferner unbestreitbar, daß der Prozeß der Demokratisierung keineswegs abgeschlossen ist, insbesondere nicht im Hinblick auf die Realbedingungen der Freiheit eines jeden. Es ist infolgedessen möglich, daß die Idee der Identitätsdemokratie weiterhin impulsierend wirken kann.

Doch besteht die Gefahr, daß die Idee der Identitätsdemokratie nicht zur Demokratisierung, sondern zur Überwindung des Verfassungsstaates selbst führt – und damit zur Aufhebung der Realbedingung der Demokratie, nämlich der rechtlich institutionalisierten individuellen Freiheit. Es gibt Beispiele dafür, daß Theoretiker, die den demokratischen Verfassungsstaat als defiziente Identitätsdemokratie interpretiert haben, «konsequent» und «radikal» zu denken begannen, und das heißt, daß sie Tendenzen zu kommunistischer oder faschistischer Diktatur unterstützt haben. Denn wer von einem theoretischen System wie dem der Identitätstheorie gefangengenommen worden ist, neigt häufig dazu, aus den Prämissen des Systems «die Konsequenzen zu ziehen» – wie es die Logik fordert, nicht aber die voraussehbaren Folgen in der Wirklichkeit in Betracht zu ziehen –, wie es die Erfahrung und die realitätsbezogene konkret-politische Vernunft und Verantwortung verlangen würden.

Das Modell dafür findet sich schon in der Französischen Revolution, wo man die «Halben» und die «Ganzen» unterschied. Die «Ganzen» trieben die Revolution in den Terror. Die sogenannten «Halben» blieben in Wirklichkeit nicht auf halbem Wege zur Identitätsdemokratie stehen, sondern erstrebten etwas *qualitativ anderes*, nämlich den demokratischen Verfassungsstaat, der die Freiheitsbedingungen der Demokratie sichern sollte.

Das *Paradox der Identitätsdemokratie* – die Aufhebung der Selbstbestimmung vermittels einer Idee der Selbstbestimmung, die ihre Realbedingungen nicht reflektiert – läßt sich nur lösen durch die verfassungsrechtliche Selbstbindung der «abwehrbereiten Demokratie»: Beschränkung der Freiheit für die Feinde der Freiheit, Toleranz – außer gegen organisierte Intoleranz. Nur diese Abwehrbereitschaft gewährleistet die Fortdauer der rechtlich institutionalisierten Freiheit und damit die Beständigkeit der Demokratie. Die Lösung besteht also in der Ersetzung des Paradoxons durch ein anderes Paradoxon. Denn diese Selbstbindung bedeutet einen Verzicht auf Selbstbestimmung im Dienst der Selbstbestimmung. Wer die Vorkehrungen, die ein demokratischer Verfassungsstaat zu seiner eigenen Legitimitätsverteidigung trifft, als «undemokratisch» empfindet, hat also im Sinne der Doktrin der Identitätsdemokratie recht. Aber er hat gleichzeitig unrecht, indem er nämlich Konsequenz gleichzeitig fordert und verweigert. Denn wer die totale Selbstaufhebung der Freiheit für demokratisch zulässig hält, muß (argumentum a fortiori) *erst recht* eine teilweise Aufhebung der Freiheit für demokratisch zulässig halten.

Das Stück Fremdbestimmung, das in der Abwehrbereitschaft der Demokratie liegt, gewährleistet das *relativ mögliche Maximum an Selbstbestimmung* insgesamt – darin liegt seine Rechtfertigung. Das relativ mögliche Maximum an Selbstbestimmung ist nur zu gewinnen, wenn die Realbedingungen der Freiheit, nämlich der Verzicht auf Souveränität und die rechtlich institutionalisierten Menschenrechte, gewährleistet sind. Soviel Selbstbestimmung, wie möglich, soviel Fremdbestimmung, wie nötig ist, um das Optimum an Selbstbestimmung zu erreichen: Dieser Grundgedanke bedeutet ein *Ausbalancieren von Selbst- und Fremdbestimmung.*

Auch die demokratische Legitimierung *kommunistischer* Herrschaft meint: Fremdbestimmung im Dienst der Selbstbestimmung. Aber sie verfehlt die Balance: Sie führt zu totaler Fremdbestimmung im Dienst erhoffter künftiger (ganz und gar unwahrscheinlicher) totaler Selbstbestimmung. Die Wirtschaftspolitik des *Laissez-faire* verfehlt die Balance nach der anderen Richtung hin: Weitgehender Verzicht auf Fremdbestimmung führt zur wirtschaftlichen Macht einiger und insofern zur Beeinträchtigung der Selbstbestimmung der anderen. Die Balance besteht darin, die Fremdbestimmung auf das Maß zu reduzieren, aber auch in dem Maße auszuüben, das erforderlich ist, um die institutionellen Bedingungen der Freiheit zu sichern.

§ 74. Repräsentation oder Identität

Die Demokratie im Verfassungsstaat beruht nicht auf dem Prinzip der Identität, sondern auf dem der Repräsentation.[23] Die Staatsorgane beanspruchen nicht, das Volk zu sein, sondern es zu «repräsentieren», zu vergegenwärtigen, d.h. *an Stelle des Volkes, in seinem Namen und in seinem Interesse* zu handeln. Sie tun das nicht nur, weil es unmöglich wäre, daß das Volks insgesamt und ungeteilt, ständig und überall präsent ist und alle verschiedenen Funktionen gleichzeitig wahrnimmt. Sie tun es auch, weil nur unter der Bedingung der Repräsentation die Institutionen und die dialektischen Verfahrensregeln funktionieren können, die die Bedingung für Frieden, Freiheit und Gerechtigkeit sind.

Repräsentation in einem engeren Sinne des Wortes ist ein Sonderfall der Vertretung und bedeutet die Vergegenwärtigung einer institutionellen Einheit: Der Papst repräsentiert die Kirche, der Kaiser das Reich, der König den Staat («l'etat c'est moi») usw. In diesem Sinne wird in der Demokratie das Volk nicht durch jedes Organ, sondern nur durch das *Parlament* repräsentiert. Das

---

23 Zu den «kleinen Demokratien» (Schweizer Landgemeinden), die nur scheinbar eine Ausnahme bilden, vgl. § 75.

Parlament ist das eigentliche Repräsentationsorgan des Volkes, weil es unmittelbar durch Wahlen legitimiert ist, weil in der regelmäßigen Wiederkehr der Wahl die Verantwortlichkeit dem Volk gegenüber besonders manifest ist, weil es die verschiedenen Regionen und politischen Strömungen spiegelt, weil es die wichtigsten Kompetenzen besitzt, nämlich die der Gesetzgebung, mittels deren es allen anderen Organen überlegen ist, weil es einen besonders weiten Spielraum politischer Entscheidungsfreiheit hat, rechtlich gebunden nur durch die Verfassung sowie durch Gesetze und geschäftsordnungsgemäße Regeln, die es aber selbst abändern könnte, weil sich das Volk in den parlamentarischen Debatten seines Meinens und Wollens im besonderen Maße bewußt wird und weil es dort seinen letztlich entscheidenden politischen Willen zum Ausdruck bringt. Durch das Parlament werden in der Demokratie somit die Staatsbürger zur politischen Einheit des Staatsvolkes integriert. Das Parlament repräsentiert das Volk also insofern, als es die politische Einheit des Volkes erst begründet und darstellt.

Repräsentation in einem weiteren Sinne des Wortes bedeutet Kompetenzwahrnehmung, also Vertretung nicht kraft privatrechtlicher Vollmacht, sondern kraft organisationsrechtlicher Kompetenzzuweisung. Jedes Amt oder jedes Gericht repräsentierte früher den König und repräsentiert in diesem Sinne heute das Volk und entscheidet «im Namen des Volkes». Die demokratische Repräsentation wird in erster Linie durch die *Bindung an die Gesetze* vermittelt, die ihrerseits demokratisch legitimiert sind. Aber die Amtsinhaber haben nicht nur Gesetze zu vollziehen, sondern besitzen auch einen unterschiedlich großen Spielraum bei der Auslegung der Gesetze und auch im gesetzesfreien Raum. Sie besitzen also eine gewisse Vollmacht zu freier Entscheidung, aber nicht zu beliebiger Entscheidung. Ihre Freiheit wird durch die *Verantwortung* ergänzt; die jeder Vertreter gegenüber dem Vertretenen hat, nämlich durch die Pflicht, dessen Interessen wahrzunehmen. Der Amtsinhaber hat in der Demokratie also die Interessen des Volkes wahrzunehmen, nicht die Interessen einer Gruppe oder Regierung. Mit der demokratischen Repräsentation ist also der Begriff des *Amtes* verbunden, der sich in Amtsethos und Amtseid niederschlägt.

Das *demokratische Amtsethos* hat dreierlei zum Inhalt: den Anspruch auf Wahrung der Gesetze, auf Wahrung des Gemeininteresses und, wo es statt dessen rivalisierende Gruppeninteressen gibt, auf unparteiliche, gerechte Entscheidung zwischen ihnen. Insofern unterliegt jeder Amtsinhaber, ethisch gesehen, dem Anspruch, das *Ganze zu repräsentieren,* und das heißt: *gerecht zu entscheiden.* Der demokratische Verfassungsstaat ist der Versuch, diesen ethischen Anspruch soweit wie möglich zu verwirklichen.

Dieses demokratische Amtsethos unterscheidet sich in seinem Inhalt nicht von dem Amtsethos, das auch in den Monarchien Kontinentaleuropas galt und das seinerseits seine historische Wurzel in dem Schutz- und Treueverhältnis der mittelalterlichen Feudalordnung hat.[24] Die Fürstenspiegel, die Naturrechtslehren, die Theorien des Gesellschaftsvertrages formulierten und

24 Hennis, Amtsgedanke und Demokratiebegriff, in Festschr. f. Smend, 1962.

begründeten in verschiedener Weise den Anspruch auf Wahrung des Gemeinwohls und der Gerechtigkeit. Der demokratische Verfassungsstaat hat eine seiner wesentlichen Wurzeln in eben diesem Amtsethos. Er entstand nämlich historisch aus der Suche nach den optimalen *Realisierungsbedingungen dieses Ethos*. Als abstraktes Postulat an einen Souverän gerichtet, der in der konfessionellen, gesellschaftlichen oder politischen Situation Partei geworden war, mußte das Amtsethos zwangsläufig weitgehend ohnmächtig bleiben. Es vermochte in Fällen von geringerer Bedeutung zu wirken, es verhalf z.B. zu gerechteren Auslegungen des Zivilrechts. Aber solche stückweise Gerechtigkeit blieb eingebunden in das politische System, das auf dem scharf polarisierten Gegenüber von Macht und Ohnmacht beruhte und weder die *gesicherte Freiheit* noch das *offene prozessuale Verfahren* des Parlamentarismus kannte, das erst Chancen für die Annäherung des positiven Rechts an die Gerechtigkeit eröffnet hat.

Erst in einem politischen System, das insgesamt die Chancen für inneren Frieden, für Freiheit und Gerechtigkeit verbessert, kann auch das Naturrecht der Menschenwürde die Chance schrittweiser Verwirklichung gewinnen. Erst unter dieser Voraussetzung enthält der Anspruch, die Gemeininteressen und die unparteiliche Gerechtigkeit zu vertreten, den neuen Sinn, die Interessen «des Volkes» zu vertreten. Es bleibt auch in der Demokratie bei der unaufhebbaren *Differenz zwischen ethischem Anspruch und empirischer Verwirklichung*. Aber die Chance zur Verwirklichung wird größer, wenn die Parteilichkeit nicht eine der tragenden Säulen des gesamten politischen Systems ist. Erst der demokratische Verfassungsstaat mit Wahlen, Kontrollen, politischen Freiheiten, Verantwortung der Presse usw. rechtfertigt die Unterscheidung von Trägerschaft und Ausübung der Staatsgewalt. Erst mit dem demokratischen Verfassungsstaat sind die Realisierungsbedingungen für den Anspruch geschaffen, daß die Ausübung der Staatsgewalt im Interesse des Volkes erfolgen kann.

Indessen bleibt die empirisch feststellbare Wirklichkeit hinter dem ethischen Anspruch auch im demokratischen Verfassungsstaat immer zurück. Den Skeptikern, die den demokratischen Anspruch des Verfassungsstaates bezweifeln, fehlt es nie an Beispielen. Solche Beispiele verallgemeinert und in ein System gebracht, ergeben ein von den Vorstellungen des Amtsethos erheblich abweichendes Bild: Herrschaft der Verbände, Herrschaft von Parteioligarchien, Herrschaft des Monopolkapitals, Herrschaft der professionellen Manipulateure usw., aber nicht Herrschaft des Volkes. Dafür lassen sich realistische Belege beibringen. Die Demokratie unterliegt deshalb der ständigen Aufgabe, die Herrschaft des Volkes und d.h. die Herrschaft des am Gemeininteresse und an Gerechtigkeit orientierten Amtsethos immer wieder zu erneuern.

Es gibt jedoch auch eine viel grundsätzlichere Skepsis, die weit verbreitet ist. Ihr Ansatzpunkt ist die *Repräsentation überhaupt*, die grundlegende Unterscheidung von Innehabung und Ausübung der Staatsgewalt. Sie mißtraut dem Ethos der Repräsentation grundsätzlich und meint, überall setzten sich partikulare Interessen gegenüber dem Gemeininteresse durch. Abhilfe sei nur zu schaffen, wenn das Volk nicht repräsentiert werde, sondern wenn im Gegenteil die Repräsentation – die eine Scheinrepräsentation sei – soweit wie möglich durch «*Demokratisierung*» im Sinne der Herstellung der *Identität* überwunden werde.

Insbesondere die Gesetzgebung durch ein repräsentatives Parlament erscheint dann als prinzipiell undemokratische Fremdbestimmung. *Rousseaus Vorstellung von Demokratie* ließ Abgeordnete mit freiem Mandat allenfalls zur Beratung von Gesetzentwürfen zu, die Beschlußfassung sollte aber plebiszitär erfolgen:

> «Die Abgeordneten des Volkes ... sind nicht seine Stellvertreter und können es nicht sein. Sie sind seine Beauftragten und können nicht endgültig beschließen. Jedes Gesetz, das das Volk nicht selbst bestätigt hat, ist null und nicht, ist kein Gesetz.»[25]

Dieser Gedanke hat sich für den «pouvoir constituant» als Regelfall durchgesetzt: Die *verfassunggebenden* Nationalversammlungen *beraten* die Verfassung und beschließen einen *Entwurf*, aber dieser wird zur Verfassung erst durch eine bestätigende Volksabstimmung.[26] Rousseau bestand aber darauf, daß nicht nur die Verfassung, sondern *jedes Gesetz* der Volksabstimmung bedürfe. Unter dieser Voraussetzung gibt es letzten Endes keinen «pouvoir constitué», der zur Gesetzgebung ermächtigt sein könnte. Wenn sich das Volk, meint Rousseau, eine Verfassung gebe, in der es Repräsentanten diese Ermächtigung erteile, so gebe es seine Freiheit (die Rousseau mit Selbstbestimmung identifiziert) auf, auch dann, wenn es sich um gewählte Parlamentarier handle.

Zum politischen Leitmotiv wird bei einer solchen Betrachtungsweise nicht Volksherrschaft durch (wirkliche) Volksrepräsentation, sondern Volksherrschaft durch Identität. Die Forderung «soviel Identität wie möglich» rückt die Frage in den Mittelpunkt: Wieviel Identität ist möglich?

§ 75. Wieviel Identität ist möglich?

Demokratie als Identität von Herrschenden und Beherrschten bedeutet im strengen Sinne *Selbstbeherrschung* des Volkes. Das ist nicht dasselbe wie Freiheit oder wie Herrschaftslosigkeit. Selbstbeherrschung bedeutet weder Gesetzlosigkeit noch Verzicht auf Gesetzesdurchsetzung. Zur Selbstbeherrschung gehören Gesetze, die man sich selbst auferlegt. Angenommen, ein Gesetz ist im Universalkonsens angenommen worden, nachträglich bedauern aber einige ihre Zustimmung und lehnen sich gegen das Gesetz auf. Käme es auf die aktuelle Zustimmung an und hätte das Gesetz ohne diese keine Verbindlich-

---

25 Le Contrat Social, 3. Buch, 25. Kap.

26 Der französische Nationalkonvent hat durch Dekret vom 22. 9. 1792 den Grundsatz aufgestellt, daß es keine Verfassung geben kann, wenn diese nicht vom Volk akzeptiert worden ist. Vgl. oben, § 42.

keit, so wäre es überflüssig und kein Gesetz. Identität bedeutet also nicht, daß sich der jeweilige aktuelle Wille behauptet, sondern der Wille, der sich in der Zustimmung zu einem generellen Gesetz niedergeschlagen hat und alsdann *durch dieses Gesetz repräsentiert* wird. Nur in diesem Sinne kann man von Selbst-«Beherrschung» sprechen: Sie bewährt sich in dem Augenblick, in dem sich die aktuelle Neigung gegen das selbstgegebene Gesetz auflehnt und das Gesetz sich behauptet. *Selbstbeherrschung setzt also Gesetze geradezu voraus.*

Die Identitätsdemokratie hebt also das für die Repräsentation charakteristische Ethos der Bindung an Gemeininteresse und Gerechtigkeit nicht auf, sondern setzt es ebenfalls voraus.

In dem Begriff der Selbstbeherrschung liegt die Unterscheidung zwischen «höherem» und «niederem Ich», zwischen Gewissen und Natur, zwischen Vernunft und Egoismus, zwischen «Selbst» und «Ich».

Spricht man von Selbstbeherrschung einer politischen Gemeinschaft durch Gesetze, so erhebt sich die Frage, ob diese auch mit Fremddurchsetzung der Gesetze vereinbar ist. Die Frage läßt sich nur dann bejahen, wenn man auch diese Fremddurchsetzung selbst beschlossen hat. Wer der Einführung der Todesstrafe zugestimmt hat, erleidet keine Fremdbestimmung, wenn er nachträglich die Todesstrafe verwirkt und sie an ihm vollstreckt wird. Insofern bedeutet also Identität von Herrschenden und Beherrschten nicht Herrschaftslosigkeit. Sie ist sogar mit sehr weitgehender Fremddisziplinierung vereinbar, immer vorausgesetzt, man hat selbst zu ihr ermächtigt.

Dies ist die Ursache dafür, daß die Identitätsdemokratie, wie etwa im Genf Calvins oder in den calvinistisch geprägten amerikanischen Kolonien, mit fast völliger Aufhebung der Freiheit vereinbar ist, unter der Bedingung, daß die Freiheitsbeschränkung nach allgemeinen Gesetzen erfolgt. Erst die freiwillige Selbstunterwerfung unter einen Absolutismus - also unter eine nicht durch Gesetze gebundene Macht - bedeutet Selbstentmündigung und damit Aufhebung der Selbstbeherrschung.

Hier liegt die Erklärung dafür, daß *Selbstbestimmung und Freiheit nicht dasselbe* sind. Beide setzen zwar voraus, daß man tun und lassen darf, was die Gesetze nicht verbieten. Zur Freiheit gehört aber außerdem, daß die Gesetze nur so viel Freiheit einschränken, wie um der Erhaltung oder Schaffung der Realbedingungen der Freiheit anderer angemessen und erforderlich ist. Mit dem Begriff der Selbstbestimmung ist es hingegen vereinbar, daß die Gesetze über diese Grenze hinausgehen. Wenn also zwar selbstbestimmte Unfreiheit mit der Identitätsdemokratie vereinbar ist, so ist doch Fremdbestimmung mit ihr unvereinbar; sie ist das Gegenteil der Identität von Herrschenden und Beherrschten.

Es ist eine landläufige Vorstellung, daß reine Identitätsdemokratie in *kleinen politischen Einheiten* - z.B. in der griechischen Polis, im germanischen Thing, im Schweizer Kanton - möglich wäre.[27] Indessen ist selbst hier ein Minimum an Fremdbestimmung unentbehrlich.

---

27 Rousseau meinte, Demokratie habe zur Voraussetzung «einen sehr kleinen Staat, in

Zunächst einmal: Wenn «alle» Bürger der kleinen Demokratie mitberaten und entscheiden, so sind sie doch so gut wie niemals wirklich «alle»: Kinder, Greise, Kranke, auf Reisen Abwesende, Strafgefangene usw. *fehlen* und werden durch die Entscheidenden «repräsentiert». Vielleicht fehlen auch einige Bürger aus mangelndem Interesse an der Sache, oder sie sind anwesend, *enthalten sich* aber der Stimme.

Ferner muß die zur Abstimmung stehende *Frage formuliert* und zu diesem Zweck oft in ihrer Komplexität auf eine einfache, mit «ja oder nein» zu beantwortende Alternative reduziert sein, die ihre Problematik nicht ausschöpft. Wenn ein Vorsitzender ermächtigt ist, über die Formulierung der Frage zu entscheiden, so übt er eine gewisse Herrschaft aus, in der er das Ganze repräsentiert, ohne es zu sein. Eine solche Ermächtigung ist aber technisch kaum entbehrlich. Ferner kann das Volk immer nur vorübergehend zusammentreten. In der Zwischenzeit aber gibt es *laufende Geschäfte*, die durch einen Repräsentanten wahrgenommen werden müssen.

Ferner: Die Anwesenden auf der Volksversammlung werden schwerlich immer in allen zur Entscheidung anstehenden Fragen Konsens erzielen; es bedarf also der Mehrheitsentscheidung. Die Mehrheit repräsentiert dann das Ganze einschließlich der Minderheit. Identität besteht dann nur noch mittelbar, nämlich durch die Anerkennung der Verfassungsregel *«Mehrheit entscheidet»*, und nur dann, wenn über diese Regel Einstimmigkeit erzielt ist.[28]

Dies ist nicht die einzige *Verfassungsregel*, deren Anerkennung die Identität auch solchen Entscheidungen vermittelt, denen man die Zustimmung versagt hat. Es muß festgelegt werden, welche Mehrheit genügt, ob ein Quorum gelten soll, wer das Initiativrecht zur Einberufung der Volksversammlung und zur Einbringung von Entscheidungsentwürfen hat, wie die Versammlung geleitet wird, in welchem Verfahren die Versammlungsleiter gewählt werden, ob die Redezeit begrenzt ist usw. Zwar können auch diese Verfassungsregeln abgeändert werden, aber doch nur in einem Verfahren, das ebenfalls als vorgegeben vorausgesetzt werden muß. Wird aber die Identität über die Anerkennung der Verfassungsregeln vermittelt, so ist der Graben, der die Identitätsdemokratie vom demokratischen Verfassungsstaat trennt, schon weitgehend überbrückt.

Ferner: Jedes unbefristete Gesetz, das die kleine Demokratie sich selbst gibt, bindet die *nachwachsenden Generationen*, die nicht selbst darüber bestimmt haben. Diese können das Gesetz zwar wieder aufheben. Aber damit ist die Verteilung von Initiativ- und Begründungslast zu ihren Ungunsten verschoben: Die Geltung des Gesetzes hängt nicht von der ausdrücklichen Zustimmung ab, sondern umgekehrt gilt das Gesetz so lange, bis es ausdrücklich aufgehoben ist. Damit wächst der junge Erwachsene in eine Fremdbestimmung hinein, die er nur abschütteln kann, wenn es ihm gelingt, eine Initiative

---

dem das Volk sich leicht versammeln und jeder Staatsbürger alle anderen leicht kennenlernen kann»; Le Contrat Social, 3. Buch, 4. Kap.

28 Vgl. Rousseau, Le Contrat Social, Buch I Kap. 5 a. E.

zur Gesetzesaufhebung zum Erfolg zu führen. Konsequente Identität würde bedeuten, daß diejenigen, die das zur Mitentscheidung vorgesehene Mindestalter erreicht haben, selbst darüber entscheiden, welche Gesetze sie als verbindlich anerkennen wollen. Das wiederum wäre mit der Verfassungsregel «Mehrheit entscheidet» nur dann – und auch dann nur behelfsmäßig – in Einklang zu bringen, wenn etwa jährlich alle Bürger in einer Abstimmung feststellen, ob die Mehrheit für das Gesetz noch vorhanden ist. Ein solches Verfahren wird unmöglich, sobald die Zahl der Gesetze eine gewisse Grenze überschritten hat.

Ferner müssen die Gesetze auf den Einzelfall angewandt und deshalb ausgelegt werden. Immer wenn es Zweifel und Meinungsverschiedenheiten über die Auslegung gibt, könnte die Identität nur durch authentische Interpretation der Volksversammlung gewährleistet werden. Mindestens muß der Richterspruch durch die Volksversammlung aufgehoben und der Richter durch sie abgesetzt werden können. Man muß also entweder auf den *unabhängigen Richter* oder auf die Durchsetzung des Prinzips Identität verzichten.

Wenn also die idealtypische Kleindemokratie nicht ohne ein Minimum an Fremdbestimmung auskommt, so erst recht nicht die großen Flächenstaaten im industriellen Zeitalter. Das Volk bedarf der Repräsentation; die laufenden Geschäfte der Regierung und der Verwaltung setzen einen großen und arbeitsteilig organisierten Apparat voraus; für die Gesetzesauslegung und Anwendung muß es eigene Organe geben. Darüber hinaus hat die Summe des Rechts einen solchen Umfang angenommen, daß es seine Regelungsfunktion nur erfüllen kann, wenn seine *Geltung* im wesentlichen unbestritten ist, auch bei denen, die es nicht im einzelnen kennen, geschweige denn gebilligt haben.

§ 76. Rätedemokratie

Wenn also auch eine reine Identitätsdemokratie nicht möglich ist, so könnte man doch denkbarerweise die politische Gemeinschaft nach dem Prinzip organisieren *«soviel Identität wie möglich»*. Dieses Prinzip liegt der Idee der Rätedemokratie zugrunde, der Uridee vieler demokratisch-revolutionären Bewegungen, dessen, was sie «eigentlich meinen». Vor allem die Pariser Kommune, die sich im Frühjahr 1871 durchzusetzen versuchte, aber nach zwei Monaten der Belagerung der Übermacht der Regierungstruppen im Barrikadenkampf erlag, wurde seither gleichzeitig zur nostalgischen Erinnerung und zum Modell, dem viele revolutionäre Hoffnungen gelten. Vorläufer in den städtischen Kommunen des Mittelalters, den Schweizer Bauernkantonen, den Soldatenräten Cromwells, den ursprünglichen Gemeinwesen Nordamerikas, den Pariser Sektionen in der Sansculottendemokratie von 1792 bis 1794 hat man erst rückblickend zu Vorbildern herangezogen. Die Pariser Kommune berief sich nicht auf sie, sondern entstand spontan. Sie wurde aber ihrerseits zum bewußt herangezogenen Modell späterer Rätebildung: so der russischen Arbeitersowjets 1905 und vor allem 1917, der Berliner und Münchener Räte

1918/19, der ungarischen Räte 1919 und schließlich der Räte der polnischen und ungarischen Revolution von 1956.[29]

Das Ideal der Rätedemokratie übt eine faszinierende Wirkung nicht nur auf ihre Anhänger, sondern auch auf ihre Gegner aus. Wenngleich es kaum irgendwo eine aussichtsreiche politische Kraft darstellt, so wirkt es doch in einem Maße provozierend und freund-feind-polarisierend, das über seine praktisch-politische Bedeutung weit hinausgeht. Es wird zu einem zentralen Thema der Auseinandersetzung zwischen Links- und Rechtsintellektuellen. Diese mittelbaren Nebenwirkungen sind aber ebenfalls ein politischer Faktor, und zwar ein so gewichtiger, daß schon deshalb das Thema Rätedemokratie unser Interesse finden muß.

Vergegenwärtigen wir uns zunächst das Modell der Rätedemokratie, das die Pariser Kommune teils verwirklicht, teils in Ausdehnung auf ganz Frankreich geplant hat, wie es sich in der Beschreibung durch *Karl Marx* widerspiegelt. Gerade diese Beschreibung hat geschichtsmächtig ausgestrahlt und späteren theoretischen und revolutionären Ansätzen mit verschiedenen Variationen zugrunde gelegen:

> «Die Kommune bildete sich aus den durch allgemeines Stimmrecht in den verschiedenen Bezirken von Paris gewählten Stadträten. Sie waren verantwortlich und jederzeit absetzbar. Ihre Mehrzahl bestand selbstredend aus Arbeitern oder anerkannten Vertretern der Arbeiterklasse. Die Kommune sollte nicht eine parlamentarische, sondern eine arbeitende Körperschaft sein, vollziehend und gesetzgebend zu gleicher Zeit. Die Polizei, bisher das Werkzeug der Staatsregierung, wurde sofort aller ihrer politischen Eigenschaften entkleidet und in das verantwortliche und jederzeit absetzbare Werkzeug der Kommune verwandelt. Ebenso die Beamten aller anderen Verwaltungszweige. Von den Mitgliedern der Kommune an abwärts, mußte der öffentliche Dienst für Arbeiterlohn besorgt werden. Die erworbenen Anrechte und die Repräsentationsgelder der hohen Staatswürdenträger verschwanden mit diesen Würdenträgern selbst. Die öffentlichen Ämter hörten auf, das Privateigentum der Handlanger der Zentralregierung zu sein. Nicht nur die städtische Verwaltung, sondern auch die ganze, bisher durch den Staat ausgeführte Initiative wurde in die Hände der Kommune gelegt.
>
> Das stehende Heer und die Polizei, die Werkzeuge der materiellen Macht der alten Regierung einmal beseitigt, ging die Kommune sofort darauf aus, das geistliche Unterdrückungswerkzeug, die Pfaffenmacht zu brechen; sie dekretierte die Auflösung und Enteignung aller Kirchen, soweit sie besitzende Körperschaften waren. Die Pfaffen wurden in die Stille des Privatlebens zurückgesandt, um dort nach dem Bilde ihrer Vorgänger, der Apostel, sich von den Almosen der Gläubigen zu nähren. Sämtliche Unterrichtsanstalten wurden dem Volk unentgeltlich geöffnet und gleichzeitig von aller Einmischung des Staates und der Kirche gereinigt. Damit war nicht nur die Schulbildung für jedermann zugänglich gemacht, sondern auch die Wissenschaft selbst von den ihr durch das Klassenvorurteil und die Regierungsgewalt auferlegten Fesseln befreit. Die richterlichen Be-

---

29 Zur Geschichte der Räte vgl. A. Rosenberg, Geschichte des Bolschewismus, 1966; Oskar Anweiler, Die Rätebewegung in Rußland 1905–1921; ders., Die Räte in der ungarischen Revolution, Osteuropa VIII, 1958; ders., Stichwort «Rätebewegung», in: Sowjetsystem und demokratische Gesellschaft, Bd. V; Hannah Arendt, Über die Revolution.

amten verloren jene scheinbare Unabhängigkeit, die nur dazu gedient hatte, ihre Unterwürfigkeit unter alle aufeinanderfolgenden Regierungen zu verdecken, deren jeder sie, der Reihe nach, den Eid der Treue geschworen und gebrochen hatten. Wie alle übrigen öffentlichen Diener, sollten sie fernerhin gewählt, verantwortlich und absetzbar sein.

Die Pariser Kommune sollte selbstverständlich allen großen gewerblichen Mittelpunkten Frankreichs zum Muster dienen. Sobald die kommunale Ordnung der Dinge einmal in Paris und den Mittelpunkten zweiten Ranges eingeführt war, hätte die alte zentralisierte Regierung auch in den Provinzen der Selbstregierung der Produzenten weichen müssen. In einer kurzen Skizze der nationalen Organisation, die die Kommune nicht die Zeit hatte, weiter auszuarbeiten, heißt es ausdrücklich, daß die Kommune die politische Form selbst des kleinsten Dorfes sei, und daß das stehende Heer auf dem Lande durch eine Volksmiliz mit äußerst kurzer Dienstzeit ersetzt werden sollte. Die Landgemeinden eines jeden Bezirks sollten ihre gemeinsamen Angelegenheiten durch eine Versammlung der Abgeordneten in der Bezirkshauptstadt verwalten, und diese Bezirksversammlungen dann wieder Abgeordnete zur Nationaldelegation in Paris schicken; die Abgeordneten sollten jederzeit absetzbar und an die bestimmten Instruktionen ihrer Wähler gebunden sein. Die wenigen, aber wichtigen Funktionen, welche dann noch für eine Zentralregierung übrig blieben, sollten nicht, wie dies absichtlich gefälscht worden, abgeschafft, sondern an kommunale, d.h. streng verantwortliche Beamte übertragen werden.»[30]

Hiernach sind für die *Rätedemokratie* also folgende Prinzipien bestimmend:

1. Gewalteneinheit, also keine Teilung in gesetzgebende und vollziehende Gewalt. Der Zentralrat ist zugleich Gesetzgebungs- und oberstes Exekutivorgan, vereinigt also die Funktionen von Parlament und Regierung in sich.

2. Mittelbare Wahl (z.B. von Landgemeinden bzw. Stadtbezirksräten über Bezirksräte und evtl. Provinzräte zum Nationalrat), also keine unmittelbare Volkswahl des Nationalrats.

3. Imperatives Mandat und jederzeitige Abberufbarkeit der Gewählten durch die jeweils wählende Körperschaft, also keine Unabhängigkeit von Aufträgen und Weisungen.

4. Öffentlicher Dienst durch jederzeit kündbare Angestellte, also kein Berufsbeamtentum, keine Beamten auf Lebenszeit.

5. Die Richter werden gewählt, sind verantwortlich und absetzbar, also keine persönliche und sachliche Unabhängigkeit der Richter.

6. Subsidiaritätsprinzip: Selbstverwaltung auf unterer und mittlerer Ebene soweit wie möglich und Beschränkung des Nationalrates auf «die wenigen, aber wichtigen Funktionen, welche dann noch ... übrig bleiben».

Von Marx nicht erwähnt, aber aus dem geschichtlichen und sachlichen Zusammenhang zu ergänzen sind folgende Prinzipien:

7. Allgemeines und gleiches Wahlrecht;

8. Öffentlichkeit aller Versammlungen;

9. Allzuständigkeit des Rates im Rahmen der Kompetenzverteilung, die sich aus dem Subsidiaritätsprinzip ergibt, also weder sachliche Kompetenzschranken noch dem staatlichen Eingriff entzogene Freiheitsrechte.

In späteren Konzeptionen der Rätedemokratie wurden *Varianten* erwogen.

30 Der Bürgerkrieg in Frankreich, Marx/Engels, Werke, Bd. 17, S. 339.

Mit den wesentlichen Prinzipien der Rätedemokratie wäre es z.B. noch vereinbar, wenn eine dem Rat verantwortliche und jederzeit abberufbare Regierung besteht, wenn es Lebenszeitbeamte in abhängiger und weisungsgebundener Stellung gibt, wenn die Kompetenzverteilung zwischen Zentral- und Regionalräten stärker zentralistisch ist oder wenn es ein gewaltenteilendes Zwei- oder Dreikammersystem gibt, etwa mit einem für Politik und Gesetzgebung zuständigen Arbeiterrat, einem für Produktion und Verteilung zuständigen Wirtschaftsrat und evtl. noch einen Kultur- oder Bildungsrat. Solche Varianten wurden vor allem in Deutschland im Jahre 1918/19 diskutiert, vor allem innerhalb der USPD und dem damaligen Spartakusbund. Über die Vermittlung der SPD ging ein Rudiment davon in die Weimarer Reichsverfassung ein: nämlich der *Reichswirtschaftsrat*, der allerdings neben den politischen Organen nur wenige Kompetenzen besaß und weitgehend funktionslos blieb. Die dauerhafte Etablierung einer konsequenten Rätedemokratie ist bisher noch nirgendwo gelungen.

Ist eine Rätedemokratie überhaupt möglich? Diese Frage ist nicht einfach zu beantworten, weil sie uns in den Konflikt zwischen Theorie und Praxis führt. Die Verfechter der Rätedemokratie legen Wert darauf, diese Frage auf der *theoretischen* Ebene abzuhandeln. Sie legen dar, daß sich in der freien Diskussion der Bürger, aufs Ganze gesehen, die besseren Argumente durchsetzen, zumal dann, wenn sich Fehlentscheidungen in unmittelbar spürbarem wirtschaftlichem Mangel niederschlagen, daß deshalb auch langfristige Gestaltungsaufgaben ungestört durchgeführt werden können, daß die Bürger ihre Freiheit und Selbstbestimmung zu schätzen lernen und sie nicht aufgeben werden, wenn sie sie einmal erfahren haben, daß der Sachverstand der Experten keineswegs ausgeschaltet, sondern zu Rate gezogen werden wird usw. und daß es deshalb keinen durchschlagenden Grund gibt, warum eine Rätedemokratie nicht auch den komplizierten Aufgaben der modernen Industriegesellschaft gewachsen sein würde.[31]

Vor allem dürfe man die Unmöglichkeit der Rätedemokratie nicht voraussetzen, solange sie noch keine Chance gehabt habe, sich zu bewähren. Alle Versuche, das Modell in Wirklichkeit umzusetzen, seien von den Feinden der Rätedemokratie gewaltsam niedergeworfen worden. Angenommen, es gelinge der Rätedemokratie einmal, sich zu behaupten, so werde sich erweisen, daß sie auch Bestand haben könne. Es gebe «die Furcht vor Dingen, die man nie zuvor gesehen, vor Gedanken, die niemand vorher gedacht, vor Institutionen, die sich noch nirgends bewährt hatten» (Hannah Arendt[32]), es gebe aber auch demokratische Zuversicht, Vertrauen und Bereitschaft zum Wagnis.

Das Privileg der Theorie ist es, *Modelle gegen die Wirklichkeit* ausspielen und bei der Modellbildung von einzelnen Faktoren absehen zu dürfen, die in der Wirklichkeit eine Rolle spielen. Da bisher alle Versuche, eine Rätedemokratie

---

31 Vgl. z.B. Wilfried Gottschalch, Parlamentarismus und Rätedemokratie, 1968, insbesondere Seite 32 ff.

32 Über die Revolution, S. 332.

in die Wirklichkeit umzusetzen, gescheitert sind, kann eine politische Betrachtung nicht an der Frage vorbeigehen, wie das kommt und ob die *Ursachen des Scheiterns* ausgeschaltet werden können.

§ 77. Das imperative Mandat

Von allen Komponenten, die die Rätedemokratie ausmachen, sind mindestens zwei essentiell und unverzichtbar: das imperative Mandat und die Abberufbarkeit der Gewählten. Während die anderen Komponenten aufgegeben werden könnten, verlöre die Rätedemokratie mit diesen beiden das Grundprinzip, das sie vom repräsentativen Parlamentarismus unterscheidet. Sind imperatives Mandat und Abberufbarkeit der Gewählten möglich? Auch wenn die Rätedemokratie bisher keine Gelegenheit gehabt hat, sich praktisch zu bewähren, und wenn wir daher nicht auf Erfahrungen zurückgreifen können, so läßt sich diese Frage doch gedanklich klären, indem man einmal alle Theorien, Prinzipien und Wünschbarkeiten beiseite läßt und die Sache nur von ihrer praktischen Seite betrachtet.

Der Nationalrat kann nur funktionieren, wenn er fähig zur Entscheidung ist. Entscheidungen sind nur auf der Grundlage von Mehrheiten möglich. Ein praktisches Problem von großer Bedeutung in jeder Entscheidungsinstanz ist die *Mehrheitsbildung*. Die Schwierigkeiten der Mehrheitsbildung entstehen daraus, daß die zur Entscheidung anstehenden Probleme im Gesetzgebungsverfahren komplex sind und sich nicht auf einfach mit «ja oder nein» zu beantwortende Alternativfragen reduzieren lassen. Es muß zunächst entschieden werden, welche Sachprobleme überhaupt geregelt werden sollen, ferner, welche von ihnen vordringlich sind und welche zurückgestellt werden können. Sodann sind die verschiedenen Sachprobleme in sich komplex und lösen sich in zahllose Detailfragen auf. Diese stehen in einem vielfältigen wechselseitigen Bedingungs- und Interdependenzverhältnis zueinander; jedes Sachproblem besteht aus lauter funktional aufeinander bezogenen Variablen. Nur ein von Prinzipien ausgehender Theoretiker, der sich niemals an einer praktischen gesetzespolitischen Diskussion beteiligt hat, wird den Grad der Komplexität verkennen, den die meisten Sachprobleme besitzen. Wem diese Komplexität aber anschaulich ist, dem stellen sich die Fragen: Wie kann sie *an die demokratische Basis vermittelt werden?* Und: Wie kommt eine Mehrheit zustande, wenn die Basis, in eine größere Zahl von Räten aufgesplittert, verschiedene Weisungen gibt, die einander nicht entsprechen? Das imperative Mandat führt zu einer *Vielzahl von Minderheiten*, nicht aber zu einer Mehrheit. Der Volkswille würde in der Wirklichkeit der Rätedemokratie nur in Gestalt von zahlreichen miteinander unvereinbaren Einzelwillen in Erscheinung treten – die Zahl wäre so groß wie die Zahl der Basisräte.

Das Prinzip des gebundenen Mandats entstammt der Ständeversammlung. Seine Funktionsfähigkeit setzt voraus, daß es nur drei Stände oder jedenfalls nur eine sehr begrenzte Zahl von Ständen gibt, ferner, daß nur eine begrenzte

Zahl von Sachproblemen zur Entscheidung steht, und schließlich, daß die Sachprobleme auf einfache Alternativen zu reduzieren sind. Diese Voraussetzungen können in einem modernen Industrie- und Sozialstaat schlechterdings nicht gegeben sein.

Heute wird das imperative Mandat hauptsächlich in der Gestalt diskutiert, ob die *Mehrheitspartei* befugt sei, den Abgeordneten Weisungen zu erteilen. In dieser Gestalt scheitert das imperative Mandat nicht an der praktischen Undurchführbarkeit, vorausgesetzt, daß die (Weisungen erteilende) Parteigliederung und das (Weisungen empfangende) politische Organ auf der organisatorischen und regionalen Ebene einander entsprechen, also z.B. Bundespartei - Bundestag, Landespartei - Landtag, Untergliederungen der Partei - Kommunalorgane. Unter dieser Voraussetzung kann das Sachproblem innerhalb der Parteiversammlung ausdiskutiert und mit Mehrheit entschieden werden, und die Entscheidung bedeutet, daß es nur eine, nicht mehrere Weisungen gibt. Das imperative Mandat verlagert die Entscheidungskompetenz von dem gewählten Organ auf die Parteiorganisation. Das bedeutet Aufhebung der Demokratie insofern, als das gewählte Organ nun nicht mehr *dem Volk*, sondern nur einem Sektor der Gesellschaft, nämlich *der Partei*, verantwortlich ist. Dagegen gibt es zwar gewichtige Einwände, aber es ist praktisch möglich. Hingegen bedeutet das imperative Mandat der Rätedemokratie, daß Mehrheiten selbst bei größten Zeit- und Reibungsverlusten kaum zustande kommen können, und das macht die *Rätedemokratie unpraktikabel*.

Deshalb hat sich die *Französische Revolution* sehr schnell gegen das imperative und *für das freie Mandat* entschieden: Schon das Gesetz vom 22. 12. 1789 untersagte Aufträge und Weisungen, und die Verfassung von 1792 sah ein das Volk repräsentierendes Parlament vor. In einem solchen Parlament setzt sich der Volkswille nicht unmittelbar so durch, wie er ist, sondern nur so, wie er sich nach der parlamentarischen Diskussion und nach geschlossenen Kompromissen darstellt. Es regiert also nicht der *empirische Volkswille*, wie er an der Basis lebendig ist und wie er durch die Räte «nach oben» vermittelt werden könnte. Es regiert aber auch nicht der *hypothetische Volkswille*, wie er sein würde, wenn alle ihre wahren Interessen erkennen würden, und der von einer Führungselite definiert wird. Vielmehr entscheidet der empirische Wille der Parlamentsmehrheit, so wie er sich aus Diskussion und Kompromiß ergibt, und eine Beziehung zum Volkswillen wird nur durch die regelmäßig wiederkehrende Wahl und durch den Gedanken der Repräsentation vermittelt, der den Abgeordneten in seinem Amtsethos verpflichtet, im Namen und Interesse des ganzen Volkes zu entscheiden. Also weder *«volonté de tous»* (der zersplitterte Wille der nicht zum staatsbürgerlichen Bewußtsein erwachten Individuen, selbst dann nicht, wenn er zu klaren Mehrheiten im Volk führt) noch *«volonté générale»* (der am Gesamtinteresse orientierte Wille der Staatsbürger), sondern Repräsentation des Volkes im Parlament. Identität durch imperatives Mandat herstellen zu wollen bedeutet, über der Deduktion aus Prinzipien die praktische Realisierbarkeit zu vergessen.[33]

33 Christoph Müller (Das imperative u. freie Mandat, S. 31) resümiert einen französischen

§ 78. Ursachen für das Scheitern der Räte

Indessen haben die Räte gar nicht lange Zeit genug Bestand gehabt, um allein an den praktischen Schwierigkeiten, die mit dem imperativen Mandat verbunden sind, scheitern zu können. Ihr Scheitern erfolgte aus anderen und tieferen Ursachen. Es folgte aus Legitimitätsproblemen, die in den angeführten theoretischen Erwägungen zugunsten der Rätedemokratie nicht genügend berücksichtigt sind.

Man kann die Räte seit 1871 in vier Gruppen zusammenfassen, die an vier verschiedenen Legitimitätsproblemen gescheitert sind. Diese vier Problemkreise lassen sich mit den Stichworten kennzeichnen:

1. ungefestigte Legitimität,
2. Logik des revolutionären Bürgerkriegs,
3. Mangel an formaler Offenheit,
4. Degeneration zur Herrschaftsideologie der Parteidiktatur.

1. Die Pariser Kommune 1871, die russischen Räte von 1905, die Berliner und Münchener Räte 1918/19, die ungarischen Räte von 1919 scheiterten an der Übermacht der noch vorhandenen alten Legitimität, d.h. *an ungefestigter eigener Legitimität.* Eine Demokratie kann nur Bestand haben, wenn ihre Bürger Demokraten sind, und eine Rätedemokratie kann, wenn überhaupt, nur Bestand haben, wenn ihre Bürger Rätedemokraten sind. Eine breite Legitimitätsbasis kann sich aber nur unter bestimmten Bedingungen bilden.

Die erste Bedingung ist die vorbehaltlose *wechselseitige Respektierung der völligen Gleichheit und Freiheit* eines jeden Bürgers durch jeden Bürger in einem Klima des Friedens und der Vernunft. Eine Rätedemokratie setzt also nicht nur die bedingungslose Bereitschaft voraus, die Entscheidung des Volkes hinzunehmen, wie immer sie ausfällt, sondern auch das wechselseitige Vertrauen eines jeden, daß jeder andere diese Bereitschaft besitzt. Dieses Vertrauen kann sich nur bilden, wenn die Bereitschaft allenthalben tatsächlich vorhanden ist und wenn diese Vorhandenheit bereits so erprobt ist, daß man sich auf sie verlassen kann.

An dieser Legitimitätsvoraussetzung der Rätedemokratie fehlt es aus zwei Gründen: einmal, weil man selbst dann, wenn die Bereitschaft zum wechselseitigen Respekt vorhanden wäre, sich dessen im Anfangsstadium der rätedemokratischen Revolution nicht vergewissern könnte, sodann aber auch, weil die Bereitschaft tatsächlich nicht vorhanden ist.

Die revolutionäre Einführung einer Rätedemokratie bedeutet zunächst Konfrontation mit der alten Legitimität. *Die Rätedemokratie ist selbst Gegenstand des Konflikts.* Damit ist der Bedingung ihrer Legitimität von vornherein nicht

---

Befürworter des imperativen Mandats, Dandurand, so: «Er befürchtet schwere organisatorische Nachteile, wenn das imperative Mandat, das er propagiert, wirklich eingeführt werden sollte. Aber das sind für ihn bloße ‹considérations pratiques›; sogleich läßt er die Welt des äußeren Scheins hinter sich zurück und erörtert das Problem des imperativen Mandats nur noch ‹au point de vue des principes›.» (Bezogen auf: Pierre Dandurand, Le mandat impératif, Bordeaux 1896, S. 157.).

genügt. Eine breite Legitimitätsgrundlage kann sich erst aufgrund der Erfahrung bilden, daß man sich auf den wechselseitigen Respekt verlassen kann. Das setzt voraus, daß die Rätedemokratie bereits seit einer gewissen Zeit etabliert ist. Denn die *Institutionen prägen das Bewußtsein*. Je länger sie eingelebt sind, desto stärker kann sich der konservative Sinn mit ihnen verbinden. Werden sie neu eingeführt, so stoßen sie auf die (berechtigte) konservative Skepsis, daß sie nicht möglich seien, daß sie eine Utopie darstellten. Halten aber die Konservativen – zu Recht oder nicht – die Rätedemokratie für eine Utopie, so ist sie eben deshalb eine Utopie.

Es nützt nichts, zu sagen: sie wäre keine Utopie, wenn man sie nicht dafür hielte. Zwar wenden die Verfechter der Rätedemokratie zu Recht ein: Die Konservativen hätten jahrhundertelang auch die freiheitlichen Institutionen des Verfassungsstaates, die parlamentarische Demokratie, die Abschaffung der Todesstrafe, die Sozialstaatsgesetzgebung usw. mit der Gebärde des «Realismus» für utopisch erklärt. Die Vernunft konnte sich ihrem Pseudorealismus gegenüber nie in ihrer eigentlichen, zivilen und freundlichen Gestalt, sondern immer nur in einer den Anblick entstellenden Kriegsrüstung präsentieren. Und sehr oft haben die Konservativen recht behalten, nur deshalb, weil es ihnen gelang, die Vernunft zur Partei zu degradieren und in die Totalpolarisierung zu treiben, womit sie sich selbst aufhob. Der Fortschritt der Vernunft gelang in der Regel nur durch die List und Behutsamkeit, mit der sie die Zuspitzung des Konflikts vermeiden und durch Geduld zu überzeugen vermochte. Das gelingt ihr aber im allgemeinen nur, wenn sie an bestehende Institutionen anknüpfen und diese schrittweise verändern kann.

Die Rätedemokratie, die kein Verfahren zur Mehrheitsbildung kennt, unterscheidet sich jedoch von allen bisher etablierten Verfassungsinstitutionen so prinzipiell, daß sie nur im Kampf eingeführt werden kann. Das gilt auch unter den Bedingungen des demokratischen Verfassungsstaates, dessen wesentliche Grundprinzipien (z.B. Art. 20 GG) sie aufheben müßte, was nur durch Revolution möglich wäre (vgl. Art. 79 III).[34] Eine Rätedemokratie in einer revolutionären Bürgerkriegssituation aber ist eine Unmöglichkeit in sich. Sie wäre, wenn überhaupt, nur möglich, wenn alle sie wollten, und das würde voraussetzen, daß niemand sie für utopisch hielte. Es erscheint den Verfechtern der Rätedemokratie zwar als ärgerliches Paradox, daß sie auch deshalb utopisch sein soll, weil man sie für utopisch hält. Aber dieses Paradox ist eine dialektische Realität, die sich weder durch Analyse auflösen noch hinwegentrüsten läßt. Die Entrüstung beseitigt es nicht, sondern verschärft

34 Die abweichende Ansicht von Peter v. Oertzen, der die Einführung einer Rätedemokratie für vereinbar mit den Prinzipien des Grundgesetzes hält («Rätesystem – nicht gegen das Grundgesetz», in: Zeit Nr. 24 v. 16. 6. 1972, S. 3) verkennt, daß das demokratische Prinzip in Art. 20 GG nicht mit beliebigem Inhalt aufgefüllt werden kann, sondern im systematischen Zusammenhang mit Gewaltenteilung, Grundrechten und dem Prinzip des freien Mandats (Art. 38 I GG) auszulegen ist; vgl. dazu Kriele, Das demokratische Prinzip im Grundgesetz, Veröff. d. Vereinigung d. Deutschen Staatsrechtslehrer, 29, 1971.

nur die Polarisierung und verhindert damit erst recht die Entstehung der Legitimitätsbasis, auf der allein sich die Rätedemokratie entfalten könnte.

2. Der Mangel an Legitimität zwingt die Rätedemokraten in die *Logik des revolutionären Bürgerkriegs*, die die Rätedemokratie erst recht unmöglich macht. Auf der Grundlage einer Rätedemokratie könnte nur dann über ihren eigenen Bestand abgestimmt werden, wenn sie schon von allen als legitim anerkannt wäre. Fehlt es an dieser Voraussetzung, so sind nur Rumpfräte denkbar, die die Gegner der Rätedemokratie von der Mitgliedschaft ausschließen. Aber auch diese Rumpfräte könnten im revolutionären Bürgerkrieg nicht nach ihren eigentlichen Abstimmungsmodalitäten funktionieren, wenn sie sich nicht ihren Gegnern von vornherein unterlegen machen wollen. Gegen den organisierten Widerstand durch eine straff geführte Armee oder Polizei kann sich nur der behaupten, dessen eigene Organisation entsprechend schlagkräftig ist und den Erfordernissen der schnellen Entscheidung und der Disziplin genügt. Die Räterevolution beginnt also gewissermaßen mit einer Notstandssituation, in der ihre eigenen Verfassungsvoraussetzungen außer Kraft gesetzt werden müssen oder genauer: noch nicht in Kraft gesetzt werden können. Die Rätedemokratie kann aber das für ihre Legitimität erforderliche Vertrauen erst recht nicht gewinnen, wenn sie sich von ihren Gegnern gezwungen sieht, ihre eigenen Legitimitätsvoraussetzungen aufzuheben.

Karl Marx zog schon zwei Jahre nach seinen begeisterten Kommentaren zur Pariser Kommune die resignierte Schlußfolgerung:

> «Die Arbeiter müssen ... auf die entschiedenste Zentralisation der Gewalt in die Hände der Staatsmacht hinwirken. Sie dürfen sich durch das demokratische Gerede von der Freiheit der Gemeinden, von Selbstregulierung usw. nicht irremachen lassen.»[35]

Oskar Anweiler interpretiert Marx:

> «Die revolutionären Gemeinderäte sind für Marx nichts weiter als zeitweilige Kampforgane, die die Revolution vorwärtstreiben sollen, er sieht in ihnen nicht die Keimzellen für eine grundlegende Umgestaltung der Gesellschaft, die vielmehr von oben, durch die proletarischen zentralisierten Staatsgewalten, erfolgen soll.»[36]

Noch konsequenter folgte *Lenin* dieser Logik des revolutionären Kampfes. Zwar löste er die Oktober-Revolution 1917 mit der Parole «Alle Macht den Räten» aus, leitete aber fast gleichzeitig die Entmachtung der Räte und die Machtkonzentration in der Hand der bolschewistischen Partei ein, die er endgültig mit der Niederschlagung des Kronstädter Aufstandes 1921 besiegelte. In diesem Jahr zog der Leninist J. Steklow aus dem Scheitern der Pariser Kommune das Fazit:

---

35 Karl Marx, a.a.O., S. 595.

36 Anweiler, Die Rätebewegung in Rußland 1905–1921, S. 19.

«Es ist notwendig, eine Arbeiterpartei, eine politische Organisation der Arbeiterklasse zu schaffen, die im Stande ist, ihren Kampf zu leiten und Einheit und Planmäßigkeit hineinzutragen.»[37]

Während also die französischen und deutschen Räte an der Übermacht der *alten Legitimität* scheiterten, scheiterten die sowjetischen Räte an der *Logik des revolutionären Bürgerkriegs.* Dieser zwingt zur *Einparteiendiktatur,* in der sich die Rätedemokratie selbst aufhebt. Mag diese auch als Fernziel oder in scheindemokratischen Institutionen zur Legitimierung der Diktatur herhalten: Rätedemokratie und Parteiendiktatur haben nicht nur keinen Zusammenhang, sondern sind Gegensätze, die sich unbedingt ausschließen. Die Räte, die nur einen Teil der Bevölkerung erfassen, haben im Anfangsstadium der Revolution die Funktion, diesen Teil der Bevölkerung zu mobilisieren und - zu täuschen. Hat sich die revolutionäre Führung erst durchgesetzt, so erscheinen sie zunächst entbehrlich, dann störend, dann gefährlich und schließlich «konterrevolutionär». Sie werden entweder niedergeschlagen oder umfunktioniert, indem sie unter Preisgabe ihrer wesentlichen Organisationsprinzipien und damit unter Preisgabe ihres Rätecharakters in den staatlichen Machtapparat integriert werden.

Es handelt sich hier nicht um ein der Rätedemokratie eigentümliches Problem, sondern um die Logik des revolutionären Bürgerkriegs, also um das allgemeine Problem «Modell gegen Wirklichkeit». Die Revolution kann Legitimität erst begründen, wenn sie gesiegt hat, bis dahin ist sie Widerstand gegen die (alte) Verfassung und löst legale Gegengewalt aus. Hat sie gesiegt, so muß sie zunächst die «konterrevolutionären» Offenbarungen der alten Legitimität niederhalten, also *Terror* üben und dann die bewußtseinsmäßigen Voraussetzungen der alten Legitimität ausrotten: also *Erziehungsdiktatur* üben. Nur die evolutionäre Verfassungsänderung kann diesem Konflikt entgehen: sie zehrt von der alten Legitimität und überträgt sie schrittweise auf die neuen Verfassungsregeln.

3. Indessen scheitert die Rätedemokratie nicht nur am Mangel an Legitimität und an der Sachlogik des revolutionären Bürgerkriegs, sondern an einem dritten Grund, der auch ihre evolutionäre Einführung unwahrscheinlich macht: dem *Mangel an formaler Offenheit* bei ihren Verfechtern. Die Rechtfertigung der Rätedemokratie liegt darin, daß sie das Maximum an Selbstbestimmung verwirklichen soll. Das aber kann sie nur, wenn sie sich in ihrer Verfassungsstruktur ganz auf die *formalen* Prinzipien zur Ermöglichung der *Selbstbestimmung* beschränkt. Das setzt vor allem die Befreiung des Rätegedankens von jeder Belastung durch inhaltliche partikular-politische Absichten voraus, mit anderen Worten ein rein formal-demokratisches Verständnis der Räteverfassung. Selbstbestimmung des Volkes bedeutet, daß *das Volk und nicht eine Elite entscheidet.* Das Volk aber entscheidet nur dann wirklich, wenn es

37 J. Steklow, Die kommunistische Internationale, Petrograd 1921, Nr. 16, hier zitiert aus einem bei Gottschalch, Parlamentarismus und Rätedemokratie, abgedruckten Auszug S. 69, 74.

die Freiheit hat zu entscheiden, wie es will, wenn es seinen Interessen so folgt, wie es sie selbst versteht, wenn sich niemand die Kompetenz anmaßt, seine Interessen zu definieren und durchzusetzen, wenn die Mehrheit und nicht eine wie immer definierte Richtigkeit entscheidet.

Nun verbinden aber die Verfechter der Rätedemokratie mit dieser Idee fast immer inhaltliche Zielvorstellungen, nämlich den *Sozialismus*, in dem es die, wie es heißt, «private Aneignung des gesellschaftlich erarbeiteten Mehrwerts», also den Kapitalgewinn, nicht mehr geben soll. Die Verknüpfung von Rätedemokratie und Sozialismus erfolgt auf verschiedene Weise, sei es, daß die Rätedemokratie Voraussetzung des Sozialismus oder dieser Voraussetzung der Rätedemokratie sein soll, sei es, daß die Rätedemokratie als Mittel zur Herbeiführung des Sozialismus verstanden wird oder umgekehrt. Auf die verschiedenen Theorien braucht an dieser Stelle nicht im einzelnen eingegangen zu werden, und es braucht auch nicht bestritten zu werden, daß einige der Argumente nicht von vornherein unplausibel sind. Entscheidend ist, daß das formale Prinzip der Rätedemokratie unglaubwürdig wird, wenn es mit einer, wie immer begründeten, inhaltlichen Zielbestimmung verknüpft wird. Diese Verknüpfung läßt das Vertrauen, das eine breite Legitimitätsgrundlage vielleicht schaffen könnte, von vornherein nicht aufkommen. «Der oft gehörte Vorwurf der ‹Formaldemokratie› ist deshalb nichts anderes als der Vorwurf des Nichtdemokraten gegen die Demokratie.»[38]

Wer aus wirtschaftspolitischen Erwägungen der Meinung ist, daß der Privatbesitz von Kapital und die Gewinnausschüttung an den Kapitalisten insgesamt produktionsfördernd sei und dem allgemeinen Wohlstand zugute komme, könnte zwar theoretisch auch ein Befürworter der Rätedemokratie sein. Denn er ist dieser Meinung aus Gründen, auf deren Überzeugungskraft er vertraut. Das Für und Wider des Kapitalprofits ließe sich also auch in einer Rätedemokratie sachlich erörtern, und das Ergebnis könnte durchaus sein, daß die Mehrheit zu der Entscheidung kommt, den Profit einiger weniger angesichts der damit verbundenen Vorteile für alle hinnehmen zu wollen. Dieser Meinung ist schließlich auch die Mehrheit in fast allen demokratischen Verfassungsstaaten der westlichen Welt, und es besteht kein durchschlagender Grund für die Annahme, daß die Mehrheit diese Meinung ändert, wenn an die Stelle des repräsentativen Parlaments die Rätedemokratie tritt.

Nun sind aber die Befürworter der Rätedemokratie fast alle entschlossen, den Befürwortern der kapitalistischen Produktionsweise keine Chance zu lassen. Im Gegenteil soll die Rätedemokratie ihre Impulse aus der *sozialistischen Auflehnung gegen den Kapitalismus* gewinnen. Die Überwindung der parlamentarischen Demokratie wird gerade mit der Begründung gefordert, daß sich im Parlament die Kapitalinteressen durchsetzten und daß der demokratische Verfassungsstaat die politische Organisationsform des Kapitalismus sei. Die Rätedemokratie wird als ein *Vehikel zur Überwindung des Kapitalismus*

38 Werner von Simson, Das demokratische Prinzip im Grundgesetz, Veröffentl. d. Vereinigung d. Deutschen Staatsrechtslehrer, 29, 1971, S. 9.

angesehen. Das aber bedeutet, daß sie nicht ehrlich als solche gewollt wird. Das Volk soll nicht selbst bestimmen, sondern es sollen «die Interessen des Volkes» durchgesetzt werden, deren Definition sich die Elite vorbehält, die zugleich die Rätedemokratie fordert. Die Durchsetzung der sozialistischen Ziele aber ist nur sichergestellt, wenn Vorsorge dafür getroffen ist, daß sich die Räte antikapitalistisch entscheiden werden. Diese Sicherstellung kann nur erfolgen durch Beschränkung der Rätedemokratie auf einen Teil des Volkes und Ausschluß des Rests, und überdies durch Manipulation der Räte.[39]

Sie bedarf mit anderen Worten der Parteidiktatur und der Unterdrückung rätedemokratischer Impulse. *Wer Sozialismus will und Rätedemokratie sagt*, der täuscht andere und vielleicht auch sich selbst. Mit der Rätedemokratie meint es nur der ehrlich, der überzeugt ist, daß die Selbstbestimmung nicht von der Überwindung des Kapitalismus abhängt. Er kann trotzdem Sozialist sein - aber dann nur aus pragmatischen und weniger prinzipiellen Gründen, die ihm erlauben, Mehrheitsentscheidungen zugunsten des Kapitalismus hinzunehmen. Wer hingegen meint, daß erst die Überwindung des Kapitalismus die Bedingungen schafft, unter denen Selbstbestimmung möglich ist, verstrickt sich in das Paradox, die Voraussetzung dessen, was er will, die Selbstbestimmung, selbst aufheben zu müssen. Er will dann zwar vielleicht die Rätedemokratie einführen, sie aber gleichzeitig wegmanipulieren. Unter solchen Umständen kann er ein rätedemokratisches Bewußtsein nur bei solchen schaffen, die seine Intentionen entweder teilen oder nicht durchschauen. An eine breite, auf Vertrauen beruhende demokratische Bewußtseinsänderung ist nicht zu denken. Im Gegenteil schafft die Verknüpfung von Rätedemokratie mit Sozialismus Polarisierungen, die nur den revolutionären Weg offenlassen, der aber, wie gesagt, die Realisierung der Rätedemokratie erst recht ausschließt.

4. So bleibt schließlich nur die Frage, ob eine Rätedemokratie vielleicht doch auf dem Umweg über die Diktatur des Proletariats möglich werden könnte, ob, m.a.W., der *Herrschaftsideologie der kommunistischen Parteidiktatur* Leben eingehaucht werden könnte. Ist der private Kapitalgewinn erst abgeschafft, so sollte nach dieser Voraussetzung das entscheidende Hindernis für die Rätedemokratie entfallen sein. Indessen scheinen sich vor der Einführung der Selbstbestimmung andere und viel gravierendere Hindernisse aufzutürmen. Die sowjetische Parteidiktatur produzierte mehr als siebzig Jahre lang immer neue Gründe, warum an ein Absterben des Staates bis auf weiteres nicht zu denken sei. Auf einen freiwilligen Machtverzicht «von oben» zu warten war sicherlich illusorisch. Das äußerste, was zu erhoffen war, war die *Toleranz* (nicht die Freiheit) zu einer begrenzten Arbeiterselbstverwaltung aus wirtschaftspolitischen Rücksichten wie in *Jugoslawien* oder zu «kulturrevolu-

39 Über die Wandlungen des Begriffs «Demokratie» im sozialistischen Sprachgebrauch (von der Identifikation der Begriffe Demokratie und Sozialismus über eine Unterscheidung, aber Verwandtschaft bis hin zur Abwertung der Demokratie) als eines «bloß formalen» Prinzips vgl. Arthur Rosenberg, Demokratie und Sozialismus, 1962.

tionären» Bewegungen wie in *China*, die aber von der Parteidiktatur immer kontrolliert, gesteuert und wieder abgesetzt werden konnten. Es handelte sich dann also nicht um Rätedemokratie, sondern um Parteidiktatur, die in begrenztem Rahmen rätedemokratische Elemente zuläßt (Djilas[40]). Rätedemokratie und Parteidiktatur sind und bleiben unvereinbare Gegensätze.

Wie aber, wenn das Volk, auf der Grundlage eines Bewußtseins, das durch die Abschaffung des Kapitalismus zur Selbstbestimmung gereift ist, von sich aus, «von unten», eine Rätedemokratie aufbaut? Hat es dann eine Chance? Wir sind zur Beantwortung dieser Frage nicht auf Spekulationen angewiesen. Die geschichtlichen Erfahrungen liegen vor: 1956 in Ungarn und Polen. Es erging dem Volk nicht anders als den Kronstädtern 35 Jahre zuvor: Daß die Diktatur des Proletariats die Rätedemokratie vorbereiten und ermöglichen solle, war eine Herrschaftsideologie, die auf ihren Wahrheitsgehalt hin niemals getestet werden durfte; denn die Herrschaftsideologie hatte keine andere Funktion als ausschließlich die, der *Herrschaft* zur Legitimierung zu dienen.

4. Kapitel: Der demokratische Verfassungsstaat in Deutschland

§ 79. Konservatismus im 19. Jahrhundert

So fundamental sich die Verfassungsentwicklung in den angelsächsischen Ländern und in Frankreich voneinander unterscheiden, so haben sie doch, wenn man von der Restaurationsepoche absieht, eines gemeinsam: Der *«pouvoir constituant»* liegt beim Volk. In Deutschland hingegen lag er bis zum Jahre 1918 *bei den Fürsten.* Zwar entwickelten sich im Laufe des 19. Jahrhunderts parlamentarische Institutionen und die Befugnis der Parlamente, bei der Gesetzgebung und beim Budgetrecht, schließlich auch, jedenfalls zum Teil, bei der Einsetzung und Kontrolle der Regierungen mitzuwirken, und schließlich hat der Reichstag die Verfassung von 1871 bestätigt, wodurch ihre Legitimitätsgrundlage einen eigentümlichen Doppelcharakter erhielt (vgl. unten § 82). Insofern gab es also gewisse demokratische Verfassungselemente, die die monarchische Souveränität zwar relativierten, aber nicht grundsätzlich in Frage stellten.

Parlamentarische Demokratie unter dem Vorbehalt des «pouvoir constituant» *des Königs* unterscheidet sich jedoch wesentlich von parlamentarischer Demokratie auf der Grundlage des «pouvoir constituant» *des Volkes,* da der monarchische Souverän präsent und handlungsfähig ist, während die demokratische Souveränität während der Dauer des Verfassungsstaates ruht. Zwischen der konstitutionellen und der absoluten Monarchie besteht also nur ein gradueller, kein prinzipieller Unterschied. Der *konstitutionelle Monarch* legt sich mit der Verfassung zwar eine Selbstbeschränkung auf, aber er behält das

40 Djilas, Die unvollkommene Gesellschaft, 1969.

Recht in der Hand, die selbstgesetzten Schranken zu beseitigen. Daß der Fürst die einmal gewährte Verfassung einseitig außer Kraft setzen oder auch einseitig verändernd interpretieren durfte, war zwar eine umstrittene Auffassung, die sich jedoch stets durchsetzte, wenn es zum Konflikt kam: so im hannoverschen Verfassungskonflikt von 1837 und im preußischen Verfassungsstreit von 1862–1866. Deshalb mußte auch der Bürger mit dieser Möglichkeit jederzeit rechnen. Es gab nur Toleranzen, aber keine rechtlich institutionalisierten Menschenrechte. Klugheit und Milde haben es dem Souverän geboten erscheinen lassen, in normalen Zeiten die gesetzlich gewährten Rechte als Toleranzen zu respektieren. Im Laufe des 19. Jahrhunderts hat sich eine Entwicklung von erheblicher Rechtsunsicherheit in der ersten Hälfte bis zu einer relativ gefestigten *Rechtsstaatlichkeit in* der zweiten Hälfte des Jahrhunderts vollzogen, wenn auch nur unter dem Druck der Notwendigkeit, sich eine breitere Legitimitätsgrundlage zu verschaffen und die demokratische Revolution abzuwenden. Aber das Grundprinzip der souveränen Monarchie blieb immer aufrechterhalten, und der Rechtsstaat blieb eine Gewährung.

Es gehört im 18. Jahrhundert zum Wesen des Rechtsstaates deutscher Prägung, daß er mit dem Grundprinzip des Absolutismus vereinbar ist. Insofern unterscheidet sich der deutsche Begriff des Rechtsstaates fundamental von dem angelsächsischen Begriff der Rule of Law. Die *konstitutionelle Monarchie,* die sich im Laufe des 19. Jahrhunderts durchsetzte, war kein Verfassungsstaat im Sinne der Rule of Law; denn sie stand unter dem Vorbehalt des monarchischen «pouvoir constituant». Sie war insofern eine eigentümliche Zwischenstufe zwischen Absolutismus und Verfassungsstaat (E. R. Huber[1]). Parlamentarische Institutionen entwickelten sich in ihrem Rahmen. Sofern sich der Begriff der Demokratie mit diesen Institutionen verband, bedeutete er also: Demokratie unter den Bedingungen und unter dem Vorbehalt des «Obrigkeitsstaates».

Zu den Ursachen für die Verspätung des demokratischen Verfassungsstaates auf der Grundlage des «pouvoir constituant» des Volkes in Deutschland gehört wesentlich das *Scheitern der Französischen Revolution* im Jahre 1792. Man muß sich an dieser Stelle einmal vergegenwärtigen, mit wieviel Sympathie, ja Enthusiasmus die Französische Revolution in ihrem ersten Stadium in Deutschland wie überall in Europa und Amerika begleitet worden ist, als eine Tat, die geeignet erschien, die Idee von Freiheit, Gleichheit und Brüderlichkeit in die Wirklichkeit umzusetzen. Noch im Alter erinnerte sich z.B. Hegel, der an jedem 14. Juli zum Gedenken der Revolution im Frack ins Kolleg zu kommen pflegte:

> «Es war ein herrlicher Sonnenaufgang. Alle denkenden Wesen haben diese Epoche mitgefeiert. Eine erhabene Rührung hat in jener Zeit geherrscht, ein Enthusiasmus des Geistes hat die Welt durchschauert.»[2]

---

1 Deutsche Verfassungsgeschichte seit 1789, Bd. III, S. 3 ff.

2 Philosophie der Geschichte, Stuttgarter Ausgabe Bd. XI, S. 557.

Dieses hoffnungsfrohe Pathos, das die alte Generation Kants und die junge Generation Schillers und Hegels miteinander verband, bezog sich auf die Gründung eines demokratischen Verfassungsstaates, der die *Menschenrechte* verwirklichen sollte, aber auch auf die Entdeckung des *«pouvoir constituant» des Volkes,* aus der dieser Verfassungsstaat hervorgehen sollte. Es bezog sich nicht auf die Idee einer Demokratie mit beliebigem Inhalt, sondern auf die Schaffung der die Freiheit sichernden rechtlichen Institutionen:

> «Im Gedanken des Rechts ist ... jetzt eine Verfassung errichtet worden, und auf diesem Grunde sollte nunmehr Alles basirt seyn. Solange die Sonne am Firmamente steht und die Planeten um sie herumkreisen, war das nicht gesehen worden ...»[3]

Joachim Ritter resümiert: «Nachdem sie (die Französische Revolution) die Freiheit für alle als Menschen zum Rechtsprinzip erhoben hat, verlieren für Hegel geschichtlich wie sachlich alle Institutionen und positiven Rechte, die ihm widersprechen, mit geschichtlicher Notwendigkeit jeden legitimen Anspruch auf Geltung.»[4]

In diesem Geiste ist die Französische Revolution in der deutschen Öffentlichkeit mit der größten Aufmerksamkeit, mit gespannten Erwartungen und Hoffnungen begleitet worden. Um so tiefer war die *Enttäuschung nach dem Scheitern der Ideen von 1789 im Jahre 1792:* Die souveräne Erhebung über das Recht und der daraus folgende Terror lösten auf allen Seiten gleichermaßen Abscheu und Empörung aus.

Die Idee eines auf Menschenrechten gegründeten Verfassungsstaates blieb zwar im deutschen Bürgertum lebendig. Aber seine Verwirklichung wäre nur durch die revolutionäre Inanspruchnahme des demokratischen «pouvoir constituant» denkbar gewesen – und vor dieser Konsequenz schreckte man lange Zeit zurück. Man wollte eine Verfassung, aber nicht vom Volk beschlossen, sondern von den Fürsten gewährt, oder zwar vom Volk beschlossen, aber nicht gegen den Willen der Fürsten durchgesetzt. Man wollte, mit anderen Worten, die *Ideen der Französischen Revolution ohne Revolution* verwirklichen. Eine an den Monarchen gerichtete Bitte des Volkes auf Verfassungsgewährung bedeutet, den «pouvoir constituant» des Monarchen ausdrücklich anzuerkennen, und solange das Volk solche Bitten äußerte, war es nicht verwunderlich, daß die Monarchen den «pouvoir constituant» weiterhin für sich in Anspruch nahmen.

Schließlich ging man dazu über, den «pouvoir constituant» gleichzeitig dem Volk und den Fürsten zuzusprechen, während die Fürsten ihn für sich allein reklamierten. Dieser Konflikt beherrschte die deutsche Verfassungsgeschichte des 19. Jahrhunderts und ließ ein demokratisches Selbstbewußtsein nicht entstehen.

Eine der entscheidenden Ursachen für diese Verzögerung der demokratischen Entwicklung in Deutschland war ein *fundamentales Mißverständnis der*

3 Philosophie der Geschichte, a.a.O., S. 575.

4 Hegel und die Französische Revolution, 1972, S. 30 f.

Französischen Revolution. Man hörte nämlich auf, die beiden Revolutionen von 1789 und 1792 als einander entgegengesetzt zu betrachten. Man übernahm die konservative Perspektive und hielt die zweite Revolution von 1792 für eine unvermeidliche *Konsequenz* der Revolution von 1789, nicht für deren *Gegenteil.* Der demokratische Verfassungsstaat von 1791 und die «Identitäts»-Demokratie in ihren verschiedenen Varianten von 1792–94 flossen in eins zusammen, der Verfassungsstaat erschien als eine Vorstufe oder Übergangsstufe zur Terrorherrschaft.

Man erkannte nicht, daß ein demokratischer Verfassungsstaat durchaus nicht weniger stabil ist als die Monarchie, sobald er nur über das gefährliche Anfangsstadium hinaus ist. Er muß nur erst einmal zur Grundlage des inneren Friedens geworden sein. Die negative Beurteilung der Französischen Revolution hatte nun freilich die Tatsache für sich, daß es schon im ersten Jahr der Verfassung von 1791 zur Eskalation der Totalpolarisierung kam. Zwar hatten daran auch die konservativen Kräfte einen gewissen Anteil. Aber da es die Revolutionäre waren, die den König hinrichteten und die Schreckensherrschaft ausübten, hielt man sich an den äußeren Augenschein und machte aus dem post quod ein propter quod: Der Terror folgte auf die Revolution, also, meinte man, folgte er aus der Revolution (und nicht aus dem Scheitern ihrer Ziele).

Man folgerte, die Menschen seien zur Freiheit eines demokratischen Verfassungsstaates «nicht reif». Die Entfesselung der Brutalität, die von 1792 an die französische Szene beherrschte, war zwar *in Wirklichkeit* die Befreiung aus den Fesseln des Verfassungsstaates. Die Franzosen fielen in den Bürgerkriegszustand zurück, der immer Angst, Mißtrauen, Hysterie und Haß auslöst. Aber in dem theoretischen Verständnis, das in Deutschland vorherrschte, interpretierte man diese Entfesselung als eine Selbstbefreiung aus den Fesseln der Monarchie – eine Fehlinterpretation mit tiefgreifenden Folgewirkungen in der politischen Theorie und Wirklichkeit bis in das 20. Jahrhundert hinein.

Die Ursprünge des deutschen Konservatismus hat Klaus Epstein einleuchtend als die *Abwehr von Aufklärung und Französischer Revolution* beschrieben.[5] Dieser Konservatismus griff tiefer und wandte sich nicht nur gegen die Schrekkensherrschaft. Er lehnte *auch den Verfassungsstaat* von 1791 nebst allen seinen naturrechtlichen und aufklärerischen Ursprüngen ab, insbesondere auch die Idee der *Menschenrechte.*

Epstein beschreibt drei idealtypische Grundformen des damals aufgetretenen konservativen Denkens: Der *Reformkonservative* will die bestehenden Institutionen bewahren, aber schrittweise verändern. Der *Verteidiger des Status quo* will die Institutionen bewahren und erwartet von Veränderungen insgesamt mehr Übel als Gewinn. Der *Reaktionär* will vergangene, durch Reform oder Revolution bereits überholte geschichtliche Zustände wiederherstellen

---

5 Klaus Epstein, Die Ursprünge des Konservatismus in Deutschland. Der Ausgangspunkt: Die Herausforderung durch die Französische Revolution 1770–1806, 1973; auch Reinhart Koselleck, Preußen zwischen Reform und Revolution, 1967.

und übersieht, daß die institutionelle Restauration auf der Grundlage des veränderten Legitimitätsbewußtseins auf jeden Fall etwas anderes Neues und nicht das «gute Alte» herbeiführt.

Im Umkreis der deutschen Fürsten gab es Repräsentanten dieser drei Idealtypen des Konservatismus und ihrer Varianten und Zwischenstufen, während die Ideen des demokratischen Verfassungsstaates keinen Einfluß gewinnen konnten. Andererseits blieben im gebildeten deutschen Bürgertum die *Ideen der Menschenrechte, des Verfassungsstaates und des Nationalstaates* lebendig. Sie blieben zwar zur Ohnmacht verurteilt und hätten sich nicht anders behaupten können als durch die revolutionäre Beanspruchung demokratischer verfassunggebender Gewalt. Aber ihre revolutionären Tendenzen waren infolge der Fehlinterpretation der Französischen Revolution gelähmt. Sie traten – in Hegels Sprache – nur als «abstraktes Sollen», als Beliebigkeit und Subjektivität des Meinens auf, demgegenüber der souveräne Fürstenstaat, so wie er war, als «die Wirklichkeit der sittlichen Idee» erschien. Den Fortschritt erwartete Hegel nun nur noch vom Reformkonservatismus.

Der *Reformkonservatismus* war nun zwar im Vergleich zum Status-quo-Konservatismus und erst recht zum reaktionären Konservatismus verhältnismäßig «fortschrittlich». Er war jedoch unter den Bedingungen der Fürstensouveränität im Kern illusionär. Es fehlten nämlich die Institutionen, die Reformen hätten anstoßen und durchsetzen können, insbesondere fehlten in Preußen das parlamentarische Gesetzgebungsrecht und ein Wahlrecht auf breiter Grundlage. Erst die revolutionäre Einführung eines demokratischen Verfassungsstaates hätte die Voraussetzungen für Reformen geschaffen. Alsdann erst wäre der Reformkonservatismus zu einer realistischen und vernünftigen Position geworden.

Der einflußreichste Theoretiker des Reformkonservatismus der damaligen Zeit war der Engländer Edmund Burke, dessen «Reflections on the Revolution in France» Friedrich von Gentz ins Deutsche übersetzt hatte. Man entnahm diesen Reflexionen die Empfehlung, das politische System nach englischem Vorbild schrittweise zu reformieren. Man übersah jedoch, daß sich die politischen Institutionen Englands von denen des europäischen Kontinents grundsätzlich unterschieden. *Reformen nach englischem Vorbild* setzten einen Verfassungszustand voraus, den England in kontinuierlicher Weise schon erreicht hatte, den es aber in Deutschland sowenig gab wie in Frankreich. In England war der Absolutismus abgeschlagen worden, hier hatte er gesiegt. In England gab es ein gewaltenteilendes System mit einem handlungsfähigen Parlament, das Reformen bewirken konnte. Hier ging es darum, die Grundlagen zu legen, unter denen eine vergleichbare demokratische Fortentwicklung des Verfassungslebens wie in England möglich geworden wäre. Diese Grundlagen konnten nicht anders als durch Revolution geschaffen werden.

Man versteht Burkes Reflexionen, die aus Parlamentsreden hervorgegangen sind, wenn man sie als eine *an die Engländer gerichtete* Warnung begreift. Die Engländer bedurften keiner revolutionären Umwälzung, sondern konnten auf Reformen vertrauen, und sie sind in der Bilanz sicherlich durch häufige

Reformen weiter gekommen, als sie durch häufige revolutionäre Verfassungserneuerung nach französischem Vorbild gekommen wären. Auf kontinentaleuropäische Verhältnisse übertragen, bedeutete Burkes Empfehlung jedoch, auf die demokratische Inanspruchnahme des pouvoir constituant und auch auf den demokratischen Verfassungsstaat überhaupt zu verzichten.

Burke irrte auch, wenn er die explosiven politischen Spannungen in Frankreich auf die Revolution zurückführte. Im Gegenteil war die Revolution Ausdruck und Folge von Spannungen, die bereits vorher durch Absolutismus und Aufklärung entstanden waren. *Eine Versöhnung des aufgeklärten Bürgertums mit der kirchlich-royalistischen Tradition setzte einen Verfassungsstaat voraus, der beide zu integrieren geeignet war.* Gerade ein solcher konnte aber eben nur durch Revolution geschaffen werden. Burkes Empfehlung, die Tradition zu bewahren, von England auf Kontinentaleuropa übertragen zu wollen, hätte die unpolitische Empfehlung an die Revolutionäre bedeutet, vor dem Ancien Régime zu kapitulieren und zu resignieren.

Aber nicht nur das. Zu der Zeit, als Burke schrieb, 1790, waren die Grundentscheidungen schon gefallen, die verfassunggebende Nationalversammlung arbeitete längst. Zu diesem Zeitpunkt bedeutete sein Pessimismus, der einem positiven Gelingen der Revolution keine Chance gab, zugleich ein *Antreiben der Polarisierung:* Wenn die Royalisten keine andere Möglichkeit sahen, als entweder total zu siegen oder total unterzugehen, so machte ihnen das die Versöhnung mit der Revolution unmöglich. Eine solche Einstellung aber machte ihr Mißtrauen gegen den Verfassungsstaat unauflösbar. Dann aber hatten auch die Revolutionäre recht, wenn sie ihrerseits mit Mißtrauen den Gegenschlag der Royalisten erwarteten. Dieses wechselseitige Mißtrauen hat 1792 zum Scheitern des Verfassungsstaates geführt. Der Verfassungsstaat hätte jedoch auch gelingen können, hätten die Zeitgenossen das Glück gehabt, daß es weniger brillante Anheizer der Polarisierung und dafür mehr Voraussicht, Geduld und Geschicklichkeit gegeben hätte.

Burke ließ seinen Reflexionen alsbald weitere Schriften folgen, in denen er ausdrücklich den Koalitionskrieg der europäischen Monarchien gegen Frankreich forderte. Er ist ein klassisches Beispiel für jene Pessimisten, die wesentlich dazu beitragen, daß das Verhängnis, das sie prophezeien, auch tatsächlich eintritt – ein Typus, der in allen Zeiten des politischen Risikos auftaucht. Damit förderte er aber den fundamentalen Irrtum, der die deutsche Geschichte im 19. Jahrhundert so nachhaltig verwirrt hat: den Irrtum, daß das Scheitern der Französischen Revolution die gesetzmäßige Folge der Errichtung eines Verfassungsstaates war, während er doch in Wirklichkeit die kontingente Folge konkreter geschichtlicher Umstände gewesen ist, die zur Zerstörung des Verfassungsstaates geführt haben.

Der konservativen Illusion, daß das politische System unter den Bedingungen der Fürstensouveränität aus sich heraus genügend reformfähig sei, entsprach auf der bürgerlichen Seite die Illusion, daß der politischen Revolution die vorbereitende *Erziehung zur Freiheit* vorhergehen müsse. Ein charakteristisches Beispiel liefert die Stellung einer der nobelsten und einflußreichsten

Gestalten des deutschen Bildungslebens zur Französischen Revolution, Friedrich Schiller. Schiller hat der Revolution in ihrem Anfangsstadium, wie fast das ganze gebildete Deutschland, große Sympathie entgegengebracht. Die gesetzgebende Versammlung in Paris hat ihm am 26. 8. 1792 das französische Ehrenbürgerrecht und damit die Wählbarkeit für den Nationalkonvent verliehen. Schiller erwog auch noch im Herbst 1792 die Übersiedlung nach Paris. Doch nach der Hinrichtung des Königs schrieb er am 8. 2. 1793: «Ich kann seit 14 Tagen keine französische Zeitung mehr lesen, so ekeln diese elenden Schinderknechte mich an.»[6] Er meinte nun, der Demokratie müsse eine Erziehung des Menschen vorangehen:

«Politische und bürgerliche Freiheit bleibt immer und ewig das heiligste aller Güter, das würdigste Ziel aller Anstrengungen, und das große Zentrum aller Kultur – aber man wird diesen herrlichen Bau nur auf dem festen Grund eines *veredelten Charakters* ausführen, man wird damit anfangen müssen, für die Verfassung Bürger zu erschaffen, ehe man den Bürgern eine Verfassung geben kann.»[7]

Er sprach von der «Veredelung der Denkungsart» und erhoffte sie sich von der philosophischen und mehr noch von der *ästhetischen Kultur.* So sahen es viele mit ihm: Erst die Erziehung des Menschen, dann der demokratische Verfassungsstaat. Erziehen jedoch kann man allenfalls einzelne Jugendliche, nicht eine ganze Generation und schon gar nicht ein Volk. Und wie ließe sich gewährleisten, daß die Nachwachsenden wiederum im gleichen Sinne erzogen werden? Über die Generationen hinweg bewahren läßt sich nur, was in die Institutionen eingegangen ist – insbesondere in Verfassung und Gesetze. Der Fortschritt beruht nicht auf Erziehung, sondern auf Rechtspolitik. Die Rechtsinstitutionen, die Frieden und Freiheit gewährleisten, haben alsdann ihrerseits eine erzieherische Wirkung. Wo immer der Rahmen eines politischen Zustands von Frieden und Freiheit gesprengt ist, wo die Menschen in Totalpolarisierung oder gar in Bürgerkrieg verfallen, kann keine Erziehung den Haß und die Grausamkeit verhindern.

Der demokratische Verfassungsstaat hingegen erzeugt auch demokratische Vernunft. Indem man den Menschen erst erziehen und ihn dann erst für die Demokratie reif erklären wollte, erzeugte man den *unpolitischen Bürger des Biedermeier.* Mit der philosophischen und musischen Bildung Hand in Hand ging ein politischer Realitätsverlust. So zögerte man im deutschen Bürgertum der ersten Hälfte des 19. Jahrhunderts einzusehen, daß die Fürsten und die sie umgebenden konservativen Kräfte ihre Machtpositionen ausbauten und gar nicht daran dachten, den bürgerlichen Erwartungen zu entsprechen und die gegebenen Verfassungsversprechen zu erfüllen.

Gleichzeitig übersah man die politischen und *sozialen Probleme* der Bauern,

---

6 Briefwechsel mit Körner, 2. Teil, Berlin 1847, S. 357 f.

7 Briefe von Schiller an Herzog Friedrich Christian von Schleswig-Holstein-Augustenburg über ästhetische Erziehung, hg. von A. L. J. Michelsen, Deutsche Rundschau, Bd. VII (Berlin 1876), S. 276 ff.

der Handwerker, der Industriearbeiter. Vielmehr erschrak man darüber, daß auch sie politische Ansprüche anmeldeten, obschon sie doch an der Veredelung des Charakters durch philosophische und ästhetische Bildung nicht teilhatten und also nicht erfüllten, was man als Bedingung für politische Mitwirkung ansah. Man beanspruchte die Macht für «Besitz und Bildung» und wollte sie lediglich mit den traditionalen Kräften teilen, von denen man jedoch hingehalten, genarrt und gedemütigt wurde.

§ 80. Bei wem liegt der pouvoir constituant?

Das 19. Jahrhundert war vom Erwachen des Bürgertums zu wirtschaftlichem und politischem Selbstbewußtsein gekennzeichnet: Das Bürgertum verlangte immer drängender auch nach parlamentarischer Gesetzgebung und parlamentarischem Budgetbewilligungsrecht, wie es seiner wirtschaftlichen Machtstellung und dem aufgeklärten politischen Bewußtsein entsprach. Das Schwanken der Monarchen zwischen halbherzigen Zugeständnissen und Verweigerung führte zu Spannungen, Polarisierungen, Revolutionen und Demütigungen. Ein innerer Friede wäre nur möglich gewesen, wenn sich die Träger traditionaler Legitimität mit dem Zeitgeist hätten versöhnen können. Ein *demokratischer Verfassungsstaat* sollte nach den bürgerlichen Vorstellungen immer *zugleich die monarchische Legitimität* anerkennen. Das war den Fürsten jedoch nicht genug: Sie bestanden auf ihrer prinzipiell unbeschränkten Gewalt, die zwar die Bereitschaft nicht ausschloß, sich durch Verfassungen selbst zu beschränken, aber unter dem Vorbehalt des Rückgriffs auf die Souveränität im Ernstfall.

Die Fürsten schwankten zwischen zwei Überlegungen hin und her: Einerseits, meinten sie, könnte ein gewisses «Entgegenkommen» die bürgerlichen Forderungen genügend befriedigen, um politischen Unruhen vorzubeugen oder sie zu beschwichtigen. Andererseits könnte eben dieses Entgegenkommen aber auch die Begehrlichkeit auf weiteres Entgegenkommen wecken und die bürgerliche Verfassungsbewegung ermutigen. Sie dachten nicht an Versöhnung und Verbreiterung ihrer Legitimität unter den Bedingungen des bürgerlichen 19. Jahrhunderts, sondern versuchten, trotz dieser Bedingungen das traditionale System zu behaupten.

Ihre Antwort war schließlich eine Doppelstrategie, die keinen Frieden stiften konnte: Einerseits, als Entgegenkommen, der Erlaß von Verfassungen, deren parlamentarischer Gehalt so gering war, daß er mehr Enttäuschung als Befriedigung auslöste, andererseits Unterdrückung des Geistes und der Presse, soweit diese die Legitimitätsgrundlagen des Absolutismus in Frage stellten. Damit waren die Weichen statt auf *Integration* auf *Polarisierung* gestellt. Gleichzeitig wurde die Hoffnung auf schrittweises Entgegenkommen wachgehalten, um die Polarisierung einzugrenzen und den offenen Ausbruch der Revolution zu verhindern: Man nährte den Glauben, der Monarch selbst werde die erstrebte Verfassung gewähren.

Die deutschen Fürsten stützten sich in ihrer Abwehr der Verfassungsbewegung wechselseitig, indem sie sich in der *Bundesakte von 1815* und der ergänzenden *Wiener Schlußakte von 1820* auf das Prinzip «landständischer Verfassung» bei voller Wahrung ihrer «Souveränität» festlegten. Die Bundesakte sah in Artikel 13 vor: «In allen Bundesstaaten wird eine landständische Verfassung statthaben.» «Landständisch» ist freilich etwas anderes als «parlamentarisch-repräsentativ». In diesem Sinne erklärte die Wiener Schlußakte, die souveränen Fürsten vereinigten die gesamte Staatsgewalt in sich und könnten nur «in der Ausübung» bestimmter Rechte an die «Mitwirkung» der Stände gebunden werden – eine Formel, die an der französischen «Charte constitutionnelle» von 1814 orientiert war. Eine Verfassung, die die Souveränität des Fürsten aufgehoben und die Staatshoheit zwischen ihm und einer Volksvertretung geteilt hätte, hätte danach mit Artikel 13 nicht in Einklang gestanden. Diese Regelung richtete sich sowohl gegen die Umwandlung der Landständeversammlungen süddeutscher Verfassungen in demokratische Parlamente als auch gegen die Einführung von Parlamenten in den Ländern, die, wie bis 1848 Preußen, noch nicht einmal Ansätze eines Parlamentarismus besaßen.

Alle, auch die süddeutschen Verfassungen, legten fest, daß der Monarch als Oberhaupt des Staates die gesamte staatliche Gewalt innehat und daß *diese Gewalt ungeteilt* und *souverän* sei. Es wurde zwar unterschieden zwischen *Innehabung und Ausübung* der Gewalt – eine notwendige Unterscheidung, wenn überhaupt eine Kompetenzverteilung verfassungsmäßig festgelegt werden soll. Ob der Sinn der Formel von der ungeteilten monarchischen Souveränität war, «daß die Monarchen die freigegebene Verfassung auch frei hätten zurücknehmen können, um auf diese Weise ihre volle souveräne Machtfülle wiederherstellen zu können», wie Forsthoff meint,[8] konnte zwar zweifelhaft erscheinen, da die Wiener Schlußakte ausdrücklich vorsah, die Verfassungen «können nur auf verfassungsmäßigem Wege wieder abgeändert werden» (Art. 56). Diese Regelung diente in erster Linie dem konservativen Zweck, die Forderung auf einen geteilten oder gar einen rein demokratischen «pouvoir constituant» zu blokkieren und illusorisch zu machen, doch behinderte sie ihrem Wortlaut nach auch die einseitige Aufhebung der Verfassung durch den Fürsten. Da jedoch der «pouvoir constituant» der Verfassung vorausliegt und durch die Verfassung nicht gebunden werden kann, wurde zur letztlich entscheidenden Frage schließlich doch, ob der Fürst die Souveränität zur einseitigen Aufhebung der Verfassung besitzt.

Diese Frage wurde im *Hannoverschen Verfassungskonflikt* ausgetragen: Als 1837 der neue König, Ernst August, den Thron bestieg, verweigerte er der Verfassung von 1833 die Anerkennung. Er hob sie durch einseitigen Akt auf und ordnete die Wiederinkraftsetzung der Verfassung von 1819 an. Der Sturm der Entrüstung, angeführt von den bekannten «sieben Göttinger Professoren», blieb wirkungslos. Von den beiden widersprüchlichen Prinzipien der Bun-

8 Deutsche Verfassungsgeschichte der Neuzeit, 4. Aufl. 1972, S. 108.

desakte - Fürstensouveränität einerseits und Beschränkung der Abänderbarkeit der Verfassung auf verfassungsmäßige Wege andererseits - erwies sich die Fürstensouveränität als das stärkere Prinzip. Der Hannoversche König erließ schließlich 1840 eine neue Verfassung nach seinen Wünschen.

Der von den Göttinger Professoren angeführte liberale Protest artikulierte sich staatsrechtlich in einer Konstruktion, derzufolge weder der Fürst noch das Volk souverän sei. Souverän sei vielmehr «der Staat» als solcher, die Organisation, die *Anstalt*. Der Fürst sei lediglich ein Organ des Staates und besitze als solcher nur Kompetenzen. Diese Theorie - unter anderem von dem Staatsrechtler Albrecht, der zu den «Göttinger Sieben» gehörte, vertreten - bedeutete eine gedankliche Vorwegnahme des Verfassungsstaates und eine Übernahme naturrechtlicher Vorstellungen, die dem Prinzip der Rule of Law nahekamen. Sie ließ sich juristisch dadurch rechtfertigen, daß die landständischen Verfassungen den Fürsten «in der Ausübung» bestimmter Rechte an die Mitwirkung der Landstände banden. Diese Bindung wurde umgedeutet von einer Selbstbindung des Souveräns in eine Kompetenzzuweisung durch die Verfassung. Indem so der Fürst zum Organ des Staates degradiert wurde, stand er insofern prinzipiell den Landständen gleich und unterschied sich von ihnen nur noch im Umfang seiner Kompetenzen. Diese Theorie konnte sich jedoch nicht durchsetzen, solange sie in der politischen Wirklichkeit nur von der interessierten Opposition, nicht aber vom entscheidenden Machthaber selbst anerkannt wurde.

Die Anerkennung eines vorgegebenen Staatsrechts durch den König war im 17. Jahrhundert in *England* nur deshalb gelungen, weil die monarchische Souveränitätsanmaßung von ihren ersten Versuchen an als revolutionärer Ausbruch aus dem Recht zurückgewiesen werden konnte. Aber in Deutschland mußten die Fürsten nicht an dem Ausbruch aus der staatsrechtlichen Tradition gehindert, sie mußten vielmehr in eine solche erst hineingezwungen werden, und dazu erwies sich die staatsrechtliche Theorie vom Staat als Anstalt als zu ohnmächtig.[9]

Obwohl die Bundesverfassung die Souveränität der Fürsten wahrte, unterstellte sie die Verfassunggebung in den Ländern der Aufsicht des Bundesrates (Art. 54 der Schlußakte). Die Fürsten begaben sich also insoweit paradoxerweise selbst ihrer Souveränität, als sie dem Bund ein *Interventionsrecht* gegen ihren eigenen «pouvoir constituant» einräumten. Sie stärkten sich auf diese Weise wechselseitig den Rücken gegen die Versuchung, bürgerlichen Verfassungsforderungen gegenüber nachgiebig zu werden. Das Interventionsrecht des Bundes wurde darüber hinaus auch für folgende Fälle festgelegt: «Widersetzlichkeit» der Untertanen gegen die Regierung, «offener Aufruhr» und

9 Einen guten zusammenfassenden Überblick über die Entwicklung der Theorie vom Staat als «Anstalt» gibt Helmut Quaritsch, Staat und Souveränität, S. 481 ff. Ernst-Wolfgang Böckenförde hat diese Theorie wiederaufgegriffen, um auf ihrer Grundlage den Verfassungsstaat des Grundgesetzes mit der Volkssouveränität zu versöhnen (das Volk als «Anstaltsträger»): Festschrift für Hans J. Wolff, S. 269 ff.

«gefährliche Bewegungen in mehreren Bundesstaaten». In Ergänzung dazu sahen die sogenannten *Karlsbader Beschlüsse* vom August 1819 vor:

1. Überwachung der Universitäten durch besondere Bevollmächtigte, die den Geist der Vorlesungen und die Bewegungen in der Studentenschaft kontrollieren sollten;

2. ein Pressegesetz, das eine Vorzensur für alle Druckerzeugnisse bis zu einem Umfang von 20 Bogen vorsah;

3. eine Zentralkommission zur Aufdeckung «revolutionärer Umtriebe»;

4. eine Exekutionsordnung.

Damit hatten sich die deutschen Fürsten ein Instrument geschaffen, das ihnen erlaubte, erstens alle ihre Souveränität beeinträchtigenden Verfassungswünsche mit dem Argument abzuweisen, der Erlaß solcher Verfassungen liege nicht in ihrer Souveränität, und zweitens einen stupiden geistigen Terror auszuüben und sich gleichzeitig, jeder für sich, scheinbar die Hände sauberzuhalten. Scheinbar, denn die Beschlüsse des Bundestages bedurften ihrer Mitwirkung. Die Karlsbader Beschlüsse, auf fünf Jahre befristet, wurden 1824 verlängert.

Die demokratische Bewegung in Deutschland, die sich im großen und ganzen auf einen demokratischen Verfassungsstaat und keineswegs auf einen demokratischen Radikalismus richtete, wurde unter dem Stichwort «Demagogenverfolgung» niedergehalten. Die gedemütigten Befürworter eines demokratischen Verfassungsstaates krümmten ihr Rückgrat und fuhren fort, Bitten an die Fürsten zu richten, von denen sie wußten, daß sie abgeschlagen werden würden, und verschafften sich mit solchen Bitten das gute Gewissen der Fortschrittlichkeit. Von Zeit zu Zeit hatten sie das Bedürfnis, ihr Rückgrat einmal zu strecken – in der Sprache der damaligen Zeit wurden sie «aufmüpfig» –, so insbesondere in den Jahren nach der französischen Revolution vom Juli 1830. Der Bundestag nahm daraufhin am 18. Juni 1832 die sogenannten «sechs Artikel» an, die unter anderem vorsahen, daß die Bundesfürsten *verpflichtet* waren, *Verfassungswünsche zu verwerfen,* die ihre uneingeschränkte Souveränität antasteten. Nur wenige erkannten, was gespielt wurde, und der Bund antwortete mit immer weiter verschärften Maßnahmen der «Demagogenverfolgung».

§ 81. Die Verfassungsrevolution von 1848

Die bürgerliche Welt gab sich widerstrebend zufrieden und lernte erst allmählich, daß sie vergeblich wartete: Es wurde nichts gewährt, was nicht ertrotzt wurde, und das Ertrotzte blieb immer hinter den Erwartungen und Hoffnungen zurück. Ein demokratischer Verfassungsstaat war anders als durch Revolution nicht zu haben, diese aber scheute man lange Zeit. Die Polarisierung nahm zu und entlud sich schließlich in der *Revolution von 1848.* Als man sie schließlich wagte, führte man sie halbherzig, inkonsequent und ohne genügende Berücksichtigung der realen Machtbedingungen durch, so daß sie scheitern mußte.

Es war unter den gegebenen Umständen klar, daß ein demokratischer Verfassungsstaat nicht «von oben bewilligt» werden würde und konnte, daß er vielmehr auf keine andere Weise erreichbar war, als indem *das Volk* in einem revolutionären Akt den *«pouvoir constituant»* für sich in Anspruch nahm und durchsetzte. Der Sturz der Monarchie in Frankreich am 24. 2. 1848 löste in Deutschland die Bereitschaft dazu aus. Eine Versammlung namhafter Liberaler, die am 5. März 1848 in Heidelberg zusammentrat, beschloß die Einberufung des sogenannten Vorparlaments nach Frankfurt, das ein *Wahlgesetz für die verfassunggebende Nationalversammlung* verabschieden sollte. Dieser Beschluß konnte sich durch keine staatliche Kompetenz legitimieren: Er war ein revolutionärer Akt, der darauf zielte, durch Ausschreibung von Wahlen eine neue, bisher nicht vorhanden gewesene demokratische Legitimität zu begründen und gleichzeitig mit der demokratisch legitimierten Verfassung die Einheit des Reiches zu schaffen.

Durch die Unruhen, die überall aufbrachen, waren die Fürsten eine Zeitlang so eingeschüchtert, daß ihre Vertreter im Bundestag das vom Vorparlament beschlossene *Wahlgesetz billigten.* Damit wurden die Wahlen unter friedlichen Umständen möglich, zugleich war ihnen aber auch ihr revolutionärer Stachel genommen: Indem die Vertreter der alten Legitimität die Wahlen genehmigten, machten sie deutlich, daß sie es waren, die zu entscheiden hatten. Nun lag eine Versöhnung und Einbindung der Fürsten in die Verfassung durchaus im Sinne der großen Mehrheit der Nationalversammlung, aber keineswegs im Sinne der Fürsten, die vielmehr auf Zeitgewinn und Reorganisation ihrer Kräfte spielten und die Oberhand behielten.

Die 585 Mitglieder der *deutschen verfassunggebenden Nationalversammlung,* die am 18. Mai 1848 zusammentraten, konnten beanspruchen, aufgrund demokratischer Wahlen das Volk zu repräsentieren. Ihnen fehlte jedoch die Einsicht, daß dieser Anspruch für sich nicht genügte, sondern realpolitischer Durchsetzung bedurfte. Was not getan hätte, war eine *realistische Analyse der Machtfaktoren* und ihrer Tendenzen und ein entschlossenes und schnelles Handeln auf der Grundlage dieser Analyse. Es fehlte jedoch der Kopf, der die Vernunft der Verfassungsidee mit realistischer Einschätzung der Machtverhältnisse und strategischer Fähigkeit vereinigt und der das Charisma ausgestrahlt hätte, um als Inspirator und Organisator anerkannt zu werden. Man vertraute einfach auf die Überzeugungskraft der Verfassungsidee, ungeachtet aller Erfahrungen, die man mit den Fürsten und der sie umgebenden Kamarilla gemacht hatte. Die alte anthropologische Naivität, der Glaube an die Güte und Einsicht des Machthabers machte vergessen, daß man es mit kühl kalkulierenden Gegnern zu tun hatte, die auf den günstigen Zeitpunkt zum Zuschlagen warteten und die überzeugt waren: «Gegen Demokraten helfen nur Soldaten.»

Man vertraute ferner auf die Überzeugungskraft der vernünftigen Ideen beim Volk und vergaß, daß die Fortdauer der anfänglichen Zustimmung hätte organisiert werden müssen. Vor allem hätte es dazu einer Reihe von Beschlüssen bedurft, die dem Volk reale, seine Interessen berührende Vorteile gebracht hätten, so wie sie die französische verfassunggebende Nationalversammlung beschlossen hatte. Zum Beispiel versäumte man die Deklaration einer Landreform, die die Bauern zu entschiedenen Streitern für das Gelingen des Verfassungswerks gemacht hätte, und versäumte Maßnahmen, die die Handwerker und abhängigen Arbeiter zu Verbündeten gemacht hätten. Solche Maßnahmen wären nicht nur aus *sozialen* Gründen erforderlich gewesen, für die sich die meisten Vertreter von «Besitz und Bildung» blind zeigten. Sie waren unabhängig davon auch eine *strategische Notwendigkeit*, weil sich die Heere an ihrer Basis größtenteils aus Bauernsöhnen und Handwerkersöhnen zusammensetzten und es darauf ankam, das Heer aus einem gefügigen Werkzeug der Reaktion in ein der Nationalversammlung ergebenes Instrument zu verwandeln. Man hätte mit solchen Maßnahmen zwar die Feindschaft derjenigen verstärkt, die in ihren Privilegien und Interessen betroffen gewesen wären, aber diese Feindschaft bestand ohnehin, und es kam darauf an, aus mächtigen Feinden ohnmächtige zu machen, die sich unter dem Zwang der Umstände zur Versöhnung mit der Verfassung bereit gefunden hätten.

Das Frankfurter Nationalparlament bestand aus «Gebildeten», aber ihre Bildung war unpolitisch. Die unteren Schichten des Volkes waren nicht nur nicht vertreten, sondern die Gebildeten hatten auch keinen Kontakt zu ihnen und zu ihren Bedürfnissen. Die Verteidigung ihrer Interessen wurde Aufrührern überlassen, die sich nicht nur gegen die alten Mächte, sondern zugleich auch *gegen die Nationalversammlung* richteten. Damit trieb man viele Bürgerliche in die Arme der Reaktion, die ihnen Ordnung und Schutz des Eigentums versprach, und gleichzeitig trieb man auch einen großen Teil der unteren Schichten in die Arme der Reaktion, weil diese sich von der bürgerlichen Nationalversammlung offenbar kein Verständnis für ihre Probleme erhoffen konnten.

Die Revolution spielte sich auf zwei Ebenen ab: auf Länder- und auf Reichsebene. *Die Machtfrage wurde in den Ländern entschieden,* insbesondere in Preussen. Das Reichsdach sollte sich über die Länder wölben. Es wurde auf Sand und nicht auf festen Fundamenten gebaut, solange nicht in den Ländern die demokratische Revolution gelungen war. Die Landesfürsten machten Zugeständnisse nur, solange sie glaubten, durch die Unruhen dazu gezwungen zu sein.

Die Weichen wurden in *Preußen* gestellt, dem mächtigsten und zugleich einem der politisch rückständigsten der deutschen Länder. Der preußische König berief eine verfassunggebende preußische Nationalversammlung auf der Grundlage allgemeiner Wahlen ein, die eine Verfassung *im Zusammenwirken mit dem König* verabschieden sollte. Auf dieser Grundlage beschloß die Versammlung einen Verfassungsentwurf, der den «pouvoir constituant» auf König und Volk verteilte. In der Präambel des Entwurfs hieß es:

«Wir, Friedrich Wilhelm, verkünden hiermit die von den Vertretern des Volkes durch Vereinbarungen mit uns festgesetzte Verfassung ...».

Dem König mißfiel, daß er nicht als «König von Gottes Gnaden» bezeichnet wurde. Hätte er diese Bezeichnung zur Bedingung seiner Zustimmung gemacht, so hätte er sie sicherlich durchsetzen können. Darüber hinaus aber mißfiel ihm, daß er nicht allein und aus eigener Vollmacht eine Verfassung sollte geben dürfen. Die preußische Nationalversammlung beanspruchte nicht den vollen «pouvoir constituant» für sich, sondern wollte sich einen Teil des «pouvoir constituant» vom König gewissermaßen abtreten lassen. Der König, der ursprünglich ein Zugeständnis in dieser Richtung gemacht hatte, hatte sich jedoch zugleich das Recht vorbehalten, seine Zustimmung zur Verfassung zu verweigern.

Von diesem Recht machte er auch Gebrauch, nachdem sich in dem halben Jahr vom Frühjahr bis zum Herbst 1848 die *realen Machtverhältnisse zu seinen Gunsten geändert* hatten. Der König hatte sich vergewissert, daß Beamtenschaft und Heer zu ihm standen; die konservativen Kräfte hatten sich gesammelt und ihre Kampfentschlossenheit zurückgewonnen. Die preußische Nationalversammlung wurde kurzerhand aufgelöst.

Im Dezember 1848 oktroyierte der König eine Verfassung, damit dokumentierend, daß der «pouvoir constituant» nach wie vor allein bei ihm lag. Noch glaubte er Rücksicht nehmen zu müssen: Seiner Verfassung zufolge waren zwei Kammern an der Gesetzgebung beteiligt, von denen die Zweite Kammer auf allgemeinem, direktem Wahlrecht beruhte. Diese Kammer wurde zunächst tatsächlich gebildet. Als sie jedoch der preußischen Regierung nahelegte, den Belagerungszustand in Preußen aufzuheben und den Verfassungsentwurf der Frankfurter Reichsversammlung anzunehmen, wurde auch sie Anfang Mai 1849 kurzerhand aufgelöst. Ein neues Wahlgesetz beseitigte das gleiche Wahlrecht und führte das Drei-Klassen-Wahlrecht ein. In ihrer revidierten Fassung von 1850 galt die Preußische Verfassung bis 1918.

Die Frankfurter Nationalversammlung unternahm es, ihr Verfassungswerk zu retten, indem sie den preußischen König für sich zu gewinnen suchte. Sie trug ihm die *Kaiserkrone* an, obwohl er schon im Herbst 1848 zu verstehen gegeben hatte, daß er sie ablehnen werde. Auf das Angebot antwortete er in einer Rede, in der er die Kaiserkrone nicht einmal mit klaren Worten zurückwies, sondern zu verstehen gab, daß die Nationalversammlung gar nicht in der Lage sei, eine Krone anzubieten. Nach seinem Verständnis hatten nur die Fürsten die Legitimität, einen Kaiser zu wählen. Das Volk hatte, wie er sich im engeren Kreise zu äußern beliebte, lediglich eine «Schweinskrone», eine «Krone von Bäckers und Metzgers Gnaden», eine Krone *«aus Kot und Dreck gebacken»* anzubieten. Der König hielt es für unter seiner Würde, sie auch nur ausdrücklich abzulehnen. Seine Zurückweisung führte zu Aufständen, die in blutigem Gemetzel, in Hinrichtungen und Hochverratsprozessen niedergeworfen wurden.

In den Ländern galten nun zwar etwas entgegenkommendere Verfassungen als vor der Revolution. Aber das wesentliche Ergebnis der Revolution war die Bestätigung des Prinzips, daß der «pouvoir constituant» allein bei den Fürsten lag und daß diese alle Staatsgewalt souverän in sich vereinigten. Beamtenschaft und Heer blieben die entscheidenden Organe des Staates. Diesem *Staat* gegenüber bestand die *Gesellschaft* aus Untertanen, und wenn diese eigene demokratische Rechte beanspruchten, erblickte man darin ihre Entartung zum Pöbel.

§ 82. Demütigungen des demokratischen Liberalismus

Die Niederlage der demokratischen Bewegung in Deutschland hat sich noch häufiger in demütigender Weise bestätigt, am auffallendsten etwa im sogenannten *preußischen Verfassungskonflikt* 1862–66. Die Verfassung sah vor, daß der Staatshaushalt jährlich durch *Gesetz* festgestellt wurde und daß zur Gesetzgebung die Zustimmung beider Kammern gehörte. Die Zweite Kammer verweigerte die Finanzmittel für die Umgestaltung des Heeres in ein stehendes Heer, weil sie befürchtete, dieses könnte in noch stärkerem Maße zu einem Machtinstrument des Königs im Kampfe gegen Volk und Verfassung verwandt werden. Zu solchem Mißtrauen bestand um so mehr Veranlassung, als die Verfassung ausdrücklich vorsah, daß das Heer nicht auf die Verfassung vereidigt wurde (Art. 108 Abs. 2). Die Kammer glaubte, durch die Verweigerung ihrer Zustimmung zum Etat eine Abänderung des Etatentwurfs erzwingen zu können. Der König und sein damaliger Ministerpräsident Bismarck legten die Verfassung jedoch anders aus: Wenn die Zweite Kammer ihre Zustimmung zum Etat verweigere, so entstehe ein «etatloser Zustand», für den die Verfassung keine Vorsorge treffe. Diese «Verfassungslücke» könne nur der Inhaber der vollen staatlichen Souveränität schließen, also der König. Dieser Sophismus machte die Vorschrift, wonach der Staatshaushalt durch Gesetz festgestellt wird, illusorisch. Das Parlament hatte von nun an die Wahl, entweder dem Entwurf der Regierung zuzustimmen, dann trat er auf verfassungsmäßige Weise in Kraft, oder ihre Zustimmung zu verweigern, dann trat er ebenfalls aufgrund des Vorbehalts der monarchischen Souveränität in Kraft.[10]

Erst die *Reichsverfassung von 1871* beruhte auf einer eigentümlich doppelten Grundlage von monarchischer und demokratischer verfassunggebender Gewalt. Die Verfassung wurde zunächst als *Bundesvertrag* zwischen souveränen deutschen Fürsten beschlossen. Sie sah einen Reichstag auf der Grundlage allgemeinen und gleichen Wahlrechts vor. Dieser Reichstag bestätigte nach seiner Konstituierung die Verfassung, auf deren Grundlage er bereits gebildet war, in der Form eines *Gesetzesbeschlusses* und demonstrierte seine eigene verfassunggebende Gewalt darüber hinaus durch einige sachliche Änderungen an dem ursprünglichen Bundesvertrag. Daraufhin wurde die Verfassung

10 Vgl. hierzu Karl Heinrich Friauf, Der Staatshaushaltsplan im Spannungsfeld zwischen Parlament und Regierung, Bd. 1, 1968, S. 235-238.

vom Kaiser formell im Reichsgesetzblatt und unter ausdrücklicher Erwähnung der «Zustimmung des Bundesrates und des Reichstages» verkündet.

Bismarck vertrat später die Auffassung, daß der Bundesvertrag die Basis der Verfassung sei und daß deshalb die Fürsten durch einen «actus contrarius» den Bund auch wieder auflösen und damit die *Verfassung beseitigen* könnten.[11] Seine dahingehenden Pläne ließen sich jedoch nicht realisieren. Die Verfassung hatte einen Doppelcharakter: Bei der Kündigung des Bundesvertrages durch die Fürsten wäre immerhin noch das vom Reichstag demokratisch legitimierte Verfassungsgesetz übriggeblieben. Seine Geltung bestreiten zu wollen hätte bedeutet, es auf eine Machtprobe zwischen «pouvoir constituant» der Fürsten und des Volkes ankommen zu lassen, und dazu besaß die alte Legitimität gegen Ende des 19. Jahrhunderts nicht mehr die politische Kraft.

Die Reichsverfassung von 1871 war für die liberale und demokratische Bewegung in Deutschland ein schwerer Schlag, dessen *demütigende Wirkung* tief nachgewirkt hat und im politisch-psychologischen Klima bis in die Gegenwart hinein zu spüren ist. Diese Demütigung bestand nicht in der nur halben demokratischen Legitimität der Reichsverfassung, also in ihrem Doppelcharakter von Fürstenbund und Reichstagsgesetz, und sie bestand auch nicht in den Beschränkungen der demokratischen Verfassungselemente, also insbesondere in der völligen Unabhängigkeit der Regierung vom Reichstag. Sie bestand paradoxerweise im Gegenteil gerade darin, daß sie die großen Hoffnungen der bürgerlichen Bewegung wenigstens zu einem Teil erfüllte, nämlich die Herstellung der *nationalen Einheit* und die Schaffung einer nationalen und zugleich demokratischen Repräsentation im Reichstag. Denn die Erfüllung dieser Wünsche war nicht aus eigener Kraft erkämpft worden, sondern mußte als ein Gnadengeschenk «von oben» entgegengenommen werden. Mehr noch, sie war ein Geschenk ausgerechnet aus der Hand des machtpolitisch erfolgreichen und spöttischen Gegners Bismarck. Die psychologischen Wirkungen waren folgenschwer.

Während bis dahin die drei Elemente der bürgerlichen Bewegung – das demokratische, das liberal-rechtsstaatliche und das nationale – eine Einheit gebildet hatten (vgl. o. § 23), *fiel nun das demokratische Element heraus.* Es hatte sich nicht aus eigener Kraft durchsetzen können und sogar im Sieg noch verloren, da sein Erfolg von den Fürsten ohne Not «bewilligt» worden war. Das deutsche Bürgertum konnte sich auf die Dauer nicht mit einer Position identifizieren, die ständig verloren hatte. Es begann seinen großen Bezwinger zu verehren. Es lernte den machtpolitischen Realitätssinn Bismarcks zu bewundern, dem Spötter recht zu geben, die höhnische Attitüde der politischen «Rechten» anzunehmen und sie selbst nach «links», gegenüber den Demokraten, anzuwenden. Zugleich schuf es sich auf dieser Grundlage ein neues nationales Selbstbewußtsein gegenüber den demokratischen westlichen Nachbarn.

Dieses psychologische Arrangement mündete darin, daß man in den Ersten

11 Egmont Zechlin, Staatsstreichpläne Bismarcks und Wilhelm II, 1929.

Weltkrieg mit großer Begeisterung für Kaiser und Vaterland und zugleich einer tiefen Verachtung für die Demokratie eintrat und daß man begann, die «Ideen von 1914» gegen die «Ideen von 1789» auszuspielen.[12] Die Idee von 1789 war der demokratische Verfassungsstaat. Die Idee von 1914 lief auf die Verachtung des Verfassungsstaates durch die Deutschen hinaus, die in ihrem Bemühen um den demokratischen Verfassungsstaat gescheitert waren und sich *mit ihrem Demütiger identifiziert* hatten und die nun Gelegenheit fanden, durch den Krieg gegen die westlichen Demokratien an seinem Triumph teilzuhaben.

Die praktische politische Konsequenz war, daß die *Weimarer Demokratie* von vornherein durch eine Tradition der Polarisierung belastet war. Die Weimarer Demokratie war schließlich die verspätete deutsche Verwirklichung der «Idee von 1789». Ein demokratischer Verfassungsstaat bedarf einer breiten Legitimitätsgrundlage, der wechselseitigen Respektierung demokratischer Gegner, einer *politischen Kultur* der Vermittlung und Versöhnung. Gerade diese Tugenden sind den Verfechtern der «Ideen von 1914» verhaßt: Die Hälfte des Volkes identifizierte sich mit «der Nation», «dem Staat» und verachtete die andere Hälfte als «nicht national» und «staatszersetzend».

Der Obrigkeitsstaat von 1914 hatte die *fehlende gegenseitige Anerkennung* durch Disziplin ersetzt, den wechselseitigen Respekt durch gesellschaftliche Klassentrennung, die institutionelle Vermittlung durch säuberliche Teilung von Macht und Ohnmacht, die Versöhnung durch die patriarchalische Attitüde «oben» und die psychologischen Techniken des Schluckens oder der ressentimentgeladenen Verhöhnung «unten». Auf der Grundlage dieser politischen Tradition ging Deutschland in die Weimarer Demokratie und scheiterte.

§ 83. Rule of Law und Rechtsstaat

Zwischen der «Rule of Law» angelsächsischer Prägung und dem deutschen Rechtsstaatsgedanken bestanden also nicht nur praktische Unterschiede, sondern auch Unterschiede im naturrechtlichen Hintergrund. Diese Unterschiede sich zu vergegenwärtigen ist deshalb wichtig, weil die zum absolutistischen Staatsdenken verkümmerte und verengte deutsche Naturrechtstradition im deutschen politischen Denken lange Zeit nachwirkte und das Verständnis der parlamentarischen Institutionen störend beeinträchtigte.

Während die Rule of Law sich an der Dialektik des *gerichtlichen Prozesses* orientiert, appelliert die Rechtsstaatsidee an einen einseitig entscheidenden Souverän. Für die Rule of Law entwickelt sich das Recht im prozessualen Verfahren, für den Rechtsstaat wird es hoheitlich gesetzt. Für die Rule of Law ist die Entwicklung des Rechts ein in der *Geschichte* fortwährender und unabgeschlossener Prozeß. Sofern der Rechtsstaat naturrechtlich verstanden

12 Hermann Lübbe, Politische Philosophie in Deutschland; vgl. auch Helmuth Plessner, Die verspätete Nation.

wird, gilt dieses Naturrecht als ein *universal und zeitlos* geltender Normenkomplex. Für die Rule of Law entsteht das Recht aus den *situationsbedingt* im Volk gemachten *Erfahrungen*. Das dem Rechtsstaat zugrundeliegende Naturrecht hat die Gestalt eines *Systems*, in dem aus Prämissen Folgerungen – «ex principiis derivationes» – abgeleitet werden. Für die Rule of Law gibt den Anstoß zur Rechtsentwicklung die Erfahrung mit der Unzulänglichkeit des schon bestehenden Rechts, also die Erfahrung der *Ungerechtigkeit*. Die dem Rechtsstaat zugrundeliegende Naturrechtsidee nimmt ihren Ausgangspunkt bei dem Ideal der positiven *Gerechtigkeit*. Die Orientierung an der Ungerechtigkeit erfüllt die Rule of Law mit Konkretheit und Leben. Die Orientierung an der Gerechtigkeit entfremdet das Naturrecht der Wirklichkeit.

Diese grundsätzliche Verschiedenheit entspricht dem Gegensatz der politischen Verhältnisse in England und Deutschland. Die Idee der Rule of Law konnte sich nur bilden vor dem Hintergrund einer politischen *Wirklichkeit parlamentarischer Gesetzgebung*, die tatsächlich an der Dialektik des gerichtlichen Prozesses orientiert war. Was die deutschen Naturrechtler vor Augen hatten, war der politische *Anspruch der Fürsten* auf souveräne, einseitige Rechtssetzung. Aber nicht nur die politische Wirklichkeit des Absolutismus, sondern auch andere Traditionen des Rechtsdenkens wirkten in die gleiche Richtung: Die Autorität des römischen Rechts beruhte auf einer Tradition, als deren Anfangspunkt man die Gesetzgebung des Kaisers Justinian verstand – obschon diese Gesetzgebung in Wirklichkeit eher die abschließende Zusammenfassung eines weitgehend judiziell entwickelten Rechts darstellte. Ferner hatte das deutsche Naturrecht das Vorbild der katholisch-scholastischen Naturrechtslehre vor Augen, die ebenfalls die Gestalt eines hierarchisch geordneten Systems besaß. Und schließlich wurde die Wirklichkeitsfremdheit appellierender, fertiger, hierarchischer Naturrechtssysteme auch durch die weitgehende Trennung des akademischen vom politischen Wirken begünstigt. Die Theoretiker der Rule of Law hingegen standen meist als Richter, Parlamentarier oder Berater mitten im praktischen politischen Leben, ihre «Theorie» bestand in der Reflexion ihrer Erfahrungen. Die deutschen Naturrechtler lebten in akademischer Abgeschiedenheit und besaßen Muße und Neigung zur Perfektion von Systemen.

Erst Hegel hat versucht, das Naturrecht aus der Dialektik des gesellschaftlichen und staatlichen Lebens zu entwickeln. Aber auch er lebte in Preußen in einem Staat ohne parlamentarische Gesetzgebung. Seine Dialektik war zwar die adäquate Methode, die Widersprüche in der Wirklichkeit nachzuzeichnen und «auf den Begriff zu bringen», aber sie blieb eingefügt in die geschichtlichen Bedingungen der preußischen Monarchie und konnte nicht durchdringen zu einem Verständnis der parlamentarischen Gesetzgebung, in der alle Dialektiken zumindest des Rechtslebens ihre Zusammenfassung und Krönung finden. Hegel lehrte, daß die Philosophie abstrakt wird, wenn sie den Zusammenhang mit der Wirklichkeit verliert, und daß ihre Vernunft nur darin bestehen könne, eine vernünftige Wirklichkeit begrifflich zu erfassen. Das aber bedeutet, daß die Vernunft, die der preußische Staat verwirklichte, die Obergrenze für die Vernunft der Hegelschen politischen Philosophie bildete.

Hegel schrieb in Preußen nicht nur unter den Bedingungen fehlender parlamentarischer Gesetzgebung, sondern auch unter den Karlsbader Beschlüssen, die die Forderung nach parlamentarischer Gesetzgebung kriminalisiert hatten. Nach seinen eigenen Prämissen konnte Hegel also nur die Vernunft begreifen, die es in der Wirklichkeit, insbesondere im Preußischen Allgemeinen Landrecht, trotzdem noch gab. Seine Philosophie konnte nicht vernünftiger sein als die Wirklichkeit.

Hegels Schüler bestritten die Notwendigkeit dieser Beschränkung. In den Jahren vor der Revolution von 1848 gehörten sie zu den Fürsprechern parlamentarischer Gesetzgebung, und zwar «Linkshegelianer» und «Rechtshegelianer» gleichermaßen.[13] Das bedeutete, daß die Vernunft der Wirklichkeit weit hinter der Vernunft der herrschenden Philosophie zurückblieb. Einen solchen Hiatus halten entweder die Wirklichkeit oder die Vernunft nicht lange aus. Die Revolution hatte das Ziel, die Wirklichkeit dem in der Philosophie herrschenden Vernunftniveau anzugleichen. Auf den Zusammenbruch von 1849 aber folgte umgekehrt der Zusammenbruch der praktisch-politischen Philosophie. Da es nicht gelungen war, die Wirklichkeit auf ihr Niveau zu heben, sank die Philosophie auf das Niveau der Wirklichkeit hinab, und nicht nur das, zum Teil sank sie weit darunter. Sie wurde machtstaatlich, marxistisch, voluntaristisch, ästhetisch usw.: vom Politischen her gesehen entweder zynisch oder apolitisch oder tendenziell terroristisch.

Deutschland hat also nie wirklich ganz in der naturrechtlichen Tradition, die den Parlamentarismus trug, gelebt, weil es den Parlamentarismus nicht erfahren hat, und mit dem Zusammenbruch von 1849 fiel es aus der gemeineuropäischen Naturrechtstradition vollends heraus. Die Folge war, daß die naturrechtlichen Grundlagen des Parlamentarismus auch später, in den Jahren der Weimarer Republik, nicht verstanden wurden und die Reichsverfassung deshalb keine Legitimität und Stabilität entwickeln konnte. Man kann die «finsteren hundert Jahre» in Deutschland präzise festlegen, nämlich von 1849, dem katastrophalen Wendepunkt der deutschen Geschichte, bis 1949, dem Jahr der Schaffung des Grundgesetzes. Der Verlust der Naturrechtstradition wirkte wie ein gewaltiger Strudel, der die politische Vernunft und die in Ansätzen vorhandenen vernünftigen Institutionen mit sich in die Tiefe riß. Mit der Bonner Demokratie entstand die Chance, diese Tradition langsam und allmählich aussterben zu lassen und durch eine neuere und bessere zu ersetzen.

---

13 Vgl. Löwith, Die Hegelsche Linke, 1962; Lübbe, Die Hegelsche Rechte, 1962.

Hitler verdankte seine Macht nicht nur überzeugten Parteigängern. Er verdankte sie Menschen, die uns versichern, sie hätten nicht vorhergesehen, was aus Hitlers Machtergreifung werden könne und hätten das nicht gewollt. Diese Versicherung ist zumindest bei der großen Mehrzahl glaubwürdig. Man hat es nicht gewollt und hat es doch herbeigeführt: als Wähler, als Koalitionspartner oder sonst Mitwirkender bei Hitlers Regierungsübernahme und vor allem bei der Zustimmung zum Ermächtigungsgesetz am 24. März 1933, das die unbeschränkte Diktatur erst eigentlich begründete. Protestantisch-konservative, katholische und liberale Parteien, die Hitler während der Weimarer Republik zum Teil nachdrücklich bekämpft haben und aus deren Reihen später ein beträchtlicher Teil des Widerstandes hervorging, haben mitgewirkt, eine Diktatur zu errichten, ohne vorherzusehen, was andere aber vorhergesagt haben, z.B. der Fraktionsvorsitzende der SPD, Otto Wels.[14] Warum haben die Deutschen auf Wirtschaftskrise, Arbeitslosigkeit und andere Probleme nicht, wie andere, mit der Wahl anderer demokratischer Parteien innerhalb des demokratischen Systems reagiert, sondern mit der Wahl von totalitären Parteien und schließlich mit der Abschaffung der Demokratie durch eine Diktatur?

Die sogenannten Faschismustheorien[15] haben dafür eine einfache Erklärung: Der Nationalsozialismus sei die deutsche Variante des europäischen Faschismus, und Faschismus sei eine Ausgeburt des Kapitalismus, nämlich einer radikal gewordenen Reaktion auf den Fortschritt des Sozialismus.[16]

Es gibt zwar eine Reihe von Erscheinungen, die sich für diese Erklärung anführen lassen, z.B. die antikommunistische Grundtendenz des Nationalsozialismus, seine politischen und finanziellen Querverbindungen zu Großbürgertum und Finanzwelt, seine Frontstellung auch gegenüber der SPD usw. Es gibt aber eine Reihe ebenso offenkundiger Tatsachen, die die Faschismustheorien nicht befriedigend erklären können.[17]

Erstens fällt auf, daß die am stärksten kapitalistisch geprägten Länder, wie z.B. die Schweiz, England, die Niederlande, die USA gegen nationalsozialistische oder vergleichbare Ideen völlig unanfällig waren. Diese Tatsache erklärt sich zwanglos aus der ideenpolitischen Verwandtschaft zwischen Verfassungsliberalismus und Wirtschaftliberalismus und deren gemeinsamer soziologischer Grundlage im aufgeklärten Bürgertum. Zwar kann sich der Wirtschaftliberalismus auch mit rechtsgerichteten Diktaturen verbünden, dann aber in der Regel als vorübergehende Notlösung, nicht als prinzipielle und irreversible Abschaffung der freiheitlichen Demokratie (vgl. o. § 45).

---

14 Wortlaut seiner Rede in: Ernst Deuerlein, Der Reichstag, Bonn 1963, S. 265 ff.

15 Dazu: Richard Saage, Faschismustheorien, 2. Aufl., München 1977.

16 Dazu Henry A. Turner jr., Faschismus und Kapitalismus in Deutschland, Göttingen 1972.

17 Vgl. dazu auch Karl Dietrich Bracher, Die deutsche Diktatur, 6. Aufl., Köln 1979, S. 185.

Zweitens bestehen zwischen Faschismus und Nationalsozialismus trotz mancher Verwandtschaft doch so wesentliche Unterschiede, daß es zumindest als grobe Vereinfachung gelten muß, den Nationalsozialismus als die deutsche Variante des Faschismus darzustellen. Rassenideologie, Konzentrationslager, Vernichtungslager fanden sich z.B. im italienischen Faschismus nicht, sind aber kennzeichnende Elemente des Nationalsozialismus.

Drittens beruhen sowohl der Faschismus als auch der Nationalsozialismus auf Ideen, die keineswegs typisch kapitalistisch sind, ja die mit der Interessen- und Ideenlage des Kapitalismus nicht zusammenstimmen und die ihre soziologische Massenbasis überwiegend in antikapitalistisch orientierten sozialen Schichten gefunden haben. Der antibürgerliche Affekt gegen «Plutokratie», «Zinsknechtschaft», «Wallstreet», das «kapitalistische Weltjudentum» usw. kann unmöglich eine ideologische Ausgeburt des Kapitalismus sein.

Die zeitweilige Konjunktur der Faschismustheorien entsprang einer offenkundigen Absicht: Alle nichtsozialistischen Staaten sollten erstens unter dem Sammelbegriff des Faschismus zusammengefaßt und zweitens durch die Ungeheuerlichkeiten des Nationalsozialismus diskreditiert werden.[18] In den westlichen Demokratien herrsche, so hieß es, ein «latenter Faschismus». Das war die Sprachregelung, die Kollaborateure des Sowjetimperialismus durchzusetzen versuchten, die jedoch in ihrer faktischen Substanzlosigkeit durchschaut wurde.

Wenn wir aber weder die Wirtschaftskrise noch den Kapitalismus als ausreichenden Erklärungsgrund gelten lassen können – worin unterschied sich die Denkweise in Deutschland von der in den stabilen westlichen Demokratien?

Die Antwort lautet in ihrer allgemeinsten vorläufigen Form: im Mangel an bürgerlichem Rechtsbewußtsein, genauer: in der Unterschätzung der fundamentalen Bedeutung rechtsstaatlicher Institutionen der Gewaltenteilung, der Bürgerrechte und der parlamentarischen Demokratie und in der Annahme, sie seien durch Moral und gute Gesinnung ersetzbar. In den westlichen Demokratien wäre die Preisgabe der staatsrechtlichen Grundlagen der Verfassung zugunsten einer Diktatur als Katastrophe erschienen. In Deutschland nahm man an, es komme nur auf die Art und Weise der Ausübung der Diktatur an. Man könne normalerweise damit rechnen, daß eine Diktatur maßvoll und vernünftig ausgeübt werde. Es sei damals nicht vorhersehbar gewesen, daß sie zu Verbrechen, zu Massenvernichtungslagern und Angriffskriegen mißbraucht werde. In einem Kulturstaat wie Deutschland sei ein solcher Mißbrauch der Macht ausgeschlossen.

Man unterschied einen autoritären und einen totalitären Staat und wollte mit Hitlers Diktatur «bloß» einen autoritären Staat schaffen. Aber der Unterschied zwischen autoritärer und totalitärer Diktatur ist kein Unterschied des Staatstypus, sondern eben nur der Art und Weise der Machtausübung. Der

---

18 Dazu die sowjet-marxistische Formel von Dimitroff: «Der Faschismus – das ist die Macht des Finanzkapitals selbst». Zitiert nach Saage, Faschismustheorien (Fn. 2), S. 32.

Staatstypus ist in beiden Fällen dadurch gekennzeichnet, daß die Staatsgewalt über dem Recht steht und also rechtlich nicht gebunden ist. Dann aber ist die verbrecherische Ausübung der Staatsgewalt zumindest eine Möglichkeit; und die Annahme, moralische Appelle könnten Vernunft und Mäßigung bewirken, ist nichts als eine Hoffnung. Die rechtlich-institutionelle Staatsphilosophie setzt ihr Vertrauen deshalb nicht nur in moralische Appelle, sondern in erster Linie in rechtliche Institutionen der Gewaltenteilung, der Bürgerrechte und der parlamentarischen Demokratie. Diese Institutionen sind durch moralische Appelle an den Machthaber nicht ersetzbar: Das war die Quintessenz des englischen Abwehrkonzeptes gegen des Absolutismus im 17. Jahrhundert (vgl. o. § 28) und der politischen Aufklärung des 18. Jahrhunderts (o. §§ 31 ff.).

Wie wenig das Problem der Staatsform in Deutschland verstanden und ernst genommen wurde, ergibt ein Vergleich der Wahlergebnisse der Reichstagswahlen vom 20. 5. 1928 mit denen vom 31. 7. 1932. In dieser Zeit stieg die nationalsozialistische Partei von 2,6 auf 37,3%. Die fast 35% Zugewinn gingen im wesentlichen auf Kosten der konservativen und der liberalen Parteien. Die katholischen Parteien Zentrum und Bayerische Volkspartei bleiben verhältnismäßig stabil. Die SPD fiel von 28,9 auf 21,6%, verlor aber wohl rund die Hälfte ihres Verlustes an die Kommunisten, die von 10,6 auf 14,3% stiegen. Die Deutschnationalen fielen von 14,2 auf 5,9%, und die liberalen Parteien schrumpften bis auf einen minimalen Rest zusammen: Die Deutsche Volkspartei von 8,7 auf 1,2%, die Wirtschaftspartei von 4,5 auf 0,4% und die Deutsche Demokratische Partei von 4,9 auf 1%.

Was zunächst die katholischen Parteien, Zentrum und Bayerische Volkspartei betrifft, so hatten sie in der Weimarer Zeit, ja selbst noch Anfang März 1933 – also nach Hitlers «Machtergreifung» vom 30. Januar – die Nationalsozialisten als ganz prinzipielle Gegner bekämpft und so gut wie keine Wähler an sie verloren.

Hitler ist ganz überwiegend nicht in den katholischen, sondern in den protestantischen Regionen Deutschlands gewählt worden. Vergleicht man die Karte des Deutschen Reiches, die die konfessionelle Bevölkerungsverteilung kennzeichnet (je dunkler die Schraffierung, desto größer der Katholikenanteil), mit der Karte, die die regionale Verteilung der Wählerstimmen für Hitler sichtbar macht (je heller die Schraffierung, desto größer der Prozentsatz der Hitlerwähler), so zeigen sich zwei fast identische Bilder.[19]

Daß die katholische Fraktion gleichwohl dem Ermächtigungsgesetz vom 26. März 1933 zustimmte, geschah gegen erhebliche innere Widerstände, nachdem ihr Vorsitzender, Prälat Kaas, von einer Romreise zurückgekehrt,

19 A. Milatz, Wahlen und Wähler in der Weimarer Republik, 1965; Karten 2 und 13. S. auch: J. W. Falter, Hitlers Wähler, 1991, S. 169-193. Dazu M. Kriele, Rechtsverständnis und Bürgergesinnung vor dem Hintergrund der Konfessionen, in: Kirche als Heilsgemeinschaft – Staat als Rechtsgemeinschaft, Veröffentlichungen der Hanns Martin Schleyer-Stiftung, 1993.

mitteilte, die Zustimmung sei der Wunsch des Vatikan. Dafür waren drei Gründe ausschlaggebend: der erste war die Information über den Bolschewismus. Dieser hatte Rußland erobert und war in Deutschland ja nicht schwach vertreten. Seine These war: Wer Deutschland hat, hat Europa; wer Europa hat, hat die Welt. Man fürchtete, die Weimarer Republik sei der Gefahr nicht gewachsen, man müsse mit autoritären Mitteln gegen sie vorgehen. Man dachte nicht faschistisch oder gar nationalsozialistisch, sondern setzte auf einen antikommunistischen Autoritarismus.

Der zweite Grund war wohl die Inaussichtstellung des Konkordats durch Hitler. Es ging um die völkerrechtlich verbindliche Festlegung einer Reihe von Ordnungsprinzipien, betreffend das freie Kultus- und Glaubensleben, Priesterausbildung, Priesterstand, Zeugnisverweigerungsrecht, Beichtgeheimnis, Schutz des Sonntages und der christlichen Feiertage, Elternrecht und die Anerkennung der katholischen Schulen. Aus der Kulturkampfstimmung des 19. Jahrhunderts heraus war vieles immer wieder verweigert oder mit hinhaltendem Widerstand verzögert worden. In Preußen hat man es 1928 zu einem Konkordat gebracht, weil dort das Zentrum zusammen mit den Sozialdemokraten die Regierung stellte. Nun hatte man die Aussicht, ein Konkordat auf Reichsebene zu bekommen, und es konnte im Juli 1933 tatsächlich abgeschlossen werden: Hitler schien also so schlimm nicht zu sein.

Der dritte Grund lag in der traditionellen katholischen Neutralität gegenüber den verschiedenen Staatsformen. Die Kirche als internationale Institution mußte mit Monarchien, Republiken, Demokratien gleichermaßen gute Beziehungen pflegen, sofern sie die Mindestforderungen der Kirche anerkannten. Engagement für die rechtlich-institutionellen Grundlagen des demokratischen Verfassungsstaates erschien mit den Neutralitätsinteressen der Kirche nicht vereinbar. Man nahm an, daß es auf die Staatsform nicht entscheidend ankäme.

Das waren drei zwar irrige, die Gefahr unterschätzende, aber immerhin rational nachvollziehbare Motive. Sehr viel schwieriger ist es, die Motive zu verstehen, aus denen heraus die protestantisch geprägten Parteien dem Ermächtigungsgesetz zustimmten. Unter diesen muß man die konservativen und die liberalen unterscheiden.

Der konservative Strom fand vor allem in der deutschnationalen Volkspartei seinen politischen Ausdruck, die mit Hitler die Regierung bildete und glaubte, ihn mäßigen und aus ihm einen verantwortungsbewußten Staatsmann machen zu können: Moralität können die Institutionen des demokratischen Verfassungsstaates ersetzen. Der deutsche Konservativismus des 19. Jahrhunderts war monarchisch und der demokratischen Bewegung gegenüber abgeneigt: er sah im Monarchen einen Garanten für inneren Frieden und Rechtlichkeit. Der Verlust der Monarchie 1918 weckte in den Konservativen Ängste, die sich durch Ereignisse der Weimarer Republik wie Inflation, Wirtschaftskrise, Straßenterror, durch den drohenden Bolschewismus und durch «Zerfall der Sittlichkeit» bestätigt fanden. Hinzu kam, daß man den verlorenen Ersten Weltkrieg als nationale Demütigung erlebte. Hitler erschien den Konservativen zwar als ein Übel, der aber andere größere Übel abwenden könnte. Sie unterschätzten erheblich das Risiko und ließen sich durch vermeintliche Chancen und erste Erfolge blenden.

Zu den historischen, theologischen, philosophischen und sozialen Wurzeln dieser Einsichtshemmung ist schon viel gesagt worden. Man hat hingewiesen auf Eigentümlichkeiten des deutschen Protestantismus und des deutschen Idealismus, auf das Scheitern aller Revolutionsversuche, auf die industrielle Explosion, auf die nationalen Demütigungen und deren psychologische Überkompensation im großdeutschen Nationalismus und auf ähnliche Motive. Doch gilt es, einen für unseren Zusammenhang besonders wichtigen Gesichtspunkt hervorheben: das Vertrauen in die Person des Machthabers. Die absolutistischen Fürsten Deutschlands haben den Mißbrauch ihrer Macht selten zu solch totalitärem konfessionellem Terror gesteigert wie z.B. der französische König nach 1685. Manche Umstände wirkten hier zusammen: Nach dem reichsrechtlichen Prinzip «cuius regio – eius religio» regierten die deutschen Fürsten seit 1555 Einkonfessions-Staaten und hatten zu konfessionellem Terror wenig Anlaß. Soweit sie später durch regionale Ausdehnung Mehrkonfessions-Staaten wurden, wie Preußen und Bayern, war der konfessionelle Fanatismus schon weitgehend verblaßt, und die Fürsten regierten verhältnismäßig tolerant. Die Theologie unterstützte das Vertrauen in den Fürsten nachdrücklich («seid untertan denen, die Gewalt über Euch haben»), und das galt besonders in den evangelischen Landesteilen, wo die Fürsten zugleich oberste Bischöfe waren. Die Erfahrungsberichte aus Frankreich stammten von Hugenotten, denen die illegale Flucht gelungen war, und was die anderen, denen sie nicht gelungen war, erlitten hatten, drang nicht tief genug ins Bewußtsein. Die eigentliche Schreckenserfahrung war die des 30jährigen Krieges und nicht die der totalitären Entartung des Absolutismus. Friede schien wichtiger als der Rechtszustand. Als dann im Lauf des 18. und 19. Jhs. die sogenannten aufgeklärten absoluten Herrscher einen verhältnismäßig hohen Grad an Rechtssicherheit schufen, erschien Absolutismus mit Rechtsstaatlichkeit vereinbar.

Trotzdem hatte die politische Aufklärung im Bewußtsein der Gebildeten zwar Fuß gefaßt, aber doch nicht genug, um die Entartung der französischen Revolution nachhaltig zu überdauern. Deren Terror schrieb man weniger der Aufhebung der gewaltenteilenden Verfassung von 1791 und dem Despotismus der neuen absoluten Herrschaft zu, als vielmehr der revolutionären Auflehnung gegen die Monarchie (vgl. o. § 79). Und die konservative Propaganda tat alles, um den Unterschied zwischen einer Revolution mit dem Ziel einer gewaltenteilenden Verfassung und dem einer revolutionären Despotie zu verwischen.

Das unbegrenzte Vertrauen in den unumschränkten Machthaber hatte etwas vom Vertrauen in den Vater, der auch bei großer Strenge gütig ist und das Beste seiner Kinder will. Dieses Urvertrauen scheint sich über alle Erfahrung des 19. Jahrhunderts hinweg erhalten und in der Weimarer Republik auf den Reichspräsidenten Hindenburg übertragen zu haben. Da dieser es war, der Hitler zum Reichskanzler machte, da Hitler sich am «Tage von Potsdam» (21.

März 1933) ehrerbietig vor seiner Autorität verneigte und schließlich sein Nachfolger wurde, übertrug sich dieses Urvertrauen auf ihn. Wie Eberhard Jäckel dargelegt hat[20], konnte man sich in weitesten Kreisen des deutschen Volkes nicht vorstellen, daß der Inhaber des höchsten Staatsamtes persönlich für geschehenes Unrecht verantwortlich war. Man pflegte später zu sagen: «Wenn das der Führer wüßte» oder «Dem Führer bleibt auch nichts erspart».

Wie wenig der Zusammenhang zwischen Terror und Staatsform im deutschen Bewußtsein lebendig war, zeigte sich sogar noch bei den konservativen Helden und Märtyrern des Widerstands. Sie beriefen sich auf das Wort Gottes, auf die Ehre des Vaterlandes oder die persönliche Ehre, auf Liebe zum Volk oder auf das Glück der künftigen Generationen. Sie kämpften in der Regel gegen konkrete Mißstände, z.B. gegen antikirchliche Maßnahmen, das Euthanasieprogramm, die Verfolgung nichtarischer Pfarrer, oder sie versuchten einfach nur, die drohende totale Niederlage abzuwenden. Nur ausnahmsweise beriefen sie sich auf den schlichten Grundsatz, daß jeder Mensch gleichen Anspruch auf Freiheit und Würde hat und daß deshalb das politische System, das den Menschen des Rechtszustandes schlechthin beraubte, prinzipiell und im Ganzen unrecht sei: so vor allem im Kreis um Professor Huber und die Weiße Rose.[21]

§ 85. Die Widerstandslosigkeit des deutschen Liberalismus

Das heikelste Problem aber ist das des deutschen Liberalismus. Wir müssen eine Erklärung für zwei historische Tatsachen suchen: Erstens: Die deutschen Liberalen[22] verloren in den Jahren vor Hitlers Wahlerfolgen nicht weniger als 6/7 ihrer Wähler. Während die Zahl der Hitler-Wähler zwischen den Reichstagswahlen von 1928 und März 1933 von 810.000 auf 17,3 Millionen anstieg, sank die Zahl der liberalen Wähler von 5,5 Millionen auf 766.000, also auf rund 1/7. Nicht alle der verloren gegangenen Wähler mögen unmittelbar die NSDAP gewählt haben, manche haben vielleicht Wählerverluste anderer Parteien ausgeglichen. Trotzdem ist die Feststellung unabweisbar, daß die ursprünglich liberalen Wähler offenkundig ein beträchtliches Wählerreservoir für die Nazis gestellt haben.[23]

Zweitens stimmten die übrig gebliebenen liberalen Abgeordneten des Reichstags dem Ermächtigungsgesetz geschlossen zu. Selbst aus den Reihen derer, die sich bis dahin als loyale Mitglieder der Weimarer Koalition bewährt hatten, gab es weder Widerspruch noch eine einzige Nein-Stimme. Im Un-

20 In: Intellektuelle im Bann des Nationalsozialismus, hrsg. von Karl Corino, Hamburg 1980, S. 7 ff., bes. S. 13.

21 Vgl. z.B. Schlußwort von Professor Huber im Volksgerichtshof, abgedruckt in: Inge Scholl, Die Weiße Rose, Frankfurt 1953, S. 90 f.

22 Dazu zählen: DVP, DDP (Staatspartei) und Wirtschaftspartei.

23 Die Wahlergebnisse der liberalen Parteien nach Alfred Milatz, S. 91-93 (DDP) und S. 100-106 (DVP und Wirtschaftspartei). S. auch J. W. Falter, Hitlers Wähler, 1991.

terschied zu den Deutschnationalen und zum Zentrum hatten die Liberalen kein erkennbares Motiv für ihre Zustimmung. Sie forderten nichts und erhielten nichts. Sie hatten nichts zu hoffen, sondern mußten sich als Partei auflösen und taten dies widerstandslos.

Wie sind diese historischen Tatsachen zu erklären? Weshalb verhielt sich der deutsche Liberale in einer Weise, die einem englischen, schwedischen, holländischen oder Schweizer Liberalen nie in den Sinn gekommen wäre?

Die Liberalen selbst haben weder damals noch heute eine Erklärung zu geben gewußt. Wir müssen also versuchen, die geistigen Hintergründe dieses deutschen Liberalismus zu durchleuchten, wie er nach dem Scheitern der 1848er Revolution und der Bismarck-Ära geworden ist. Auch jener Liberalismus der Weimarer Zeit war ebenso wie der Katholizismus neutral gegenüber Staatsformen, obwohl seine damalige politische Philosophie, der Relativismus, eigentlich dazu diente, die Demokratie zu rechtfertigen. Aber sie rechtfertigte sie auf unzulängliche Weise.

Der Relativismus galt unter Weimarer Liberalen als die philosophische Grundlage der Demokratie.[24] Relativismus besagt in einer Kurzformel: Alle politischen und sozialen Anschauungen seien subjektiv und insofern relativ. Wenn jeder die Relativität seiner politischen Anschauung einsehe, werde er für seine Anschauungen keinen Absolutheitsanspruch erheben und die anderen Anschauungen als gleichberechtigt respektieren und tolerieren. Diese Selbstbescheidung mache Freiheit und Demokratie möglich. Dieser Relativismus hat freilich eine logische Konsequenz, die hätte bedacht werden müssen: Wenn alle Anschauungen relativ sind, dann sind auch die Ideen von Freiheit und Demokratie relativ und haben kein größeres Recht als die Ideen, die Freiheit und Demokratie abschaffen wollen. Alles, was man dann gegen die Feinde von Freiheit und Demokratie tun kann, ist, sie durch Belehrung und moralische Appelle zur Selbstbescheidung zu überreden.[25] Überzeugt sie das nicht, so haben sie das Recht auf Beseitigung von Freiheit und Demokratie.

Diese Konsequenz wurde von den liberalen Staatsrechtlern ausdrücklich gezogen und zur herrschenden Auslegung der Weimarer Verfassung gemacht. Es lief auf die Lehre hinaus, daß das Volk mit Mehrheit die mehrheitsorientierte Demokratie abschaffen könne. Der damals maßgebliche Kommentar zur Weimarer Reichsverfassung von Anschütz zählte auf, was die Mehrheit alles legal ändern könne, u.a. «die Staats- und Regierungsform (Republik, Demokratie, Wahlrecht, Parlamentarismus) und andere prinzipielle Fragen einschließlich der Grundrechte»[26]. Thoma sekundierte Anschütz im Handbuch des deutschen Staatsrechts: «Unmöglich ... aber kann das, was die entschiedene und

---

24 Zum Relativismus z.B. G. Radbruch, Rechtsphilosophie, 4. Aufl. Stuttgart 1950, insbes. § 2; Hans Kelsen, Vom Wesen und Wert der Demokratie, Tübingen 1929; G. Jellinek, Allgemeine Staatslehre, 3. Aufl. Berlin 1921; M. Kriele, Kriterien der Gerechtigkeit, 1963.

25 Zu Liberalismus und Relativismus: M. Kriele, Bereitung und politische Aufklärung, 2. Aufl. 1986, S. 187 ff. und: Recht und praktische Vernunft, Göttingen, S. 128 ff.

26 Anschütz, Kommentar zur Weimarer Reichsverfassung, Art. 76 Ziff. 3.

unzweifelhafte Mehrheit des Volkes auf legalem Wege beschließt (und stürzte es selbst die Grundsäulen der gegenwärtigen Verfassung um), als Staatsstreich oder Rebellion angesehen werden.»[27] Thoma fügte hinzu, dies sei eine «vielleicht gewagte, aber in ihrer Folgerichtigkeit großartige Erfassung der Idee der freien demokratischen Selbstbestimmung».[28] Was Thoma so großartig fand, war das Recht auf die irreversible Selbstaufhebung der freien demokratischen Selbstbestimmung.

Wie war es möglich, daß der einstmals aufgeklärt gewesene deutsche Liberalismus seit 1848 allmählich zu einem derart naiven philosophischen Relativismus geschrumpft ist? Man kann es sich durch eine Parallele des politischen Liberalismus mit dem wirtschaftlichen Liberalismus verständlich machen. Es gibt bekanntlich zwei Flügel des Wirtschaftsliberalismus, die man mit den Stichworten «laissez faire» und «Ordnungsliberalismus» gekennzeichnet hat. Das «laissez faire» bekundet unbegrenztes Vertrauen in Markt und Wettbewerb, ohne Rücksicht darauf, daß sich Markt und Wettbewerb durch die Bildung von Monopolen, Kartellen und Konzernen selbst aufheben können. Dem hält der Ordnungsliberalismus entgegen, daß Markt und Wettbewerb auf einen rechtlichen Ordnungsrahmen angewiesen sind, die ihn gegen diese Selbstaufhebung schützen.

Entsprechend gibt es zwei Flügel des politischen Liberalismus. Auch hier gibt es den Gedanken des «laissez faire» der politischen Ideen und Kräfte, ein Gedanke, der auch im politischen Raum dazu führt, daß sich die stärksten und rücksichtslosesten Kräfte durchsetzen und die politische Macht monopolisieren können.[29] Politische Freiheit hat dann nur transitorischen Charakter, sie führt zur Selbstaufhebung der Freiheit. Demgegenüber gibt es auch im verfassungspolitischen Raum einen Ordnungsliberalismus, der sagt: Will man die Freiheit dauerhaft stabilisieren, so muß man sie in einen verfassungsrechtlichen Ordnungsrahmen einbinden und die politischen Monopolisierungstendenzen mit den Mitteln des Rechts in die Schranken des Rechts verweisen.

Mit dem Beginn der Bismarck-Ära ist der politische Liberalismus weitgehend im Wirtschaftsliberalismus aufgegangen und hat sich dessen philosophischen Ideen angeschmiegt, die noch stark vom laissez-faire geprägt waren. Nur sehr zögernd hat er sich im Bereich der Wirtschaftspolitik vom Prinzip des laissez-faire gelöst und in Richtung auf den Ordnungsliberalismus hin bewegt. Aber im Bereich der Verfassungspolitik hat er selbst diese kleinen Schritte nicht getan. Daher seine Unfähigkeit zu einem prinzipiellen Antinationalsozialismus. An die Stelle der Verteidigung der Republik mit rechtlichen Mitteln trat der moralische Appell an allgemeine Toleranz. Hitler hat auf

---

27 Thoma, Handbuch des deutschen Staatsrechts, Bd. II, Tübingen 1930-32, S. 154.

28 Thoma, ebd., S. 193.

29 Zu den zwei Flügeln des Liberalismus vgl. M. Kriele, Befreiung und politische Aufklärung, S. 190 f.

diesen Appell so geantwortet: «Man wirft uns vor, wir seien intolerant. Darauf sage ich: Jawohl, wir sind auch intolerant und werden dies auch beweisen.»

Wie konnte sich ein Liberaler dazu stellen? Ein Ordnungsliberaler hätte den Nationalsozialisten das Recht bestritten, andere ihrer Rechte zu berauben. Er hätte die Demokratie mit angemessenen Mitteln der Staatsgewalt verteidigt, weil er dem Recht auf Freiheit absoluten Geltungsanspruch zuerkannt hätte. Da die deutschen Liberalen aber Relativisten waren und auch der Freiheit selbst keinen absoluten Geltungsanspruch zuerkennen wollten, tolerierten sie Hitlers Intoleranz. Sie weigerten sich anzuerkennen, daß die Freiheit des einen durch das gleiche Recht der anderen auf Freiheit begrenzt ist und daß diese Begrenzung nicht durch die individuelle Gesinnung, sondern durch den freiheitlich-demokratischen Staat garantiert wird. Die deutschen Liberalen hatten einen moralischen, aber keinen politischen Willen. Sie setzten auf die Gesinnung, nicht auf die Institutionen. Das erklärt ihre passive Duldung der nationalsozialistischen Machtergreifung.

Wie aber erklärt sich, daß sie die unumschränkte Macht nicht nur geduldet, sondern aktiv mit herbeigeführt haben? Die Antwort ist: ohne einen eigenen politischen Willen setzt sich die natürliche psychologische Neigung durch, zu verstärken, was ohnehin geschieht. Das aber heißt, den jeweils Stärksten zu unterstützen. Hinter dem laissez-faire des freien Spiels der Kräfte verbirgt sich letztlich die Philosophie vom Recht des Stärkeren. So wie im ungehemmten wirtschaftlichen Wettbewerb die stärkste wirtschaftliche Macht das Monopol erringen kann, so auch im freien Spiel der politischen Kräfte.

Das Recht des Stärkeren ist der Gegensatz zum Rechtsprinzip. Das Rechtsprinzip fordert, daß allgemein verbindliche Rechtsnormen die Freiheit so beschränken, daß die Freiheit des einen mit der Freiheit jedes anderen zusammen bestehen kann. Gilt das Rechtsprinzip nicht absolut, so heißt das: Der Stärkere darf den Schwächeren seiner Willkür unterwerfen. Entweder gilt das Rechtsprinzip oder das Recht des Stärkeren – eine dritte Möglichkeit gibt es nicht. Die relativistischen Liberalen wollten dieser Konsequenz ausweichen, nämlich das Rechtsprinzip und das Recht des Stärkeren auf die gleiche Stufe stellen und beide für gleichberechtigt erklären. Doch das läuft praktisch auf Unterstützung des Rechts des Stärkeren hinaus. Denn das Recht des Stärkeren ist das biologisch Natürliche: die großen Fische fressen die kleinen. Hitler stützte seinen Anspruch, alle anderen einschließlich der Liberalen seiner Willkür zu unterwerfen, ausdrücklich auf biologische Beispiele. Der Relativismus bedeutete nicht Neutralität zwischen zwei gleichberechtigten Prinzipien, sondern Neutralität zwischen Geist und Natur, zwischen Kultur und Barbarei, zwischen dem moralisch begründeten Grundsatz, daß jeder Mensch gleichen Anspruch auf Freiheit und Würde hat, und der moralisch blinden Durchsetzungstendenz des Machttriebs – und bei solcher Neutralität muß das Recht gegen die Macht verlieren.

Während also die Konservativen, repräsentiert vor allem durch die Deutschnationalen, Autorität und Ordnung höher schätzten als die Rechtsbindung des Staates, während die katholischen Parteien dem Staat eine Reihe von Bedingungen stellten und bei Erfüllung dieser Bedingungen verfassungspolitisch neutral waren, waren die deutschen Liberalen verfassungspolitisch ohne eigenen politischen Willen, nicht auf festem geistigen Fundament stehend und aktiv handelnd, sondern von den Winden des Geschehens um sie herum getrieben. Alle drei Gruppen sahen in der Preisgabe des demokratischen Verfassungsstaates und in seiner Ersetzung durch eine Diktatur nicht die Katastrophe schlechthin. Sie glaubten, es komme nur auf die Art und Weise der Ausübung der Diktatur an, und auf diese könnten sie durch moralische Appelle hinreichend Einfluß nehmen. Wir können es auch so ausdrücken: Sie alle hingen nicht einer rechtlich-institutionellen, sondern einer moralisierenden Staatsphilosophie an.

Wenn wir in diesem Sinne die moralisierende Staatsphilosophie der rechtlich-institutionellen gegenüberstellen, so bedeutet «moralisierend» nicht dasselbe wie moralisch. Wir können der rechtlich-institutionellen Staatsphilosophie ihre Moralität nicht absprechen. Andererseits aber gibt die moralisierende Staatsphilosophie Anlaß zu Zweifeln an ihrer Moralität. Denn Demokratie und Diktatur unterscheiden sich keineswegs nur in den Modalitäten der Staatsführung. Der entscheidende Unterschied liegt vielmehr in der Rechtssubjektivität des Bürgers. Diese Rechtssubjektivität hängt ab von der Rechtsbindung aller Staatsorgane. In dieser Rechtsbindung liegt der Kern des demokratischen Verfassungsstaates. Nur wenn der Machthaber an das Recht gebunden ist, kann der Bürger ihm gegenüber Rechte haben.

Das Wesen der Diktatur liegt aber darin, daß der Machthaber nicht unter, sondern über dem Recht steht. Dann aber verliert der Bürger seine Stellung als Rechtssubjekt. Er genießt Rechte nur so weit und so lange, wie der souveräne Machthaber sie ihm aus seiner Interessenlage heraus zu gewähren oder zu belassen wünscht. Der Machthaber kann sie ihm restlos entziehen: er kann ihn im äußersten Fall zu Zwangsarbeit in Konzentrationslager verbringen. Das Kennzeichen der Diktatur besteht in der Möglichkeit des KZs.

Tatsächlich waren schon die ersten Monate des NS-Staates gekennzeichnet durch die Außerkraftsetzung von Grundrechten in der Reichstagsbrandverordnung, durch das Ermächtigungsgesetz, durch das Einparteienmonopol, die Abschaffung der legalen Opposition und freien öffentlichen Meinung, die Auflösung der Parteien und Gewerkschaften, vor allem aber die Konzentrationslager, deren Einrichtung schon im März 1933 erfolgte.[30] An der Empfindlichkeit oder Unempfindlichkeit für das Konzentrationslager scheiden sich die Geister. Ist das Konzentrationslager eine Einrichtung, die man hin-

---

30 Dazu im einzelnen: K. D. Bracher, W. Sauer, G. Schulz: Die nationalsozialistische Machtergreifung, Köln 1960, bes. 1. Teil, Kap. II und III sowie 2. Teil Kap. III.

nehmen kann, wenn sie sich quantitativ und qualitativ in gewissen Grenzen hält? Die KZ-unempfindlichen Moralisten haben diese Frage 1933 bejaht und etwa so argumentiert: Es gebe nur einige Tausend Häftlinge, es handele sich hauptsächlich um ordnungsfeindliche Oppositionelle, zum Teil um Kommunisten, die selbst auf ein KZ-System hinarbeiten, Ordnung sei nicht anders zu schaffen, wo gehobelt werde, flögen Späne, einige unerfreuliche Erscheinungen seien der Preis für die Überwindung von Arbeitslosigkeit, Bürgerkrieg, kommunistischer Gefahr, liberalistischer Zersetzung usw. Die Zustimmung zum Ermächtigungsgesetz am 24. März 1933 erfolgte also zu einem Zeitpunkt, als das KZ nicht bloß eine abstrakte Möglichkeit, sondern bereits Wirklichkeit war. Die Ungeheuerlichheit dieser Tatsache muß man sich vor Augen halten, um den Unterschied zwischen rechtlich-institutioneller und moralisierender Staatsphilosophie in ihrer ganzen Tiefe zu verstehen.

Schon die bloße Existenz von Konzentrationslagern bedeutet, daß der Rechtszustand aufgehoben ist. KZ-Häftlinge sind ihrer Freiheit beraubt, ohne gegen die allgemeinen Strafgesetze verstoßen zu haben und in einem ordentlichen Strafverfahren überführt und verurteilt worden zu sein. Ihr Status ist der eines rechtlos gestellten, der Willkür ausgelieferten Sklaven.[31]

Das KZ betrifft aber nicht nur die Häftlinge, sondern alle. Jeder ist potentiell von der Möglichkeit der Einlieferung ins KZ betroffen. Der Bürger kann sich nicht dagegen sichern, indem er die allgemeinen Gesetze genau beachtet und sich nichts zuschulden kommen läßt. Er kann eingewiesen werden aufgrund bloßer politischer Mißliebigkeit, aufgrund bloßen Verdachts, aufgrund von Denunziationen, aufgrund seiner Rasse oder Herkunft, kurz, aufgrund von Willkür. Am zuverlässigsten entzieht man sich der Gefahr durch einen inneren Anpassungsprozeß: Je zutreffender man errät, welche innere Einstellung zu welchen politischen, moralischen, geistigen, ökonomischen, rassischen Fragen die Machthaber wünschen, und je konsequenter sich die innere Einstellung diesen Wünschen angleicht, desto geringer die Gefahr und desto größer zugleich die Chance, an der Machtpyramide teilzuhaben. Dieses Eingespanntsein zwischen Terrordrohung und Machtverlockung löst einen psychologischen Prozeß aus, der das Rückgrat krümmt und das Auge nach oben schielen läßt.

Unter solchen Umständen sind moralische Appelle, auf die die moralisierende Staatsphilosophie ihre Hoffnung setzt, kaum noch möglich und gewiß unwirksam. Moralische Appelle setzen Zivilcourage voraus. Die bloße Existenz von KZs aber bewirkt zwangsläufig einen Schrecken so fürchterlichen Ausmaßes, daß der Mensch ihm natürlicherweise auszuweichen strebt, sich anpaßt oder ins Privatleben zurückzieht. Es gibt keine Zivilcourage mehr, sondern allenfalls noch Martyriumsbereitschaft. Zivilcourage heißt: Bereitschaft, im Kampf gegen Unrecht persönliche Nachteile hinzunehmen, z.B. berufliche Zurücksetzung, finanzielle Schmälerung, öffentliche Schmähung

---

31 Dazu Andrzyej J. Kaminski, Konzentrationslager 1896 bis heute, Stuttgart, Berlin, Köln, Mainz 1982. Taschenbuchausgabe Serie Piper 954.

– was man in freiheitlichen Demokratien billigerweise fordern kann. Aber das Risiko des KZs auf sich zu nehmen, verlangt weit mehr als Zivilcourage. Es verlangt die Bereitschaft, sich als Person aufzugeben, sich der absoluten Erniedrigung auszusetzen, Gefangenschaft, Folter und Tod ins Auge zu sehen. Dazu bedarf es eines ungewöhnlichen Maßes an moralischem Mut, den man bei den Widerstandskämpfern bewundernd verehren, den man aber nicht ohne Pharisäismus von anderen fordern kann.

Die Existenz des KZs zerstört aber nicht nur die Zivilcourage, sondern wirkt auch mittelbar auf den kollektiven Zeitgeist. Reden wird zum Risiko: Niemand kann mehr artikulieren, was eigentlich Recht und Unrecht wäre. Reden und Schweigen bleiben aber auf die Dauer nicht ohne Rückwirkung auf das Denken. Ein moralischer Gedanke, der sich nicht äußern kann, verliert jedenfalls bei der Masse auf die Dauer an Überzeugungskraft. Wer hat schon den Mut zu der Annahme, daß alle anderen falschen Tritt haben? Reden und Denken aber schlagen sich schließlich im Handeln nieder.

Aus diesen Gründen vertraut die politische Vernunft nicht auf moralische Appelle, sondern auf rechtliche Institutionen. In unserer Gegenüberstellung von rechtlich-institutioneller und moralisierender Staatsphilosophie läßt sich unschwer der klassische Konflikt des 18. Jhs. in neuer Variante wiedererkennen: der Konflikt zwischen politischer Aufklärung einerseits und Absolutismus andererseits. Die historische Berechtigung des Absolutismus lag in der Herstellung des staatlichen Gewaltmonopols, das die fehde- und bürgerkriegsträchtigen Feudalstrukturen des Mittelalters überwand (vgl. o. § 10).[32]

Aber der Absolutismus schuf nicht nur inneren Frieden, sondern auch die Möglichkeit zu innerem Terror, insbesondere konfessionellem Terror, der mitunter so fürchterliche Ausmaße annahm, daß Vergleiche mit dem Totalitarismus des 20. Jahrhunderts keineswegs abwegig erscheinen.[33] Solange die Naturrechtsphilosophie den Absolutismus nicht in Frage stellte, hatte sie auf diese Herausforderung keine Antwort. Sie konnte nur moralisieren; Fürstenspiegel entwerfen, zu Mäßigung und Toleranz aufrufen oder auch mit Klugheitsappellen an das langfristige Eigeninteresse der absoluten Monarchen appellieren.

Die politischen Aufklärer lehrten demgegenüber, daß es Freiheit erst geben kann, wenn der Absolutismus prinzipiell durch einen Rechtszustand ersetzt ist. Ein Rechtszustand setzt vor allem voraus, daß die ausführende Staatsgewalt an allgemeine Gesetze gebunden ist, über die sie nicht selbst verfügen und die sie auch nicht durchbrechen kann, und daß unabhängige Richter darüber wachen. Die Gewaltenteilung war der Anfang aller Verfassungsentwicklung.

---

32 Dazu: Roman Schnur, Die französischen Juristen im konfessionellen Bürgerkrieg des 16. Jahrhunderts, Berlin 1962; J. Lecler, Geschichte der Religionsfreiheit im Zeitalter der Reformation, Bd. 2, Stuttgart 1965, bes. S. 177 ff.

33 Dazu: z.B. J. Chambon, Der französische Protestantismus, 4. Aufl. München 1939, bes. S. 151 ff. Vgl. oben S. 53 f.

Die mangelnde Einsicht in den Zusammenhang zwischen Staatsform und Terror offenbart sich mitunter auch heute noch in der rückblickenden Beurteilung des Nationalsozialismus, dann nämlich, wenn den Menschen jener Zeit mangelnde Zivilcourage vorgeworfen wird. Es heißt: Die Bürger hätten sich wehren sollen, die Richter hätten das Naturrecht anwenden sollen, die Beamten hätten von ihrem Ermessensspielraum im rechtsstaatlichen Geist Gebrauch machen sollen usw., sie alle hätten eine andere Rechtstheorie oder eine andere juristische Methodenlehre haben sollen, sie hätten sich dem Ungeist des Nationalsozialismus nicht anpassen, sondern entgegenstellen sollen - dann wäre der Rechtszustand erhalten geblieben und alles nicht so schlimm geworden. Aber der Rechtszustand war eben schon in den ersten beiden Monaten nach Hitlers Machtergreifung beseitigt worden.

Es gehört zu den Eigentümlichkeiten unserer Zeit, daß wir rückblickend von der Generation des Dritten Reiches fordern, sie hätte sich von der Existenz des KZs nicht beeinflussen lassen sollen. Die rechtsstaatliche Sicherheit ist uns heute so selbstverständlich, daß viele sich ihrer rechtlich-institutionellen Bedingungen wiederum nicht bewußt sind und heutige Möglichkeiten der Zivilcourage gedanklich in die NS-Zeit hineinprojizieren.

Dieser Mangel an Rechtsbewußtsein aber ist das alte deutsche Problem in neuer Gestalt. Das Verständnis für die Bedeutung der rechtlichen Institutionen des demokratischen Verfassungsstaates ist heute über die klassische Sozialdemokratie hinaus auch beim überwiegenden Teil der Konservativen, Katholiken und Liberalen selbstverständlich, nicht minder als in anderen westlichen Demokratien - die Lektion ist weitgehend gelernt.

Doch stieß dieses aufgeklärte Engagement auch wiederum auf Ablehnung. Es galt in den sechziger und achtziger Jahren zumindest insofern als «konservativ», als es sich nicht nur antinationalsozialistisch, sondern auch antikommunistisch äußere. In diesem Sprachgebrauch hat sich die Bedeutung, die das Wort «konservativ» 1933 hatte, in seinem wesentlichen Inhalt ins Gegenteil verkehrt. 1933 war die Verteidigung von Gewaltenteilung, Bürgerrechten und Parlamentarismus fast ein Monopol der SPD, und «konservativ» hieß damals, diese Institutionen nicht verteidigen zu wollen. Nun soll gerade ihre Verteidigung als «konservativ» gelten. Was wäre, nach diesem Sprachgebrauch zu schließen, dann «links»?

Bei denjenigen, die so redeten, fanden wir dieselben staatsphilosophischen Defizite, die wir 1933 bei den damaligen Konservativen und Liberalen diagnostiziert haben: Die Meinung, Verfassungsinstitutionen seien durch moralische Appelle ersetzbar und Liberalität erweise sich im verfassungspolitischen Neutralismus und Relativismus. Der Mangel eines Rechtszustandes, also die Möglichkeit von KZs, war wiederum nicht mehr das maßgebende Kriterium zur Unterscheidung politischer Systeme. Selbst die Wirklichkeit von KZs löste nicht eine prinzipiell begründete, keine Ausnahme duldende Ablehnung aus. Die Annahme, Freiheit sei vereinbar mit Rechtlosigkeit des Bürgers, galt wiederum als ein «anderer Begriff von Freiheit», der zumindest gleichberechtigt vertretbar sei. Das Vertrauen richtete sich wiederum auf die moralischen Absichten von Personen, Parteien, Ideologien, anstatt auf die Institutionen, die Voraussetzung eines Rechtszustandes sind.

Die wichtigste Lehre aus dem Nationalsozialismus lautet: Ohne den Rechtszustand, in dem jeder Mensch gleichen Anspruch auf Freiheit und Achtung seiner Würde hat und der auf den Institutionen der Gewaltenteilung, der Bürgerrechte und der Demokratie beruht, wird alles möglich - bis hin zu Vernichtungslagern. Dagegen helfen dann weder moralische Appelle an die Machthaber, noch moralische Forderungen oder Vorwürfe an die Bürger, Richter, Beamten, nicht einmal ein noch so heldenmütiger Widerstand. Recht und Gerechtigkeit beruhen zwar auch auf Moral und Gesinnung, in erster Linie aber auf rechtlichen Institutionen und ihrer unerschütterbaren Verankerung im Rechtsbewußtsein des Volkes.

Ausgewählte Literatur

Zur Einleitung

Arnim, H. H. von: Staatslehre der Bundesrepublik Deutschland, 1984.
Badura, P.: Die Methoden der neueren Allgemeinen Staatslehre, 1959.
Beyme, K. von: Das politische System der Bundesrepublik Deutschland, 6. Aufl. 1992.
Bluntschli, J. C.: Allgemeine Staatslehre, 1875, 6. Aufl. 1886.
Brunner, G.: Vergleichende Regierungslehre, 1978.
Doehring, K.: Allgemeine Staatslehre, 1991.
Draht, M.: Rechts- und Staatslehre als Sozialwissenschaft, 1977.
Ellwein, Th. und J. J. Hesse: Das Regierungssystem der Bundesrepublik Deutschland, 6. Aufl. 1987.
Ermacora, F.: Allgemeine Staatslehre. Vom Nationalstaat zum Weltstaat, 1970.
—: Grundriß einer Allgemeinen Staatslehre, 1979.
Fetscher, I. (Hg.): Politikwissenschaft, 1985.
Fleiner-Gerster, Th.: Allgemeine Staatslehre, 1980.
Friedrich, C. J.: Die politische Wissenschaft, 1961.
—: Der Verfassungsstaat der Neuzeit, 1953.
Gierke, O. von: Die Grundbegriffe des Staatsrechts und die neuesten Staatsrechtstheorien, 1915.
Gumplowicz, I.: Allgemeines Staatsrecht, 1907.
Gutmann/Mampel (Hg.): Probleme systemvergleichender Betrachtung, 1986.
Haverkate, G.: Verfassungslehre, 1992.
Hayek, F. A. von: Die Verfassung der Freiheit, 1971.
Heller, H.: Staatslehre, 6. Aufl. 1983.
Herzog, R.: Allgemeine Staatslehre, 1971.
Hippel, Ernst von: Allgemeine Staatslehre, 1962.
Hippel, Eike von: Rechtspolitik, 1992.
Jellinek, G.: Allgemeine Staatslehre 1900, 3. Aufl. 1914 (ND 1976).
Karpen, U.: Gesetzgebungs-, Verwaltungs- und Rechtsprechungslehre, 1989.
Kelsen, H.: Allgemeine Staatslehre, 1925.
—: Hauptprobleme der Staatsrechtslehre, entwickelt an der Lehre vom Rechtssatz, 2. Aufl. 1923 (ND 1960).
Krüger, H.: Allgemeine Staatslehre, 2. Aufl. 1966.
Lehner, F.: Vergleichende Regierungslehre, 1989.
Loewenstein, K.: Political Power and the Govermental Process, Chicago 1957. Deutsch: Verfassungslehre, 1959, 3. Aufl. 1989.
Maus, J.: Zur Aufklärung der Demokratietheorien, 1992.
Mohl, R. von: Enzyklopädie der Staatswissenschaften, 1859, 2. Aufl. 1872.
—: Die Geschichte und Literatur der Staatswissenschaften, in Monographien dargestellt, 1855 – 1858.
Nawiasky, H.: Allgemeine Staatslehre, 1945, 2. Aufl. 1958.
Pernthaler, P.: Allgemeine Staatslehre und Verfassungslehre, 1986.
Rudzio, W.: Das politische System der Bundesrepublik, 1983.
Schmidt, R.: Allgemeine Staatslehre, 3 Bde., 1901 – 1903, ND o. J.
Schmitt, C.: Verfassungslehre, 1928, 7. Aufl. 1989.
Smend, R.: Verfassung und Verfassungsstaat, 1928. Neu abgedruckt in: Staatsrechtliche Abhandlungen und andere Aufsätze, 1955, S. 119 ff.
Thoma, R.: Grundriß der Allgemeinen Staatslehre, 1948.
Wolff, H. J.: Juristische Person und Staatsperson, 1933.
Zippelius, R.: Allgemeine Staatslehre, 11. Aufl. 1991.

Zum I. Teil, 1. Kapitel: Legitimität

Austin, J.: The Province of Jurisprudence Determined (1832), in: Lectures on Jurisprudence or the Philosophy of Positive Law, London, 1885, ND 5. Aufl. 1973.
Bentham, J.: A Fragment on Government, in: Works, ed. Bowing, 1859.
Eckmann, H.: Rechtspositivismus und sprachanalytische Philosophie. Der Begriff des Rechts in der Rechtstheorie H. L. A. Harts, 1969.
Ehrlich, E.: Grundlegung der Soziologie des Rechts, 3. Aufl. 1967.
Elias, N.: Über den Prozeß der Zivilisation, 2. Aufl. 1969.
Elster/Slagstad (Hg.): Constitutionalism and Democracy, 1988.
Eschenburg, Th.: Über Autorität, 1965.
Geiger, Th.: Vorstudien zu einer Soziologie des Rechts, 4. Aufl. 1987.
Habermas, J.: Faktizität und Geltung, 1992.
Hart, H. L.: The Concept of Law. Oxford, 4. Aufl. 1967.
—: Positivism and the Separation of Law and Morals, 1971.
Haverkate, G.: Gewißheitsverluste im juristischen Denken. Zur politischen Funktion der juristischen Methode, 1977.
Heller, H.: Die Souveränität, 1927.
Höffe, O.: Ethik und Politik. Grundmodelle und -probleme der praktischen Philosophie, 1979.
Hofmann, H. H. (Hg.): Legitimität und Rechtsgeltung, 1969.
Kelsen, H.: Reine Rechtslehre, 1934 (ND 1985).
—: Was ist juristischer Positivismus, in: Juristenzeitung, 1965, S. 466 ff.
Kriele, M.: Theorie der Rechtsgewinnung, 1967, 2. Aufl. 1976.
—: Rechtspflicht und die positivistische Trennung von Recht und Moral, in: Recht, Vernunft, Wirklichkeit, 1991, S. 433 ff.
—: Legitimationsprobleme der Bundesrepublik, 1977.
—: Recht und praktische Vernunft, 1979.
Lübbe, W.: Legitimität kraft Legalität, 1991.
Luhmann, N.: Legitimation durch Verfahren, 1969.
—: Rechtssoziologie, Bd. 1, 1972.
Mac Iver, R. M.: The Web of Gouvernment, New York 1947. Deutsch: Regierung im Kräftefeld der Gesellschaft, 1952.
Maihofer, W. (Hg.): Naturrecht oder Rechtspositivismus? 2. Aufl. 1966.
Oelmüller, W. (Hg.): Materialien zur Normendiskussion, 3 Bde., 1979, Bd. 1. (Transzendentalphilosophische Normenbegründungen), Bd. 2 (Normenbegründung – Normendurchsetzung), Bd. 3 (Normen und Geschichte).
Perelman, Ch.: Über die Gerechtigkeit, 1967.
Preuss, U. K.: Revolution, Fortschritt und Verfassung, 1990.
Schmitt, C.: Legalität und Legitimität. Das Problem der Legalität, in: Verfassungsrechtliche Aufsätze, 1958, S. 440 ff., 3. Aufl. 1985.
Weber, M.: Wirtschaft und Gesellschaft, 1964.
—: Staatssoziologie, 2. Aufl. 1966.
Welzel, H.: Naturrecht und materiale Gerechtigkeit, 4. Aufl. 1962.
—: Naturrecht und Rechtspositivismus, in: FS für Hans Niedermeyer, 1953, S. 279 ff.
Wieacker, F.: Das Sozialmodell der klassischen Privatrechtsgesetzesbücher und die Entwicklung der modernen Gesellschaft, 1953.
Winckelmann, J.: Legitimität und Legalität in Max Webers Herrschaftssoziologie, 1952.
Zeltner, H.: Ideologie und Wahrheit. Zur Kritik der politischen Vernunft, 1967.

Zum I. Teil, 2. Kapitel: Innere Souveränität und Absolutismus

Allen, J. W.: A History of Political Thoughts in the Sixteenth Century, 1967.
Böckenförde, E.-W.: Die Entstehung des Staates als Vorgang der Säkularisation, in: Ders., Staat – Gesellschaft – Freiheit, 1976, S. 42 ff.
Brunner, O.: Land und Herrschaft, 1939, 5. Aufl. 1965.

Chambon, J.: Der französische Protestantismus - sein Weg bis zur Französischen Revolution, 1939.
Dennert, J.: Ursprung und Begriff der Souveränität, 1964.
Friedrich, C. J.: Die Staatsräson im Verfassungsstaat, 1961.
Gierke, O. von: Johannes Althusius und die Entwicklung der naturrechtlichen Staatstheorien, 1880, 4. Aufl. 1968.
Heydte, F. A. von der: Die Geburtsstunde des souveränen Staates, 1952.
Heller, H.: Die Souveränität, 1927.
Hofmann, H. H. (Hg.): Die Entstehung des modernen souveränen Staates, 1967.
Jouvenel, B. de: De la souveraineté à la recherche du bien public, 1955.
Kelsen, H.: Das Problem der Souveränität und die Theorie des Völkerrechts, 2. Aufl. 1928.
Kodalle, K. M.: Thomas Hobbes - Logik der Herrschaft und Vernunft des Friedens, 1972.
Koselleck, R.: Kritik und Krise. Ein Beitrag zur Pathogenese der bürgerlichen Welt, 2. Aufl. 1973.
Krüger, H.: Art. Souveränität, in: Handwörterbuch der Sozialwissenschaften, Bd. 9, 1956, S. 308 ff.
Landmann, M.: Der Souveränitätsbegriff bei den französischen Theoretikern von Jean Bodin bis auf Jean Jacques Rousseau, 1896.
Laski, H. J.: Studies in the Problem of Sovereignty, 1917.
Meinecke, F.: Die Idee der Staatsraison in der neueren Geschichte, 1924, Werke, Bd. 1: 1957, 3. Aufl. 1963.
Merten, D.: Rechtsstaat und Gewaltmonopol, 1975.
Münkler, H.: Im Namen des Staates: die Begründung der Staatsraison in der Frühen Neuzeit, 1987.
Nipperdey, Th.: Reformation, Revolution, Utopie, Studien zum 16. Jahrhundert, 1975.
Quaritsch, H.: Staat und Souveränität, Bd. 1: Die Grundlagen, 1970.
—: Souveränität, 1986.
Randelzhofer, A.: Staatsgewalt und Souveränität, in: Handbuch des Staatsrechts, hg. von J. Isensee und P. Kirchhof, Bd. I. 1987, S. 691 ff.
Schmitt, C.: Die Diktatur, 1921, 5. Aufl. 1989.
—: Der Leviathan in der Staatslehre des Thomas Hobbes, 1938.
Schnur, R.: Die französischen Juristen im konfessionellen Bürgerkrieg des 16. Jahrhunderts, 1962.
—: Individualismus und Absolutismus. Zur politischen Theorie von Thomas Hobbes 1600 - 1640, 1963.
Simson, W. von: Die Souveränität im rechtlichen Verständnis der Gegenwart, 1965.
Wolters., F.: Die Begründung des Absolutismus im 16. und 17. Jahrhundert, 1908.

Zum I. Teil, 3. Kapitel: Äußere Souveränität und der völkerrechtliche Staatsbegriff

Bleckmann, A.: Zur Entwicklung des modernen Souveränitätsdenkens, in: Aus Politik und Zeitgeschichte, 1985, B 43, S. 3 ff.
Blumenwitz, D.: Die Grundlagen eines Friedensvertrages mit Deutschland, 1966.
Czerwinski, G.: Das Universalitätsprinzip und die Mitgliedschaft in internationalen universalen Verträgen und Organisationen, 1974.
Doehring, K.: Internationale Organisationen und staatliche Souveränität, in: Festgabe für Ernst Forsthoff, 1967, S. 122 ff.
Erler, G. und W. Thieme: Das Grundgesetz und die öffentliche Gewalt internationaler Staatengemeinschaften. Veröffentlichungen der Vereinigung der Deutschen Staatsrechtslehrer, Heft 18, 1960, S. 7 ff. u. 50 ff.
Frowein, J. H.: Das De-facto-Regime im Völkerrecht, 1968.
Hailbronner/Renner: Staatsangehörigkeitsrecht, 1991.
Heller, H.: Sozialismus und Nation, 1925, 2. Aufl. 1932.
Heydte, F. A. von der und G. Dürig: Der deutsche Staat im Jahre 1945 und seither. Veröffentlichung der Vereinigung der deutschen Staatsrechtslehrer, Heft 13, 1954.

Huber, E. R.: Nationalstaat und supranatinale Ordnung, in: Nationalstaat und Verfassungsstaat, Studien zur Geschichte der moderenen Staatsidee, 1965.
Koppensteiner, H. G.: Die europäische Integration und das Souveränitätsproblem, 1963.
Krüger, H.: Bundesrepublik Deutschland und Deutsche Demokratische Republik, 1956.
Krüger, H. und D. Rauschning: Die Gesamtverfassung Deutschlands, 1962.
Leibholz, G.: Volk, Nation und Staat im 20. Jahrhundert, 1958.
Makarow, A. N.: Allgemeine Lehren zum Staatsangehörigkeitsrecht, 1991.
Makarow/von Mangoldt: Deutsches Staatsangehörigkeitsrecht, 1988.
Marschall von Bieberstein, W.: Zum Problem der völkerrechtlichen Anerkennung der beiden deutschen Regierungen, 1959.
Ridder, H.: Art. Gebietshoheit, in: Strupp-Schlochauer, Wörterbuch des Völkerrechts, Bd. 1, S. 624 ff.
Schaumann, W.: Art. Anerkennung, in: Strupp-Schlochauer, Wörterbuch des Völkerrechts, Bd. 1, S. 47 ff.
Schenk, D. von: Zur Rechtslage Deutschlands. Archiv des öffentlichen Rechts, Bd. 85, 1960, S. 96 ff.
Schuster, R.: Deutschlands staatliche Existenz im Widerstreit politischer und rechtlicher Gesichtspunkte 1945 - 1963, 1963.
Steiger, H.: Staatlichkeit und Überstaatlichkeit. Eine Untersuchung zur rechtlichen und politischen Stellung der Europäischen Gemeinschaften, 1966.
—: Zur Begründung der Universalität des Völkerrechts, in: Der Staat, Bd. 5 (1966), S. 423 ff.
Stern, K.: Handbuch des Staatsrechts der Bundesrepublik Deutschland, Bd. 1, 2. Aufl. 1984.
Strupp/Schlochhauer: Wörterbuch des Völkerrechts, Bd. 1, 2. Aufl. 1960.
Vogel, K.: Der räumliche Anwendungsbereich der Verwaltungsrechtsnorm, 1965.
Wengler, W.: Der Begriff des Völkerrechtssubjekts im Lichte der politischen Gegenwart. Die Friedenswarte, 1952, S. 113 ff.
Zivier, E. R.: Die Nichtanerkennung im modernen Völkerrecht. Probleme staatlicher Willensäußerung, 2. Aufl. 1969.

Zum II. Teil, 1. Kapitel: Die Wurzeln des Verfassungsstaates im England des 17. Jahrhunderts

Allen, C. K.: Law in the Making, 6. Aufl. 1958.
Allen, J. W.: A History of Political Thoughts in the Sixteenth Century, 1967.
Bagehot, W.: Die englische Verfassung, 1971.
Bohatec, J.: England und die Geschichte der Menschen- und Bürgerrechte, 1956.
Coke, E. Sir: Instituts of the Laws of England, 4 Tle., 1628 - 44.
Duker, W. F.: A Constitutional History of Habeas Corpus, 1980.
Fesefeldt, W.: Englische Staatstheorie des 13. Jahrhunderts. Henry de Bracton und sein Werk, 1962.
Fetscher, I.: Einleitung zu Hobbes Leviathan, 1966.
Gough, J. W.: Fundamental Law in English Constitutional History, 2. Aufl. 1961.
Hale, M. Sir: Reflexionen über Hobbes Dialogue of the Laws, in: M. Kriele, Hobbes und englische Juristen, 1970, S. 68 ff.
Hargrave, F. (Hg.): Collecteana Juridica: Consisting of tracts relative to the law and Constitution of England, 1791.
Hatschek, J.: Englisches Staatsrecht, 2 Bde., 1906.
Hill, C.: Intellectual Origins of the English Revolution, 1965.
Holdsworth, W. S.: A History of English Law, 7. Aufl. 1956.
Holt, J. C.: Magna Carta, 1965 (ND 1969).
Hubatsch, W.: Das Zeitalter des Absolutismus 1600 - 1789, 1962.
—: Die englischen Freiheitsrechte, 1962.
Keir, D. L.: The Constitutional History of Modern Britain, 7. Aufl. 1964.
Kemp, B.: King and Commons 1600 - 1832, 1957.
Kluxen, K.: Geschichte Englands, 3. Aufl. 1985.

Koselleck, R. und R. Schnur (Hg.): Hobbes-Forschungen, 1969.
Kriele, M.: Hobbes und englische Juristen, 1970, in: Recht, Vernunft, Wirklichkeit, S. 239 ff..
Kyriazis/Gouvelis: Magna Carta, 1984.
Loewenstein, K.: Staatsrecht und Staatspraxis von Großbritannien, 2 Bde., 1967.
Maitland, F. W.: Constitutional History of England, 1961.
Radbruch, G.: Der Geist des englischen Rechts, 3. Aufl. 1956.
Ranke, L. von: Englische Geschichte. 9 Bde., hg. von W. Andreas, 1959.
Salmon, J. H. M.: The French Religious Wars in English Political Thought, 1959.
Schmitt, C.: Der Begriff des Politischen, 1928, 2. Aufl. 1932.
Tanner, J. R.: English Constitutional Conflicts of the Seventeenth Century 1603 - 1689, 1928.
Vollmer, R.: Die Idee der materiellen Gesetzeskontrolle, 1969.
Warrender, H.: The Political Philosophy of Hobbes, 1957.
Willms, B.: Die Antwort des Leviathan - Th. Hobbes' politische Theorie, 1970.

Zum II. Teil, 2. Kapitel: Gewaltenteilung und Menschenrechte

Beard, Ch. A.: Economic Origins of the Jeffersonian Democracy, New York 1915.
Beard, CH. A. und M. R.: The Rise of American Civilisation, New York 1954.
Boutmy, E.: Die Bill of Rights der Amerikaner, in: Schnur, R., Zur Geschichte der Erklärung der Menschenrechte, 1964, S. 88 ff.
Brugger, W.: Menschenrechte im modernen Staat. AöR 114 (1989), S. 537 ff.
Coing, H.: Der Rechtsbegriff der menschlichen Person und die Theorie der Menschenrechte, 1950.
Denninger, E.: Menschenrechte zwischen Universalitätsanspruch und staatlicher Souveränität, in: Fs. P. Schneider, 1990.
Fetscher, I.: Rousseaus politische Philosophie, 1968.
Gerstenberger, H.: Zur politischen Ökonomie der bürgerlichen Gesellschaft. Die historischen Bedingungen ihrer Konstitution in den USA, 1973.
Hartung, F.: Die Entwicklung der Menschen- und Bürgerrechte von 1776 bis zur Gegenwart, 5. Aufl. 1985.
Heckel, M.: Deutschland im konfessionellen Zeitalter, 1983.
Hoffmann, M. (Hg.): Toleranz und Reformation, 1979.
Jaffa, H.: Equality and Liberty, Theory and Practice in American Politics, New York 1966.
Jellinek, G.: Die Französische Erklärung der Menschenrechte von 1789, in: Schnur, R., Zur Geschichte der Erklärung der Menschenrechte, 1964, S. 38 ff.
Kersting, W.: Wohlgeordnete Freiheit. Immanuel Kants Rechts- und Staatsphilosophie, 1984.
Klein, H.: Die Grundrechte im demokratischen Staat, 2. Aufl. 1974.
Köck, H.: Der Beitrag der Schule von Salamanca zur Entwicklung der Lehre von den Grundrechten, 1987.
Krabbe, H.: Die Lehre von der Rechtssouveränität, 1906.
Kriele, M.: Die Menschenrechte zwischen Ost und West, 2. Aufl. 1979.
—: Die demokratische Weltrevolution, 1987, 2. Aufl. 1988.
—: Zur Universalität der Menschenrechte, ARSP-Beiheft 1993, S. 47 ff.
Kühnhardt, K.: Die Universalität der Menschenrechte, 1987.
Leibholz, G.: Staat und Gesellschaft in England, in: Strukturprobleme der modernen Demokratie, 3. Aufl. 1967.
Loewenstein, K.: Vom Wesen der amerikanischen Verfassung, 1950.
Lutz, H. (Hg.): Zur Geschichte der Toleranz und Religionsfreiheit, 1977.
Main, J. T.: The Social Structure of Revolutionary America, Princeton 1965.
Mikat, P.: Religionsrechtliche Schriften, 2 Bde., 1974.
—: Staat, Kirchen und Religionsgemeinschaften, in: Handbuch des Verfassungsrechts, hg. v. Benda/Maihofer/Vogel, 1983, S. 1059 ff.
Moore, B.: Soziale Ursprünge von Diktatur und Demokratie, 1969.
Oestreich, G.: Die Entwicklung der Menschenrechte und Grundfreiheiten, in: Bettermann/Neumann/Nipperdey, Die Grundrechte, Bd. 1, 1. Halbbd., 1966, S. 1 ff.

Pawlowski, H.-M.: Das Verhältnis von Staat und Kirche im Zusammenhang der pluralistischen Verfassung. Der Staat (28), 1989, S. 353 ff.
Picht, G.: Zum geistesgeschichtlichen Hintergrund der Lehre von den Menschenrechten, in: Hier und jetzt, Bd. 1, 1980.
Planitz, H.: Zur Ideengeschichte der Grundrechte, in: Die Grundrechte und Grundpflichten der Reichsverfassung, hg. von H.-C. Nipperdey, Bd. II, 1930, S. 597 ff.
Pound, R.: The Development of Constitutional Guaranties of Liberty, 1958.
Rausch, H. (Hg.): In der heutigen Problematik der Gewaltenteilung, 1969.
Reichardt, R. (Hg.): Die Französische Revolution, 1988.
Salander, G. A.: Vom Werden der Menschenrechte, 1926.
Schmitt, C.: Politische Theologie, 2. Aufl. 1934.
Schröder, H.-Ch.: Das Eigentumsproblem in den Auseinandersetzungen um die Verfassung von Massachusetts 1775 - 1787, in: Eigentum und Verfassung, hg. von R. Vierhaus, 1972, S. 11 ff.
Troeltsch, E.: Die Bedeutung des Protestantismus für die Entstehung der modernen Welt. Historische Zeitschrift, 1906, S. 39 ff.
Voigt, A.: Geschichte der Grundrechte, 1948.
Vossler, O.: Die amerikanischen Revolutionsideale in ihrem Verhältnis zu den europäischen, 1929.

Zum II. Teil, 3. Kapitel: Die zwei Französischen Revolutionen 1789 und 1792

Acton, J. E. E. D.: Lectures on the French Revolution, New York 1910.
Arendt, H.: On Revolution, New York 1963. Deutsch: Über die Revolution, 3. Aufl. 1986.
Aretin, K. O. Frhr. von und K. Härtler: Revolution und konservatives Denken. Das Alte Reich und die Französische Revolution, 1990.
Berrekassa, G.: Crise de l'ancien régime, Crise des idéologie, in: Annales, 1989, Bd. 1, S. 25 ff.
Burg, P.: Kant und die französische Revolution, 1974.
Burke, E.: Reflections on the French Revolution, 1794.
Erdmann, K. D.: Volkssouveränität und Kirche, 1949.
Fetscher, I. (Hg.): Handbuch der politischen Ideen, Bd. 4, 1986.
Furet, F.: Penser la Révolution française, deutsch: 1789 - Jenseits des Mythos, 1989.
Furet, F. und R. Halevi: La Révolution Française, in: Annales, 1989, Bd. 1, S. 3 ff.
Göhring, M.: Geschichte der Großen Revolution, 2 Bde., 1950 - 1951 (ND 1979).
—: Weg und Sieg der modernen Staatsidee in Frankreich, 2. Aufl. 1947.
Groethuysen, B.: Philosophie de la Révolution française, deutsch: Philosophie der Französischen Revolution, 1989.
Hampson, N.: Prelude to terror, deutsch: Vor dem Terror. Das revolutionäre Frankreich 1789 - 1791, 1989.
Jonghin, J. T.: The Paris Commune in French Politics 1871 - 1880, Baltimore 1955.
Koselleck/Reichardt: Die Französiche Revolution als Bruch des gesellschaftlichen Bewußtseins, 1988.
Kubisch, J.: Absolutismus, 1986.
Loewenstein, K.: Volk und Parlament nach der Staatstheorie der französischen Nationalversammlung von 1789, 1922 (ND 1990).
Lüsebrink, H. J. und R. Reichardt: Die Bastille. Ihre Symbolgeschichte von Herrschaft und Freiheit, 1990.
Maier, H.: Die Französische Revolution und die Katholiken, 1989.
Markov, W. (Hg.): Jakobiner und Sansculotten. Beiträge zur Geschichte der französischen Revolutionsregierung 1793 - 1794, 1956.
Markov, W. und A. Soboul (Hg.): Die Sansculotten von Paris. Dokumente zur Geschichte der Volksbewegung 1793 - 1794, 1957.
Martens, W.: Völkerrechtsvorstellungen der Französischen Revolution in den Jahren 1789 bis 1793. Der Staat 3 (1964), S. 294 ff.
Mathicz, A.: Girondis et Montagnards, Paris 1930.

Palmer, R. R.: Die Staatstheorien der Französischen Nationalversammlung von 1789, 1912.
Reichardt, R. (Hg.): Die Französische Revolution, 1988.
Reinalter, H.: Freiheit - Gleichheit - Brüderlichkeit. Reform, Umbruch und Modernisierung in Aufklärung und Französischer Revolution, 1989.
Schama, S.: Citizens, deutsch: Der zaudernde Citoyen. Rückschritt und Fortschritt in der Französischen Revolution, 1984.
Schmitt, E.: Einführung in die Französische Revolution, 1976.
Schnur, R.: Revolution und Weltbürgerkrieg, Studien zur Ouvertüre nach 1789, 1983.
Schulz, W.: Der 14. Juli 1789. Biographie eines Tages, 1989.
Sedillot, R.: Le coût de la Révolution Française. Deutsch: Hat sich die Revolution gelohnt? 1989.
Soboul, A.: An den Ursprüngen der Volksdemokratie. Politische Aspekte der Sansculottendemokratie im Jahre II, in: Beiträge zum neuen Geschichtsbild, Festschrift für Alfred Meusel, 1956.
—: Die Große Französische Revolution und Europa 1789 - 1799, 1989.
Sorel, A.: L'Europe et la Révolution Française, Paris 1903.
Stein, L. von: Geschichte der sozialen Bewegung in Frankreich von 1789 bis auf unsere Tage, 1850 (ND 1972).
Timmermann, H. (Hg.): Die Französische Revolution und Europa 1789 - 1799, 1989.
Tocqueville, A. de: L'Ancien Régime et la Révolution, Paris 1857, deutsch: Der alte Staat und die Revolution, 2. Aufl. 1989.
Zweig, E.: Die Lehre vom Pouvoir Constituant. Ein Beitrag zum Staatsrecht der französischen Revolution, 1909.

Zum II. Teil, 4. Kapitel: Persönliche und wirtschaftliche Freiheit

Andreae, C. A. und W. Glahe: Das Gegengewichtsprinzip in der Wirtschaftsordnung. Bd. 1: Wirtschaftliche Macht und Wettbewerb, 1966.
Arndt, H.: Die Konzentration in der Wirtschaft, 1960.
Badura, P.: Grundprobleme des Wirtschaftsverfassungsrechts, in: Jus 1976, S. 205 ff.
—: Wirtschaftsverfassung und Wirtschaftsverwaltung, 1971.
Böhm, F.: Die Ordnung der Wirtschaft als geschichtliche Aufgabe und rechtsschöpferische Leistung, 1937
—: Freiheit und Ordnung in der Marktwirtschaft, 1980.
—: Wettbewerb und Monopolkampf. Eine Untersuchung zur Frage des wirtschaftlichen Kampfrechts und zur Frage der rechtlichen Struktur der geltenden Wirtschaftsordnung, 1933.
Burmeister, J.: Die Privatrechtsfähigkeit des Staates, in: H. Prütting (Hg.), Recht und Gesetz im Dialog III, 1986, S. 1 ff.
Ehmke, Horst, Wirtschaft und Verfassung, 1961.
Eschenburg, Th.: Herrschaft der Verbände? 1955, neue Aufl. 1963.
Eucken, W.: Grundsätze der Wirtschaftspolitik, 6. Aufl. 1990.
Forsthoff, E. (Hg.): Rechtsstaatlichkeit und Sozialstaatlichkeit, 1968.
Galbraith, J. K.: Economics and the Public Purpose, 1974.
Grossmann, G.: Economic Systems, Englewood Cliffs, 1967.
Gumpert, J.: Das Gesetz der wachsenden Souveränität. Schmollers Jahrbuch, 1953, S. 679 ff.
Gutmann, G. (Hg.): Methoden und Kriterien des Vergleichs von Wirtschaftssystemen, 1987.
Habermas, J.: Legitimationsprobleme im Spätkapitalismus, 1973.
Halm, G. N.: Wirtschaftssysteme. Eine vergleichende Darstellung, 1960.
Haßbach: Die allgemeinen philosophischen Grundlagen der von François Quesnay und Adam Smith begründeten politischen Ökonomie, Leipzig 1890.
Hayek, F. A. von: Wahrer und falscher Individualismus, in: Ordo, hg. von Eucken/Böhm, Bd. 1, 1948, S. 19 ff.
—: Der Weg zur Knechtschaft, 1971 (ND 1991).
—: Die Verfassung der Freiheit, 2. Aufl. 1983.
Heimann, E.: Vernunftglaube und Religion in der modernen Gesellschaft. Liberalismus, Marxismus und Demokratie, 1955.

—: Wirtschaftssystem und Gesellschaftssystem, 1954.
Hermens, F. A.: Wirtschaftliche und staatliche Stabilität, 1964.
Jarass, H. D.: Wirtschaftsverwaltungsrecht und Wirtschaftsverfassungsrecht, 2. Aufl. 1984.
Jöhr, W. A.: Ist ein freiheitlicher Sozialismus möglich? 1948.
Kaltefleiter, W.: Wirtschaft und Politik in Deutschland. Konjunktur als Bestimmungsfaktor des Parteiensystems, 1966.
Karpen, U.: Wirtschaftsordnung und Grundgesetz, 1979.
Karsten, D.: Wirtschaftsordnung, Wirtschaftsverfassung, Wirtschaftsordnungstypus und Wirtschaftsgestalt. Ein Versuch zur Klärung der Begriffe. Schmollers Jahrbuch, 1968, S. 125 ff.
Keynes, J. M.: Das Ende des Laissez-faire. Ideen zur Verbindung von Privat- und Gemeinwirtschaft, 1926.
Kriele, M.: Befreiung und politische Aufklärung, 2. Aufl. 1987.
Krüsselberg, H. G.: Marktwirtschaft und ökonomische Theorie, 1969.
Lipset, S. M.: The Political Man, New York 1960. Deutsch: Soziologie der Demokratie, 1962.
Lübbe, H.: Politischer Moralismus, 1982.
Macpherson, C. B.: Die politische Theorie des Besitzindividualismus. Von Hobbes zu Locke, 1967 (ND 1974).
McCloskey, R. G. (Hg.): Essays in Constitutional Law, 1957.
Mestmäcker, E. J.: Die sichtbare Hand des Rechts, 1978.
Miliband, R.: Der Staat in der kapitalistischen Gesellschaft, 1972 (ND 1975).
Mill, J. St.: On Liberty. Considerations on Representative Government, 1857.
Mises, L. von: Die Gemeinwirtschaft, Untersuchungen über den Sozialismus, 2. Aufl. 1932 (ND 1981).
Neumann, F.: Ökonomie und Politik. Zeitschrift für Politik, N. F., Bd. 2, 1955, S. 1 ff.
Oppenheimer, F.: Der Staat, 1908, 5. Aufl. 1964.
—: Weder so noch so: der dritte Weg, 1933.
Ossenbühl, F.: Der Eigentumsschutz sozialrechtlicher Positionen in der Rechtsprechung des Bundesverfassungsgerichts, in: FS Wolfgang Zeidler, Bd. 1, 1987, S. 625 ff.
Papier, H. J.: Grundgesetz und Wirtschaftsverfassung, in: Handbuch des Verfassungsrechts, 1983, S. 609 ff.
Pilz, F.: Das System der Sozialen Marktwirtschaft, 2. Aufl. 1981.
Röpke, W.: Civitas Humana, 1949.
—: Gegen die Brandung, 1959.
—: Maß und Mitte, 1950.
Ronellenfitsch, M.: Wirtschaftliche Bestätigung des Staates, in: Handbuch des Staatsrechts, hg. von Isensee/Kirchhof, Bd. III, 1988, S. 1171 ff.
Rüfner, W.: Formen öffentlicher Verwaltung im Bereich der Wirtschaft, 1967.
Schachtschabel: Wirtschaftspolitische Konzeptionen, 5. Aufl. 1976.
Schachtschneider, K. A.: Staatsunternehmen und Privatrecht, 1986.
Scheuner, U. (Hg.): Die staatliche Einwirkung auf die Wirtschaft, 1971.
Scholz, R.: Grenzen staatlicher Aktivität unter der grundgesetzlichen Wirtschaftsverfassung, in: Duwendag (Hg.), Der Staatsrechtler in der sozialen Marktwirtschaft, 1976, S. 113 ff.
—: Entflechtung und Verfassung, 1981.
Schumpeter, J.: Capitalism, Socialism and Democracy, New York 1942. Deutsch: Kapitalismus, Sozialismus und Demokratie, 1946.
—: Sozialismus und Kapitalismus vor dem Weltgericht, 1950.
Sik, O.: Plan und Markt im Sozialismus, 1967.
Stern, K.: Sozialstaat, in: Evangelisches Staatslexikon, 3. Aufl. 1987, Sp. 3269 ff.
Utz, A.: Zwischen Neoliberalismus und Neomarxismus, 1975.

Zum III. Teil, 1. Kapitel: Freiheit und Gleichheit

Alexy, R.: Theorie der Grundrechte, 1985.
—: Grundrechte als subjektive Rechte und als objektive Normen. Der Staat (1990), S. 49 ff.
Böckenförde/Spaemann (Hg.): Menschenrechte und Menschenwürde, 1987.

Denninger, E.: Rechtsperson und Solidarität. Ein Beitrag zur Phänomenologie des Rechtsstaates unter Berücksichtigung der Sozialtheorie Max Schelers, 1967.
Dietlein, J.: Die Lehre von den grundrechtlichen Schutzpflichten, 1992.
Forsthoff, E. (Hg.): Rechtsstaatlichkeit und Sozialstaatlichkeit, 1968.
Grimme, K.: Demokratie und Grundrechte, 1980.
Habermas, J.: Faktizität und Geltung: Beiträge zur Diskurstheorie des Rechts und des demokratischen Rechtsstaats, 1992.
Häberle, P.: Die Menschenwürde als Grundlage der staatlichen Gemeinschaft, in: Handbuch des Staatsrechts, hg. von Isensee/Kirchhof, Bd. I, 1987, S. 815 ff.
Isensee, J.: Grundrechte und Demokratie. Der Staat 20 (1981).
—: Das Grundrecht auf Sicherheit, 1983.
Jellinek, G.: Die Politik des Absolutismus und die des Radikalismus (Hobbes und Rousseau), in: Ausgewählte Schriften und Reden, 1911, 2. Bd., S. 3 ff.
Jesch, G.: Gesetz und Verwaltung, 2. Aufl. 1968.
Kirchheimer, O.: Über den Rechtsstaat, in: Politische Herrschaft, Fünf Beiträge zur Lehre vom Staat, 1967, S. 122 ff.
Klein, H. H.: Die Grundrechte im demokratischen Staat, 1974.
Kriele, M.: Grundrechte und demokratischer Gestaltungsspielraum, in: Handbuch des Staatsrechts, hg. von Isensee/Kirchhof, Bd. V, 1992, S. 101 ff.
Kühnhardt, L.: Die Universalität der Menschenrechte, 1987.
Leibholz, G.: Strukturwandel der modernen Demokratie, 2. Aufl. 1964.
Lübbe-Wolf, G.: Die Grundrechte als Eingriffsabwehrrechte, 1988.
Luhmann, N.: Gesellschaftliche und politische Bedingungen des Rechtsstaats, in: Politische Planung, 1971, S. 53 ff.
Maihofer, W.: Menschenwürde im Rechtsstaat, 1967.
Macpherson, C. B.: Demokratietheorie, 1977.
Miller, S.: Das Problem der Freiheit im Sozialismus, 1974.
Murswiek, D.: Die verfassungsgebende Gewalt nach dem Grundgesetz für die Bundesrepublik Deutschland, 1978.
—: Die staatliche Verantwortung für die Risiken der Technik, 1985.
Neumann, F.: Demokratischer und autoritärer Staat, 1967 (ND 1986).
Perels, J. (Hg.): Grundrechte als Fundament der Demokratie, 1979.
Robbers, G.: Sicherheit als Menschenrecht, 1987.
Spaemann, R.: Technische Eingriffe in die Natur als Problem der politischen Ethik, in: Scheidewege, 1979, S. 476 ff.
Scharpf, F.: Die politischen Kosten des Rechtsstaates, 1970.
Schnapp, F. E.: Sozialstaatlichkeit und soziale Grundrechte in der Bundesrepublik Deutschland, in: Politik und Kultur, Heft 6 (1988), S. 22 ff.
Schwarz, S.: Die verratene Menschenwürde, 1992.
Starck, C.: Menschenwürde als Verfassungsgarantie im modernen Staat, in: Juristenzeitung 1981, S. 457 ff.
—: Grundrechtliche und demokratische Freiheitsidee, in: Handbuch des Staatsrechts, hg. von Isensee/Kirchhof, Bd. II, 1987, S. 3 ff.
Vitzthum, W. Graf von: Die Menschenwürde als Verfassungsbegriff, in: JZ 1985, S. 201 ff.

Zum III. Teil, 2. Kapitel: Die naturrechtlichen Grundlagen des Parlamentarismus

Achterberg, N.: Parlamentsrecht, 1984.
Badura, P.: Die parteienstaatliche Demokratie und die Gesetzgebung, 1986.
Barth, H.: Wahrheit und Ideologie, 1974.
Beyme, K. von: Parteien in westlichen Demokratien, 1982.
Birnbaum, N.: Art. Ideologie, in: Die Religion in Geschichte und Gegenwart, 3. Aufl. 1959, 3. Bd., Sp. 567 ff.

Böckenförde, E.-W.: Demokratische Willensbildung und Repräsentation, in: Handbuch des Staatsrechts, hg. von Isensee/Kirchhof, Bd. II, 1987, S. 29 ff.
Bracher, K. D.: Gegenwart und Zukunft der Parlamentsdemokratie in Europa, in: Deutschland zwischen Demokratie und Diktatur, 1964.
Bracher/Mikat/Repgen/Schumacher/Schwarz (Hg.): Staat und Parteien, 1992.
Brunner, O.: Das Zeitalter der Ideologien: Anfang und Ende, in: Neue Wege der Sozialgeschichte, 1956.
Burmeister, J.: Das Petitionsrecht, in: Handbuch des Staatsrechts, hg. von Isensee/Kirchhof, Bd. II, S. 73 ff., 1987.
Dreier, H.: Demokratische Repräsentation und vernünftiger Allgemeinwille. AöR 113 (1988), S. 450 ff.
Dreier/Hofmann (Hg.): Parlamentarische Souveränität und technische Entwicklung, 1986.
Fraenkel, E.: Deutschland und die westlichen Demokratien, 8. Aufl. 1981, S. 120 ff.
Geiger, Th.: Ideologie und Wahrheit, 2. Aufl. 1968.
Habermas, J.: Strukturwandel der Öffentlichkeit, 1990.
Hamilton, W. G.: Parliamentary Logic, 1808. Deutsch: Das Streitgespräch. Bemerkungen über den Glanz und die Schäbigkeit der Beweise, hg. von G. Roellecke, 4. Aufl. 1991.
Ingle, S.: The British Party System, 2. Aufl. 1989.
Kautsky, K.: Der Parlamentarismus, die Volksgesetzgebung und die Sozialdemokratie, 1893.
Kelsen, H.: Das Problem des Parlamentarismus, 1926.
—: Vom Wesen und Wert der Demokratie, 2. Aufl. 1929.
Kluxen, K. (Hg.): Parlamentarismus, 1980.
—: Geschichte und Problematik des Parlamentarismus, 1983.
—: Das Problem der politischen Opposition. Entwicklung und Wesen der englischen Zweiparteienpolitik im 18. Jahrhundert, 1965.
Kolakowski, L.: Der Mensch ohne Alternative, 4. Aufl. 1967.
Kriele, M.: Das demokratische Prinzip im Grundgesetz. Veröffentlichungen der Vereinigung der deutschen Staatsrechtslehrer, Heft 29 (1970), S. 46 ff.
Kumig, Ph.: Parteien, in: Handbuch des Staatsrechts, hg. von Isensee/Kirchhof, Bd. II, 1987, S. 103 ff.
Langheid, Th.: Souveränität und Verfassungsstaat, «The Sovereignty of Parliament», 1984.
Leibholz, G.: Das Wesen der Repräsentation unter besonderer Berücksichtigung des Repräsentationssystems, 1929, 3. Aufl. 1960.
—: Das Wesen der Repräsentation und der Gestaltwandel der Demokratie im 20. Jahrhundert, 1966.
Lenk, H.: Technokratie als Ideologie, 1973.
Lenk, K.: Ideologie, Ideologiekritik und Wissenssoziologie, 7. Aufl. 1976.
Lévi-Strauss, C.: Das wilde Denken, 1968.
Lübbe, H.: Freiheit statt Emanzipationszwang: die liberalen Traditionen und das Ende der marxistischen Illusionen, 1991.
—: Politische Philosophie in Deutschland: Studien zu ihrer Geschichte, 1963.
Madison, J.: The Utility of the Union as a Safeguard against Domestic Faction and Insurrection, in: Hamilton/Madison/Jay, The Federalist Papers (No. 10), ND 1961.
Maihofer, W. (Hg.): Ideologie und Recht, 1969.
Mannheim, K.: Ideologie und Utopie, 1952.
Marquard, O.: Skeptische Methode im Blick auf Kant, 1958.
Müller, Ch.: Das imperative und freie Mandat, 1966.
Nipperdey, Th.: Die Organisation der demokratischen Parteien von 1918, 1960.
Nohlen, D.: Wahlrecht und Parteiensystem, 1989.
Pareto, V.: Mythes et idéologies, 1966.
Radbruch, G.: Rechtsphilosophie, 4. Aufl. 1950.
Randelzhofer/Süss (Hg.): Konsens und Konflikt, 1986.
Ritter, G. A.: Deutscher und britischer Parlamentarismus. Ein verfassungsgeschichtlicher Vergleich, 1962.
Scheler, M.: Der Geist und die ideellen Grundlagen der Demokratie der großen Nationen, in: Schriften zur Soziologie und Weltanschauungslehre, 2. Aufl. 1963, S. 158 ff.

Scheuner, U.: Das repräsentative Prinzip in der modernen Demokratie, in: Verfassungsrecht und Verfassungswirklichkeit, Festschrift für H. Huber, 1961, S. 222 ff.
Schmitt, C.: Die geistesgeschichtliche Lage des heutigen Parlamentarismus, 7. Aufl. 1991 (unveränderter Nachdruck der 1926 erschienenen 2. Auflage).
Schneider/Zeh (Hg.): Parlamentsrecht und Parlamentspraxis, 1989.
Scholz, R.: Krise der parteienstaatlichen Demokratie, 1983.
Schröder, M.: Grundlagen und Anwendungsbereich des Parlamentsrechts, 1979.
Simson, W. von: Das demokratische Prinzip im Grundgesetz. Veröffentlichungen der Vereinigung der deutschen Staatsrechtslehrer, Heft 29 (1970), S. 3 ff.
Sorel, G.: Les Illusion du Progrès, Paris, 4. Aufl. 1927.
Starck, Ch.: Grundrechtliche und demokratische Freiheitsidee, in: Handbuch des Staatsrechts, hg. von Isensee/Kirchhof, Bd. II, 1987, S. 3 ff.
Steffani, W.: Parlamentarische und präsidentielle Demokratie, 1979.
Stern, K.: Das Staatsrecht der Bundesrepublik, Bd. 1, 2. Aufl. 1984, S. 22 ff.
Sternberger, D.: Die Erfindung der repräsentativen Demokratie, FS C. J. Friedrich, 1971.
Streifthau, K.: Die Souveränität des Parlaments. Ein Beitrag zur Aufnahme des Souveränitätsbegriffs in England im 19. Jahrhundert, 1963.
Thaysen/Davidson/Livingston (Hg.): US-Kongreß und Deutscher Bundestag, 1988.
Topitsch, E.: Begriff und Funktion der Ideologie, in: Ders. (Hg.), Sozialphilosophie zwischen Ideologie und Wissenschaft, 1961.
Tsatsos/Morlok: Parteienrecht, 1982.
Vitzthum, W. Graf von: Parlament und Planung, 1978.
Westphalen, R. Graf von (Hg.): Parlamentslehre, 1993.
Zeh, W.: Parlamentarische Verfahren, in: Handbuch des Staatsrechts, hg. von Isensee/Kirchhof, Bd. II, 1987, S. 425 ff.
—: Parlamentarismus, 5. Aufl. 1991.

Zum III. Teil, 3. Kapitel: Das Alternativkonzept: Identität von Herrschenden und Beherrschten

Adler, M.: Demokratie und Rätesystem, 1919.
Agnoli, J. und P. Brückner: Die Transformation der Demokratie, 1968.
Anweiler, O.: Die Rätebewegung in Rußland 1905 - 1921, 1958.
Arendt, H.: Elemente und Ursprünge totaler Herrschaft, 2. Aufl. 1992.
Bäumlin, R.: Die rechtsstaatliche Demokratie, 1954.
Böckenförde, E.-W.: Demokratie als Verfassungsprinzip, in: Handbuch des Staatsrechts, hg. von Isensee/Kirchhof, Bd. I, 1987, S. 887 ff.
—: Staat, Verfassung, Demokratie, 1991.
Brunner, G.: Menschenrechte in der DDR, 1989.
Brunner/Meissner (Hg.): Verfassungen der kommunistischen Staaten, 1980.
Brunner/Schweisfurth/Uschakow/Westen (Hg.): Sowjetsystem und Ostrecht, FS Meissner, 1985.
Bryce, J.: Modern Democracies, London 1921. Deutsch: Moderne Demokratien, 1931.
Dandurand, P.: Le mandat impératif, 1896.
Fetscher, I.: Rousseaus Politische Philosophie. Zur Geschichte des demokratischen Freiheitsbegriffs, 1960, 7. Aufl. 1975.
Fraenkel, E.: Deutschland und die westlichen Demokratien, 8. Aufl. 1991.
—: Die repräsentative und plebiszitäre Komponente im demokratischen Verfassungsstaat, 1958.
Friedrich, C. J.: Demokratie als Herrschafts- und Lebensform, 2. Aufl. 1966.
Gottschalch, W.: Parlamentarismus und Rätedemokratie, 1968.
Grosser, D.: Demokratietheorie in der Sackgasse?, in: Öffentliches Recht und Politik. Festschrift für H. U. Scupin, 1973, S. 81 ff.
Hättich, M.: Demokratie als Herrschaftsordnung, 1967.
Hartmann, P. C.: Französische Verfasssungsgeschichte der Neuzeit, 1985.
Imboden, M.: Rousseau und die Demokratie, 1963.
Jung, O.: Volksgesetzgebung, 2 Bde., 1990.

Kielmannsegg, Graf P.: Volkssouveränität, 1977.
Krause, P.: Verfassungsrechtliche Möglichkeiten unmittelbarer Demokratie in: Handbuch des Staatsrechts, hg. von Isensee/Kirchhof, Bd. II, 1987.
Kriele, M.: Das demokratische Prinzip im Grundgesetz, VVDStRL 29 (1971).
Kurz, H.: Volkssouveränität und Volksrepräsentation, 1965.
Lenin, W. I.: Staat und Revolution, (1918).
Löw, K. (Hg.): Totalitarismus, 2. Aufl. 1993.
Lukács, G.: Geschichte und Klassenbewußtsein, 1923, 10. Aufl. 1988.
Matz, U. (Hg.): Grundprobleme der Demokratie, 1973.
—: Aktuelle Herausforderung der repräsentativen Demokratie, 1985.
Naphtali, F.: Wirtschaftsdemokratie, Ihr Wesen, Weg und Ziel, 2. Aufl. 1966.
Sontheimer, K.: Antidemokratisches Denken in der Weimarer Republik, 2. Aufl. 1964.
Steklow, J.: Die kommunistische Internationale, 1921.
Talmon, J. L.: Politischer Messianismus, 1963.
—: Probleme der Demokratie heute, Tagung der Deutschen Vereinigung für Politische Wissenschaft in Berlin 1969, 1971.
—: Die Ursprünge der totalitären Demokratie, 1961.

Zum III. Teil, 4. Kapitel: Der demokratische Verfassungsstaat in Deutschland

Bähr, O.: Der Rechtsstaat, 1864 (ND 1969).
Bäumlin, R.: Art. Rechtsstaat, in: Evangelisches Staatslexikon, 1966, Sp. 1733 ff.
—: Staat, Recht und Geschichte, 1961.
Battis/Jakobs/Jesse: Vergangenheitsbewältigung durch Recht. Hg. von J. Isensee, 1992.
Böckenförde, E.-W.: Die Bedeutung der Unterscheidung von Staat und Gesellschaft im demokratischen Sozialstaat der Gegenwart, in: Rechtsfragen der Gegenwart, Festgabe für W. Hefermehl, 1972.
—: Die verfassungstheoretische Unterscheidung von Staat und Gesellschaft als Bedingung der individuellen Freiheit, 1973.
—: Entstehung und Wandel des Rechtsstaatsbegriffs, in: Festschrift für Adolf Arndt, 1969, S. 53 ff.
—: Staatsrecht und Staatslehre im Dritten Reich, 1985.
—: Moderne deutsche Verfassungsgeschichte (1815 – 1916), 2. Aufl. 1981.
—: Staat und Gesellschaft im deutschen Vormärz 1815 – 1848, 3. Aufl. 1978.
Boldt, H.: Deutsche Verfassungsgeschichte. 2 Bde., 1990.
Bracher, K. D.: Die deutsche Diktatur, 6. Aufl. 1979.
Bracher/Sauer/Schulz: Die nationalsozialistische Machtergreifung, 1960.
Broszat, M.: Der Staat Hitlers, Grundlagen und Entwicklung seiner inneren Verfassung, 10. Aufl. 1983.
Corino, K. (Hg.): Intellektuelle im Bann des Nationalsozialismus, 1980.
Dahrendorf, R.: Gesellschaft und Demokratie in Deutschland, 5. Aufl. 1977.
Ehmke, H.: Staat und Gesellschaft als verfassungstheoretisches Problem, in: Staatsverfassung und Kirchenordnung, Festgabe für R. Smend, 1962, S. 23 ff.
Epstein, K.: Die Ursprünge des Konservativismus in Deutschland: Die Herausforderung durch die Französische Revolution 1770 – 1806, 1973.
Falter, J. W.: Hitlers Wähler, 1991.
Forsthoff, E.: Deutsche Verfassungsgeschichte, 4. Aufl. 1972.
Friauf, K. H.: Der Staatshaushaltsplan im Spannungsfeld zwischen Parlament und Regierung, Bd. 1., 1968.
Gablentz, O. H. von der: Staat und Gesellschaft. Politische Vierteljahresschrift, 1961, S. 2 ff.
Gneist, R. von: Der Rechtsstaat und die Verwaltungsgerichte in Deutschland, 1872, 2. Aufl. 1879.
Grawert, R.: Die nationalsozialistische Herrschaft, in: Handbuch des Verfassungsrechts der Bundesrepublik Deutschland, Bd. I, 1987, S. 143 ff.
Grimm, D.: Deutsche Verfassungsgeschichte: 1776 – 1866, 1988.

Hartung, F.: Deutsche Verfassungsgeschichte, 9. Aufl. 1969.
Huber, E. R.: Deutsche Verfassungsgeschichte seit 1789, 8 Bde., 2./3. Aufl. 1967 - 1988.
Kaminski, A. J.: Konzentrationslager 1896 bis heute, 1982, Taschenbuchausgabe Piper, SN 954.
Kimminich, O.: Deutsche Verfassungsgeschichte, 2. Aufl. 1987.
Kirchhof, P. und D. P. Kommers (Hg.): Deutschland und sein Grundgesetz, 1993.
Koselleck, R.: Preußen zwischen Reform und Revolution, Habil 1967.
Kriele, M.: Befreiung und politische Aufklärung, 2. Aufl. 1987.
Kröger, K.: Einführung in die Verfassungsgeschichte der Bundesrepublik Deutschland, 1993.
Lehmann, H. G.: Chronik der Bundesrepublik Deutschland 1945/49 bis heute, 3. Aufl. 1989.
Lübbe, H.: Politische Philosophie in Deutschland: Studien zu ihrer Geschichte, 1963.
—: Zeit - Verhältnisse: zur Kulturgeschichte des Fortschritts, 1983.
Marquard, O.: Hegel und Sollen, in: Philosophisches Jahrbuch, 1972, S. 103 ff.
Meinecke, F.: Die deutsche Katastrophe, 1946.
Menger, D.: Deutsche Verfassungsgeschichte der Neuzeit, 7. Aufl. 1990.
Milatz, A.: Wahlen und Wähler in der Weimarer Republik, 1965.
Neumüller, M.: Liberalismus und Revolution. Das Problem der Revolution in der deutschen liberalen Geschichtsschreibung des 19. Jahrhunderts, 1973.
Nipperdey, Th.: Nachdenken über die deutsche Geschichte, 1986.
—: Religion im Umbruch, Deutschland 1870 - 1918, 1988.
—: Deutsche Geschichte, 1800 - 1866, 5. Aufl. 1991.
—: Deutsche Geschichte 1866 - 1918, 2 Bde., 1992.
Plessner, H.: Die verspätete Nation. Über die Verführbarkeit des bürgerlichen Geistes, 1959, 5. Aufl. 1969.
Ritter, J.: Hegel und die Französische Revolution, 1972.
Saage, R.: Faschismustheorien, 2. Aufl. 1977.
Schieder, R.: Das Verhältnis von politischer und gesellschaftlicher Verfassung und die Krise des deutschen bürgerlichen Liberalismus, in: Staat und Gesellschaft im Wandel unserer Zeit, 2. Aufl. 1970.
Schmitt, C.: Staat, Bewegung, Volk. Die Dreigliederung der politischen Einheit, 1934.
—: Legalität und Legitimität, in: Verfassungsrechtliche Aufsätze, 3. Aufl. 1985, S. 440 ff.
Stolleis, M.: Geschichte des Öffentlichen Rechts in Deutschland. Bd. 1 1988, Bd. 2, 1992.
Turner, H. A. jr.: Faschismus und Kapitalismus in Deutschland, 1972.
Willoweit, D.: Deutsche Verfassungsgeschichte, 2. Aufl. 1992.
Zechlin, E.: Staatsstreichspläne Bismarcks und Wilhelms II, 1929.

Namenregister

Sachregister

Über den Verfasser

Martin Kriele: geb. 1931 in Opladen (Rheinland). Nach dem Abitur Studium der Rechtswissenschaften und Philosophie in Freiburg, Münster und Bonn. Referendar und Tutor. Studium an der Yale University Law School (Master of Law). Assessor, Rechtsanwalt, wissenschaftlicher Assistent bei Hans J. Wolff, Münster. Promotion. 1966 Habilitation an der Universität Münster. Seit 1967 Ordinarius für Allgemeine Staatslehre und Öffentliches Recht an der Universität zu Köln. Direktor des Seminars für Staatsphilosophie und Rechtspolitik. Mitbegründer und -herausgeber der «Zeitschrift für Rechtspolitik». 1976 – 1988 zugleich Richter am Verfassungsgerichtshof des Landes Nordrhein-Westfalen.

Wichtigste Veröffentlichungen:
Kriterien der Gerechtigkeit, 1963. Theorie der Rechtsgewinnung, 1967, 2. Aufl. 1976. Legitimitätsprobleme der Bundesrepublik, 1977. Die Menschenrechte zwischen Ost und West, 1977, 2. Aufl. 1979. Recht und praktische Vernunft, 1979. Befreiung und politische Aufklärung. Plädoyer für die Würde des Menschen, 1980, 2. Aufl. 1986. Die demokratische Weltrevolution. Warum sich die Freiheit durchsetzen wird, 1987, 2. Aufl. 1988. Recht, Vernunft, Wirklichkeit, 1990 (Aufsatzsammlung mit ergänzenden, z.T. hier eingearbeiteten Beiträgen u.a. zu den Themenkreisen Legitimität, Menschenrechte, Gewaltenteilung, Demokratie).

Zahlreiche Aufsätze in Fachzeitschriften und Sammelwerken sowie Beiträge zu staatsrechtlichen und staatsphilosophischen Aspekten des politischen Zeitgeschehens.